Andreas Vonderach

Die anthropologische Erforschung Deutschlands

IMPRESSUM:
Andreas Vonderach, Die anthropologische Erforschung Deutschlands

Internetadresse: www.lindenbaum-verlag.de
E-Brief: lindenbaum-verlag@web.de
Druck: Eigendruck
Printed in Germany
ISBN: 978-3-949780-37-0

Andreas Vonderach

Die anthropologische Erforschung Deutschlands

Ihre Geschichte und Ergebnisse
von 1860 bis zur Gegenwart

Lindenbaum Verlag

In ehrendem Gedenken an die deutschen Anthropologen
Ilse Schwidetzky (1907–1997), Wolfram Bernhard (1931–2022) und
Rainer Knussmann (1936–2017)

Inhaltsverzeichnis

Einleitung

„Wissenschaft ist die Freude am Finden von Unterschieden"
(Hermann Hesse)

Ich habe den Titel und Untertitel dieses Buches mit Bedacht gewählt. Sie sollen genau bezeichnen, um was es in diesem Buch geht. Es geht um die Erforschung der biologischen Eigenschaften der deutschen Bevölkerung der Gegenwart und der Vergangenheit und ihre Ergebnisse, seit es eine wissenschaftliche Anthropologie in Deutschland gibt, also seit etwa 1860. Das Buch ist keine Geschichte der Anthropologie in Deutschland, keine Geschichte der Rassenlehre und schon gar keine Darstellung der deutschen Anthropologie im Nationalsozialismus. Das muss betont werden, denn heute wird die Geschichte der deutschen Anthropologie fast nur noch unter diesem Gesichtspunkt gesehen. Wer etwas historisch Belastendes über die deutsche Anthropologie sucht, ist hier am falschen Ort.

Der Sinn dieses Buches ist vielmehr, das anthropologische Wissen über das deutsche Volk und den Ertrag der anthropologischen Forschung für den geschichtlich und humanbiologisch interessierten Leser in leicht zugänglicher Form zur Verfügung zu stellen. Dabei habe ich die psychologischen Befunde, soweit sie zumindest teilweise genetisch-biologisch begründet sind, als besonders wichtig miteinbezogen. Die historische und prähistorische anthropologische Forschung habe ich nur von der Entstehung des deutschen Volkes im frühen Mittelalter an berücksichtigt. Es geht um die biologische Bevölkerungsgeschichte Deutschlands und seiner Nachbarländer. Der Schwerpunkt liegt dabei auf der lebenden Bevölkerung.

Es gibt inzwischen eine umfassende geisteswissenschaftliche Literatur über die Geschichte der deutschen Anthropologie aus dem linken bis linksradikalen Spektrum, die diese fast ausschließlich unter ideologiegeschichtlichem Gesichtspunkt betrachtet. Deren Autoren sind in der Regel Historiker oder Politikwissenschaftler ohne biologische Vorbildung. Die gesamte klassische Anthropologie, also die, die sich mit Bevölkerungsunterschieden und den sichtbaren Merkmalen des Menschen befasst, wird dort als „wissenschaftlicher Rassismus" bezeichnet.[1]

---

1 Ein paar Beispiele für diese Art Literatur: Heidrun Kaupen-Haas (Hg.): Wissenschaftlicher Rassismus. Analysen einer Kontinuität in den Human- und Naturwissenschaften. Frankfurt a.M. 1999; dies. (Hg.): Der Griff nach der Bevölkerung. Aktualität und Kontinuität nazistischer Bevölkerungspolitik. Nördlingen 1986; AG gegen Rassenkunde (Hg.): Deine Knochen – Deine Wirklichkeit. Texte gegen rassistische und sexistische Kontinuität in der Humanbiologie. Münster i.W. 1998; Alexander Pinwinkler: Historische Bevölkerungsforschung. Deutschland und Österreich im 20. Jahrhundert. Göttingen 2014; Michael Fahlbusch, Ingo Haar, Alexander Pinwinkler (Hg.): Handbuch der völkischen Wissenschaften. Akteure, Netzwerke, Forschungsprogramme. 2.,

In dieser Literatur erfährt man jedoch nichts über die methodische Entwicklung und die inhaltlichen Fortschritte der Anthropologie. Alle anthropologischen Forschungsergebnisse werden als „angeblich", „vermeintlich" usw. bezeichnet und für unwissenschaftlich erklärt. Es geht diesen Autoren ausschließlich darum, die ganze Forschungsrichtung und möglichst alle an ihr beteiligten Wissenschaftler als „rassistisch" zu denunzieren. Also im Grunde um eine nicht wissenschaftliche Fragestellung. Man erfährt nichts über Methoden, methodische Fortschritte oder Forschungsergebnisse. Es geht nicht darum, Wissenschaftsgeschichte zu erforschen und zu verstehen, sondern darum, den Bereich des Verbotenen abzustecken. Eine aus ideologischen Gründen unerwünschte Wissenschaft soll durch möglichst starke Kontamination mit NS-Verbrechen delegitimiert werden. Das linke „Anthropologieverbot" (Odo Marquart) soll möglichst umfassend durchgesetzt werden. Das linke Übergewicht in den Geisteswissenschaften an den Universitäten und ihren Gremien ist inzwischen so stark, dass die Linke es auch weitgehend durchsetzen kann.

Hintergrund dieser Forschung ist die in linken Kreisen neuerdings verbreitete konstruktivistische Überzeugung, dass es keine objektive Wahrheit gibt, dass auch jede Wissenschaft von willkürlichen Vorurteilen bestimmt wird. Es gibt in diesen Kreisen nur noch einen Maßstab für die Bewertung von Wissenschaft, nämlich den der politischen Erwünschtheit. Wissenschaftlich ist das, was „politisch korrekt" ist. Rassen gibt es nicht, Völker sind Erfindungen, Geschlechter soziale Rollen, Intelligenzunterschiede zwischen den sozialen Schichten gibt es nicht, soziale Siebung findet nicht statt und Intelligenz ist nicht erblich. Die klassische Anthropologie wird von diesen Leuten pauschal als „Pseudowissenschaft" bezeichnet. Deshalb gehe ich in meinem Text ausführlich auf das ausgewertete Material und die einzelnen methodischen Schritte ein, damit diese und ihre Ergebnisse für den Leser nachvollziehbar sind. Dann kann man die Untersuchungen, die ich referiere, nicht so einfach als unwissenschaftlich abtun, als wenn ich nur deren Ergebnisse vorbringen würde.

So sollen die methodische Grundlagen und der schrittweise Fortschritt der Anthropologie in der Erforschung der biologischen Eigenschaften der deutschen Bevölkerung sichtbar gemacht werden. Dabei berücksichtige ich nicht nur die Forschung innerhalb Deutschlands, sondern soweit notwendig auch die in den Nachbarländern.

Natürlich kann ich in diesem Buch nicht jede Dorfuntersuchung oder jedes untersuchte Gräberfeld berücksichtigen. Ich behandle aber jede größere

---

grundlegend erweiterte und überarbeitete Auflage. Berlin 2017; Thomas Etzemüller: Auf der Suche nach dem nordischen Menschen. Die deutsche Rassenanthropologie in der modernen Welt. Bielefeld 2015.

Untersuchung und von den kleineren alle wichtigeren. Die wichtigeren sind die, die im Fach stark wahrgenommen wurden, die methodisch Schule machten oder die besonders wichtige Ergebnisse beinhalteten. Bevorzugt habe ich solche Untersuchungen ausgewählt, in denen nicht nur lokale Mittelwerte mitgeteilt werden, sondern die auch Vergleiche von sozialen oder ethnischen Gruppen beinhalten. Sofern ich nichts anderes schreibe, handelt es sich bei den untersuchten Probanden um erwachsene Männer. Übrigens werden die berichteten Befunde dadurch, dass man behauptet, Rassen gäbe es nicht, nicht beeinflusst. Man kann dann ebenso gut Merkmalskomplex, Typus oder Bevölkerung sagen. Die beschriebenen Merkmalsbefunde und -unterschiede sind auf jeden Fall real.

Die biologische Anthropologie kann einen wichtigen Beitrag zur Geschichte und Identität unseres Volkes wie auch zu bevölkerungsgeschichtlichen Vorgängen allgemein leisten. Deswegen möchte ich dieses heute weitgehend verlorene Wissen mit diesem Buch allen an der Geschichte unseres Volkes oder menschlicher Bevölkerungen überhaupt Interessierten wieder zugänglich machen.

I. Die Zeit von 1860 bis 1919

Den Beginn der deutschen Anthropologie als eigenständiges wissenschaftliches Fach kann man auf den 24. September 1861 datieren. An diesem Tag traf sich in Göttingen eine Reihe von Naturforschern, *„um sich zu beraten und gegenseitig zu belehren"*. Die treibende Kraft für dieses Treffen war der baltendeutsche Zoologe und Anatom Karl Ernst von Baer (1792–1867), der an der St. Petersburger Akademie der Wissenschaften lehrte. Es ging vor allem darum, sich auf *„eine gleichmäßige Art der Messung des gesamten Körpers"* zu einigen, um so möglichst bald ein *„sicheres und reichhaltiges Material"* als Grundlage ihrer Forschung zu besitzen.

Man verstand Anthropologie streng als Naturwissenschaft, *„es sollte (...) vor allen Dingen jede philosophische Betrachtung über den Menschen (...) ganz ausgeschlossen bleiben."* Als Gegenstand der Anthropologie wurden die *„Variation innerhalb des Menschengeschlechts"* und im Besonderen die *„Vergleichung der Völkerstämme der Gegenwart und der Vergangenheit"* herausgestellt.[2]

Fünf Jahre später erfolgte mit der Gründung des Archivs für Anthropologie (1866) die erste anthropologische Zeitschrift in Deutschland. Herausgeber waren der Freiburger Anatom Alexander Ecker (1816–1887) und der Vorgeschichtler Ludwig Lindenschmitt (1809–1893). Entsprechend erfasste das Archiv die gesamte alte „Anthropologie", also auch Urgeschichte, Archäologie und Ethnologie. Schließlich folgte 1870 die Gründung der Deutschen Anthropologischen Gesellschaft. Als erster Vorsitzender wurde der bekannte Mediziner Rudolf Virchow (1821–1902) gewählt. Anthropologische Gesellschaften gab es damals schon in Paris (1859) und London (1863), die Gründungen der Anthropologischen Gesellschaften in Wien und Italien fielen in dasselbe Jahr (1870).

Man beschloss auf der Gründungsversammlung drei größere Projekte, für die jeweils eigene Kommissionen gegründet wurden:

1. Eine für die Kartierung aller vorgeschichtlichen Funde (die hier als nicht anthropologisch nicht weiterverfolgt werden soll).

2. Eine für eine anthropologische Gesamtaufnahme der deutschen Bevölkerung (besonders der Kopfform) unter Vorsitz von Rudolf Virchow.

---

2 Karl Ernst von Baer, Rudolph Wagner: Bericht über die Zusammenkunft einiger Anthropologen im September 1861 in Göttingen. Leipzig 1861, zit. n. Ilse Schwidetzky: Die institutionelle Entwicklung der Anthropologie. In: Ina Spiegel-Rösing, Ilse Schwidetzky (Hg.): Maus und Schlange. Untersuchungen zur Lage der deutschen Anthropologie. Wien 1982, S. 75-101 und Ilse Schwidetzky: Geschichte der Anthropologie. In: Rainer Knussmann (Hg.): Anthropologie. Handbuch der vergleichenden Biologie des Menschen. Stuttgart 1988, S.47-126.

3. Und eine für ein Verzeichnis der Schädelsammlungen in Deutschland einschließlich der Maße der verschiedenen Schädel (1816–1893).

In der Kommission für eine anthropologische Aufnahme der Bevölkerung in ganz Deutschland erweiterte Virchow gleich das Merkmalsspektrum um die Pigmentierung (Haar-, Augen- und Hautfarbe). Man strebte dort zunächst eine Rekrutenuntersuchung des deutschen Heeres an.

Schädel- und Skelettuntersuchungen

Die Schädelkataloge erschienen von 1883 bis 1907 als Beilagen des Archivs für Anthropologie. Insgesamt sind es 14 Schädelkataloge mit vielen Maßen aus ganz Deutschland. Sie enthalten sowohl vorgeschichtliche als auch historische und neuzeitliche Schädel. Ihr Wert wird aber dadurch gemindert, dass bei vielen Schädeln die Datierung und kulturelle Zugehörigkeit unsicher sind.[3] Die Anthropologie war damals zu großen Teilen noch Kraniologie bzw. Kraniometrie, das heißt die Beschreibung und Messung von Schädeln. Schädel waren relativ einfach zugänglich und ließen sich geduldig messen.[4]

Der erste, der eine größere Gruppe von historischen und neuzeitlichen Schädeln in Deutschland untersuchte und veröffentlichte, war der Freiburger

---

3 I. Bonn. Anthropologische Sammlung des Anatomischen Museums der Universität. Archiv für Anthropologie 10, 1878; II. Privatsammlungen Craniologische Sammlung Dr. Emil Schmidt, Anatomisches Institut der Universität Leipzig. Archiv für Anthropologie 17, 1888; III. Die von Blumenbach gegründete Sammlung der Universität Göttingen. Archiv für Anthropologie 11, 1879; IV. Freiburg i. Br. Catalog der anthropologischen Sammlungen der Universität. Archiv für Anthropologie 11, 1879; V. Königsberg i. Pr. Schädel und Skelette der anthropologischen Sammlungen zu Königsberg. Archiv für Anthropologie; VI. Berlin. Das anthropologische Material des Anatomischen Museums der Kgl. Universität, I. Teil. Archiv für Anthropologie 13, 1881, II. Teil, 1. Abt. 15, 1884, II. Teil, 2. Abt., 22, 1894; VII. Frankfurt/M. Die Anthropologische Sammlung des Senckenberg-Museums Frankfurt/M. Archiv für Anthropologie 14, 1883; VIII. Erlangen. Anthropologische Sammlung des Anatomischen Instituts der Universität. Archiv für Anthropologie 34, 1907; IX. Darmstadt. Die Anthropologischen Sammlungen des Großherzoglichen Naturalien-Cabinets im Alten Schloß. Archiv für Anthropologie 14, 1883; X. München. Die Rassen-Schädel und Skelette in der Kgl. Anatomischen Anstalt. Archiv für Anthropologie 20, 1891/92; XI. Heidelberg. Die Schädel in der Großherzoglichen Anstalt zu Heidelberg. Archiv für Anthropologie 24, 1897; XII. Breslau. Die Sammlung des Anatomischen Instituts Breslau. Archiv für Anthropologie 15 (Suppl.), 1885; XIII. Straßburg. Anthropologische Sammlung des Anatomischen Instituts der Universität. Archiv für Anthropologie 22, 1894; XIV. Tübingen. Anthropologische Sammlung des Anatomischen Instituts der Universität. Archiv für Anthropologie 28, 1903.

4 Es heißt in der Anthropologie *messen*, nicht *vermessen*, wie in der linken Anti-Anthropologie-Literatur üblich.

Anatom Alexander Ecker in seiner 1865 erschienenen *Crania Germaniae meridionales occidentalis*. Ecker untersuchte Schädel aus verschiedenen Zeiten in Südwestdeutschland, davon 83 aus alten Gräbern und 100 Schädel heutiger Bewohner (68 m, 32 w). Von den Gräberschädeln stammten einige aus vorgeschichtlichen Hügelgräbern und andere aus den Reihengräbern des frühen Mittelalters, die man damals schon den Germanen zuordnen konnte.

Die Schädel aus den vorgeschichtlichen Hügelgräbern waren mäßig dolichocephal (langköpfig, in der Ansicht von oben), hatten ausgeprägte seitliche Höcker am oberen Hinterkopf *(tubera parietalia)*, einen gewölbten Scheitel in der Seitenansicht und ein rund gewölbtes Hinterhaupt. Ecker ordnete die Hügelgräber (mit Recht) der keltischen, vorgermanischen Bevölkerung zu.

Die germanischen Schädel aus den Reihengräberfeldern waren lang und schmal, also dolichocephaler als die der Hügelgräber, hatten einen flachgewölbten Scheitel, nur gering ausgeprägte Scheitelhöcker und ein nach hinten hervorragendes Hinterhaupt. Ecker nannte diesen Schädeltypus den Reihengräbertypus, eine Bezeichnung, die sich bis heute durchgesetzt hat. Der entspricht dem nordiden Rassentypus bei Lebenden. Gelegentlich kamen die Reihengräberschädel auch schon in der Hügelgräberbevölkerung vor.

Die Schädel der heutigen Bevölkerung Südwestdeutschlands waren kurzköpfig (brachycephal) und nur vereinzelt dolichocephal, kurz, breit, ziemlich hoch, hatten meist eine wohl entwickelte Stirn mit ausgeprägten seitlichen Stirnhöckern *(tubera frontalis)*, waren seitlich etwas ausgewölbt und hatten ein steil abfallendes flaches Hinterhaupt *(planoccipital)*. Bei großer Körperhöhe – die war bei den Anatomieleichen bekannt – hatten die modernen Schädel ein hohes Gesicht, bei kleiner Körperhöhe ein niedriges, eher rundliches Gesicht. Nur ein Schädel schloss sich in der Form an die Reihengräberschädel an. Der Längenbreitenindex – das Verhältnis der größten Schädelbreite zur größten Schädellänge – betrug bei den modernen Schädeln 83,1 und bei den Gräberschädeln 74,97.[5] Ecker erklärte sich den Unterschied zwischen den Reihengräberschädeln und der neuzeitlichen und heutigen Bevölkerung dadurch, dass letztere vor allem von der vorgermanischen Bevölkerung abstammt.

Die Form des Reihengräberschädels war schon ein Jahr zuvor (1864) von den Schweizer Anthropologen Wilhelm His und Ludwig Rütimeyer in ihrer *Crania Hevetica* nach einem Fundort im Kanton Solothurn als Hohberg-Typus beschrieben worden. Sie hatten diesen Typus, der vor allem in spätrömischen Gräbern vorkam, noch als römisch gedeutet. Den kurzköpfigen Typ mit

---

5 Alexander Ecker: *Crania Germaniae meridionales occidentales*. Beschreibung und Abbildung von Schädeln früherer und heutiger Bewohner des südwestlichen Deutschlands. Freiburg i.Br. 1865.

flachem Hinterhaupt haben die Schweizer den Disentis-Typus genannt, nach einem Ort in Graubünden.[6]

Ein paar Jahre später bearbeitete der Arzt und Anthropologe Hermann von Hölder (1819–1906) ein umfangreiches Material von 962 Schädeln, 178 Anatomieleichen und vielen Beobachtungen an Lebenden aus Württemberg. Er unterschied schließlich drei anthropologische Typen. Der erste war der durch einen langen schmalen Schädel, ein herausragendes Hinterhaupt, eine hohe Stirn, eine hervorragende Nase und einen hohen Unterkiefer charakterisierte bereits bekannte dolichoide Reihengräbertypus, den Hölder den „germanischen" Typus nannte. Bei Lebenden ist er außerdem durch helle Haare und Augen und eine große Körperhöhe ausgezeichnet. Das ist der nordide Typus der heutigen Anthropologie.

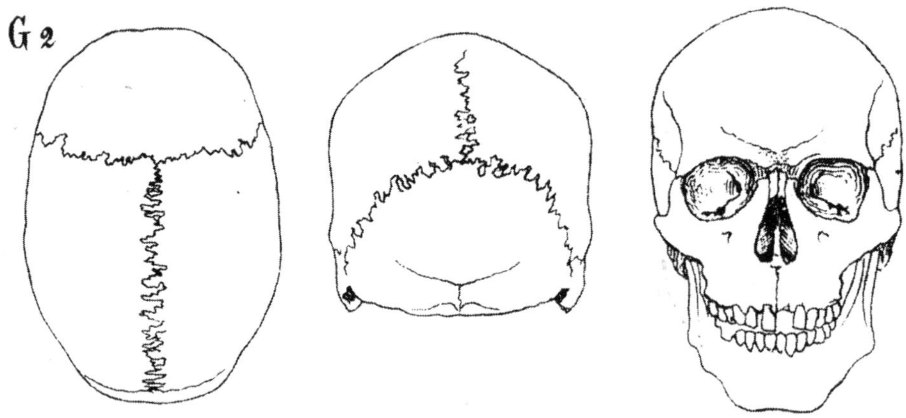

Dolichocephaler Schädel (germanischer Typus nach v. Hölder)

Hölder unterschied außerdem zwei kurzköpfige (brachycephale) Typen. Der erste von diesen zeichnet sich durch einen kurzen, runden und eher niedrigen Schädel mit breiter, niedriger Stirn aus, hinter der sich der Schädel seitlich etwas auswölbt. Das Gesicht weicht im Profil im unteren Teil etwas hinter Nase und Stirn zurück (ist *orthognath*) und ist breit und rundlich. Die Nase ist eher klein und flach, die Nasenwurzel tief eingeschnitten, der Unterkiefer weniger hoch als beim Reihengräbertypus. Bei Lebenden ist er außerdem durch braune Haare und Augen und eine geringere Körperhöhe charakterisiert. Hölder hat diesen Typus den „turaniden" Typus genannt. Er entspricht schon weitgehend dem alpinen Typus der modernen Anthropologie.

Der dritte Typus hat ebenfalls eine kurze Kopfform, die aber höher ist und ein flaches, steil abfallendes Hinterhaupt besitzt. Das Gesicht ist ebenfalls

6 Ludwig Rütimeyer, Wilhelm His: *Crania Helvetica*. Sammlung schweizerischer Schädelformen. Basel 1864.

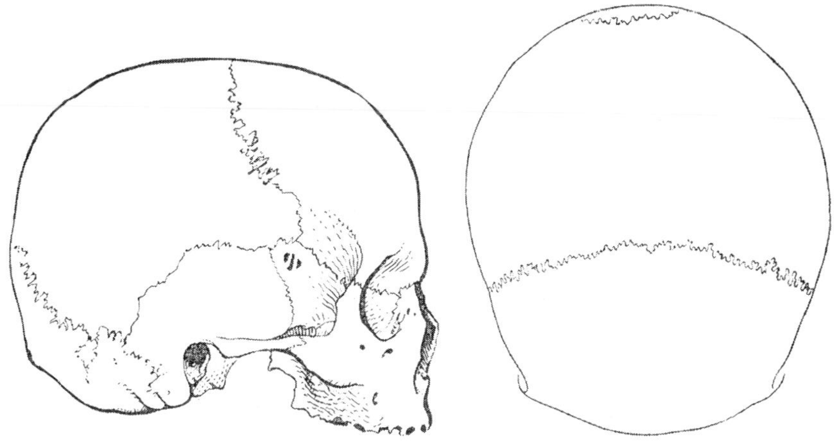

Hyperbrachycephaler Schädel aus einem Beinhaus in Disentis (Schweiz)

orthognath, im Unterschied zum zweiten Typus hoch und schmal mit einer nur mäßig tiefen Nasenwurzel und einer mäßig breiten und hohen Stirn. Die Pigmentierung ist bei Lebenden noch dunkler als bei dem zweiten Typus. Tiefschwarze Haare sind bei diesem Typus wesentlich häufiger als beim „turaniden" Typus. Hölder nannte diesen dritten Typus den „sarmatischen" Typus. Er entspricht bereits weitgehend dem dinariden Typus der heutigen Anthropologie.

Hölder hatte die Vorstellung, die beiden brachycephalen und dunklen Typen seien im Laufe der Vorgeschichte und Geschichte aus Asien eingewandert und hätten ursprünglich zur mongoliden Großrasse gehört. Die Hunnen, Awaren, Mongolen und namenlose vorgeschichtliche Völker hätten zu ihnen gehört. Eine These, die sich vereinzelt zwar noch lange halten sollte, von den meisten Anthropologen aber aufgrund der geringen Übereinstimmung der europäischen Kurzköpfe mit den asiatischen Mongoliden abgelehnt wurde und schon bald aus der Diskussion verschwand.[7]

---

7 Ilse Schwidetzky, Friedrich W. Rösing: Kurze Geschichte des Brachycephalisationsproblems. In: Symposium Diachrone Trends in der Historischen Anthropologie. Prag 31.8.–2.9.1989. Prag 1992, S. 121-123; M. Reicher: Untersuchungen über die Schädelform der alpenländischen und mongolischen Brachycephalen. 1. Zur Charakteristik einiger brachycephalen Schädelformen. In: Zeitschrift für Morphologie und Anthropologie 15, 1913, S. 421-462; ders.: Untersuchungen über die Schädelform der alpenländischen und mongolischen Brachycephalen. 2. Vergleich der alpenländischen brachycephalen Schädel mit den mongolischen. In: Zeitschrift für Morphologie und Anthropologie 16, 1914, S. 1-64.

Die Reihengräber beinhalteten nach Hölder nur die oberen und mittleren Sozialschichten, nicht die von den Germanen unterworfene Unterschicht. Mit der Zeit hätten sich die verschiedenen Schichten jedoch miteinander vermischt. Die beiden brachycephalen Typen gäbe es in der Gegenwart fast nur noch als Mischtypen mit dem „germanischen" Typus, während dieser im fränkischen Nordwürttemberg auch in noch verhältnismäßig reiner Form vorkomme. Unter 168 Anatomieleichen in Württemberg gehörten 14,3 Prozent dem (nordiden) Reihengräbertypus, 4,8 Prozent dem „sarmatischen" (dinariden) und nur 1,8 Prozent dem „turaniden" (alpinen) Typus an. Auch heute noch sei der Reihengräbertypus im Adel und im begüterten Bürgertum häufiger vertreten als in den unteren Schichten. Unter den 170 Schädeln aus den fränkischen und alemannischen Reihengräberfriedhöfen des frühen Mittelalters sind 78,8 Prozent reine Reihengräbertypen.[8] Unter baierischen Reihengräberschädeln in und um Regensburg fand Hölder nur 68 Prozent reine Reihengräbertypen. Dort war anscheinend der nicht germanische Bevölkerungseinschlag etwas größer als bei den südwestdeutschen Germanen.[9]

In der Folge wurden vor allem in Süddeutschland einige Schädelserien aus Reihengräberfriedhöfen und von mittelalterlichen und neuzeitlichen Kirchhöfen anthropologisch bearbeitet. In Österreich, besonders in Vorarlberg und Tirol, Oberösterreich und der Steiermark, wurden viele Schädel aus alpinen Beinhäusern (sogenannten Karnern) untersucht. Im Gebirge mit seinem felsigem Untergrund gab es den Brauch, die skelettierten Überreste der Vorfahren aus den Gräbern zu holen und in besonderen kapellenartigen Gebäuden zu verwahren, um freien Grund auf den Kirchhöfen für neue Bestattungen zu haben. Manchmal war es sogar üblich, die Namen der Toten auf die Stirn der Schädel zu schreiben. Teilweise reichen die Karnerschädel bis ins hohe Mittelalter zurück. In der Schweiz gab es sogar erste lokale Untersuchungen an Lebenden, vor allem in Graubünden, meist im Zusammenhang mit der Untersuchung der örtlichen Schädel.

Man beobachtete, dass die ausgesprochen langköpfigen Schädel in den späteren Reihengräberfeldern seltener werden und an ihre Stelle zunehmend Kurzköpfe und vor allem Mischtypen treten. Das war vor allem im Süden der Fall (Süddeutschland, Schweiz, Österreich).[10] Darin sah man den Einfluss der

8 Hölder, Hermann v.: Zusammenstellung der in Württemberg vorkommenden Schädelformen. In: Jahreshefte des Vereins für vaterländische Naturkunde in Württemberg 32, 1876, S. 359-466.

9 Hölder, Hermann v.: Die Skelette des römischen Begräbnisplatzes in Regensburg mit Benutzung der Untersuchungen des Herrn Pfarrer J. Dahlen. In: Archiv für Anthropologie 13, 1882 (Supplement), S. 1-53.

10 Julius Kollmann: Diskussionsbeitrag. In: Bericht über die VII. Allgemeine Versammlung der Deutschen Gesellschaft für Anthropologie, Ethnologie und Urgeschichte zu

Schädel im Beinhaus in Hallstatt (Oberöstereich)

vorgermanischen Bevölkerung, die durch Heiratskontakte langsam mit der germanischen Gesellschaft verschmolz.

Rudolf Virchow hatte 1873 eine Reise nach Nordwestdeutschland unternommen, auf der er sich die örtlichen Schädelsammlungen anschaute. Ihm fiel dort ein charakteristischer Schädeltypus mit in der Seitenansicht besonders niedriger Schädelhöhe auf.[11] Das ist ein altertümliches Merkmal, wie es besonders alte Schädeltypen wie der Neandertaler aufweisen. Dieses Merkmal zeigten in Nordwestdeutschland allerdings nur einzelne Schädel, der vorherrschende Typus war auch hier der germanische Reihengräbertypus. Virchow stellte diesen Typus in der Gesellschaft für Anthropologie und 1877 in einem Buch vor, stieß aber überwiegend auf Widerspruch der deutschen Anthropologen. Hermann von Hölder, J. Gildemeister und der niederländische Anthropologe H. C. Folmer zeigten in ihren Entgegnungen, dass der von

Jena (...) 1876. In: Correspondenz-Blatt der Deutschen Anthropologischen Gesellschaft 1876, Nr. 9-11, S. 104.

11 Virchow, Rudolf: Über eine niedrige Schädelform in Nordwestdeutschland. In: Verhandlungen der Berliner Gesellschaft für Anthropologie, Ethnologie und Urgeschichte 1874, S. (239)-(251); ders.: Beiträge zur physischen Anthropologie der Deutschen, mit besonderer Berücksichtigung der Friesen. Berlin 1877.

Virchow beschriebene niedrigschädelige Typus kein eigener Typus ist, sondern durchaus in die normale Variationsbreite des Reihengräbertypus fällt.[12]

Man hatte in den Gräberfeldern östlich von Elbe und Saale schon früh überwiegend langköpfige Schädel gefunden, die dem Reihengräbertypus glichen. Deswegen nahm man zunächst an, es handele sich hierbei auch um Germanen, selbst wenn die Grabbeigaben keinen germanischen Eindruck machten. Nachdem aber von dem dänischen Vorgeschichtler Sophus Müller (1846–1934) die in den Gräbern gefundenen sogenannten Schläfenringe 1877 als charakteristische slawische Grabbeigaben erkannt worden waren, musste man anerkennen, dass es sich um Slawen handelt. Mit zunehmenden Untersuchungen dieser Gräber zeigte sich aber, dass sie nicht nur Schädel des Reihengräbertypus enthalten, sondern im Unterschied zu den westdeutschen Reihengräbern auch kurzköpfigere Schädel, die sich in ihrer Form von den typisch germanischen Schädeln unterscheiden. Deshalb sprachen Anthropologen, die sich mit den Slawen befassten, jetzt von einem zweiten Slawentypus (neben dem Reihengräbertypus), den man anthropologisch jedoch noch nicht so richtig einordnen konnte. Der tschechische Archäologe und Anthropologe Lubor Niederle (1865–1944) setzte ihn 1899 mit der von dem russisch-französischen Systematiker Joseph Deniker (1852–1918) beschriebenen *„race orientale"* gleich, und der deutsche Anthropologe Alfred Schliz (1848–1915), der vor allem auf die Beschreibung der Form der Schädel und weniger auf ihre Maße Wert legte, bezeichnete sie als „finnisch". Das war der Rassentypus, der später in der deutschen Anthropologie als osteuropide Rasse bezeichnet wurde.[13]

---

12 J. Gildemeister: Ein Beitrag zur Kenntnis nordwestdeutscher Schädelformen. In: Archiv für Anthropologie 11, 1879, S. 25-63, Taf. I bis III.; Hermann von Hölder: Ueber die in Deutschland vorkommenden, von Herrn Virchow den Friesen zugesprochenen niederen Schädelformen. In: Archiv für Anthropologie 12, 1880, S. 315-354; H. C. Folmer: Die ersten Bewohner der Nordseeküste in anthropologischer Hinsicht, verglichen mit den gleichzeitig lebenden Germanen in Mitteldeutschland. In: Archiv für Anthropologie 26, 1899, S. 747-763.

13 Rudolf Asmus: Die Schädelform der altwendischen Bevölkerung Mecklenburgs. In: Archiv für Anthropologie 27, 1902, S. 1-33; Alfred Schliz: Bemerkungen zur Rassebildung der slawischen Völker. In: Archiv für Anthropologie NF 12, 1913, S. 88-90; Ilse Schwidetzky: Rassenkunde der Altslawen. Stuttgart 1938.

Die Schulkinderuntersuchung Rudolf Virchows

Die Kommission für eine anthropologische Untersuchung der Bevölkerung des Deutschen Reiches scheiterte mit ihren Bemühungen zunächst. Wegen Deutschlands föderaler Struktur brauchte man die Zustimmung der zuständigen Minister der einzelnen Länder. Da Preußen allein etwa zwei Drittel des Deutschen Reiches umfasste, wandte sich Virchow zunächst an den preußischen Kriegsminister. Man wollte Kopf- und Körpermaße sowie die Farbmerkmale junger Rekruten bestimmen. Der preußische Kriegsminister

Rudolf Virchow

erteilte jedoch leider 1874 nicht seine Erlaubnis zu dem Unternehmen.[14] Man einigte sich darum in der Kommission auf eine abgespeckte Fassung der Untersuchung. Statt Rekruten sollten nun die Schulkinder von ihren Lehrern bezüglich ihrer Haar-, Augen- und Hautfarbe bestimmt werden. Kopf- und Körpermaße zu nehmen glaubte man den Lehrer nicht zutrauen und zumuten zu können. Virchow wandte sich nun an den preußischen Unterrichtsminister. Und dieser, ein Fortschritts-Parteifreund Virchows, gab seine Einwilligung. Mit der preußischen Zustimmung gelang es nun auch leichter, die Einwilligung der anderen Länderminister zu erhalten. Nur die freie Stadt Hamburg

14 Gustav Schwalbe: Ueber eine umfassende Untersuchung der physisch-anthropologischen Beschaffenheit der jetzigen Bevölkerung des Deutschen Reiches. In: Correspondenz-Blatt der Deutschen Gesellschaft für Anthropologie, Ethnologie und Urgeschichte 34, 1903, S. 73-83, S. 73.

gab ihre Zustimmung zu der Untersuchung an ihren Schulen nicht, *„weil man dort der Meinung war, dass dies ein Eingriff in die persönliche Freiheit sei, welcher sich nicht mit den herkömmlichen Traditionen des Staates vertrage."* Ein Verlust, der aber verkraftbar war. Nur eine jüdische hamburgische Schule nahm freiwillig an der Untersuchung teil.[15]

Man erarbeitete für die Lehrer eine ausführliche Anleitung, wie und welche verschiedenen Farbtöne sie bestimmen sollten, und schon 1875 konnten die umfangreichen Erhebungen begonnen werden. Schon 1876 lagen für die meisten deutschen Länder bereits die Ergebnisse vor. Die jüdischen Schüler – nach *Origo* (Ursprung), nicht nach Konfession – wurden gesondert aufgeführt. Insgesamt wurden 6 758 827 Schulkinder von 6 bis 14 Jahren untersucht. Damit ist die deutsche Schulkinderuntersuchung wohl die größte anthropologische Untersuchung, die je durchgeführt wurde. Es ist zugleich bis heute die einzige landesweite anthropologische Untersuchung ganz Deutschlands geblieben. Das Unternehmen stieß auf großes Interesse sowohl im Inland als auch im Ausland. Und schon in der Planungsphase begannen Belgien, die Schweiz und Österreich ihre eigenen Untersuchungen nach dem deutschen Vorbild vorzubereiten. Die statistische Auswertung einer so großen Datenmenge benötigte Zeit. Erst nach 10 Jahren, 1886, erschien Rudolf Virchows umfassender, 200 Seiten starker Bericht mit großem Tabellenteil und fünf großen farbigen Karten im Archiv für Anthropologie.[16]

Die Schulkinderuntersuchung ergab, dass in ganz Deutschland 31,8 Prozent der Schüler dem blonden Typus (blonde Haare, blaue Augen und weiße Haut) angehörten. Nimmt man die grauäugigen Schüler noch dazu, ist es eine Mehrheit von 55,3 Prozent. Man muss allerdings bedenken, dass ein Teil der blonden Schüler noch nachdunkelt. Dem braunen Typus (braune Haut, braune oder schwarze Haare, braune Augen) gehörten 14,1 Prozent an. Den Rest bilden alle Mischkombinationen von hellen und dunklen Farben an. Wichtiger als die Prozentzahlen ist die geografische Verteilung der Merkmale und Merkmalskombinationen. Sie ist die eigentliche Grundlage der bevölkerungsgeschichtlichen Interpretation. Der Blick auf die Karte zeigt, dass der Osten Deutschlands dem Nordwesten in der Häufigkeit der hellen Farben nur wenig nachstand, es dafür aber ein deutliches Nord-Süd-Gefälle gab. Die Gebiete in Süddeutschland waren deutlich dunkler in der Pigmentierung.

---

15 Virchow, Rudolf: Gesammtbericht über die von der deutschen anthropologischen Gesellschaft veranlassten Erhebungen über die Farbe der Haut, der Haare und der Augen der Schulkinder in Deutschland. In: Archiv für Anthropologie 16, 1886, S. 275-475, S. 283.

16 Virchow, Rudolf: Gesammtbericht über die von der deutschen anthropologischen Gesellschaft veranlassten Erhebungen über die Farbe der Haut, der Haare und der Augen der Schulkinder in Deutschland. In: Archiv für Anthropologie 16, 1886, S. 275-475.

Das Gebiet mit mehr als 30 Prozent des blonden Typus (s.o.) reicht im Westen bis zum Rhein und Main und im Osten teilweise bis Sachsen und Schlesien. Zu dem Gebiet mit mehr als 20 Prozent blonden Typus gehören der größte Teil des linksrheinischen Rheinlandes bis zur (damaligen) belgischen Grenze und fast ganz Franken und Südwestdeutschland zwischen Rhein und Lech. Im Osten gehören die restlichen Teile Thüringens, Sachsens und Schlesiens dazu. Zum Gebiet mit mehr als 15 Prozent gehören Elsass-Lothringen, ein Teil von Hunsrück und Pfalz und fast ganz Altbayern. Weniger als 15 Prozent blonde Typen gibt es nur in einigen Kreisen in Niederbayern.

Der braune Typus zeigt das entgegengesetzte Bild: Mehr als 25 Prozent beträgt er nur in einigen Kreisen Elsass-Lothringens und am Rande Nieder- und Oberbayerns. Zwischen 20 und 25 Prozent dafür aber im übrigen Elsass-Lothringen, Teilen der Pfalz, dem südlichen Teil Baden-Württembergs

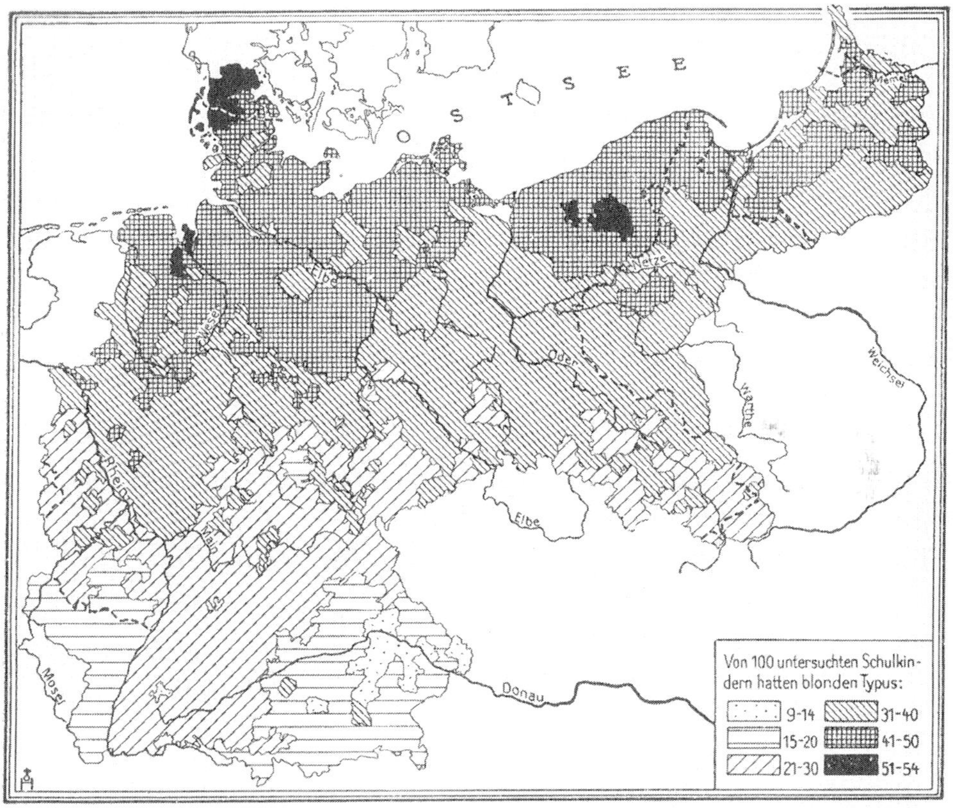

Verbreitung des blonden Körpertypus der Schulkinder im Jahre 1875

Karte des blonden Typus in Deutschland (Virchow 1886)

und in ganz Altbayern. Nur im nördlichen und mittleren Württemberg und in bayerisch Schwaben ist er seltener. Der Norden Süddeutschlands und Teile Thüringens und Schlesiens haben mehr als 15 Prozent. Zwischen 10 und 15 Prozent beträgt er in einem mittleren Streifen vom Rheinland über Sachsen-

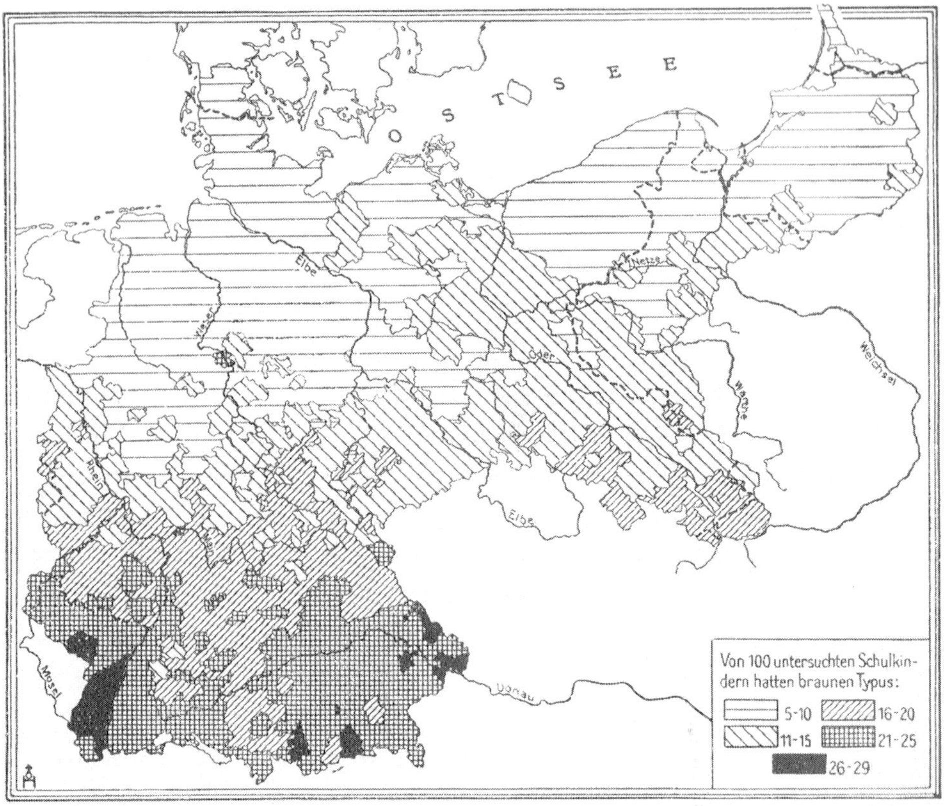

Verbreitung des braunen Körpertypus der Schulkinder im Jahre 1875

Karte des braunen Typus in Deutschland (Virchow 1886)

Thüringen bis Schlesien, mit einer Ausbuchtung nach Norden entlang der Oder bis Mecklenburg und Westpreußen. Im ganzen übrigen Norddeutschland beträgt der braune Typus weniger als 10 Prozent.

Da zu den schwarzen Haaren nur die wirklich tiefschwarzen Haare gezählt wurden und alle anderen Dunkelhaarigen zu den Braunhaarigen, ist der Anteil der Schwarzhaarigen nur gering. Am meisten von ihnen gibt es mit 8,8 Prozent im überwiegend französischsprachigen Lothringen (Regierungsbezirk Metz), gefolgt vom Ober- und Unterelsass (7,7 und 6,7 Prozent), der Oberpfalz und Niederbayern (6,0 und 5,3 Prozent) und der Rheinpfalz (5,9 Prozent). Im übrigen Süddeutschland betragen sie zwischen 2,3 und 4,7 Prozent. Württemberg hat nur 1,6 Prozent und ragt hier wie bei den anderen Farbmerkmalen durch seine relativ hellen Farben aus Süddeutschland heraus. Das Rheinland mit 1,9 Prozent und die überwiegend polnische Provinz Posen mit 2,1 Provinz sind die Gebiete mit dem größten Anteil Schwarzhaariger in Deutschland nördlich des Mains. In Teilen Niedersachsens und in Schleswig-Holsteins lag der Anteil Schwarzhaariger damals noch im Promillebereich.

Anhand der Differenz zwischen den 6- bis 8- und den 12- bis 14-Jährigen konnte man den Anteil der Schüler bestimmen, die während der Schulzeit von blond nach braun nachdunkeln. Bemerkenswert ist, dass deren Anteil im Nordosten (Posen, West- und Ostpreußen, Pommern, Brandenburg) mit 6,8 bis 7,7 Prozent deutlich höher ist als im Westen (Schleswig-Holstein 2,9 Prozent, Rheinland 0,9 Prozent).

Ein Problem waren die Rothaarigen. Da die Rotblonden zu den Blonden gezählt wurden, ist der Anteil der Rothaarigen in Deutschland mit nur 0,25 Prozent sehr gering (spätere regionale Untersuchungen zeigen weit höhere Werte). Das dürfte aber auch daran liegen, dass erst eine eigene Kategorie für rote Haare eingeführt wurde, als die Untersuchung in Bayern schon im Gange war. Die Lehrer mussten daher die Rothaarigen in die Verlegenheitsspalte *„andere Combinationen"* eintragen und haben sicher viele zu den Braunhaarigen gezählt. So ist zum Beispiel unsicher, ob die mit Abstand meisten Rothaarigen in Bayern in der Rheinpfalz real sind oder nur eine größere Bereitschaft der Pfälzer Lehrer widerspiegeln, sie als eigene Rubrik zu führen. In die Spalte *„andere Combinationen"* wurden so seltene Eigenschaften wie gelbe oder schwarze Augen eingetragen oder auch gelbe Haare, womit wohl gelbblonde Haare gemeint waren (am meisten in Oldenburg).

Die verhältnismäßig kleinräumige geografische Unterteilung nach Kreisen und Ämtern lässt auch manche Einzelheiten erkennen, etwa wenn im wendischen Kerngebiet in der Niederlausitz (Kreise Cottbus, Lübben und Kalau) der Anteil der grauen Augen im Verhältnis zu den blauen höher ist als in den Kreisen der Umgebung.

Schon vor dem deutschen Bericht erschienen die der Schulkinderuntersuchungen in Belgien, der Schweiz und Österreich.[17] Die belgische Untersuchung (1879) unterschied sich in einem Punkt von der deutschen, nämlich darin, dass die Grauäugigen zu dem blonden Typus gezählt wurden, es also für den blonden Typus in engeren Sinn wie in Deutschland keine Vergleichsdaten gibt. Die Schweizer Schulkinderuntersuchung, der die Ergebnisse für die Kantone Freiburg und Bern schon 1880 vorangegangen waren, erschien 1883 und die Österreichs 1884. Die österreichische Schulkinderuntersuchung erfasste das ganze Gebiet der cisleithanischen (diesseits der Leitha gelegenen) Reichshälfte, also Deutsch-Österreich mit ganz Tirol, sowie Slowenien,

17 Léon Vanderkindere: La couleur des yeux et des cheveux en Belgique. In: Société Royal Belge de Géographie, Bulletin 3, 1879, S. 409-449; Theophil Studer: Ueber die Farbe der Haut und der Augen im Kanton Bern. Separatdruck aus den Mittheilungen der Bernischen Naturforschenden Gesellschaft, Bern 1880; P.-A. Boéchat: La couleur des yeux, des cheveux et de la peau chez les enfants de écoles du canton de Fribourg. In: Bulletin der Naturforschenden Gesellschaft (...) Fribourg, 1880, S. 48-75; Julius Kollmann: Die statistischen Erhebungen über die Farbe der Augen, der Haare und der Haut in den Schulen der Schweiz. Zürich 1883; Adolf Schimmer: Erhebungen ueber die Farbe der Augen, der Haare und der Haut bei den Schulkindern Österreichs. Supplement I zu den Mitteilungen der Anthropologischen Gesellschaft in Wien, Wien 1884.

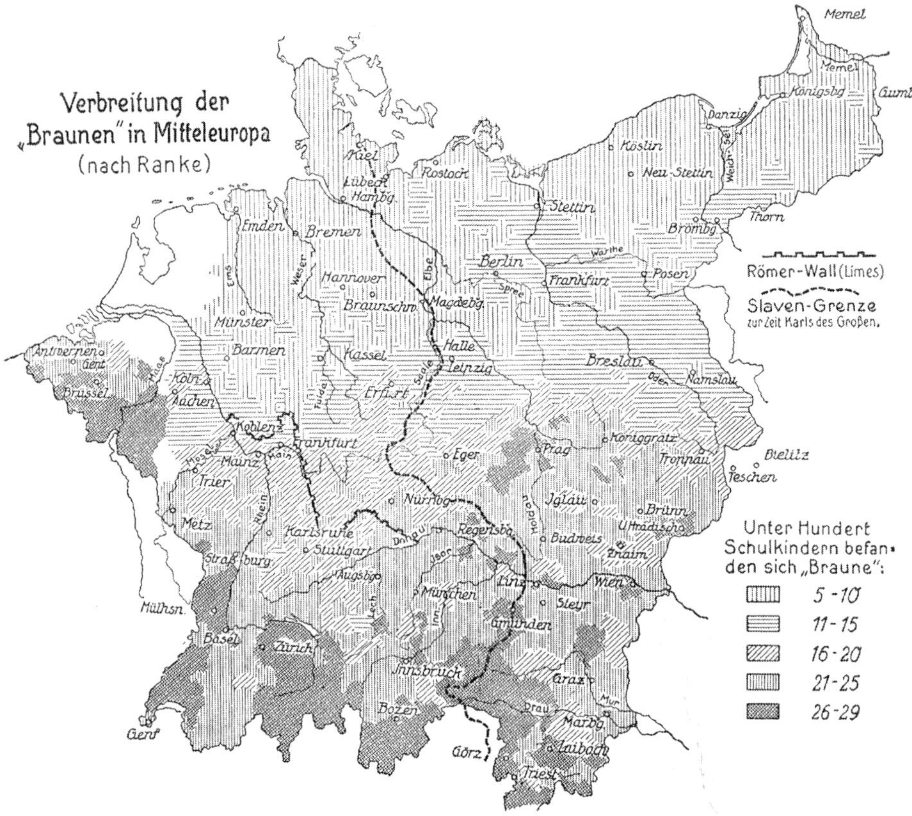

Die Verbreitung des braunen Typus in Mitteleuropa (Ranke)

Dalmatien, Böhmen und Mähren (mit österreichisch Schlesien), Galizien und die Bukowina. Nicht von der österreichischen Schulkinderuntersuchung erfasst ist das Burgenland, das damals noch zu Ungarn gehörte. Zusammen mit den Untersuchungen in Österreich, der Schweiz und Belgien umfasste die Schulkinderuntersuchung mehr als 10 Millionen Schulkinder.

Der Münchener Anthropologe Johannes Ranke und sein britischer Kollege John Beddoe fertigten unabhängig voneinander farbige Karten für das ganze Gebiet der Schulkinderuntersuchungen an. Diese ließ später Hans F. K. Günther für seine „Rassenkunde des deutschen Volkes" in Schwarzweiß umzeichnen. Das sind die von mir hier gezeigten Karten.[18]

Beide Karten zeigen deutlich die Zunahme der dunklen Komplexion von Norden nach Süden. Im Westen und Süden zeichnet sich das romanische

18 Ranke, Johannes: Der Mensch. Zweite gänzlich neubearbeitete Auflage. 2. Band. Die heutigen und die vorgeschichtlichen Menschenrassen. Leipzig und Wien 1900, S. 290; John Beddoe: Colour and Race. In: Journal of the Royal Anthropological Institute of Great Britain and Ireland 35, 1905, S. 219-250; Günther, Hans F. K.: Rassenkunde des deutschen Volkes. 114.-124. Tausend, München 1942, S. 267 und 269.

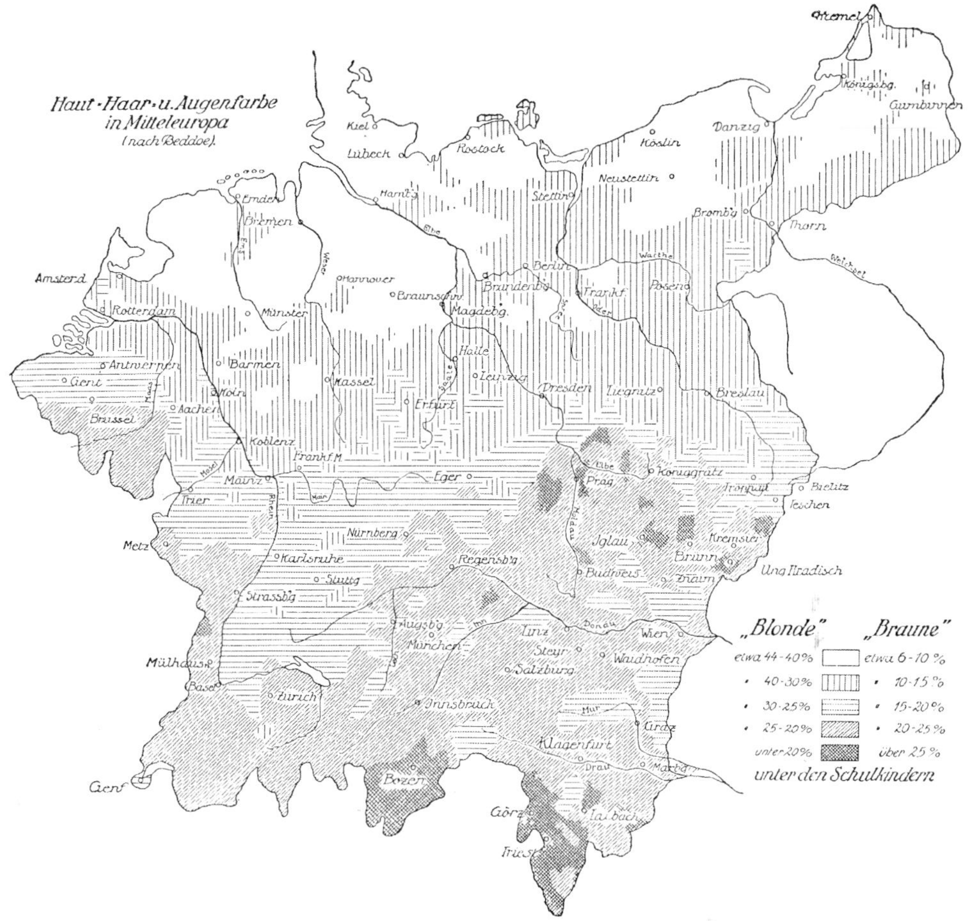

Die Verbreitung der braunen Typus in Mitteleuropa (Beddoe)

Sprachgebiet in Belgien, der Schweiz und Tirol durch dunklere Farben aus als das deutsche und niederländische Sprachgebiet. Vor allem in Belgien ist auf Beddoes Karte die niederländisch-wallonische Grenze in aller Genauigkeit erkennbar. Im Osten zeichnet sich die deutsch-slawische Sprachgrenze nur an einigen Stellen deutlicher ab. Das ist vor allem an der Grenze zwischen dem deutschen und dem tschechischen Sprachgebiet im nördlichen Sudetenland der Fall. Im Inneren Tschechiens gibt es einige Gebiete, die einen Grad von dunkler Färbung erreichen, wie sonst nur das Trentino und Istrien. Auf Beddoes Karte sieht man auch deutlich, dass das alemannische Sprachgebiet in Süddeutschland heller gefärbt ist als das baierische.[19]

Die Schulkinderuntersuchung hatte jedoch nur eine kleine Merkmalsgruppe, die der Farbmerkmale, erfasst. In anderen Ländern Europas wie Frankreich, Italien oder Norwegen hat es damals schon umfassendere landesweite Erhebungen auch mit Kopf- und Körpermaßen gegeben. Deswegen fasste

19 Der Staat Bayern wird mit y, der Stamm und die Mundart mit i geschrieben.

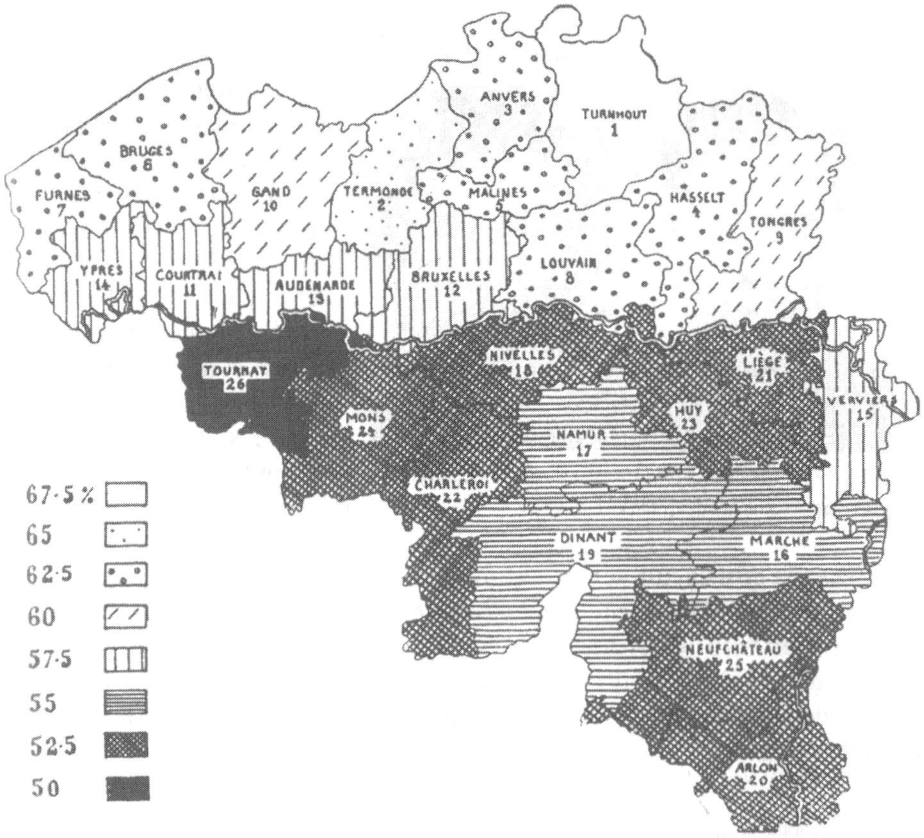

Häufigkeit des blonden Typus in Belgien (Vanderkindere)

man in der Deutschen Gesellschaft für Anthropologie wieder den Plan einer umfassenden Rekrutenuntersuchung in ganz Deutschland ins Auge. 1903 stellte man zu diesem Zweck wieder eine Kommission zusammen. Zu dieser zählten unter anderem Felix von Luschan, Rudolf Martin und Eugen Fischer. Tatsächlich war man diesmal erfolgreicher und 1907 lagen alle erforderlichen Genehmigungen vor. Jedoch scheiterte das Projekt an Geldmangel und schließlich am Kriegsausbruch 1914.[20]

20 Schwalbe, Gustav: Ueber eine umfassende Untersuchung der physisch-anthropologischen Beschaffenheit der jetzigen Bevölkerung des Deutschen Reiches. In: Correspondenz-Blatt der Deutschen Gesellschaft für Anthropologie, Ethnologie und Urgeschichte 34, 1903, S. 73-83; ders.: Bericht über die Tätigkeit der Commission für eine physisch-anthropologische Untersuchung des Deutschen Reiches. In: Correspondenz-Blatt der Deutschen Gesellschaft für Anthropologie, Ethnologie und Urgeschichte 35, 1904, S. 75-82; Fischer, Eugen: Denkschrift über anthropologische Erforschung der deutschen Bevölkerung. In: Deutsche Forschung. Aus der Arbeit der Notgemeinschaft der deutschen Wissenschaft (Deutsche Forschungsgemeinschaft), Heft 2, Berlin 1928, S. 130-134.

Andere Untersuchungen an Lebenden

Mehrere Autoren legten Daten aus der Militärstatistik über die unterschiedliche Körperhöhe von Rekruten in verschiedenen Teilen Deutschlands vor. Die durchschnittliche Körperhöhe war in dieser Zeit noch erheblich geringer als heute. Seitdem ist sie im Zuge der säkularen Akzeleration durch bessere Ernährung und andere Faktoren um etwa 15 cm angestiegen. Von anthropologischem Interesse sind vor allem die Unterschiede innerhalb Deutschland. Entsprechende Karten legten Johannes Ranke (1881) für Bayern, Hugo Meis-

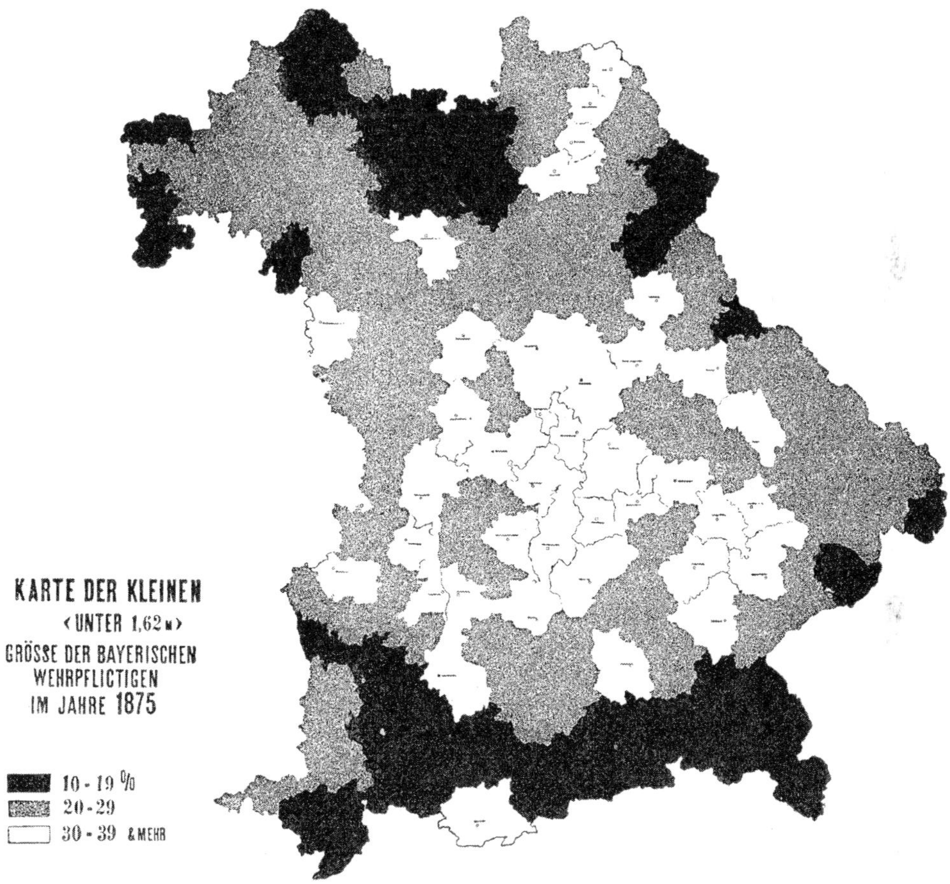

Karte der Kleinen (unter 162 cm) unter den bayerischen Wehrpflichtigen 1875 (Ranke)

ner (1883, 1889 und 1891) für Schleswig-Holstein, das Elbe-Weser-Mündungsgebiet in Niedersachsen und Mecklenburg und G. Evert (1908) für ganz Deutschland vor.[21] Everts Karte zeigt die größten Rekruten im Nordwesten

21 G. Evert: Die Herkunft der deutschen Unteroffiziere und Soldaten am 1. Dezember 1906. In: Zeitschrift des Preußischen Statistischen Landesamtes, Ergänzungs-Heft 28, Berlin 1908; Hugo Meisner: Zur Statistik der Körpergröße der Schleswiger Wehrpflichtigen. In: Archiv für Anthropologie 14, 1883, S. 235-250; ders.: Die Körpergrö-

Karte der Großen (über 169 cm) im mittleren Norddeutschland (Meisner)

Deutschlands und die kleinsten in Franken, Mitteldeutschland und Schlesien. Meisners Karte Schleswig-Holsteins und seiner Nachbargebiete zeigt die meisten Großen an der Nordseeküste und in Nordwestmecklenburg, die wenigsten auf der Stader Geest und in Südwestmecklenburg. Letzteres, die wenig fruchtbare *„griese Gegend“*, war noch lange Zeit ein slawisches Rückzugsgebiet, in dem die slawische Sprache erst im 16. Jahrhundert ausstarb. Rankes Karte von Bayern zeigt am meisten kleine Rekruten in der Mitte Bayerns. Die verhältnismäßig größere Körperhöhe in Unterfranken verweist auf nordiden Einfluss und die im Gebirge im Süden und im Bayerischen Wald auf den des hochgewachsenen dinariden Typus, die geringe Körperhöhe in der Mitte auf den alpinen Typus.

In Österreich führte der Mediziner und Anthropologe Augustin Weisbach (1837–1914) in den 1880er und 1890er Jahren mehrere Untersuchungen an deutschen, tschechischen, slowenischen und kroatischen Rekruten über die Farbmerkmale, die Körperhöhe und den Längenbreitenindex des Kopfes

ße der Wehrpflichtigen im Gebiet der Unterelbe, insbesondere in Holstein. In: Archiv für Anthropologie 18, 1889, S. 101-133; ders.: Die Körperhöhe der Wehrpflichtigen in Mecklenburg. In: Archiv für Anthropologie 19, 1891, S. 317-329; Johannes Ranke: Zur Statistik und Physiologie der Körperhöhe der bayerischen Wehrpflichtigen. In: Beiträge zur Anthropologie und Urgeschichte Bayerns 4, 1881, S. 1-35.

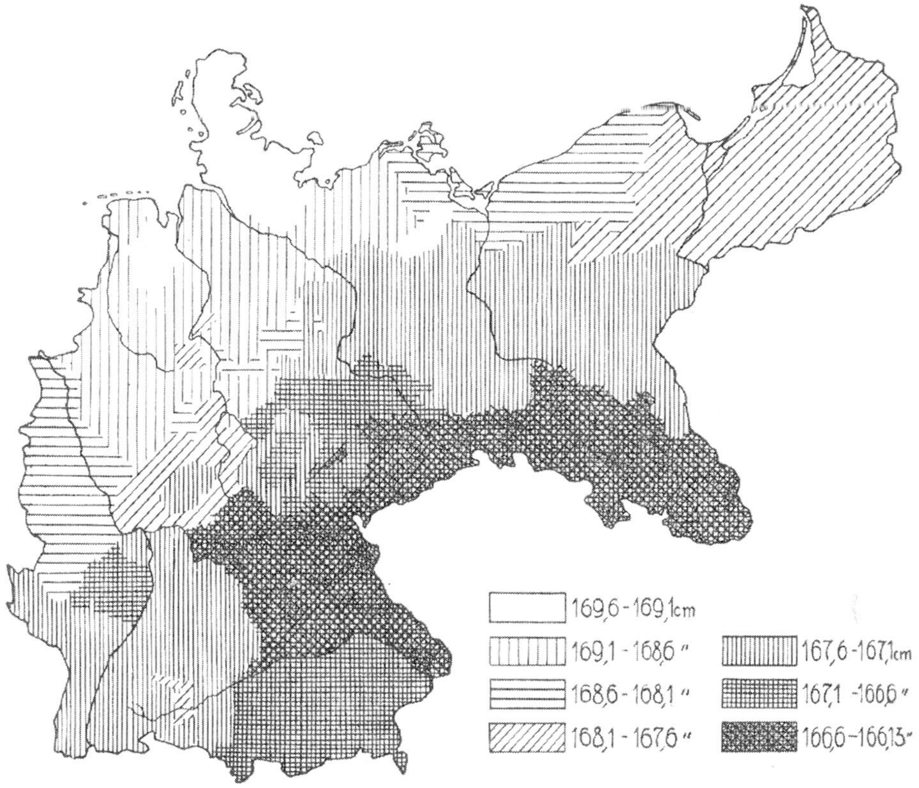

Karte der Körperhöhe der Mannschaften des Heeres und der Marine in Deutschland 1908 (Evert)

durch. Meist teilte er nur die Mittelwerte für größere Gebiete mit, in Salzburg, Ober- und Niederösterreich und der Steiermark jedoch unterschied er aber nach Bezirkshauptmannschaften, die etwa den deutschen Landkreisen entsprechen, so dass man von richtigen Landesuntersuchungen sprechen kann.

Die Verteilung der drei Merkmale zeigt auf den ersten Blick kaum Übereinstimmungen. Überall überwiegt mehr oder weniger ausgeprägte Brachycephalie (Kurzköpfigkeit). Bei genauerer Betrachtung lassen sich aber gewisse Tendenzen erkennen. Entlang der Donau gibt es in Ober- und Niederösterreich mehrere Bezirke mit schwächerer Brachycephalie und mehr Langköpfen. Darin kann man die bajuwarische Einwanderung entlang der Donau erkennen. Die Bezirke im inneren Gebirge weisen meist etwas kleinere Körperhöhe, größere Kurzköpfigkeit und dunklere Farben auf. Bemerkenswert ist, dass nicht nur die nördlich des Gebirges gelegenen Gebiete in Ober- und Niederösterreich hellere Farben aufweisen, sondern auch die slowenischen und kroatischen südlich des Gebirges. Das weist daraufhin, dass es im Inne-

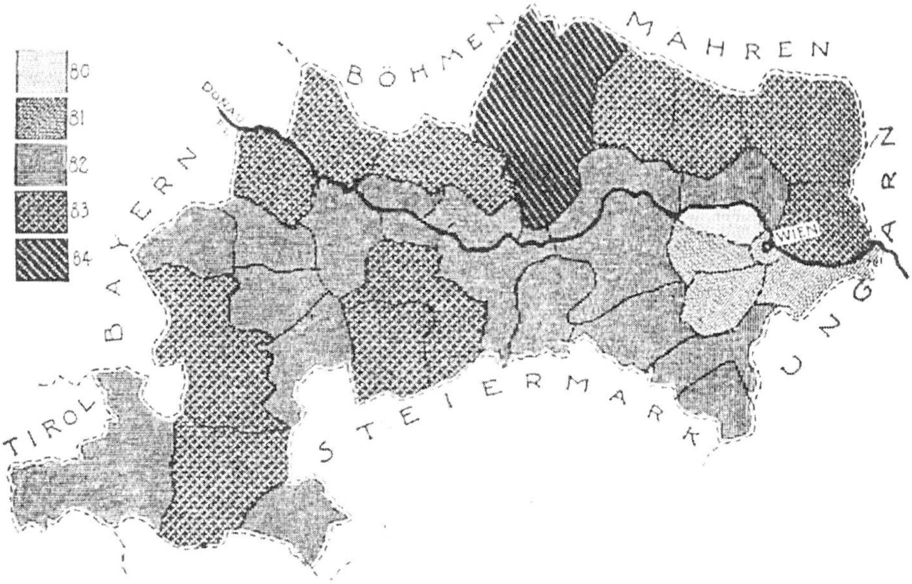

Die Verteilung des Kopfindex in Salzburg und Ober- und Niederöstereich (Weisbach)

ren des Gebirges ein älteres dunkles Bevölkerungselement gibt, das weder germanischen noch slawischen Ursprungs ist.[22]

Otto Ammon und die Untersuchung der badischen Rekruten

Von großer Bedeutung für die deutsche Anthropologie wurde die Untersuchung der Rekruten im damaligen Großherzogtum B a d e n durch den Karlsruher Ingenieur und Privatgelehrten Otto Ammon (1842–1916). Ammons

22 Weisbach, Augustin: Die Deutschen Niederösterreichs. Eine anthropologische Skizze. Mitteilungen des k.u.k. Militär-Sanitäts-Comités 11, 1892; ders.: Die Oberösterreicher. In: Mitteilungen der Anthropologischen Gesellschaft in Wien 24, 1894, S. 232-246; ders.: Die Salzburger. In: Mitteilungen der Anthropologischen Gesellschaft in Wien 25, 1895, S. 69-84; ders.: Die Deutschen Steiermarks. In: Mitteilungen der Anthropologischen Gesellschaft in Wien 28, 1898, S. 195-213; ders.: Die Deutschen Kärntens. In: Mitteilungen der Anthropologischen Gesellschaft in Wien 30, 1900, S. 79-96; ders.: Die Slovenen. In: Mitteilungen der Anthropologischen Gesellschaft in Wien 33, 1903, S. 234-251 (mit Weisbachs sonst unveröffentlichten Daten von Tschechen); ders.: Die Serbokroaten der adriatischen Küstenländer. In: Zeitschrift für Ethnologie 16, 1884, S. 1-77; ders.: Die Serbokroaten Kroatiens und Slawoniens. In: Mitteilungen der Anthropologischen Gesellschaft in Wien 35, 1905, S. 99-117.

Interesse galt zunächst archäologischen und ethnohistorischen Fragen. Er wollte mit einer Untersuchung der badischen Bevölkerung deren Abstammung von der provinzialrömischen keltoromanischen Bevölkerung und den völkerwanderungszeitlichen germanischen Einwanderern in den verschiedenen Regionen des Landes erforschen. Die Untersuchung Badens war die erste anthropologische Landesuntersuchung in Deutschland.

Otto Ammon

Nach einigen Vorbereitungen begannen die Datenerhebungen im Jahr 1886 und dauerten bis zum Jahr 1895. Darauf folgte die statistische Bearbeitung des Materials. Es handelte sich insgesamt um fast 30 000 badische Rekruten und Schüler. Ein Teil der Untersuchungen (in Nordwestbaden) wurde von Ludwig Wilser durchgeführt, der größte Teil von Otto Ammon selbst. Beide Untersucher stimmten ihre Messungen aufeinander ab. Es wurden die Farbmerkmale von Haut, Haaren und Augen und die Körperhöhe, die Kopflänge und die Kopfbreite gemessen, teilweise auch die Körperbehaarung, der Brustumfang und das Gewicht erfasst. Der große Schwachpunkt dieser Untersuchung ist das völlige Fehlen von Gesichtsmaßen und anderen Gesichtsmerkmalen. Die Untersuchung ergab geographische Unterschiede in Baden, die sich mit der ethnischen Besiedlungsgeschichte in Zusammenhang bringen lassen. Der Nordosten zeigt die größte Annäherung an den nordeuropäischen (nordiden) Typ, nicht ganz so stark auch Teile der Rheinebene. Gebiete mit vielen romanischen Orts- und Flurnamen wie die Ortenau, der nördliche Schwarzwald und der Breisgau weisen dagegen viele dunkle Farben, geringere Körperhöhe und einen höheren Kopfindex (Längenbreitenindex des Kopfes) auf.

Neben bevölkerungsgeschichtlichen Ergebnissen ergaben sich aus dem Material immer mehr sozialanthropologische Fragen, die schließlich bei der Auswertung des Materials eine größere Rolle spielen sollten als die bevölkerungsgeschichtlichen. Es zeigte sich, dass sich die Landbewohner von den

Stadtbewohnern und die Angehörigen der unteren Schichten von denen der höheren Schichten unterschieden. Welche Prozesse standen hinter diesen Befunden?

Ammon fand unter den vom Lande in die großen Städte einwandernden Rekruten eine größere Körperhöhe als bei den auf dem Land gebliebenen.

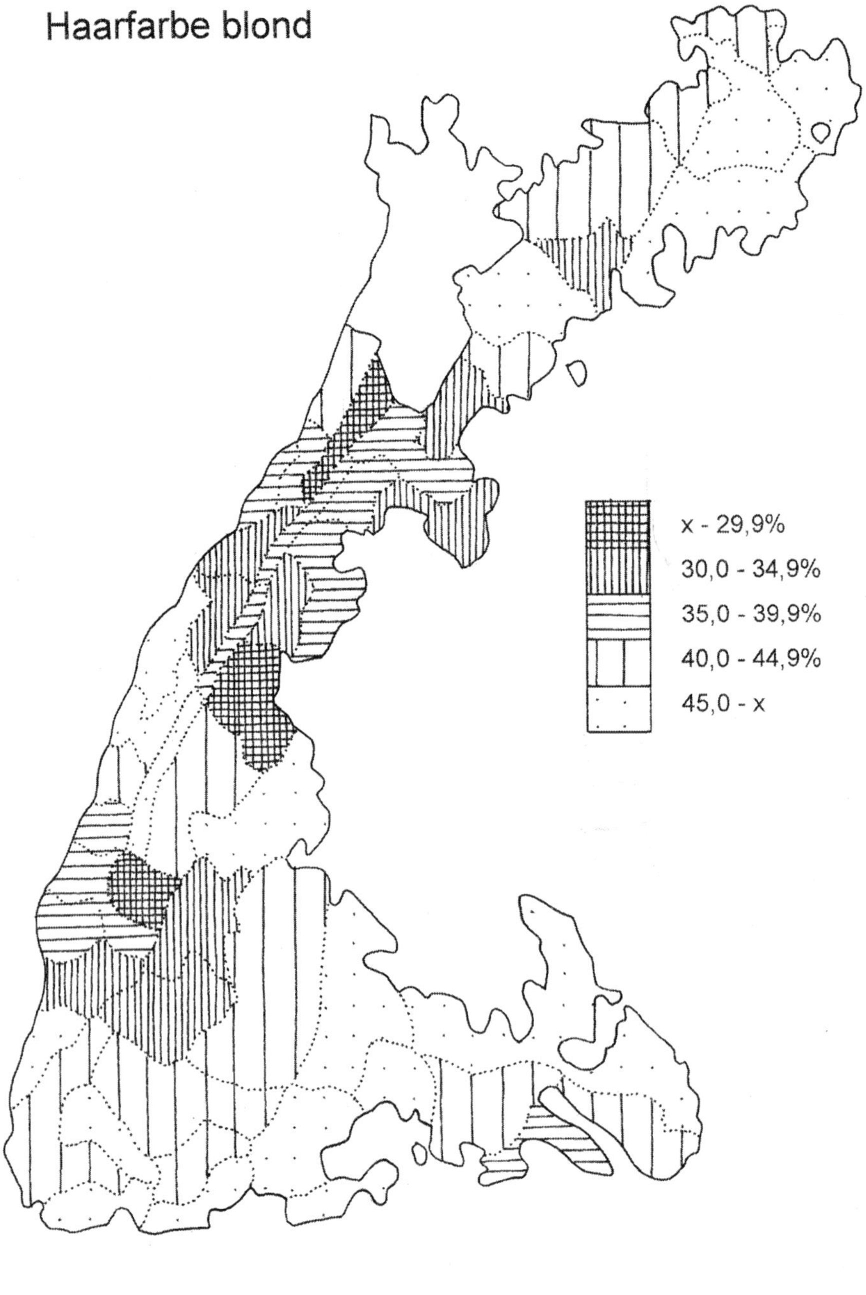

Die Verteilung der blonden Haarfarbe in Baden (Ammon)

Und bei den in der Stadt geborenen Rekruten war die Körperhöhe noch etwas höher als bei den in die Stadt eingewanderten. Ähnliches fand Ammon für die Kopfform heraus. Der mittlere Längenbreitenindex der Landbewohner betrug 84,1, der der in die Stadt Eingewanderten 83,5 und der der in der großen Stadt Geborenen nur 82,3. *„Von den Landleuten zu den Eingewanderten, von die-*

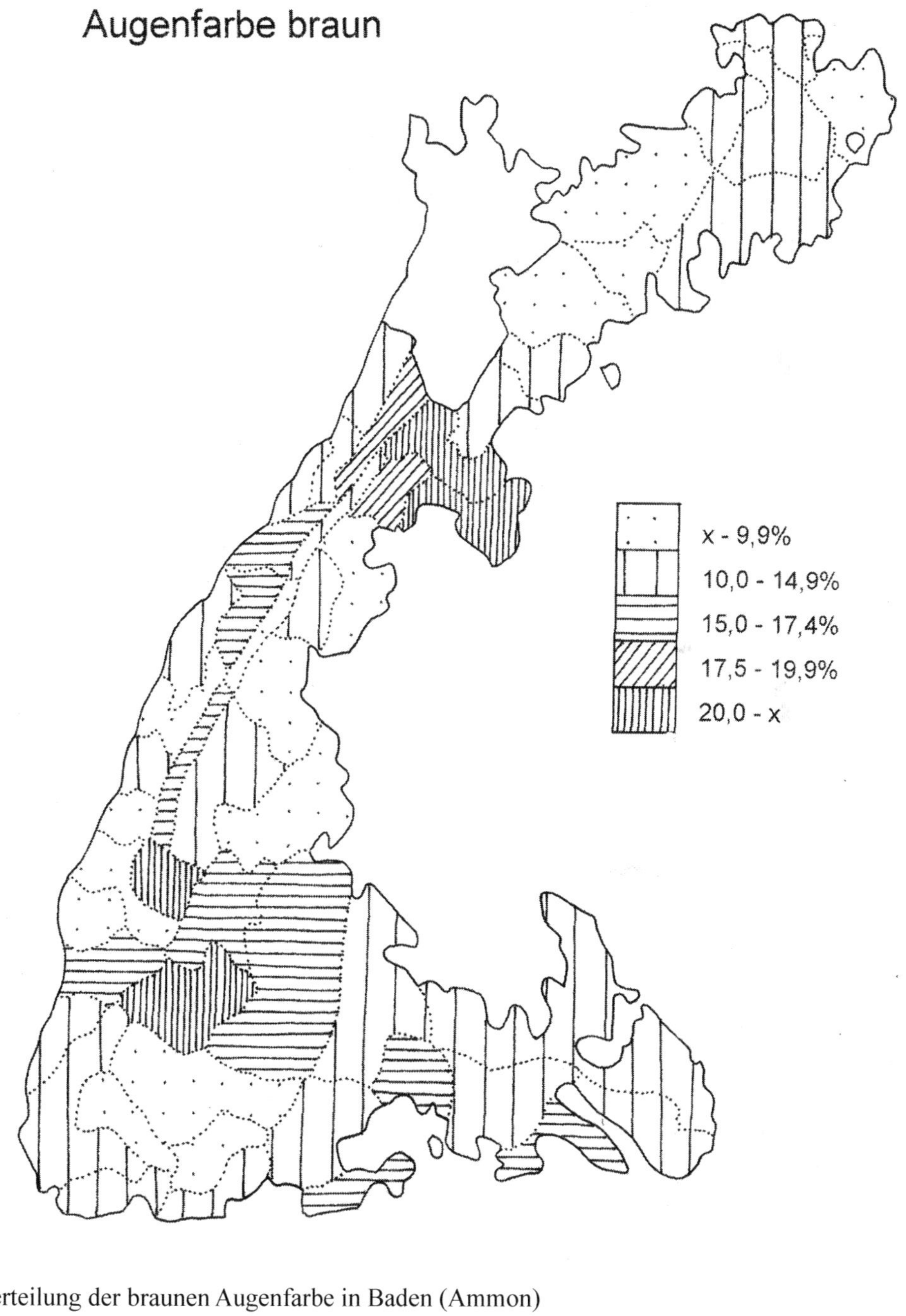

Verteilung der braunen Augenfarbe in Baden (Ammon)

sen zu den Söhnen Eingewanderter, und von diesen zu den Söhnen Stadtgeborener nimmt die Zahl der Langköpfe regelmäßig zu.“ Bei den Farbmerkmalen ist das Verhältnis nicht ganz so eindeutig. Die Einwanderer vom Land in die großen Städte haben eine dunklere Augenfarbe, bei den in der Stadt Geborenen nimmt die Zahl der Helläugigen aber wieder zu und übertrifft auch die der Landbewohner. Ammon vermutet, dass von den Dunkeläugigen einige

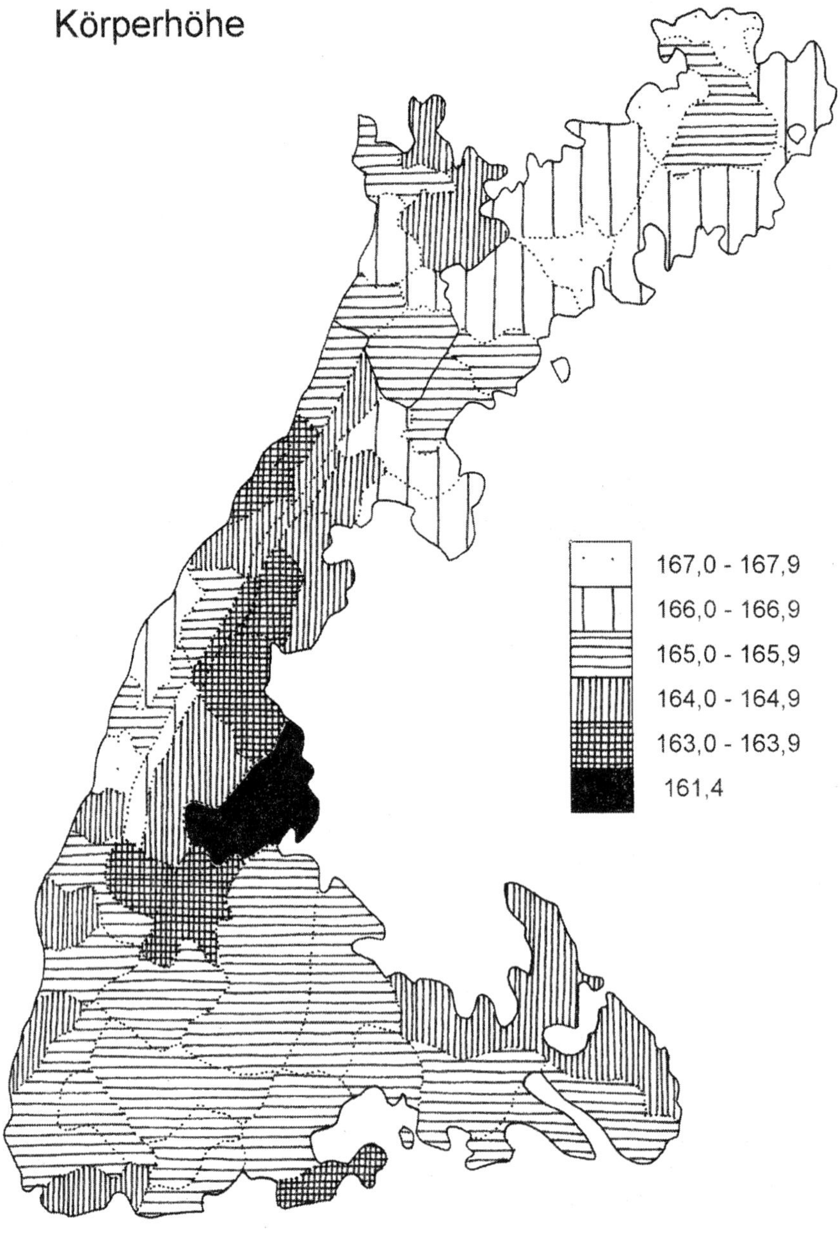

Die Verteilung der Körperhöhe in Baden (Ammon)

den Lebenskampf in der großen Stadt nicht bestanden haben und sich nicht fortpflanzen konnten oder wieder zurück aufs Land gingen. Bei den Haarfarben gibt es keine regelmäßigen Unterschiede zwischen den verschiedenen Gruppen. Ammon gewichtete die Körperhöhe und die Kopfform höher als die Farbmerkmale, weil sie miteinander korreliert waren und das rassische Erbgut besser widerspiegeln als die nur auf wenigen Genen beruhende Haar- und Augenfarbe.

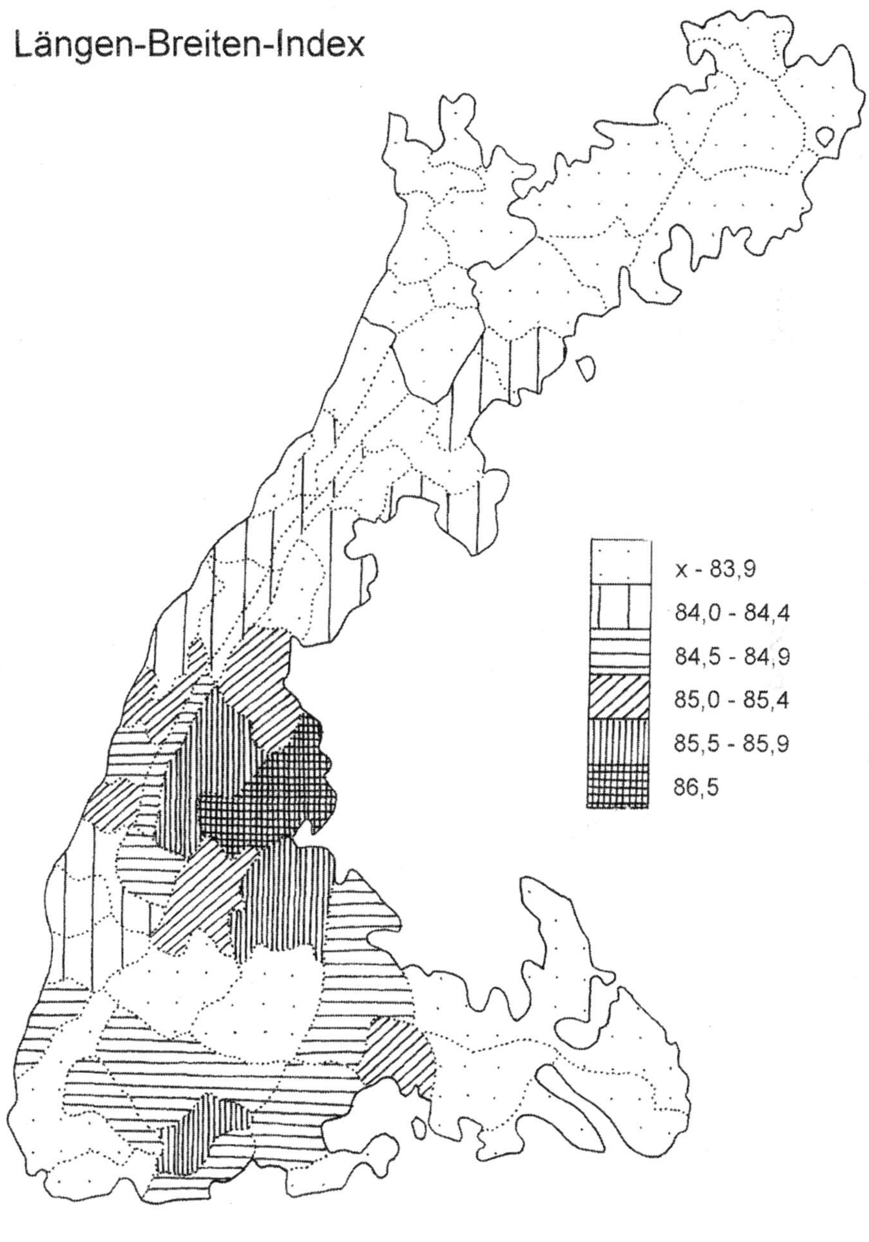

Die Verteilung des Kopfindex in Baden (Ammon)

Bei den „reinen“ Rassentypen bestätigt sich das Bild, dass die Körperhöhe und der Kopfindex geben. Der Anteil des nordeuropäischen Typus (hohe Körperhöhe, niedriger Kopfindex, helle Augen- und Haarfarbe) beträgt auf dem Land 1,45 Prozent, bei den in die große Stadt Eingewanderten mit 1,25 Prozent etwas weniger (wohl wegen der Farbmerkmale, siehe oben) und bei den in der großen Stadt Geborenen dann mit 2,54 Prozent doppelt so viel (die sehr niedrigen Zahlen ergaben sich aus den von Ammon angewandten sehr engen Merkmalsgrenzen für die „reinen“ Typen). Dazu kommt, dass die Angehörigen der höheren Schichten größer und langköpfiger als die der unteren Schichten sind, teilweise auch hellere Farben aufweisen. Ammon zog daraus den Schluss, dass eine im Mittel stärker nordide, also eine in stärkerem Maße von den alten Germanen abstammende, Auslese vom Land in die großen Städte abwanderte und dort überdurchschnittlich oft in die oberen Schichten aufstieg, dass diese aber – wie durch viele Daten bekannt war – eine geringere Kinderzahl hatten als die unteren Schichten und die Landbevölkerung. Das sei auch der Grund für die große Kurzköpfigkeit der heutigen Deutschen im Vergleich zu ihren germanischen Vorfahren. Das schien die von der nordischen Rassenlehre, wie sie der Graf Arthur de Gobineau (1816–1882) in Frankreich formuliert hatte, beklagte „Entnordung“ zu bestätigen. Man sprach sogar von „Ammons Gesetz“, dass die Nordiden in die Städte wandern, dort sozial aufstiegen und mit der Zeit aussterben – Ammon selbst verwandte diesen Ausdruck nicht.

Ammon war zu seinen Ergebnissen auf exakte methodische Weise gekommen und gewann dadurch die Anerkennung der deutschen Anthropologen. Er wurde zu einem der bekanntesten Vertreter der nordistischen Rassenlehre in Deutschland. Etwa die Hälfte der deutschen Anthropologen war seitdem nordistisch eingestellt, das heißt mehr oder weniger überzeugt von der besonderen Bedeutung der nordischen Rasse für die europäische Kultur und ihren Fortschritt.

Ammon veröffentlichte die Ergebnisse der badischen Untersuchung in dem offiziellen Abschlussband „Zur Anthropologie der Badener“ (1899) und die von ihm daraus gezogenen sozialanthropologischen Schlüsse in dem Buch „Die natürliche Auslese beim Menschen“ (1893).[23]

---

23 Ammon, Otto: Zur Anthropologie der Badener. Bericht über die von der Anthropologischen Kommission des Karlsruher Altertumsvereins an Wehrpflichtigen und Mittelschülern vorgenommenen Untersuchungen. Jena 1899; ders.: Die natürliche Auslese beim Menschen. Aufgrund der Ergebnisse der anthropologischen Untersuchungen der Wehrpflichtigen in Baden und anderer Materialien. Jena 1893.

Weitere sozialanthropologische Untersuchungen

1902 veröffentlichte der Straßburger Anatom Wilhelm Pfitzner (1853–1903) in der „Zeitschrift für Morphologie und Anthropologie" die Ergebnisse von 2 020 „Spitalsleichen" beiderlei Geschlechts, die er anthropologisch untersucht hatte. Er unterschied dabei drei verschiedene soziale Schichten. Die erste, Klasse A genannt, bestand aus den „Anatomieleichen" von Armen, deren Angehörige die Kosten ihrer Beerdigung nicht aufbringen konnten und ihren Körper dem Anatomischen Institut zur Verfügung stellten, das dafür die Kosten für die Beerdigung trug. Von diesen waren 86 Prozent Tagelöhner, Arbeiter oder Hilfsarbeiter. Die zweite Schicht (Klasse B) waren die „Beerdigungsleichen", deren Verpflegung im Krankenhaus ganz oder teilweise von Sozialkassen, Gemeinden usw. getragen wurden. Die dritte Klasse (Klasse C) waren diejenigen, deren Verpflegung ganz von ihnen selbst aufgebracht wurde und die bestimmte Vorrechte besaßen. Das waren die „Capellenleichen". 32 Prozent von ihnen waren Handwerksmeister, Kaufmänner, Wirte und ähnliches und 28 Prozent Bauern, Hofbesitzer usw. Die Klasse C repräsentierte also die gehobene Mittelschicht, Klasse B die untere Mittelschicht oder die gerade noch auskömmliche Unterschicht und Klasse A die Armen am untersten Rand der Gesellschaft.

Die oberste Schicht, also die gehobene Mittelschicht (Klasse C), hat bei beiden Geschlechtern eine etwa 2 cm größere Körperlänge (gemessen auf dem Sektionstisch). Bei den Farbmerkmalen fand Pfitzner nur wenige Unterschiede. Mit 54 Prozent der Männer sind die hellen Augenfarben bei der obersten Schicht am häufigsten. Braune Augen sind bei der mittleren und untersten Schicht mit 41 und 46 Prozent häufiger als in der obersten Schichten (34 Prozent). Bei den Haarfarben weisen die Frauen der obersten Schicht etwas häufiger blonde Haare auf, bei den Männern ist es eher umgekehrt. Deutliche Unterschiede bestehen bei den verschiedenen Kopf- und Gesichtsmaßen. Die oberste Schicht hat einen um 8 cm größeren Kopfumfang als die unterste Schicht, eine größere Kopflänge und -breite, dadurch einen etwas höheren Längenbreitenindex (Männer 83,9, gegenüber 83,1 und 83,3 in den anderen Schichten), eine größere Gesichtsbreite (Jochbogenbreite) und eine nur etwas größere Gesichtshöhe, dadurch einen etwas geringeren morphologischen Gesichtsindex von 89 gegenüber 90 in den beiden unteren Klassen. Also etwas breitere Gesichter, aber auch noch im schmalgesichtigen Bereich, der für das Elsass charakteristisch zu sein scheint. Das sind natürlich nur die Mittelwerte für die verschiedenen Gruppen, nicht für jedes einzelne Individuum. Die können von der Gruppe durchaus abweichen. Immerhin bekommt man diese sozialen Mittelwertsunterschiede erfahrungsgemäß auch schon bei verhältnismäßig kleinen Gruppen.

Pfitzner beschränkt sich auf die Mitteilung der Fakten, die schon aus den Untersuchungen in anderen Ländern bekannt waren. Als Erklärung kommen sowohl die besseren Umweltbedingungen in der oberen Schicht beziehungsweise die schlechteren in den unteren Schichten als auch die körperliche (und geistige) Überlegenheit der sozial Aufgestiegenen in Frage.[24]

Psychologische Anthropologie

Natürlich gab es auch vor dem Ersten Weltkrieg schon eine umfangreiche völkerpsychologische Literatur. Uns interessieren hier aber vor allem solche Studien, die sich direkt auf die psychologischen Eigenschaften und ihre Korrelationen zu anthropologischen Merkmalen oder Typen beziehen. Arbeiten solcher Art gab es zu dieser Zeit aber nur wenige.

Otto Ammon macht in seinem Buch auch einige Anmerkungen zu den seelischen Eigenschaften der von ihm „germanisch" genannten hellen Langköpfe und der dunklen Kurzköpfe der alpinen Rasse. Die langköpfigen Nordiden sind nach Ammon nicht nur intelligenter, wie ihr sozialer Trend nach oben zeigt, sondern auch tatkräftiger und unternehmender und weisen eine bessere Sittlichkeit auf, wie die geringere Kriminalität der germanischen Länder gegenüber den romanischen und slawischen Ländern zeige. Ammon zitiert auch die vielen Zeugnisse der antiken Autoren über die bessere geschlechtliche Sittlichkeit der Germanen. Die alpinen dunklen Kurzköpfe seien dagegen nicht nur in Durchschnitt weniger intelligent, sondern auch genügsamer, weniger unternehmend und eher zufrieden als die anspruchsvolleren Nordiden. Ammons Schilderung ist natürlich tendenziös und Bestandteil seiner nordistischen Rassenideologie. Deshalb muss sie aber nicht völlig falsch sein.[25]

Eine methodisch fortschrittliche statistische Arbeit aus dem Jahr 1906 gibt es von dem britischen Mathematiker und Biostatistiker Karl Pearson (1857–1936). Er wertete anthropologische und psychologische Daten von 2 389 Schülern und 2 249 Schülerinnen aus Cambridge aus. Die Daten waren von den Lehrern erhoben worden. Es ergab sich, dass die intelligentesten Schüler eine größere Kopflänge und Kopfbreite und hellere Haare und Augen als die weniger intelligenten haben. Es besteht außerdem eine schwache Korrelation zu einer länglichen Kopfform (niedrigerer Längenbreitenindex). Die positive Korrelation von blonden Haaren und Intelligenz ist bei einem Schülermaterial besonders ungewöhnlich, weil in diesem Alter die Haare noch nachdun-

24 Wilhelm Pfitzner: Social-anthropologische Studien III. Der Einfluß der socialen Schichtung (und der Confession) auf die anthropologischen Charaktere. In: Zeitschrift für Morphologie und Anthropologie 4, 1902, S. 31-98.

25 Ammon, Die natürliche Auslese beim Menschen, 1893.

keln und die weiter entwickelten Schüler und Schülerinnen nicht nur kognitiv voraus sind, sondern auch die dunkleren Haare haben. Psychologisch sind die intelligentesten Cambridger Schüler außerdem gewissenhafter, gesünder, ruhiger *(quiet)* und zugleich aufgeweckter *(quick)*, sportlicher *(athletic)* und beliebter *(popular)*. Für die Mädchen gilt dasselbe, mit den Ausnahmen, dass sie häufiger rothaarig (6,1 Prozent gegenüber 3,9, 3,3 und 2,1 Prozent bei den mittel- bis wenig intelligenten Schülerinnen) und geräuschvoll *(noisy)* sind.[26]

Britische und französische Kriegsgefangenenuntersuchungen

Während des ersten Weltkrieges führten in mehreren Ländern Anthropologen Untersuchungen an Kriegsgefangenen durch. Am bekanntesten sind die österreichischen Untersuchungen an Kriegsgefangenen verschiedener ost-, südost- und außereuropäischer Völker. Für unser Thema sind aber nur die britischen und französischen Untersuchungen an deutschen Kriegsgefangenen von Interesse. Der britische Anatom F. G. Parsons untersuchte 1918 925 verwundete deutsche Kriegsgefangene in zwei Hospitälern in Südengland. Das ist eine geringe Zahl, wenn man bedenkt, dass 21 Länder und Provinzen unterschieden wurden. Es werden die Haar- und Augenfarbe, der Längenbreitenindex des Kopfes und der morphologische Gesichtsindex genannt. Letzterer betrifft nur das morphologische Gesicht unterhalb der Stirn (nicht das physiognomische, zu dem auch die Stirn gehört).

Die Untersuchung ist durch zwei Schwachpunkte belastet. Zum einen sind die Werte für den Gesichtsindex unwahrscheinlich niedrig. Es liegt der Verdacht nahe, dass die Gesichtshöhe nicht vom *Nasion* aus gemessen wurde (einem Messpunkt auf der Naht von Stirnbein und Nasenbein, der ertastet werden muss), sondern von dem einfacher zu bestimmenden tiefsten Punkt der Nasenwurzel aus. Der andere Schwachpunkt liegt in der geringen Vertrautheit mit der deutschen Geographie. So konnte Parsons offenbar mit dem Unterschied zwischen der Provinz Sachsen und dem damaligen Königreich Sachsen nichts anfangen. Die beiden Gebiete werden daher von ihm zusammengefasst. Ein riesiges Gebiet von der Altmark bis zur böhmischen Grenze, dessen Mittelwerte natürlich nicht sehr aussagekräftig sind. Gleichzeitig fehlt bei ihm die damals noch zu Bayern gehörende (Rhein-)Pfalz. Auf den Karten ist sie mit Baden zusammengefasst. Es bleibt aber unklar, ob die Pfälzer nicht wegen ihrer Staatsangehörigkeit zu Bayern gezählt wurden. Die Karten von Parsons zeigen teilweise unwahrscheinliche Werte. Auf Parsons Karten hat der Längenbreitenindex mit 80 die niedrigsten Werte in Oldenburg und

26 Karl Pearson: On the relationship of intelligence to size and shape of head, and other physical and mental characters. In: Biometrica 5, 1906, S. 105-146.

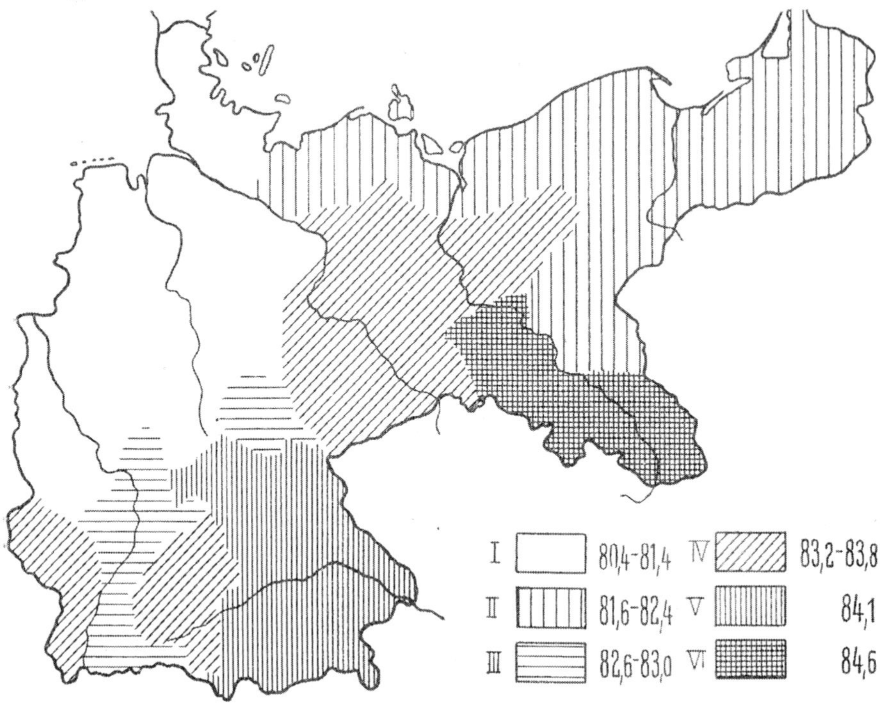

Karte des Längenbreitenindex (Kopfindex) in Deutschland nach Parsons

Westfalen und die höchsten in Bayern und Schlesien mit 84. Der morphologische Gesichtsindex hat die niedrigsten Werte – also die breitesten Gesichter – in einem mittleren Streifen von Westfalen über Sachsen bis Schlesien. Die schmalsten Gesichter mit einem Wert von 85 oder höher haben die Schleswig-Holsteiner und Ostpreußen, gefolgt von den Pommern und Württembergern.[27]

Eine andere Untersuchung wurde in Frankreich von dem Militärarzt Maurice Huck durchgeführt und umfasste nur die westlichen Regionen Deutschlands (Die Rheinprovinz, Nassau, das Großherzogtum Hessen, die Pfalz, Baden und Elsass-Lothringen). Mitgeteilt wurden nur die Haarfarbe, die Körperhöhe und der Längenbreitenindex des Kopfes. Am meisten Blonde finden sich in der nördlichen Rheinprovinz, am wenigsten in Elsass-Lothringen. Bei der Körperhöhe gibt es kaum Unterschiede. Der Kopfindex ist am niedrigsten (also am langköpfigsten) auf dem rechten Ufer der Rheinprovinz, gefolgt vom linksrheinischen Rheinland und Baden, und am höchsten in Elsass-

27 Parsons, F. G.: Anthropological observations on German prisoners of war. In: Journal of the Royal Anthropological Institute of Great Britain and Ireland 49, 1919, S. 20-35.

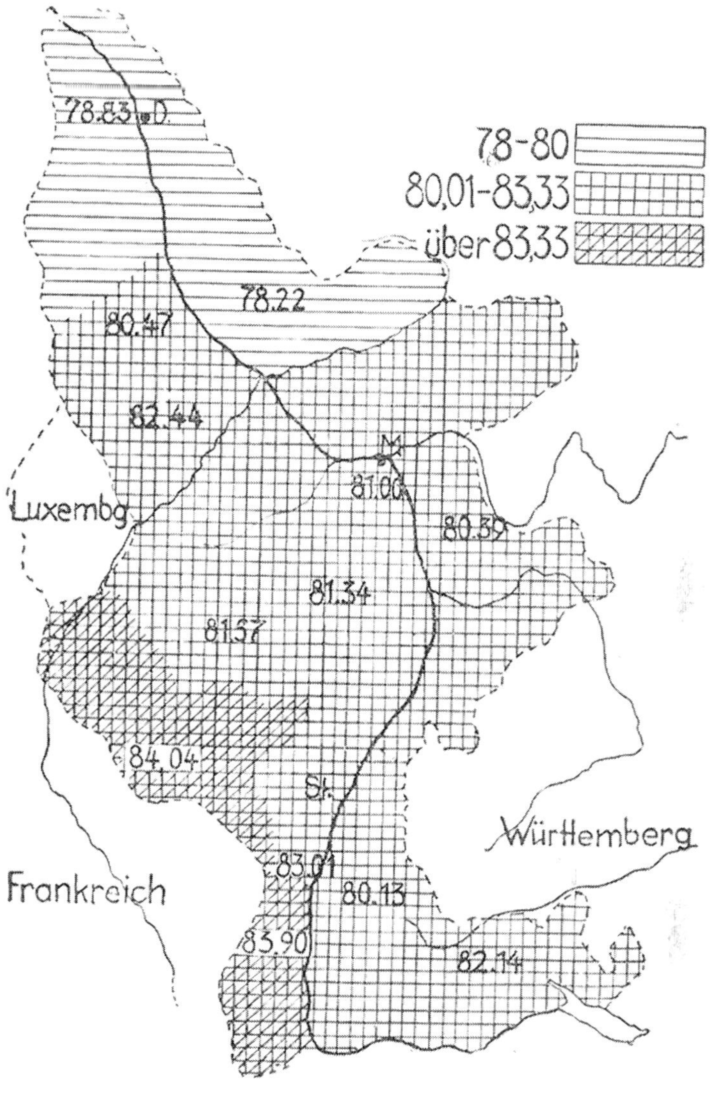

Karte des Längenbreitenindex (Kopfindex) im Westen Deutschlands nach Huck

Lothringen.[28] Hucks Werte für den Kopfindex liegen nach Kurt Gerhard um 2 Einheiten zu niedrig (also auch die auf der Karte).[29]

28 Maurice Huck: Contribution à l étude anthropologique des populations du rives du Rhin. Recherches sur l'indice céphalique, la taille et la couleur des cheveux. In: L' Anthropologie 29, 1918-19, S. 459-504.

29 Kurt Gerhardt: Zur Frage Brachycephalie und Schädelform. In: Zeitschrift für Morphologie und Anthropologie 37, 1937, S. 277-489 (meiner Meinung nach sind 2 Einheiten zu viel, 1,5 wäre besser).

II. Die Zeit von 1919 bis 1933

Hans F. K. Günthers Buch „Rassenkunde des deutschen Volkes“

Gegen Ende des Kaiserreichs gab es drei anthropologische Institute in Deutschland, das älteste war München mit Johannes Ranke (1886), gefolgt von Berlin mit Felix von Luschan (1900) und Breslau (1907). Die Anthropologie war ein kleines Fach, das nur wenig Beachtung fand.

Dann erschien 1922 Hans F. K. Günthers Buch „Rassenkunde des deutschen Volkes“ im Lehmann Verlag in München. Das Buch war das erste deutsche anthropologische Buch, das ein populärwissenschaftlicher Erfolg war. Es stellte das deutsche Volk als Mischung mehrerer Rassen dar, von denen die nordische Rasse, die auf die alten Germanen zurückgeht, die vorherrschende sei. Das Thema muss in der Luft gelegen haben. Der Verleger Lehmann hatte zunächst verschiedene Anthropologen gefragt, ob sie eine populäre Rassenkunde Deutschlands schreiben wollten. Sie hatten jedoch abgelehnt, weil die Forschung dafür noch nicht fortgeschritten genug sei. Hans Friedrich Karl Günther (1891–1968) war von Haus aus Germanist und hatte im Lehmann

Hans F. K. Günther, ca. 1933

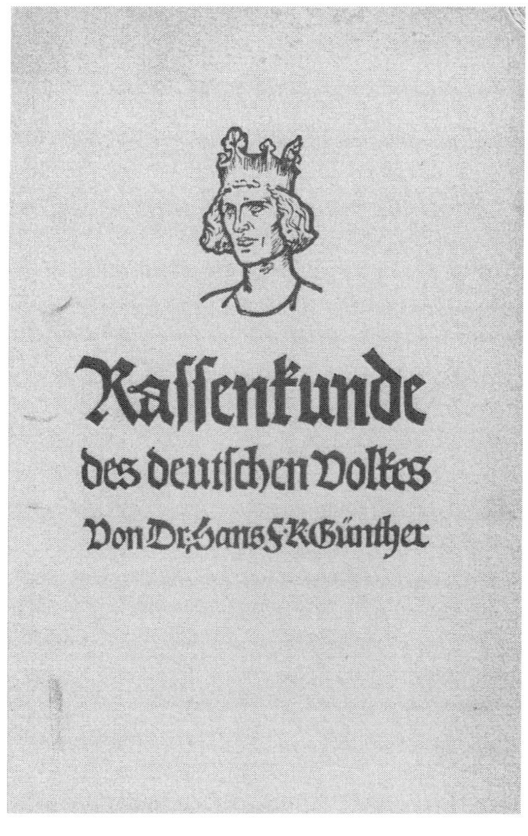

Die Rassenkunde des deutschen Volkes von Hans F. K. Günther

Verlag schon ein Buch veröffentlicht. Als sich bei einem gemeinsamen Spaziergang herausstellte, dass Günther sich mit Rassenkunde gut auskannte, beauftragte Lehmann ihn kurzerhand damit, das Buch zu schreiben. Nach zwei Jahren war das Buch fertig.

Das Buch wurde gleich zu einem Verkaufserfolg. Offenbar kam es einem verbreiteten populären Interesse entgegen. Es erreichte bis 1933 sechzehn Auflagen. Zusammen mit der Kurzfassung, der „Kleinen Rassenkunde des deutschen Volkes", betrug die Gesamtauflage 420 000 Exemplare. Damit stellte es sämtliche vorangegangenen rassentheoretischen Bücher bei weitem in den Schatten. Hatten die rassenhygienischen und rassenideologischen Schriften bisher nur begrenzte medizinische oder völkische Kreise erreicht, wurde Günthers Rassenkunde nun von weiten Kreisen des Bürgertums gelesen. Sie war gut geschrieben und unterschied sich durch ihre maßvolle Diktion von anderen völkischen Schriften. Günther hatte die anthropologische Literatur studiert und lehnte sich dabei eng an die wissenschaftliche Anthropologie an, deren Erkenntnisse er mit einer schwärmerischen Begeisterung für die nordische Rasse verband, die die Verunglimpfung anderer Rassen aber möglichst vermied. Diese vornehme Haltung nahm sicher viele Leser für Günther ein. Er wollte die „Entnordung" der letzten Jahrhunderte durch die Förderung des „nordischen Gedankens", durch gezielte Gattenwahl und Familiengründung nordischer Menschen wieder rückgängig machen.

Die erste Ausgabe seines Buches unterschied nur vier Rassen, die nordische, die westische (= mediterrane nach wissenschaftlicher Terminologie), die dinaride und die ostische (= alpine). Die Tendenz Fremdwörter durch deutsche Worte zu ersetzen war typisch für Günther und erhöhte sicher die Lesbarkeit seines Buches. Günther versuchte dazuzulernen und machte Praktika bei den führenden Anthropologen Theodor Mollison, Hermann Lundborg – Günther lebte von 1923 bis 1929 in Skandinavien – und Eugen Fischer. Er verbesserte sein Buch wissenschaftlich von Auflage zu Auflage. 1924 fügte er unter dem Einfluss Lundborgs die ostbaltische (= osteuropide) Rasse hinzu, 1927 unter dem Fritz Paudlers die fälische Rasse und später noch unter dem Einfluss Otto Reches die sudetische, die sich in der Anthropologie jedoch nicht durchsetzte.

Bei der Schilderung der anthropologischen Verhältnisse Deutschlands stützte Günther sich auf die Schulkinderuntersuchung Rudolf Virchows, Ammons Untersuchungen in Baden, Everts Körperhöhendaten und Parsons Kriegsgefangenenuntersuchung. Die Mitte der zwanziger Jahre einsetzenden Dorfuntersuchungen berücksichtige er auch in den späteren Auflagen nicht mehr.

Günther schätzte den nordischen Erbanteil im ganzen deutschen Sprachgebiet auf etwa 50 Prozent, 55 Prozent im Norden und 40 Prozent im Süden (nach der letzten aktualisierten Ausgabe seines Buches von 1934). In

Österreich schätzte er den nordischen Anteil auf 30 bis 35 Prozent und in der Schweiz auf 30 Prozent. Günther betonte, dass reinrassige Menschen äußerst selten seien. Den Anteil der *„rein nordischen oder doch stark vorwiegend nordischen Deutschen"* schätzte er auf 6 bis 8 Prozent. Den ostischen (alpinen) Erbanteil schätzte Günther auf 20 Prozent (im Norden etwa 15, im Süden etwa 25 Prozent), den dinarischen auf 15 Prozent (im Norden 5, im Süden 20 bis 25 Prozent), den ostbaltischen (osteuropiden) auf 8 Prozent (im Osten, ohne Österreich etwa 15 Prozent), den westischen (mediterranen) auf etwa 2 Prozent (im Süden 5 Prozent) und den fälischen im Nordwesten (mit Nordhessen und Westthüringen) auf etwa 10 Prozent. Ich [AV] halte das für einigermaßen realistische Schätzungen.

Die psychologischen Charakteristiken übernahm Günther aus der volkscharakterologischen Literatur, ergänzt durch eigene Eindrücke. Tatsächlich besteht ja eine gute Übereinstimmung etwa zwischen der Verbreitung der nordischen oder mediterranen Rasse und der Verbreitung des jeweils entsprechenden Temperaments. Er zitierte bei den psychologischen Charakterisierungen auch viel andere Anthropologen (Beddoe, Ripley, MacLean, Arbo und Nordenstreng). Dabei schimmerte bei ihm aber immer auch eine Werthierarchie von den Nordischen an der Spitze bis zu den Ostischen (Alpinen) am unteren Ende durch. Denn waren es nicht die vorwiegend nordischen, germanischen Länder, die technisch, wissenschaftlich und wirtschaftlich alle anderen Länder der Erde überflügelt und die Welt unter sich aufgeteilt hatten?

Zunächst distanzierten sich die meisten Anthropologen von Günther, mit der Zeit erkannten sie aber sein Bemühen um Wissenschaftlichkeit an.[30] Günther schrieb noch weitere Bücher, so eine Rassenkunde Europas und eine Rassengeschichte der Griechen und Römer, keines von diesen wurde aber so ein Verkaufserfolg wie seine „Rassenkunde des deutschen Volkes".

Günther war ein introvertierter, eher menschenscheuer Büchermensch, der öffentliche Auftritte mied. 1930 wurde er von der ersten nationalsozialistischen Landesregierung in Thüringen zum Professor für Rassenkunde und Sozialanthropologie in Jena berufen – gegen den Widerstand der Professoren und unter dem Jubel der Studenten. Während die Nationalsozialisten sich auf seine Bücher beriefen, versuchte Günther auf Distanz zu bleiben und veröffentlichte nach 1934 keine neuen Bücher zum Thema Rasse mehr. Er schrieb stattdessen über das Bauerntum und die Geschichte der Ehe. Dass seine Rassenkunde zum Unterrichtsthema in den Schulen wurde und Hitler seine Antrittsvorlesung besuchte, war ihm eher unangenehm. Gleichzeitig erschienen

30 Hans F. K. Günther: Rassenkunde des deutschen Volkes. 114.-124. Tausend, München 1942 (unveränderte Neuauflage der letzten aktualisierten 16. Ausgabe von 1933). Ich kenne natürlich nicht alle Auflagen des Buches, deshalb beziehe ich mich im Zweifel auf diese Auflage.

seine Bücher weiterhin in großen Auflagen. Nach einem kurzen Zwischenspiel zog er sich bald an die Universität in seiner Heimatstadt Freiburg zurück.

Für die deutschen Anthropologen bedeutete Günthers Buch und sein Erfolg eine unerwartete öffentliche Aufmerksamkeit für ihr Fach, mit der sie zunächst nicht recht umzugehen wussten.

Die Zeit der Dorfuntersuchungen

Die letzten Jahre der 1920er Jahre und die 1930er Jahre bis etwa 1942 waren in der deutschen Anthropologie die Zeit der Dorfuntersuchungen. Nachdem mehrere Anläufe zu einer landesweiten Untersuchung gescheitert waren und flächendeckende Daten nur für wenige Merkmale vorlagen (Farbmerkmale, teilweise auch die Körperhöhe), wollte man nun die Erforschung der deutschen Bevölkerung anders angehen. Man wollte in den verschiedenen Teilen Deutschlands lokale Bevölkerungen einzelner oder mehrerer Dörfer möglichst gründlich erforschen. Dabei sollten nicht nur anthropologische Daten erhoben und ausgewertet werden, sondern möglichst auch solche aus der Geographie, Geschichte, Volkskunde, Demografie und Genealogie. Vorgesehen war auch die Zusammenarbeit mit örtlichen Orts- und Geschichtskennern. Man wollte möglichst altansässige Bevölkerungen untersuchen, in denen man noch die wahre Volksindividualität zu finden hoffte. Mit der Zeit sollte so durch möglichst viele Dorfuntersuchungen auch ein Gesamtbild von der anthropologischen Gliederung Deutschlands entstehen, das durch flächenhafte Untersuchungen ergänzt werden sollte.

Auf dieses Grundkonzept hatten sich die deutschen Anthropologen 1928 in Frankfurt am Main in der Deutschen Gesellschaft für Anthropologie geeinigt. Zu dieser Zeit hatten die ersten Dorfuntersuchungen schon begonnen. Eugen Fischer verfasste eine „Denkschrift über die anthropologische Erforschung der deutschen Bevölkerung“, in der er das Programm für die Dorfuntersuchungen zusammenfasste und die er in der Zeitschrift der „Deutschen Forschungsgemeinschaft“ veröffentlichte. Für ihn war ausschlaggebend, dass er hoffte, die Dorfuntersuchungen mit Untersuchungen über das Vorkommen von Erbkrankheiten oder genetischen Defekten verbinden zu können. Die Deutsche Forschungsgemeinschaft wollte die Forschungen finanziell unterstützen. Eine Gruppe von Anthropologen tat sich zusammen und erarbeitete eine Liste der Merkmale, die bei den Untersuchungen berücksichtigt werden sollten. Ihr gehörten unter anderem Eugen Fischer, Wilhelm Gieseler, Theodor Mollison, Karl Saller, Otto Reche und Walter Scheidt an. Die Ergebnisse der Untersuchungen sollten von Eugen Fischer *„im Auftrag seiner Schüler“* in

Buch Deutsche Rassenkunde Band 1

einer Buchreihe mit dem Titel „Deutsche Rassenkunde. Forschungen über Rassen und Stämme, Volkstum und Familien im Deutschen Volk“ bei Gustav Fischer in Jena erscheinen. Von 1929 bis 1932 erschienen schließlich zehn Bände und von 1933 bis 1938 weitere sechs Bände. Allerdings interessierte sich Fischer nicht besonders für die regionale Anthropologie Deutschlands, sein Interesse galt mehr humangenetischen Fragen (Vererbungsfragen, Erbgänge bestimmter Merkmale usw.).

Dass bei den Dorfuntersuchungen auch ein Schuss Romantik mit im Spiel war, ist nicht zu bestreiten. Wahrscheinlich wollte man durch die Veröffentlichung in Buchform auch eine breitere Öffentlichkeit ansprechen und die populäre Welle aufgreifen, die Günther durch sein Buch ausgelöst hatte. Die bisherigen Veröffentlichungen in Fachzeitschriften – selbst die Schulkinderuntersuchung war als 200-Seiten Aufsatz im Archiv für Anthropologie erschienen – hatten ja praktisch unter Ausschluss der Öffentlichkeit stattgefunden.

In den zwanziger und frühen dreißiger Jahren kam es in Deutschland zur Gründung einer ganzen Reihe von Anthropologischen Instituten, so in Heidelberg (1922), Kiel (1923), Leipzig (1927), Frankfurt am Main (1928), Breslau (1929), Tübingen (1930) und Köln (1931). Gegenüber der Vorkriegszeit war die Zahl der Anthropologischen Institute in Deutschland von drei auf zehn gewachsen. Man kann annehmen, dass auch hierbei die größere Popularität der Anthropologie nach dem Erscheinen von Günthers Buch eine Rolle spielte.

Die Untersuchungen von Karl Saller

Die beiden fleißigsten Dorfuntersucher waren Karl Saller (1902–1969) und Walter Scheidt (1895–1976). Sie nahmen Eugen Fischers Anregung auf und führten entsprechende Untersuchungen durch. Wahrscheinlich war es aber auch umgekehrt, sie gingen voran und spannten dann den bekannteren Fischer für sich ein.

Karl Saller

Karl Saller war ein Schüler von Rudolf Martin, bis 1929 Assistent am Anthropologischen Institut in Kiel und dann von 1929 bis 1935 Assistent am Anthropologischen Institut in Göttingen. Er vertrat eher einen populationsgenetischen Rassenbegriff. Das ging so weit, dass er zum Beispiel von *„einer Rasse von Korbmachern"* sprach. Zugleich war er ein schwieriger Charakter, der sich leicht mit anderen zerstritt. Er besuchte die Tagungen der Gesellschaft für Anthropologie nicht und hatte kaum Kontakt zu seinen Kollegen. Er untersuchte in kurzer Zeit eine Reihe von Bevölkerungen in Schleswig-Holstein (Nordfriesland, Süderdithmarschen, Fehmarn, Probstei) und Niedersachsen (Ostfriesland). Er stand in Verbindung mit dem fränkischen Heimatforscher Friedrich Merkenschlager (1892–1968), mit dessen Unterstützung er verschiedene Untersuchung in Franken (Keuperbucht, Bamberg), in Ostbayern und im Spreewald durchführte. Nur einen Teil seiner Untersuchungen konnte Saller wissenschaftlich veröffentlichen, drei davon in der Deutschen Rassenkunde. Von einigen anderen konnte er zumindest die wichtigsten Daten in populären Zeitschriftenartikeln oder als Vergleichsdaten in anderen anthropologischen Veröffentlichungen mitteilen.[31]

---

31 Saller, Karl: Zur Anthropologie der Nordfriesen. In: Jahrbuch des nordfriesischen Vereins für Heimatkunde und Heimatliebe 16, 1929, S. 119-139; ders.: Die Keuperfran-

Mann von der Insel Fehmarn

Mann von der Insel Fehmarn

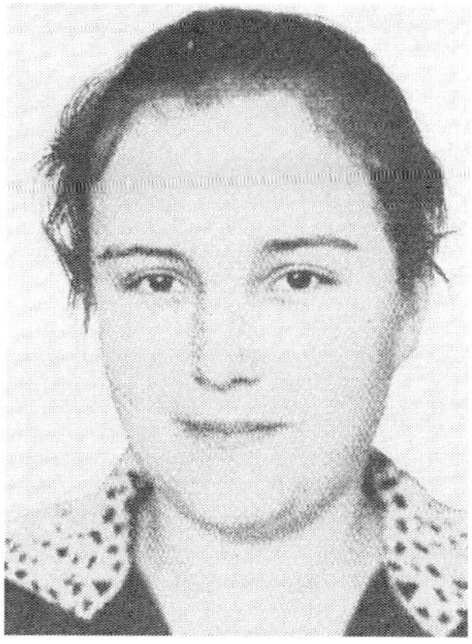

Frau von der Insel Fehmarn

Saller berücksichtigte aber nur ein kleines Merkmalsset bei seinen Erhebungen, neben der Haar- und Augenfarbe und den wichtigsten Kopf- und Körpermaßen nur ein morphognostisches Merkmal (das Nasenprofil). Gerade die typologisch wichtigen physiognomischen Merkmale ließ er beiseite. Ein weiteres Problem bei den von Saller erhobenen Daten liegt darin, dass er die morphologische Gesichtshöhe projektivistisch mit einem Zirkel und nicht direkt nahm. Das hat zur Folge, dass seine Gesichtshöhenwerte mindestens 4 mm zu niedrig sind und auch der von ihm errechnete morphologische Gesichtsindex mindestens 2 Einheiten zu niedrig ist. Seine Daten zeigen also Werte für viel niedrigere und breitere Gesichter an, als der Wirklichkeit entspricht. Ein Umstand, der nach einigen Jahren von Friedrich Keiter bemerkt wurde.[32]

---

ken. Eine anthropologische Untersuchung aus Mittelfranken. Deutsche Rassenkunde 2, Jena 1930; ders.: Leitfaden der Anthropologie. Berlin 1930 (Saterland, Bamberg, niederbayerisches Donauufer); ders.: Die Fehmaraner. Eine anthropologische Untersuchung aus Ostholstein. Deutsche Rassenkunde 4, Jena 1930; ders.: Ostthüringer. Eine anthropologische Untersuchung aus dem Kreis Altenburg i.Th. In: Zeitschrift für Konstitutionslehre 15, 1930, S. 575-631; ders.: Süderdithmarsische Geestbevölkerung. Eine anthropologische Untersuchung aus dem niedersächsischen Stammesgebiet. Deutsche Rassenkunde 7, Jena 1931; ders.: Die Bamberger Gärtner und ihre Beziehungen zu anderen Gruppen. In: Bamberger Blätter für fränkische Kunst und Geschichte 8, 1931, S. 3-4, 25-26, 41-43; ders.: Der friesische Mensch. In: Hannoverscher Kurier 24.7.1932; ders.: Rassenkundliche Untersuchungen in Franken. In: Fränkische Monatshefte, Sept. 1932, S. 224-231; ders.: Die Probstei (Kreis Plön). Eine anthropologische Untersuchung aus Ostholstein. In: Zeitschrift für Morphologie und Anthropologie 31, 1933, S. 228-265; J. Jäger: Rassengeschichte Frankens. In: Zeitschrift für Konstitutionslehre 18, 1934, S. 381-414; Fritz Merkenschlager: Die rassenkundlichen Erhebungen in Franken. In: Mein Frankenland 2, 1929, S. 211-214; ders.: Zur Volks- und Rassenkunde des Spreewaldes. Cottbus 1931.

32 Friedrich Keiter: Bemerkungen zur rassenkundlichen Methodik. In: Zeitschrift für Morphologie und Anthropologie 32, 1933, S.394-402, Karl Saller: Antwort an Keiter.

Saller war der erste, der Untersuchungen an den Lausitzer Sorben durchführte. Leider untersuchte er keine deutsche Vergleichsgruppe aus der Lausitz. Durch günstige Umstände wirft Sallers Untersuchung trotzdem ein Licht auf anthropologische Unterschiede zwischen Sorben und Deutschen. Saller untersuchte drei verschiedene sorbische Gruppen im Gebiet des Spreewaldes. Eine der Gruppen (I) spricht zwar sorbisch, stammt aber genealogisch zum großen Teil von deutschen Kolonisten ab, die hier unter Friedrich dem Großen angesiedelt worden sind. Eine sprachlich bereits weitgehend eingedeutschte Gruppe (III) ist dagegen genealogisch am unvermischtesten sorbischer Herkunft. Gruppe II nimmt eine Zwischenstellung zwischen beiden Gruppen ein und steht der Gruppe III genealogisch am nächsten. Anthropologisch weist die auf die friderizianischen Siedler zurückgehende Gruppe I in beiden Geschlechtern die größte Körperhöhe, die größte Kopflänge und die größte Gesichtshöhe auf. Eingebogene (konkave) Nasenrücken, wie sie für den osteuropiden Rassentypus charakteristisch sind, sind in dieser Gruppe wesentlich seltener als in den beiden anderen Gruppen. Bei den Haar- und Augenfarben besteht kein einheitliches Gefälle zwischen den drei Gruppen. Die Merkmalsunterschiede zwischen den Gruppen verweisen auf stärker deutsche Abstammung in Gruppe I und stärker slawische in Gruppe III. Allerdings geht der Unterschied nicht auf die Zeit der mittelalterlichen Ostkolonisation zurück, sondern nur auf die Kolonisation zur Zeit Friedrichs des Großen. Alle drei sorbischen Gruppen zusammen weisen mit 20,8 Prozent eine recht hohe Frequenz der Blutgruppe B auf (Genfrequenz $q = 0.143$), die etwa polnischen Verhältnissen entspricht.[33]

In der mittelfränkischen Keuperbucht südlich von Nürnberg untersuchte Saller zwei katholische und drei protestantische Dörfer. Die protestantischen Dörfer hatten im 17. und 18. Jahrhundert einen starken Zuzug von Glaubensflüchtlingen aus Oberösterreich und Salzburg erhalten. Während zwei der drei protestantischen Dörfer sich kaum von den katholischen Dörfern unterscheiden, weist das Dorf M., das als Siedlung von wandernden Kleinhändlern sozial isoliert ist, deutliche anthropologische Unterschiede zu den anderen Dörfern auf. Seine Bewohner sind dunkler, schlankwüchsiger und haben häufiger ausgebogene (konvexe) Nasenrücken, womit sie das Stereotyp bestätigen, das die Bewohner der anderen Dörfer von ihnen haben. Saller führt den Dorftypus von M., der zugleich auch ein Sozialtypus ist, auf die österreichischen Einwanderer zurück, während die übrigen protestantischen Dörfer einen stärkeren Anteil der altansässigen fränkischen Bevölkerung hätten.[34] Ich [AV] halte es aber auch für möglich, dass die Dorfbewohner von

In: Zeitschrift für Morphologie und Anthropologie 32, 1933, S. 403-408.

33 Merkenschlager, Zur Volks- und Rassenkunde des Spreewaldes, 1931.

34 Saller, Die Keuperfranken, 1930.

Mann aus Keuperfranken

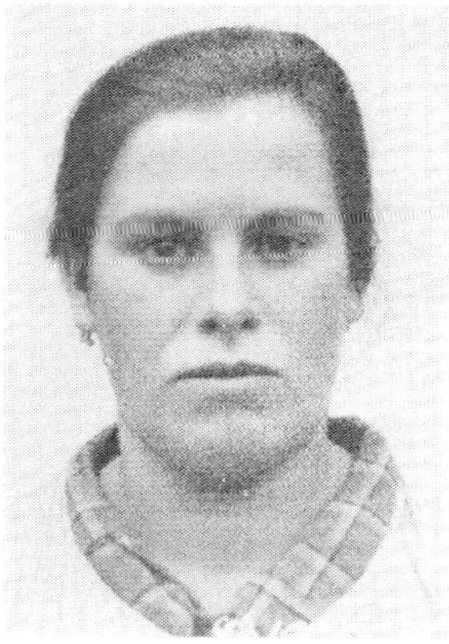
Frau aus Keuperfranken

Frau aus Keuperfranken

Mann aus dem Wanderhändlerdorf M. in Keuperfranken

Frau aus dem Wanderhändlerdorf M. in Keuperfranken

M. sich mit anderen wandernden Händlern vermischt haben (Vaganten, evtl. Zigeuner). Es gibt dafür Beispiele aus anderen Gegenden.

Als Saller seine Untersuchungen in Ostfriesland durchführte, nahm er nicht nur Erhebungen in den verschiedenen geschichtlichen Landesteilen Ostfrieslands vor, sondern auch im Saterland. Das Saterland ist ein von Mooren umgebenes, im Hochmittelalter von Friesen besiedeltes Isolat im Westen des Oldenburger Münsterlandes. Anders als in Ostfriesland, wo die friesische Sprache längst ausgestorben und vom niedersächsischen Plattdeutsch verdrängt worden ist, wird im Saterland teilweise immer noch das alte Saterfriesisch gesprochen. In Sallers Ostfriesland-Untersuchung nimmt das Saterland bei mehreren Merkmalen eine Sonderstellung ein. Einmal haben die Saterländer die meisten Dunkelhaarigen und Braunäugigen (aber immerhin noch 54,1 Prozent Blonde), zum anderen haben sie die größte Körperhöhe, die größte bisher in Deutschland gemessene Kopflänge (Männer 198,3 mm) und den niedrigsten Längenbreitenindex (80,1). Außerdem mit fast 6 Prozent den höchsten Anteil an Rothaarigen unter den Friesen (und ganz Norddeutschland). Das spricht für die Anwesenheit eines dunklen Einschlags möglicherweise schon in der Zeit der Besiedlung. Die anderen Extremwerte haben aber sicher etwas mit ihrer Isolatsituation zu tun, ohne dass man genau sagen könnte, welche Faktoren dort wirksam sind (Gendrift, Homogamie).[35]

Karl Saller untersuchte im nördlichen Hessen 292 Schulkinder in zwei ursprünglich von Waldensern besiedelten „Franzosendörfern" und zwei Vergleichsdörfern. Die Waldenser waren reformierte Protestanten, die etwa um 1700 aus Frankreich ausgewiesen worden waren. Sie stammten meist aus Südfrankreich. Leider teilt Saller an anthropologischen Befunden nur die Augenfarbe mit, wonach die Waldenserdörfer deutlich weniger Blauäugige und mehr Braunäugige aufweisen (34,6 Prozent und 29,1 Prozent) als die hessischen Vergleichsdörfer (48,8 Prozent und 16,0 Prozent). Die anthropologischen Merkmale ihrer Bewohner verweisen also noch heute auf ihre ursprüngliche französische Herkunft. Saller führte auch Intelligenztests bei den Schulkindern durch. Einen Intelligenzunterschied zwischen den Waldenserdörfern und den deutschen Dörfern fand er jedoch nicht.[36]

Die Untersuchungen von Walter Scheidt und seinen Schülern

Der andere besonders rührige Dorfuntersucher war der Hamburger Anthropologe Walter Scheidt (1895–1976), ebenfalls ein Schüler von Rudolf Martin. Anders als Saller übertrug er viele Arbeiten an seine Schüler. Er und seine Schüler führten Erhebungen in Niedersachsen (Finkenwerder, Börde Lamstedt, Lüneburger Heide), Schleswig-Holstein (holsteinische Elbmarschen), am Bodensee, in Schwaben (Illergau) und im sudetendeutschen Schönhengstgau durch.[37]

---

35 Saller, Der friesische Mensch, 1932.

36 Karl Saller: Über Intelligenzunterschiede deutscher Volksgruppen. In: Zeitschrift für soziale Hygiene und Demographie 6, 1931, S. 265-275.

37 Walter Scheidt, Heinrich Wriede: Die Elbinsel Finkenwerder. München 1927; Wilhelm Klenck, Walter Scheidt: Niedersächsische Bauern I. Geestbauern im Elbe-Weser-Mündungsgebiet (Börde Lamstedt). Deutsche Rassenkunde 1, Jena 1929; Von der Kammer, H., K. Saur, Walter Scheidt: Niedersächsische Bauern in der Lüneburger Heide. Lebensgesetze des Volkstums 10, Hamburg 1936; Walter Scheidt: Alemannische Bauern im reichenauischen Herrschaftsgebiet am Bodensee. Deutsche Rassenkunde 6, Jena 1931; Walter Scheidt: Viehzüchter und Sennen im Voralpenland. Lebensgeschichte alemannischer Bauern im Voralpenland. Lebensgesetze des

Mann von der
Börde Lamstedt

Mannn von der
Börde Lamstedt

Frau von der
Börde Lamstedt

Frau von der
Börde Lamstedt

Scheidt untersuchte in der Stader Geest mehrere Dörfer in der Börde Lamstedt. Die Bevölkerung erwies sich in mancher Hinsicht als vom norddeutschen Typus abweichend. Sie liegt in dem Gebiet, das schon Meisner als von verhältnismäßig kleiner Körperhöhe kartiert hatte. Scheidt schreibt: *„Innerhalb der bis jetzt untersuchten lebenden niedersächsischen Bevölkerungen ist unsere Geestbevölkerung dunkler in Haar- und Augenfarbe und kleinwüchsiger; die Köpfe sind etwas seltener mittellangförmig und langförmig.“* Es gab in dieser Bevölkerung die Überlieferung, dass Mädchen mit braunen Augen als besonders schön galten.[38]

Volkstums 2, Hamburg 1934; Walter Scheidt: Eine Insel deutschen Volkstums. Lebensgeschichte deutscher Bauernsiedler im böhmisch-mährischen Schönhengstgau. Lebensgesetze des Volkstums 3, Hamburg 1934.

38 Wilhelm Klenck: Heimatkunde des ehemaligen Kreises Neuhaus an der Oste. Lamstedt 1957, S. 214.

Bei der Untersuchung der elf Dörfer in der Börde Lamstedt fand Scheidt eine Häufung des von ihm korrelationsstatistisch ermittelten „Scheidungstyps B“ (dunklere Farben, geringere Körperhöhe, starke Kurzköpfigkeit und schmales Gesicht) vor allem in jenen Dörfern, die im 16. und 17. Jahrhundert und besonders nach dem Dreißigjährigen Krieg eine starke Zunahme der unterbäuerlichen Schicht der Kätner und Brinksitzer aufwiesen. Wahrscheinlich waren hier *„fremde, eigentums- und heimatlose Leute“* aus von dem Krieg zerstörten Gegenden angesiedelt worden.

Viele Arbeiten Scheidts und seiner Schüler blieben unveröffentlicht. Scheidt strebte an, das übliche Merkmalsensemble besonders durch physiognomische Merkmale, die morphognostisch bestimmt werden, zu ergänzen. Er entwickelte anhand von Fotografien von den drei niedersächsischen (Finkenwerder, Börde Lamstedt, Lüneburger Heide) und einer oberschwäbischen Bevölkerungen (Bodensee) Merkmalsschemata für die Bestimmung dieser Merkmale. Scheidt ergänzte damit die Merkmale und Schemata, die die Wiener Anthropologen seit dem Ersten Weltkrieg entwickelt hatten. In der Bodenseebevölkerung zeigen die Orte mit dunkler pigmentierter Bevölkerung auch häufiger prominente Nasen mit steilen Nasenwänden und eine höhere und breitere Nasenwurzel, ein stärker modelliertes Philtrum (mittlere Nasen-Lippen-Rinne), vollere Lippen, eine höher gelegene Mund-Kinn-Furche sowie ein im Profil zurückweichendes Kinn. Die gleichen Unterschiede zeigt auch die Bodenseebevölkerung als Ganze im Vergleich mit den drei niedersächsischen Bevölkerungen.[39]

Scheidt strebte außerdem eine möglichst vollständige genealogische Erfassung der Dorfbevölkerungen an. Zusammen mit Wilhelm Klenck hatte er ein Konzept für eine Bevölkerungsgenealogie entwickelt, in der von einer ursprünglichen Ahnengeneration ausgehend – meist nach dem Dreißigjährigen Krieg – jedes Individuum in einer Formel seiner Ahnenerbteile ausgedrückt wird. Jeder Vorfahr bis zu der letzten, anthropologisch untersuchten Generation wird in einer Formel aus mehreren Brüchen beschrieben, denen zu entnehmen ist, wie viele Ahnenerbteile er von welchem Angehörigen der Ausgangsgenerationen geerbt hat. Man kann dann zum Beispiel sehen, welche Ahnenerbteile mit der Zeit zugenommen haben und welche weniger geworden oder ganz verschwunden sind. Das war in Zeiten ohne moderne Computer ein enormer Arbeitsaufwand.

An dem Material von der Elbinsel Finkenwärder[40] bei Hamburg (heute im Hamburg Stadtgebiet) führte Scheidt dieses Verfahren exemplarisch durch. Es

---

39 Walter Scheidt: Physiognomische Studien an niedersächsischen und oberschwäbischen Landbevölkerungen. Deutsche Rassenkunde 5, Jena 1931; Friedrich Keiter: Rußlanddeutsche Bauern und ihre Stammesgenossen in Deutschland. Deutsche Rassenkunde 12, Jena 1934.

40 Die Elbinsel hieß bis 1937 Finkenwärder.

Mann vom Bodenseegebiet

Mann vom Bodenseegebiet

Frau vom Bodenseegebiet

Frau vom Bodenseegebiet

zeigte sich, dass *„eine um 1640 in starkem Übergewicht vorhandene Gruppe von Erbmaßen im Laufe der 2 ½ Jahrhunderte erheblich abnimmt, während die Minderheit von 1640 eine starke Mehrheit von 1870 geworden ist. Es erfolgt also eine – Schritt für Schritt in den betreffenden Sippen und Erblinien nachgewiesene – erbliche Umschichtung der ganzen Bevölkerung."* Bei der Berechnung der Korrelationen zwischen dem Altansässigkeitsindex und den anthropologischen Merkmalen der lebenden Bevölkerung ergab sich, dass *„auch Merkmalsunterschiede bei Leuten verschiedener ‚Altansässigkeit' machzuweisen sind"*, nämlich dass *„die Finkenwerder Bevölkerung im Laufe der Zeit an Erbstämmen relativ verloren hat, welche vorwiegend Menschen mit schmäleren Gesichtern (und Nasen) und breiten, wahrscheinlich auch längeren, größeren Köpfen hervorbrachten. Befunde weisen auf einen zerebral-leptosomen Habitus, der in der Bevölkerung relativ abgenommen hat."* Wahrscheinlich sind diese Erbstämme nicht ausgestorben, sondern vor allem

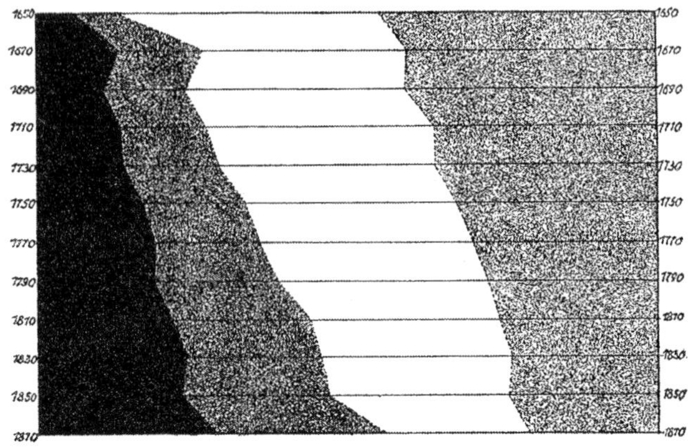

Zunehmende und abnehmende Erbanteile auf Finkenwerder von 1650 bis 1870 (von oben nach unten).

in die Städte ausgewandert, allen voran Hamburg. [Man kann vermuten, dass diese abgewanderten Erbstämme zugleich die begabteren waren, AV].[41]

Scheidt und Klenck waren mit der von ihnen entwickelten „Bevölkerungsgenealogie" der historischen und genealogischen Forschung um Jahrzehnte voraus. Erst in den sechziger und siebziger Jahren entwickelten Historiker in Frankreich und anderen Länder eine vergleichbare Methode einer vollständigen „Familienrekonstruktion". Der Schweizer Historiker Arthur E. Imhof (geb. 1939) bezog sich 1977 bewusst auf Scheidt und seine Pionierarbeit. Für die anthropologischen Merkmale interessieren sich die Historiker nicht.[42]

Schließlich wollte Scheidt auch zu den psychologischen Eigenschaften der Bevölkerungen vordringen. Er entwickelte ein kaum noch nachvollziehbares Konzept einer „Kulturbiologie". Diese sollte aus der sachlichen Dingwelt, mit der sich die Menschen umgeben, auf ihre „Lebenshaltung" schließen. Dabei interessierten ihn nicht wie die traditionelle Volkskunde die „toten" Dinge der überlieferten Volkskultur, sondern die „lebendigen", die für die Menschen eine reale Bedeutung haben.[43]

Scheidt strebte zu diesem Zweck eine möglichst vollständige Aufnahme der gegenständlichen Ausstattung der Höfe ländlicher Gemeinden an. Solche Untersuchungen sind wohl angelaufen, Scheidt hat sein Konzept – vielleicht wegen seiner sachlichen Unmöglichkeit – aber nie wirklich umgesetzt.

Der wichtigste von Walter Scheidts Schülern war der Österreicher Friedrich Keiter (1906–1967). Der war bis 1933 Privatdozent in Graz und ging

41 Walter Scheidt: Niedersächsische Bauern II. Bevölkerungsbiologie der Elbinsel Finkenwärder vom Dreißigjährigen Krieg bis zur Gegenwart. Deutsche Rassenkunde 10, Jena 1932; Wilhelm Klenck: Bevölkerungsgenealogie. Aufgaben der Familienkunde im Dritten Reich. Praktikum für Familienforscher 27, Leipzig 1934; Walter Scheidt: Kulturkunde. Rassenbiologie und Kulturpolitik II, Leipzig 1931.

42 Arthur E. Imhof: Einführung in die Historische Demografie. München 1977.

43 Walter Scheidt: Kulturbiologie. Vorlesung für Studierende aller Wissensgebiete. Jena 1930.

Mann aus Schwansen

Mann aus Schwansen

Frau aus Schwansen

dann nach Hamburg, wo er der Assistent Scheidts wurde. Er führte eine Dorfuntersuchung in Schleswig (Schwansen und Schlei) und eine im steierischen Obermurgebiet durch. Letztere war die erste Dorfuntersuchung in Österreich. Auch in der Schweiz begannen die Dorfuntersuchungen erst später.

Friedrich Keiter führte anhand eines älteren Datenmaterials von Südtiroler Kaiserjägern (Soldaten) eine geographische Studie über die Verteilung der Merkmalskombinationen im deutschen und italienischen Sprachgebiet durch. In den Gemeinden des deutschen Sprachgebietes überwiegen die hellen und kurzköpfigen, „norischen" Merkmalskombinationen („norisch" ist eine Bezeichnung für hellpigmentierte Dinaride), in denen des italienischen Sprachgebietes die kleinen, dunklen, dolichoiden (verhältnismäßig langköpfigen). Keiter stellte fest: *„Im italienischen Sprachgebiet finden sich fast durchweg andere Kombinationstypen als im deutschen. Die italienisch-deutsche Sprachgrenze ist in so scharfem Maße gleichzeitig Rassengrenze, wie das zur Zeit von keiner anderen europäischen Sprachgrenze bekannt ist.*"[44]

Weitere Dorfuntersuchungen

Der Sudetendeutsche Adolf Knöbl untersuchte 1928 rund 300 Männer und Frauen in zwei deutschen (Bente, Liebesdorf) und einem tschechischen Dorf (Strupschein) in Nordmähren. Die Bewohner des tschechischen Dorfes unterscheiden sich von den Deutschen durch eine geringere Körperhöhe und kleinere absolute Kopfmaße, insbesondere ist die Kopfhöhe geringer und bei

44 Friedrich Keiter: Geographische Korrelationen und Kombinationstypen als Hilfsmittel der Rassenanalyse (Interkollektives Scheidungsverfahren). In: Anthropologischer Anzeiger 10, 1933, S. 214-223; Viktor Lebzelter: Anthropologische Untersuchungen an Tiroler Kaiserjägern (Auf Grund des weiland von Prof. Dr. C. Toldt in den Jahren 1898–1904 gesammelten Materials). In: Mitteilungen der Anthropologischen Gesellschaft in Wien 59, 1929, S. 209-228.

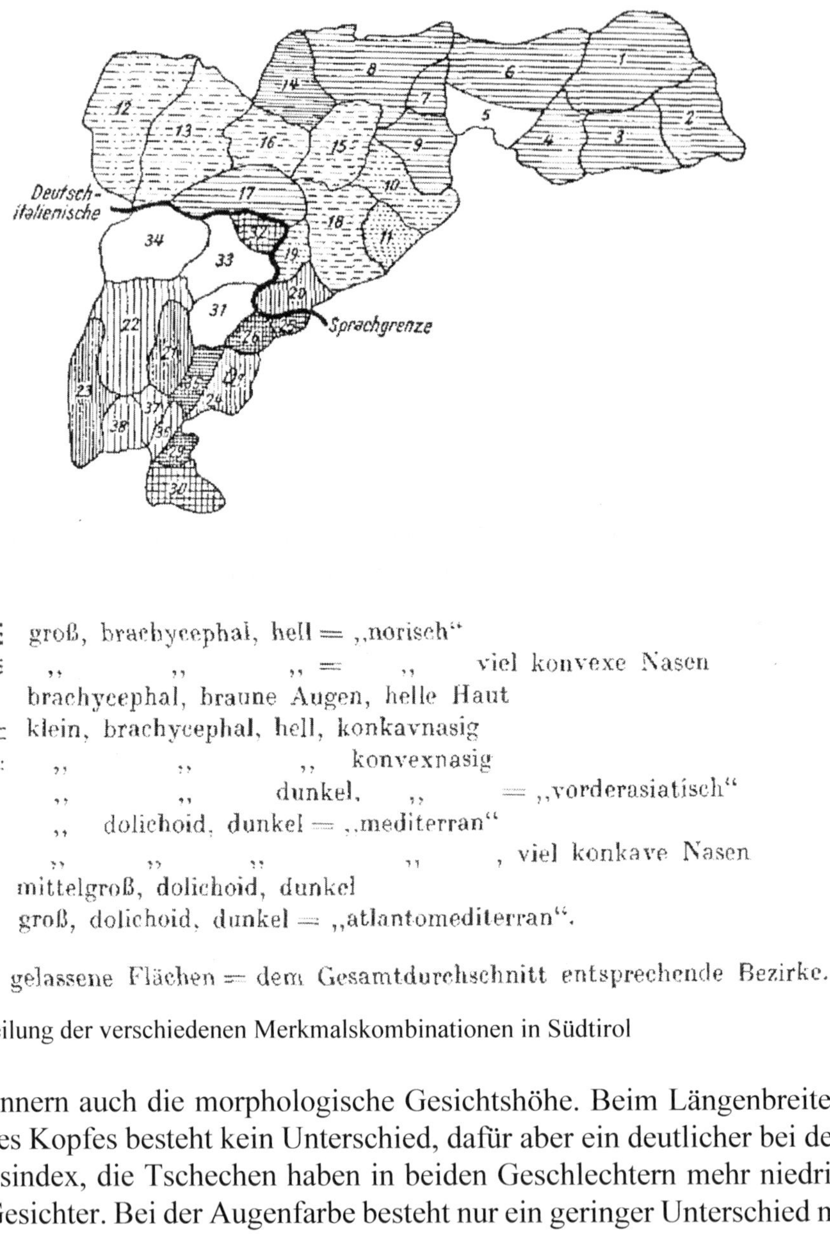

Die Verteilung der verschiedenen Merkmalskombinationen in Südtirol

den Männern auch die morphologische Gesichtshöhe. Beim Längenbreitenindex des Kopfes besteht kein Unterschied, dafür aber ein deutlicher bei dem Gesichtsindex, die Tschechen haben in beiden Geschlechtern mehr niedrigbreite Gesichter. Bei der Augenfarbe besteht nur ein geringer Unterschied mit einer Tendenz zu dunkleren Farben bei den Tschechen, bei der Haarfarbe gar keiner. Am größten ist der Unterschied bei der dunkleren Hautfarbe, die bei den tschechischen Männern mit 60 Prozent am häufigsten ist. Es scheint also einen anthropologischen Unterschied zwischen Deutschen und Tschechen zu geben, was aber bei nur drei Dörfern nicht verallgemeinert werden kann.

Knöbl verglich auch die beiden häufigsten Sozialgruppen in den drei Dörfern, die Landwirte und die Weber. Die Weber sind deutlich kleiner als die Landwirte, der Unterschied zwischen den beiden Berufsgruppen beträgt 5,8 cm. Ansonsten haben die Weber die kleineren Kopf- und Gesichtsmaße und

Mann aus Miesbach

Mann aus Miesbach

Frau aus Miesbach

Frau aus Miesbach

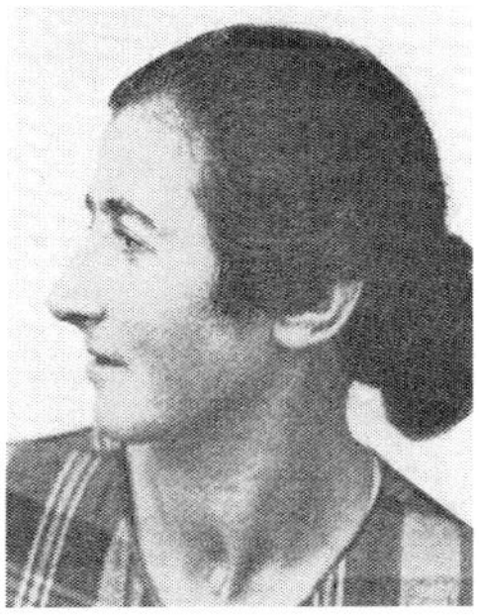

Frau aus Miesbach

einen höheren Längenbreitenindex. Beim Gesichtsindex besteht kein Unterschied. Die Weber sind von der Körpergestalt her häufiger leptosom als die Landwirte. Bei der Haar- und Augenfarbe sind die Weber etwas heller, was aber wohl nicht gesichert ist. Geradezu frappant ist der Unterschied bei der Hautfarbe. Die Weber haben zu 60 Prozent eine dunkle Hautfarbe, gegenüber 36 Prozent bei den Landwirten. Und das obwohl die Bauern viel im Freien arbeiten, im Gegensatz zu der Heimarbeit der Weber. Den sozialanthropologischen Befunden nach scheinen die Landwirte also die überlegene Gruppe zu sein.[45]

In einer Dorfuntersuchung in Miesbach, Oberbayern, fand Hans August Ried 1930 eine stark dinaride Bevölkerung.[46]

45 Adolf Knöbl: Anthropologische Untersuchungen in den Sudetenländern. I. Untersuchungen in drei nordmährischen Dörfern. Prag 1931.

46 Hans August Ried: Miesbacher Landbevölkerung. Eine rassen- und volkskundliche Untersuchung aus Oberbayern. Deutsche Rassenkunde 3, Jena 1930..

Sozialanthropologie

In manchen Dorfuntersuchungen wurde auch zwischen den sozialen Gruppen unterschieden. So von Karl Saller bei seinen Untersuchungen auf Fehmarn. Er verglich die Kinder der Bauern mit denen der Arbeiter (vorwiegend Landarbeiter), bei denen der Anteil der vom Festland Stammenden größer ist als bei den Bauern. Die Arbeiterkinder erwiesen sich als kleiner gewachsen und von schwächerem Körperbau als die Bauernkinder. Sie haben bei etwa gleicher Kopflänge schmalere Köpfe und dadurch auch einen niedrigeren Längenbreitenindex. Sie haben auch schmalere Gesichter als die Bauernkinder. Der Prozentsatz der Rothaarigen und der Blutgruppe B ist bei ihnen größer als bei den Bauernkindern.[47]

Saller führte auch Untersuchungen an etwa 1 500 Kindern in verschiedenen Teilen Deutschlands durch. Die untersuchten Gruppen kamen aus neun Dörfer und der Stadt Leer in Ostfriesland, aus vier Orten in Nordhessen nahe Göttingen, darunter die schon erwähnten zwei „Franzosendörfer", und aus mehreren kleinen Dörfern und Einöden sowie dem Ort Mitterdorf und der Kleinstadt Roding in der Oberpfalz im Vorland des bayerischen Waldes. Die körperlichen Unterschiede waren beträchtlich, vor allem zwischen den Norddeutschen und den Oberpfälzern. Saller führte bei den Kindern auch Intelligenztests durch. Die Werte in Ostfriesland lagen etwas niedriger als die in Hessen und diese wieder etwas niedriger als in der Oberpfalz. Die Leeraner in Ostfriesland schneiden mit einem IQ von 0,86 (m) und 0,89 (w) nicht besser ab als die ostfriesischen Landkinder. In der Oberpfalz gibt es einen Anstieg des IQ mit der Ortsgröße: In den kleinen Landdörfer 0,92/0,88 (m/w), in Mitterdorf 0,93/0,99 und in Roding 0,97/1,02. In der Oberpfalz unterschied Saller auch die verschiedenen Berufsgruppen. In Mitterdorf und Roding wiesen die Kinder der Selbstständigen, Gewerbetreibenden, Handwerker und kleinen Beamten einen Intelligenzquotienten von 1,04, die der Bauern einen von 0,95 und die der ungelernten Arbeiter einen von 0,91 auf. Bei den Kindern aus den Einöden und kleinen Dörfern bestand dasselbe Gefälle, aber mit wesentlich niedrigeren Werten (0,88, 0,86, 0,83). Dass die höheren Schichten und Stadtbewohner bei Untersuchungen der Intelligenz und der Schulleistung besser abschneiden als die Angehörigen der unteren Schichten beziehungsweise die Landbewohner, war nicht neu, sondern zu dieser Zeit durch Untersuchungen in Deutschland und im Ausland bereits bekannt. Was neu war, war, dass Anthropologen bei ihren Untersuchungen körperlicher Merkmale auch die Intelligenz maßen.[48]

---

47 Saller, Die Fehmaraner (1930)..

48 Karl Saller: Über Intelligenzunterschiede der Rassen Deutschlands. In: Eugenik, Erblehre, Erbpflege 2, 1932, S. 220-225; ders.: Untersuchungen in Landgebieten Ost-

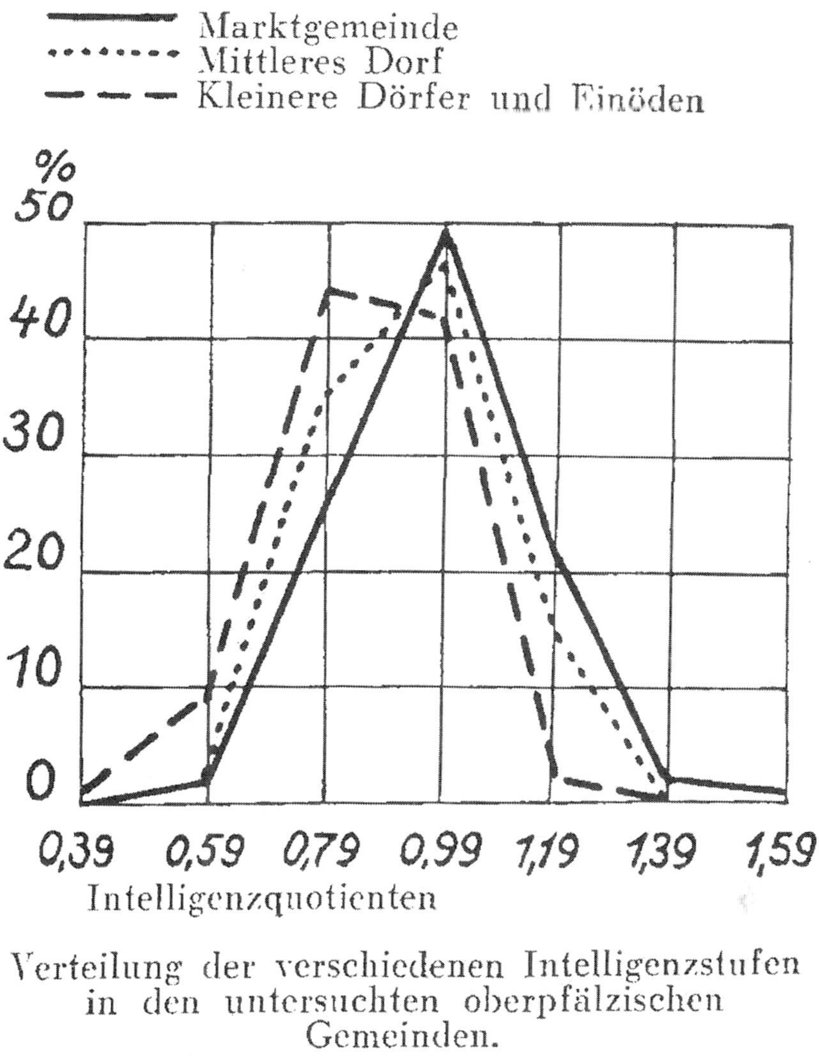

Die Verteilung des Intelligenzquotienten in oberpfälzischen Gemeinden verschiedener Größe

Walter Scheidt fand auf Finkenwerder die Bauern großwüchsiger als die Fischer.[49] Der Leipziger Doktorand Friedrich Trost berichtete in seiner Untersuchung über mehrere Dörfer in Mecklenburg auch über die Unterschiede zwischen den Söhnen von Hofbesitzern, Büdnersöhnen und Häusler- und

frieslands und des bayerischen Waldes. In: Zeitschrift für Kinderforschung 41, 1933, S. 369-410..

49 Scheidt u. Wriede: Die Elbinsel Finkenwerder (1927)..

Tagelöhnersöhnen (Rekrutenjahrgänge 1882 bis 1892 im Amt Bützow). Die Bauernsöhne hatten eine mittlere Körperhöhe von 173,3 cm, die Büdnersöhne eine von 171,6 cm und die Häusler- und Tagelöhnersöhne eine von 169,1 cm. Die Büdner hatten ein eigenes Haus mit Garten, aber nur wenig Land, die Häusler auch ein eigenes Haus, aber mit noch weniger oder gar keinem Land. Büdner und Häusler waren auf Nebeneinkünfte als Handwerker oder als Landarbeiter bei den Bauern angewiesen.[50]

Weitere Untersuchungen der aktuellen Bevölkerung

Im Jahr 1921 erschien das Buch des Psychiaters Ernst Kretschmer (1888–1964) „Körperbau und Charakter. Untersuchungen zum Konstitutionsproblem und zur Lehre von den Temperamenten“. Das Buch wurde ein ähnlicher Publikumserfolg wie ein Jahr später Günthers Rassenkunde. Kretschmer war aufgefallen, dass die schizophrenen und die manisch-depressiven Patienten sich auch in ihrem Körperbau unterscheiden. Die Schizophrenen waren oft lange hagere Leptosome und die Manisch-Depressiven eher gedrungene Pykniker. Er sah in diesen beiden psycho-physischen Komplexen die extremen Pole einer normalen Verteilung unter den Gesunden. Die Leptosomen unter den Gesunden seien oft ernst, verschlossen und introvertiert (schizothym) und die Pykniker unter ihnen oft gesellig und extravertiert (zyklothym). Diese beiden Typen ergänzte Kretschmer später noch um einen dritten Konstitutionstypus, den Athletiker, dem er ein visköses, „schwerflüssiges“ Temperament zuordnete. Kretschmer hat seine Thesen mit statistischen Untersuchungen untermauert und sein Buch erreichte bis 1977 insgesamt 26 immer wieder ergänzte und überarbeitete Auflagen.[51]

In der deutschen Anthropologie und Psychologie löste Kretschmers Buch einen Gelehrtenstreit darüber aus, wie sich die Konstitutionstypen zu den Rassentypen verhalten. Es gab zwei extreme Positionen. Erstens, die Konstitutionstypen seien mit den mitteleuropäischen Rassentypen identisch, das heißt der leptosome mit dem nordischen Rassentyp, der pyknische mit dem alpinen. Die andere Position war die, die Konstitutionstypen hätten mit den Rassen nichts zu tun und es gäbe sie in jeder Rasse. Kretschmer selbst vertrat die zweite Auffassung, räumte aber ein, dass es bei verschiedenen Rassen unterschiedliche Häufigkeiten der Konstitutionstypen geben könne.

In diesem Zusammenhang untersuchte 1927 der damals in Tübingen tätige Mediziner und Erbforscher Otmar von Verschuer (1896–1969) eine größere

---

50 Friedrich Trost: Mecklenburgische Bauern vom mittleren Warnowtalrand. Eine rassenkundliche Studie über eine norddeutsche Bevölkerung. Diss. Leipzig o.J. (1932?).

51 Ernst Kretschmer: Körperbau und Charakter. Untersuchungen zum Konstitutionsproblem und zur Lehre von den Temperamenten. Berlin 1921.

Zahl von Tübinger Studenten auf ihren Konstitutionstypus und ihre Herkunft. Das Ergebnis war, dass die aus Nord- und Mitteldeutschland stammenden Studenten deutlich häufiger den leptosomen Konstitutionstypus aufweisen als die aus Süddeutschland, bei denen der pyknische Konstitutionstypus häufiger ist. So stehen in Nordwestdeutschland 32 Prozent Leptosome nur 4 Prozent Pykniker gegenüber, während es in Württemberg 22 Prozent Leptosome und 25 Prozent Pykniker sind.[52]

Im selben Jahr führte der Sportarzt Klaus Deckner eine anthropologische Untersuchung an einer großen Zahl von Freiburger Studenten durch. Er verglich die blonden und blauäugigen Studenten mit den dunkelhaarig-dunkeläugigen. Das Ergebnis war, dass die blond-blauäugigen größer und langköpfiger (Kopfindex 81,4) als die dunkelhaarig-dunkeläugigen sind (Kopfindex 82,8). Außerdem sind die dunkelhaarig-dunkeläugigen Studenten etwas leichter und haben einen etwas geringeren Brustumfang als ihre blond-blauäugigen Kommilitonen. Das verweist auf eine typologische Zusammensetzung der Studentenschaft hauptsächlich aus Nordiden und Alpinen, wie sie Otto Ammon und Hans F. K. Günther beschrieben haben. Deckner zählte den Anteil der ausgesprochen und vorwiegend nordiden Typen auf 16,5 Prozent und den der ausgesprochen und vorwiegend alpinen auf 9,2 Prozent, bei überwiegenden Mischtypen. Die Studenten insgesamt waren deutlich hochwüchsiger als jede nicht studentische Vergleichsgruppe.[53]

Schädel- und Skelettuntersuchungen

Der Göttinger Anthropologe Max Wolfgang Hauschild (1883–1924) untersuchte um 1920 die Göttinger Schädelsammlung. Dabei fielen ihm Schädel auf, die zwar die lang-schmale Hirnschädelform des klassischen germanischen Reihengräbertypus teilten, aber ein cro-magnon-ähnliches niedrigeres und breitförmigeres Gesicht hatten. Er fand diese Schädelform besonders bei Schädeln aus dem Reihengräberfriedhof von Grone, einem Dorf in der Nähe von Göttingen. Außerdem fand er sie in weniger vorherrschender Form auch im Gräberfeld von Anderten bei Hannover und unter Schädelserien an anderen Orten in Südniedersachsen. Nach der Literatur ordnete er ihr vor allem noch mecklenburgische und ostfränkische Schädelserien zu.

Cro-magnid nennt man einen schon in der späten Altsteinzeit in Europa verbreiteten Formkomplex mit robustem, langem Schädel, niedrig-breitem

52 Otmar von Verschuer: Beitrag zur Frage Konstitution und Rasse sowie zur Konstitutions- und Rassengeographie Deutschlands. In: Archiv für Rassen- und Gesellschaftsbiologie 20, 1927, S. 16-28.

53 Klaus Deckner: Über die Beziehungen zwischen Haar- und Augenfarbe und Konstitution. In: Zeitschrift für Konstitutionslehre 13, 1927, S. 603-618.

Gesicht, niedrigen und tiefen Augenhöhlen, tiefer Nasenwurzel, etwas breiterer Nase, breitem Unterkiefer und tiefen Unterkieferwinkeln. Cro-magnide Gesichter haben oft etwas Kantig-Eckiges an sich.

Hauschild unterschied daher innerhalb des Reihengräbertypus zwischen dem schmalgesichtigen Nordendorfer Typus (nach einem Fundort bei Augsburg, von dem die Göttinger Sammlung einige Schädel besaß) und dem breit-niedriggesichtigen Groner Typus, Bezeichnungen, die sich in der Folge weithin durchsetzten. Hauschild ging aber noch weiter. Er sah in dem Groner Typus den eigentlichen germanischen Volkstypus, während der schmalgesichtige Typus keltisch sei oder auf der Vermischung mit Kelten beruhe.

Seine Auffassung fand jedoch wenig Bestätigung. Tatsächlich zeigten die Bearbeitungen von anderen Reihengräbern, sei es in Nord- oder Süddeutschland, meist ein deutliches Überwiegen des schmalgesichtigen Typus, so dass es sich bei Groner Typus wohl um eine regionale Variante des Reihengräbertypus handelt.[54]

Der damals noch in Freiburg tätige Anthropologe Eugen Fischer (1874–1967) war seit seiner berühmten Studie an den Rehobother Bastards in Südwestafrika (1913) der bekannteste und angesehenste deutsche Anthropologe. Die Bastards waren ein aus der Verbindung von burischen Männern und Hottentotten-Frauen entstandenes Mischvolk, das Fischer untersucht hatte, um die Wirkung der Mendelschen Regeln am Menschen nachweisen zu können. Viele glaubten damals auch, dass ihm das gelungen sei. Einsichtigen Kollegen war aber schon damals klar, dass die von ihm beschriebenen Merkmale auf vielen Genen zugleich beruhen und keinen einfachen Mendelschen Regeln unterliegen konnten.

In den zwanziger Jahren wollte Fischer dem Brachycephalisationsproblem zu Leibe rücken. Er war überzeugt, dass weder Bevölkerungsmischung (mit der vorgermanischen Bevölkerung) noch Auslese (ein Überlebens- oder Fortpflanzungsvorteil der Kurzköpfe) die Ursache sein konnten. Er dachte vielmehr, dass ein nicht erblicher, modifizierender Umweltfaktor der Grund für die starke Verkürzung der Schädel besonders in Süddeutschland sein müsse. Was aber dieser Faktor sein könne, wusste er nicht.[55] Er setzte mehrere seiner Schüler auf das Thema an, die sich auf unterschiedliche Weise mit dem „Problem der Süddeutschen Brachycephalie“ beschäftigten. Die fertigen Arbeiten

---

54 Max Wolfgang Hauschild: Die Göttinger Gräberschädel. Ein Beitrag zur Anthropologie Niedersachsens. In: Zeitschrift für Morphologie und Anthropologie 21, 1921, S. 365-438, Taf. VII-XI.; ders.: Zur Anthropologie der Cro-Magnon-Rasse. In: Zeitschrift für Ethnologie 55, 1923, S. 54-59; ders.: Die menschlichen Skelettfunde des Gräberfeldes von Anderten bei Hannover. In: Zeitschrift für Morphologie und Anthropologie 25, 1925, S. 221-242.

55 Eugen Fischer: Betrachtungen über die Schädelform beim Menschen. In: Zeitschrift für Morphologie und Anthropologie 24, 1924, S. 37-45.

Eugen Fischer um 1930

wurden dann in der von Fischer herausgegebenen „Zeitschrift für Morphologie und Anthropologie“ veröffentlicht.

Die erste dieser Schülerarbeiten war von Wilhelm Emil Mühlmann (1904–1988), der später selbst ein bekannter Anthropologe wurde. Mühlmann bearbeitete eine Serie von südbadischen Schädeln aus dem Spätmittelalter und der frühen Neuzeit. Die Mittelwerte der Serie liegen, wie aufgrund bisheriger Funde zu erwarten, im brachycephalen, hochschädeligen und mittel- bis breitgesichtigen Bereich. Es kommen alle möglichen Merkmalskombinationen vor. Am wichtigsten ist der Befund, dass nach den Variationsindices die Variabilität in den Gesichtsproportionen größer als die für die Hirnschädelproportionen ist. Das bedeutet, dass es irgendeinen Faktor – eventuell auch selektiver Art – gibt, der die Variabilität des Hirnschädels begrenzt. Mühlmann geht jedoch auf die Bedeutung dieses Befundes für das Problem der Brachycephalie nicht ein.[56]

Die zweite Schülerarbeit ist von dem Venezolaner Eduardo Fleury-Cuello (1904–1954)[57], die 1932 erschien. Er hatte die Schädel des alemannischen Reihengräberfelds von Oberrottweil am Kaiserstuhl bearbeitet. Die aus dem 7. bis 9. Jahrhundert n. Chr. stammenden Schädel entsprechen alle dem Reihengräbertypus, Hinweise auf eine Tendenz zur „Verrundung“ gibt es noch keine.

Die dritte Arbeit der Reihe ist von Eugen Fischer selber, der die Schädel aus dem Kloster Lorsch in Südhessen nahe der badischen Grenze untersuchte.

56 Wilhelm Emil Mühlmann: Badische Schädel aus dem 16.–18. Jahrhundert. Untersuchungen über die süddeutsche Brachycephalie I. In: Zeitschrift für Morphologie und Anthropologie 30, 1932, S. 382-405.

57 Eduardo Fleury-Cuello war später als Anthropologe in Venezuela tätig. Er starb beim Untergang der Andrea Doria 1954.

Es handelt sich um vier Schädel geistlicher Würdenträger und 34 Schädel einfacher Mönche. Der Friedhof der letzteren ist in die Anfangszeit des Klosters Ende des 8. Jahrhunderts datiert. Wichtig ist, dass die Mönche dem *Libri confraternitatum* nach alle germanische Namen ihrer Zeit trugen, also nicht etwa aus romanischen Gebieten stammten. Die aus dem Hochadel stammenden geistlichen Würdenträger hatten eine für ihre Zeit große Körperhöhe und große, lange Schädel, von denen nur einer im Bereich der Brachycephalie liegt. Die Mönche waren dagegen der Körperhöhe nach deutlich kleiner als die typischen Reihengräberbevölkerungen. Bei 18 der 32 Mönchsschädel, bei denen die entsprechenden Maße genommen werden konnten, liegen die Werte dem Index nach im brachycephalen, bei den anderen überwiegend im mittellangschädeligen Bereich.

Auch die Schädelmaße der Mönche sind kleiner als bei den geistlichen Würdenträgern. Die überwiegende Mehrzahl der Schädel zeigt eine Hinneigung zur rundlichen Form mit starker Entwicklung der Schädelbreite. Die meisten sind in der Oberansicht kurz-birnenförmig. *„Man sieht, wie die ganze Gruppe von der Form der Reihengräberschädel abrückt und schon ganz das Gepräge hat wie die mittelalterlichen, die Beinhausschädel und die heutige Bevölkerung Süddeutschlands."* Dennoch entspricht ihr Profil in der Seitenansicht noch ganz dem des Reihengräbertypus. Das Hinterhaupt ist gleichmäßig ausgewölbt und *„fast nirgends (...) so geformt, wie bei eigentlicher echter Brachycephalie." „Es handelt sich also bei der überwiegenden Mehrzahl der Schädel deutlich um Langschädelformen, die aber gleichzeitig sehr breit geworden sind. Eine zur Breite führende Auswölbung des Schädels verursacht hier den Indexwert."* Fischer sieht darin den Beginn eines Prozesses, in dem die Reihengräberschädel sich langsam zu den sehr hohen Kurzschädeln mit steil abfallendem, flachem Hinterhaupt entwickelten. Diese seien quasi die *„Kulturform"* des Schädels. Fischer zitiert Otto Reche, der sogar von *„Domestikationsform"* spricht. Als Ursache dieser Formwandlung sieht Fischer kulturelle Einflüsse, die in der Lebensweise der Menschen liegen. Also eine modifizierende Umweltwirkung, keine genetische Ursache.[58]

Im vierten Beitrag untersuchte Heinrich Münter (1883–1957) Schädel aus dem Kloster R e i c h e n a u auf der gleichnamigen Insel im Bodensee. Nach dem Ausscheiden frühmittelalterlicher Reihengräberschädel blieben neun Schädel aus den Einzelgräbern (also Oberschichtangehörige, viele namentlich bekannt) der Zeit von 1379 bis 1646 übrig. Bei den Schädeln handelt es sich durchweg um Kurzköpfe, von denen fünf ein ausgeprägt flaches und vier ein rundes Hinterhaupt haben. Sie trennen sich auch nach dem Längenbreitenindex und den Höhenindices (Längenhöhenindex und Breitenhöhenindex)

58 Eugen Fischer: Die Gebeine aus dem karolingischen Kloster Lorsch. Untersuchungen über die süddeutsche Brachycephalie III. In: Zeitschrift für Morphologie und Anthropologie 31, 1933, S. 283-298.

klar vom Reihengräbertypus. *„So läßt sich eines mit Sicherheit sagen"*, stellt Münter fest, *„um breit gewordene Langschädel, wie Fischer bei der überwiegenden Mehrzahl seines Lorscher Materials feststellen konnte, handelt es sich bei unserem Reichenauer Material auf keinem Fall."* Und er verweist darauf, dass es schon in den frühmittelalterlichen baierischen Reihengräberfeldern viele echte Brachycephale gibt.[59]

Serologie (Blutgruppenkunde)

Im Jahr 1900 entdeckte der Wiener Pathologe Karl Landsteiner (1868–1943) das AB0-Blutgruppensystem des Menschen, wodurch erstmals Bluttransfusionen von Mensch zu Mensch ohne größere Gefahr möglich wurden. Er erhielt dafür 1930 den Medizin-Nobelpreis. Im Ersten Weltkrieg machten das polnische Medizinerpaar Ludwig und Hanna Hirschfeld in Serbien die Beobachtung, dass es zwischen den europäischen Völkern und Regionen beträchtliche Häufigkeitsunterschiede der AB0-Blutgruppen gibt. Der Göttinger Mathematiker Felix Bernstein (1878–1959) schließlich klärte 1924 den Erbgang des AB0-Systems. Damit war die Grundlage für die anthropologische Serologie gelegt. Zu dem AB0-System kamen schon 1911 die Untertypen A1 und A2 hinzu, und Karl Landsteiner entdeckte zusammen mit Philip Levine 1927 auch noch das MN-System. Bis zum Zweiten Weltkrieg waren das AB0-System (mit A1A2-Untertypen) und das MN-System die beiden einzigen serologischen Systeme, die für anthropologische Bevölkerungsuntersuchungen zur Verfügung standen.

Das reichte jedoch aus, um auch in Deutschland einen neuen Zweig der Anthropologie zu begründen. 1926 gründeten der damals noch in Wien tätige Anthropologe Otto Reche (1878–1966) und der Marinearzt Paul Steffan die „Deutsche Gesellschaft für Blutgruppenforschung" und bereits zwei Jahre später die „Zeitschrift für Rassenphysiologie", in der von nun an regelmäßig neue Blutgruppendaten für verschiedene Bevölkerungen in Deutschland und Europa veröffentlicht wurden. Innerhalb kurzer Zeit gab es viele lokale Blutgruppenuntersuchungen in allen Teilen Deutschlands und den Nachbarländern. Unter diesen frühen Untersuchungen sind viele, die zugleich klassische Rassenmerkmale berücksichtigten, wie Haar- und Augenfarbe, Körperhöhe und Kopf- und Gesichtsmaße – allerdings meist von Nicht-Anthropologen

59 Heinrich Münter: Gebeine aus dem Kloster Reichenau. Untersuchungen über die süddeutsche Brachycephalie IV. In: Zeitschrift für Morphologie und Anthropologie 34, 1934, S. 286-302, Taf. XIV-XV. Heinrich Münter (1883–1957) emigrierte 1934 nach Großbritannien, weil seine Frau als Kommunistin verfolgt wurde.

bestimmt –, um mögliche Korrelationen zu den Blutgruppen festzustellen. Das Ergebnis war aber im Großen und Ganzen negativ. Wo Beziehungen festgestellt wurden, waren sie meist zufällig oder historisch bedingt, zum Beispiel durch Zuzug von Arbeitern aus dem Osten.

Im ersten Band der „Zeitschrift für Rassenphysiologie" veröffentlichte Medizinalrat Schaede Blutgruppendaten von 3 000 Blutproben aus Ostpreußen (Regierungsbezirke Gumbinnen und Allenstein). Von Interesse sind vor allem die unterschiedlichen Daten für Männer nach Familiennamen. So fand er bei den Männern mit deutschen Familiennamen zu 11,9 Prozent die Blutgruppe B, bei Männern mit litauischen Namen zu 15,7 Prozent und bei denen mit polnischen Namen zu 23,3 Prozent. Zum Vergleich: In Polen liegen die B-Werte etwa um 20 Prozent. Das zeigt, dass der Familienname in Ostpreußen durchaus noch die unterschiedliche ethnische Herkunft anzeigte.[60]

Eine andere Untersuchung aus Oberschlesien von Groetschel an 1 600 Blutproben ergab für die Träger deutscher Familiennamen bei 17,2 Prozent und die polnischer Familiennamen zu 18,5 Prozent die Blutgruppe B. Offenbar waren die Unterschiede in Oberschlesien schon stärker ausgeglichen, die Bevölkerung schon stärker durchmischt.[61]

1928 veröffentlichte der Kieler Arzt Max Gundel eine erste flächenhafte Blutgruppenuntersuchung in Deutschland, nämlich von Schleswig-Holstein. Gewissermaßen eine serologische Landesuntersuchung, unterteilt nach Landkreisen, wenn auch nur für ein Merkmal, die AB0-Blutgruppen. Die Untersuchung zeigt im Norden höhere A-Werte, vor allem aber höhere B-Werte in Ostholstein, in den Kreisen Plön und Oldenburg (mit Fehmarn) und im oldenburgischen Landesteil Lübeck. Dort erreicht die Blutgruppe B Werte von 14,6 bis 15,8 Prozent (Genfrequenzen von 0.108 bis 0.113), während sie in Schleswig-Holstein sonst zwischen 6,3 und 12,3 Prozent (Genfrequenzen von 0.062 bis 0.087) liegen. Das sind genau die Gebiete in Schleswig-Holstein, in denen auch noch lange nach Beginn der mittelalterlichen Ostsiedlung Slawen lebten. Man kann also davon ausgehen, dass dort auch noch die heutige altansässige Bevölkerung einen genetischen Einschlag der alten Slawen besitzt. Der Einschlag ist aber nicht sehr groß, es überwiegt das alte germanische Erbe.[62]

---

60 Schaede: Blutgruppenuntersuchungen in Ostpreußen. In: Zeitschrift für Rassenphysiologie 1, 1929, S. 151-153.

61 Groetschel: Die Blutgruppenverteilung in der oberschlesischen Bevölkerung. In: Klinische Wochenschrift 6, 1927, S. 895-896.

62 Max Gundel: Rassenbiologische Untersuchungen an der schleswig-holsteinischen Bevölkerung unter Anwendung der Blutguppenbestimmung. In: Zeitschrift für Immunitätsforschung und experimentelle Therapie 59, 1928, S. 156-184.

Häufigkeit der Blutgruppe A in Schleswig-Holstein

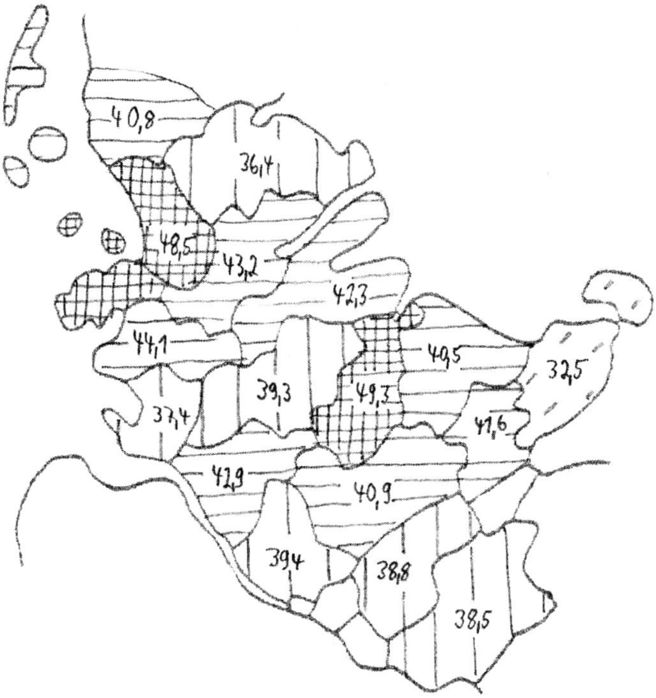

Häufigkeit der Blutgruppe 0 in Schleswig-Holstein

Häufigkeit der Blutgruppe B in Schleswig-Holstein

Psychologische Anthropologie

Hans F. K. Günther war der erste Autor, der konsequent seine körperlichen Rassenbeschreibungen durch psychologische ergänzte. Bisher hatten Anthropologen nur gelegentlich die anthropologischen Unterschiede durch psychologische ergänzt, wenn allzu offensichtlich war, dass dem körperlichen Unterschied ein seelischer entsprach, etwa zwischen den Mediterranen in Wales und den nordischen Engländern (Beddoe, Fleure). Günther arbeitete dabei genauso wie die Anthropologen, indem er die Charakterschilderungen der volkscharakterologischen Literatur oder den in der Bevölkerung herrschenden Vorstellungen entnahmen. Diese ergänzte er dann fallweise durch eigene, meist gute Beobachtungen. Dabei sind ihm meist plastische, leicht verständliche und überzeugende Charakterschilderungen gelungen. Nur was er über das Heldentümliche und Aristokratische bei den Nordischen schreibt, kann man getrost vergessen.

Es gab noch einen zweiten populären Rassenautor in den zwanziger und dreißiger Jahren, der gewissermaßen im Wettbewerb mit Günther publizierte. Gemeint ist Ludwig Ferdinand Clauss (1892–1974). Er studierte Philosophie, Psychologie und englische und nordeuropäischen Sprachen und promovierte bei dem Philosophen Edmund Husserl. Er veröffentlichte 1923 sein Buch „Die nordische Seele", nachdem er längere Zeit als Landarbeiter und Schiffer in den skandinavischen Ländern verbracht hatte. Das Buch sollte bis 1941 eine Auflage von 116 000 Stück erreichen. Von 1927 an verbrachte Clauss vier Jahre im Nahen Osten. Danach war er noch lange mit der Auswertung seiner menschenkundlichen Reiseeindrücke beschäftigt.

In mehreren Büchern legte Clauss dann eine Rassenpsychologie der europäischen und nahöstlichen Hauptrassentypen vor.[63] Er nannte seine Methode die „mimische", tatsächliche beruhte sie wohl auf Beobachtung und Einfühlung. Er begründete sie nicht biologisch, sondern philosophisch, als Stiltypen, die im Geistigen wurzelten. Diese Typen waren bestimmt durch jeweils eine zentrale Charaktereigenschaft. Er nannte den nordischen Menschen den „Leistungsmenschen", den fälischen den „Verharrungsmenschen", den mediterranen den „Darbietungsmenschen", den alpinen (bei Clauss: ostischen) den „Enthebungsmenschen"[64] usw. Viel zur Popularität seiner Bücher trugen

63 Clauss, Ludwig Ferdinand: Von Seele und Antlitz der Rassen und Völker. Eine Einführung in die vergleichende Ausdrucksforschung. München 1929; ders.: Die nordische Seele. Eine Einführung in die Rassenseelenkunde. München 1932; ders.: Rasse und Seele. Eine Einführung in den Sinn der leiblichen Gestalt. 13. Auflage, Berlin o.J. (ca. 1940).

64 Mit dem Wort „Enthebung" kann heute wohl niemand mehr etwas anfangen. Clauss schreibt: *„das ‚Glück' dieser Menschen liegt darin, enthoben zu sein von aller Wirr-*

wohl auch die Fotografien seiner „mimischen“ Rassentypen bei, die aber auf den heutigen Betrachter [oder zumindest auf mich, AV] unecht und gestellt wirken. Die rein subjektive Methode und die philosophische Herleitung als spekulative, über dem Biologischen stehende „Ideen“, schließt Claus‘ Rassenpsychologie aus der wissenschaftlichen Anthropologie aus. Ich werde sie in diesem Buch, in dem ich Wert auf empirische Daten lege, nicht weiter verfolgen.

Eine auf empirischen Daten beruhende Arbeit ist die von dem niederländischen Psychiater Enno Dirk Wiersma (1858–1940), der in Groningen lehrte. Der hatte 1923 einen Fragebogen an viele n i e d e r l ä n d i s c h e Ärzte geschickt mit der Bitte, diesen für eine oder mehrere Personen aus ihrem Bekannten- oder Patientenkreis zu beantworten. Die Fragen waren zum großen Teil psychologischer und medizinischer, zum Teil aber auch anthropologischer Art, etwa nach Körperhöhe, Kopfform und Haar- und Augenfarbe. Wiersma bekam 415 der Fragebogen ausgefüllt zurück. Unter anderem wertete er sie auch im Hinblick auf Korrelationen zwischen den anthropologischen und den psychologischen Merkmalen aus. Und er fand tatsächlich viele solcher Korrelationen.

So sind die Blauäugigen aktiver, weniger emotional, intellektuell verständiger und selbständiger, mathematisch begabter, stiller, introvertierter, verschlossener, selbstständiger und pünktlicher. Die Braunäugigen sind dagegen heftiger und reizbarer. Die Blonden weisen nur eine psycho-physische Korrelation auf, sie sind aktiver als die Dunkelhaarigen. Die Langköpfigen sind wie die Blauäugigen und Blonden aktiver und stimmen auch sonst in vielem mit den Blauäugigen überein. Sie sind verständiger, mathematisch begabter, zuverlässiger, verschlossener und sparsamer. Die Kurzköpfe sind dagegen impulsiver, emotionaler und oberflächlicher. Bei der Körperhöhe ist es wie bei den Blonden, die hochwüchsigen Niederländer sind aktiver als die kleineren. Die Korrelationen zeigen zusammen ein stimmiges Bild der psychologischen Eigenschaften des nordiden Rassentypus, dessen vorherrschendes Merkmal die Aktivität zu sein scheint, nur sie wird bei allen vier Merkmalen genannt und steht auch bei den Merkmalen mit vielen Korrelationen an erster Stelle. Hinzu kommen die bekannten Eigenschaften der Introversion und Gewissenhaftigkeit. Die Merkmale des dunklen und kurzköpfigen Einschlags, der vor allem im Süden der Niederlande erkennbar ist, sind mit allgemein „südlichen“ Merkmalen verbunden, wie Impulsivität, Emotionalität und Reizbarkeit.[65]

---

nis und Bedrängnis dieser Welt: nicht mehr mittun zu müssen, sondern für immer gesichert zu sein im wohlbehüteten Winkel. Das Glück dieser Menschen ist ein Glück der Enthebung, darum nennen wir diese Art den Enthebungsmenschen, als Rasse betrachtet: ostische Rasse.“ (L. F. Clauss: Rassenseelenforschung. Erfurt 1934).

65 Enno Dirk Wiersma: Körperbau verschiedener Rassen und Konstitutionen. Im Zusammenhang mit psychologischen und physiologischen Eigenschaften. In: Zeitschrift

In Polen führten in den 1920er und 1930er Jahren Anthropologen Untersuchungen an Schülern und Studenten über psychologische Unterschiede zwischen den dort vorkommenden Rassentypen durch. Sie fanden die nordiden Typen überdurchschnittlich stark logisch begabt und vergleichsweise verschlossen, ruhig, ernst, kühl und stetig im Gefühlsleben, gewissenhaft, kritisch und genau. Die für die Polen und viele andere slawischen Völker am meisten charakteristischen Osteuropiden (Subnordische in der polnischen Typologie) zeichnen sich dagegen durch ein heiteres und geselliges Temperament, ein phantasiereiches und lebhaftes Gefühlsleben, aber auch einen gewissen Mangel an Energie aus.[66]

Der baltendeutsche Pädagoge Harry Thomson (geb. 1914) führte Anfang der 1930er Jahre eine völkerpsychologische Untersuchung an den verschiedenen Volksgruppen in Estland durch, die er 1932 in der Zeitschrift für angewandte Psychologie veröffentlichte. Dabei untersuchte er 144 baltendeutsche, estnische und russische Knaben und Mädchen der 10. und 11. Klasse der höheren Schulen im Alter von 15 bis 22 Jahren. Die Gruppen der Knaben oder Mädchen unterschiedlicher ethnischer Zugehörigkeit sind jeweils zwischen 18 und 29 Schüler groß. Es ging darum, die Reaktionen der Knaben und Mädchen auf ein Bild sozialen Elends, konkret eine Zeichnung der Berliner Künstlerin Käthe Kollwitz von einem Mädchen aus armen Verhältnissen, die ein kleines Kind auf dem Arm trägt, zu erkennen.

---

für angewandte Psychologie 33, 1929, S. 136-184.

66 K. Stojanowski: Zjawiska selekcyjne w szkole podchorgzych rezerwy (Ausleseerscheinungen in einer Reserveoffiziersschule). In: Kwartalnik Psychologiczny 3, 1932, S. 43-94; S. Studencki: Próba charakterystyki psychologicznej typów antropologicznych wśród mlodziezy polskiej (Versuch einer psychologischen Charakteristik der anthropologischen Typen unter der polnischen Jugend). In: Zagadnienia rasy 12, 1930, S. 241-248; ders.: O typie psycho-fizycznym Polaka (Über den psycho-physischen Typ des Polen), Beiheft zu Kwartalnik Psychologiczny 2, 1931; J.L. Bykowski: Przyczynki do znajomości ras wśród naszej mlodzirzy szkolnej (Beiträge zur Kenntnis der Rassen unter unserer Schuljugend). In: Kosmos (poln.) 51, 1926, S. 935-940; ders.: Przyczynki do charakterystyki psychicznej nazej mlodziezy szkolnej (Beiträge zur psychischen Charakteristik unserer Schuljugend). In: Przeglad Filozoficzny 30, 1927, S. 311; A. Wrzosek: O stosunkach niektórych pomiarów antropologicznych i typów rasowych morfologicznych do sprawności umyślowej (Die Beziehungen einiger anthropologischer Maße und morphologischer Rassentypen zur Intelligenz). In: Przeglad Antropologiczny 5, 1931, S. 1-16, zitiert nach dem Sammelreferat von Ilse Schwidetzky: Die Rassenforschung in Polen. In: Zeitschrift für Rassenkunde 1 (1935), S. 76-83 u. 136-204, S. 294 ff. und bei S. M. Studencki: Polnische Charakterologie. In: Slavische Rundschau 7 (1935), S. 374-381.

Die Auswertung der Aufsätze führt zu teilweise bemerkenswerten Unterschieden zwischen den verschiedenen Gruppen der Knaben und Mädchen. Die Reaktion auf das Bild von Käthe Kollwitz ist bei allen Mädchengruppen durch große innere Wärme und Anteilnahme bestimmt, bei den estnischen und russischen Mädchen aber noch in etwas stärkerem Maße als bei den deutschen. Die baltendeutschen Mädchen fühlen sich häufiger von dem Bild des sozialen Elends abgestoßen als die estnischen und russischen. Bei den baltendeutschen Knaben ist Thomson regelrecht erschrocken über deren kühle Reaktion. Er spricht von einer *„Gefühlssprödigkeit, die an Gemütskälte grenzt"*. Die estnischen Knaben sind passiv sowohl in Bezug auf ihre eigenen Gefühle als auch auf ihre Handlungsbereitschaft. Soweit von ihnen Gefühle geäußert werden, sind diese depressiver Art. Die russischen Knaben neigen mehr zur Reflexion als die estnischen und sind sehr gefühlsansprechbar. Sowohl die baltendeutschen Jungen als auch die Mädchen fassen sich in ihren Aufsätzen deutlich kürzer und sind nicht so wortreich und weitschweifig wie die estnischen und russischen Schüler und Schülerinnen. Die deutschen Knaben und Mädchen verwenden im Durchschnitt jeweils 30 Worte gegenüber 47 bis 63 bei den estnischen Knaben und Mädchen. Sie sind in ihrer ganzen Haltung sachlicher, nicht so gefühlsbestimmt. Die estnischen und russischen Schulkinder sind emotional stärker von dem Bild beeindruckt. Die Anteilnahme

‚Spielen verboten' (Käthe Kollwitz)

ist am stärksten bei den Russen, gefolgt von den Esten und am geringsten bei den Deutschen. Die Gefühlsansprechbarkeit ist bei den Baltendeutschen geringer als bei Slawen und Balten. Die Esten sind passiver und die Russen neigen mehr dazu, zu allgemeinen Betrachtungen abzuschweifen.

Man muss bedenken, dass die Baltendeutschen zu einer alten Oberschicht gehören, während die estnischen und russischen Oberschüler eher aus dem Mittelstand stammen werden. Außerdem dürften die deutschen Jugendlichen stärker von der westlichen Kultur und Lebensweise beeinflusst gewesen sein als die estnischen und russischen. Womöglich haben sie auch schon einmal Zeichnungen von Käthe Kollwitz in irgendeiner Zeitschrift gesehen. Das könnte womöglich ihre kühlere Reaktion erklären. Andererseits wird den Esten und Russen schon von jeher eine große Gefühlsbetontheit zugesprochen.[67]

67 Harry Thomson: Über nationale Unterschiede des Gefühlslebens Jugendlicher. Eine experimentelle Untersuchung. In: Zeitschrift für angewandte Psychologie 41, 1932, S. 257-365.

III. Die Zeit von 1933 bis 1945

Was die deutsche Anthropologie in der Zeit des Nationalsozialismus angeht, denken heute viele zuerst an die Verstrickung von Anthropologen in die Verbrechen der Nationalsozialisten. Dies betrifft aber in erster Linie die humangenetisch ausgerichteten Anthropologen um Eugen Fischer und Otmar von Verschuer. Die von mir referierten regionalen und lokalen Untersuchungen standen in keinem Zusammenhang mit NS-Verbrechen, ebenso wenig wie die vielen von mir nicht genannten kleinen Dorf- oder Gräberuntersuchungen. Über die deutsche Anthropologie in der Zeit des Nationalsozialismus sind wohl recht abwegige Vorstellungen im Umlauf. Mich hat vor einigen Monaten ein deutscher Intelligenzforscher nach einer grob unwissenschaftlichen anthropologischen Untersuchung aus der Zeit des Nationalsozialismus gefragt. Die wollte er wohl in einer wissenschaftlichen Veröffentlichung als abschreckendes Beispiel anführen, von dem er sich distanzieren konnte. Ich musste ihm sagen, dass ich solch eine Arbeit nicht kenne. Die große Mehrzahl der in der Zeit des Nationalsozialismus entstandenen Bevölkerungsuntersuchungen in Deutschland ist wissenschaftlich völlig einwandfrei und unterscheidet sich nicht von denen vor 1933 oder nach 1945.

Die deutsche Anthropologie profitierte nach 1933 von der Mode des Rassenthemas. Die Chancen auf finanzielle Förderung etwa durch die Deutsche Forschungsgemeinschaft waren jetzt größer. Es wurden einige neue Institute gegründet, aber nicht so viele wie in der Weimarer Zeit (Hamburg 1933, Tübingen 1934, Königsberg 1934, Jena 1936, Würzburg 1937). Die Deutsche Anthropologische Gesellschaft wurde 1935/36 in Deutsche Gesellschaft für Rassenforschung umbenannt.

Die Zahl der anthropologischen Dissertationen nahm nur etwa in dem gleichen Maße zu wie schon zuvor in der Weimarer Republik. Es erschienen viele minderwertige Bücher über „Rasse“, meist von Geisteswissenschaftlern oder anderen Laien. Mancher Anthropologe bekannte sich in der ersten Zeit zu dem neuen Regime, bei den meisten nahm die Begeisterung aber bald ab, ähnlich wie das auch in anderen Universitätsfächern der Fall war.

Die Dorfuntersuchungen

Die Zeit, in der einige wenige Anthropologen viele Dörfer in verschiedenen Regionen untersuchten, war nach der „Machtübernahme“ durch die Nationalsozialisten vorbei. Walter Scheidt zog sich aus dieser Tätigkeit zurück und Karl Saller wurde 1935 die Lehrerlaubnis für Anthropologie entzogen, weil er *„über Rassenfragen eine Haltung eingenommen hatte, die den Anschauun-*

gen über Rasse und Rassenkunde sowohl der Bewegung als auch führender Wissenschaftler widerspricht.“[68]

Trotzdem nahm die Zahl der Dorfuntersuchungen zu. Jetzt waren es meist Nachwuchswissenschaftler, oft Doktoranden, die an ihrer Dissertation arbeiteten, die eine Dorfuntersuchung durchführten. Zwischen dem Beginn der Erhebungen vor Ort und der Veröffentlichung dürften jeweils mehrere Jahre liegen. So werden auch die ersten Dorfuntersuchungen, die nach 1933 erschienen, noch in der Zeit der Weimarer Republik durchgeführt worden sein.

Wilhelm Voß, ein Schüler von Walter Scheidt, hatte von 1927 bis 1929 Untersuchungen in den holsteinischen Elbmarschen (Wilster- und Kempermarsch) durchgeführt. Die Mittelwerte der untersuchten Bevölkerung fügen sich gut in die nordwestdeutschen Verhältnisse ein. Voß unterschied auch zwischen den Bauern und den Arbeitern (mit einigen Gewerbetreibenden). Während von den Bauern 59,3 Prozent blond sind, sind es von den Arbeitern nur 41,7 Prozent. Bei der Augenfarbe gibt es dagegen nur einen ganz geringen Unterschied. Die Bauern sind außerdem fast 4 cm größer als die Arbeiter und haben eine größere Kopflänge, Kopfbreite und Kopfhöhe, insgesamt also größere Köpfe. Die Köpfe der Bauern sind dabei mit einem Längenbreitenindex von 81,2 auch etwas langförmiger als die der Arbeiter mit 81,8. Voß' Schrift erschien als Heft 5 in der von Walter Scheidt herausgegebenen Reihe „Lebensgesetze des Volkstums“.[69]

Der Münchener Anthropologe Christian von Krogh untersuchte im Obervieland bei Bremen ebenfalls eine Marschbevölkerung. Er unterschied ebenfalls zwischen Bauern und Arbeitern, wobei er nicht nur die gegenwärtige Tätigkeit, sondern auch die soziale Herkunft der Eltern berücksichtigte. Die Bauern sind 4,9 cm größer als die Arbeiter. Sie haben auch die längeren, etwas breiteren und höheren Köpfe und größeren Gesichtsmaße als diese. Dem Längenbreitenindex und dem Gesichtsindex nach haben die Bauern schmalförmigere Köpfe und Gesichter als die Arbeiter. Sie haben etwas häufiger blaue Augen und seltener dunkle Haare als die Arbeiter. In beiden Gruppen überwiegen die dunkelblonden Haare.[70]

Der Berliner Anthropologe Heinz Koslowski untersuchte in Hessen das Dorf Frankenhain. Das ist eine 1701 gegründete Siedlung französischer Hugenotten. Nach der Aufhebung des Ediktes von Nantes im Jahr 1685 wanderten Tausende von protestantischen Religionsflüchtlingen in die protestantischen Länder Deutschlands aus, unter anderem auch nach Hessen. Die Hu-

68 Zit. n. Schwidetzky, Die institutionelle Entwicklung der Anthropologie (1982).

69 Wilhelm Voß: Bauern aus den holsteinischen Elbmarschen. Lebensgesetze des Volkstums 5, Hamburg 1934.

70 Christian von Krogh: Das Obervieland. Ein Beitrag zur Rassenkunde der nordwestdeutschen Marschbevölkerung. Bremen 1938.

Mann aus dem Obervieland bei Bremen

Mann aus dem Obervieland bei Bremen

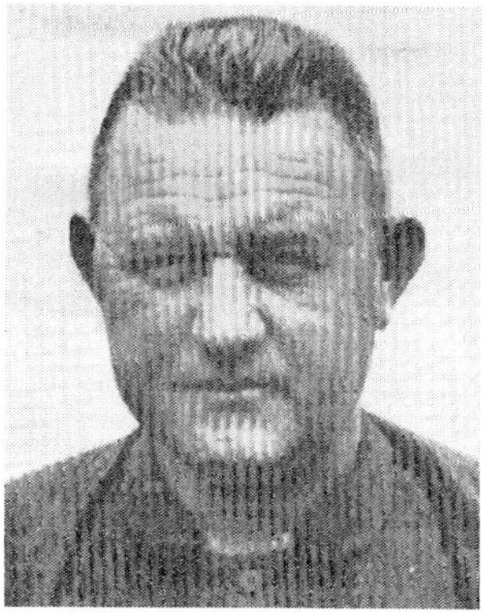

Mann aus dem Obervieland bei Bremen

genotten assimilierten sich innerhalb weniger Generationen sprachlich und kulturell in der deutschen Gesellschaft. Heinz Koslowski ging den anthropologischen Spuren der Hugenotten in Frankenhain nach. Voraussetzung dafür war die sehr arbeitsaufwendige vollständige genealogische Erfassung der Bevölkerung von der Gründung des Ortes an nach dem Scheidtschen Vorbild in Finkenwerder.

Frau aus Frankenhain mit weniger als 2 Prozent hugenottischen Vorfahren

Frau aus Frankenhain mit zur Hälfte hugenottischen Vorfahren

Zum Zeitpunkt der Untersuchung in den 1930er Jahren haben von den Einwohnern Frankenhains bereits 51,3 Prozent überhaupt keine Hugenotten mehr unter ihren Vorfahren. Aber auch in der anderen Hälfte der Bevölkerung machen die hugenottischen Ahnen im Mittel nur noch 13,6 Prozent der Vorfahren aus. Bei den einzelnen Individuen liegt der hugenottische Erbteil zwischen einem und 50 Prozent. Trotz ihres nur verhältnismäßig geringen hugenottischen Erbteils unterscheiden sich die Einwohner mit hugenottischen Vorfahren noch in einer ganzen Reihe von anthropologischen Merkmalen von jenen ohne hugenottische Ahnen: Sie sind kleiner, brachycephaler, haben schmalere und häufiger gerade Nasen, vollere Unterlippen, häufiger Rätzel (zusammengewachsene Augenbrauen) und erheblich seltener blonde Haare (zu 12,7 Prozent gegenüber 34,6 Prozent). Sie nähern sich damit den anthro-

Mann aus Burkhards und Kaulstoß in Oberhessen

Mann aus Burkhards und Kaulstoß in Oberhessen

Mann aus Burkhards und Kaulstoß in Oberhessen

Frau aus Burkhards und Kaulstoß in Oberhessen

Frau aus Burkhards und Kaulstoß in Oberhessen

pologischen Verhältnissen der südfranzösischen Herkunftsgebiete der Frankenhainer Hugenottenfamilien an.[71]

Eine Doktorandin von Eugen Fischer, Brigitte Richter, untersuchte von 1931 bis 1933 die beiden Dörfer Burkhards und Kaulstoß südlich des Vogelsberges in Oberhessen. Sie fand dort eine stark fälische Bevölkerung (20 Prozent Fälische, 18 Prozent Nordide, 8 Prozent Alpine und 7 Prozent Dinaride, Rest unbestimmt).[72]

71 Heinz Koslowski: Die Einfügung französischer (hugenottischer) Flüchtlinge in das deutsche Volk. In: Zeitschrift für Morphologie und Anthropologie 39, 1941, S. 117-177.

72 Brigitte Richter: Burkhards und Kaulstoß zwei oberhessische Dörfer. Eine rassenkundliche Untersuchung. Deutsche Rassenkunde 14, Jena 1936.

Unter der Leitung von Ludwig Schmidt-Kehl (1891–1941) wurden vom Würzburger Institut für Anthropologie mehrere Dörfer in der fränkischen Rhön untersucht. Dabei zeigte sich, dass von den 18 Dörfern, die anthropologisch und bevölkerungsgeschichtlich untersucht wurden, das Dorf Langenleiten durch einen besonders hohen Anteil an vorwiegend dinariden Typen auffällt. Tatsächlich ließ sich anhand von Kirchenbüchern nachweisen, dass das Dorf Ende des 17. Jahrhunderts von acht Köhlerfamilien aus Tirol gegründet worden ist.[73]

Ludwig Schmidt-Kehl selbst berichtete über die bevölkerungsgeschichtlich-anthropologischen Untersuchungsergebnisse in Langenleiten und dem acht Kilometer entfernten Dorfpaar Geroda und Platz. Anders als Geroda-Platz hatte Langenleiten auch im 18. Jahrhundert noch viele Fremde aufgenommen. Das spiegelt sich zum Zeitpunkt der Untersuchung in der unterschiedlichen Struktur der beiden Dörfer wider. In Geroda-Platz überwiegen die vorwiegend nordiden Typen, in Langenleiten die mit alpinem oder dinaridem Einschlag.

Die Bevölkerung war nach der Scheidtschen Methode vollständig genealogisch erfasst worden. Schmidt-Kehl konnte erkennen, dass in Langenleiten eine Ahnenerbanteilsgruppe, die 1710 noch 85 Prozent der Bevölkerung ausmachte, heute (1936) nur noch mit 35 Prozent vertreten ist. Der Rest von Ahnenerbanteilsgruppen, die 1710 nur 15 Prozent betrugen, nimmt heute 29 Prozent ein. Eine Gruppe von frühen Zuwanderern macht heute 28 Prozent aus. Eine weitere Gruppe von Zuwanderern, die 1710 noch nicht da war, aber 1750 18 Prozent betrug, nahm in der Folgezeit wieder ab und ist an der heutigen Bevölkerung nur noch mit acht Prozent beteiligt.

In dem Dorfpaar Geroda-Platz spielte die Zuwanderung nie so eine große Rolle wie in Langenleiten. Die Bevölkerungsgruppe, deren Erbmasse 1710 in dem Dorfpaar 83 Prozent betrug, macht heute 37 Prozent aus. Die Bevölkerungsgruppe, die 1710 17 Prozent ausmachte, ist bis heute auf 32 angewachsen. Von den Zugewanderten gehören 23 Prozent zu denen, deren Erbmasse zunahm, und 7 Prozent zu denen, deren Erbmasse wieder abnahm.

Schmidt-Kehl ließ mit Hilfe der Lehrer, den Schulnoten für Rechnen und Deutsch und Intelligenztests die Begabungsnoten der Dorfbewohner bestimmen (in fünf Klassen, sehr gut, gut, mittel, schlecht und sehr schlecht). Er berechnete dann die Korrelationen der abnehmenden und zunehmenden Erbanteile zu den anthropologischen Merkmalen und der Begabung der gegenwärtigen Bevölkerung. Es ergaben sich sowohl für Langenleiten als auch

73 Kurt Brost: Anthropologische Untersuchung der Rhönbevölkerung. In: Hans Harmsen, Franz Lohse (Hg.): Bevölkerungsfragen. Bericht des Internationalen Kongresses für Bevölkerungswissenschaft 1935, München 1936, S. 846-848; Kurt Brost: Anthropologie der Rhön. In: Berichte der physikalisch-medizinischen Gesellschaft in Würzburg N.F. 60, 1936, S. 51-59.

für Geroda-Platz jeweils folgende Korrelationen: In jedem der beiden Dörfer sind die abnehmenden Erbanteile positiv mit blauen Augen, blonden Haaren, niedrigem Längenbreitenindex, geringer Gesichtsbreite (Jochbogenbreite), hohem Gesichtsindex (also schmalem Gesicht) und niedrigem Nasenindex (schmale Nasen) korreliert. Die zunehmenden Erbanteile sind dagegen mit braunen Augen und schwarzen Haaren korreliert. Die abnehmenden Merkmale sind alle typologisch gleichgerichtet und entsprechen dem Merkmalbild des nordiden Typus. Die Bevölkerung der beiden Orte ist im Lauf der Zeit also immer weniger nordid und immer mehr braunäugig und schwarzhaarig geworden. Außerdem zeigt sich in jedem der Dörfer eine Korrelation zwischen abnehmenden Ahnenerbteilen und guter Schulbegabung beziehungsweise zunehmender Erbmasse und schlechter Begabung. Die Begabung der Dörfer hat also mit der Zeit abgenommen.

Leider handelt es sich, von Scheidts Untersuchung in Finkenwerder abgesehen, um die einzige veröffentlichte Untersuchung dieser Art in Deutschland, sonst könnte man in ihr eine Bestätigung der von Ammon und Günther beklagten „Entnordung“ sehen.[74]

Gottfried Kurth (1912–1990) bearbeitete ein Datenmaterial von drei Dörfern im Längwitzgau in der Mitte Thüringens und eines östlich der Saale im alten Slawengebiet. Das Dorf östlich der Saale (Zöllnitz) unterscheidet sich von den drei westlicheren Dörfern durch eine geringere Kopflänge und größere Kopfbreite, mithin durch einen höheren Längenbreitenindex von 85,4 (Männer) von den anderen (82,6-83,4). Es ist auch dunkelhaariger als die anderen Dörfer, unterscheidet sich ansonsten aber nicht von diesen. Kurth hat auch sechs verschiedene soziale Schichten unterschieden. Vier ländliche Sozialschichten (Bauern bis Landarbeiter) sowie Handwerker und kleine Beamte. Von den vier ländlichen Schichten haben die Bauern die größte Körperhöhe, die größte Kopflänge und den niedrigsten Längenbreitenindex. Sie haben auch am häufigsten blaue Augen, bei der Haarfarbe besteht aber kein Unterschied. Kurths Schrift erschien 1938 als der letzte, 17. Band der „Deutschen Rassenkunde“.[75]

Kurths Mitarbeiter Berthold Pfaul berechnete für die vier Dörfer die Merkmalskorrelationen. Er fand eine positive Korrelation zwischen Haar- und Augenfarbe. Außerdem wiesen die Hellhaarigen und Helläugigen eine größere Körperhöhe als die Dunkelhaarigen und -äugigen auf. Die Hochwüchsigen, Hellhaarigen und -äugigen haben öfter schmale Gesichter und die eher weniger Hochwüchsigen und zugleich Dunkelfarbigen öfter breite Gesichter. Die

74 Schmidt-Kehl, Ludwig: Wandel im Erb- und Rassengefüge zweier Rhönorte, 1700–1936. In: Archiv für Bevölkerungswissenschaft und Bevölkerungspolitik 7, 1937, S. 176-199.

75 Gottfried Kurth: Rasse und Stand in vier Thüringer Dörfern. Deutsche Rassenkunde 17, Jena 1938.

Bauer aus dem Längwitzgau in Thüringen

Melker aus dem Längwitzgau in Thüringen

Merkmalskorrelationen entsprechen einem typologischen Gegensatz nordid – alpin.[76]

Johannes Bescherer, ein Schüler Scheidts, hatte bereits von 1932 bis 1933 das ostthüringische Kirchspiel Stünzhain untersucht. Die Stünzhainer waren überwiegend mittelgroß, kurzköpfig (LBI 85,8), mittelbreitgesichtig (GI 86,5), dunkelhaarig und helläugig (Männer). Bescherer unterschied fünf Sozialschichten, von den Bauern, Handwerkern und Kleinunternehmern über die gelernten Arbeiter und Landarbeiter zu den ungelernten Arbeitern. Die Bauern haben die größte Körperhöhe, die größte Kopfhöhe und den höchsten Längenbreitenindex. Sie sind also größer, großköpfiger und brachycepaler. Gleichzeitig haben sie die größte morphologische Gesichtshöhe, den höchsten Gesichtsindex und den niedrigsten Nasenindex, haben also die schmalsten Gesichter und Nasen von allen Sozialgruppen. Bei den Farbmerkmalen haben sie die meisten blauen Augen und hell- und mittelblonden Haare. Die Landarbeiter haben die niedrigste Körperhöhe (4,4 cm kleiner als die Bauern), die kleinste Kopflänge und -breite und am meisten dunkle Augen. Die meisten dunklen Haare haben die gelernten Arbeiter.

Bescherer verglich die Stünzhainer mit den anderen Dorfuntersuchungen in Mitteldeutschland. Die größte Körperhöhe haben die untersuchten Dörfer in Mittelthüringen, etwas niedrigere die in Ostthüringen und Sachsen, die niedrigste die Spreewälder. Die Stünzhainer fügen sich in die Ostthüringer Werte ein. Noch deutlicher ist der Unterschied bei der größten Kopflänge, die westlich der Saale größer ist als östlich der Saale und in Thüringen nach Nordwesten hin ansteigt. Der Längenbreitenindex des Kopfes steigt von 81 in Nordwestthüringen, 83 in Mittelthüringen über 85,5 in Ostthüringen auf etwa 86,3 in Ostsachsen. Die Gesichtsform – bei der man Sallers andere Mess-

76 Berthold Pfaul: Biometrie in der Rassenkunde. Ihre Voraussetzungen, Möglichkeiten und Grenzen. Jena 1938.

technik berücksichtigen muss – ist in Thüringen mittelbreit bis schmal und wird nach Osten hin breiter. Auch die Nasen sind linkssaalisch überwiegend schmaler. Links der Saale machen die Blonden rund 30 Prozent aus, östlich der Saale etwa 25 Prozent und in Ostsachsen etwa 16 Prozent. Die Braunäugigen betragen links der Saale etwa 9 Prozent und in Ostthüringen und Sachsen rund 16 Prozent der Bevölkerung.[77]

Von besonderem Interesse war natürlich die einzige in Deutschland noch bestehende slawische Siedlungsinsel, die der Sorben in der Lausitz. Das Leipziger Institut hat mehrere Dorfuntersuchungen im Sorbengebiet der sächsischen Oberlausitz durchgeführt, von denen noch viele unveröffentlicht sind. Die Untersuchungen ergaben keine offensichtlichen Unterschiede zu deutschen Bevölkerungen. Allerdings erfassten die Untersuchungen im Wesentlichen nur die Maßmerkmale und die Farben und es fehlten die wichtigen physiognomischen Merkmale. Außerdem mangelte es an deutschen Vergleichsgruppen aus der Nähe des Sorbengebietes. Die sächsischen Vergleichsgruppen stammen alle aus der Nähe von Dresden.

Eine Ausnahme macht die Arbeit des Berliner Anthropologen Heinrich Gottong über die sorbische Bevölkerung von Hoyerwerda-Land in dem preußischen Teil der Lausitz, die auch in großem Umfang physiognomische Merkmale berücksichtigt. Mit nur geringen Prozentzahlen für schräge und enge Lidspalten (5 und 12 Prozent), konkave und wellige Nasenrücken (10,5 und 15 Prozent), aufwärtsgerichtete Nasenspitzen (16 Prozent) und einem starken Übergewicht der ovalen und fast gar keinen eckigen oder kieferbetonten Gesichtern scheint es keinen nennenswerten osteuropiden Einschlag zu geben. Auch die Fotos lassen einen solchen nicht erkennen. Die Stellung der Wangenknochen wurde leider nicht beurteilt.[78] Mir fällt in Gottongs Bildmaterial ein Typus mit sehr schmalem Oberlidraum (Höhe von der Lidspalte bis zur Augenbraue) und sehr schmaler Lidspalte auf. Das straffe und glatte Haar der Frauen ist brauchbedingt.

Eine besonders ausführliche Studie verfasste der Jenaer Doktorand Johannes-August Laberke über sein Heimatdorf Deutsch Leippe in Oberschlesien. Das Dorf liegt im Südwesten Oberschlesiens im Kreis Grottkau, also in dem deutschsprachigen und nicht slawischen Teil Oberschlesiens. Das Dorf ist um 1260 nach deutschem Recht gegründet worden, lag aber nach den Hussitenkriegen wüst und ist wahrscheinlich um 1400 neu besiedelt worden. Der aktuellen Mundart nach lag das ursprüngliche Herkunftsgebiet der Siedler in Ostthüringen und Westsachsen. Laberke maß und untersuchte 502 Dorf-

---

77 Johannes Bescherer: Das Kirchspiel Stünzhain. Ein Beitrag zur Rassenkunde und Sozialanthropologie Thüringens. Jena 1940.

78 Heinrich Gottong: Die Bevölkerung von Hoyerswerda-Land. Ein Beitrag zur Kenntnis der preußischen Oberlausitz. Diss. Berlin 1939.

Sorbischer Mann aus Hoyerswerda-Land

Sorbischer Mann aus Hoyerswerda-Land

Sorbischer Mann aus Hoyerswerda-Land

Sorbische Frau aus Hoyerswerda-Land

Sorbische Frau aus Hoyerswerda-Land

Sorbische Frau aus Hoyerswerda-Land

bewohner, bei denen er auch die Blutguppen feststellte. Er erfasste dabei die Bevölkerung auch genealogisch. So konnte er feststellen, dass die Familien 19, 5, 9 und 16, die nacheinander das Dorf im 17. und 18. Jahrhundert prägten und sich dort auch genetisch ausbreiteten, plötzlich wieder zur Bedeutungslosigkeit absanken. In der Gegenwart (1937) war es die Familie 3, die seit drei Generationen immer mehr Bauernfamilien in einem engen Heiratskreis miteinander verband. Laberke berechnete deren Merkmale gesondert als „Altsippenkreis". Er unterschied fünf Sozialschichten, die Bauern, die Gärtner, die Handwerker, die Arbeiter und die kleine Gruppe der Beamten (die oft die Bauern übertreffen, auf die ich hier aber nicht weiter eingehe). Die Gärtner sind abgestiegene Bauern- und aufgestiegene Arbeiterfamilien.

Die Unterschiede der Sozialschichten entsprechen denen, die man aus anderen Untersuchungen kannte. Die Bauern sind 7,6 cm größer als die Arbeiter. Sie haben die größte Kopflänge, Kopfbreite und Jochbogenbreite, die Arbeiter die kleinste. Die Bauern haben den höchsten Längenbreitenindex des Kopfes. Bei der Gesichtshöhe besteht kein soziales Gefälle, sodass die Bauern mit ihrer großen Jochbogenweite die breitesten Gesichter haben. Die Bauern haben am häufigsten ein gerades (oder welliges) Nasenprofil, die Arbeiter am häufigsten ein ausgebogenes (konvexes) und die Handwerker am häufigsten ein eingebogenes (konkaves). Die Bauern haben außerdem nach

Männer und Frauen aus dem Altsippenkreis in Deutsch-Leippe

Bauer aus Deutsch-Leippe

Bäuerin aus Deutsch-Leippe

Bild Gärtner aus Deutsch-Leippe

Gärtnersfrau aus Deutsch-Leippe

Arbeiter aus Deutsch-Leippe

Arbeiterfrau aus Deutsch-Leippe

dem Nasentiefenindex die tiefsten und schmalsten Nasen, die Handwerker und Arbeiter die flachsten und breitesten. Außerdem haben die Bauern die breitesten Kiefer. Der Körpergestalt nach sind sie am häufigsten leptosom und am seltensten pyknisch. Trotzdem haben sie das höchste Gewicht und sind 8 Kilogramm schwerer als die Arbeiter, die am leichtesten sind. Die Bauern haben am meisten blaue Augen und am meisten hell- oder mittelblonde Haare. Sie haben außerdem die am besten durchblutete, „rosige" Haut und die Arbeiter am häufigsten eine bräunliche Hautfarbe (aber auch nur zu 12 Prozent). Der Altsippenkreis stimmt manchmal mit den Bauern überein, übertrifft diese sogar einige Male (Körperhöhe, Kopfbreite, Längenbreitenindex, gerade-welliges Nasenprofil, blaue Augen), steht aber bei anderen Merkmalen dem Durchschnitt der Bevölkerung näher.

Bei den Blutgruppen fand Laberke zu 32,1 Prozent A, zu 32,6 Prozent 0, zu 22,6 Prozent B und zu 12,5 Prozent AB. Der B-Wert ist auch für ostdeutsche Verhältnisse sehr hoch und wird vom Altsippenkreis mit 25,5 Prozent sogar noch überboten. Laberke führt den hohen Anteil der Blutgruppe B auf das Anwachsen der erbkräftigen Sippe „Bönisch“, die baierisch-böhmischen Stammes ist, zurück, die den Altsippenkreis durchdringt und von Generation zu Generation angestiegen ist. Bei den Zugezogenen im Dorf beträgt der Anteil der Blutgruppe B nur 11,9 Prozent, was auf einen Zuzug vor allem aus dem deutschen Sprachgebiet und nicht aus dem slawischen Teil Oberschlesiens spricht.

Laberke beurteilte die Bewohner auch psychologisch, wofür er eine an die Verhältnisse angepasste Typologie entwickelte, die sich an die Charakterologien von Philipp Lersch und Gerhard Pfahler anlehnte. Er unterschied zwischen dem Temperament (sanguinisch = blutvoll-heiter, cholerisch = aufbrausend-heftig, phlegmatisch = gelassen-gleichgültig, melancholisch = trübsinnig-schwermütig und intermediär = ausgeglichen-ruhig) und der Tätigkeitshaltung (schöpferisch-aktiv, strebend-aktiv, gehemmt-aktiv, genießend-bewegt und nicht hervortretend-passiv). Nach Laberke sind die Bauern vorwiegend ruhig mit einem sanguinischen oder cholerischen Einschlag und verhalten sich aktiv-zurückgezogen. Die Gärtner verfügen in der Mehrzahl über eine ausgesprochene Ruhe und Lässigkeit, die Handwerker zeigen teils eine sanguinisch-bewegte aktive Lebhaftigkeit, teils Ruhe und Hemmung. Bei den Arbeitern treten öfter Hemmungen auf oder ein cholerischer Zug bricht durch.[79]

In Württemberg untersuchte Gottfried Heckh vom Tübinger Institut für Anthropologie die beiden Dörfer Böhringen und Strohweiler auf der württembergischen Alb. Im Dreißigjährigen Krieg waren ganze Landstriche von plündernder und mordender Soldateska entvölkert worden. Nach dem Krieg reichte vielfach die eigene Bevölkerung nicht mehr aus, um die „verheerten“ Gegenden wieder zu besiedeln. So rief man in den betroffenen Territorien oft Einwanderer aus der von dem Krieg verschonten Alpenregion als Neusiedler herbei. Anhand einer bevölkerungsgeschichtlich-anthropologischen Analyse nach der schon oft genannten Scheidtschen Methode konnte Heckh zeigen, dass der alpenländische Bevölkerungsanteil in den beiden Dörfern in der Zeit von 1650 bis 1709 25 Prozent betrug. Er ging aber bis zur Gegenwart (um 1930) auf nur noch 11 Prozent zurück, wo er bei den einzelnen Individuen zwischen 3 und 26 Prozent beträgt. Dabei besteht eine schwache, aber signifikante positive Korrelation ($r = 0{,}12$) zwischen alpenländischen Ahnen und dunkler Augenfarbe (die Korrelationen zu anderen anthropologischen Merkmalen wurden leider nicht untersucht oder mitgeteilt). Der Rückgang

79 Johannes-August Laberke: Anthropologische Untersuchungen in Deutsch Leippe (Oberschlesien). Diss. med. Jena 1941.

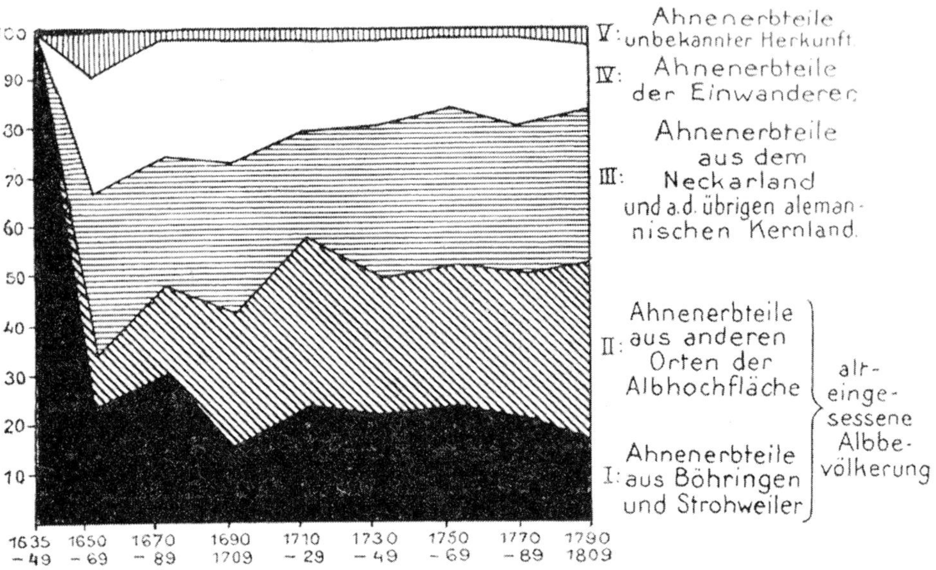

Die Entwicklung der Ahnenerbteile in Böhringen und Stohweiler

des alpenländischen Ahnenerbteils dürfte auf Abwanderung in andere Regionen oder in die Städte beruhen.[80]

Anna Sittenberger und Josef Wastl werteten ein Datenmaterial aus, das der Wiener Anthropologe Viktor Lebzelter (1889–1936) 1932 und 1933 im südlichsten Böhmerwald in der Südwestecke Böhmens erhoben hatte. Es umfasst 2 860 Personen in über 40 Dörfern, darunter auch vier tschechischen. Die Bevölkerung ist vorwiegend kurzköpfig und dunkelhaarig. Die Unterschiede zwischen Deutschen und Tschechen (Männer, nur die Landbevölkerung) sind bei den metrischen Merkmalen von Kopf und Gesicht nur gering, die Tschechen sind schmalgesichtiger (GI 87,2) und minimal brachycephaler. Dafür ist der Unterschied bei den Farbmerkmalen größer. Die Deutschen sind zu 43,3 Prozent blond und die Tschechen zu 35,9 Prozent, die Deutschen zu 38,4 Prozent blauäugig und die Tschechen zu 32,5 Prozent. Es überwiegt der dinaride Typus. Der nordide Typus ist bei den Deutschen mit 19,7 Prozent etwas häufiger als bei den Tschechen mit 17,5. Dafür fehlte der osteuropide Typus bei den Deutschen mit nur 1,0 Prozent fast ganz gegenüber 13,5 Prozent bei den Tschechen.[81]

80 Gottfried Heckh: Der Dreißigjährige Krieg als Moment des Bevölkerungs- und Rassenwandels in Süddeutschland. In: Verhandlungen der Deutschen Gesellschaft für Rassenforschung 9, 1938, S. 151-158.

81 Anna Sittenberger, Josef Wastl: Rassenkundliche Untersuchungen an Deutschen und Tschechen im südlichsten Böhmerwald (Quellgebiet der Moldau). In: Annalen des Naturhistorischen Museums in Wien 52, 1941, S. 397-457.

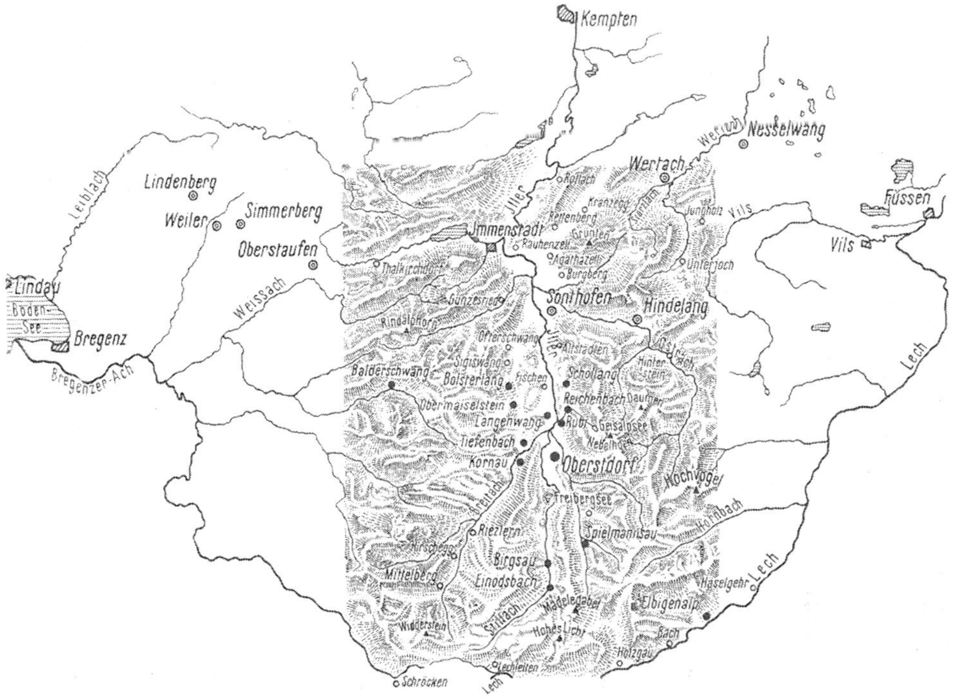

Die mit ● bezeichneten Orte wurden untersucht.

Die untersuchten Orte im südlichen Allgäu, im Bregenzer Wald (Westen) und im Lechtal (Südosten)

Der Münchener Anthropologe Bruno Kurt Schultz (1901–1997) führte 1928 und 1929 anthropologische Untersuchungen im südlichen Allgäu, im angrenzenden Bregenzer Wald und im Lechtal durch. Die Bevölkerung war fast durchweg bäuerlich. Insgesamt untersuchte er 884 Leute. Er fand im südlichen Allgäu eine mittelgroße, schmalwüchsige, kurzköpfige (LBI der Männer 83,7) und mittel- bis schmalgesichtige Bevölkerung vor, die in vielem der oberbayerischen Bevölkerung ähnelte. Eine Sonderstellung nahmen die Bewohner des Lechtales ein. Im Lechtal gibt es romanische Ortsnamen und den Familiennamen „Walch“, der auf romanische Herkunft verweist. Die Lechtaler sind kleiner und dunkelhaariger und haben häufiger einen hochgewölbten Scheitel, einen hohen Oberlidraum (Abstand Augenbrauen – Lidspalte), konvexe Nasen, eine Nasenwangenfurche, volle Lippen und ein zurückweichendes Kinn. Insgesamt wirken sie etwas graziler als die Allgäuer. Im Gegensatz zu den als schwer zugänglich, verschlossen, ernst und zurückhaltend, ja oft als schroff geltenden Allgäuern, beschreibt Schultz die Lechtaler als zugänglicher, geweckter und künstlerisch interessierter, aber

Zwei Bauern aus dem südlichen Allgäu

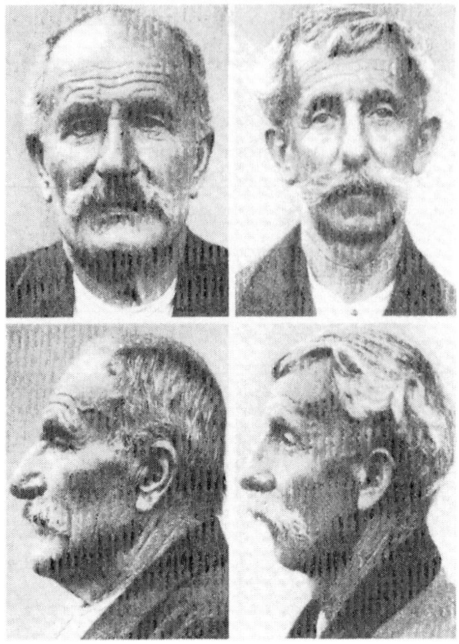

Männer aus dem südlichen Allgäu

Frau aus dem südlichen Allgäu

Frau aus dem Lechtal

auch nicht ganz so reinlich. Alles in allem machen sie einen etwas „südlicheren" Eindruck als die schwäbischen Allgäuer.[82]

82 Bruno Kurt Schultz: Rassenkunde deutscher Gaue. Bauern im südlichen Allgäu, Lechtal und Bregenzer Wald. München 1935; ders.: Die Bevölkerung des oberen Lechtales. In: Volk und Rasse 8, 1933, S. 32-41.

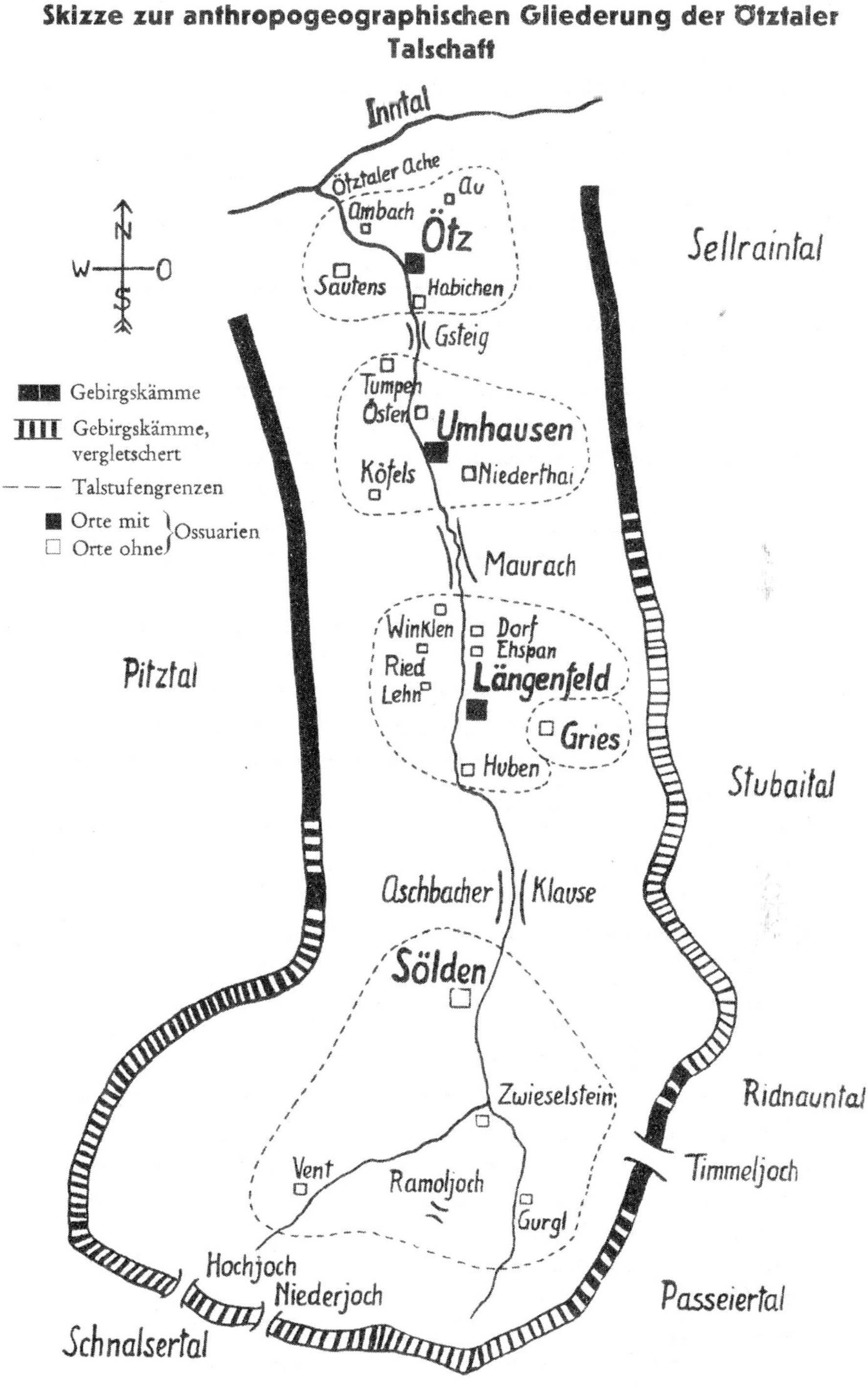

Skizze zur geographischen Gliederung des Ötztales

Die gründlichste und beste Dorfuntersuchung in Österreich ist die Untersuchung von Gustav Sauser im Tiroler Ötztal. Das Ötztal liegt im Westen von Nordtirol, es wird von der Ötz durchflossen, die nördlich in den Inn mündet, und erstreckt sich auf 65 Kilometer in einer Höhe von 670 bis 1 470 Metern über Normalnull. Die verwandtschaftlichen Beziehungen der Ötztaler untereinander sind sehr eng und es gibt nur ganz selten Heiratsbeziehungen in andere Täler, aber recht oft in andere Orte im Ötztal. Es gab bei den Ötztalern ein großes Wissen über die eigenen Vorfahren. Eine Besonderheit der Untersuchung der Ötztaler ist, dass in dem Buch Fotografien von allen Untersuchten in Frontal- und Seitenansicht wiedergegeben sind. Das Erhöht den anthropologischen Wert der Studie natürlich erheblich.

Die schon 1933 begonnenen Untersuchungen erfassten 1 119 Schädel aus den drei Ossuarien (Beinhäusern) des Tales und 259 Lebende aus allen Teilen des Tales. Das Tal besteht aus vier Talstufen, von Ötz im Taleingang über Umhausen, Längsfeld bis Sölden in der obersten Talstufe. Die Bevölkerung ist sehr brachycephal (mittlerer LBI der Männer 85,1). Die Gesichter sind mittelbreitgesichtig bis schmalgesichtig, am breitesten im unteren Tal und am schmalsten auf der obersten Talstufe in Sölden. Die meisten Blonden gibt es mit 25,4 Prozent unten in Ötz und die wenigsten mit nur 6,2 Prozent oben in Sölden. Dort gibt es am meisten Braunschwarzhaarige. Braunäugige fehlen im Ötztal fast ganz, was aber methodische Gründe haben kann.[83] Physiognomisch ist im Vergleich zu den Allgäuern und Lechtalern von Bruno K. Schultz das Dinaride wesentlich stärker ausgeprägt. Die Augen fast aller Ötztaler liegen tief bis sehr tief. Die Stirn ist meist hoch, die Wangenbeine sind fast nie zurückliegend, sondern meist mäßig vorstehend, der Nasenrücken ist meistens gerade (natürlich auch oft konvex), das Scheitelprofil steigt nach hinten an.

Typologisch überwiegen die Dinariden. Daneben gibt es viele Alpine und einen deutlichen nordiden Einschlag, der am stärksten am Taleingang in der untersten Talstufe ist. Es gibt viele „blonde Dinarier" (Lebzelter), auch norischer Typus genannt, die sicher zum Teil auf dem nordiden Einschlag beruhen. Mediterrane gibt es nur ein paar in der höchsten Talstufe in dem Ort Vent am Zugang zu einem Pass hinüber in den ehemals romanischen Vintschgau in Südtirol. Hier hat es in der Geschichte über den Hochgebirgspass hinüber vor allem Kontakte der Hirten zueinander gegeben, die wohl auch zu Heiratskontakten geführt haben.[84]

83 Je intensiver man sich mit den Augen eines Probanden beschäftigt, desto mehr pigmentreiche oder verhältnismäßig pigmentfreie Stellen findet man. Das ist auch der Grund, warum man in Gutachtenmaterial in der Regel mehr Melierte als in Felduntersuchungen hat.

84 Gustav Sauser: Die Ötztaler. Anthropologie und Anatomie einer Tiroler Talschaft. Innsbruck 1938.

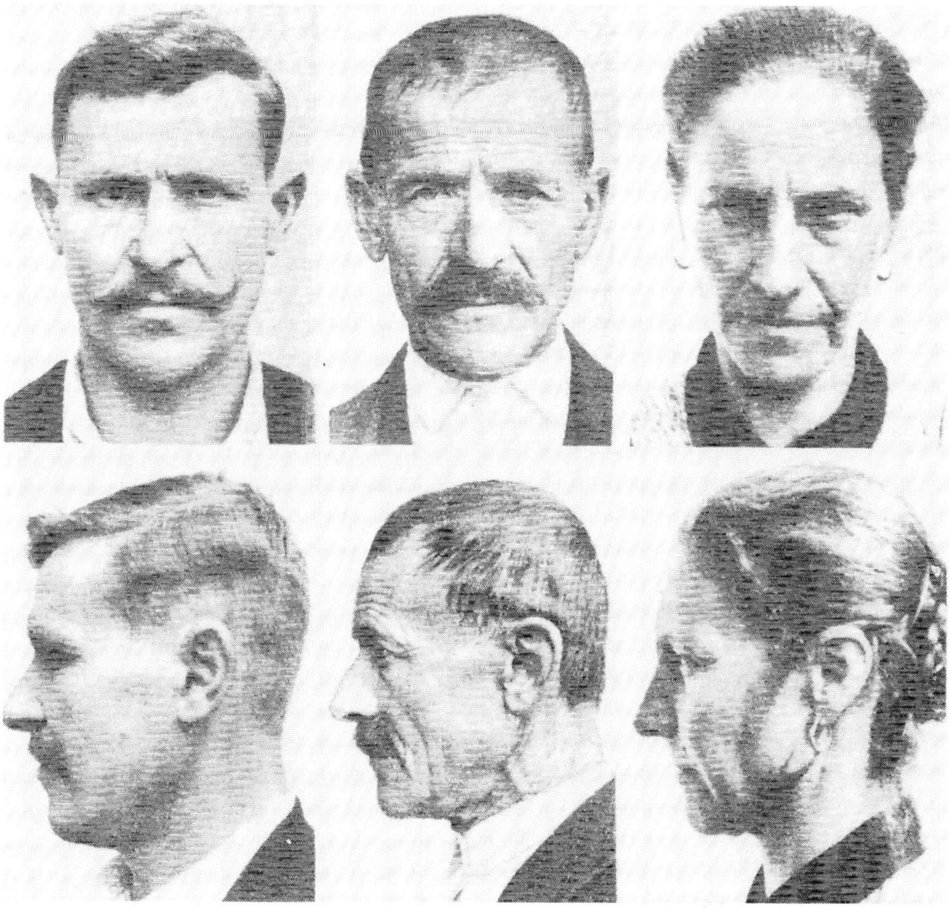

Männer und Frau dem Ötztal

Der Wiener Anthropologe Karl Tuppa untersuchte den Ort Sankt Jakob im Rosental im südlichen Kärnten, eine gemischt deutsch-slowenische Gemeinde. Er verglich sie mit dem Ort Feld am See im Gebiet der Nockberge im rein deutschen Norden Kärntens. Beide Dörfer unterscheiden sich nicht in der Körperhöhe und der schmalen Gesichtsform. Die Einwohner von Feld am See sind aber absolut und dem Längenbreitenindex nach langköpfiger als die von St. Jakob. Sie sind außerdem deutlich häufiger blond und blauäugig als letztere. Diese übertreffen schließlich die Einwohner von Feld am See nicht nur bei den dunklen Farben und in der Kurzköpfigkeit, sondern auch deutlich in der Kopfhöhe (Ohrhöhe des Kopfes). Typologisch weist dies auf eine stärkere dinaride Komponente bei den stärker slowenisch beeinflussten Südkärntnern hin. Das dinaride Element ist allerdings älter als die Slawen und stellt deren Vorbevölkerung in Südosteuropa dar.[85]

85 Karl Tuppa: Rassenkundliche Untersuchungen in Kärnten. In: Verhandlungen der deutschen Gesellschaft für Rassenforschung 10, 1940, S. 28-31

Alles in allem sind die Dorfuntersuchungen einschließlich der schon vor 1933 veröffentlichten sehr ungleich über Deutschland verteilt. Am meisten gibt es in Thüringen, gefolgt von Schleswig-Holstein, Sachsen und Württemberg, Franken und Hessen. In Altbayern und Niedersachsen gibt es auch ein paar, aber auch große leere Flächen. Am wenigsten gibt es im Nordosten. Aus Ostpreußen gibt es nur zwei qualitativ weniger gute, aus Mecklenburg nur eine erst seit wenigen Jahren zugängliche und aus Pommern und Brandenburg (außer dem Spreewald) gar keine. Im Gebiet des Tübinger Anthropologischen Instituts schuf Wilhelm Gieseler die Reihe „Schwäbische Rassenkunde", in der aber nur noch drei Dorfuntersuchungen erschienen. Auch aus der Schweiz und Österreich gibt es Dorfuntersuchungen aus dieser Zeit, wobei die Dichte der Verteilung in der Schweiz größer ist.[86]

Physiognomische Merkmale

1934 veröffentlichte Friedrich Keiter die Ergebnisse einer bereits 1930 durchgeführten Untersuchung an Danziger und russlanddeutschen Mennoniten. Im 16. Jahrhundert waren Mennoniten in das Weichseldelta bei Danzig ausgewandert und hatten sich dort als Bauern angesiedelt. Ein Teil von ihnen war um 1790 einer Einladung Katharina der Großen gefolgt und war nach Chortitza in der südöstlichen Ukraine weitergezogen. Von dort waren sie 1930 wieder nach Deutschland zurückgekehrt. Beide Gruppen hatten sich ihren Glauben bewahrt und nicht mit anderen Bevölkerungen vermischt. Der Vergleich der Danziger mit den russlanddeutschen Mennoniten ergab bei den Maßen einen so geringen Unterschied, dass der kleiner war als durchschnittlich bei eineiigen Zwillingen! Man kann also sagen, dass sie anthropologisch-genetisch identisch waren. Trotzdem zeigen die Fotos einen beträchtlichen Unterschied. Während man den Danziger Bauern ihre Wohlhabenheit ansieht, machen die Russlanddeutschen, die eine längere Zeit in verschiedenen Flüchtlingslagern hinter sich haben, oft einen hageren Eindruck. Typologisch überwiegen bei beiden Gruppen die Nordiden.

Keiter bestimmte nach den Vorgaben seines Lehrer Walter Scheidt auch die physiognomischen Merkmale des Gesichts. Für die physiognomischen Merkmale führte er auch einen Vergleich mit anderen von Scheidt und seinen Schülern untersuchten Bevölkerungen durch. Das waren die von Keiter untersuchten Schwansener in Schleswig, die von Scheidt untersuchten Niedersachsen (Finkenwerder, Börde Lamstedt und Sülze in der Lüneburger Heide

86 Einen nahezu vollständigen Überblick enthält das Literaturverzeichnis in Ilse Schwidetzky: Neue Merkmalskarten von Mitteleuropa. In: Zeitschrift für Rassenkunde 14, 1943, S.1-29.

Danziger Mennonit

Danziger Mennonit

Danziger Mennonitin

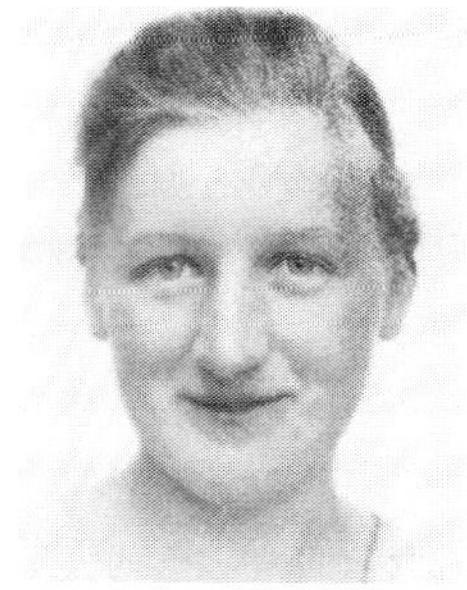

Danziger Mennonitin

zusammen), die deutschen Nordmährer von Knöbl und die alemannischen Bodenseeanwohner Scheidts.

Die stärkste Auswölbung des Hinterhaupts haben die Schwansener. Die haben auch die stärksten Überaugenwülste und die am stärksten geneigte Stirn. Die am schwächsten ausgeprägten Überaugenbögen haben die Nordmährer und die steilste Stirn die Danziger Mennoniten. Die Jochbeingegend steht bei den Nordmährern am stärksten vor, bei den Danziger Mennoniten am wenigsten. Die Niedersachsen haben die tiefliegendsten Augen. Die Lidspalten sind bei den Schwansenern und Alemannen am engsten und den Mennoniten und Nordmährern am weitesten. Die Nasenwurzel ist bei den Alemannen und Niedersachsen am schmalsten und bei den Nordmährern am breitesten. Die flachsten Nasenseitenwände haben die Alemannen und die Nordmährer. Bei den Niedersachsen ist die Nasenscheidewand in der Seitenansicht häufiger sichtbar als bei den Alemannen. Die horizontale Nasenbasis ist bei den Alemannen oft nach vorne oben gerichtet und bei den Nordmährern oft nach vorn absinkend. Ein Zurückweichen des Kinns ist bei den Nordmährern, Alemannen und Niedersachsen am seltensten und den Schwansenern am häufigsten.

	Schw.	Nds.	Bodens.	Menn.	Nordm.
Schwansen	-	43	31	(<50)	38
Niedersachsen	43	-	37	50	29
Bodensee	31	37	-	18	53
Danz. Mennoniten	(<50)	50	18	-	19
Nordmähren	38	29	53	19	-

Tabelle: Abstandsmatrix aufgrund physiognomischer Merkmale

Am ähnlichsten sind sich die Bodenseeanwohner und die Nordmährer, gefolgt von den Niedersachsen und den Danziger Mennoniten. Recht ähnlich sind sich auch die Niedersachsen und die Schwansener und die Niedersachsen und die Bodenseeanwohner. Am unähnlichsten sind sich die Bodenseeanwohner und die Danziger Mennoniten sowie die Nordmährer und die Mennoniten.

Nicht alle physiognomischen Unterschiede ergeben rassentypologisch Sinn. Im Großen und Ganzen ist der Nord-Süd-Unterschied größer als der West-Ost-Unterschied. Im Vergleich mit den Farbmerkmalen und den Maßen sind bei den physiognomischen Merkmalen die geographischen Unterschiede am schwächsten ausgeprägt. Am stärksten sind sie bei der Augenfarbe und dem Längenbreitenindex des Kopfes. Letzteres rechtfertigt die große Bedeutung dieses Merkmals in der geografischen Anthropologie.[87]

Keiter verglich auch das deutsche physiognomische Material (Schwansen, Niedersachsen, Danziger und russlanddeutsche Mennoniten, Nordmähren, Bodensee) mit einer Bilderserie von 174 europiden Nordafrikanern und Nordafrikanerinnen aus Ostalgerien und Tunesien. Es zeigte sich, dass alle Ausprägungen der 30 Merkmale sowohl bei den Deutschen als auch bei den Nordafrikanern vorkommen. Allein die unterschiedlichen Korrelationen der Merkmale bewirken, dass sich Deutsche und Nordafrikaner anhand der physiognomischen Merkmale zu 100 Prozent voneinander trennen lassen, es also keine Fehlzuordnungen gibt.[88]

Bei einer anderen Gelegenheit nutzte Friedrich Keiter die Möglichkeit und bestimmte in dem (schwarz-weißen) Fotomaterial von acht lokalen Untersuchungen in Deutschland die Abgebildeten nach den konventionellen Typen als nordid – fälisch – alpin – dinarid – osteuropid – mediterran oder unbestimmt.

	nordid	fälisch	alpin	dinarid	osteur.	medit.	Rest
Schwansen (Schleswig)	37	19	7	1,5	0,5	0,5	36
Wilstermarsch (Holstein)	43	7	3	1,5	1	0,5	44
Danziger Mennoniten	31	12	8	6,5	2	1,5	39
Kirchsp. Sülze (Lün. Heide)	25	6	7	3	0,5	2	56
Wiegleben (Thüringen)	30	4	6	6	-	2	52
Schwalm (Hessen)	34	13	11	2	0,5	3	36
Nordmähren	22	3	6	6	6	-	57
Bodenseegebiet	21	1	6,5	14	0,5	6	51

Tabelle: Typenverteilung in Deutschland in Prozent aufgrund von Fotografien[89]

87 Friedrich Keiter: Rußlanddeutsche Bauern und ihre Stammesgenossen in Deutschland. Deutsche Rassenkunde 12, Jena 1934.

88 Friedrich Keiter: Deutsche und Berber. Die Gesichtszüge mitteleuropäischer und nord-afrikanischer europider Bevölkerungen. In: Zeitschrift für Morphologie und Anthropologie 33, 1935, S. 474-490.

89 Friedrich Keiter: Menschenrassen in Vergangenheit und Gegenwart. Leipzig 1936.

Während im Norden und auch noch in Hessen etwa die Hälfte der Menschen erscheinungsbildlich mit dem nordiden Typus einschließlich dessen fälischer Form übereinstimmt, lässt sich im Süden mehr als die Hälfte der Abgebildeten keinem der konventionellen Typen zuordnen. Mit etwas über 20 Prozent stehen auch im Süden die Nordiden noch an erster Stelle, gefolgt von den Dinariden und den Alpinen. Fälische sind recht stark vertreten in Schwansen, bei den Danziger Mennoniten und in Hessen. Osteuropide spielen in Nordmähren und Mediterrane am Bodensee eine gewisse Rolle.

Friedrich Keiter nutzte das Bildmaterial von mehreren Untersuchungen aber auch, um Ausdrucksmerkmale zu erfassen. Das geschah im „blinden" Paarvergleich – eine Versuchsperson entscheidet, welche auf zwei Bildern abgebildete Person zum Beispiel intelligenter aussieht als die andere, ohne zu wissen, welche abgebildete Person welcher der verglichenen Gruppen angehört. Versuche haben ergeben, dass zwischen verschiedenen Versuchspersonen eine weitgehende Übereinstimmung in den Urteilen besteht.

Ein Ergebnis war zum Beispiel, dass von den Bewohnern der holsteinischen Elbmarschen 32 Prozent als „hübsch" und 4 Prozent als „hässlich" bewertet wurden. Im Kirchspiel Sülze in der Lüneburger Heide wurden dagegen nur 16 Prozent als „hübsch" und 7 Prozent als „hässlich" bewertet. Gleichzeitig wurden die Bewohner der Elbmarschen zu 15 Prozent, die alemannischen Bodenseeanwohner sogar zu 32 Prozent, und die Nordmährens zu nur 9 Prozent als „freundlich" eingeschätzt. Als „unfreundlich" galten 9 Prozent der Marschbewohner, 12 Prozent der Geestbewohner, nur 3 Prozent der Bodenseeanwohner und 22 Prozent der Nordmährer.

	freundlich	unfreundlich
Elbmarschen	15	9
Stader Geest	16	12
Nordmähren	9	22
Bodensee	32	3

Tabelle: Freundlicher und unfreundlicher Gesichtsausdruck

Natürlich können die Umstände, unter denen die Aufnahmen gemacht wurden, etwa wenn so viele Nordmährer ein unfreundliches Gesicht machten, eine Rolle gespielt haben. Wenn es unter den Marschbewohner deutlich mehr hübsche und weniger hässliche Menschen als unter der Geestbevölkerung gibt, sieht Keiter darin aber auch eine Folge der Lebensumstände auf der Geest. Einige der Gesichter auf der Geest machten auf ihn einen fast krankhaften Eindruck. *„Ich möchte das wesentlich für erbbedingt halten und auf die rassisch ungünstigen Ausleseverhältnisse in der ärmlichen Geestland-*

schaft zurückführen", schrieb er.[90] Heißt der große Prozentsatz freundlicher Gesichter bei den Bodensee-Alemannen, dass Süddeutsche generell freundlicher sind als Norddeutsche?

Sozialanthropologisch ist von Interesse, dass Keiter in einem Geestdorf auf der Börde Lamstedt unter den Besitzern großer Höfe deutlich mehr hübsche und freundlich aussehende Menschen (58 Prozent und 73 Prozent) fand als unter den Besitzern kleiner Höfe (15 Prozent und 47 Prozent). Außerdem sehen die Besitzer großer Höfe auch häufiger klug und energisch aus (64 Prozent und 63 Prozent) als die der kleinen Höfe (48 Prozent und 56 Prozent).[91]

Weitere Untersuchungen an Lebenden

In Baden begann der Freiburger Anthropologe Johann Schaeuble (1904–1968) mit einer Landesuntersuchung an Rekruten, die auch als Vergleich mit der Ammonschen Untersuchung gedacht war, aber mehr Merkmale umfasste. Sie musste bei Beginn des Krieges abgebrochen werden und kam über einige Landkreise um Freiburg in Südbaden nicht hinaus. In Württemberg führten die Tübinger Anthropologen nicht nur Dorfuntersuchungen durch, sondern auch mehrere großflächige, aber geographisch wenig differenzierte Untersuchungen an Rekruten. Eine davon erschien 1941 als Band vier der „Schwäbischen Rassenkunde".[92]

In der Schweiz hatte Otto Schlaginhaufen bereits in den Jahren von 1927 bis 1932 eine große landesweite Untersuchung an 35 339 Stellungspflichtigen durchgeführt, von der er schon einige Einzelergebnisse veröffentlichte, darunter zwei kurze Berichte über den Längenbreitenindex und den morphologischen Gesichtsindex der Schweizer. Der mittlere Längenbreitenindex liegt bei 81,3. Die niedrigsten Werte liegen im französischen Westen einschließlich Neuenburg und Basel-Stadt und -Land. Den höchsten Wert hat das Tessin mit 83,6. Hohe Werte haben auch Uri und das Wallis. Die meisten Deutschschweizer Kantone haben Werte um 81 bis 82, also solche, die noch unter den meisten süddeutschen Untersuchungen liegen. Eine große Überraschung brachten die Ergebnisse für den Gesichtsindex in der Schweiz. Der

90 Friedrich Keiter, Anny Heinen: Empirische Untersuchungen zur rassenbiologischen Ausdruckskunde und über das „rassische Schönheitsideal". In: Zeitschrift für menschliche Vererbungs- und Konstitutionslehre 20, 1937, S. 148-207 u. 488-489; Friedrich Keiter, Luise Kopittke: Über die Vererbung von Ausdrucksmerkmalen des Gesichtes. In: Zeitschrift für menschliche Vererbungs- und Konstitutionslehre 19, 1936, S. 437-455.

91 Friedrich Keiter: Rasse und Kultur. Eine Kulturbilanz der Menschenrassen als Weg zur Rassenseelenkunde. Bd. 1, Stuttgart 1938.

92 Wilhelm Gieseler, Walter Necker: Rassenkundliche Untersuchungen an Wehrpflichtigen aus dem Wehrbezirk Tübingen. Schwäbische Rassenkunde 4, Tübingen 1941.

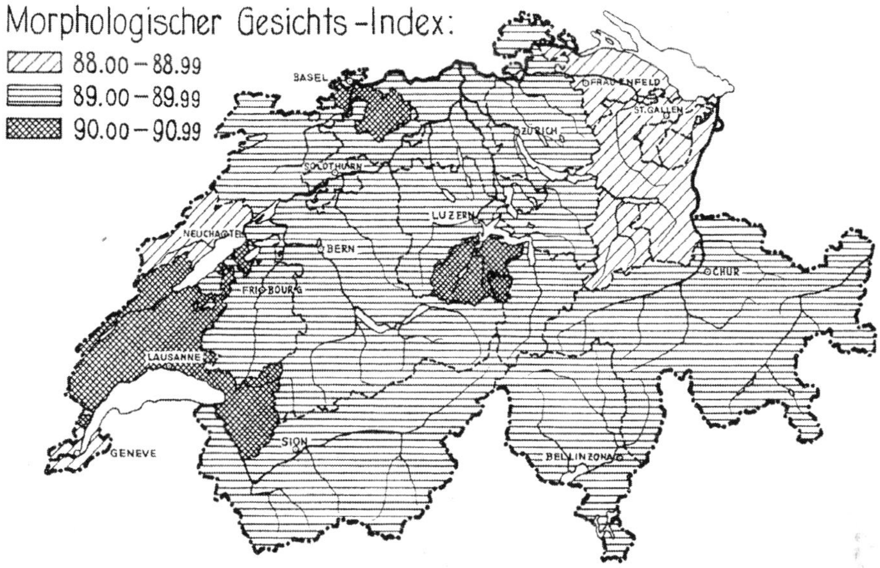

Die Verteilung des Morphologischen Gesichts-Index nach Kantonsdurchschnitten.

Der morphologische Gesichtsindex in der Schweiz nach Kantonen bearbeitet.

mittlere Wert liegt bei 89,45, also eindeutig im schmalgesichtigen Bereich (über 88,0). Selbst der niedrigste Kantonswert, der von Appenzell Innerrhoden (88,1), liegt noch im schmalgesichtigen Bereich. Für ein Land, das man einmal als die Heimat der kurzköpfigen und rundgesichtigen Alpinen angesehen hat, wahrlich eine Überraschung! Die schmalsten Gesichter findet man im Westen und die etwas weniger schmalen im Deutschschweizer Nordosten. Allerdings ist zu vermuten, dass bei den Stellungspflichtigen, die 19 und 20 Jahre alt waren, die Köpfe und Gesichter im Erwachsenenalter wohl noch etwas breiter wurden.[93]

In Österreich hat der Wiener Anthropologe Viktor Lebzelter eine Landesuntersuchung des Burgenlandes durchgeführt. Sie zeigt einen deutlichen Unterschied zwischen dem zur ungarischen Tiefebene gehörenden Gebiet im Norden am Neusiedler See und dem gebirgigen Süden. Der Norden ist weniger kurzköpfig und auch hellfarbiger als die Gebirgsgegenden. Neben deutschen Österreichern gibt es im Burgenland auch Ungarn und Kroaten.

93 Otto Schlaginhaufen: Vorläufige Mitteilung über den Längen-Breiten-Index der schweizerischen Stellungspflichtigen und seine geographische Verteilung. In: Hans Harmsen, Franz Lohse (Hg.): Bevölkerungsfragen. Bericht des Internationalen Kongresses für Bevölkerungswissenschaft. München 1936, S. 507-511; ders.: Untersuchungen über die Gesichtsform der Schweizer. In: Bulletin der Schweizerischen Gesellschaft für Anthropologie und Ethnologie 1938/39, S. 26-30; ders.: Rothaarigkeit bei der schweizerischen Bevölkerung. In: Bulletin der Schweizerischen Gesellschaft für Anthropologie und Ethnologie 21, 1944, S. 10-14.

Die Kroaten sind die hochwüchsigsten Burgenländer und zugleich auch die mit den schmalsten Gesichtern und Nasen. Bei den Ungarn finden sich gelegentlich auch mongolide Physiognomien mit flacher Nasenwurzel, sehr breiten Backenknochen und schrägen Lidspalten. Lebzelter bediente sich einer sehr fragwürdigen, stark ausdifferenzierten Typologie ohne unbestimmbaren, gemischten Rest, was in einer stark durchmischten mitteleuropäischen Bevölkerung natürlich unmöglich ist. Soviel immerhin kann man sagen, dass die Gesamtbevölkerung außer im Norden stark dinarid ist und dass unter den Burgenländern die meisten Dinariden bei den Kroaten und die meisten Osteuropiden bei den Ungarn vorkommen.[94]

Einen neuen Untersuchungstyp entwickelten die Freiburger Anthropologen während des Krieges. Sie ließen innerhalb eines Landkreises oder ähnlich großen Gebietes in jeder Schule die Haar-, Augen- und Hautfarbe der Schüler erheben. Auf diese Weise kann man kleinräumige Verteilungsunterschiede erkennen, die sehr aufschlussreich sein können.[95]

So zum Beispiel im Kreis Müllheim im Markgräflerland, der im Westen an den Rhein grenzt und im Osten noch die ersten Ausläufer des Schwarzwaldes umfasst. Untersucht wurden im Herbst 1943 2 456 Schulkinder zwischen 7 und 14 Jahren, die aus dem Landkreis stammten. 59 Prozent der Kinder sind blond. Der Anteil der Hellblonden nimmt von 7 bis 14 Jahren von 30,1 Prozent auf 11,9 Prozent ab (sogenanntes Nachdunkeln). 72,5 Prozent der Schulkinder haben eine helle Hautfarbe, 24,4 Prozent eine bräunliche und 3,1 Prozent eine gelbliche.

Die Verteilung der Farbmerkmale in den 12 Schulorten zeigt eine deutliche Gliederung in drei verschiedene Zonen. Die erste im Westen in der Rheinebene direkt am Rhein zeigt eine verhältnismäßige Häufung von Dunkelhaarigen und Dunkeläugigen. Die zweite Zone erstreckt sich parallel zur ersten Zone östlich an diese anschließend von Norden nach Süden im hügeligen Osten der Rheinebene. Hier ist der blonde, helläugige und hellhäutige Typus am häufigsten. In der dritten und östlichsten Zone, die bereits zum Schwarzwald gehört, sind Gemischtfarbene und Dunkelhaarige häufiger. Geschichtlich liegt folgende Erklärung nahe: Das Rheintal wurde in der Völkerwanderungszeit von hellen Germanen (Alemannen) besiedelt. Im Osten im Schwarzwald blieben teilweise Reste der dunkelfarbigeren keltoromanischen Vorbewohner beste-

---

94 Viktor Lebzelter: Eine rassenkundliche Übersichtsaufnahme des Burgenlandes. In: Mitteilungen der Anthropologischen Gesellschaft in Wien 67, 1937, S. 294-350.

95 Karl Baur: Untersuchungen über die Pigmentierung und die Altersvariabilität der Ausfärbung bei Schulkindern des Landkreises Müllheim (Baden). Diss. Freiburg i.Br. 1944; Herbert Wasmer: Untersuchungen über Haar, Haut- und Augenfarbe der Schulkinder des Kaiserstuhlgebietes. Diss. Freiburg i.Br. 1945; Erich Kattler: Die Verteilung der Farbmerkmale bei den Schulkindern der Baar. Eine anthropologische Untersuchung. Diss. Freiburg i.Br. 1945.

hen. Direkt am Rheinufer kam es im Verlauf der Jahrhunderte durch den regen Verkehr auf dem Fluss zur Vermischung mit meist dunkleren Fremden.[96] So zeigen die Unterschiede der Menschen selbst innerhalb eines verhältnismäßig kleinen Landkreises noch die unterschiedlichen geschichtlichen Ereignisse und Vorgänge an.

Das Anthropologische Institut der Universität Breslau nutzte das Deutsche Turn- und Sportfest im Juli 1938 in Breslau zur Untersuchung von Volksdeutschen aus verschiedenen Gebieten im damaligen Polen (Posen-Westpreußen, Stadt Posen, Lodz und Umgebung, ostoberschlesisches Industriegebiet, Sprachinsel Bielitz). Es wurden 261 Männer und Frauen im Alter von 20 bis 50 Jahren untersucht. Neben den aktiven Sportlern waren darunter auch viele Zuschauer. Die Untersuchten waren fast ausschließlich Städter und Angehörige nichtbäuerlicher Berufe. Ilse Schwidetzky verglich die Ergebnisse der Turnfestteilnehmer mit den polnischen Rekrutendaten für die entsprechenden Land- und Stadtkreise. Die volksdeutschen Gruppen sind danach durchweg hochwüchsiger und fast durchweg helläugiger (mit Ausnahme von Lodz) als die polnischen Rekruten. Beim Längenbreitenindex besteht kein gerichteter Unterschied. Dafür sind die volksdeutschen Gruppen aber durchgehend schmalgesichtiger. Die typologische Bewertung nach der Breslauer 6-Punkte-Formel – auf die ich im nächsten Abschnitt eingehen werde – zeigt ein Überwiegen der Nordiden und Fälischen. Im oberschlesischen Industriegebiet spielen auch die Osteuropiden eine Rolle und in Lodz die Alpinen. Bemerkenswert ist, dass in der mittelalterlichen Bielitzer Sprachinsel der Anteil des nordiden Elements größer und der osteuropide Einschlag geringer ist als in Oberschlesien.

Ilse Schwidetzy verglich in dem volksdeutschen Material auch die Angehörigen der geistig und wirtschaftlich führenden Schicht (Lehrer, Redakteure, Unternehmer usw.) mit den übrigen Festteilnehmern. Das Ergebnis: *„Die gehobene Schicht weicht vom Gesamtdurchschnitt durch größere Körperhöhe, größere Kopf- und Gesichtsmaße, insbesondere größere Breitenmaße, und hellere Haar- und Augenfarbe ab. Der nordische Anteil ist bei ihr höher, auf Kosten vor allem der alpinen und osteuropiden, dagegen nicht der dinarischen Rasse.“* [97]

96 Baur, Untersuchungen über die Pigmentierung und die Altersvariabilität der Ausfärbung bei Schulkindern des Landkreises Müllheim (Baden), 1944.

97 Ilse Schwidetzky: Beitrag zur Rassenkunde der Deutschen im bisherigen Polen. In: Deutschtum im Ausland 22, 1939, S. 547-556.

Die Rassenuntersuchung Schlesiens (RUS)

Es zeigte sich recht bald, dass die Dorfuntersuchungen die in sie gesetzten Erwartungen nicht erfüllten. Man wusste einfach nie, inwieweit die Untersuchungen repräsentativ für die Bevölkerung der gesamten Region waren. Man konnte mit den punktuellen Untersuchungen eben kein Bild von der geographischen Verteilung der Merkmale und Typen gewinnen und keine Korrelationen zu geschichtlichen, ethnischen, kulturellen, geographischen und anderen Einflüssen feststellen. Genau genommen wusste man nicht einmal, ob in den Nachbardörfern nicht schon ganz andere anthropologische Verhältnisse herrschten. Und zwischen den einzelnen Untersuchungen gab es riesige unerforschte Flächen, die mit weiteren Dorfuntersuchungen füllen zu wollen einfach unrealistisch war.

Gerade die Nachbarwissenschaften, die sich mit der Geschichte und Bevölkerungskunde des deutschen Volkes beschäftigten, konnten mit den bisherigen Ergebnissen der anthropologischen Forschung nicht viel anfangen. So schrieb zum Beispiel der Bevölkerungshistoriker Erich Keyser (1893–1968) 1935: *„Der Historiker kann leider mit dem Urteil nicht zurückhalten, daß die Untersuchungen der modernen Rassenkunde in ihrer bisherigen Form, z.B. ihre Messungen körperlicher Merkmale bei örtlich begrenzten Bevölkerungsgruppen, für ihn wertlos sind. [...] Der Historiker sieht die eigentlichen Aufgaben des Rassenforschers in folgender Richtung. Es ist zunächst der heutige Bestand des deutschen Volkes aufzunehmen; es ist darzustellen, in welche natürlichen Bevölkerungsgruppen das deutsche Volk zerfällt, welche Erbstämme, welche rassisch bestimmten Gruppen unter den Deutschen, die gegenwärtig die Blutsgemeinschaft des deutschen Volkes bilden, vorhanden sind.[...] Wir brauchen heute [...] die ‚Siedlungs-Anthropologie' des gegenwärtigen Deutschlands. [...] Denn die Karte ist für rassen-‚geschichtliche' Untersuchungen auch als Forschungsmittel wichtiger als die Zahlentafel. Die Rassen-‚Geographie' ist für die geschichtliche Erkenntnis fruchtbarer als die Rassen-‚Mathematik'.* [98]

Daher begannen einzelne Anthropologen wieder großangelegte flächenhafte Untersuchungen ins Auge zu fassen. Die erste neue flächenhafte Bevölkerungsuntersuchung war die von dem Direktor des Breslauer Anthropologischen Instituts Egon von Eickstedt (1892–1965) konzipierte Rassenuntersuchung Schlesiens, abgekürzt RUS. Sie hat zwei Besonderheiten, durch die sie sich von anderen flächenhaften anthropologischen Bevölkerungsuntersuchungen vor und nach ihr unterscheidet.

98 Erich Keyser: Bevölkerungswissenschaft und Geschichtsforschung. In: Archiv für Bevölkerungswissenschaft und Bevölkerungspolitik 5, 1935, S. 145-161.

Egon von Eickstedt

Raum im Anthropologischen Institut

Das Anthropologische Institut in Breslau

1. Sie baute sich aus vielen Dorfuntersuchungen auf. In jedem Landkreis wurden von zwei Anthropologen – extra angelernten Studenten (oder Studentinnen) – etwa 20 Dörfer untersucht. Bei den ersten Dörfern wurden sie noch von von Eickstedts Assistentin Ilse Schwidetzky (1907–1997) begleitet.

   Die Ergebnisse hat man dann kreisweise ausgewertet. Jeder Mitarbeiter musste auch bei den Erhebungen eines anderen Kollegen mitarbeiten. Die Gleichheit der Messweise und morphognostischen Beurteilungen wurden immer wieder überprüft. Die Ergebnisse wurden für die wich-

Messungen und Befragungen in einem schlesischen Dorf während der RUS

Nordider Schlesier

Dinarider Schlesier

Alpiner Schlesier

Osteuropider Schlesier

tigeren Merkmale und die Rassentypen kartiert. Auf diese Weise kann man schon im Kartenbild geographische Muster oder Übereinstimmungen mit historischen oder geographischen Faktoren erkennen.

2. Das in der Untersuchung angewandte typologische Verfahren. Üblicherweise zählte man in anthropologischen Untersuchungen die „vorwiegenden Typen" der verschiedenen europäischen Rassentypen aus. Dies geschah entweder rein nach dem subjektiven Eindruck in der „Felddiagnose" oder als bestimmte Merkmalskombinationen. Der Rest bildete meist eine Gruppe von etwa 40 bis 50 Prozent von „Unbestimmbaren", also den Leuten, die offensichtlich Merkmale mehrerer Rassentypen trugen. In der Schlesien-Untersuchung ging man von den sechs in Mitteleuropa vorkommenden Rassentypen nordid, fälisch, osteuropid, dinarid, alpin und mediterran aus. Zunächst notierte man den typologischen Gesamteindruck. Bei den Merkmalen berücksichtigte man dann deren unterschiedlichen diagnostischen Wert für die verschiedenen Typen. So sind die betonten Jochbögen ein diagnostisch sicheres Merkmal für die Osteuropiden, weil keiner der anderen Typen dieses Merkmal aufweist, während helle Haare sowohl nordid als auch fälisch oder osteuropid sein können. Die diagnostisch weniger sicheren Merkmale werden dann zu dem Typus gezählt, für den es diagnostisch höherwertige Merkmale gibt – in diesem Fall den osteuropiden – oder für den es mindestens eine diagnostisch kennzeichnende Merkmalskombination gibt, etwa die von Schmalgesichtigkeit und Langköpfigkeit für die Nordiden, weil die nicht fälisch oder osteuropid ist. Das Ergebnis der Diagnose wird in einer 6-Punkte-Formel, der sogenannten Rassenformel ausgedrückt, zum Beispiel 5 n-Punkte und 1 o-Punkt ist n(o), also überwiegend nordid mit einem osteuropiden Einschlag. So bekam man typologische Prozentsätze ohne Rest, die nicht die Prozentsätze von Individuen, sondern den typologischen Gehalt in einer Bevölkerung aufzeigen, was den Verhältnissen in einer stark gemischten mitteleuropäischen Region besser entspricht.[99]

Die Erhebungen starteten im Frühjahr 1933 noch probeweise durch Ilse Schwidetzky im Nordosten Oberschlesiens. Im Herbst 1933 begannen sie nach längerer Vorbereitungszeit und Schulung der Mitarbeiter gleichzeitig in mehreren Kreisen Oberschlesiens. Die Städte wurden zunächst ausgespart. Man wollte sich langsam nach Westen vorarbeiten und so ganz Schlesien erfassen. Bei Beginn des Krieges mussten die Untersuchungen leider abgebrochen werden. Für jeden Kreis erschien eine Monographie in der eigens

99 Die Anthropologinnen Gisela Grupe, Kerrin Christiansen, Inge Schröder und Ursula Wittwer-Backofen behaupten in ihrem Buch „Anthropologie. Einführendes Lehrbuch" in der zweiten Auflage von 2012, Egon von Eickstedts „Rassenformel" habe der Identifizierung von Juden gedient. Das ist natürlich Unfug, wie man schon der Tatsache entnehmen kann, dass die Formel nur die sechs mitteleuropäischen Typen berücksichtigt. Grupe und ihre Mitarbeiterinnen haben diese Behauptung offensichtlich der linksradikalen Anti-Anthropologie-Literatur (oder Wikipedia) entnommen.

Die anthropologischen Untersuchungen in Schlesien 1933–1944

dafür geschaffenen Heftreihe „Rasse, Volk und Erbgut in Schlesien". Bis zum Kriegsbeginn erschienen in dieser Reihe 14 Hefte. Bis dahin waren über 800 Dörfer in 37 Kreisen mit etwa 65 000 Personen erfasst worden. Alle nicht veröffentlichten Daten gingen 1945 verloren (gut die Hälfte).

Die nationalsozialistischen Behörden hätten die Schlesien-Untersuchung beinahe verboten. Es sollte nicht bekannt werden, dass der größte Teil Oberschlesiens polnischer Muttersprache war und dass es Gebiete in Deutschland gibt, in denen die nordische Rasse nicht an erster Stelle steht. Es war Eickstedts guten Kontakten zum Rassenpolitischen Amt in Breslau zu verdanken, dass es nicht so weit kam. Dennoch durfte die slawische Muttersprache in vielen Kreisen in den Heften nicht angesprochen und die Karte der Osteuropiden in Oberschlesien nicht veröffentlicht werden (weshalb sie für uns verloren ist).

Alle schlesischen Kreise sind im Mittel im Vergleich zu anderen deutschen und ostmitteleuropäischen Regionen durch ausgesprochene Kurzköpfigkeit, mäßige Körperhöhe, schmales Gesicht und schmale Nase charakterisiert. Dasselbe gilt für die Vertreter der sechs verschiedenen Rassentypen. Die Kurzköpfigkeit ist auch nicht bedingt durch eine kürzere Kopfform, sondern durch deren größere Breite. Das ist der schlesische „Gautypus", geprägt durch die umweltmäßigen und selektiven Kräfte des Raumes.

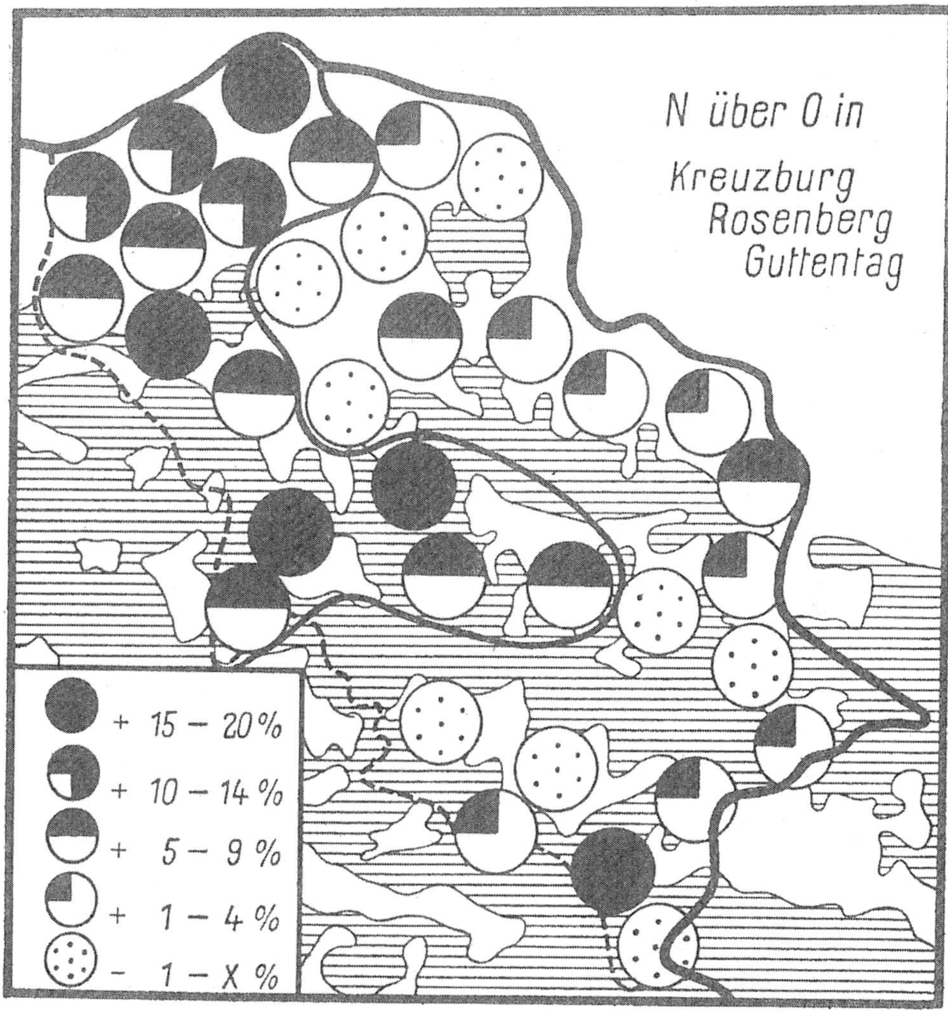

Das Verhältnis nordid – osteuropid in Nordostoberschlesien

In ganz Oberschlesien ist die Rassenverteilung 41 Prozent nordid (und fälisch), 32 Prozent osteuropid, 15 Prozent dinarid, 10 Prozent alpin und 2 Prozent mediterran. Die Nordiden ergießen sich von Nordwesten kommend im Odertal und entlang deren Nebenflüsse. Sie haben ihren höchsten Wert im Kreis Guhrau im Norden Niederschlesiens mit 51 Prozent. Die Osteuropiden stehen an erster Stelle im Nordosten im Kreis Tost-Gleiwitz (37 Prozent) und im Nordosten des Kreises Groß Strehlitz. Dazu treten im Nordosten auch Dinaride, die hier also zur slawischen Bevölkerungsschicht gehören. Ansonsten haben die Dinariden, zusammen mit Alpinen, ihre Heimat im gebirgigen Süden und Südwesten Schlesiens.

Wie sich Schlesien rassentypologisch in Deutschland einfügt, zeigt der Vergleich mit aus Westdeutschland stammenden damaligen Neusiedlern, die auch untersucht wurden. Danach sind 33 Westdeutsche (von Westfalen bis

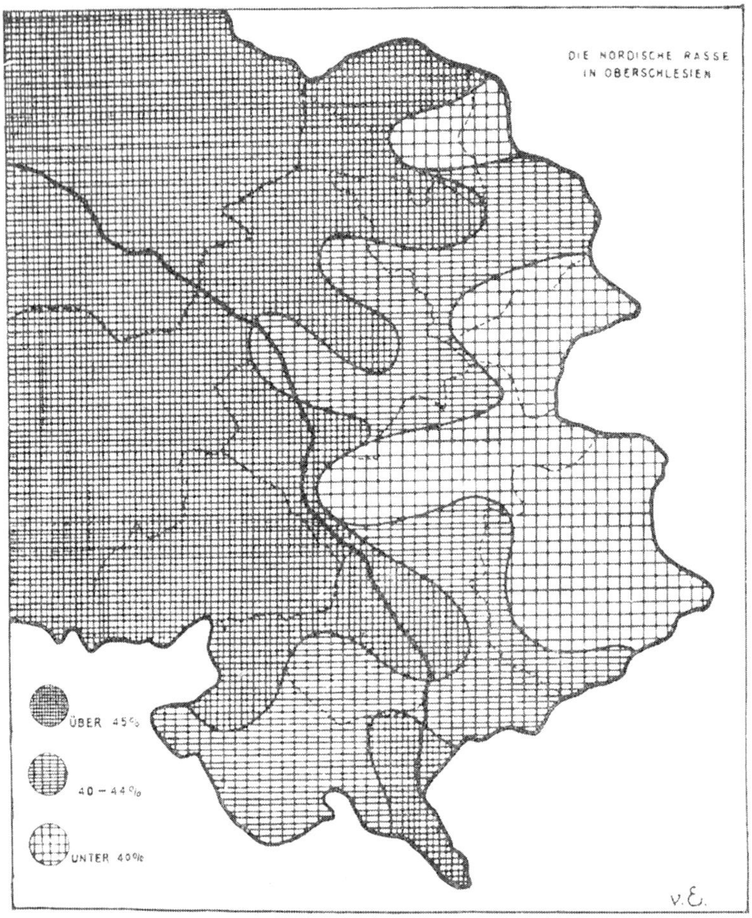

Häufigkeitsstufen der nordischen Rasse in Oberschlesien

Häufigkeitsstufen der nordischen Rasse in Oberschlesien (generalisiert)

Württemberg) zu 70 Prozent nordid und 15 Siedler aus Oldenburg und Westfalen zu 90 Prozent. Einige tschechischsprachige Dörfer im Süden der Kreise Leobschütz und Ratibor zeichnen sich durch höhere Anteile von Alpinen aus.

In mehreren Kreisen weisen die mittelalterlichen, nach deutschem Recht gegründeten Kolonistendörfer höhere nordide Anteile auf. Dasselbe gilt in noch stärkerem Maße für die Kolonien aus friderizianischer Zeit, zum Beispiel im Kreis Oppeln. Die kleinen deutschen Sprachinsel im slawischen Teil unterscheiden sich meist nur noch teilweise von ihrer Umgebung. Kostenthal, eine mittelalterliche deutsche Sprachinsel im Kreis Cosel, zeichnet sich durch einen geringeren osteuropiden Einschlag aus. Besonders die älteste Schicht, jene Bewohner, deren Großeltern schon in Kostenthal lebten, haben mehr nordide und weniger osteuropide Typenanteile. Die Sprachin-

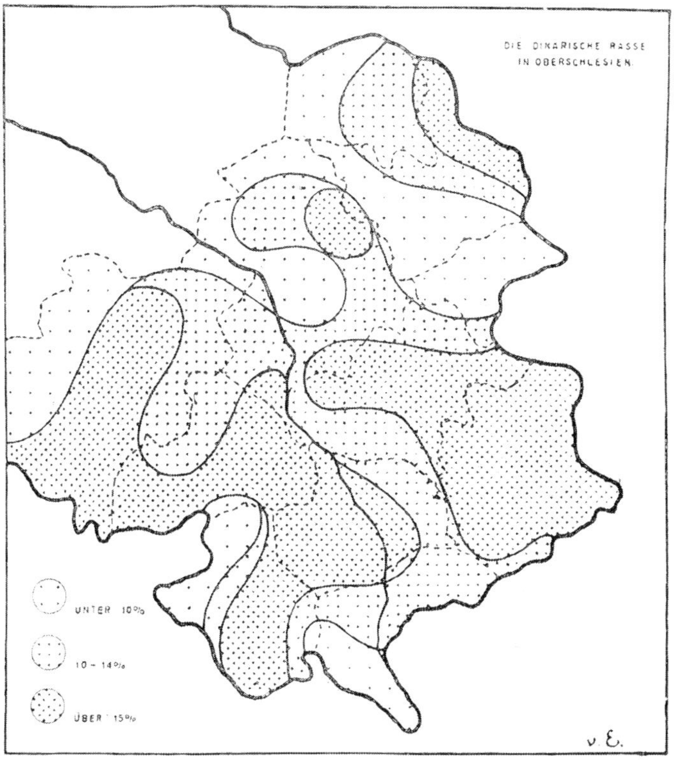

Die Häufigkeitsstufen der dinarischen Rasse in Oberschlesien (generalisiert)

Mann aus dem Kreis Cosel

Mann aus dem Kreis Cosel

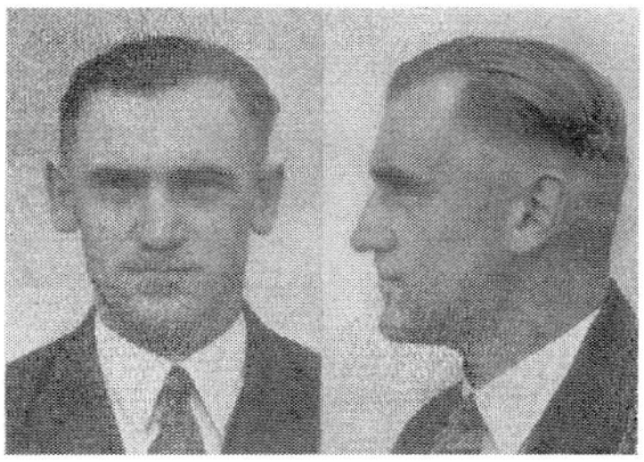

Mann aus dem Kreis Habelschwerdt (vorw. nordid)

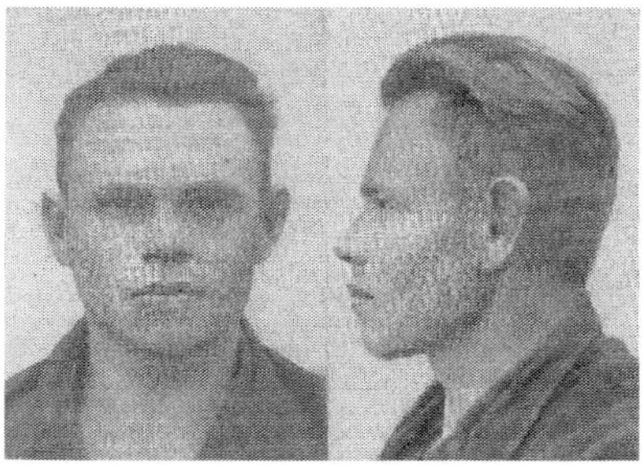

Mann aus dem Kreis Habelschwerdt (vorw. osteur.)

Mann aus dem Kreis Habelschwerdt (vorw. dinarid)

	M d. Kreises	M der Walddörfer	M der Lößdörfer
K'l	186,7	187,0	187,3
K'b	159,6	158,8	161,3
J'b	142,5	140,9	144,5
MG'h	121,7	120,0	122,6
N'h	54,8	54,3	56,1
N'b	34,0	33,7	34,4
Kö'h	168,0	167,8	168,6
Si'h	87,7	86,9	87,9
K'l	85,7	84,8	86,2

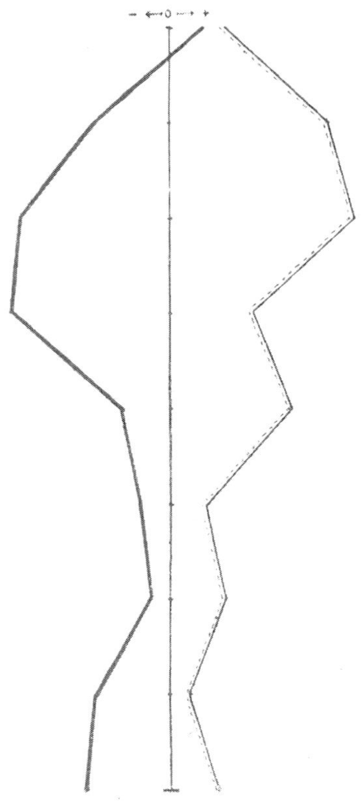

Boden und Konstitution

Links von der Senkrechten, die die Kreismittelwerte darstellt, fallen die Mittel der Walddörfer, rechts davon die aller Lößdörfer im Kreise Ratibor: nichterbliche Nebenänderung
Nach T. Hahn und H. Pyka

Boden und Konstitution im Kreis Ratibor

sel Schönwald im slawisch sprachigen Kreis Gleiwitz hat besonders helle Haar- und Augenfarben und weniger Dinaride. Petersgrätz im Kreis Groß-Strehlitz dagegen, eine böhmische hussitische Kolonie aus dem Jahr 1832, ist dunkler und dinarider als seine slawische Umgebung.

Neben den bevölkerungsgeschichtlich bedingten Rassenunterschieden ließen sich auch umweltbedingte Standorttypen nachweisen. So haben die Bewohner der fruchtbaren Lößgebiete in den Kreisen Groß Strehlitz und Cosel bei gleicher Rassenzusammensetzung eine größere Körperhöhe und größere Kopfmaße als die der Walddörfer. Ein Unterschied, der wahrscheinlich auf der besseren Ernährung in den wohlhabenderen Lößdörfern beruht. Denselben Unterschied zwischen den Löß- und Walddörfern findet man auch im Kreis Ratibor, wo die Waldbewohner zugleich etwas dunkelhaariger und dunkeläugiger sind. Im Kreis Habelschwerdt besteht auch ein Unterschied zwischen Tal- und Bergbewohnern. Die Bergbewohner haben eine kleinere

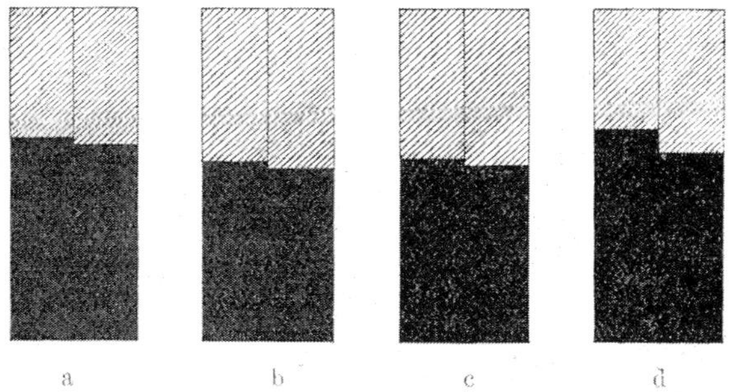

Nordische (schwarz) und Osteuropide (schraffiert) in Ackerbau- und Waldgebieten (rechte bzw. linke Teilsäule) Oberschlesiens
a) Kreis Groß-Strehlitz
b) Kreis Cosel
c) Kreis Rosenberg
d) Kreis Ratibor
Geringe, aber gleichgerichtete Unterschiede in allen Kreisen: mehr Nordische in den Ackerbau-, mehr Osteuropide in den Walddörfern

Örtliche Siebung nach Landschaftstypen in Oberschlesien

Körperhöhe und schmalere Gesichter und Nasen. Möglicherweise ist der Unterschied aber auch sozialanthropologischer Art. Im Tal leben Bauern, auf den Höhen Waldarbeiter, Holzfäller, Heimarbeiter und Kleinbauern.

Wo in den Kreisen die Bewohner der Ackerbaudörfer mit denen der Walddörfer verglichen wurden, fanden sich in den Ackerbaugebieten etwas mehr Nordide als in den Waldgebieten und in letzteren mehr Osteuropide als in den Ackerbaugebieten. Hier haben sich die älteren und unterlegenen Osteuropiden offenbar in die weniger zugänglichen Waldgebiete zurückgezogen.

In mehreren Kreisen konnten die Untersucher auch Vergleiche zwischen verschiedenen Sozial- und Berufsgruppen durchführen. Im Kreis Oels in Nie-

Bäuerin aus dem Kreis Trebnitz (Niederschlesien)

Arbeiterin aus dem Kreis Trebnitz (Niederschlesien)

derschlesien unterschied Gerhard Strube Erbhofbauern, Landwirte und Landarbeiter. Die Erbhofbauern sind die Besitzer größerer Höfe, die eine Familie ernähren können. Sie haben eine größere Körperhöhe, schmalere Gesichter und Nasen, viele konvexe Nasen und weniger betonte Jochbögen als die kleineren Bauern und Landarbeiter. Typologisch sind sie stärker nordid und dinarid. Die Landarbeiter sind kleiner, haben kleinere Kopfmaße, oft ein konkaves oder welliges Nasenprofil und viele betonte Jochbögen. Typologisch sind sie häufiger osteuropid oder alpin. Im von Michael Antlauf untersuchten Kreis Brieg, wo Bauern, Handwerker und Arbeiter unterschieden wurden, sind die Bauern stärker nordid und fälisch, die Handwerker mehr alpin und die Arbeiter häufiger osteuropid. Im Kreis Hirschberg im niederschlesischen Gebirge sind die Textil- und Glasarbeiter breiter und kräftiger gebaut, haben ein niedrigeres Gesicht, verhältnismäßig kurze und breitere Nasen und sind außerdem auch etwas dunkler als die bäuerliche Bevölkerung. Die Glasarbeiter haben außerdem auch einen großen Brustumfang, sei es als Voraussetzung oder als Folge des Glasblasens.

Im Kreis Ratibor verglich Theda Hahn Bauern und Schneider. Letztere leben im teilweise tschechischen Dorf Groß Peterwitz, wie auch die zum Vergleich herangezogenen Bauern. Die Schneider sind Heimarbeiter für Herrenausstatter. Beide Berufsgruppen leben auch sozial weitgehend voneinander getrennt. Die Bauern sind im Mittel 2 cm größer als die Schneider und haben hellere Haar- und Augenfarben, eine größere Gesichtshöhe, aber eine kleinere Kopflänge. Sie haben schmalförmigere Gesichter und Nasen, beim Kopfindex besteht kein Unterschied. Typologisch sind sie häufiger nordid, fälisch oder dinarid, die Schneider dagegen häufiger alpin. Der Unterschied entspricht dem Unterschied zwischen Bauern und Schneider, wie er auch in anderen Teilen Oberschlesiens gefunden wurde.[100]

---

100 Egon v. Eickstedt: Anlage und Durchführung von rassenkundlichen Gauuntersuchungen. In: Zeitschrift für Rassenkunde 2, 1935, S. 1-32; ders.: Rassen im schlesischen Raum. Sinn und Ergebnisse der Rassenuntersuchung Schlesiens (RUS). In: Raumforschung und Raumordnung 3, 1939, S. 424-436; ders. u. Ilse Schwidetzky: Die Rassenuntersuchung Schlesiens. Eine Einführung in ihre Aufgaben und Methoden. Rasse, Volk und Erbgut in Schlesien 1, Breslau 1940; Ilse Schwidetzky: Die schlesische Kurzköpfigkeit. In: Verhandlungen der Deutschen Gesellschaft für Rassenforschung 10, Stuttgart 1940, S. 65-74; dies.: Merkmalszählung oder Rassenforschung? In: Zeitschrift für Rassenkunde 13, 1942, S. 177-182; dies.: Über Wege rassenkundlicher Untersuchungen. In: Zeitschrift für Morphologie und Anthropologie 40, 1942, S. 178-184; dies.: Rückblick auf die regionalanthropologische Untersuchung Schlesiens. In: Jahrbuch der Schlesischen Friedrich-Wilhelms-Universität Breslau 1, 1955, S. 112-132; dies.: Rassenkunde des nordöstlichen Oberschlesiens (Kreise Kreuzburg, Rosenberg, Guttentag). Rasse, Volk, Erbgut in Schlesien 2, Breslau 1939; Werner Klenke: Rassenkunde der oberschlesischen Kreise Groß Strehlitz und Cosel. Rasse, Volk, Erbgut in Schlesien 3, Breslau 1939; Alois Thomanek: Rassenkunde des Kreises Frankenstein. Rasse, Volk, Erbgut in Schlesien 4, Breslau 1939; Oskar Wiehle:

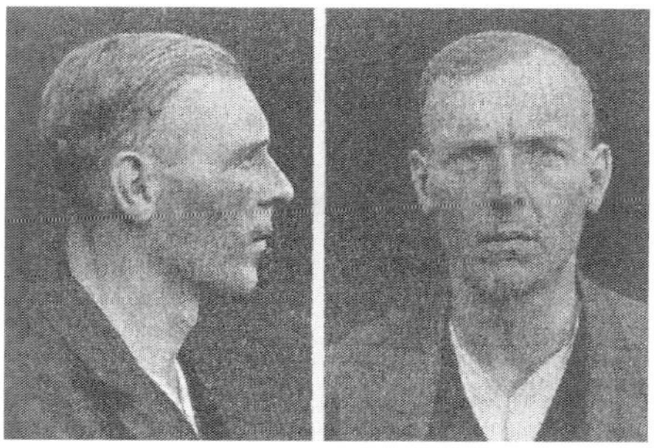

Bergmann aus dem oberschlesischen Industrierevier (vorw. nordid)

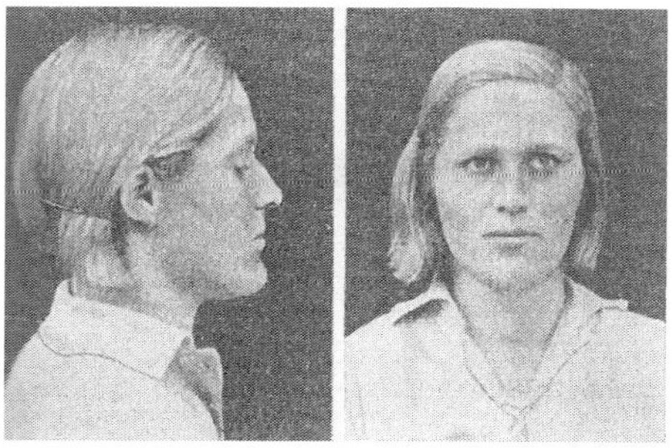

Oberschlesische Bergarbeiterfrau (vorw. osteuropid)

Um zu überprüfen, ob die Unterschiede zwischen den verschiedenen Berufsgruppen auf Siebung beruhten, fasste Ilse Schwidetzky die Daten aus sieben oberschlesischen Kreisen (Cosel, Gleiwitz, Groß Strehlitz, Grottkau, Neiße, Neustadt und Ratibor) zusammen und unterschied Bauern, Handwerker und Arbeiter, insgesamt 7 326 Männer. Um die beruflichen Zwischen- und Mischtypen auszuschließen, berücksichtigte sie nur Vollbauern und ungelernte Arbeiter. Das von ihr angewandte Verfahren beruht auf dem Vergleich von Vätern und Söhnen.

So unterschied sie zum Beispiel Bauernsöhne, die selbst wieder Bauern wurden, Bauersöhne, die Handwerker oder Arbeiter wurden und Nichtbauernsöhne, die Bauern wurden. Es zeigte sich, dass Bauernsöhne, die selbst wieder Bauern wurden, nordider und dinarider sind als die Bauernsöhne, die Handwerker oder Arbeiter wurden. Und auch Nichtbauernsöhne, die Bauern wurden, sind nordider (aber nicht dinarider) als ihre Herkunftsgruppen. Die Bauern sind größer und hochgesichtiger, haben schmalere Gesichter und Nasen und oft auch konvexere Nasen als die Handwerker und Arbeiter. Oft übertreffen die Bauern nichtbäuerlicher Herkunft die geborenen Bauern in der Ausprägung der für die Bauern charakteristischen Merkmale. Zwischen den Bauern und den Arbeitern stehen die (ländlichen) Handwerker. Sie sind

---

Rassenkunde des Kreises Oppeln. Rasse, Volk, Erbgut in Schlesien 5, Breslau 1939; Herbert Vogel: Rassenuntersuchungen im Kreise Hirschberg. Rasse, Volk, Erbgut in Schlesien 6, Breslau 1939; Gerhard Strube: Rassenkundliche Untersuchungen im Kreise Oels. Rasse, Volk, Erbgut in Schlesien 7, Breslau 1939; Hubert Kliegel: Rassenkundliche Untersuchungen im Kreise Habelschwerdt. Rasse, Volk, Erbgut in Schlesien 8, Breslau 1940; Johanna Beyer: Rassenkunde des Kreises Schweidnitz. Rasse, Volk, Erbgut in Schlesien 9, Breslau 1940; Ursula Vogel: Rassenkunde des Kreises Landeshut. Rasse, Volk, Erbgut in Schlesien 10, Breslau 1940; Dietrich Lemke: Rassenuntersuchungen im Kreise Guhrau. Rasse, Volk, Erbgut in Schlesien. Rasse, Volk, Erbgut in Schlesien 11, Breslau 1940; Theda Hahn: Die rassische Zusammensetzung der Bevölkerung des Kreises Ratibor. Rasse, Volk, Erbgut in Schlesien 12, Breslau 1940; Ingeborg Daenicke: Rassenkunde des Kreises Löwenberg. Rasse, Volk, Erbgut in Schlesien 13, Breslau 1940; Michael Antlauf: Rassenkundliche Erhebungen im Kreis Brieg. Rasse, Volk, Erbgut in Schlesien 14, Breslau 1941.

deutlich nordider als die Arbeiter und unterscheiden sich von den Bauern und Arbeitern durch ihren hohen alpinen Anteil. Die Handwerker sind größer als die Arbeiter und sowohl die Handwerkersöhne als auch die Arbeitersöhne, die Handwerker werden, haben größere Breitenmaße von Kopf und Gesicht (größte Kopfbreite, Jochbogenbreite) und dem Gesichtsindex nach niedrigere Gesichter als die Handwerkersöhne und Arbeitersöhne, die keine Handwerker werden. Die Siebung ist bei den Handwerkern nicht ganz so stark wie bei den Bauern, aber sowohl bei den Handwerkern als auch bei den Arbeitern stehen die Siebungsgruppen ihrer Zielgruppe näher als ihrer Herkunftsgruppe.

Dass soziale Aufsteiger und soziale Absteiger im Mittel morphologisch eher die Merkmale ihrer sozialen Zielgruppe aufweisen als die ihrer Herkunftsgruppe, konnte der belgische Anthropologe Robert L. Cliquet 1968 für die Körperhöhe, das Körpergewicht, den Kopfumfang und den Intelligenz-Quotienten bestätigen.[101]

Frau Schwidetzky untersuchte auch, ob es bei den acht berücksichtigten Handwerken (Schuhmacher, Schneider, Fleischer, Bäcker, Stellmacher, Tischler, Schlosser und Schmiede) Hinweise auf Siebung gibt. Die Unterschiede zwischen den verschiedenen Handwerken sind beträchtlich und zum Beispiel größer als die zwischen den verschiedenen oberschlesischen Kreisen. Nicht alle Handwerke sind durch besonders große alpine Anteile charakterisiert. Die Tendenz zu den Alpinen ist am stärksten bei den Schuhmachern und Schneidern, gefolgt von den Fleischern und Bäckern, während sie bei den Stellmachern, Tischlern, Schlossern und Schmieden nur gering ist. Die Schlosser zeichnen sich außerdem durch besonders geringe osteuropide Anteile aus. Fleischer und Bäcker haben eine besonders große Gesichtsbreite (Jochbogenbreite) und dem Gesichtsindex nach niedrig-breite Gesichter. Die Schmiede haben sowohl hohe als auch breite Gesichter. Die Schuhmacher und Schneider haben eine besonders geringe Körperhöhe. Die Tischler sind besonders hellhaarig, obwohl ihre geographische Herkunft innerhalb Schlesiens eher dagegen sprechen würde. Es ähneln sich anthropologisch unter den Handwerken drei Gruppen: Das Bekleidungsgewerbe (Schuhmacher und Schneider), das Ernährungsgewerbe (Fleischer und Bäcker) und die übrigen Handwerke (Stellmacher, Tischler, Schlosser und Schmiede). Einige Merkmalsunterschiede zwischen den Handwerken entsprechen nicht den rassentypologischen Unterschieden, verweisen also auf echte Berufstypen unabhängig vom Rassentypus. Die Tischler sind zu hellfarbig, vor allem hellhaarig, die Stellmacher schmalgesichtiger und schmalnasiger und die Bäcker breitgesichtiger und breitnasiger, als ihrer rassentypologischen Zusammenset-

101 Die anderen Merkmale der RUS hat Cliquet nicht berücksichtigt. Vgl. Robert L. Cliquet: Social Mobility and the Anthropological Structure of Populations. In: Human Biology 40, 1968, S. 17-43.

zung entspricht. Auch die Fleischer tendieren zu breiteren Gesichtern und die Schneider zu schmaleren.[102]

Den verschiedenen Handwerken entsprechen also reale Berufstypen, die mit den volkstümlichen Vorstellungen teilweise gut übereinstimmen (derbe Fleischer, schmächtige Schneider). Die Berufstypen dürften auf den unterschiedlichen Fähigkeiten und Neigungen der untersuchten Männer beruhen, die teilweise mit den äußeren Merkmalen korrelieren. Neben der eigenen Einschätzung spielt wohl auch die der Eltern eine Rolle, weil die Entscheidung für den Lehrberuf schon recht früh fällt. Außerdem dürften dafür auch die psychophysischen Konstitutionstypen, etwa im Sinne von Ernst Kretschmer, von Bedeutung sein.

Ilse Schwidetzky untersuchte in Oberschlesien auch die Heiratsradien und Heiratsgrenzen der ländlichen Bevölkerung. Der mittlere Heiratsradius ist die mittlere Entfernung, aus der sich die ortsgebürtige Bevölkerung eines Ortes ihren Ehepartner holt. Um die Binnenwanderung auszuschließen, wurden nur diejenigen Ehen berücksichtigt, in denen mindestens ein Partner ortsgebürtig war. Ehen, in denen beide Ehepartner in dem Ort geboren sind, haben einen Heiratsradius von 0 (Null). Für Oberschlesien ergab sich so ein mittlerer Heiratsradius von 3 bis 4 Kilometern.

Um Heiratsgrenzen oder andere räumliche Heiratshindernisse zu erkennen trug Schwidetzky die geradlinige Entfernung der Geburtsorte der Eltern der Untersuchten in eine große Karte ein. Es zeigte sich, dass nicht nur politische Grenzen, sondern auch Flüsse und Wälder die Heiratsverbindungen mitunter stark reduzieren. Um den Wirkungsgrad der jeweiligen Heiratsgrenzen zu ermitteln, verglich Sie den theoretischen Wert innerhalb des betroffenen Winkelbereichs des Heiratsradius mit dem empirischen. Wenn es zum Beispiel statt der theoretisch zu erwartenden 10 nur 3 Heiratsverbindungen innerhalb des Winkelbereichs gab, hat das Heiratshindernis einen Wirkungsgrad von 70 Prozent.

Es ergab sich, dass die Heiratsgrenzen mit dem höchsten Wirkungsgrad die politischen Grenzen sind. Über die nördliche Grenze Oberschlesiens zu Polen gibt es überhaupt keine Heiratsverbindung, das heißt die Heiratsgrenze hat einen Wirkungsgrad von 100 Prozent. Am zweitstärksten war die politische Grenze zur Mähren, das zu der Zeit, als die Eltern der Untersuchten heirateten, noch zu Österreich-Ungarn gehörte. Obwohl die Orte südlich der Grenze genauso von Deutschen schlesischen Stammes bevölkert waren wie nördlich von ihr, gab es nur sehr wenige Heiratsverbindung über sie hinweg. Ihr Wirkungsgrad beträgt 90 Prozent. Die nächststarke Heiratsgrenze ist die zwischen den Konfessionen, gemessen an der, die den größten Teil des Krei-

102 Ilse Schwidetzky: Soziale Siebung in Oberschlesien. In: Zeitschrift für Rassenkunde 8, 1938, S. 167-192.

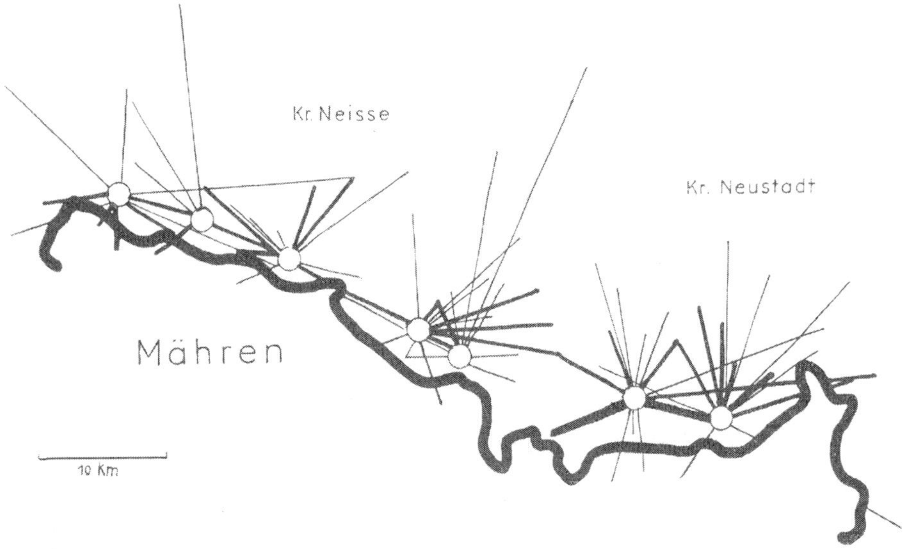

Die politische Grenze als Heiratsgrenze

Die deutsch-mährische Grenze südlich der Kreise Neiße und Neustadt
In diesen und den folgenden Zeichnungen bedeutet: —— 1 Heiratsverbindung, ▬ 2–4 Heiratsverbindungen, ▬ 5 und mehr Heiratsverbindungen

Die politische Grenze zwischen Deutschland und der Tschechoslowakei als Heiratsgrenze

ses Kreuzburg vom übrigen Oberschlesien trennt. Sie hat einen Wirkungsgrad von 85 Prozent. Als nächststarkes Heiratshindernis folgen die Wälder mit 73 Prozent. Auch die Oder war eine Heiratsgrenze. Ihr Wirkungsgrad beträgt am unteren Flussteil Oberschlesiens 67 und am oberen 56 Prozent.

Mitunter kommen zwei Heiratshindernisse zusammen, wie etwa bei der kleinen friderizianischen Kolonie Marienfeld im Kreis Rosenberg, die eine kleine Rodungsinsel inmitten eines großen Waldgebietes und zugleich das einzige evangelische Dorf in einer sonst katholischen Umgebung ist. Die Marienfelder holten sich ihre Ehepartner vorwiegend nicht aus den benachbarten, aber katholischen Siedlungsinseln, sondern über die Wälder und überdurchschnittliche Entfernung hinweg aus evangelischen Orten.[103]

Der Aufsatz von Schwidetzky über die Heiratskreise ist übrigens der erste dieser Art in der Wissenschaft überhaupt, anscheinend in der angelsächsischen Welt aber unbekannt. Erst Jahrzehnte später glaubte der Engländer Geoffrey Ainsworth Harrison (1927–2017), die Methode erfunden zu haben.[104]

Einer Sonderfrage ging Franz Teuber im Kreis Neumarkt in Mittelschlesien nach. Er ließ bei den Messungen zugleich auch noch den Blutdruck mes-

103 Ilse Schwidetzky: Heiratskreise in Oberschlesien. In: Zeitschrift für Rassenkunde 6, 1937, S. 311-331.

104 Gespräch zwischen I. Schwidetzky und F. W. Rösing am 2. und 3. Januar 1983 (vervielfältigtes Manuskript).

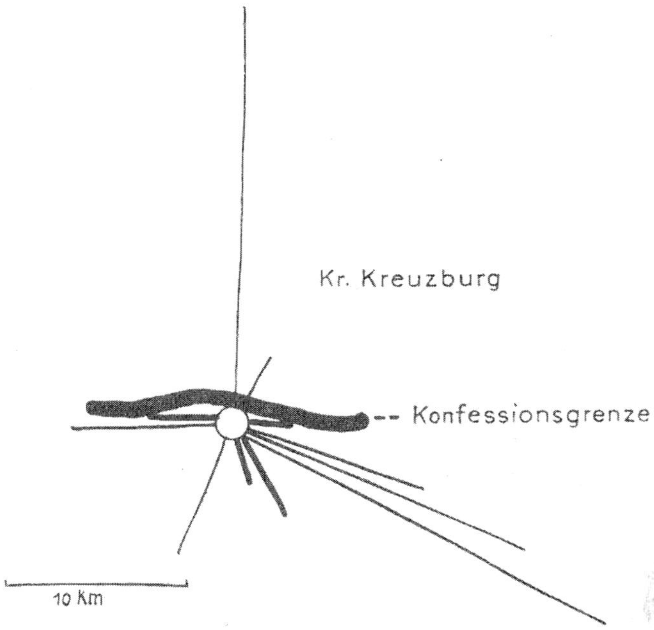

Bodland, Kr. Rosenberg. Nördlich der Konfessionsgrenze der vorwiegend evangelische Kreis Kreuzburg, südlich der vorwiegend katholische Kreis Rosenberg

Die Konfessionsgrenze als Heiratsgrenze

sen. Der Blutdruck wurde mehrmals gemessen und versucht, jede Aufregung auszuschließen. Deshalb nahm man zur Kontrolle auch noch den Puls der Untersuchten. War ein Proband trotz allem aufgeregt, wurden seine Werte nicht verwertet. Teuber fand in der Typenreihe nordid – osteuropid (290 Männer) einen mit dem osteuropiden Typenanteil kontinuierlich leicht steigenden Blutdruck. Je höher die Zahl der osteuropiden Punkte in der Typenformel ist, desto höher ist auch der Blutdruck. Die 6-Punkte-Nordiden haben einen (systolischen) Druck von durchschnittlich 118,9 mm Hg[105] und die 6-Punkte Osteuropiden einen von 128,0 mm Hg. Die Korrelation zwischen Blutdruck und Rassentypus beträgt r = 0,14.[106]

1941 erschien in der von Eugen Fischer herausgegebenen „Zeitschrift für Morphologie und Anthropologie" ein Aufsatz von Fritz Lenz mit dem Titel „Über Wege und Irrwege rassenkundlicher Untersuchungen". Fritz Lenz (1887–1976) war ein führender Humangenetiker und arbeitete in dem von

105 Der Blutdruck wird mit einer Quecksilbersäule gemessen. Hg ist die Abkürzung für Quecksilber im Ordnungssystem der Elemente.

106 Franz Teuber: Blutdruck, Konstitution und Rasse. In: Zeitschrift für Rassenkunde 8, 1938, S. 121-138.

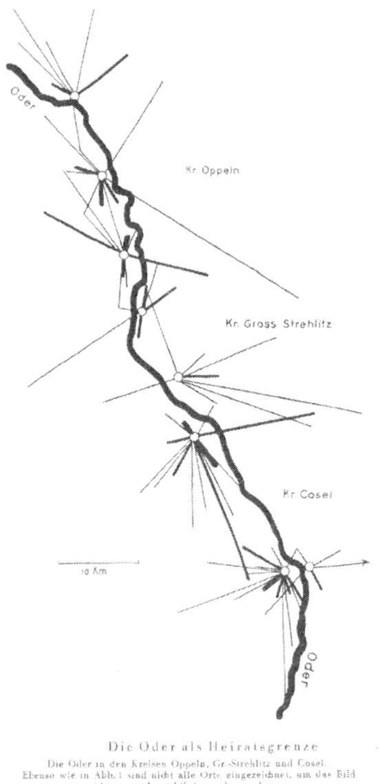

Die Oder als Heiratsgrenze

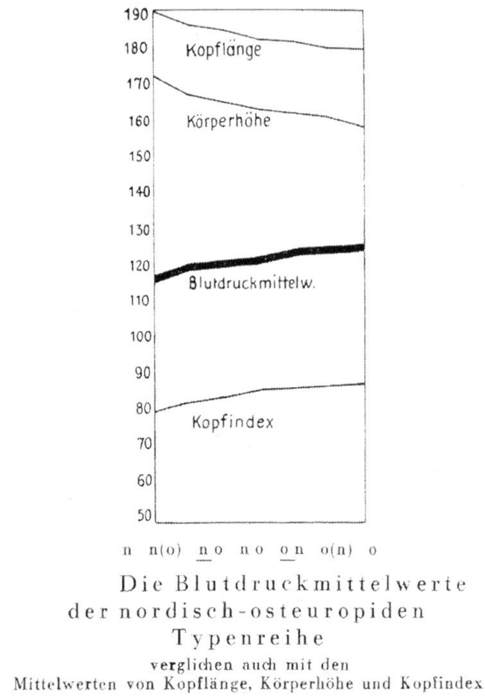

Der Blutdruck in der nordid – osteuropiden Typenreihe (Teuber)

Eugen Fischer geleiteten Kaiser-Wilhelm-Institut für Anthropologie, menschliche Erblehre und Eugenik in Berlin.

Lenz ging vom Genbegriff aus. Rasse sei genetisches Erbgut, was die Rassentypologie beschreibe, seien bloß Erscheinungsbilder, keine Rassen. Die Rassentypen seien bis zu einem gewissen Grad Produkte der „Dichtung". Und die Gene kombinierten sich rein zufällig, wie die Bastard-Untersuchungen Eugen Fischers bewiesen hätten (was sie in Wirklichkeit natürlich nicht haben). Es seien in Europa nicht eigentlich ganze Rassentypen, sondern die einzelnen Erbanlagen geographisch verteilt. Unter solchen Umständen sei es unmöglich, einen Menschen nach Prozent in Rassen aufzuteilen, wie Eickstedt das mit seiner 6-Punkte-Formel tue.

Ilse Schwidetzy antworte auf diesen Angriff mit einer Stellungnahme in derselben Zeitschrift. Sie verwies darauf, dass den in die Rassenformel einfließenden Merkmalen natürlich Gene zugrunde liegen, dass die sechs unterschiedenen Rassentypen genug gesichert sind, um die Typenformel auf sie zu beziehen, und dass die Rassentypen erfahrbare Wirklichkeit sind. Natürlich sind die Punkte und Prozentsätze keine exakte genetische Bestimmung des

Fritz Lenz

Individuums, schließlich fließen in diese die Klassengrenzen der Merkmale mit ein – welcher Farbton ist noch blond, welcher schon braun, ab welchen Wert des Gesichtsindex ist das Gesicht nicht mehr mittelbreit, sondern schmal? Eine exakte Rassendiagnose sei in einer Massenuntersuchung gar nicht möglich und darauf käme es auch nicht an, wichtig seien vielmehr die Unterschiede, die man auf diese Weise erfassen kann. Schwidetzky wies darauf hin, dass es gerade mit der Typenformel möglich war, von ihr abweichende Typen, etwa Standorttypen oder Sozialtypen, zu beschreiben.[107]

Auf den Aufsatz von Lenz berufen sich manche Humangenetiker wie zum Beispiel Volkmar Weiss noch heute, vermutlich ohne die Entgegnung von Schwidetzky je gelesen zu haben. Ja, selbst linke Anthropologie-Gegner berufen sich auf ihn, wenn es darum geht, die Abwegigkeit von Rassentypen zu belegen.

Eine Nachbemerkung von mir [AV]: Dass Merkmale sich unabhängig voneinander vererben, ist ein altes Vorurteil der Humangenetiker (das auch heute noch verbreitet ist). Das gilt nämlich nur für die Gene. Die große Mehrzahl der Merkmale beruht aber auf vielen Genen, oft sogar auf sehr vielen Genen, die zusammenwirken. Außerdem beeinflussen viele Gene nicht nur ein einzelnes Merkmal, sondern viele Merkmale zugleich.

Egon v. Eickstedts Mitarbeiterin Ilse Schwidetzky veranstaltete in Breslau während der Arbeit an der Schlesien-Untersuchung ein Semester lang ein gemeinsames Kolloquium mit den Breslauer Historikern und Geographen, allen

107 Fritz Lenz: Über Wege und Irrwege rassenkundlicher Untersuchungen. In: Zeitschrift für Morphologie und Anthropologie 39, 1941, S. 385-413; Ilse Schwidetzky: Über Wege rassenkundlicher Untersuchungen. In: Zeitschrift für Morphologie und Anthropologie 40, 1942, S. 178-184; Fritz Lenz: Noch einmal die Irrwege bei rassenkundlichen Untersuchungen. In: Zeitschrift für Morphologie und Anthropologie 40, 1942, S. 185-187; Ilse Schwidetzky: Merkmalszählung oder Rassenforschung? In: Zeitschrift für Rassenkunde 13, 1942, S. 177-182.

voran Hermann Aubin (1885–1969) und Herbert Schlenger (1904–1968). In diesem Kolloquium stellten die einzelnen Doktoranden ihre Arbeiten aus den verschiedenen Kreisen vor und vor allem die von ihnen herausgearbeiteten geschichtlichen und geographischen Korrelationen. Die Historiker und Geographen jedenfalls waren mächtig beeindruckt und schrieben später: *„In diesem Colloquium entwickelte sich die Anthropologie zu einer Grundwissenschaft der modernen geschichtlichen Landeskunde."*[108] Das schrieben immerhin nicht irgendwelche Wissenschaftler, sondern mit Hermann Aubin, Franz Petri, Herbert Schlenger und Peter Schöller anerkannte Größen ihres Faches. Nun, die Anthropologie wurde k e i n e Grundwissenschaft der geschichtlichen Landeskunde, zu groß waren wohl die Berührungsängste bei den Historikern, zumindest bei den jüngeren nach dem Krieg. Meiner Meinung [AV] nach ist die Schlesien-Untersuchung dennoch von allen anthropologischen Untersuchungen, die es bis heute in Deutschland und Europa gab, die bevölkerungsbiologisch und bevölkerungsgeschichtlich ergiebigste. Nie zuvor und danach konnte man einen so tiefen Einblick in die biologische Geschichte und Vorgänge einer gegenwärtigen Bevölkerung nehmen.

Die Stadtanthropologie Breslaus

Egon v. Eickstedt und seine Mitarbeiter beschränkten sich aber nicht nur auf die Untersuchung der ländlichen Bevölkerung, sondern nahmen zum ersten Mal auch die Untersuchung einer großstädtischen Bevölkerung in Angriff, die der schlesischen Hauptstadt Breslau. Untersucht wurden zu diesem Zweck vor allem die Angehörigen der Breslauer Stadtverwaltung und die Antragsteller für Ehestandsdarlehen.

Ekkemar Krüger untersuchte 550 Beamte und Angestellte der Verwaltung sowie Arbeiter der städtischen Marstallverwaltung der Stadt Breslau. Er fand im Wesentlichen dieselben Unterschiede, die man schon aus den Untersuchungen auf dem Lande kannte. Die größte Körperhöhe, größte Kopflänge und Kopfbreite, die größte Gesichtsbreite (Jochbogenbreite), die größte Nasenhöhe und die meisten blonden Haare haben unter den sieben verschiedenen Berufsgruppen die beamteten Inspektoren. Sie haben auch den höchsten Längenbreitenindex (Kopfindex), den niedrigsten Gesichtsindex und den zweitniedrigsten Nasenindex, also kürzere Köpfe, breitere Gesichter und zugleich schmale Nasen, eine typisch schlesische Merkmalskombination. Am anderen Ende der sozialanthropologischen Skala stehen die ungelernten Arbeiter mit der zweitkleinsten Körperhöhe, der kleinsten Kopflänge und -breite und der

108 Hermann Aubin, Franz Petri, Herbert Schlenger u. Peter Schöller: Vorwort. In: Ilse Schwidetzy, Hubert Walter: Untersuchungen zur anthropologischen Gliederung Westfalens. Der Raum Westfalen, Bd. V, Teil 1, Münster i.W. 1967, S. XIII-XVI.

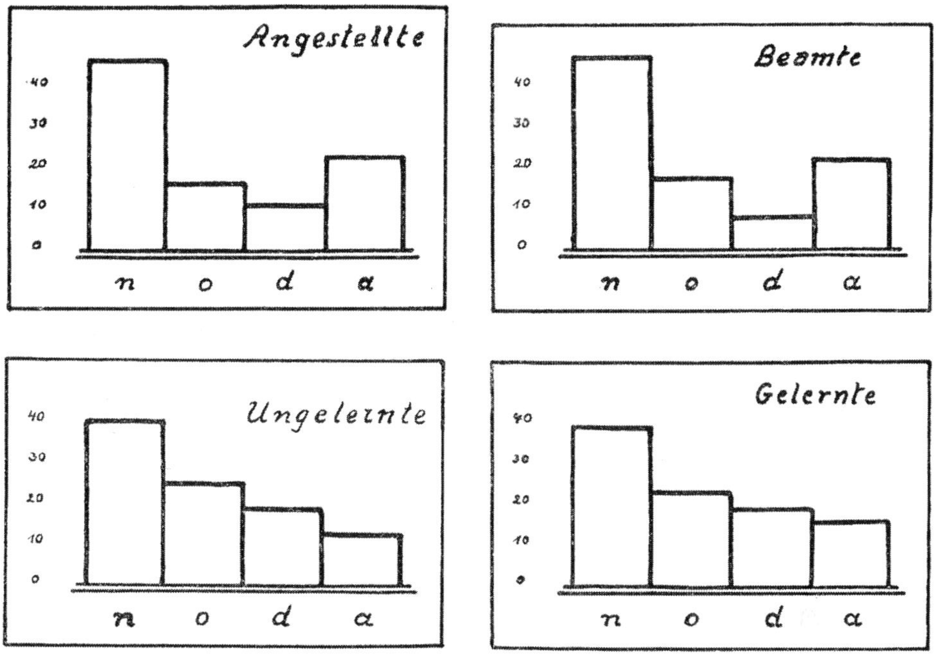

Der prozentuale Anteil der vier Hauptrassen
Beachte die Ähnlichkeit von Beamten und Angestellten einerseits, ungelernten und gelernten Arbeitern andererseits!

Anteil der Rassentypen bei den Sozialgruppen in Breslau

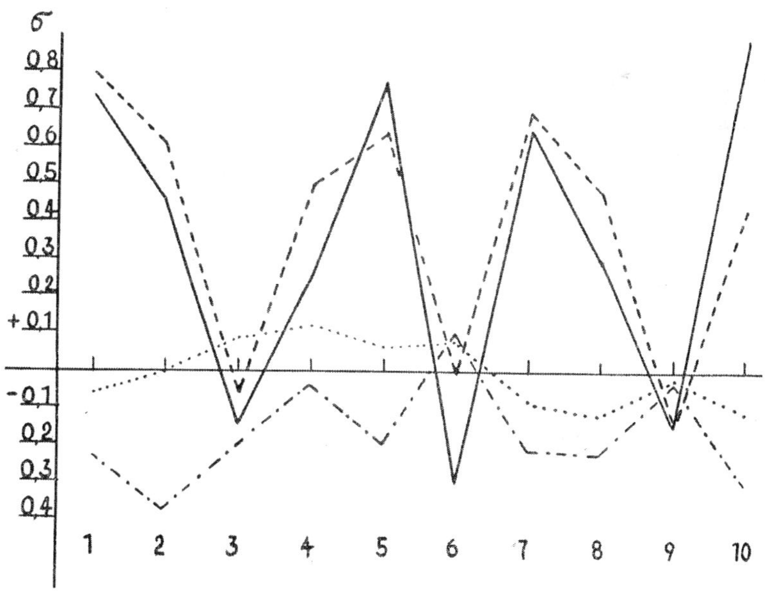

Abweichung verschiedener Berufsgruppen vom Bevölkerungsdurchschnitt (Basis: GA-Material)
— Ingenieure, - - - Lehrer, —.— Arbeiter, . . . Metallarbeiter
1. Kopflänge, 2. Kopfbreite, 3. Kopfindex, 4. Gesichtshöhe, 5. Jochbogenbreite, 6. Gesichtsindex, 7. Nasenhöhe, 8. Nasenbreite, 9. Nasenindex, 10. Körperhöhe

Ähnliche Merkmale bei ähnlichen Berufsgruppen in Breslau

kleinsten Jochbogenbreite. Sie haben zugleich die meisten Dunkelbraunhaarigen. Die meisten nordiden Merkmale im weiteren Sinn (einschließlich der wenigen fälischen) mit 52,9 Prozent und die wenigsten osteuropiden (14,0 Prozent) haben wieder die Inspektoren. Alle Arbeitergruppen haben mehr Osteuropide (über 20 Prozent) als die Beamten und Angestellten, die dafür mehr Alpine (auch über 20 Prozent) und mit einer Ausnahme auch mehr nordide (über 41 Prozent) haben als die Arbeiter.

Ilse Schwidetzky untersuchte das Material, das von Hans Grimm im Städtischen Gesundheitsamt vorwiegend an den Antragstellern von Ehestandsdarlehen gesammelt hatte. Hinzu kamen Lehrer und Referendare, die städtischen Ingenieure und Feuerwehrleute und als Sondergruppe die selbstständigen Schuhmacher. Insgesamt 1 586 Männer und 699 Frauen, unterteilt in 13 (Männer) beziehungsweise 7 Berufsgruppen (Frauen). Die größte Körperhöhe bei den Männern haben die Ingenieure und Referendare mit 173 cm, gefolgt von den Lehrern (170,9 cm). Diese drei Gruppen haben auch die größte Kopflänge und Kopfbreite und größte Jochbogenbreite und Nasenhöhe. Die Ingenieure haben am meisten blaue Augen (48,1), gefolgt von den Lehrern und Referendaren. Bei der Haarfarbe ist die soziale Verteilung umgekehrt, mit der beruflichen Leistungsanforderung nehmen die dunklen Farben zu. Die meisten Blonden gibt es bei den Arbeitern, die wenigsten bei den Beamten. Auch in dieser Untersuchung werden mit der sozialen Stellung die Nasen schmaler. Bei den morphognostischen Merkmalen nehmen die betonten Jochbögen, die schrägen Lidspalten und die konkaven (eingebogenen) Nasenprofile, also osteuropide Merkmale, mit der Leistungshöhe und dem sozialen Prestige der Berufsgruppen ab. Rassentypologisch gibt es die meisten Nordiden (im weiteren Sinne) mit 50,6 Prozent bei den Ingenieuren und die wenigsten mit 33,1 Prozent bei den Schuhmachern, die zugleich mit 40,5 Prozent die meisten Alpinen haben. Die meisten Osteuropiden haben die Arbeiter mit 23,5 Prozent.

Bei den Frauen haben die Lehrerinnen, die Verkäuferinnen und Büroangestellten die größte Körperhöhe und die Arbeiterinnen und Hausgehilfinnen die kleinste. Die größte Kopflänge und -breite haben die Lehrerinnen, gefolgt von den Büroangestellten und Verkäuferinnen. Anders als bei den Männern haben die Lehrerinnen den niedrigsten Kopfindex. Diese haben auch die schmalförmigsten Nasen. Die Verteilung der Farbmerkmale läßt kaum eine regelmäßige soziale Verteilung erkennen. Allerdings haben die Lehrerinnen mit Abstand die meisten dunklen Haare. Die meisten Rothaarigen (3,7 Prozent) gibt es bei den Prostituierten, die ansonsten durchaus nicht am unteren Ende der Merkmalsverteilung stehen. Ansonsten gibt es Rothaarige nur bei den Arbeiterinnen und Hausgehilfinnen. Die merkmalsstatistischen und rassentypologischen Unterschiede sind bei den Frauen deutlich schwächer ausgeprägt als bei den Männern, wenn auch hier die Lehrerinnen am meisten nordid und am wenigsten osteuropid sind. Ein Hinweis auf eine deutlich schwächere Berufssiebung als bei den Männern bzw. eines weniger harten Konkurrenzkampfes.

Die sozialanthropologischen Untersuchungen in Schlesien, aber auch anderorts und auch aus jüngerer Zeit, bestätigen die besondere sozialanthropologische Stellung der Nordiden. Denn der Anteil der nordiden Merkmale und Typen nimmt sowohl auf dem Lande als auch in der Stadt mit der sozialen Standes- und Leistungshöhe zu. Der Unterschied ist nicht groß, aber durch viele Untersuchungen und statistische Tests als eindeutig und real gesichert. *„Das ist"*, schreibt Egon von Eickstedt, *„ein bindender Beweis für die Annahmen des Nordischen Gedankens"*, wie ihn Otto Ammon und Hans F. K. Günther verfochten hatten. *„Es ist andererseits aber auch ein Hinweis darauf"*, schreibt Eickstedt 1941, *„daß ein Rassenhochmut lächerlich und Versuche zur Zersprengung der Volksverbundenheit unbegründet sind, denn die Unterschiede sind quantitativ minimal und gelten nur unter dem statistischen Gesetz der großen Zahl."*[109]

Ekkemar Krüger berechnete bei seiner Untersuchung der Breslauer Stadtverwaltung auch den „Konzentrationsindex" der rassentypologischen Punkte. Die können ja als geringere Einschläge auf viele Leute verteilt sein oder sich auf wenige typologisch relativ einheitliche Personen konzentrieren. Krüger fand die höchsten Konzentrationsindices bei den Nordiden, gefolgt von den Alpinen. Niedrige Werte haben die Osteuropiden und noch mehr die Dinariden. Das passt gut zu der zeitlichen Staffelung der Typen. Die älteste Schicht der Illyrer (Dinaride) ist schon am meisten zerkreuzt, gefolgt von den Slawen (Osteuropide). Am wenigsten zerkreuzt ist die jüngste Schicht der mittelalterlichen und frühneuzeitlichen deutschen Einwanderer (Nordide). Die Alpinen gehören teilweise zur deutschen Schicht (Mittel- und Süddeutsche), einer vorslawischen keltischen Schicht oder den anderen älteren Schichten. (Natürlich können die Typen mit den Völkern nicht völlig gleichgesetzt werden, sondern entsprechen nur Häufigkeitsunterschieden). Innerhalb der Stadt Breslau sind die unteren sozialen Schichten typologisch stärker gemischt als die oberen.[110]

Auch in Breslau prüfte Ilse Schwidetzky die Daten darauf, ob sie bei der Entstehung des „Städtertypus" mehr für eine Siebung bei der Zuwanderung vom Land in die Stadt oder für eine prägende Wirkung der städtischen Umwelt und Lebensweise sprechen. Sie verglich zunächst die in Breslau Geborenen mit den nach Breslau Gezogenen. Dabei ergab sich, dass die Stadt-

109 Egon von Eickstedt: Stadtanthropologie als bevölkerungsbiologische Aufgabe. In: ders. (Hg.): Bevölkerungsbiologie der Großstadt. Stuttgart 1941, S. 8-41, S. 20.

110 Ekkemar Krüger: Die rassische Struktur der Breslauer Stadtverwaltung. In: Zeitschrift für Rassenkunde 12, 1941, S. 291-321; Ilse Schwidetzky: Standes- und Berufstypus in Breslau. In: Zeitschrift für Rassenkunde 12, 1941, S. 351-380.

geborenen sich vor allem durch geringere Breitenmaße von den Zugezogenen unterscheiden. Die Zugezogenen haben eine größere Kopfbreite und Jochbogenbreite und sind nach dem Kopf- und Gesichtsindex breitköpfiger und breitgesichtiger. Außerdem haben sie ein kräftigeres Kinn. Unterschiede bei der Körperhöhe und den Farbmerkmalen ließen sich nicht sichern. Alles in allem scheinen die Stadtgeborenen schmalförmiger und leptomorpher als die vom Land zugezogenen Stadtbewohner zu sein. Um zu prüfen, ob es tatsächlich die städtische Umwelt ist, die den „Städtertypus“ formt, unterschied sie bei den Zugezogenen nach dem Alter, in dem sie in die Stadt gekommen sind. Tatsächlich zeigte sich bei den Zugezogenen bei den genannten fünf Merkmalen, in denen sie sich sicher von den Stadtgeborenen unterscheiden, eine gerichtete Veränderung nach dem Zuzugsalter auf. Die schon in der Kindheit Zugezogenen stehen den Stadtgeborenen wesentlich näher als diejenigen, die erst im Erwachsenenalter in die Stadt gezogen sind. Die 16- bis 25-jährigen nehmen eine Zwischenstellung zwischen den Kindern und Erwachsenen ein. Das ist ein klarer Nachweis, dass der „Städtertypus“ von der städtischen Umwelt geprägt wird!

Schwidetzky ging der Frage Siebung oder Umwelt aber auch noch auf andere Weise nach. Sie sandte an die Bürgermeister der 14 schlesischen Landkreise, in denen im Rahmen der RUS ab 1933 anthropologische Daten erhoben waren, Listen mit den Namen der Untersuchten und die Bitte, von diesen diejenigen anzugeben, die inzwischen nach Breslau abgewandert sind. So konnte sie die Daten derjenigen, die nach Breslau abwanderten, bereits für einen Zeitpunkt mehrere Jahre vor der Abwanderung gewinnen, zu einem Zeitpunkt, zu dem sie womöglich selber noch nicht wussten, dass sie nach Breslau gehen würden. Sie verglich diese nun mit den übrigen Landbewohnern, die nicht abgewandert sind. Mit dieser Methode konnte sie jeden Einfluss der städtischen Umwelt bei den Zugezogenen ausschließen. Es ergab sich, dass die in die Großstadt gezogenen eine größere Kopflänge und damit einen niedrigeren Kopfindex, eine größere Jochbogenbreite und damit nach dem Gesichtsindex breitförmigere Gesichter und eine dunklere Haar- und Augenfarbe haben als ihre ländliche Herkunftsbevölkerung. Das ist ein klarer Nachweis, dass die in die Stadt Zuwandernden eine Siebungsgruppe sind! Bei den Rassentypen gibt es keinen Unterschied, also auch keine bevorzugte Abwanderung der Nordischen, wie das „Ammonsche Gesetz“ behauptet hatte. Lediglich eine etwas größere Zuwanderung der Alpinen und geringere der Osteuropiden zeichnete sich ab.

Schwidetzky berechnete die Unterschiede auch noch nach der sozialen Herkunft der Abgewanderten. Die größeren Breitenmaße der Abwandernden sprechen nämlich dafür, dass unter ihnen die Angehörigen der sozial höheren Berufsgruppen in stärkerem Maße vertreten sind. Sie fand entsprechend auch die größten Unterschiede bei den Bauernsöhnen, gefolgt von den Handwerkersöhnen und nur geringe Unterschiede bei den Arbeitern. Die dunkleren Farben der Land-Stadt-Wanderer erklärt sich am ehesten dadurch, dass die Dunkleren, wie auch schon damals einige Untersuchungen zeigten, kontaktfreudiger und geselliger sind als die im Mittel eher introvertierten Hellpigmentierten, die lieber zuhause bleiben. So bleibt als Ergebnis, dass der Städtertypus sowohl auf Siebung als auch auf städtischen Umwelteinflüssen beruht.[111]

Theoretische Anthropologie

Wenn man die räumlichen anthropologischen Unterschiede innerhalb Deutschlands oder innerhalb einer Landschaft wie Schlesien sieht, dann stellt sich die Frage, wie lange es braucht, bis diese durch die normalen Heiratskontakte von Ort zu Ort verschwunden, also völlig ausgeglichen sind. Hat man auf diese Frage eine Antwort, weiß man auch, wie alt entsprechende Unterschiede sein können.

Ilse Schwidetzy ging dieser Frage zusammen mit dem Breslauer Mathematiker Fürle nach. Mit einigen komplizierten mathematischen Berechnungen kamen sie zu dem Ergebnis, dass ein solcher Ausgleich zwischen zwei rassisch andersgearteten Bevölkerungen außerordentlich langsam vor sich geht. So wäre der rassische Unterschied zwischen Friesland und Oberbayern frühestens nach 40 000 Jahren erst zur Hälfte ausgeglichen.[112]

Einer ähnlichen Frage ging zur gleichen Zeit auch Friedrich Keiter – auch er wird mathematische Hilfe gehabt haben – nach. Er ging von einer fremden Enklave von 1 000 Einwohnern inmitten eines andersartigen Gebietes aus, zum Beispiel eines Hugenottendorfes in Hessen oder Württemberg, wie es sie ja tatsächlich gab. Wann wird die umgebende Bevölkerung so sehr von hugenottischen Erblinien durchsickert und diese im Dorfe durch einsickernde Erblinien der Umgebung verdrängt sein, dass sich kein Unterschied zwischen ihnen mehr nachweisen lässt? Die Voraussetzung ist, dass keine kulturelle Heiratsgrenze zwischen den beiden Bevölkerungen und ein normaler Heiratsaustausch zwischen ihnen besteht, wie zwischen anderen Orten auch. Schon in der dritten Mischgeneration ist nur mehr die Hälfte des Hugenottenblutes im Dorf. Nach der zehnten Generation ist nur noch ein Zehntel der Erblinien im Dorf hugenottisch, nach zwanzig Generationen ein Hundertstel. Mit jeder Generation verschiebt sich die äußere Grenze des Gebietes, in das die hugenottischen Erblinien vordringen, um 30 km nach auswärts. Dabei ist der

---

111 Ilse Schwidetzky: Siebung und Umwelt in der Prägung des Großstadttypus. In: Zeitschrift für Rassenkunde 12, 1941, S. 272-291.

112 Ilse Schwidetzky: Über das Tempo natürlicher Bevölkerungsverschiebungen. In Zeitschrift für Rassenkunde 2, 1935, S. 168-178.

Anteil des hugenottischen Erbgutes in der nicht hugenottischen Umgebung verschwindend gering und verdünnt sich immer mehr. Im Dorf selbst bleibt ein kleiner Anteil des hugenottischen Erbes aber noch lange recht zäh erhalten. In der 15. Generation nach etwa 450 Jahren 3,5 Prozent und in der 20. Generation nach 600 Jahren noch etwa 1,1 Prozent.

Friedrich Keiter ging auch der Frage der Vermischung im Falle einer Rassengrenze zwischen zwei andersgearteten Bevölkerungen nach. Auch ging er von einer normalen Vermischung innerhalb einer Bevölkerung ohne kulturelle Heiratsgrenze aus. Je weiter ein Ort von der Rassengrenze entfernt liegt, desto weniger Erblinien der anderen Bevölkerung kann er maximal erhalten. Auch hier nimmt die Zunahme der fremden Erblinien zunächst rasch zu, verlangsamt sich aber mit der Zeit immer weiter. Mit jeder Generation wird nicht nur das fremde Erbgut aufgenommen, sondern ein Teil auch wieder ins Hinterland weitergegeben. Ein Dorf direkt an der Grenze kann maximal 50 Prozent des fremden Blutes aufnehmen, was nach etwa 15 Generationen der Fall sein wird, ein Dorf in 15 km Entfernung 25 Prozent und eines in 45 km Entfernung 9 Prozent. Eines in 60 km Entfernung wird auch nach 500 Jahren noch keine 5 Prozent aufgenommen haben. Wenn die jeweiligen Maximalwerte erreicht sind, verdünnt sich das fremde Blut wieder, weil es ja immer tiefer ins Binnenland vordringt.

Das Ergebnis von Keiters Berechnungen ist, dass zwar einzelne Orte ihre genetischen Eigenschaften recht rasch ändern können, aber schon kleine Landschaften diese außerordentlich zäh bewahren. Auch an scharfen Rassengrenzen folgt auf eine schmale Zone starker Vermischung auf beiden Seiten selbst nach langer Zeit eine noch fast unbeeinflusste, rein erhaltene Bevölkerung.[113] Ganz davon abgesehen, dass es meist auch kulturelle Heiratshindernisse gibt.

Familienanthropologie

Familienuntersuchungen spielen in der Erbforschung und Anthropologie vor allem dann eine Rolle, wenn es darum geht, einen Einblick in die Vererbung bestimmter Merkmale zu bekommen. In nicht wenigen Dorfuntersuchungen wurden auch solche Studien durchgeführt. Eine der ganz wenigen eigenen historisch-anthropologischen Familienuntersuchungen ohne erbkundlichen Zweck ist die der Sippe Tettenborn, die Helga Tettenborn in ihrer Jenaer Dissertation durchführte.

Die bürgerliche Familie Tettenborn entstand, als in der zweiten Hälfte des 17. Jahrhunderts ein verarmter Spross der nordthüringischen Adelsfamilie

113 Friedrich Keiter: Das Vermischungstempo nachbarschaftlicher Bevölkerungen. In: Zeitschrift für Rassenkunde 3, 1936, S. 40-46.

von Tettenborn seinen Adel ablegte. Durch die Ehefrau seines Sohnes kam wieder etwas Geld in die Familie, so dass sie 1706 ein bäuerliches Gut in Jecha bei Sondershausen erwerben konnte, das von nun an ihr Stammsitz sein sollte. Die Familie heiratete vor allem in andere Bauernfamilien der Gegend ein und ihre Angehörigen zogen erst gegen Ende des 19. Jahrhunderts zum großen Teil in die Städte, wo sie bürgerliche Berufe ergriffen.

Helga Tettenborn untersuchte 27 Angehörige ihrer Familie und sammelte von einem etwa ebenso großen Teil ihrer Familie Ahnenbilder und Angaben über die Haar- und Augenfarbe. Sie verglich die so gewonnen Daten mit Bevölkerungsdaten aus Nordthüringen und dem südöstlichen Sachsen-Anhalt. Für fast alle Maße liegen die Mittelwerte der Familie deutlich über denen der Vergleichsgruppen. Zum Vergleich stehen außerdem die Daten über die ländlichen Sozialgruppen der Vergleichsbevölkerung (Bauern, Arbeiter) zur Verfügung. Zwischen deren absoluten Werten bestehen beträchtliche Unterschiede. Die Bauern sind 4,1 cm beziehungsweise 5,4 cm größer als die Arbeiter und haben eine größere Kopflänge, größere Kopfbreite und Jochbogenbreite. Vergleicht man die Werte der Sippe Tettenborn mit diesen Daten, liegen sie noch deutlich über denen der Bauern. Die Familienangehörigen sind also noch größer und haben noch größere Kopfmaße als die Bauern der Region. Das zeigt, dass die Tettenborns wie die Bauern zur ländlichen Oberschicht gehören, diese sozialanthropologisch aber noch um einiges übertreffen. Wie die Bauern haben sie auch einen höheren Längenbreitenindex als die übrige Bevölkerung. Die großen Maße der Tettenborns weisen sie als eine Familie der Oberschicht aus, die wahrscheinlich auch mit den dafür notwendigen kognitiven Fähigkeiten ausgestattet ist.

Charakteristisch für die Familie sind außerdem schmale Gesichter, Nasen und Unterkiefer (niedriger Jugomandibularindex). Die häufigste Farbenkombination ist die von blauen Augen und dunklen Haaren. Tettenborn führt das auf Paarungssiebung, das heißt eine Bevorzugung dieser Kombination durch die Frauen bei der Partnerwahl zurück, denn es sind vor allem die Männer, die diese Farbenkombination aufweisen.[114]

Kartenstudien

Der Sinn der lokalen und regionalen Bevölkerungsuntersuchungen liegt nicht zuletzt darin, ein Bild von der geographischen Verteilung der Merkmale und Typen zu gewinnen. Ilse Schwidetzky arbeitete während des Krieges an neuen Merkmalskarten für Mitteleuropa – das deutsche Sprachgebiet und angrenzende Regionen –, die ebenso wie eine noch von Egon v. Eickstedt zu

114 Helga Tettenborn: Die Sippe Tettenborn, ein Beitrag zur Sozial- und Paarungssiebung. In: Zeitschrift für Rassenkunde 9, 1939, S. 246-266.

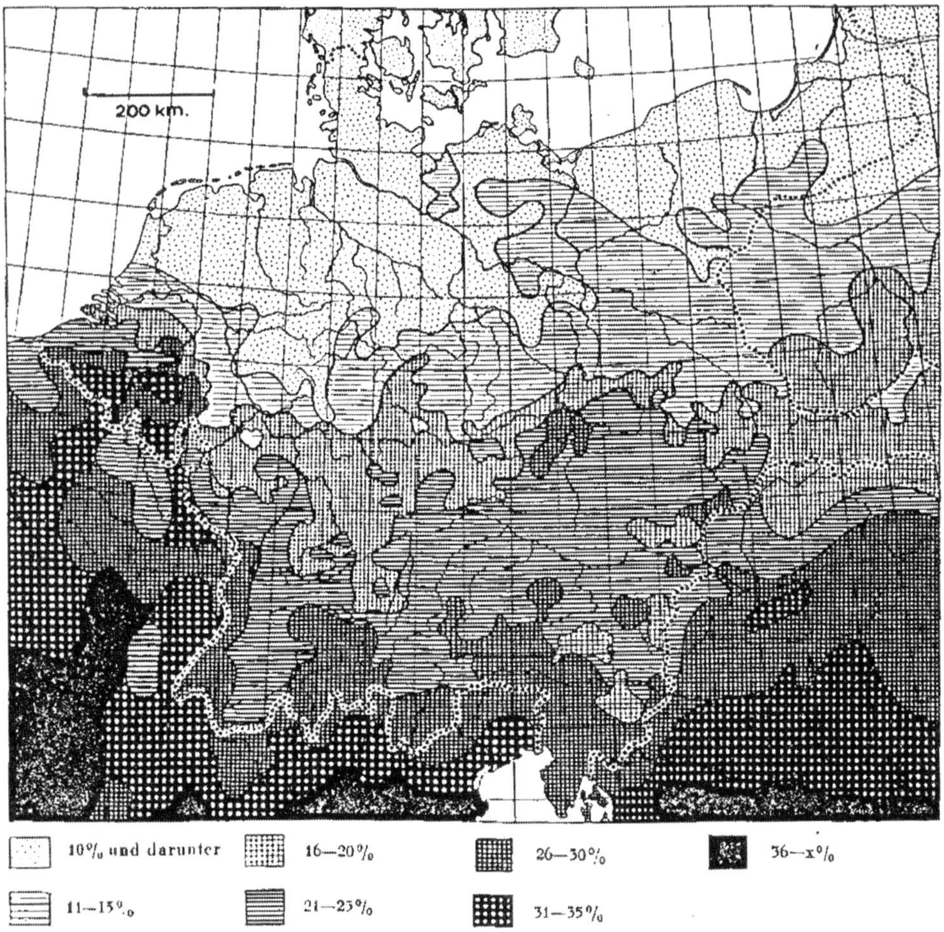

Die Häufigkeit des braunen Typus in Mitteleuropa

schaffende Karte der Rassentypen für den „Atlas des deutschen Lebensraumes in Mitteleuropa" vorgesehen waren, dessen entsprechender Band aber wegen des Kriegsverlaufs nicht mehr erschienen ist. Ilse Schwidetzky zeichnete Karten für die Pigmentierung, die Körperhöhe, den Längenbreitenindex und den morphologischen Gesichtsindex. Nur die ersten beiden Karten sind reine Flächenkarten mit unterschiedlich dichten Schraffuren. Schwidetzky stellte im Einzelnen dar, welches Datenmaterial für welches Gebiet es gibt und welche Anpassungen und Umrechnung notwendig waren.[115]

Als Ausgangspunkt der ersten Karte, der der Verbreitung des „b r a u n e n T y p u s" (braune Augen und braune oder schwarze Haare), nahm Schwidetzky die Karte Rankes nach der Virchowschen Schulkinderuntersuchung. An diese passte sie die Untersuchungsdaten der angrenzenden Länder an. Man

115 Ilse Schwidetzky: Neue Merkmalskarten von Mitteleuropa. In: Zeitschrift für Rassenkunde 14, 1943, S. 1-29.

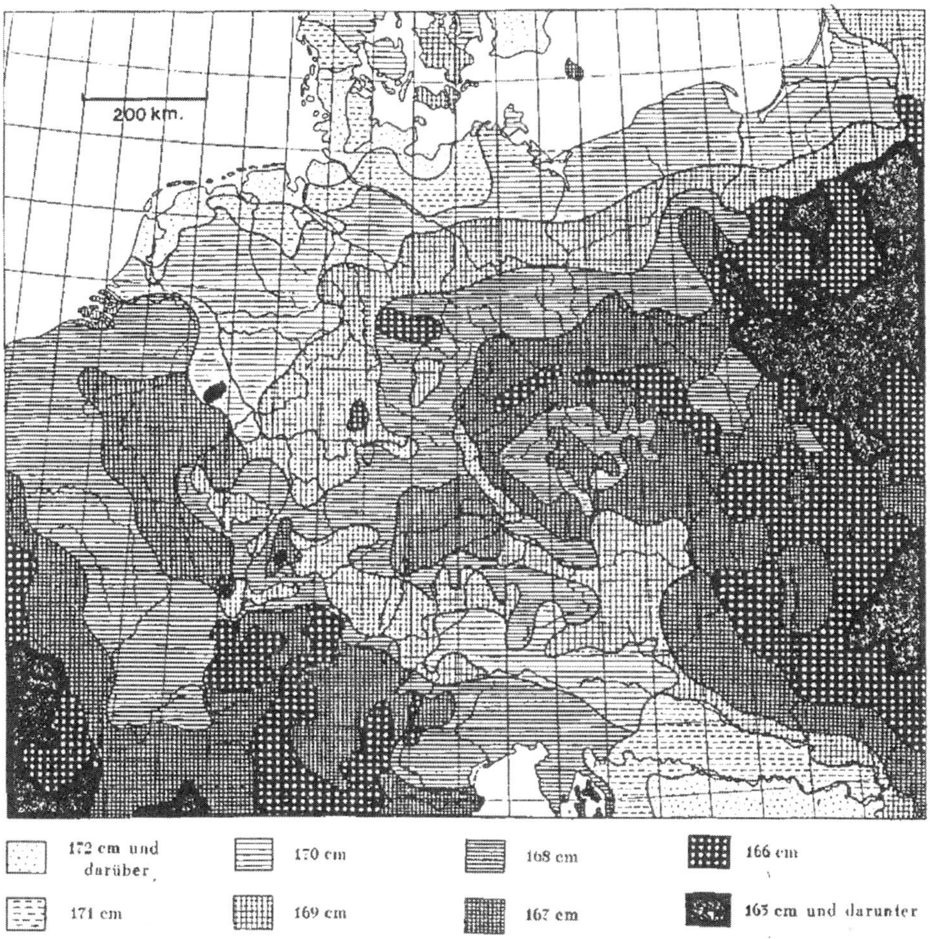

Die Körperhöhe in Mitteleuropa

sieht auf der Karte deutlich, wie die hellen Farben an das germanische beziehungsweise deutsche Volkstum gebunden sind. Auch in den Alpen sind die deutschen Gebiete heller als die romanischen. Im Osten ist die deutsch-slawische Grenze nicht zu sehen, nur im Norden Böhmens und Mährens zeichnet sich das Sudetenland als gegenüber den Tschechen helleres Gebiet ab. Im Osten Österreichs gibt es einige besonders helle Gebiete. Eine Zone besonders heller Farben reicht von Norden etwa bis zu den Mittelgebirgen und der Mainlinie. Die Niederlande gehören im Norden zum hellen norddeutschen Gebiet, im Süden der Niederlande nehmen die dunklen Farben aber sehr viel rascher zu als in Westdeutschland. Im Osten strahlt eine etwas dunklere Zone von Süden entlang der Oder bis nach Mecklenburg. Ostpreußen gehört zur gleichen Helligkeitsstufe wie Litauen und das polnische Masowien.

Die Karte der Körperhöhe beruht in Deutschland auf den Rekrutendaten von Evert und auch in den meisten anderen Ländern auf Daten von etwa 20-jährigen Rekruten. Hinzu kommen einige Lokaluntersuchungen. Die säkulare Zunahme der Körperhöhe machte viele Umrechnungen nötig. Die ältesten Daten sind aus Österreich-Ungarn von 1875. Die Karte ist auf das Jahr 1936 geeicht. Sie zeigt zwei Zentren der Hochwüchsigkeit: einmal das bekannte nordische Zentrum, zum dem auch die deutschen Küstengebiete gehören, und dann ein südslawisches, dinarides im Südosten. Beide treffen in Süddeutschland und Österreich aufeinander. Während die Ostalpen so besondere Hochwüchsigkeit aufweisen, zeigen die deutschen Mittelgebirge Harz, Eifel, Schwarzwald und die Sudeten auf der Grundlage von lokalen Untersuchungen niedrigere Körperhöhen als die umgebenden Gebiete. Zentren geringer Körperhöhe sind auch das Innere Frankreichs, Polens und Ungarns, wobei sicher um diese Zeit auch noch schlechtere wirtschaftliche Verhältnisse eine Rolle spielen. Die bis 1918 zu Deutschland gehörigen Gebiete in Polen (Westpreußen, Posen) zeigen die höheren deutschen Werte, nicht die niedrigen polnischen. Dass aber schlechte wirtschaftliche und soziale Verhältnisse nicht automatisch eine geringe Körperhöhe bedeuten müssen, zeigt das südslawische Hochwuchsgebiet in Kroatien und Bosnien. Dänemark ist bemerkenswerterweise nicht so hochwüchsig wie Norddeutschland oder Schweden.

Für die Karte des Längenbreitenindex des Kopfes gab es kaum flächenhafte Daten. Ilse Schwidetzky hat daher in diese Karte auch die lokalen Untersuchungen als Punkte eingetragen. Symbole auf der Karte mit einem Plus zeigen höhere Werte als die Schraffur und solche mit einem Minus niedrigere. Die flächenhaften Untersuchungen in Polen, Schlesien, der Schweiz, Teilen Österreichs (Weisbachs Daten) und Italien kommen so als ein dichtes Netz von Punkten zum Ausdruck, neben großen leeren Bereichen zum Beispiel in Nordostdeutschland oder Tschechien, wo die Bearbeiterin über weite Flächen generalisieren musste. Es zeigen sich vier Zentren verhältnismäßiger Langköpfigkeit: Skandinavien, die Niederlande, die Schweiz und der Osten Österreichs. Zum niederländischen Zentrum gehören Belgien und Nordwestdeutschland. Der ganze Norden Deutschlands schließt sich mit nicht ganz so niedrigen Werten an das niederländische und skandinavische Zentrum an. Die langköpfigen Regionen in der Schweiz und Österreich haben meiner Meinung nach damit zu tun, dass es sich hier um Daten von jungen Rekruten handelt, die meist noch schmaler sind als ausgewachsene Männer. Einige Gebiete von verhältnismäßig ausgeprägter Kurzköpfigkeit in Norddeutschland (Nordniedersachsen, Nordmecklenburg) sowie in anderen Gebieten, in denen die Karte auf Dorfuntersuchungen beruht, zeigen meiner Meinung nach zu hohe Daten. Denn bei den Dorfuntersuchungen hat man gezielt altansässige Bewohner untersucht, die wegen eines Homogamieeffektes aber oft weniger langköpfig als die übrigen Bewohner sind (ich werde darauf später noch eingehen). Zentren ausgeprägter Kurzköpfigkeit sind Schlesien, Sachsen, Böh-

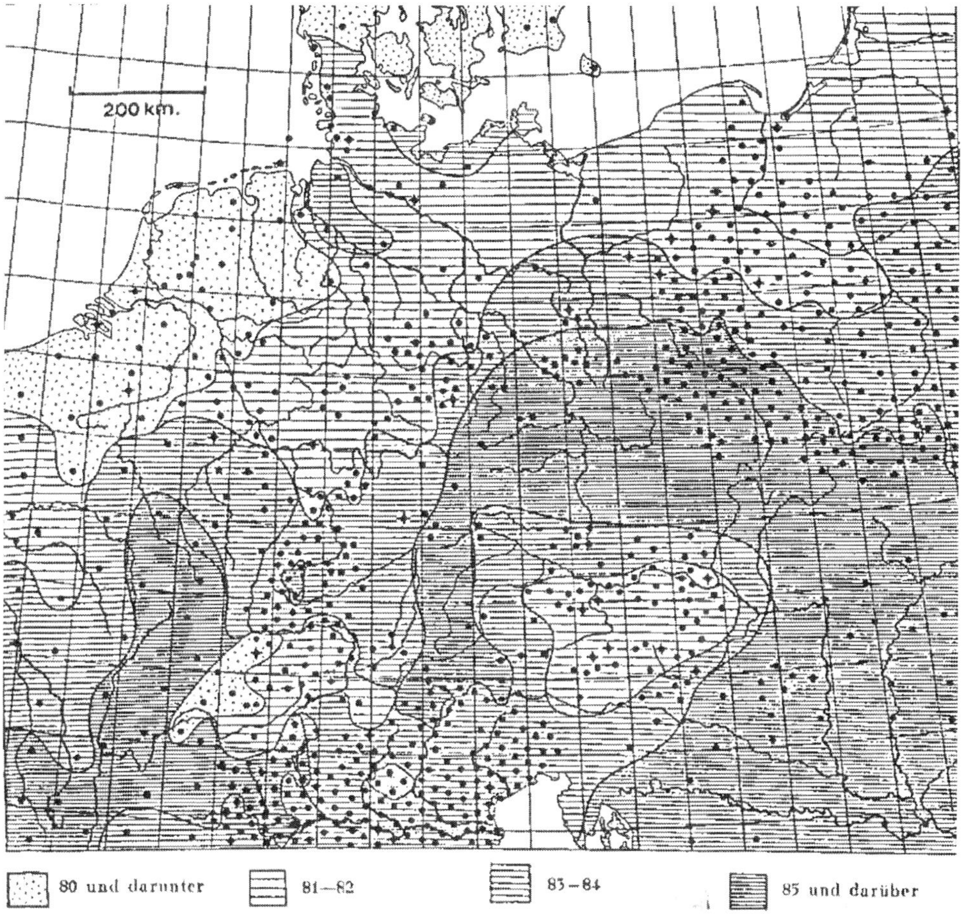

Der Längenbreitenindex des Kopfes in Mitteleuropa

men und Tirol sowie Gebiete im Inneren Frankreichs, wo es sich um Departementsmittelwerte handelt.

Für die Karte des morphologischen Gesichtsindex hat Schwidetzky ganz auf Schraffuren verzichtet und nur lokale Symbole eingetragen – so dünn ist hier die Materialgrundlage. Frankreich und Belgien sind zum Beispiel ganz frei von Daten. Schwidetzky sagt im Text, dass sie die auf projektivistische Weise genommenen Daten Karl Sallers entsprechend korrigiert habe (Erhöhung des Gesichtsindex um zwei Einheiten). Doch eine systematische Überprüfung der Sallerschen Daten auf der Karte meinerseits ergab, dass sie die unkorrigierten Daten Sallers übernommen hat. Wahrscheinlich hat sie dem Grafiker irrtümlich die falsche Karte gegeben. Durch die Korrektur der Daten Sallers ergibt sich, dass viele Werte in Deutschland jetzt nicht mehr im breitgesichtigen Bereich, sondern im mittel- bis schmalgesichtigen liegen. Bei den schmalgesichtigen Werten in der Schweiz bin ich aus demselben Grund wie schon beim Längenbreitenindex skeptisch. Sie sind wahrscheinlich etwas zu

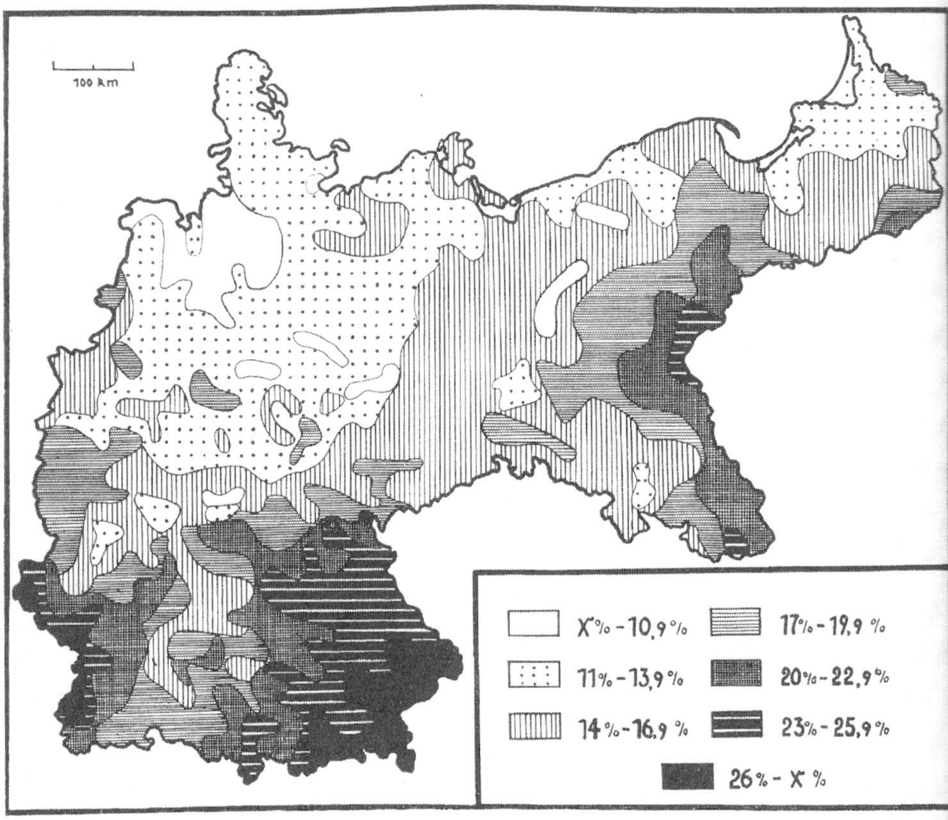

Verteilung der verschränkten Komplexion in Deutschland auf Grund der Virchowschen Schulkinderuntersuchungen

Karte der verschränkten Komplexion

hoch (aber immer noch im schmalgesichtigen Bereich). Polen hat der Karte nach breitere Gesichter als Schlesien und im Nordwesten des Landes auch ein paar Kreise mit schmalen Gesichtern, nämlich dort wo Deutsche lebten (Netzegebiet, Kulmerland, West-Posen).

Nicht im Zusammenhang mit dem „Atlas des deutschen Lebensraumes in Mitteleuropa“ unternahm Ilse Schwidetzky in dieser Zeit noch eine andere Kartenstudie. Helle Augenfarben sind in Europa viel häufiger als helle Haarfarben. Besonders in einem breiten Streifen zwischen Nord- und Südeuropa ist die Kombination heller Augen und dunkler Haare fast die Norm. Man spricht von der „verschränkten Komplexion“ (Die umgekehrte Verbindung dunkler Augen und heller Haare ist sehr selten und nicht gemeint). Um mehr über die Verbreitung der verschränkten Komplexion zu erfahren, kartierte Schwidetzky nun die Verteilung der Kombination blauer oder grauer Augen und brauner (nicht schwarzer) Haare aus dem Datenmaterial der Virchowschen Schulkinderuntersuchung (ohne die Nachbarländer).

Die so entstandene Karte zeigt im Norden Deutschlands ein großes Gebiet mit nur geringen Anteilen der verschränkten Komplexion. Hier sind offenbar die hellen Haare am häufigsten. Daneben gibt es zwei Gebiete, in denen die verschränkte Komplexion häufiger ist, nämlich im Süden und im Osten Deutschlands. Im ganzen Süddeutschland südlich der Mainlinie und im Westen des Rheinlandes ist die verschränkte Komplexion häufig, am stärksten im Südosten Bayerns und im Westen von Elsaß-Lothringen. Nur Württemberg macht eine Ausnahme mit verhältnismäßig geringen Werten. Hier ist, wie aus anderen Untersuchungen bekannt, der nordide Einschlag in Süddeutschland am größten. Man kann wohl sagen, dass die verschränkte Komplexion im Süden und Westen Deutschlands auf die vorgermanische, kelto-romanische Bevölkerungsschicht beziehungsweise deren Mischung mit einwandernden Germanen zurückgeht. Interessanter ist das Gebiet der verschränkten Komplexion im Osten. Sie ist dort am stärksten in den slawischen Gebieten in Posen, Westpreußen, Oberschlesien und dem Südosten Masurens. Nach Westen hin ins deutschsprachige Gebiet nimmt sie rasch ab. Diese genaue Übereinstimmung mit der ethnischen Besiedlungsgeschichte ist sehr bemerkenswert. Die Virchowschen Karten der einzelnen Farbmerkmale haben den deutsch-slawischen Gegensatz im Osten nämlich nicht abgebildet. Das zeigt, dass manche Bevölkerungsunterschiede, die sich auf den ersten Blick auf Merkmalskarten nicht abzeichnen, bei der Berücksichtigung ganz bestimmter Merkmalskombinationen doch gut zur Geltung kommen können.[116]

Schädel- und Skelettuntersuchungen

Zu den gerne (und oft als Dissertation) bearbeiteten Gräberpopulationen gehörten nach wie vor die germanischen Reihengräberfelder des frühen Mittelalters. Da die vorchristlichen Germanen ihre Toten verbrannt hatten, waren die Reihengräberfelder die wichtigsten Quellen für die Anthropologie der alten Germanen. Teilweise haben sie die Reihengräbersitte auch schon zur heidnischen Zeit übernommen. Sowohl aus der früheren Eisen- und Römerzeit wie auch aus dem Hoch- und Spätmittelalter und der Neuzeit waren die anthropologischen Funde aus Deutschland eher mager.

Der Münchner Anthropologe Peter Kramp (1911–1975) untersuchte die bajuvarischen Reihengräberskelette vom Riegeranger in München-Giesing. Er verglich sie mit den ebenfalls von ihm bearbeiteten Alemannen von Göggingen bei Augsburg, mit den Sachsen aus Anderten bei Hannover (M. W. Hauschild) und den Franken aus dem Rheingau (K. Matthäus). Verglichen mit den Sachsen haben die Bajuvaren kleinere Kopfmaße und dafür größe-

116 Ilse Schwidetzky: Verschränkte Komplexion als Rassenmerkmal. In: Zeitschrift für Rassenkunde 13, 1942, S. 81-94.

re Gesichtsmaße. Besonders die Verkürzung der Schädellänge bei den Bajuvaren verweist auf die spätmittelalterliche und neuzeitliche Bevölkerung Altbayerns mit dem flachen Hinterhaupt. Kramp sieht darin den Einfluß der dinariden Vorbevölkerung der Bajuvaren, der mit der Zeit immer mehr zunahm. Die kleineren Gesichtsmaße der Sachsen führt er auf die niedrigeren Gesichter des fälischen Typus bei diesen zurück. Die Alemannen aus Göggingen haben eine rundere Stirn, eine geringere Nasenhöhe und eine starke Verkürzung und Abflachung des Hinterhaupts genauso wie die Bajuvaren, was Kramp mit alpinen und dinariden Einflüssen erklärt. Bei den Franken aus dem Taunus sind im Vergleich zu den anderen Reihengräberschädeln alle Kopf- und Gesichtsmaße bis auf die Orbitalhöhe (Höhe des äußeren Augenhöhleneingangs) kleiner. Dies spricht für einen Einschlag eines ebenfalls langköpfigen, aber kleineren und grazileren Typus, in dem man gerade auch am Rhein zwanglos den mediterraniden Typus sehen kann. Im Vergleich von noch mehr Reihengräbergruppen, von denen die Körperhöhe und der Längenbreitenindex bekannt sind, sind die Alemannen kleiner und nicht mehr so langköpfig, während die dinariden Bajuvaren den Sachsen an Körperhöhe in nichts nachstehen.[117]

Der Genfer Anthropologe Marc-Rodolphe Sauter (1914–1983) untersuchte 203 west-schweizerische Burgunderschädel und verglich sie mit vielen anderen Gruppen. Er fand einen starken alpinen Einschlag unter ihnen und nannte die schweizerischen Burgunder *„Nordiques alpinisés"*, falls man nicht schon von *„Alpins nordicisés"* sprechen müsse.[118]

Ilse Schwidetzky untersuchte eine Wandalenserie aus Schlesien. Sie fand neben neun nordiden auch zwei mehr oder weniger osteuropide Schädel, die sie auf die vorgermanische Bevölkerung zurückführte. In Schlesien und anderen Teilen Ostmitteleuropas sind die Osteuropiden schon bei den Bandkeramikern im Neolithikum nachgewiesen, dort auch als Reche Typ I bekannt. Auch bei einer spätgermanischen Gepidenserie aus Schlesien, die einen weniger nordiden Eindruck macht als die Wandalenserie, ist ein osteuropider und alpiner Einschlag erkennbar.[119]

---

117 Peter Kramp: Die bajuvarischen Reihengräberskelette vom Riegeranger in München-Giesing. In: Anthropologischer Anzeiger 15, 1938, S. 162-201; ders.: Stammesunterschiede innerhalb deutscher Reihengräberbevölkerungen. In: Der Biologe 8, 1939, S. 301-307; K. Matthäus: Fränkische Reihengräberschädel aus dem Rheingau. In: Anthropologischer Anzeiger 17, 1940, S. 155-162.

118 Marc-Rodolphe Sauter: Contribution à l'étude anthropologique des populations du haut moyen âge dans le bassin du Léman et le Jura. Le Problème des Burgondes. Genf 1941.

119 Ilse Schwidetzky: Körperliche Überreste schlesischer Wandalen. In: Altschlesien 7, 1938, S. 243-254; Rudolf Glaser: Menschenkundliche Untersuchungen an den Groß-Sürdinger Schädeln. In: Lothar F. Zotz: Die spätgermanische Kultur Schlesiens im Gräberfeld von Groß-Sürding. Leipzig 1935, S. 88-112.

1938/39 erschienen zwei wichtige und viel zitierte Aufsätze zum Brachycephalisationsproblem. Die Autoren waren der Berliner Anthropologe Kurt Gerhardt und sein Schweizer Kollege Erik Hug. Kurt Gerhardt (1912–1992), ein Schüler Eugen Fischers, stellte weltweit fast alle Daten über indexbrachycephale Bevölkerungen zusammen und betonte, dass der Längenbreitenindex fast nichts über die Form eines Schädels aussagt. Zwei indexgleiche Schädel können ganz unterschiedliche Formen haben. Gerhardt spricht sich dafür aus, vor allem die gestaltmäßige Form der Schädel zu beachten und unterschiedliche Form-Typen zu unterscheiden. So hätten zum Beispiel der curvo-occipitale alpine und der plano-occipitale dinaride Typus genetisch nichts miteinander zu tun. Kurt Gerhardt wurde nach dem Krieg zu einem der führenden deutschen Anthropologen, der vor allem einen guten Blick für die Formunterschiede von Schädeln hatte.[120]

Der Züricher Anthropologe Erik Hug (1911–1991) wertete die Reihengräberschädel aus dem Nordschweizer solothurnischen Aaregebiet aus und führte einen umfassenden Vergleich mit anderen Reihengräberbevölkerungen durch. Er verwies auf die großen Unterschiede in der Beschreibung des Reihengräbertypus durch verschiedene Autoren. Im Grunde sei der Reihengräbertypus nur durch die Form des Hirnschädels bestimmt. Hug vertritt die Transformationstheorie, nach der nicht so sehr die Vermischung mit vorgermanischen Bevölkerungen die Ursache der Schädelverrundung sei, sondern bestimmte, noch unbekannte Umwelteinflüsse. So sei zum Beispiel von den Gesichtsmaßen nur die Jochbogenbreite, die über die Kopfbreite mit den Hirnschädelmaßen korreliert ist, von den Veränderungen betroffen. Hug zeigte außerdem, dass der Höhepunkt der Brachycephalisation um 1930 schon überschritten war und neuere Daten wieder eine Abnahme des Längenbreitenindex zeigen.[121]

Der Münchener Anthropologe Christian v. Krogh führte in den 1930er Jahren mehrere Untersuchungen in Bremen durch. Seine Arbeit ist deswegen von besonderem Interesse, weil er mehrere Bremer Schädel- und Skelettserien in fast ununterbrochener Folge von der Reihengräberzeit bis zur Gegenwart untersuchen konnte. Eine Möglichkeit, die es bisher noch nicht gegeben hatte. Die erste Serie der Reihengräberschädel ist nur klein und schlecht erhalten. Der einzige gut erhaltene Schädel zeigt den Nordendorfer Reihengräbertypus, also einen klassischen Nordiden. Im Vergleich der verschiedenen Epochen haben die Reihengräberschädel die längsten und schmalsten Schädel.

120 Kurt Gerhardt: Zur Frage Brachycephalie und Schädelform. In: Zeitschrift für Morphologie und Anthropologie 37, 1938, S. 277-489.

121 Erik Hug: Die Schädel der frühmittelalterlichen Gräber aus dem solothurnischen Aaregebiet in ihrer Stellung zur Reihengräberbevölkerung Mitteleuropas. Ein Beitrag zum Problem der europäischen „Brachycephalie“. In: Zeitschrift für Morphologie und Anthropologie 38, 1939, S. 359-528.

Die Schädellänge nimmt bis zur Gegenwart Schritt für Schritt ab und die Schädelbreite und die Jochbogenbreite zu. In der zweitältesten Serie von der Domdüne aus dem 9. bis 11. Jahrhundert fällt v. Krogh ein Typus auf, der niederländischen Schädeln aus Friesland gleicht. Er ist durch eine größere Schädelbreite, eine geneigte Stirn mit kräftiger Glabella (Erhebung des Stirnbeins über der Nasenwurzel) und stark betonten Überaugenwülsten, ein mittelhohes Gesicht und flache Wangengruben charakterisiert. Der Nordendorfer Typus tritt demgegenüber stark zurück. Auch unter den Bremer Schädeln der folgenden Epochen und der zeitgenössischen Bremer Landbevölkerung, die v. Krogh untersucht hat [das Obervieland, siehe oben] ist dieser Typus gut vertreten.[122]

Nachdem die Germanen in der Völkerwanderungszeit den Osten Mitteleuropas in Richtung Mittelmeer verlassen hatten, siedelten sich dort nach einiger Zeit von Osten kommende slawische Stämme an. Ilse Schwidetzky führte im Rahmen ihrer Habilitationsschrift 1938 eine Untersuchung an dem gesamten altslawischen Schädelmaterial von Sachsen-Anhalt bis in die Tiefen Russlands durch. Sie bearbeitete zunächst eine Gruppe von noch unbearbeiteten mittelschlesischen Slawenschädeln. Sie fand dort neben nordiden Schädeln, die dem Reihengräbertyp entsprechen, auch solche mit einem niedrigen Gesicht, einem flacheren, reliefärmeren Gesichtsprofil, mit derben, etwas vorgeschobenen Jochbeinen und breiterer und niedrigerer Nasenöffnung. Die Augenhöhlen sind niedrig und der Abstand zwischen ihnen verhältnismäßig groß. Es besteht außerdem eine leichte Neigung zur Ganzkieferprognathie (hervorstehender Ober- und Unterkiefer). Das sind Merkmale des osteuropiden Typus.

Dann wertete Schwidetzky das gesamte ost- und ostmitteleuropäische altslawische Schädelmaterial, hauptsächlich aus der Zeit von 1000 bis 1200, soweit es die Individualmaße für die einzelnen Schädel enthält, statistisch auf Merkmalskorrelationen aus. Es ergab sich ein Typ mit langem, schmalem und höherem Gehirnschädel mit niedrigem Längenbreitenindex, höherem Obergesicht, höheren Augenhöhlen und schmalerer Nase. Der andere Typ besitzt einen kürzeren, breiteren und niedrigeren Gehirnschädel, einen höheren Längenbreitenindex und ein niedrigeres Gesicht mit niedrigeren Augenhöhlen und einer breiteren Nase. Die statistische Analyse der metrischen Merkmale bestätigte also auch den nordid-osteuropiden typologischen Gegensatz bei den Altslawen. Beide Typen finden sich in den slawischen Bevölkerungen etwa zu gleichen Teilen, natürlich mit regionalen Unterschieden.

122 Christian v. Krogh: Die Skelettfunde des Bremer Gebietes und ihre Bedeutung für die Rassengeschichte Nordwestdeutschlands. Abhandlungen und Vorträge herausgegeben von der Bremer wissenschaftlichen Gesellschaft Bd. 13, Heft 3, Bremen 1940.

Es stellte sich die Frage, wie es kommt, dass die alten slawischen Bevölkerungen eine so starke nordide Komponente hatten im Gegensatz zu den heutigen slawischen Völkern, bei denen sie nur noch eine geringe Rolle spielt. Also die Frage, wie es zur „Entnordung" der slawischen Völker kam? Allgemein führt man den nordiden Typus auf das alte gesamtslawische indogermanische Bevölkerungselement und den osteuropiden auf ein finnisches Bevölkerungssubstrat im Norden Russlands zurück, das die Slawen schon vor ihrer Ausbreitung in ganz Osteuropa und Ostmitteleuropa unterworfen hatten. Schwidetzky verglich zu diesem Zweck die jüngeren altslawischen Serien ihres Materials mit den älteren. Es zeigte sich, dass die älteren Serien mehr zum nordiden und die jüngeren mehr zum osteuropiden Pol voneinander abweichen. Der Prozess der „Entnordung" ist also auch merkmalsstatistisch greifbar. Im Grunde handelt es sich um dasselbe Problem wie bei der „süddeutschen Brachycephalie". Schwidetzky unterschied zwei mögliche Erklärungen. Erstens können die Osteuropiden mehr Kinder als die zur Oberschicht gehörenden Nordiden gehabt haben (die außerdem als kriegführende Schicht größere Verluste hatten), zweitens können die unterworfenen Osteuropiden ursprünglich in den Gräberfeldern nicht vertreten gewesen sein und erst mit ihrer zunehmenden Assimilierung auch in die dort vertretenen sozialen Gruppen aufgestiegen sein. Von den in Deutschland lebenden Slawengruppen waren die im Havelland, Pommern und Sachsen lebenden stärker nordid und die Mecklenburger Wenden stärker osteuropid.[123]

Serologische Merkmale

Werner Christiansen veröffentlichte 1935 die Ergebnisse einer flächenhaften Untersuchung über die Verteilung der AB0-Blutgruppen und des MN-Systems in Sachsen, unterteilt nach 28 Amtshauptmannschaften (etwas kleiner als die Landkreise in anderen deutschen Ländern). Insgesamt wurden die Blutproben von rund 20 000 Leuten auf AB0 und etwa 14 000 Leuten auf das MN-System getestet. Es handelt sich um Blutproben, die von Ärzten an das Landesgesundheitsamt gesandt wurden, um sie mit der sogenannten Wassermann-Probe auf eine Infektion mit Syphilis zu prüfen. Das ist nicht ganz unproblematisch, weil es sich ja um eine bestimmte Auslese von Menschen handelt. Es ist bekannt, dass Träger der Blutgruppe 0 eine Syphilis besser überstehen und danach häufiger gegen sie immunisiert sind. Allerdings scheinen sie nicht weniger anfällig für eine Infektion zu sein, so dass die Häufigkeit der Blutgruppen in der Untersuchung dadurch nicht beeinflusst

123 Ilse Schwidetzky: Rassenkunde der Altslawen. Beiheft zu Band 7 der Zeitschrift zur Rassenkunde. Stuttgart 1938.

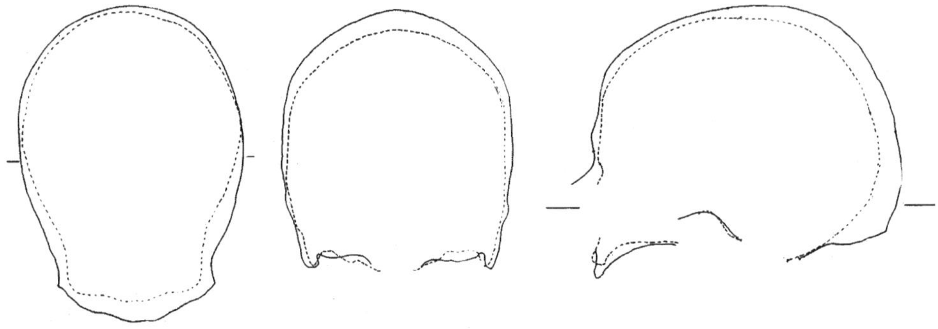

Horizontal-, Ohrfrontal- und Mediansagittalkurve eines vorwiegend nordischen und eines vorwiegend osteuropiden Schädels

(Nr. 1234/23/II aus Sponsberg und Nr. 1303/03/2 aus Rudelsdorf, beide Schlesien)

Geringere Länge und Höhe, breite Ausladung der Parietalia, steilere Stirn, flachere Nase und Prognathie bei dem osteuropiden Schädel. Beachte auch die geringere Wölbung der Stirn in der Horizontalkurve, in der sich bereits die relative Gesichtsflachheit ausdrückt!

Umrisslinien eines nordiden (durchgezogene Linie) und eines osteuropiden Slawenschädels aus Schlesien (Frühes Mittelalter)

wird. (Das ist übrigens die *„little more fitness“* der Blutgruppe 0, die ihr auch anderen Krankheiten gegenüber einen Vorteil verschafft).

Die Karten von Christansen zeigen deutliche Unterschiede in der Verteilung der AB0-Blutgruppen in Sachsen. Besonders das Gen der Blutgruppe 0 hat hohe Werte im Erzgebirge und in der südlichen Oberlausitz (62 Prozent und mehr). Das könnte mit der verkehrsmäßigen Abgeschiedenheit dieses Gebietes zu tun haben. Dass die Blutgruppe 0 in isolierten Bevölkerungen oft hohe Werte zeigt (zum Beispiel in Walserorten in den Alpen), ist eine allgemeine Erfahrung. Das Gen der Blutgruppe A ist im Vogtland häufig und in einigen Amtshauptmannschaften in östlichen Mittelachsen. Das Blutgruppengen B schließlich, das man am ehesten mit den Slawen in Zusammenhang bringen kann, ist am häufigsten in einigen Teilen Mittelsachsens. Dafür hat es die niedrigsten Werte im Vogtland (unter 9 Prozent). In der Amtshauptmannschaft Bautzen, dem Gebiet der Oberlausitzer Sorben, ist es nur mäßig erhöht (10 bis 11 Prozent). Allgemein war das Gebirge von den Slawen noch unbesiedelt, die in den fruchtbareren Gebieten der Ebenen lebten. Erst die Deutschen rodeten die Wälder im Gebirge, allerdings erst, nachdem sie sich in der Ebene niedergelassen und dort teilweise schon mit den Slawen vermischt hatten. Die MN-Werte für Sachsen zeigen keine bedeutsamen Unterschiede. Allenfalls weist M eine leichte Tendenz zur Zunahme nach Osten hin auf.[124]

124 Werner Christansen: Die Verteilung der Blutgruppen und Faktoren M und N in Sachsen. In: Zeitschrift für Rassenphysiologie 7, 1935, S. 114-134.

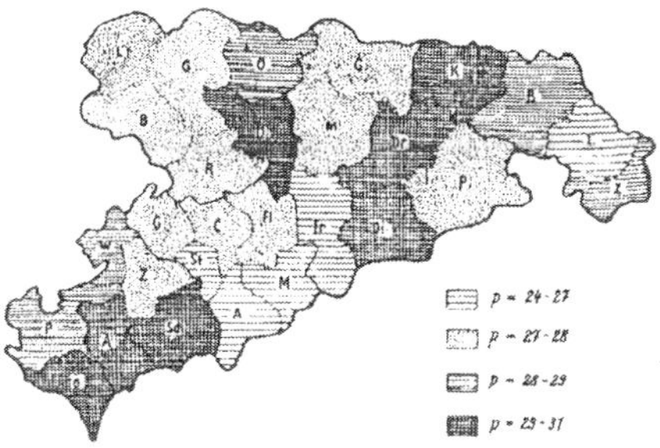

Die Verteilung des Blutgruppengens A in Sachsen

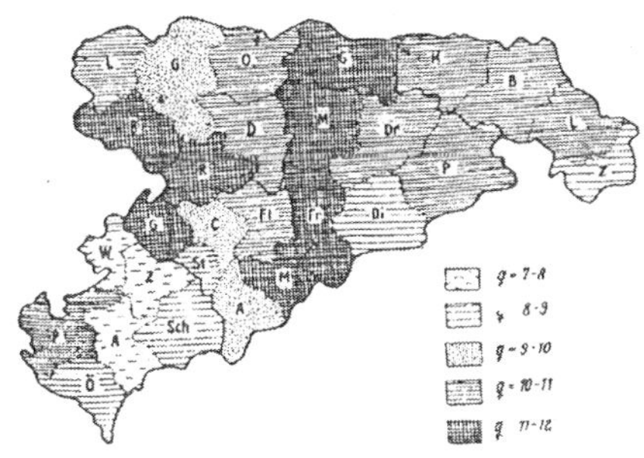

Die Verteilung des Blutgruppengens B in Sachsen

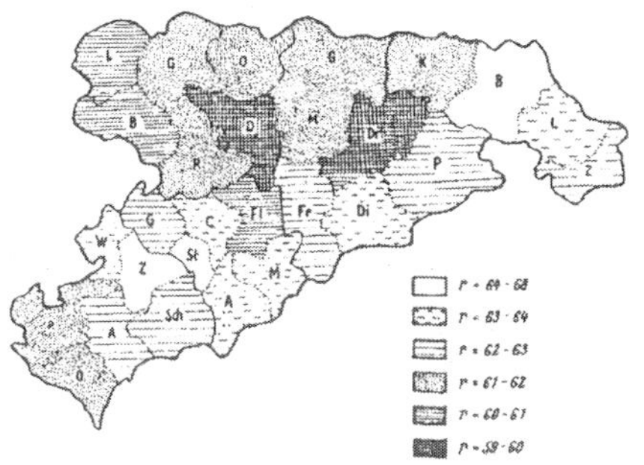

Die Verteilung des Blutgruppengens 0 in Sachsen

Eine weitere flächenhafte serologische Untersuchung über die Verteilung von AB0 und MN führte Joachim Richter in Nordniedersachsen durch. Die Untersuchung umfasste 3 662 Personen aus dem Regierungsbezirk S t a d e und den Kreisen Lüneburg, Uelzen und Dannenberg des Regierungsbezirks Lüneburg. Richter unterteilte das Gebiet in 16 verschiedene Landschaftsbezirke von Marsch, Geest und Heide. Es ergab sich ein deutlicher Unterschied zwischen den Marschbezirken mit viel und den Geestbezirken mit wenig Blutgruppe 0. Der Unterschied liegt zwischen 49 Prozent des 0-Gens in den Marschbezirken und 38 Prozent in den Geestbezirken. Eine Sonderstellung mit einer besonders großen Häufigkeit des B-Gens (10,7 Prozent) hat der Bezirk Dannenberg inne. Richter führte die Sonderstellung der Marschgebiete auf deren verkehrsmäßige Isolation zurück. Angesichts der Tatsache, dass die Marschgebiete wegen ihres fruchtbaren Bodens dichter besiedelt und wohlhabender waren als die armen Geestregionen im Binnenland sowie alle an den verkehrsreichen Flüssen liegen, überzeugt das Argument jedoch nicht. Die hohe B-Frequenz von Dannenberg erklärt sich zwanglos daraus, dass der Bezirk zum Hannoverschen Wendland gehört, mit seiner teilweise slawischen Bevölkerung. Leider hat Richter den Kreis Lüchow nicht berücksichtigt, der das eigentliche slawische Kerngebiet des Wendlandes war. Die slawische Sprache erhielt sich im Wendland bis ins 18. Jahrhundert hinein.[125]

Eine zweite serologische Landesuntersuchung in Schleswig-Holstein führte Paul Schmidt durch. Er berücksichtigte bei dieser auch die Untertypen A1 und A2 und das MN-System. Leider verwendete er ein sehr ungleiches Datenmaterial, das von Vaterschaftsgutachten und aus verschiedenen Krankenhausarchiven stammte, unter anderem aus Altona. Das erklärt wahrscheinlich die vielen unwahrscheinlichen Ergebnisse, unter anderem mit recht hohen B-Werten auch im Westen. Auf jeden Fall ist der älteren Untersuchung von Gundel der Vorzug zu geben.[126]

Psychologische Anthropologie

1935 und 1936 erschienen zwei Bücher über Rassenpsychologie, des Psychologen Bruno Petermanns „Das Problem der Rassenseele" und Egon von Eickstedts „Grundlagen der Rassenpsychologie". Beide beschäftigen sich mit den erbbiologischen Grundlagen, methodischen Problemen und der bisherigen Forschung, eigene empirische Daten enthalten sie jedoch nicht.[127] Ich beschränke mich hier auf empirische Arbeiten.

Der Psychologe Gerd Cehak (1910–1954) untersuchte von 1935 bis 1936 mit verschiedenen Versuchen 1 546 Personen verschiedenen Alters und Geschlechts und verschiedener regionaler Herkunft, darunter 822 junge Männer aus Schleswig-Holstein und Österreich, auf ihr psychomotorisches Tempo und ihr rhythmisches Gefühl. Er unterschied zwischen dem optimalen Tempo, das wir bei alltäglichen Beschäftigungen ganz von selbst einschlagen und als normal und angenehm empfinden, und dem maximalen Tempo als das schnellste Tempo, das wir bei entsprechender Willensanspannung eine begrenzte Zeitlang einhalten können. Es ergab sich, dass das optimale und vor allem das maximale Tempo von Körperarbeitern langsamer ist als das von Geistesarbeitern. Das optimale psychomotorische Tempo von begabten Schülern ist schneller als das von unbegabten Schülern. Frauen haben nicht nur einen schnelleren Puls als Männer, sondern auch ein schnelleres optimales und ein schnelleres maximales Tempo. Zwischen dem optimalen Tempo, dem maximalen Tempo und der Pulsfrequenz bestehen keine Korrelationen.

---

125 Joachim Richter: Die Blutgenverteilung in Hannover. In: Zeitschrift für Rassenphysiologie 12, 1941, S. 18-27.

126 Paul Schmidt: Die relative Häufigkeit der Blutfaktoren M und N und der „Untergruppen" A1 und A2 unter besonderer Berücksichtigung Schleswig-Holsteins. In: Zeitschrift für Rassenphysiologie 11, 1940, S. 49-77.

127 Bruno Petermann: Das Problem der Rassenseele. Vorlesungen zur Grundlegung einer allgemeinen Rassenpsychologie. Leipzig 1935; Egon von Eickstedt: Grundlagen der Rassenpsychologie. Stuttgart 1936.

Cehak untersuchte auch die verschiedenen mitteleuropäischen Rassentypen auf ihr psychomotorisches Tempo hin. Diese unterschied er aufgrund der Merkmalskombinationen von Haar- und Augenfarbe, Körperhöhe und Längenbreitenindex. Bei allen drei Versuchen zur Bestimmung des optimalen Tempos entschieden sich die nordiden Versuchspersonen für das langsamste und die alpinen Versuchspersonen für das schnellste Tempo. Der dinaride und der osteuropide Typus stehen dazwischen. Bei der Prüfung des zu erzielenden maximalen Tempos zeichnen sich dagegen die nordide und die dinaride Gruppe vor den beiden anderen durch die größte Schnelligkeit aus.

Bei den Tests zur Bestimmung des rhythmischen Gefühls fallen die Versuchspersonen bei einer gleichmäßig wiederholten Tätigkeit, ohne sich dessen bewusst zu sein, in einen bestimmten einfachen Rhythmus. Das Ergebnis legt nahe, dass das Gefühl für rhythmische Beweglichkeit bei der alpinen Gruppe ausgeprägter ist als bei der nordiden.[128]

Ernst Rudolf Jaensch (1883–1940) gehört zu den historisch am meisten belasteten Gestalten der deutschen Psychologie in der Zeit des Nationalsozialismus. Er formte seine ursprünglich rein empirische Integrationspsychologie nach 1933 geradezu zu einer spekulativen politischen Weltanschauung um. Sein Verhalten war gerade in seinen letzten Jahren so extrem, dass sich die Studenten über ihn lustig machten und vielfach die Meinung vertreten wird, er sei psychisch erkrankt gewesen (er starb schon 1940 an den Folgen einer Operation).[129]

Das muss uns aber nicht hindern, hier auf eine methodisch saubere Arbeit eines seiner Schüler einzugehen. Dieser, Kurt Rau, führte an 81 Marburger Studenten und Studentinnen eine rassenpsychologische Untersuchung mit den Testmetoden der Integrationstypologie seines Lehrers durch. Er nutzte dafür den Brillentest, bei dem es darum geht, wie stark das Gehirn eine plötzlich einsetzende optische Täuschung zu kompensieren versucht, den Spiraltest und den Nachbildtest, bei denen es um die Dauer des Nachbildeffektes nach dem plötzlichen Ende eines optischen Reizes geht, den Rorschach-Test, bei dem es um die Deutung komplexer Zufallsbilder geht, und Klopfversuche zur Bestimmung des persönlichen Tempos. Unter den 81 Probanden waren auch 13 besonders ausgesucht nordide Typen. Die anderen wiesen neben nordiden auch fälische, alpine und mediterranide Merkmale auf. Dinaride und osteuropide Merkmal fehlten weitgehend.

Anders als in Jaenschs Typologie, in der es nicht nur um die Innen- und Außenintegration geht, sondern auch um die Integration oder Desintegration

128 Gerd Cehak: Über das psychomotorische Tempo und die Rhythmik, eine rassenpsychologische Untersuchung. In: Zeitschrift für Rassenphysiologie 9, 1937, S. 56-91 u. 160-177.

129 Helmut E. Lück, Uwe Wolfradt: Erich Rudolf Jaensch. Von der experimentellen Wahrnehmungspsychologie zur NS-Ideologie. In: Theo Herrmann, Wlodek Zeidler (Hg.): Psychologie in autoritären Systemen. Frankfurt am Main 2012, S. 26-43.

der psychologischen Funktionen – an die Jaensch nach 1933 seine politischen Wertungen ansetzte, er proklamierte einen desintegrierten „Gegentypus der Bewegung" –, berücksichtigte Rau nur die Richtung der Integration nach innen oder außen.

Er fand einen verhältnismäßig starken Zusammenhang zwischen Innenintegration und Augenfarbe und Körperhöhe, gefolgt von Haarfarbe und Längenbreitenindex. Die Helläugigen, Hochwüchsigen, Blonden und Langköpfigen waren also stärker innenintegriert als ihre Kommilitonen. Genauso hoch wie bei der Augenfarbe war auch der Zusammenhang mit der Innenintegration bei der Komplexion (Haar- und Augenfarbe zusammen) und bei dem Typus selbst (Haar- und Augenfarbe, Körperhöhe und Längenbreitenindex zusammen). Keinen Zusammenhang gab es zwischen der Integrationsrichtung und dem morphologischen Gesichtsindex, was Rau auf den verhältnismäßig großen Anteil breitgesichtiger Fälischer unter den hessischen Studenten zurückführte. Während die Wahrnehmungstests verhältnismäßig eindeutige Ergebnisse zeigten, verzichtete Rau auf die statistische Auswertung der Rorschach- und Tempo-Ergebnisse, die keine oder widersprüchliche Ergebnisse zeitigten (obwohl auch bei ihm das Tempo der „Dunklen" schneller war als das der „Hellen").

Alles in allem zeigte sich also ein verhältnismäßig eindeutiger Zusammenhang von Innenintegration und nordidem und fälischem und von Außenintegration und alpinem und mediterranem Typus. Man könnte auch von Introversion und Extraversion im Sinne von Carl Gustav Jung sprechen.[130]

Der Anthropologe Friedrich Keiter (1906–1967) befasste sich mit den regionalen Volkscharakter-Beschreibungen aus der volkskundlichen Literatur. Nach einer kritischen Sichtung der Beschreibungen wertete er 67 von ihnen in Hinblick auf die in ihnen verzeichneten Charaktereigenschaften und Verhaltensweisen aus. Keiters Aufsatz zeichnet sich durch seine umsichtige Quellenkritik aus. Charakter im anthropologischen Sinn bedeutet die Wahrscheinlichkeit eines bestimmten Verhaltens in einer Bevölkerung. Keiter erstellte eine Liste von 30 in ihnen häufig genannten Eigenschaften, von dem Verhalten in bestimmten Lagen, der Gefühls- und Triebrichtung (das Temperament), über die verschiedenen Begabungen bis zu dem Charakter im engeren Sinn (der Befolgung von Wertmaximen). Natürlich kommt nicht in jeder Beschreibung jedes Merkmal vor. Das Verfahren ist das eines Fragenkatalogs, der nachträglich an die Beschreibungen gestellt wird. *„Bevölkerungsvertraute Männer sagen entsprechend ihren subjektiven Urteilen aus, wie ihnen der Volkscharakter erscheint."* Die Ergebnisse stellte Keiter in einer Übersichtstabelle dar. Keiter unterschied im Wesentlichen vier regionale Komplexe in Deutschland. Zuerst eine niederdeutsche Zone im Norden mit ernster Grundstimmung, geringer Redeneigung und ruhigem Temperament – zäh und

130 Kurt Rau: Untersuchungen zur Rassenpsychologie nach typologischer Methode. Beiheft 71 zur Zeitschrift für angewandte Charakterkunde. Leipzig 1936.

willensbetont. Dann einen breiten mitteldeutschen Streifen vom Rheinland bis nach Schlesien, beweglich, gesellig, innerlich reich, musikalisch, eher weich und unstet. Innerhalb dieser Zone unterscheiden sich die ernsten und leidgeprüften Bewohner der rheinischen Gebirge von den heiteren gelösten der rheinischen Ebene. Im Osten ist der Unterschied zwischen dem sächsischen und schlesischen Gebirge und der Ebene nicht so groß. Im Süden unterscheidet sich nach Keiter ein schwäbisch-alemannischer Komplex von einem baierischen. Ersterer ist schwerfällig, gefühlshaft ernst, denkerisch reich und unternehmungsstark, letzterer derb-vital, undenkerisch, aber musisch begabt. Keiter verweist auf die Parallelen zu der anthropologischen Gliederung Deutschlands. Insbesondere die norddeutsche Zone entspricht der Zone heller Pigmentierung, großen Wuchses und länglicher Kopfform. Er kommt zu dem Schluss, dass man bei der Erklärung der volkscharakterologischen Unterschiede in Deutschland auch rassische Unterschiede heranziehen muss. Ich habe in den 1990er Jahren mit dem Keiterschen Material eine Clusteranalyse gerechnet. Es kam im Wesentlichen dieselbe Gliederung wie bei Keiter heraus, nur dass der schwäbisch-alemannische Komplex sich an den mitteldeutschen Komplex anschloss. Von dem süddeutschen Komplex blieben nur die Baiern übrig. Später habe ich die Keitersche Studie zum Ausgangspunkt einer sehr viel umfangreicheren Untersuchung und Auswertung von 364 Regionalcharakter-Beschreibungen genommen, die in mein Buch über die deutschen Regionalcharaktere mündete.[131]

Der Heerespsychologe Heinz Dirks befasste sich während des zweiten Weltkrieges mit dem Charakter der Niedersachsen und Ostpreußen. Grundlage seiner Untersuchung waren Gutachten, die von den Personalprüfstellen des Heeres an Offiziersbewerbern erstellt worden waren. Die Offiziersbewerber waren Jugendliche, die kurz vor dem Abitur standen. Grundlage der Gutachten waren eine zwei- bis dreitägige Untersuchung, zu der Gespräche und die Beobachtung der Prüflinge bei der Bewältigung von Einzel- und Gruppenaufgaben gehörten.

Dirks wertete jeweils 200 Gutachten von Niedersachsen, Ostpreußen und einer „gemischtstämmigen“ Stichprobe aus. Letztere umfasste Offiziersbewerber, deren Eltern und Großeltern unterschiedlicher regionaler Herkunft waren, und stammte von allen damaligen Personalprüfstellen, stellt also eine repräsentative gesamtdeutsche Gruppe dar (einschließlich Österreichs). Dirks unterschied dabei in Anlehnung an die charakterologischen Modelle seiner Zeit formale Struktureigenschaften des Charakters, Grundfunktionen, Temperament, Lebensgrundstimmung und soziale und existentielle Haltungen.

131 Friedrich Keiter: Ansätze zur Volkscharakterkunde im volkskundlichen Schrifttum. Ein rassenseelenkundlicher Versuch. In: Zeitschrift für Rassenkunde 4, 1936, S. 43-65.

Temperament (in %)

	Deutschland	Niedersachsen	Ostpreußen
stark ausgeprägt	26	25	20
mittel	44	35	35
gering	30	40	45

Lebensgrundstimmung (in %)

	Deutschland	Niedersachsen	Ostpreußen
positiv	20	15	21
mittel	66	75	65
negativ	14	10	14

Soziale Haltung (in %)

	Deutschland	Niedersachsen	Ostpreußen
kontaktmissbrauchend	2	-	1
aggressiv-kontaktschwierig	3	4	5
ichbezogen	17	9	17
unsicher-gehemmt	18,5	20,5	16,5
ausgeglichen-umweltsicher	31	34	32
unselbständig	13	22	14
gesellig	15	9	11
anschlusssuchend	1	1	6

Existenzielle Haltung (in %)

	Deutschland	Niedersachsen	Ostpreußen
unsachlich-ichbetont	8	4	5,5
gleichgültig-anspruchslos	12	11	8
unberechenbar-richtungslos	7	5,5	8
sorglos-leicht	6	3,5	3
ängstlich-unentschlossen	5	13	18
aktiv-zielgerichtet	28	25,5	28,5
geistig-intellektuell	2	3	1,5
sachlich-hingabebetont	32	35	29

Tabelle: Charaktereigenschaften niedersächsischer und ostpreußischer Offiziersbewerber im Vergleich mit solchen aus verschiedenen Teilen Deutschlands

Die Ergebnisse von Dirks Studie weisen sowohl die Niedersachsen als auch die Ostpreußen im Vergleich mit der gesamtdeutschen Stichprobe als verhältnismäßig temperamentlos aus. Die Gruppe der Individuen mit langsamem, schwerflüssigen Temperament beträgt bei den Niedersachsen 40 Prozent der Untersuchten und bei den Ostpreußen sogar 45 Prozent gegenüber nur 30

Prozent in ganz Deutschland. Die Niedersachsen weisen außerdem eine ausgeglichenere Grundstimmung auf, während die Ostpreußen sich darin von den übrigen Deutschen nicht unterscheiden. Zu dem allgemeinen Bild einer temperamentarmen, introvertierten Charakterstruktur der Norddeutschen passt auch, dass die Niedersachsen und die Ostpreußen seltener als gesellig oder sorglos-leicht eingeschätzt werden. Letztere Haltung kommt in Niedersachsen nur etwa halb so oft vor wie in Gesamtdeutschland. Dafür sind bei den Niedersachsen und mehr noch bei den Ostpreußen die ängstlich-unentschlossenen und bei ersten auch die unsicher-gehemmten Personen etwas häufiger (20,5 Prozent). Das entspricht dem allgemeinen europäischen Nord-Süd-Gefälle der verschlosseneren Nordeuropäer und der geselligen Südeuropäer. Die existenzielle Haltung der Niedersachsen ist sachlicher als die der Ostpreußen und übrigen Deutschen. Eine Besonderheit bei den Ostpreußen ist der mit 6 Prozent verhältnismäßig hohe Anteil an Anschlusssuchenden (sonst nur 1 Prozent).[132]

Der polnische Psychologe und Pädagoge Ludwik Jaxa Bykowski (1881–1948) untersuchte das Vorkommen der verschiedenen Rassentypen (nach der polnischen Typologie) unter den Schülern verschiedener Schularten in Lemberg (heute Lwiw, Ukraine). Er fand 5 Prozent nordide Schüler auf der Fortbildungsschule für Bauarbeiter, 7 Prozent auf der Fortbildungsschule für Elektromechaniker, 10 Prozent auf der Technischen Schule, Abteilung Elektronik, 10 Prozent auf der Oberrealschule und 13 Prozent auf dem Gymnasium. Für den sublapponoiden Rassentypus – der entspricht am ehesten dem alpinen Typus der internationalen Typologie – fand er 40 Prozent auf der Fortbildungsschule für Bauarbeiter, 21 Prozent auf der Fortbildungsschule für Elektromechaniker, 20 Prozent auf der Technischen Schule, Abteilung Elektronik, 13 Prozent auf der Oberrealschule und nur 6 Prozent auf dem Gymnasium. Einen positiven Trend zeigte auch der allerdings sehr schwach vertretene dinaride Typus. Die anderen Typen haben dagegen keine einheitliche schulische Tendenz. Das zeige, so Bykowski, *„daß das nordische Element stärker und das lapponoide schwächer vertreten ist, je höhere intellektuelle Anforderungen die Schule stellt.“*[133]

---

132 Heinz Dirks: Über die psychologischen Grundlagen deutscher Volksgruppen. In: Wehrpsychologische Mitteilungen, Ergänzungsheft 14, Berlin 1942.

133 Ludwik Jaxa Bykowski: Betrachtungen über Rassenauslese in polnischen Schulen. In: Zeitschrift für Rassenkunde 4, 1936, S. 9-14.

IV. Die Zeit seit 1945

Der Zusammenbruch 1945 brachte natürlich erst einmal die anthropologische Forschung zum Erliegen. Mehrere Anthropologische Institute waren in der zweiten Hälfte des Krieges durch Bombenangriffe zerstört worden (Breslau, Freiburg i.Br., Göttingen, Kiel, München, Würzburg), viele Daten und Sammlungsbestände waren unwiederbringlich verloren. Zwei Institute (Breslau und Königsberg) gingen mit den Gebietsverlusten in Ostdeutschland verloren. Das berühmte Kaiser-Wilhelm-Institut in Berlin (Otmar von Verschuer) und das Institut in Leipzig (Otto Reche) wurden nach einer Übergangszeit geschlossen. Walter Scheidt blieb Leiter des Hamburger Instituts bis zu seiner Pensionierung 1964, beschäftigte sich aber kaum noch mit Anthropologie. Karl Saller wurde in München wieder in seine alten Rechte eingesetzt, schrieb populäre Anthropologiebücher allgemeiner Art und befasste sich nicht mehr mit Bevölkerungsuntersuchungen. Einige Anthropologen wie Ludwig Schmidt-Kehl waren gefallen. Andere Anthropologen wurden wegen ihrer nationalsozialistischen Aktivitäten entlassen, zwei Ordinarien, vier weitere Habilitierte und mindestens drei Assistenten. Zwei weitere wurden zeitweise suspendiert oder interniert, konnten später jedoch in akademische Positionen zurückkehren. Es gab sogar die Neugründung eines Anthropologischen Institutes. Als die Franzosen 1946 die Universität Mainz wieder gründeten – die alte Universität war 1798 (auch von den Franzosen) geschlossen worden – erlaubten sie auch die Einrichtung eines Anthropologischen Institutes. Leiter des Instituts wurde der bisherige Leiter des Breslauer Instituts Egon von Eickstedt.

So gab es in den 1950er Jahren in Westdeutschland sechs anthropologische Institute oder Lehrstühle: Kiel, Hamburg, Frankfurt, Mainz, Tübingen und München. 1961 kamen Freiburg i. Br., 1966 Berlin und Braunschweig, 1971 Göttingen, 1974 Bremen und Ulm dazu. 1972 wurde auch das Institut in Hamburg wieder neu gegründet. Dafür ging der Lehrstuhl in München 1973 an einen Humangenetiker verloren. In der DDR bestand das Institut in Jena fort und es kam 1955 wieder eines in Berlin dazu.

In Tübingen versuchte man die Arbeit an den Dorfuntersuchungen fortzusetzen. Mehrere Dissertationen konnten abgeschlossen werden und mindestens die Erhebungen für eine Dorfuntersuchung wurden noch 1948 durchgeführt (Dürmentingen im Kreis Biberach).[134] Insgesamt waren 18 Dorfuntersuchungen in Württemberg durchgeführt worden, von denen nur vier veröffentlicht worden sind. Heute nach der Schließung des Instituts sind aber mehrere auf ihnen beruhende Dissertationen in der Universitätsbibliothek zugänglich. Auch in anderen Instituten konnten Promovenden ihre während des Krieges

134 Konrad Pöpelt: Anthropologische Untersuchungen im Federseegebiet. Diss. Tübingen 1949.

begonnenen Dissertationen noch beenden, in Freiburg sogar noch im Jahr 1945.

Nach der Überwindung der größten Nachkriegsnot unternahmen Ilse Schwidetzky und einige andere Anthropologen in den frühen 1950er Jahren Reisen zu den Anthropologen im europäischen und amerikanischen Ausland, um alte Kontakte wieder aufzufrischen und sich über die dortige Entwicklung zu informieren.

Untersuchungen der Vertriebenen

Der Sozialanthropologe Karl Valentin Müller (1896–1963) führte 1946 unter Mitarbeit der Anthropologin Gisela Asmus im Auftrag der niedersächsischen Schulverwaltung groß angelegte begabungssoziologische Erhebungen in Niedersachsen durch. Leider umfassten sie nur die Provinz Hannover, da die Länder Oldenburg und Braunschweig damals noch nicht zu Niedersachsen gehörten. Insgesamt betrafen seine Untersuchungen 2,5 Millionen 11- bis 14-jährige Schüler. Die Datenerhebungen wurden wie schon bei Virchow von den Lehrern durchgeführt, die gründliche Anweisungen dafür erhielten. Sie schätzten die Begabung der Schüler ein, ihr Verhalten und auch einige anthropologische Merkmale wie die Haar- und Augenfarbe und den Konstitutionstypus. Die Anthropologin Gisela Asmus, die Tochter von Rudolf Asmus, wertete von Müllers Daten die Augen- und Haarfarbe der etwa 200 000 Knaben in Niedersachsen aus, um den Veränderungen durch Wanderungsströme seit Virchows Zeit nachzuspüren.[135]

Asmus verglich die Daten Müllers mit denen Virchows, wofür sie Virchows Daten umrechnen musste (die Gründe dafür und das genaue Verfahren erspare ich mir hier, sie sind bei Asmus nachzulesen). Sie unterschied drei verschiedene historische Schichten, die zur Zeit Virchows um 1875, die der einheimischen Niedersachsen von 1946 und die der einheimischen Niedersachsen plus der Binnenwanderer bis 1946 und der Vertriebenen, also die aktuelle Wohnbevölkerung von 1946. Als Merkmal wählte sie die blaue, pigmentärmste Augenfarbe.

Die zeitliche Veränderung sei am Beispiel des Regierungsbezirkes Stade, dem Gebiet Nordniedersachsens zwischen Weser und Elbe gezeigt. 1875 hatten hier 40 Prozent blaue Augen, von den Einheimischen von 1946 36 Prozent, von den Binnenwanderern vor 1946 32 Prozent und von hierher verschlagenen Vertriebenen 27 Prozent. Der Anteil der Blauäugigen an der Gesamtbevölkerung (einschließlich der Vertriebenen) 1946 reduzierte sich dadurch auf 32 Prozent gegenüber 40 Prozent im Jahr 1875.

135 Karl Valentin Müller: Bericht über die Begabtenuntersuchung Niedersachsens. In: Homo 1, 1950, S. 136-142.

Die Verteilung der Augenfarbe in Niedersachsen um 1875

Den gleichen Vergleich führte Asmus auch für die Haarfarben durch. Sie verglich hier den Anteil der Hell- und Mittelblonden (einschließlich der Rotblonden). Der Anteil der Hellhaarigen in diesem Sinne betrug 1875 in ganz Niedersachsen (d. h. der Provinz Hannover) 77 Prozent, 1946 unter den Einheimischen 72 Prozent und 1946 in der Gesamtbevölkerung 67,5 Prozent. Die Werte erscheinen hoch, doch der Anteil der Hellblonden beträgt hiervon nur knapp die Hälfte und man muss davon ausgehen, dass von den hell- und mittelblonden Schulkindern noch die meisten zu dunkelblond oder braun nachdunkeln. Zum Vergleich, der Anteil der dunkelbraunen Kinder blieb weiterhin sehr niedrig. Er betrug 1875 etwa 2 Prozent, bei den Einheimischen 1946 2,6 Prozent und in der Gesamtbevölkerung 1946 3,2 Prozent.

Asmus errechnete, dass die Eingliederung der Vertriebenen die Pigmentierungsverhältnisse in Niedersachsen so stark veränderte, wie die normale Binnenwanderung in 51 Jahren. Trotzdem scheinen sich die Veränderungen quantitativ im Rahmen zu halten. Sicher haben sie aber bis zur Gegenwart stark zugenommen.[136]

---

136 Gisela Asmus: Der Einfluß der Wanderung auf die Irispigmentation in Niedersachsen. In: Homo 2, 1950, S. 31-34; dies.: Bevölkerungswandel in Nieder-

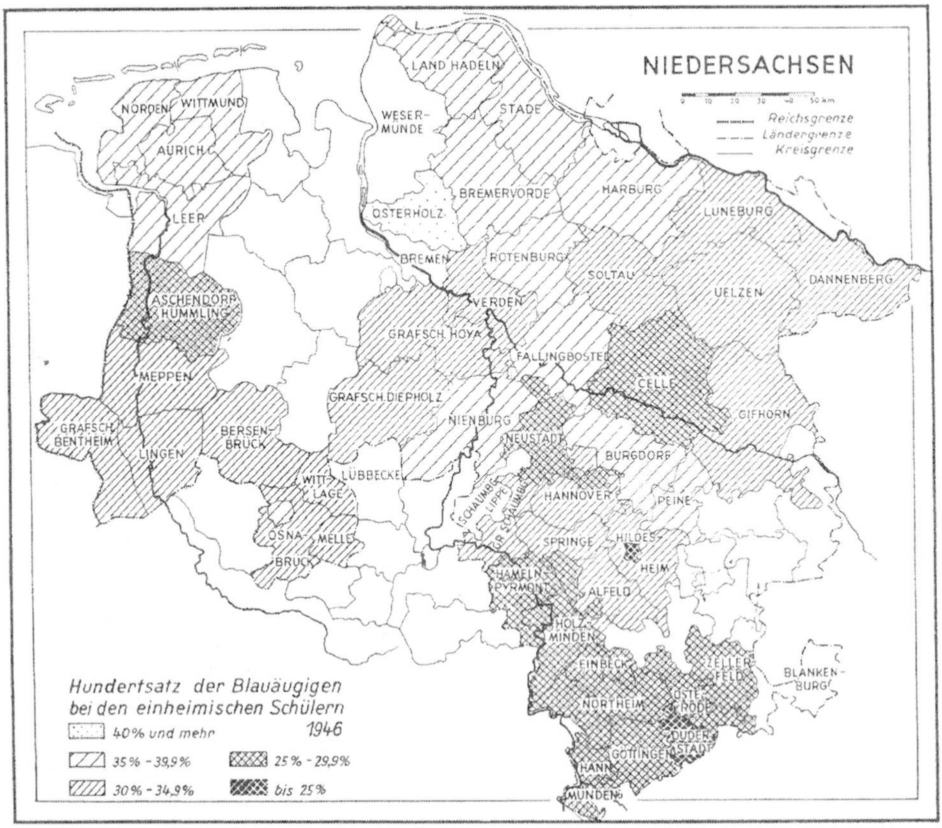

Die Verteilung der Augenfarbe der Einheimischen in Niedersachsen 1946

Die Hamburger Anthropologin Hiltrud Kneiphoff verglich 1955 die einheimische norddeutsche Bevölkerung mit den neuhinzugekommen Vertriebenen. Grundlage waren die Daten von 904 Menschen aus den Hamburger Vaterschaftsgutachten, alle erstellt von Friedrich Keiter. Man wollte wissen, wie sich die norddeutsche Bevölkerung durch die Vertriebenen verändern würde. Die meisten Vertriebenen in dem Gutachtenmaterial kamen aus Pommern und Ostpreußen, nur wenige aus Schlesien. Das Ergebnis war, dass die Vertriebenen (Männer und Frauen) durchschnittlich 2 cm kleiner sind und eine kürzere Kopflänge und einen höheren Längenbreitenindex haben (82,9 gegen 81,3). Beim morphologischen Gesichtsindex besteht dagegen kein Unterschied. Die Vertriebenen haben mit 54 Prozent häufiger dunkle Haare als die Einheimischen mit 45 Prozent und auch häufiger dunkle Augen (29

---

sachsen. Im Lauf von 70 Jahren. In: Raum und Gesellschaft. Forschungs- und Sitzungsberichte der Akademie für Raumforschung und Landesplanung 1, 1950, Bremen 1952, S. 57-75; Die Haarfarbe als Gradmesser der Bewanderung Niedersachsens. In: Zeitschrift für Morphologie und Anthropologie 44, 1952, S. 1-14.

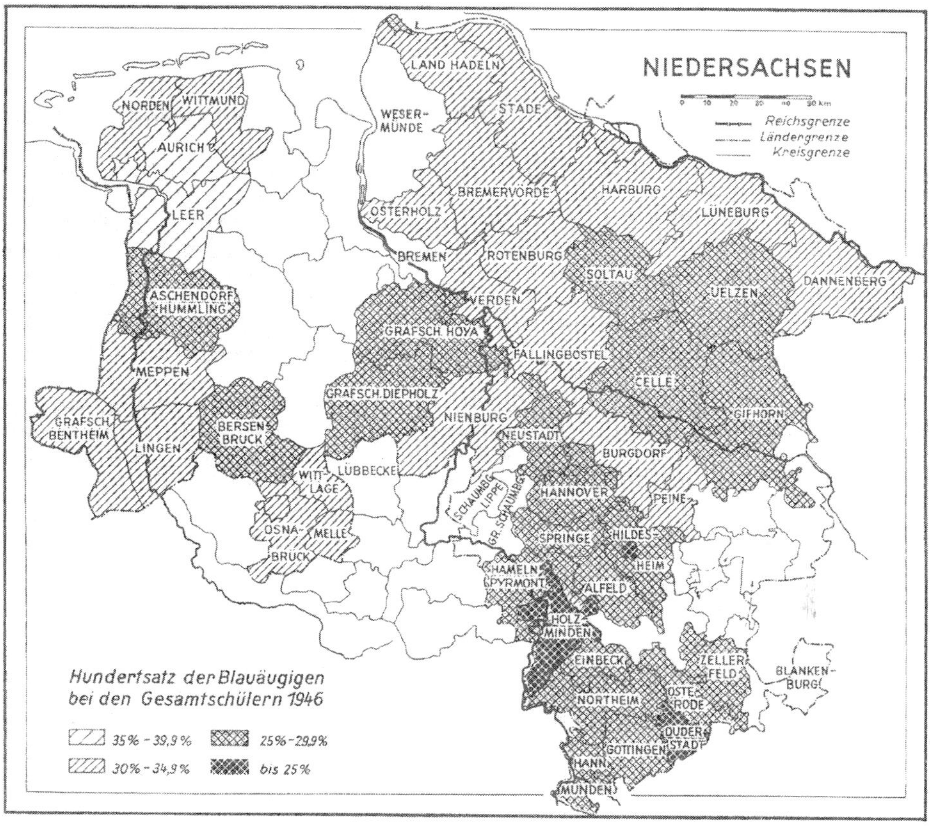

Die Verteilung der Augenfarbe der Gesamtbevölkerung (mit Zuwanderern und Vertriebenen) in Niedersachsen 1946

Prozent) als diese (20 Prozent). Bei den blauen Augen ist der Unterschied dagegen nicht so groß (41 und 44 Prozent). Die Vertriebenen haben auch ein wenig häufiger betonte Wangenbeine und ein konvexes Nasenprofil. Insgesamt brachten die Vertriebenen mehr nicht nordide Merkmale nach Nordwestdeutschland, der Unterschied ist jedoch nicht sehr groß.[137]

Als der Mainzer Anthropologe Hubert Walter (1930–2008) mit den Erhebungen für die Westfalen-Untersuchung – auf die ich noch eingehen werde - begann, nutzte er die Gelegenheit, nach demselben Muster ebenfalls 14-jährige Schüler in seinem südniedersächsischen Heimatkreis Einbeck zu untersuchen. Insgesamt untersuchte er 500 Jungen und Mädchen, Einheimische und Vertriebene, Stadt- und Landbewohner. Die einheimischen Einbecker (Jungen und Mädchen zusammen) sind demnach verhältnismäßig groß und haben einen Längenbreitenindex von 81,3 und einen Gesichtsindex von 84,6, also im mittel- bis breitgesichtigen Bereich. Die Augen sind überwiegend hell

137 Hiltrud Kneiphoff: Veränderung des rassischen Bevölkerungsbildes durch die Flüchtlinge in NW-Deutschland? In: Homo 6, 1955, S. 1-4.

(45,1 Prozent) und selten dunkel (6,8 Prozent). 20,5 Prozent von ihnen sind blond und 22,3 Prozent dunkelhaarig. Sie haben überwiegend einen fünfeckigen Gesichtsumriss (59,0 Prozent), ein gerades Nasenprofil (66,0 Prozent) und gerade Lidspalten (95,7 Prozent). Typologisch überwiegen bei ihnen mit 36,4 Prozent die Fälischen, gefolgt von den Nordiden (24,1 Prozent) bei 35,9 Prozent Unbestimmbaren. Die anderen Typen spielen keine große Rolle.

Walter unterschied bei den Vertriebenen Ost- und Westpreußen und Schlesier. Die Ost- und Westpreußen sind nur wenig kleiner, brachycephaler und dunkler als die Einbecker. Dafür haben sie deutlich häufiger vorspringende Wangenbeine, schräge Lidspalten und ein konkaves Nasenprofil, was auf einen nicht unbeträchtlichen osteuropiden Einschlag verweist. Typologisch stehen bei ihnen mit 27,0 Prozent ebenfalls die Fälischen an erster Stelle, gefolgt von den Nordiden (12,0 Prozent) und schließlich den Osteuropiden mit 11,0 Prozent. Auch die Alpinen sind mit 8,0 Prozent vertreten (gegenüber 1,1 Prozent bei den Einbeckern). Anders als die Ost- und Westpreußen unterscheiden sich die Schlesier erheblich von den Einbeckern durch eine 4,4 cm kleinere Körperhöhe, dunklere Farben und Kurzköpfigkeit (LBI 84,1), häufig runden Gesichtsumriss und häufiger schräge Lidspalten. Da auch in Einbeck die Vertriebenen aus den nordostdeutschen Gebieten häufiger sind als die aus Schlesien, ist der Unterschied zwischen den Vertriebenen und den Einheimischen nur mäßig groß und hält sich die durch sie zu erwartende Veränderung des anthropologischen Bevölkerungsbildes von Einbeck in Grenzen.[138]

Polnische Untersuchungen an „Autochthonen" in Ostdeutschland

Von 1954 bis 1956 untersuchte der polnische Anthropologe Brunon Miszkiewicz die „autochthone" Bevölkerung im südlichen Ostpreußen, das heißt die schon vor der Vertreibung ansässige teilweise slawischstämmige deutschmasurische Bevölkerung, die nach 1945 im Lande geblieben war. Miszkiewicz unterschied das protestantische Masuren und das katholische Ermland. Die Individuenzahlen in den einzelnen Kreisen sind teilweise aber sehr niedrig, weshalb ich zur geographischen Verteilung nur wenig sagen kann.

Die Bevölkerung ist verhältnismäßig hellfarben, wie überhaupt im alten Ostpreußen. Der Längenbreitenindex beträgt im Ermland 82,6 und in Masuren 81,6, ist also mäßig brachycephal. Der Gesichtsindex liegt im mittelbreiten Bereich und der Nasenindex beträgt 63,2 und 62,2. Während beim Längenbreitenindex kaum geographische Unterschiede erkennbar sind, nimmt

138 Hubert Walter: Der Einfluss der Ostvertriebenen auf das anthropologische Merkmalsbild der Bevölkerung eines niedersächsischen Landkreises. In: Zeitschrift für Morphologie und Anthropologie 50, 1959, S. 222-232.

der Gesichtsindex von Norden nach Süden hin ab. Er beträgt im Ermland 86,9 (mittelbreit bis schmalgesichtig), liegt in den Kreisen östlich von diesem um 86 und ist mit 84,4 am niedrigsten in der Südostecke Masurens (Kreise Treuburg, Lyck und Johannisburg), liegt dort also schon an der Grenze zur Breitgesichtigkeit. Das könnte ein Hinweis auf eine stärkere osteuropide Komponente sein. Leider werden in der Untersuchung keine physiognomischen Merkmale berücksichtigt, wie etwa die Stellung der Wangenbeine oder die Form der Lidspalte. Miszkiewicz analysiert das Material mit der Wanke-Methode nach der polnischen Typologie, was uns hier aber nicht zu interessieren braucht. Dankenswerterweise gibt Miszkiewicz eine deutsche Zusammenfassung.[139]

Die polnische Anthropologin Anna Waliszko untersuchte von 1955 bis 1956 auf ähnliche Weise die „autochthone" Bevölkerung in Oberschlesien. Diese Bevölkerung weist einen hohen Längenbreitenindex von 85,7, einen mittleren Gesichtsindex von 86,0 und einen für deutsche Bevölkerungen schon recht hohen Nasenindex von 64,8 auf. Anders als Miszkiewicz untersuchte Waliszko auch die neu angesiedelte nichtautochthone polnische Bevölkerung. Diese hat einen etwas niedrigeren Längenbreitenindex von 85,2, einen Gesichtsindex von 84,5 und einen Nasenindex von 67,8, also Gesichter an der Grenze zur Breitgesichtigkeit und erheblich breitere Nasen als die autochthone Bevölkerung. Leider berücksichtigt auch Waliszko keine physiognomischen Merkmale und gibt auch keine deutsche Zusammenfassung.[140]

Die polnischen Anthropologen unternahmen nach dem Krieg auch eine Untersuchung an deutschen Kriegsgefangenen. Von dieser ist meines Wissens aber nur ein kleiner Teil und nur mit den Ergebnissen der Wanke-Methode für die polnische Typologie veröffentlicht worden, der hier nicht von Interesse ist. Nachfragen von mir in den 1990er Jahren in Polen nach dem Verbleib des Materials blieben leider ergebnislos.[141]

---

139 Brunon Miszkiewicz: Struktura antropologiczna Mazurow. Materialy i Prace Antropologiczne 23, Wroclaw 1956; ders.: Struktura antropologiczna autochtonicznej ludnosci Warmii. Materialy i Prace Antropologiczne 51, Wroclaw 1960.

140 Anna Waliszko: Struktura antropologiczna autochtonicznej ludnosci woj. Opolskiego. In: Przeglad Antropologiczny 27, 1961, S. 187-208; P. Bergman, T. Bielicki, K. Sawicki: Anthropologie der heutigen Bevölkerung Polens. In: Ilse Schwidetzky (Hg.): Rassengeschichte der Menschheit, Lief. 5, Europa III, München 1978, S. 97-130.

141 Ireneusz Michalski: From the Studies in the Anthropological Structure of the German Nation (North-western Germany). In: Bulletin de la société des sciences et de lettres de Llodz, Klasse III, Bd. 9, 6, S. 1-7.

Untersuchungen der aktuellen Bevölkerung

Nach dem Krieg standen vor allem typologische Ansätze unter starkem Rechtfertigungsdruck. Daher schrieb Ilse Schwidetzky für die erste Ausgabe der Zeitschrift „Homo" – der Fortsetzung der „Zeitschrift für Rassenkunde" Egon von Eickstedts – einen Aufsatz mit dem Titel „Typensysteme als heuristische Methode".

Heuristische Verfahren sind solche, die von nicht sicher bewiesenen Voraussetzungen ausgehen, diese durch ihre Ergebnisse aber bestätigen oder widerlegen können. Schwidetzky versucht in diesem Aufsatz die Arbeit mit Typen und das typologische System Egon von Eickstedts, das dieser in der Rassenuntersuchung Schlesiens angewandt hat, zu rechtfertigen. Sie betont, dass die Typendiagnose keine genetische Diagnose eines Individuums darstellt, sondern zunächst eine rein deskriptive Einordnung, um ein Gesamtbild von einer Bevölkerung zu bekommen.

Bei der Kartierung der typologischen und merkmalsstatistischen Ergebnisse der Schlesien-Untersuchung ergaben die typologischen Karten sehr viel klarere regionale Gliederungen als die einzelner Merkmale. Auch beim Vergleich sozialer Gruppen ergaben sich mit Typen viel klarere Befunde als bei den einzelnen Merkmalen. Viele regionale oder soziale Unterschiede hätten allein aus den Merkmalbefunden nicht erschlossen werden können. Im Übrigen hätte man bestimmte Abweichungen von den vorausgesetzten Typenvorstellungen ohne die Anwendung des typologischen Systems gar nicht finden können. Etwa waren alle Typen in Schlesien kleiner, kurzköpfiger, schmalgesichtiger und schmalnasiger als nach ihren Standardbeschreibungen, und die Körperhöhe und Breitenmaße aller sozialen Aufsteiger waren größer als nach ihrem typologischen Bild zu erwarten gewesen wäre. Auch diese Befunde wären ohne gleichzeitiger typologischer und merkmalsstatistischer Analyse nicht möglich gewesen.[142]

Von den sechs in Europa unterschiedenen Rassentypen – nordid, fälisch, alpin, dinarid, mediterranid und osteuropid – ist der alpine Typus immer am meisten umstritten gewesen. Anthropologen wie Fritz Lenz und Friedrich Keiter haben sogar bestritten, dass es in Europa überhaupt eine dem alpinen Merkmalsbild entsprechende Bevölkerung gäbe. Frau Schwidetzky entschloss sich daher, einen mehrwöchigen Studienaufenthalt in Paris Anfang der 1950er Jahre für einige Zeit zu unterbrechen und die Alpinen in einem ihrer mutmaßlichen Kerngebiete, der französischen Auvergne, in Augenschein zu nehmen.

---

142 Ilse Schwidetzky: Typensysteme als heuristische Methode. In: Homo 1, 1949/50, S. 149-154.

Sie wandte dabei die Methode der „Zählung am Wege“ an. Das heißt keineswegs, dass man durch eine Stadt geht und sich die Leute anschaut, sondern es ist durchaus eine systematische Methode mit festen Regeln. Man platziert sich an bestimmten Orten, Straßenkreuzungen, Plätzen usw. und notiert eine kleine Anzahl von bestimmten Merkmalen, nicht mehr. In Frage kommen nur erwachsene Männer, keine Ergrauten, keine Uniformträger, keine Gruppen, keine Fahrzeuginsassen usw. (um Ortsfremde zu vermeiden). Jeder Vorüberkommende wird diagnostiziert (kein Auslassen von schwierigen Fällen). Schwidetzky untersuchte auf diese Weise in 13 Orten in der Auvergne insgesamt 1 547 Passanten. Die von ihr berücksichtigten Merkmale waren der typologische Gesamteindruck, die Körperhöhe, die Körpergestalt (schmal oder untersetzt), die Farbenkomplexion und die Nasenform. Sie fand überall viele gute Alpine. Der Prozentsatz beträgt durchschnittlich 49 Prozent, in einzelnen Orten sogar bis zu 66 Prozent. Der Anteil der Unbestimmbaren beträgt 27 Prozent. Hinzu kommen 15 Prozent Dinaride und 9 Prozent Mediterrane. Die Dinariden sind überwiegend nicht schlank und hochwüchsig, wie es das klassische Bild von den (alpenländischen) Dinariden erfordert, sondern genauso kleinwüchsig und gedrungen wie viele der Alpinen. Eine überwiegend alpine Bevölkerung also.

Schwidetzky begnügte sich aber nicht mit dieser subjektiven Methode, sondern wertete auch das Material von Schlaginhaufens Schweizer Stellungspflichtigen (s.u.) mit einer objektiven Methode im Hinblick auf das Vorkommen von Alpinen aus. Die Schweiz hat seit den ersten Beschreibungen von Beinhausschädeln als Kernland der Alpinen gegolten. Erst die Ergebnisse Schlaginhaufens hatten gezeigt, dass die Schweizer in allen Kantonen verhältnismäßig langköpfig und schmalgesichtig sind. Schlaginhaufen hat in seiner Veröffentlichung die Prozentsätze für das Vorkommen der verschiedenen Merkmalskombinationen für sechs Merkmale mitgeteilt (Körperhöhe, Längenbreitenindex, Gesichtsindex, Nasenindex, Augenfarbe, Haarfarbe). Typen sind überzufällig oft vorkommende Merkmalskombinationen. Schwidetzky verglich nun die empirischen Zahlen für die Merkmalskombinationen mit den nach der statistischen Wahrscheinlichkeit theoretisch zu erwartenden Häufigkeiten. Es ergaben sich für die dem alpinen Typus entsprechenden Merkmalskombinationen hohe Frequenzüberschüsse von bis zu 263 Prozent. Das bestätigt in der im Mittel schmalgesichtigen Bevölkerung das Vorhandensein eines kleinen, dunklen, kurzköpfigen und breitgesichtigen Typus im Sinne einer überzufälligen Häufung, also eines statistischen Typus. Schwidetzky überprüfte auch die Häufigkeiten für die anderen europäischen Typen. Dabei ergab sich, dass es außer für die Alpinen auch hohe Frequenzüberschüsse für die Nordiden gibt, für die anderen Typen dagegen nur geringe Frequenzüberschüsse oder gar keine. Das bedeutet, dass der alpine und der nordide Typus die jüngsten, noch nicht völlig zerkreuzten Typen in der Schweiz sind beziehungsweise die geographisch noch am besten abgegrenzten Typen in der Schweiz. Alles in Allem kann man Schwidetzkys Studien in der Auvergne und an dem Schweizer Material wohl als empirischen Nachweis des alpinen Rassentypus in Europa betrachten.[143]

Heinrich Schade (1907–1989) hat von 1936 bis 1938 acht Dörfer in der hessischen Schwalm im Auftrag von Otmar von Verschuer anthropologisch und erbbiologisch untersucht. Es handelt es sich um ein „halboffenes" vorwiegend großbäuerliches Isolat im Gebiet zwischen Kassel und Marburg. Außerdem hatte er von Walter Scheidt die Ergebnisse von genealogischen und anthropologischen Erhebungen in einigen anderen Dörfern der Schwalm übernommen, die Schüler von diesem schon seit 1929 durchgeführt hatten. Dazu gehörten auch vollständige genealogische Erhebungen nach dem Vorbild von Scheidts Untersuchung in Finkenwerder. Die Masse der Daten konnte Schade erst in den 1950er Jahren auswerten.

Schade führte 1956 vor Ort eine erbbiologische und sozialbiologische Nachuntersuchung durch. Die Bevölkerung der Schwalm ist eine vorwiegend fälisch-nordide Bevölkerung, in der es in geringem Maße auch ein graziles mediterranides Typenelement unbekannter Herkunft gibt. Von den Männern, die hier seit 1890 heirateten, hatten 49,6 Prozent mit ihren Frauen irgendwelche gemeinsame Vorfahren (bis 1800), 32,2 Prozent wiesen über 5 Prozent und 5 Prozent über 25 Prozent gemeinsame Erbanteile auf.

Bereits bei der Untersuchung wurde deutlich, dass die Bevölkerung der Schwalm, die zunächst einen sehr einheitlichen Eindruck macht, in den einzelnen Dörfern große Unterschiede aufweist. Die Unterschiede betreffen den Ausdruck der Bewohner, ihren ganzen Lebensstil und damit das Bild des Dorfes selbst, seine Sauberkeit, Ordnung und Hygiene. Die Unterschiede zwischen den Orten beruhen weitgehend auf dem Verhalten der sie bewohnenden Familien. Statistisch lassen sie sich in dem prozentualen Anteil von Alkoholikern, Vorbestraften und Schwachsinnigen fassen. Es zeigte sich, dass der größte der untersuchten Orte mit 1 021 Einwohnern die geringste Anzahl von Kriminellen und Schwachsinnigen und keine schweren Alkoholiker aufweist. Der deutlich unsauberste Ort weist dagegen die höchste Kriminalität und die meisten Alkoholiker auf. Es gibt zwischen den Orten auch Unterschiede in der körperlichen Erscheinung der Bewohner. So weist ein Dorf, dessen Bewohner von ihren Nachbarn als die „Wissen" (die Weißen) bezeichnet wurden, mit 41,5 Prozent besonders viele Blonde im Vergleich zur ganzen Schwalm mit 27,4 Prozent auf. Es gibt auch beträchtliche Unterschiede zwischen den sozialen Schichten, so eine größere Häufigkeit von Geisteskrankheiten bei den Bauern und von Schwachsinnigen, Beschränkten,

143 Ilse Schwidetzky: Die alpine Rasse: Beitrag zu einem Existenzbeweis. In: Homo 3, 1952, S. 60-75

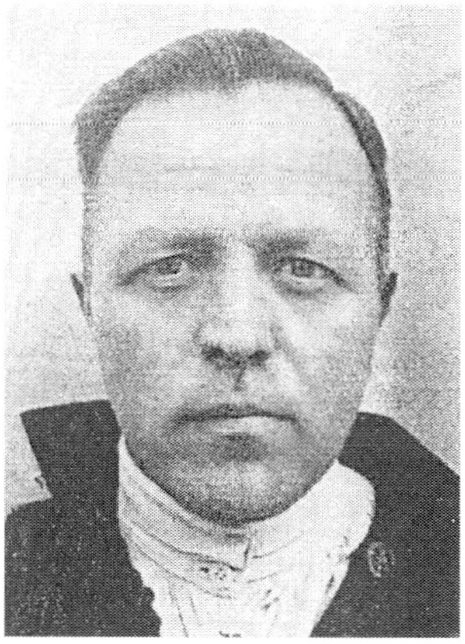

Mann aus der Schwalm

Frau aus der Schwalm

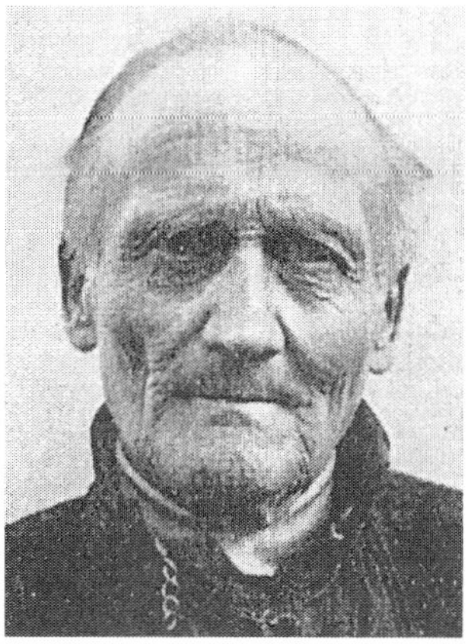

Alter Schwälmer Bauer

Alkoholikern und Kriminellen bei den Arbeitern. Insgesamt liegen die Häufigkeiten jedoch im in Deutschland üblichen Bereich.

Schade gibt auch die erb- und sozialbiologischen „Biografien" einer Auswahl von Familien wider. Einer der größeren Orte ist wesentlich durch die Familie des Bürgermeisters bestimmt. Ein Teil der Sippe zeigt auch körperliche Eigentümlichkeiten, die in der Schwälmer Bevölkerung etwas auffallen. Bei durchschnittlicher Größe haben sie engwellige Haare und verhältnismäßig dicke Schleimhautlippen. Die Nase ist vorspringend konvex, die Komplexion gemischt bis dunkel. Alle Familienangehörigen zeichnen sich bei aller bäuerlicher Bedachtsamkeit durch geistige Wendigkeit, zuverlässige Arbeit und eine unaufdringliche sachliche Art des Verhandelns aus, die das Vertrauen der Bevölkerung begründet hat. Die ältesten Vorfahren der Familie, die bekannt sind, waren ein Tagelöhner und mütterlicherseits ein Gastwirt. Die nächsten Generationen waren Landwirte, Schneider, Bäcker und Lehrer. Der Bäcker errichtete in einer Millionenstadt im Ausland eine große Brotfabrik. Heute entstammen der Bürgermeister, der Gastwirt, der Darlehenskassenrechner, der Postbeamte und die guten Handwerker des Ortes dieser Familie. Die soziale Stellung der Familie hat sich auch zwanzig Jahre nach der ersten Untersuchung nicht verändert. Die Familienbeobachtungen zeigen, wie die körperliche Konstitution und die psychische Veranlagung die soziale Stellung der Familie in der Dorfgemeinschaft beeinflusst, ja über sie hinaus wirkt.[144]

144 Heinrich Schade: Anthropologische Befunde bei einer erbbiologischen Bestandsaufnahme in der Schwalm. In: Verhandlungen der deutschen Gesellschaft für Rassenforschung 10, 1940, S. 36-39; ders.: Ergebnisse einer Bevölkerungsuntersuchung in der Schwalm. Wiesbaden 1951; ders.: Zur soziologischen Bedeutung erblicher Anlagen in einer dörflichen Gemeinschaft. In: Homo 7, 1956, S. 98-110; ders.: Neue statistische Ergebnisse einer Bevölkerungserhebung in der Schwalm. In: Homo 9, 1958, S. 13-20;

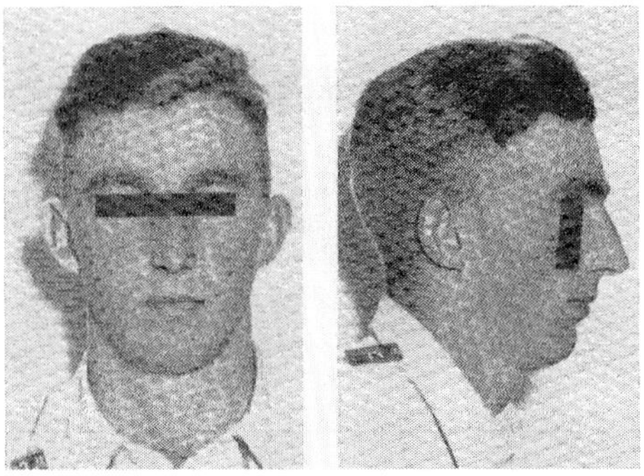

Mann aus Ostfriesland (Gutachten)

Seit den 1920er Jahren – und in besonderen Fällen auch noch heute – führen Anthropologen für erbbiologische Vaterschaftsgutachten einen eingehenden Vergleich der morphologischen Merkmale durch, um unter den fraglichen Vätern den richtigen zu finden. Auf diese Weise sammelte sich in den anthropologischen Instituten ein reiches Datenmaterial an, das man – natürlich anonymisiert, deswegen der schwarze Balken auf dem Foto – gelegentlich auch in Hinblick auf anthropologische Fragestellungen auswertete. So nutzte Heinrich Schade in den 1950er Jahren ein von dem Institut für Humangenetik in Münster gesammeltes Gutachtenmaterial von 200 Männern und 125 Frauen für eine anthropologische Beschreibung der Bevölkerung Ostfrieslands. Die untersuchten Personen entstammten überwiegend der Landbevölkerung, waren im Mittel etwa 30 Jahre alt und alle in Ostfriesland (damaliger Regierungsbezirk Aurich) geboren. Fast alle gehören dem nordiden Rassentypus an. Allerdings zeichnet sich ein beträchtlicher Anteil der Ostfriesen durch ein „progressives“, vorstehendes Gesichtsprofil aus. So haben 20 Prozent der Männer ein stark zurückweichendes Stirnprofil und 43 Prozent einen stark zurückweichenden Mund- und Kinnabschnitt. In Verbindung mit einem schmalen Gesicht und sehr langer Kopfform ist diese Merkmalskombination für die Ostfriesen charakteristisch. Bemerkenswert ist, dass in der Häufigkeit dieses Gesichtstypus ein starkes Gefälle zum niedersächsischen Gebiet besteht. Es scheint also eine Art friesischen Stammestypus zu geben, der sich vom niedersächsischen unterscheidet.[145]

Manfred Wolf vom Mainzer Institut ging 1956 der Frage nach, ob zwischen den beiden Rheinufern zwischen dem Rheingau im Norden und Rheinhessen im Süden eine Heiratsgrenze und eine entsprechend signifikante anthropologische Merkmalsgrenze besteht. Er untersuchte dazu 480 Männer und 282 Frauen aus drei Orte vom Nordufer (Oestrich, Hattenheim, Erbach) und zwei vom Südufer (Ingelheim, Heidesheim). Die Zahl derjenigen Ortsbewohner, deren Ehepartner vom jeweils anderen Rheinufer stammt, beträgt in den

---

ders.: Sozialanthropologische Ergebnisse einer Zensusuntersuchung (Schwalm). In: Homo 11, 1960, S. 53-60.

145 Heinrich Schade: Kleiner Beitrag zur Anthropologie der Ostfriesen. In: Homo 9, 1958, S. 146-162.

einzelnen Orten zwischen 0,9 und 2,1 Prozent. Heiraten über den Rhein hinweg waren also sehr selten.

Der Vergleich der anthropologischen Daten ergab, dass alle drei Orte im Norden jeweils häufiger eine helle Augenfarbe, eine größere mittlere Kopflänge, einen niedrigeren Längenbreitenindex, eine größere morphologische Gesichtshöhe und einen höheren Nasenindex haben als jeweils die beiden Orte im Süden. Nicht nach den Orten aufgeschlüsselt, sondern nur nach den beiden Uferseiten, sind die Daten für die anhand der Fotografien bestimmten physiognomischen Merkmale. Auf dem Nordufer gibt es danach häufiger schmal-ovale Gesichter, ausgewölbte Hinterhäupter, ein konvexes Nasenprofil und ein vorspringendes Kinn. Es besteht also am Rhein zwischen dem Rheingau und Rheinhessen eine anthropologische Merkmalsgrenze. Wolf führt sie auf die sicher schon lange bestehende Heiratsgrenze am Rhein zu-

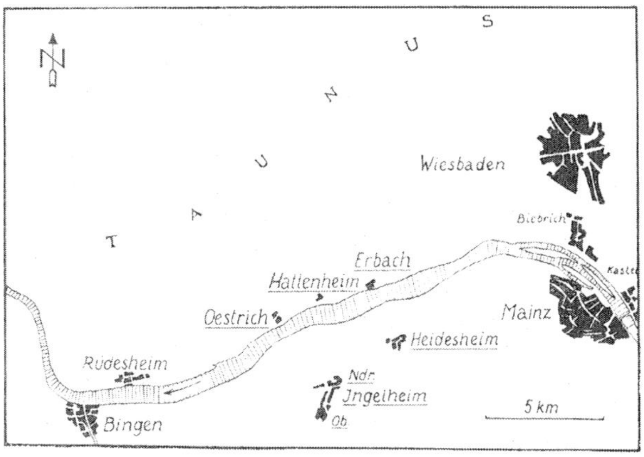

Der Rhein zwischen Mainz und Bingen. Die untersuchten Orte sind unterstrichen.

Friedrich Keiter

rück.[146] Es kann aber auch sein, dass der Rhein schon bei der Ausbreitung der Germanen ein Hindernis war und die heutige kleinere, brachycephalere und dunkeläugigere Bevölkerung südlich des Rheins auf einen größeren Anteil der keltoromanischen vorgermanischen Bevölkerung zurückgeht.

Friedrich Keiter setzte seine physiognomischen Studien an großen Bilderserien auch nach dem Krieg fort. In einem 1960 veröffentlichten Aufsatz verglich er je 200 Norddeutsche (Hamburger Vaterschaftsgutachten), Franzosen (Kriegsgefangene 1941) und Italiener (Straßengänger in Salerno bei Neapel von 1938) im (blinden) Paarvergleich miteinander. Das heißt, der Beurteiler, der nicht wusste, zu welcher Gruppe die Bilder gehören, verglich immer zwei Bilder in Hinblick auf ein bestimmtes Merkmal. Geprüft wurde auf 19 physiognomische Merkmale hin.

146 Manfred Wolf: Der Rhein als Heirats- und Wandergrenze. In: Homo 7, 1956, S. 2-13.

Die Deutschen haben danach breitere Gesichter als die Franzosen und Italiener, weniger grazile Gesichter als die Italiener und ein weniger zurückweichendes Kinn als die Franzosen. Sie haben außerdem kleinere Nasen als die Italiener und Franzosen und seltener ein so konvexes Nasenprofil wie die Italiener. Die Deutschen haben tiefliegendere Augen als die Franzosen, aber nicht so tiefliegende wie die Italiener. Schließlich fehlen ihnen weitgehend die bei den Italienern häufigeren absinkenden Nasenspitzen. Insgesamt sind die Norddeutschen den Franzosen ähnlicher als den Italienern.[147]

Teilweise schon in der ersten Hälfte des 20. Jahrhunderts bemerkte man, dass nicht nur die Körpergröße der Menschen im Vergleich zu der in früheren Zeiten zunahm, sondern auch die Köpfe wieder länger und schmaler wurden. Diesen Vorgang, der bis heute anzuhalten scheint, nennt man Debrachycephalisation. Am Anthropologischen Institut in Jena gibt es seit über hundert Jahren die Tradition, in unregelmäßigen Abständen an Kindern Wachstumsuntersuchungen durchzuführen. Diese zeigten zum Beispiel 1969 für Knaben in 70 Jahren eine Verringerung des Längenbreitenindex des Kopfes um 3 bis 4 Einheiten und bei Mädchen um 2 bis 3 Einheiten. Der mittlere Längenbreitenindex, der 1902 für 13jährige Knaben 86,5 betrug, betrug 1968/69 nur noch 82,8.[148]

Am Niederrhein gibt es eine Bevölkerungsgruppe, die sich die „Pfälzer“ nennt. Sie geht auf eine Gruppe protestantischer Auswanderer aus dem Nahetal und dem Gebiet des unteren Hunsrück zurück, die in der Mitte des 18. Jahrhunderts nach Amerika auswandern wollten. Nicht allen pfälzischen Auswanderern gelang es jedoch, bis in die niederländischen Häfen zu kommen, sondern eine Gruppe blieb am Niederrhein, schloss mit der Stadt Goch 1741 einen Erbpachtvertrag und ließ sich in dem neugegründeten Dorf Pfalzdorf nieder. Eine Generation später gründeten die Pfälzer in der Nachbarschaft die Dörfer Louisendorf und Neulouisendorf. Die drei Dörfer bilden bis heute ein sprachliches, konfessionelles und kulturelles Isolat. In einer amtlichen Liste aus dem Jahr 1777 sind die Namen der Gründer festgehalten, und die Kirchenbücher zeigen, dass es bis fast zur Gegenwart kaum Heiraten mit der einheimischen niederrheinischen Bevölkerung gab.

Der Mainzer Doktorand Klaus-Peter Fiedler untersuchte in den 1980er Jahren 171 freiwillige erwachsene männliche „Pfälzer“ anthropologisch, um sie mit der Herkunftsbevölkerung in Rheinland-Pfalz und der niederrheinischen Umgebung zu vergleichen. Unterscheiden sich die „Pfälzer“ vom Niederrhein noch heute durch ihre anthropologischen Merkmale von ihren nieder-

147 Friedrich Keiter: Norddeutsche, Franzosen und Italiener im morphognostischen Paarvergleich. In: Mitteilungen der Anthropologischen Gesellschaft in Wien 90, 1960, S. 55-66.

148 Heinz Schmieder: Veränderungen des Längen-Breiten-Index bei Dresdner Kindern im Laufe von sieben Dezennien. In: Biologische Rundschau 7, 1969, S. 261.

rheinischen Nachbarn? Neben den Farbmerkmalen und der Körperhöhe erhob Fiedler auch mehrere Hautleistenmerkmale der Finger und der Hand.

Die Arbeit leidet darunter, dass Fiedler keine aktuelle und gleichalterige Vergleichsgruppe am Niederrhein und in Rheinland-Pfalz untersuchen konnte und daher auf Daten aus der Literatur zurückgreifen musste. Für die Herkunftsbevölkerung standen da das Material der 14-jährigen Knaben aus der Rheinland-Pfalz-Untersuchung, auf die ich weiter unten noch eingehen werde, und für den Niederrhein die Virchow'sche Schulkinderuntersuchung von 1875 sowie Daten aus den benachbarten Niederlanden, zur Verfügung. Daher waren bei der Körpergröße und den Haarfarben alters- und akzelerationsbedingte Umrechnungen nötig. Keiner Umrechnungen bedurften dagegen die altersstabilen Merkmale der Augenfarbe und der Hautleisten.

Bei dem Bevölkerungsvergleich weisen die niederrheinischen „Pfälzer“ die niedrigste Körperhöhe auf. Sie liegt nicht nur unter der der niederrheinischen Umgebung, sondern auch 2 cm unter der der Bevölkerung der Herkunftsregion. Bei der Haarfarbe weisen sie wesentlich weniger dunkelbraune bis schwarze Haare auf. Bemerkenswert ist der hohe Anteil an Rothaarigen, der nicht nur sehr viel höher als der der niederrheinischen Umgebung, sondern auch als der der Herkunftsregion ist. Der Vergleich der Augenfarbe, wo keine Umrechnung nötig war, weist weitgehende Übereinstimmung mit der Herkunftsregion aus (10,5 Prozent Braunäugige gegen 10,7 Prozent). Bei den Hautleistenmerkmalen Gesamtleistenzahl, Musterindex und individueller quantitativer Wert bestehen keine statistischen Unterschiede zur Herkunftsregion.

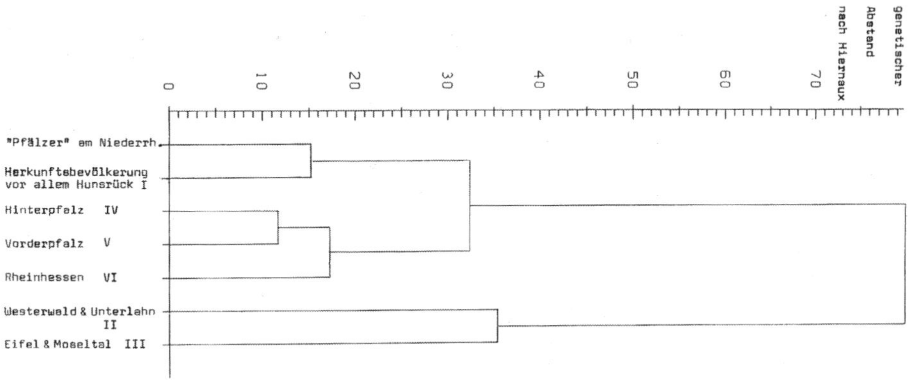

Abstandsdendrogramm auf der Basis der streng erblichen Merkmale Augenfarbe und der Hautleistencharakteristik Gesamtleistenzahl, Hypothenarbemusterung und A-Linie
Die Bevölkerungen sind nach genetischer Ähnlichkeit zusammengefaßt.

Dendrogramm für Hautleisten und Augenfarbe der Pfälzer am Niederrhein

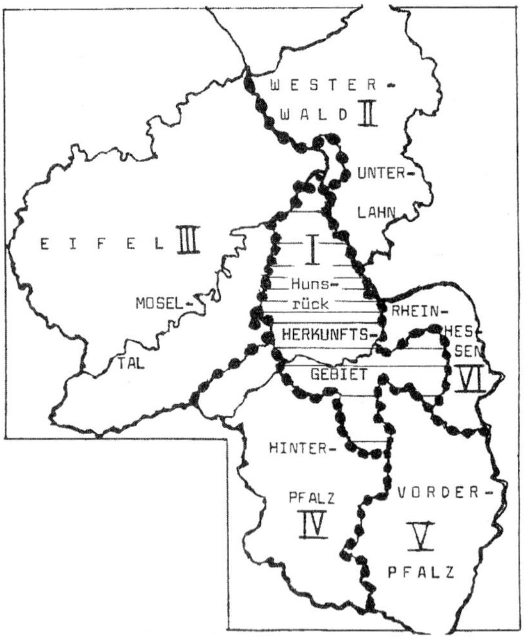

Die kartographische Darstellung der Vergleichsbevölkerungen
(im Bereich des Landes Rheinland-Pfalz)
Das Herkunftsgebiet ist schraffiert. (Die Schraffur ist entsprechend der historisch-genealogisch ermittelten besonders hohen Abwanderungsrate aus dem Hunsrück [an den Niederrhein] verdichtet.)

Karte des Herkunftsgebietes der Pfälzer am Niederrhein

Beim multivariaten Ähnlichkeitsvergleich für die Augenfarbe und die Hautleistenmerkmale bilden die „Pfälzer" am Niederrhein ein gemeinsames Cluster mit ihrer Herkunftsregion. Die übrigen rheinland-pfälzischen Regionen bilden ein weiteres Cluster (Hinterpfalz, Vorderpfalz, Rheinhessen), das sich auf höherem Niveau mit dem ersten, „pfälzischen" zusammenschließt beziehungsweise ein drittes Cluster (Westerwald und Unterlahn, Eifel und Moseltal), das weit abseits steht. Dieses Ergebnis steht in Widerspruch zur geringen Körperhöhe und der großen Zahl der Rothaarigen bei den „Pfälzern". Fiedler führte die Sonderstellung auf die starke Inzucht unter den „Pfälzern" vom Niederrhein zurück. Rothaarigkeit beruht zumindest teilweise auf rezessiven Genen, die erst bei Homozygotie phänotypisch zur Wirkung kommen. Und aus anderen Untersuchungen ist bekannt, dass Endogame kleinwüchsiger sind als Exogame (siehe unten).[149]

Die Arbeit Fiedlers an den Pfälzern vom Niederrhein in den späten 1980er Jahren ist meines Wissens die letzte morphologische Untersuchung von Le-

149 Klaus-Peter Fiedler: Ein Kurpfälzer-Isolat am Niederrhein – unter besonderer Berücksichtigung des Vergleichs zwischen Kolonisten und Herkunftsbevölkerung. In: Homo 40, 1990, S. 137-158.

benden mit ethnogenetischer Fragestellung, die in Deutschland veröffentlicht worden ist.

Landesuntersuchungen

Johann Schaeuble hatte seine Landesuntersuchung Badens 1939 abbrechen müssen. Sie war über den Stadtkreis Freiburg und sieben Landkreise in der Umgebung nicht herausgekommen. Trotzdem wertete er die Daten, soweit es möglich war, aus und veröffentlichte sie 1954 in einem Aufsatz in der Zeitschrift für Morphologie und Anthropologie. Die Untersuchung hat gegenüber Otto Ammons Untersuchung in Baden den großen Vorteil, dass sie auch die Gesichtsmaße und mehrere physiognomische Merkmale berücksichtigt. Wir bekommen so einen sehr viel besseren Eindruck davon, wie die Menschen

Johann Schaeuble

in Südbaden aussehen. Die Ergebnisse der Untersuchung zeigen besonders zwei regionale Merkmalskomplexe. Zum einen das Markgräflerland und den Südschwarzwald mit deutlich hellerer Haar- und Augenfarbe, größerer Körperhöhe, niedrigerem Längenbreitenindex und schmalerer Gesichts- und Nasenform. Dem stehen der Breisgau und mittlerer Schwarzwald mit dunkleren Farben, kleinerer Körperhöhe und breiteren Gesichtern und Nasen entgegen. Die regionalen Unterschiede stimmen gut mit den schon von Otto Ammon erhobenen Daten überein.[150]

Schaeuble nahm 1956 einen Ruf nach Kiel an. Dort begann er bald mit den Erhebungen für eine Landesuntersuchung Schleswig-Holsteins,

150 Schaeuble, Johann: Zur geographischen und sozialen Verteilung einiger anthropologischen Körpermerkmale in Freiburg (Breisgau) und Umkreis. In: Zeitschrift für Morphologie und Anthropologie 46, 1954, S. 57-103.

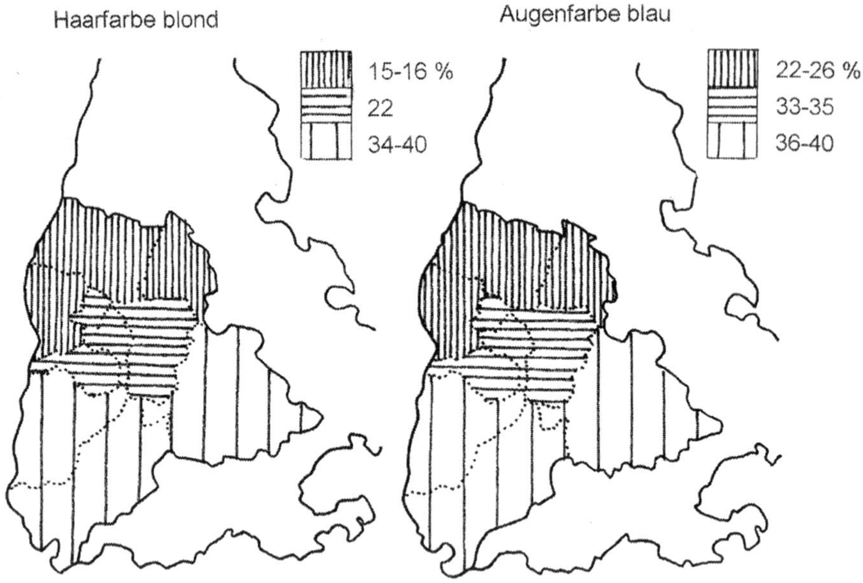

Die Verteilung der blonden Haarfarbe und der blauen Augenfarbe in Südbaden

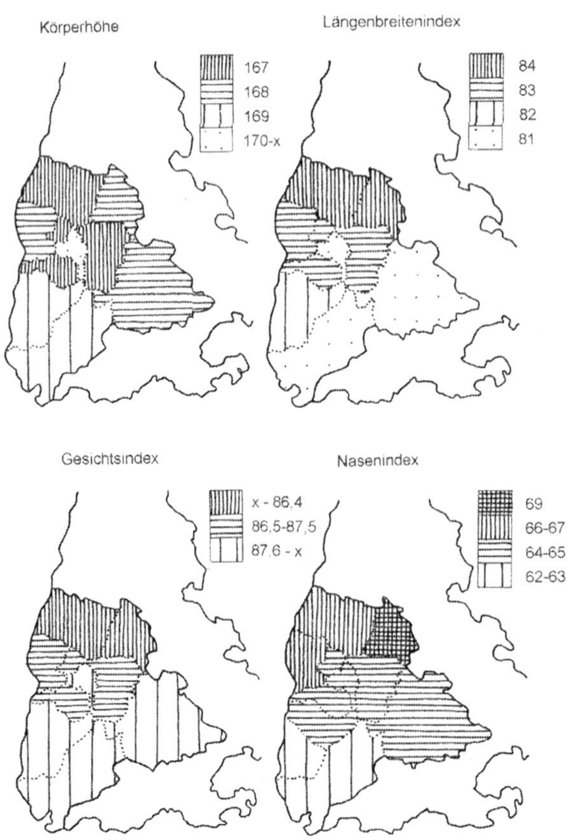

Die Verteilung der Körperhöhe, des Längenbreiten-, Gesichts- und Nasenindex in Südbaden

die weitgehend dem Muster der badischen Untersuchung folgte. Hauptuntersucher und Bearbeiter war sein Mitarbeiter Hermann Helmuth. Die Auswanderung des Hauptbearbeiters Helmuth nach Canada und der Tod Johann Schaeubles 1968 führten jedoch dazu, dass die Erhebungen ähnlich wie in Baden nicht über einige Landkreise hinaus kamen.

Die Westfalen-Untersuchung

Die Initiative für eine weitere Landesuntersuchung ging von dem Historiker Hermann Aubin und dem Geographen Herbert Schlenger aus. Diese hatten vor dem Krieg in Breslau die Rassen-Untersuchung Schlesiens in einem gemeinsamen Seminar mit Ilse Schwidetzky und anderen Anthropologen miterlebt und waren begeistert von den vielen historischen Bezügen, die die anthropologischen Ergebnisse ans Licht brachten. Als sie nach der Unterbrechung durch Kriegs- und Nachkriegszeit die Fortsetzung des 1931 begonnenen, mehrbändigen, von Hermann Aubin herausgegebenen Werkes der „Der Raum Westfalen" planten, das Beiträge der verschiedensten Wissenschaften enthalten sollte, sollte in diesem nun auch die Anthropologie nicht fehlen.

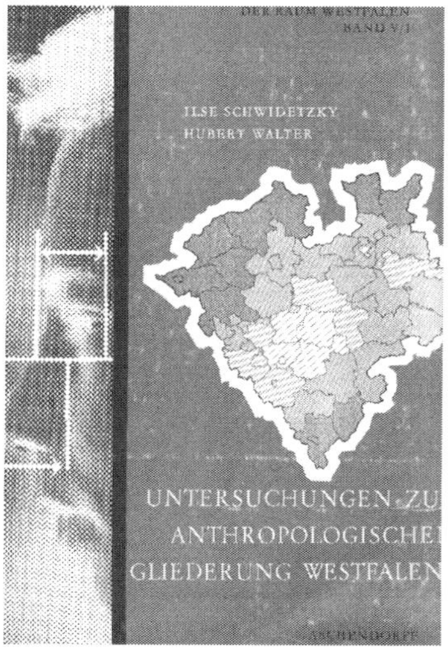

Schutzumschlag des Buches der Westfalen-Untersuchung

Sie wandten sich daher an das zu der Zeit bereits von Ilse Schwidetzky als Nachfolgerin von Egon von Eickstedt geleitete Mainzer Anthropologische Institut. Schwidetzy sagte zu, und der Landschaftsverband Westfalen unterstützte das Projekt einer Landesuntersuchung Westfalens organisatorisch und finanziell. Die Untersuchung nach schlesischem Vorbild aus lauter Dorfuntersuchungen von Erwachsenen aufzubauen, war durch die gewandelten Umstände allerdings nicht mehr möglich. Man entschied sich daher für eine Schulkinderuntersuchung in 55 Land- und Stadtkreisen. Die Erhebungen dauerten von 1955 bis 1958 und der Untersucher war ganz überwiegend Hubert

Ilse Schwidetzk 1972

Walter, ausgewertet wurden die Daten hauptsächlich von Ilse Schwidetzky. Schwidetzky und Walter wurden während dieser Zeit im Institut für Humangenetik der Universität Münster aufgenommen.

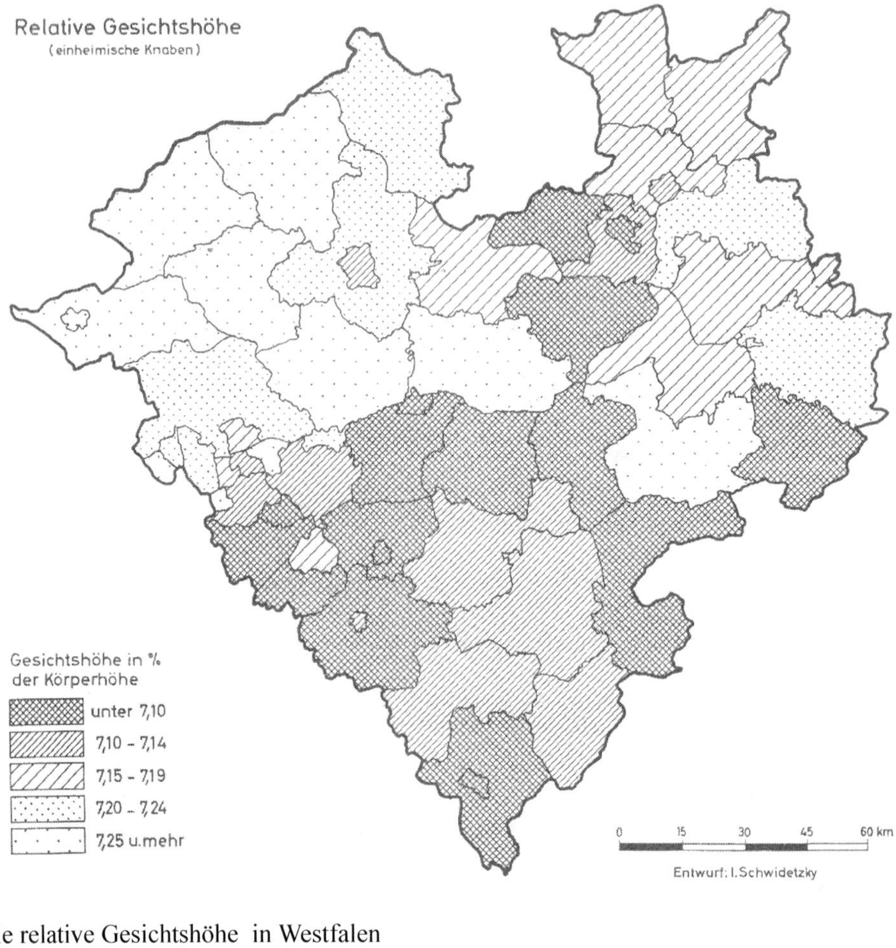

Die relative Gesichtshöhe in Westfalen

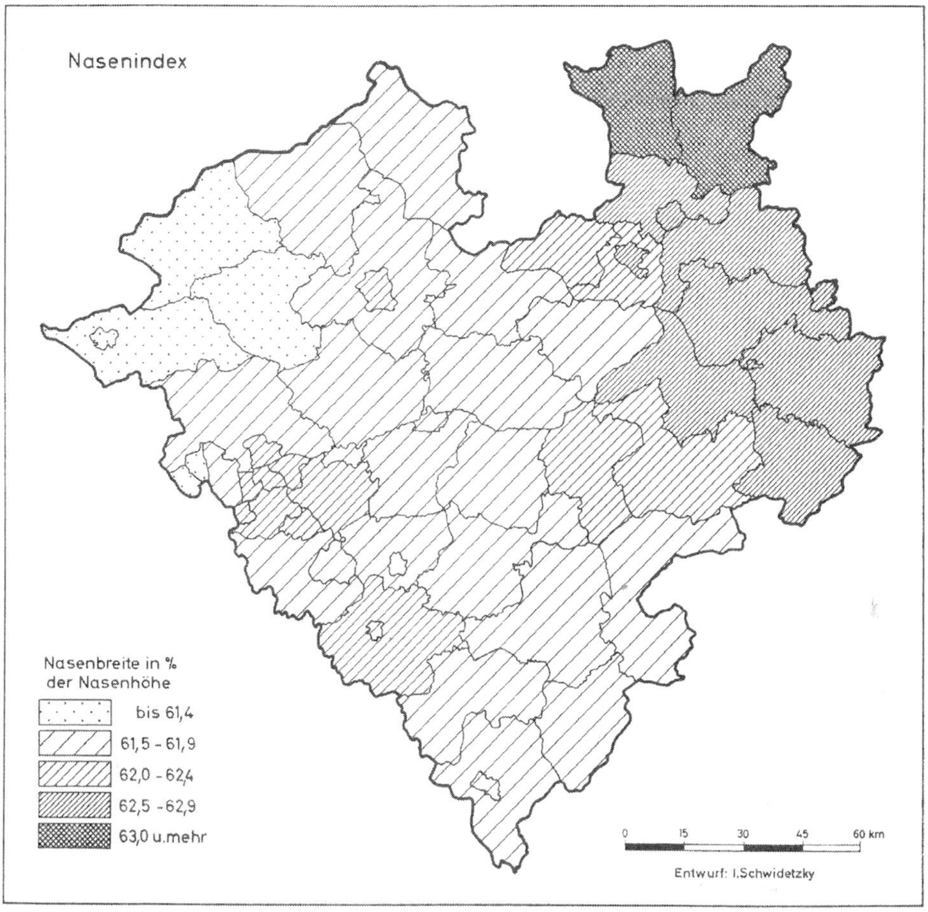

Die Verteilung des Nasenindex in Westfalen

Insgesamt konnten in Westfalen 22 656 Schüler beiderlei Geschlechts im Alter von 13,5 bis 14,5 Jahren untersucht werden. Erhoben wurden neben einigen Sozialdaten zu Herkunft und Beruf der Eltern die üblichen metrischen Merkmale, die Farbmerkmale, einige morphognostische Merkmale, einige Blutgruppen und zwei Hautleistenmerkmale (Mustertypen, Index der Musteridentität). Außerdem wurde der Konstitutionstypus nach Kretschmer und der rassische Typus bestimmt, letzterer in Kombination aus Kombinationstypus und subjektiver Felddiagnose (beide mussten übereinstimmen). Da der Verdacht bestand, dass sich die subjektiven Bestimmungsmaßstäbe bei den morphognostisch-physiognomischen Merkmalen im Lauf der dreieinhalbjährigen Untersuchung mit der Zeit verschoben haben, wurden diese von Schwidetzky nachträglich anhand von Lichtbildern in zufälliger Reihenfolge bestimmt beziehungsweise gemessen. Nicht zuletzt schätzten die Lehrer die Schulbegabung der Schüler in Form einer Note von eins bis sechs ein.

Die einheimischen westfälischen Knaben (ohne Vertriebene) sind verhältnismäßig hochwüchsig, nur die im Münsterland sind etwas kleiner, dafür diejenigen im Sauerland (Südwestfalen) kräftiger gebaut. Haar- und Augenfarbe sind überwiegend hell. Am blondesten sind die Münsterländer. Der Längenbreitenindex liegt etwa bei 80, mit nur geringen geographischen Unterschieden. Dafür gibt es erhebliche Unterschiede beim Gesichtsindex. Der ganze Süden Westfalen ist verhältnismäßig breit-niedriggesichtig. Dem Nasenindex nach sind die Nasen im Nordosten etwas breiter. Typologisch überwiegen unter den einheimischen Westfalen die Nordiden, gefolgt von den Fälischen. Die Nordiden sind am häufigsten im Münsterland und die Fälischen in Südwestfalen.

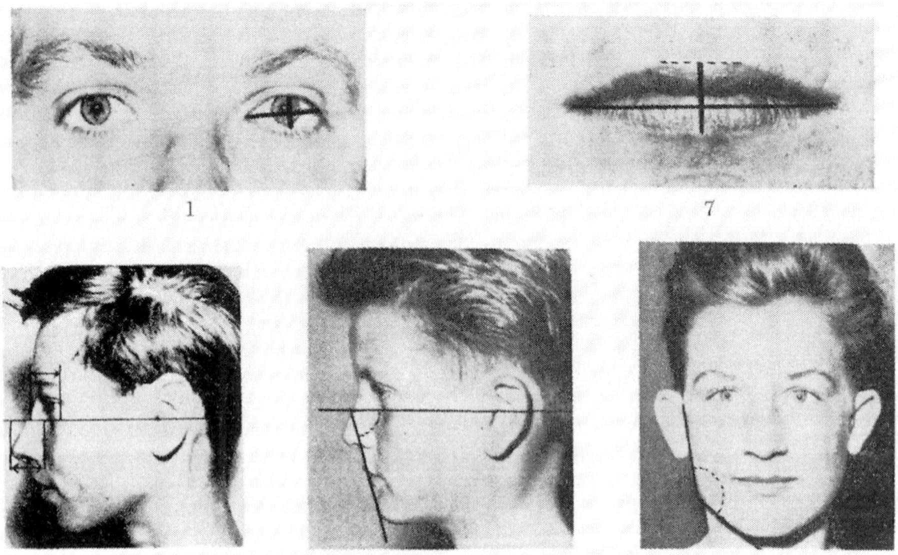

Abb. 1, 3, 7, 9, 10: Metrische Bestimmung physiognomischer Merkmale.
Die Nummern der Abbildungen entsprechen den Nummern der Merkmale im Text.

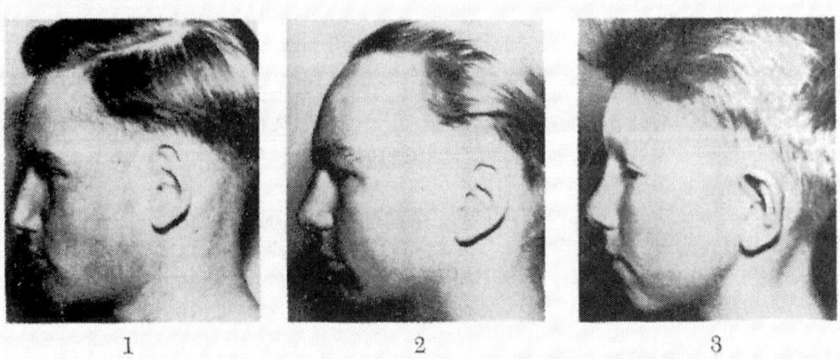

Abb. 5: 3 Stufen der Frontalität der Wangenbeine.

Die Messung und Bestimmung der physiognomischen Merkmale in der Westfalen-Untersuchung

Fünf Beispiele für die Ausprägung des Lidspaltenindex
Von links nach rechts: 28 - 32 - 36 - 40 - 47

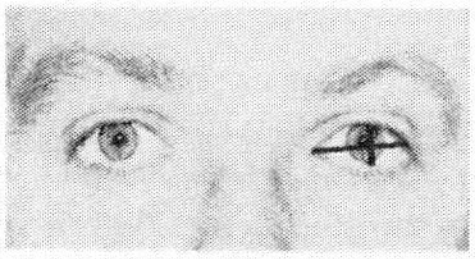

Die Messung von Lidspaltenhöhe und Lidspaltenbreite

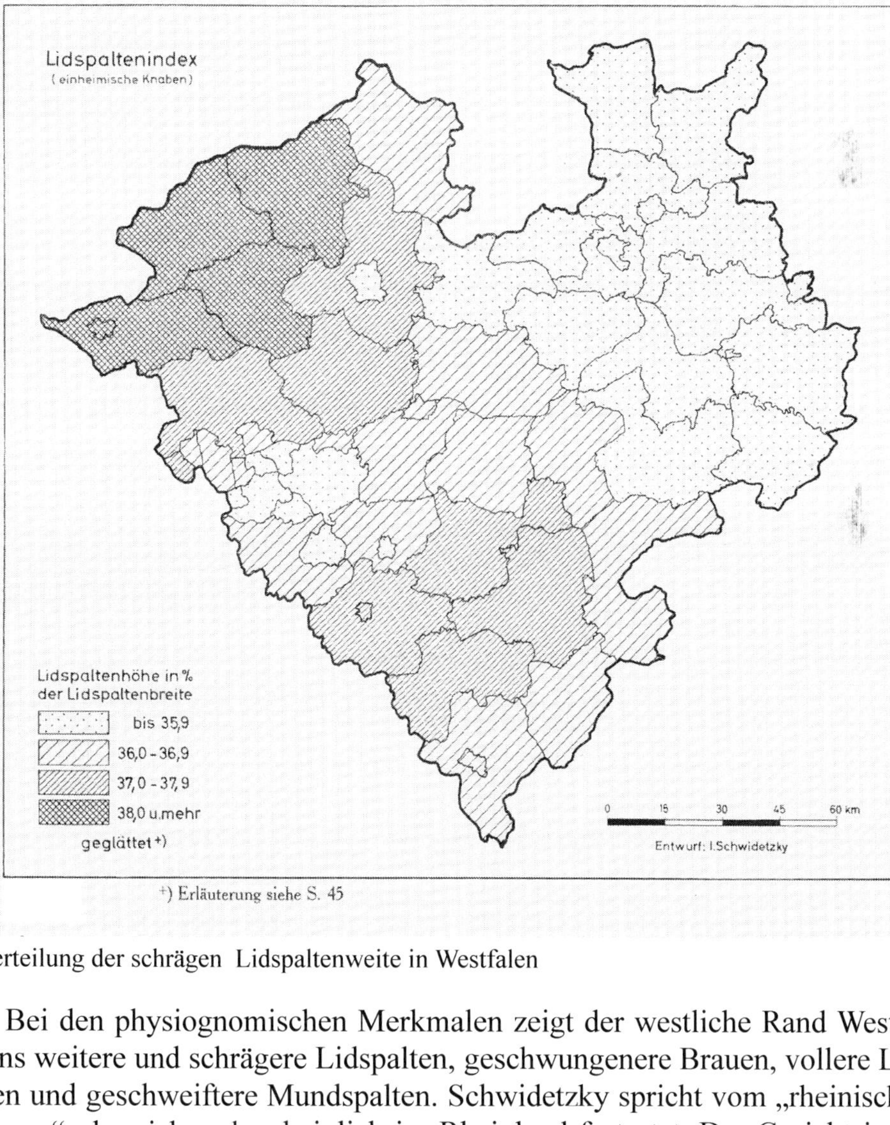

+) Erläuterung siehe S. 45

Verteilung der schrägen Lidspaltenweite in Westfalen

Bei den physiognomischen Merkmalen zeigt der westliche Rand Westfalens weitere und schrägere Lidspalten, geschwungenere Brauen, vollere Lippen und geschweiftere Mundspalten. Schwidetzky spricht vom „rheinischen Typus“, der sich wahrscheinlich im Rheinland fortsetzt. Der Gesichtsindex

Die Messung von Lippenhöhe und Mundspaltenbreite

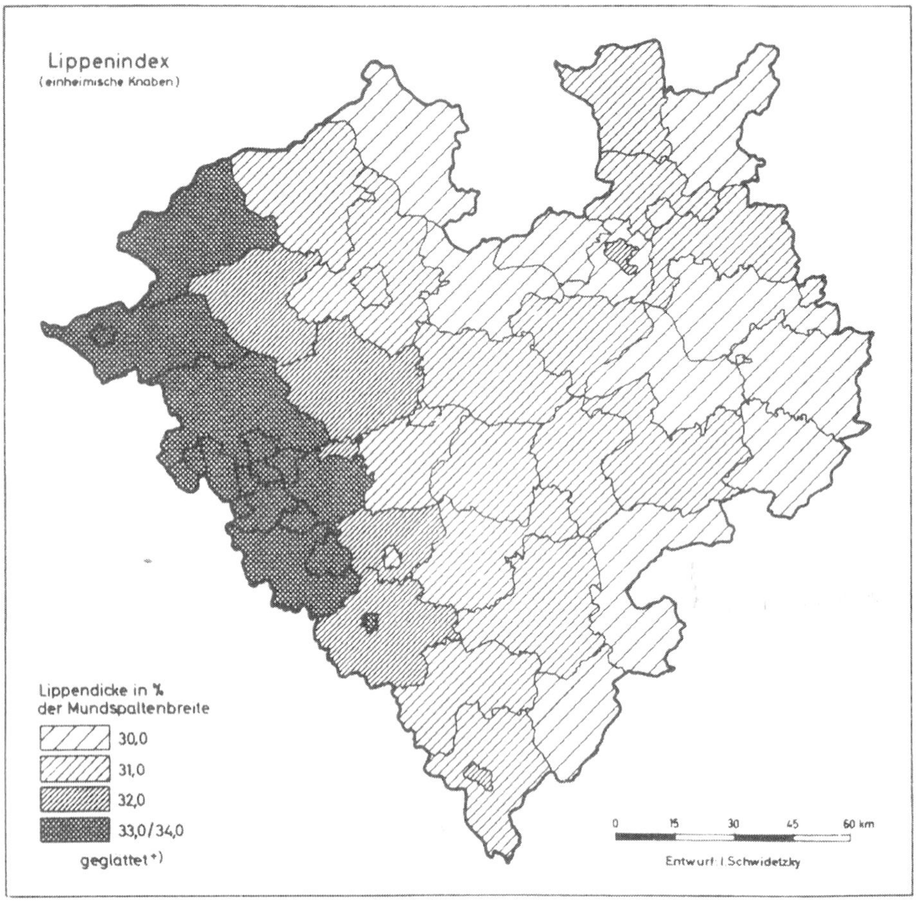

Karte des Lippenindex in Westfalen

weist in Westfalen besonders viele Korrelationen zu anderen Merkmalen auf, die wiederum untereinander korreliert sind. Nach Schwidetzky ist es „*offensichtlich, daß hier jener Merkmalskomplex zutage tritt, der in der Literatur als fälischer Typus beschrieben wird. Den geläufigen Merkmalen – breit-eckiges Gesicht, tiefliegende Lidspalte, Knochenderbheit auch in Mittelgesicht und Kinnregion – können dabei einige angefügt werden, die in der Beschreibung bisher weniger oder gar nicht beachtet wurden: schmale Lidspalte, schmale Lippen, horizontalstehende Lidspalte, gerade Brauen, gerade Mundspalte. Es ist eine Physiognomie mit Betonung der geraden und horizontalen Linien.*“ Er hat seinen geographischen Schwerpunkt nicht etwa im Münsterland, wie man

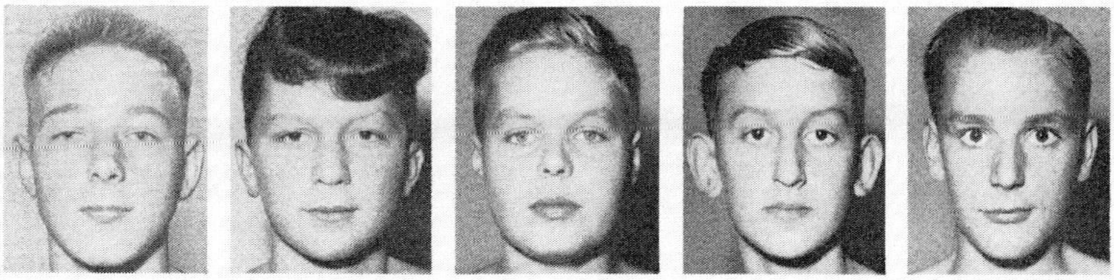

Fünf Beispiele für die Ausprägung des Lidspaltenindex
Von links nach rechts: 28 - 32 - 36 - 40 - 47

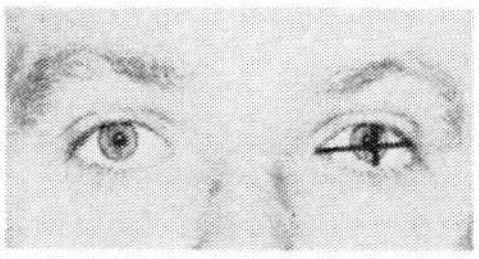

Die Messung von Lidspaltenhöhe und Lidspaltenbreite

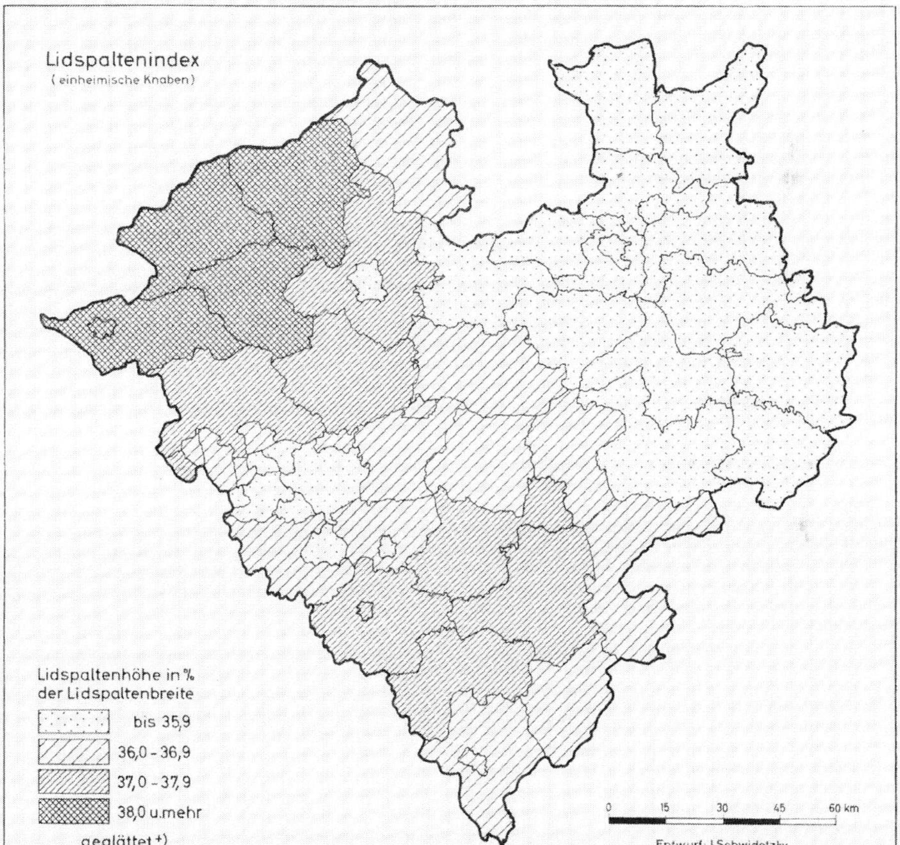

+) Erläuterung siehe S. 45

Karte des Kinnwinkels in Westfalen

ursprünglich glaubte, sondern im Süden Westfalens und im Gebiet südlich von Osnabrück, das das Münsterland von dem Nordosten Westfalens trennt. Die geografischen Merkmalskorrelationen zeigen neben dem rheinischen und dem fälischen noch einen dritten Typus im Nordosten Westfalens. Dieser, den Schwidetzky den „Wesertypus" nennt, ist durch ein hoch-schmales Gesicht, etwas breitere Nasen, enge und gerade Lidspalten und schmale Lippen charakterisiert. Er entspricht dem Merkmalsbild des klassischen nordiden Typus. Alle drei westfälischen Typen sind überwiegend hell pigmentiert.

Während der fälische Typus an den vorgeschichtlichen cromagniden Typus anschließt, führt Schwidetzy den Wesertypus auf die Sachsen und den rheinischen Typus auf die Franken der Völkerwanderungszeit zurück. Um diese Hypothese zu testen, prüfte sie an Skelettresten aus frühmittelalterlichen fränkischen und sächsischen Reihengräberfeldern, ob diese Unterschiede schon zu dieser Zeit bestanden. Es zeigte sich, dass sich die fränkischen Schädel

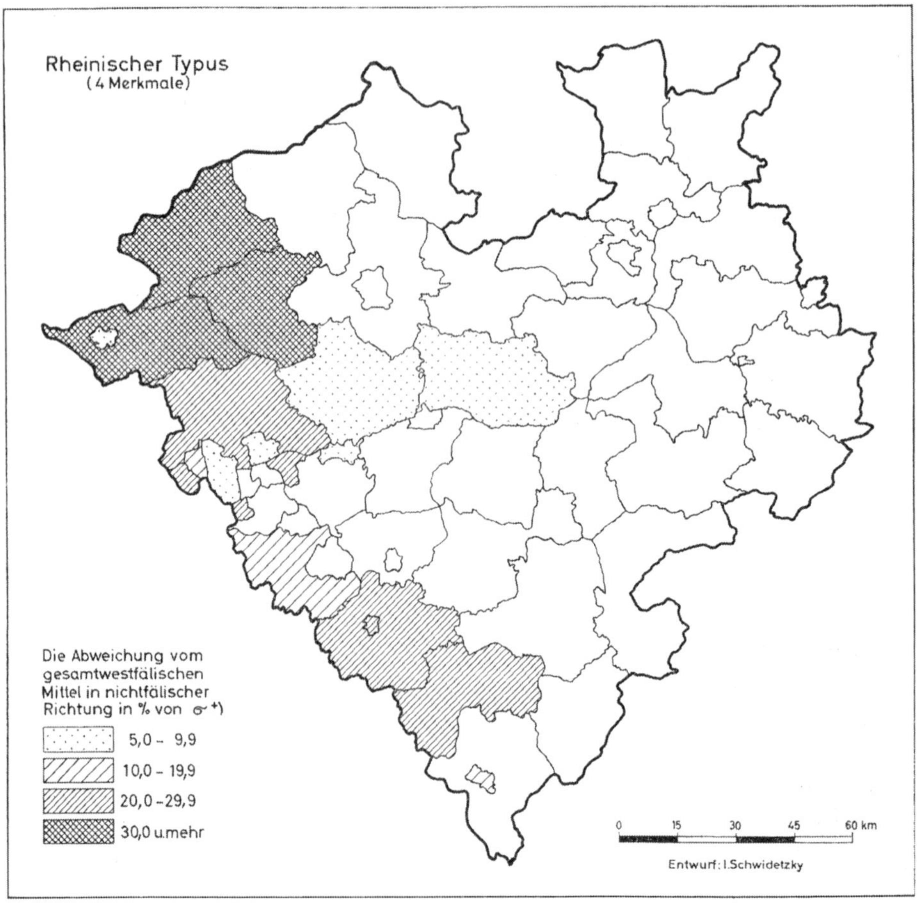

+) Sigma ist die Quadratwurzel aus dem Durchschnitt der quadrierten Abweichungen der Einzelwerte vom Mittelwert

Die Verteilung des Rheinischen Typus in Westfalen

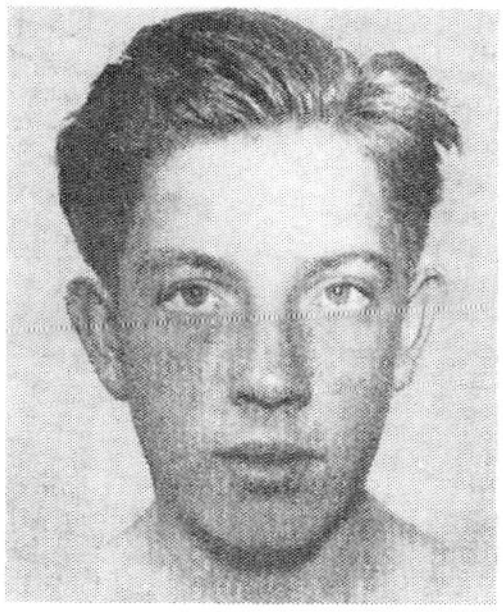

Rheinischer Typus,
Knabe

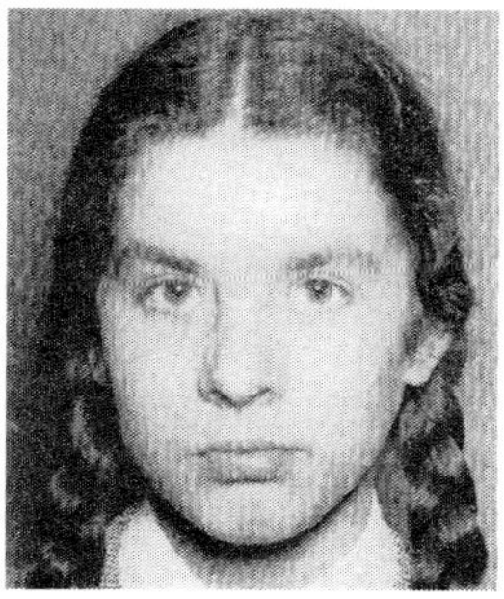

Rheinischer Typus,
Mädchen

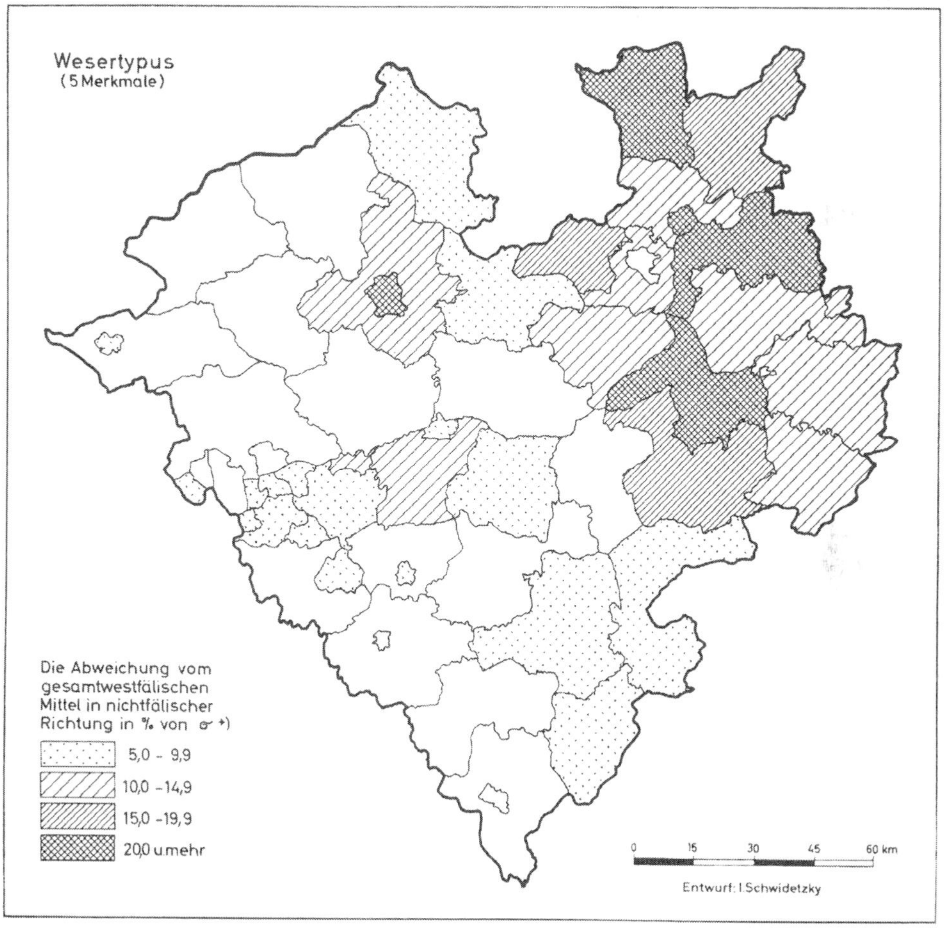

Die Verteilung des Weser-Typus in Westfalen

durch höhere *Orbitae* (Augenhöhlen), die als ein Hinweis auf ein weiter geöffnetes Augen angesehen werden können, eine stärkere Neigung des oberen Orbitalrandes, der auf eine geringere Horizontalität der Gesichtslinien verweist, und ein höheres Gesicht von den sächsischen unterscheiden. Zwar ließ sich dieses Ergebnis wegen der geringen Zahl der Schädel statistisch nicht

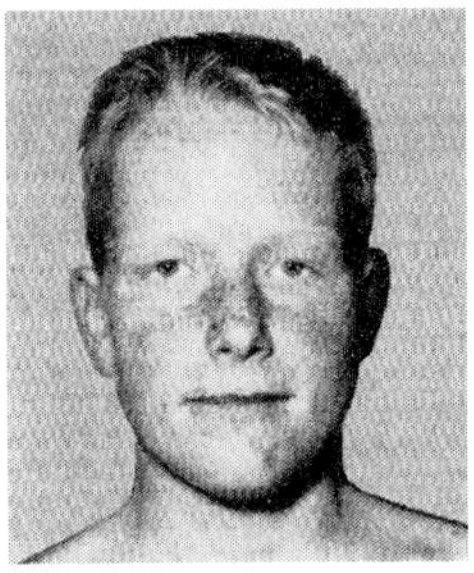

Weser-Typus, Knabe

Weser-Typus, Mädchen

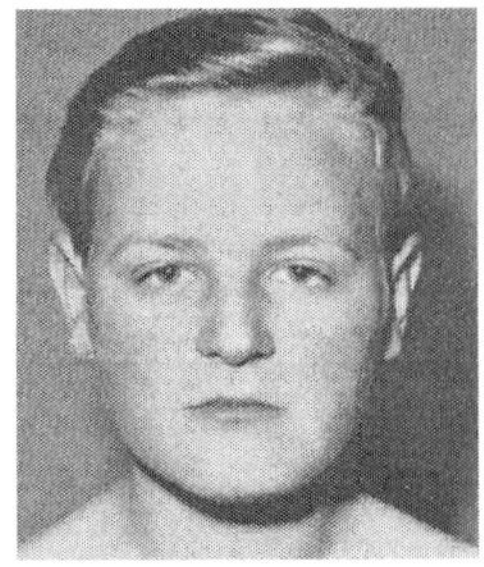

Fälischer Typus, Knabe

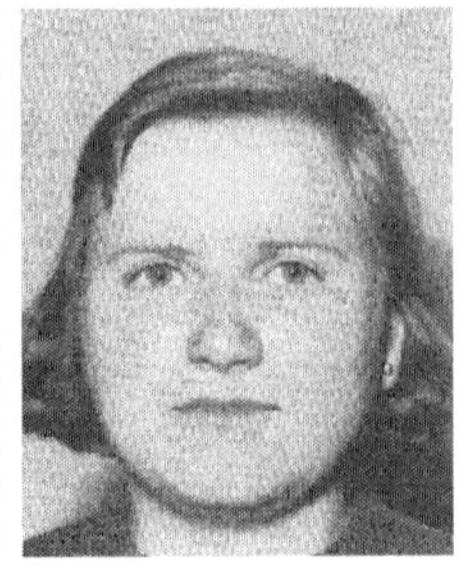

Fälischer Typus, Mädchen

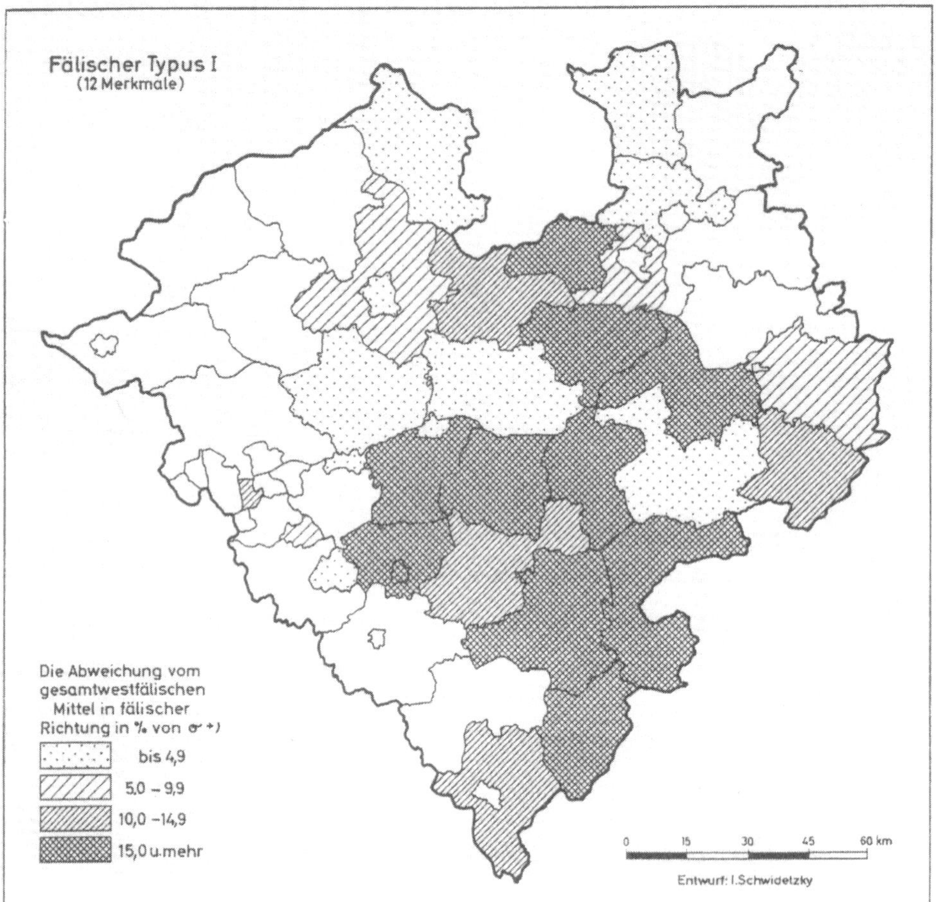

Verteilung des fälischen Typus in Westfalen

sichern, es darf aber als ein Hinweis angesehen werden, dass die heutigen Stammesunterschiede auch schon zwischen den frühmittelalterlichen Sachsen und Franken bestanden. Der rheinische Typus kann als regionale Variante innerhalb des nordiden Rassentypus angesehen werden.

Im Ruhrgebiet gibt es als Folge des Zuzugs von Arbeitern aus Ostdeutschland und Polen in der Zeit vor dem Ersten Weltkrieg eine Häufung von betonten Jochbögen, Blutgruppe B und osteuropiden Typen. Die Blutgruppe 0 und das Blutgruppen-Gen M haben ihren Schwerpunkt im Münsterland. Die Heimatvertriebenen sind unter den Schulkindern mit über 20 Prozent vertreten. Wie auch anderorts sind sie etwas kleiner, dunkler, kurzköpfiger und breitgesichtiger und haben etwas häufiger betonte Jochbögen. Nordide sind bei ihnen etwas seltener und Alpine und Osteuropide häufiger als bei den Einheimischen.

Der Vergleich der acht sozialen Schichten der Einheimischen – nach dem Beruf des Vaters von der Oberschicht bis zu den ungelernten Arbeitern – ergab deutliche sozialanthropologische Unterschiede. In der Oberschicht sind 54 Prozent der Schulkinder nach dem Lehrerurteil sehr gut begabt, in der gehobenen Mittelschicht 25 Prozent, in der übrigen Mittelschicht 11 Prozent, bei den gelernten Arbeitern 4,5 Prozent und bei den ungelernten Arbeiter 1,9 Prozent. Umgekehrt sind in der Oberschicht nur 1,1 Prozent schwach- oder minderbegabt oder hilfsschulbedürftig und bei den ungelernten Arbeitern 41 Prozent.

Die Kinder aus den oberen Sozialschichten sind außerdem weiter entwickelt, größer, leptosomer, langköpfiger und schmalgesichtiger und schmalnasiger als die aus den unteren Schichten. Sie haben im Übrigen mehr tiefliegende Augen und ein vorspringenderes Kinn. In den oberen Schichten gibt es die meisten Nordiden und bei den Arbeitern die meisten Ostreuropiden. Die Arbeiter haben auch am meisten Blutgruppe B. Die Oberschichtkinder sind häufiger kurzsichtig und etwas weniger häufiger auch linkshändig.

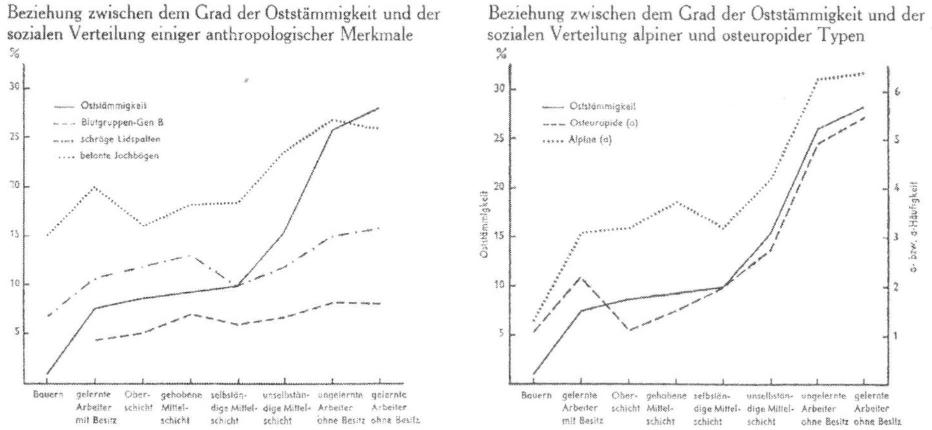

Die soziale Verteilung von Merkmalen und Typen in Westfalen

Beim Vergleich von Stadt- und Landbewohnern wurde das Ruhrgebiet wegen der unterschiedlichen ethnischen Zusammensetzung seiner Bevölkerung nicht berücksichtigt (oststämmige Arbeiter). Die Stadtkinder haben mehr dunkle Augen und sind ebenfalls weiterentwickelt, größer, langköpfiger, schmalnasiger, haben mehr gewölbte Augenbrauen, vollere Lippen und ein weniger vorspringendes Kinn. Fälische Typen sind bei ihnen seltener als bei den Landkindern. Die größere Körperhöhe und größere Schmalheit (Leptomorphie) der oberen Schichten und der Stadtbewohner beruhen sicher zumindest teilweise auf deren Entwicklungsvorsprung.

Die Untersucher befragten 1963, fünf Jahre nach den Untersuchungen, die jetzt 19- bis 23-jährigen Landkinder mit einem Fragebogen nach ihrem aktuellen Wohnsitz. Von 830 ehemaligen Schulkindern, die den Fragebogen beantworteten, waren inzwischen 94 in die Städte abgewandert. Bei den berücksichtigten Merkmalen gab es bei den in die Stadt Abgewanderten eine Abweichung von 1,1 Prozent in nichtfälische Richtung (schmaleres Gesicht, weitere Lidspalten, weniger tiefliegende Augen usw.) und bei den auf dem Land Gebliebenen eine von 4,8 Prozent in fälische Richtung. Bei diesem Verfahren, das die Merkmale der Stadtwanderer bereits Jahre vor der Abwanderung erfasst, ist die Einwirkung der städtischen Umwelt ausgeschlossen. Das ist ein starker Hinweis auf Siebung nach psychologischen Merkmalen bei der Wanderung vom Land in die Stadt. Die Fälischen scheinen eine stärkere Neigung zum bäuerlichen Beruf zu haben.[151]

Ilse Schwidetzky und die damals noch in Mainz tätigen Anthropologen Rainer Knussmann und Hubert Walter untersuchten anhand der westfälischen Daten, ob sich verhältnismäßig junge Heiratsgrenzen anders auf die serologischen als auf die morphologischen Merkmale ausgewirkt haben. Zu diesem Zweck suchten sie im westfälischen Material Dreiergruppen von Kreisen, die naturräumlich gleich sind, in denen die beiden äußeren Kreise keine gemeinsame Grenze (und Heiratskontakte) haben, aber der eine Kreis durch eine verhältnismäßig junge Heiratsgrenze von dem mittleren getrennt ist. Sie fanden drei solche Gruppen von Kreisen, in dem jeweils einer durch eine Konfessionsgrenze oder eine Mundartgrenze von den anderen getrennt ist. Sie überprüften dann die Ähnlichkeitsbeziehungen der Kreise anhand von acht morphologischen und zwei serologischen (AB0, MN) Merkmalen.

Das Ergebnis war, dass erstens in allen drei Fällen bei den serologischen Merkmalen der Abstand zu dem gleichkonfessionellen beziehungsweise mundartgleichen Kreisen geringer war als bei den morphologischen Merkmalen. Das spricht dafür, dass sich die serologischen Merkmale schneller an die neuen Heiratsgrenzen angepasst haben als die morphologischen. Das

151 Ilse Schwidetzky, Hubert Walter: Untersuchungen zur anthropologischen Gliederung Westfalens. Der Raum Westfalen V, Teil 1, Münster i.W. 1967.

heißt, die morphologischen Merkmale spiegeln ältere Verwandtschaftsbeziehungen wider als die serologischen. Zweitens sind die auf den serologischen Merkmalen beruhenden Abstandsmaße fast durchweg erheblich kleiner als die auf den morphologischen Merkmalen beruhenden. Die morphologischen Merkmale zeigen demnach größere Unterschiede innerhalb der Bevölkerung als die serologischen. Die serologischen Merkmale repräsentieren also wesentlich jüngere Bevölkerungsbeziehungen als die morphologischen Merkmale.[152]

In der Pflanzen- und Tierzucht gibt es das Phänomen „luxurierender Bastarde", das heißt, dass Mischlingen verschiedener Rassen in der ersten Generation besonders groß und vital sind. Man spricht von einem „Heterosiseffekt". Dieser Effekt verringert sich in den folgenden Generationen und verschwindet dann ganz. Bei Untersuchungen am Menschen an Mischlingen der Großrassen konnte man im Allgemeinen keinen Heterosiseffekt beobachten. Das Gegenteil des Heterosiseffekts ist die Inzuchtdepression. Hier beobachtet man bei ingezüchteten, stark endogamen Gruppen, dass deren Angehörige kleiner und weniger vital sind als die Mitglieder exogamerer Bevölkerungen. Seitdem der Französischschweizer Anthropologe F.S. Hulse 1957 an einheimischen und ausgewanderten Tessiner entsprechende, wenn auch geringe, Unterschiede fand, ist die Frage eines Endogamieeffekts beim Menschen ein Thema in der Anthropologie.[153]

Der seit 1972 in Mainz tätige Anthropologe Winfried Henke (geb. 1944) untersuchte das Material der Westfalen-Untersuchung auf solche Endogamie- und Exogamieeffekte hin. Er beschränkte sich auf 24 rein ländliche Kreise, damit die Land-Stadt-Wanderung und der mögliche Städtertypus sich nicht störend auswirken. Henke verglich Endogame, das heißt Schulkinder, deren Eltern aus demselben Ort stammen, mit Exogamen, das heißt Kindern, bei denen ein Elternteil im selben Ort geboren ist wie die Endogamen und einer in einem anderen.

Er fand eine Tendenz der Exogamen zu größerer Körperhöhe, geringerer Kopfbreite, niedrigerem Längenbreitenindex, niedrigerem Gesichtsindex und höheren und breiteren, dem Nasenindex nach breitförmigeren Nasen. Allerdings sind die Unterschiede nur gering und nur bei der Kopfbreite, dem Längenbreitenindex, den Nasenmaßen und nur bei den Kindern aus Fernehen von über 90 km Entfernung signifikant. Da die Möglichkeit besteht, dass die oberen Sozialschichten räumlich mobiler sind als die anderen, führte Henke seine Berechnungen auch für jede Sozialschicht und nach Gemeindegröße geson-

---

152 Ilse Schwidetzky, Rainer Knussmann, Hubert Walter: Unterschiede zwischen morphologischen und serologischen Merkmalen im Tempo der geographischen Differenzierungen. In: Zeitschrift für Morphologie und Anthropologie 56, 1964, S. 96-105.

153 F.S. Hulse: Exogamie et hétérosis. In : Archives suisses d'anthropologie générale 22, 1957, S. 103-125.

dert durch. Dabei ergab sich, dass sich die schon genannten Unterschiede der Kopfform und der Nase nur in zwei Sozialschichten und nur in den ländlichen Gemeinden finden, nämlich bei den Bauern und bei den gelernten Arbeitern mit Haus und Grundbesitz. Bei letzteren handelt es sich wahrscheinlich um ehemalige Bauern. Dass sich der Endogamieeffekt nur in diesen Gruppen findet, dürfte seine Ursache darin haben, dass es nur noch in diesen regelrechte Heiratsisolate gab. Leider hat Henke bei seiner Untersuchung nicht die bei der Westfalenuntersuchung auch erhobene Schulbegabung berücksichtigt. Es gibt nämlich aus anderen Untersuchungen Hinweise darauf, dass die Exogamen nicht nur größer, sondern auch intelligenter sind.[154]

Die Rheinland-Pfalz-Untersuchung

Im Jahr 1960 beschlossen Ilse Schwidetzky und die wissenschaftlichen Mitarbeiter des Instituts für Anthropologie in Mainz auch in ihrem eigenen Bundesland, in Rheinland-Pfalz eine Landesuntersuchung durchzuführen. Dafür übernahmen sie das in der Westfalen-Untersuchung bewährte Muster, führten dabei aber einige Änderungen ein. Wieder untersuchte man 14jährige Schulkinder. Anders als in Westfalen wurden die Untersuchungen aber nicht nur von einem einzigen, sondern von mehreren Untersuchern durchgeführt (Schwidetzy, Bernhard, Klenke, Knußmann, Walter). Die Typendiagnosen (Rassen- und Konstitutionstypen) entfielen, dafür wurde die Zahl der serologischen Merkmale auf 10 erhöht und auch die der Hautleistenmerkmale erheblich erweitert. Hinzu kamen ein paar besondere Merkmale wie die PTC-Schmeckfähigkeit (die Fähigkeit einen bestimmten Bitterstoff schmecken zu können) und die Fingermittelgliedbehaarung. Die physiognomischen Merkmale sollten nun von Anfang an anhand der Fotografien bestimmt werden. Insgesamt wurden von 1962 bis 1966 14 759 Schulkinder in 51 Land- und Stadtkreisen untersucht. Die Untersuchungen wurden vom rheinland-pfälzischen Kultusministerium unterstützt und von der Deutschen Forschungsgemeinschaft finanziert. Weil die serologischen Untersuchungen sehr teuer waren, wurden nur die Blutproben von 888 altansässigen (Herkunft von vier Großeltern aus derselben Region) Knaben, den sogenannten „Blutjungen", untersucht.

Nach den Erhebungen wurden die unterschiedlichen Merkmalsarten auf die verschiedenen Mitarbeiter verteilt, die für deren statistische Auswertung zuständig waren. Die anthropometrischen Merkmale übernahm Rainer Knussmann, die Pigmentierungsmerkmale Wolfram Bernhard, die physiognomischen Frau Schwidetzy, die serologischen Hubert Walter und die Hautleistenmerkmale die technische Mitarbeiterin Wanda Weil. Diese Aufteilung

154 Winfried Henke: Zum Einfluß der Heiratsstruktur auf die Variabilität polyfaktorieller Merkmale. Endogamie/Exogamie-Effekte. In: Homo 25, 1974, S. 172-191.

sollte sich bald als ein Fehler erweisen, denn die meisten Mitarbeiter hatten andere vorrangige Interessen, sie boten ihre Materialen zwar gelegentlich Examenskandidaten oder Doktoranden zur Bearbeitung an – so Wolfram Bernhard 1993 mir die Farbmerkmale – kümmerten sich aber sonst nicht weiter um die von ihnen übernommene Aufgabe. Nur ausgerechnet die bei weitem arbeitsaufwendigsten Merkmalsarten, die physiognomischen und die Hautleistenmerkmale, wurden von Schwidetzky und Weil soweit bearbeitet, dass sie in Tabellen- und Kartenform vorliegen (einige der Karten habe ich im Auftrag von Frau Schwidetzky gezeichnet). Man muss sich vorstellen, dass Frau Schwidetzky die physiognomischen Merkmale an 14 759 Fotografien und Frau Weil die Hautleistenmerkmale an ebenso vielen Handabdrücken bestimmen mussten, eine Arbeit von Jahrzehnten!

Um wenigstens die Auswertung und Veröffentlichung eines Teils des Materials der Rheinland-Pfalz-Untersuchung sicherzustellen, sorgte Frau Schwidetzky dafür, dass zunächst einmal die Daten der 888 altansässigen (alle vier Großeltern aus der jeweiligen Region) „Blutjungen" ausgewertet wurden. Diese wurden zu diesem Zweck nach sechs Regionen (Westerwald, Eifel, Hunsrück, Rheinhessen, Vorderpfalz, Hinterpfalz) unterteilt, mit dem Rhein und der Mosel als die Grenze zwischen den ersten drei Regionen. Die Ergebnisse erschienen 1975 in Band 26 der Zeitschrift „Homo".

Die rheinland-pfälzischen Knaben übertreffen die westfälischen in der Körperhöhe um etwas mehr als einen Zentimeter (160,1 gegen 158,9). Da die Rheinland-Pfälzer nach der bekannten Verteilung der Körperhöhe eher kleiner als die Westfalen sind, kann man darin wohl den Akzelerationsgewinn des knappen Jahrzehnts zwischen den beiden Untersuchungen sehen. Die Westerwälder sind etwas größer, die Vorderpfälzer etwa kleiner als die übrigen Rheinland-Pfälzer. Die südlichen Rheinland-Pfälzer haben einen höheren Rohrerindex, sind also von etwas kräftigerer, gedrungener Gestalt als die Westwälder und Eifeler. Die helle Komplexion ist am häufigsten im Westerwald und der Vorderpfalz, die dunkle im Hunsrück und in der Hinterpfalz. Die Hinterpfalz hat auch mit 83,5 den höchsten Längenbreitenindex, gefolgt von der Vorderpfalz und dem Hunsrück. Den niedrigsten haben die Westerwälder mit 81,1. Beim morphologischen Gesichtsindex haben die drei südlichen Regionen (Vorder- und Hinterpfalz und Rheinhessen) ein mittleres bis breites Gesicht und die beiden nördlichen (Eifel und Westerwald) mittlere bis schmale Gesichter. Diese klassischen Merkmale verweisen auf einen nordid-alpinen Gegensatz zwischen den nördlichen und südlichen Regionen, mit der Hinterpfalz als der am stärksten alpinen Region. Dabei repräsentieren die Alpinen wahrscheinlich das keltoromanische, vorgermanische Bevölkerungserbe.

Bei den physiognomischen Merkmalen tendieren die drei nördlichen Gebirgsregionen zu dem fälischen Merkmalskomplex in Westfalen, allerdings ist dieser hier nicht so stark vertreten wie in Westfalen. Die beiden Regionen in

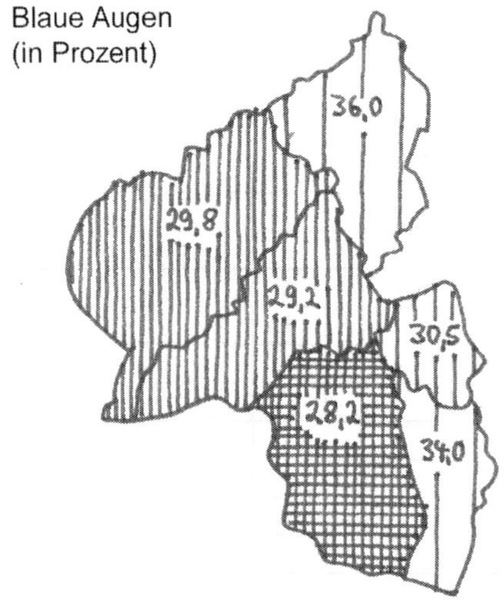

Verteilung der blauen Augen in Rheinland-Pfalz

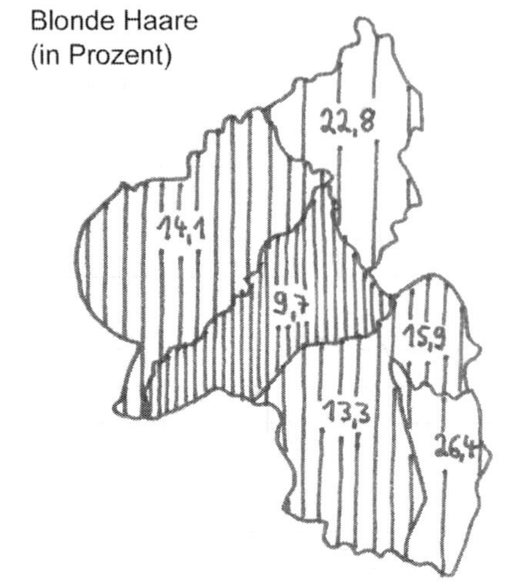

Die Verteilung der blonden Haare in Rheinland-Pfalz

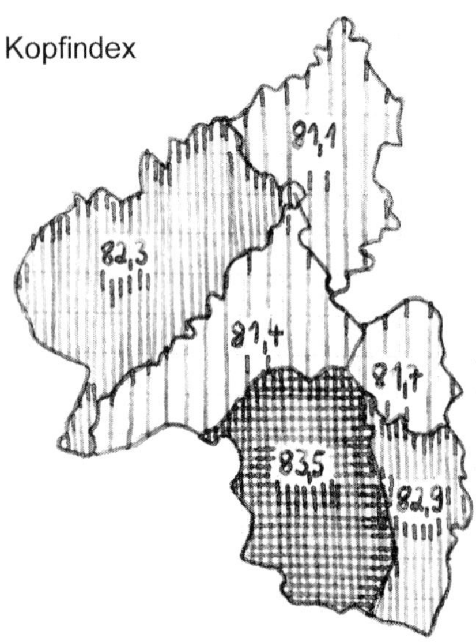

Karte des Längenbreitenindex des Kopfes in Rheinland-Pfalz

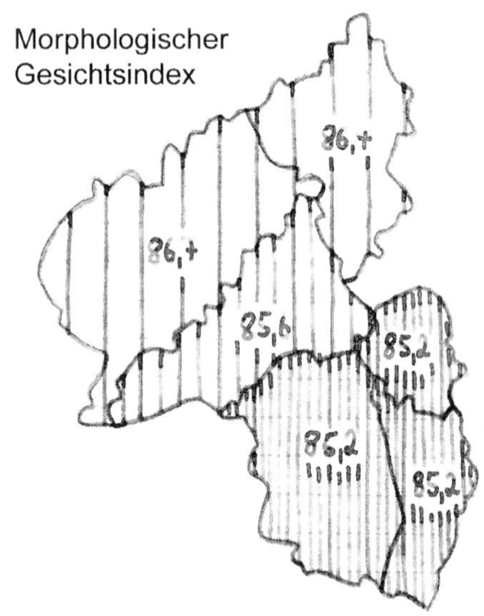

Karte des morphologischen Gesichtsindex in Rheinland-Pfalz

der Rheinebene (Rheinhessen und Vorderpfalz) tendieren dagegen mehr zur rheinischen Variante Westfalens mit weiteren, schräggestellteren Lidspalten, flachliegenden Augen, wenig frontalen Wangenbeinen, volleren Lippen und hohen und abgerundeten Kinnwinkeln. Die rheinischen Merkmale verweisen hier möglicherweise auf die fränkische Siedlung nach der Verdrängung der Alemannen infolge der Schlacht von Zülpich 496 n. Chr., vielleicht aber

Karte der Stellung der Jochbögen in Rheinland-Pfalz

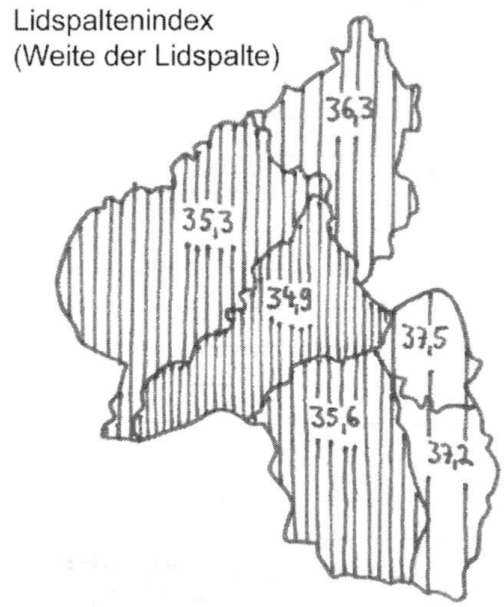

Karte des Lidspaltenindex in Rheinland-Pfalz

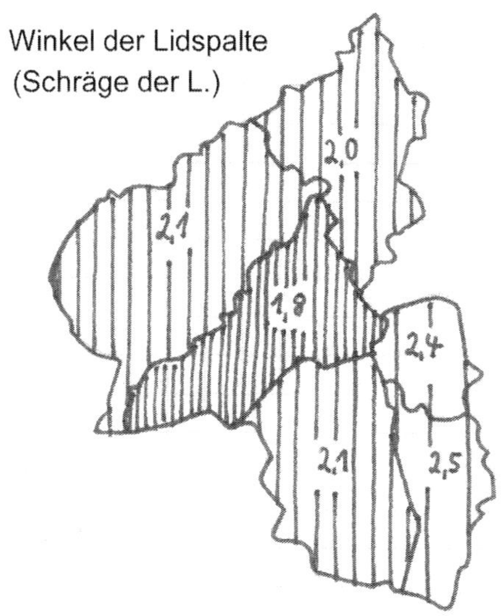

Karte des Stellung der Lidspalte in Rheinland-Pfalz

auch auf das langsame Vordringen „südlicherer", mediterranider Merkmale entlang der Verkehrsader des Rheines im Laufe der Geschichte. Eine solche Süd-Nord-Ausbreitung ist für zahlreiche sprachliche und volkskundliche Merkmale belegt.

Bei den serologischen Merkmalen weist die Hinterpfalz mit 12,5 Prozent Blutgruppe B (Genfrequenz 9,0 Prozent) und 41,9 Prozent Blutgruppe 0 (Genfrequenz 60,8 Prozent) die höchsten Werte für diese beiden Blutgruppen auf, was allerdings nicht das Signifikanzniveau erreicht. Beim Rhesus-System zeigt der Westerwald eine besonders hohe Frequenz des seltenen C^W-Gens.

Beim Haptoglobin-System setzen sich die drei nördlichen Regionen durch eine (signifikant) höhere Hp^1-Frequenz von den drei südlichen Regionen ab. In den drei nördlichen Regionen liegen auch ausgeprägte Homozygotenüberschüsse und Heterozygotendefizite vor, was auf die Existenz von Heiratsisolaten oder -grenzen in diesen Gebirgsregionen verweist.

Die Hautleistenmerkmale weisen besonders viele signifikante Unterschiede zwischen den Regionen auf. Insbesondere die Hinterpfalz nimmt eine extreme Stellung bei den Merkmalen Gesamtleistenzahl der Fingerbeeren, Index der Musterintensität und Häufigkeit der Hyothenarmuster auf (es würde allerdings zu weit führen, diese Merkmale hier zu erklären). Ein Index der Musterintensität von 13,4 ist einzig in Europa und wird nur von einigen asiatisch beeinflussten Volksgruppen in Russland (Tartaren usw.) sowie einigen Kaukasusvölkern übertroffen.

In der Rheinland-Pfalz-Untersuchung wurde erstmals auch eine multivariate Clusteranalyse durchgeführt, das heißt eine viele Merkmale gleichzeitig berücksichtigende Abstandsanalyse, in der sich die ähnlicheren Regionen zu Clustern zusammenschließen. In diesen Clusteranalysen, nach den verschiedenen Merkmalsarten durchgeführt, ergaben sich unterschiedliche Clustergliederungen.

Die Clusteranalyse der anthropometrischen Merkmale zeigt jeweils ein Cluster für die drei nördlichen und die drei südlichen Regionen, wobei sich die beiden Pfälzer Regionen enger zu einem Subcluster zusammenschließen. Bei den serologischen Merkmalen schließen sich die beiden Regionen der Rheinebene (Rheinhessen und die Vorderpfalz) und die beiden linksrheinischen Gebirge (Eifel und Hunsrück) zusammen. Die Hinterpfalz und der Westerwald stehen isoliert in etwas weiterem Abstand von den beiden Cluster da. Bei den physiognomischen Merkmalen schließen sich Hunsrück und Hinterpfalz und Westerwald und Eifel zu jeweils einem engen Subcluster zusammen. Beide Subcluster bilden ein gemeinsames Cluster. Auf etwas höherem Niveau schließen sich erst Rheinhessen und die Vorderpfalz zu einem Cluster zusammen.

Schließlich errechnete man die Gesamtabstände der sechs Regionen für alle Merkmalsarten zugleich. Der niedrigste Abstand ist der zwischen Eifel und Hunsrück, das heißt, diese beiden Regionen sind sich am ähnlichsten. An zweiter Stelle stehen die Abstände von Rheinhessen und Hinterpfalz und von Rheinhessen und Vorderpfalz. Zwischen den Regionen des nördlichen Komplexes (Westerwald, Eifel, Hunsrück) und denen des südlichen (Rheinhessen, Vorderpfalz, Hinterpfalz) gibt es keine niedrigeren Abstände, das heißt keine

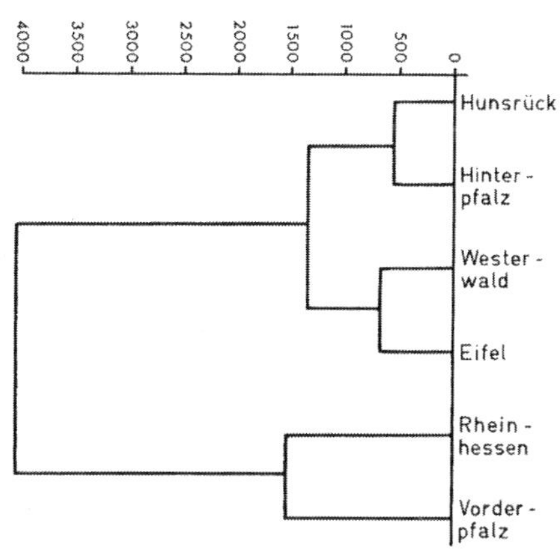

Dendrogramm der Ähnlichkeitsbeziehungen der physiognomischem Merkmale in Rheinland-Pfalz

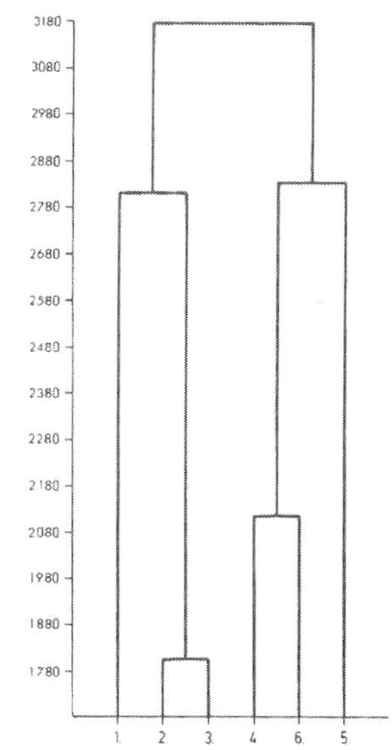

1 = Westerwald, 2 = Eifel, 3 = Hunsrück, 4 = Rheinhessen, 5 = Hinterpfalz, 6 = Vorderpfalz.

Dendrogramm der Gesamtabstände von 60 Merkmalen in Rheinland-Pfalz

größeren Ähnlichkeiten. Das bestätigt den stärkeren germanischen Einfluss im Norden und den stärker vorgermanischen im Süden.[155]

Ilse Schwidetzy veröffentlichte 1991 einige Karten für die von ihr nach Fotografien bestimmten physiognomischen Merkmale nach Kreisen in einem Aufsatz über physiognomische Merkmale im Bevölkerungsvergleich in der Zeitschrift „Homo". Das sind die Karten für die Prominenz der Wangenbeine und die Tiefenlage des Augapfels und eine Clusterkarte für die sieben physiognomischen Merkmale zusammen, jeweils eine für die Knaben und für die Mädchen sowie eine Karte der Subclustergliederung nur für die Knaben. Die

155 Ilse Schwidetzky: Die anthropologische Untersuchung der Bevölkerung von Rheinland-Pfalz. In: Forschungsberichte der Johannes Gutenberg Universität Mainz 1, 1972, S. 14-17; dies.: Anthropologische Untersuchungen in Rheinland-Pfalz: Einleitung. In: Homo 26, 1975, S. 1-7; Rainer Knussmann: Anthropologische Untersuchungen in Rheinland-Pfalz: Regionale Binnenvergleiche nach anthropometrischen Merkmalen. In: Homo 26, 1975, S. 7-28; Wolfram Bernhard: Anthropologische Untersuchungen in Rheinland-Pfalz: Die regionale Verteilung der Augen- und Haarfarbe. In: Homo 26, 1975, S. 28-35; Hubert Walter, A. Arndt-Hauser, C. Ropartz: Anthropologische Untersuchungen in Rheinland-Pfalz: Die Verteilung der serologischen Merkmale. In: Homo 26, 1975, S. 35-42; Ilse Schwidetzky, N. Creel: Anthropologische Untersuchungen in Rheinland-Pfalz: Das Hautleistensystem. In: Homo 26, 1975, S. 42-47; Werner Klenke: Anthropologische Untersuchungen in Rheinland-Pfalz: Die Häufigkeit von PTC-Schmeckfähigkeit und Mittelphalangalhaar. In: Homo 26, 1975, S. 47-51; Ilse Schwidetzky: Anthropologische Untersuchungen in Rheinland-Pfalz: Physiognomische Merkmale. In: Homo 26, 1975, S. 51-56; Virendra P. Chopra, Ilse Schwidetzky: Anthropologische Untersuchungen in Rheinland-Pfalz: Gesamtabstände zwischen den sechs Regionen. In: Homo 26, 1975, S. 57-60.

Stellung der Jochbögen in Rheinland-Pfalz Prominz der Wangenbeine Knaben (nach Kreisen, Knaben)

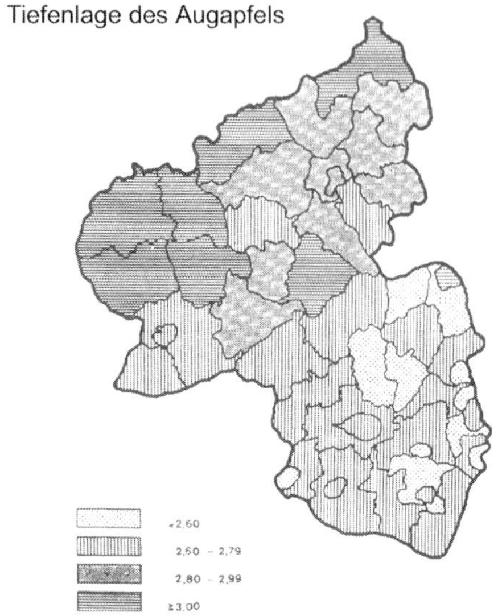

Karte der Tiefenlage des Augapfels in Rheinland-Pfalz (nach Kreisen, Knaben)

Karte für die Prominenz der Wangenbeine zeigt höhere Werte – also frontal betontere Wangenbeine – in den Gebirgsgebieten im Norden und Westen und niedrigere Werte in der Rheinebene, mit mittleren Werten am nördlicheren Rheinlauf und in der Hinterpfalz. Eine ganz ähnliche Verteilung zeigt auch die Karte der Tiefenlage des Augapfels, mit tiefliegenderen Augen im Norden und flacherliegenden im rheinhessischen und Pfälzer Rheintal. Die Clusterkarte zeigt eine ganz klare Gliederung in zwei Cluster im Gebiet der ehemaligen Rheinprovinz im Norden und dem südlichen Gebiet von Rheinhessen und der Pfalz. Auf der Karte der Subcluster ist im Norden ein Cluster zu erkennen, das den nördlichen an Nordrhein-Westfalen grenzenden Bereich von Eifel und Westerwald umfasst, ein kleines Subcluster mit Koblenz und dem nördlich angrenzenden Rheinlauf sowie einem im südlichen Hunsrück. Im Süden gibt es ein Subcluster der Rheinebene, zu dem auch einige Städte der Hinterpfalz gehören sowie eines der Hinterpfalz. Schwidetzky führt die beiden Hauptcluster auf die Stammesgebiete der Franken im Norden und der Alemannen im Süden zurück, bevor nach der Schlacht von Zülpich auch die Pfalz von den Franken besiedelt wurde.[156]

156 Ilse Schwidetzky: Descriptive characters of the face in population comparisons. In: Homo 42, 1991, S. 265-286.

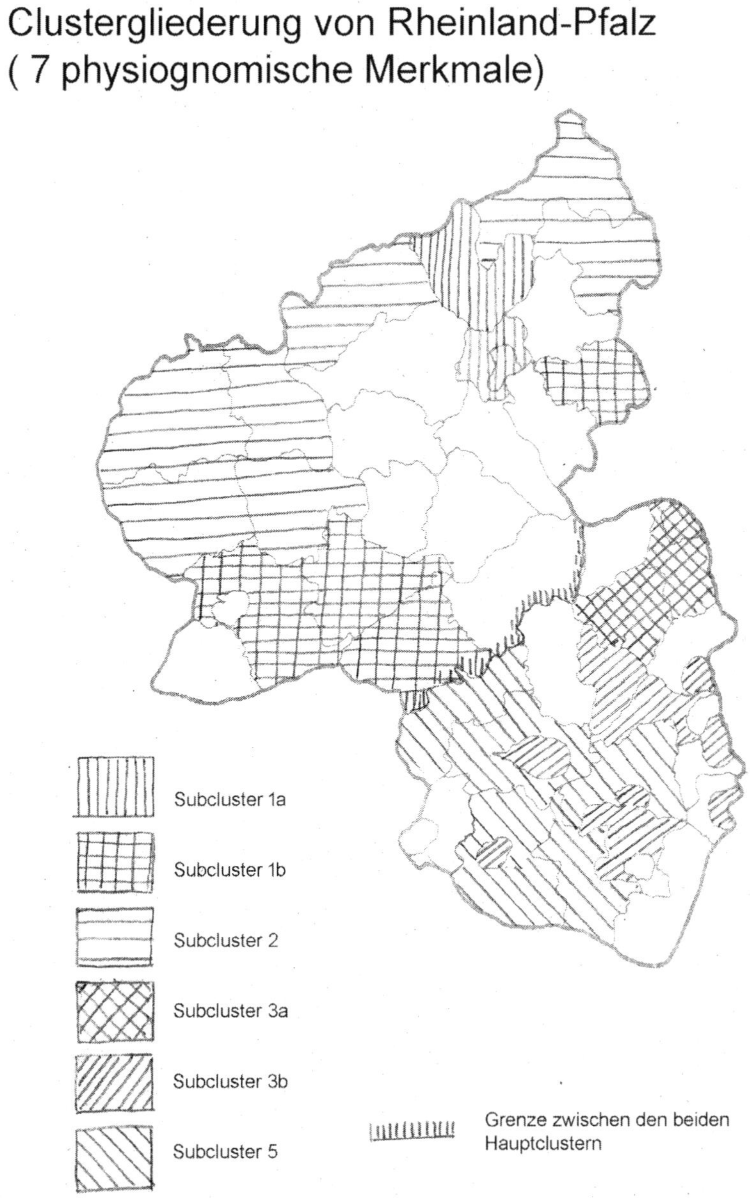

Clustergliederung von Rheinland-Pfalz (7 physiognomische Merkmale)

Schweiz und Österreich

In der Schweiz führte man auch in den 1950er Jahren noch Dorfuntersuchungen durch. Dann verlagerte sich das Interesse auf die Walser in Graubünden. Die Walser sind eine Deutschschweizer Bevölkerungsgruppe, die im hohen Mittelalter aus dem Oberwallis nach Osten in noch nicht besiedelte Hochla-

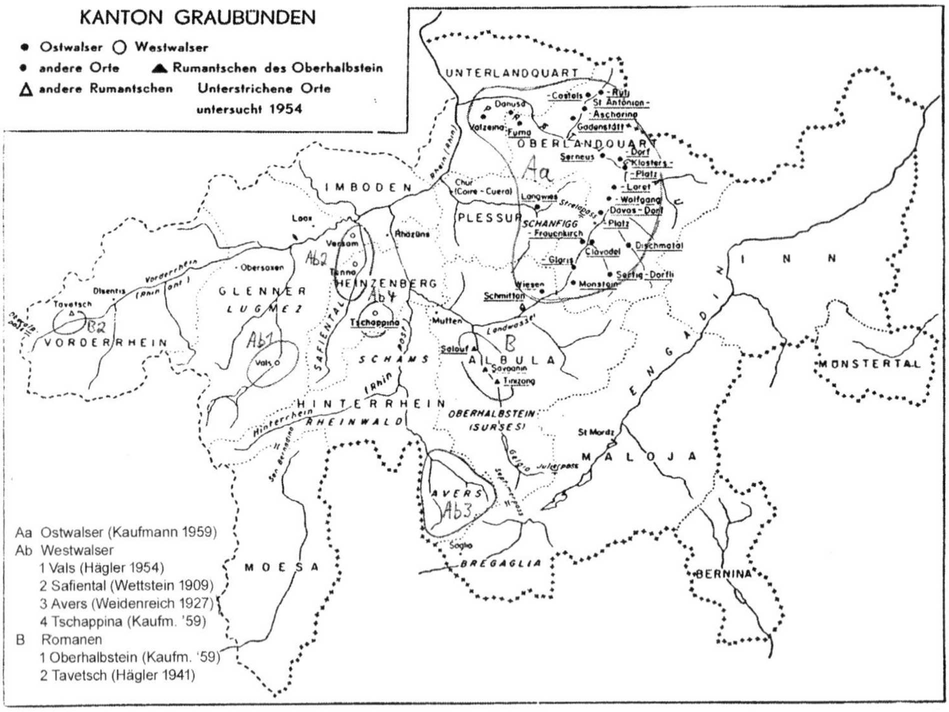

Die untersuchten Walser-und Romanenorte in Graubünden

gen in Graubünden und anderen Regionen auswanderte. Die Walser leben meist in kleinen abgeschlossenen Dörfern, wo sie ihre Mundart und Kultur behauptet haben. In Graubünden gibt es drei ethnische Gruppen (wenn man von den Italienern im Bergell absieht). In den unteren Lagen alemannische Deutschschweizer, die im Mittelalter und der Neuzeit den Rhein hinauf eingewandert sind, in den mittleren Lagen Rätoromanen, die dort schon lebten oder dorthin von den Deutschen abgedrängt worden sind, und in den von den Romanen nicht besiedelten Hochlagen die Walser.

Karl Hägler (1886-1968) untersuchte das Walserdorf Vals im Lungnez im westlichen Graubünden. Als Vergleichsorte nahm er das schon 1910 von Wettstein untersuchte Safiental ebenfalls im Westen Graubündens, aber mehr zur Mitte des Kantons hin, und den Romanenort Tavetsch (rom. *Tujetsch*) ganz im Westen des Kantons. In Tavetsch, in dem zur Zeit der Untersuchung noch romanisch gesprochen wurde, zeigen viele Familiennamen walserischer Herkunft einen Walser-Einschlag an. Die beiden Walserorte zeichnen sich gegenüber dem Romanenort Tavetsch durch eine verhältnismäßig große Körperhöhe und große absolute Kopfmaße aus. Dabei steht das Safiental noch vor Vals. Die Gesichter sind in beiden Gruppen überwiegend schmal, bei den Walsern aber in noch stärkerem Maße als bei den Romanen. Bei den Farbmerkmalen weisen die Walserorte etwas mehr Blonde (Mittel- und Dunkelblonde) als der Romanenort auf. Sie haben außerdem mit 47 und 44 Prozent

Ostwalser 1

Ostwalser 2

Ostwalserin

Romane aus Oberhalbstein

Romane aus Oberhalbstein

Romanin aus Oberhalbstein

Romanin aus Oberhalbstein

mehr als doppelt so viele Helläugige als der Romanenort (21 Prozent). Die Daten sprechen also für eine stärkere nordide Komponente bei den Walsern als den Romanen und vielleicht auch für einen sozialanthropologischen Auslesecharakter der Walser (größere Kopfmaße). Hägler bezieht in seinen Vergleich auch die Blutgruppendaten von Jan Moor-Jankowski mit ein. Danach überwiegt in Vals mit 67,5 Prozent die Blutgruppe 0. Ein anthropologischer Vergleich der verschiedenen Blutgruppen ergibt außerdem eine Tendenz der Träger der Blutgruppe 0 zu etwas hellerer Haar- und Augenfarbe.[157]

Die Genfer Anthropologin Hélène Kaufmann (1911-2001) untersuchte in den folgenden Jahren einige ostwalserische Dörfer (u.a. Davos, Klosters und St. Antönien) im nördlichen Graubünden und zwei romanische Orte im Oberhalbstein südlich davon im mittleren Graubünden. 1962 verglich sie die Ergebnisse ihrer Untersuchungen mit den Daten Häglers aus Vals und Tavetsch. Auf den ersten Blick lässt sich kaum eine sinnvolle Ordnung zwischen den vier Gruppen erkennen. Allgemein überwiegt Dunkelhaarigkeit und Kurzköpfigkeit, letzteres mit Ausnahme der Romanen im Oberhalbstein. Es zeigte sich nämlich, dass die Romanen aus dem Oberhalbstein absolut und relativ die schmalsten Köpfe und die schmalsten Nasen aufweisen. Außerdem haben sie die wenigsten Blonden. Das lässt eine nicht unbeträchtliche medi-

157 Karl Hägler: Zur Anthropologie der Walser von Vals im Lugnez (Graubünden). In: Bulletin de la Société Suisse d'Anthropologie et d'Ethnologie 30, 1953/54, S. 15-49.

terranide Komponente bei ihnen vermuten. Die nach Haar- und Augenfarben hellste Gruppe sind die westlichen Walser in Vals mit 44 Prozent Helläugigen und 18 Prozent Blonden. Tavetsch und die Ostwalser nehmen eine Zwischenstellung zwischen Vals und Oberhalbstein ein. Kaufmann nimmt an, dass sich die Ostwalser stärker mit den einheimischen Romanen vermischt haben als die Westwalser in Vals. Außerdem wirkt sich der walserische Einschlag in Tavetsch aus.[158]

Die Züricher Anthropologen Mario Jakob Schlegel und Verena Weilenmann-Grieshaber untersuchten Anfang der 1970er Jahre die beiden Romanenorte Ramosch und Tschlin im Unterengadin im östlichen Graubünden. Das romanische Unterengadin ist von Gebirgsketten umgeben und grenzt im Norden und Osten an deutschsprechende Gebiete. Außerdem sind die beiden protestantischen Dörfer konfessionell isoliert. Noch mehr hat womöglich die weitgehende rechtliche Selbständigkeit der beiden Orte zur Isolation beigetragen, die ihnen ermöglichte, strenge Heiratsgesetze zu erlassen. Hohe „Einstandssteuern“ verhinderten die Einheirat fremder Frauen, und die Drohung mit dem Verlust des Bürgerrechts der Nachkommen verhinderte, dass sich Männer auf Dauer in der Fremde niederließen. Die Untersucher konnten anhand der Kirchenbücher die letzten acht bis sechs Generationen rekonstruieren. Die Heiratsverbindungen zwischen den beiden Orten waren immer sehr gering. Über alle sieben erfassten Generationen hinweg beträgt der Anteil an Heiratspartnern aus dem jeweils anderen Dorf nur 1,7 Prozent in Ramosch und 0,9 Prozent in Tschlin. Entsprechend rechneten die Forscher mit einem hohen Inzuchtkoeffizenten in den beiden Dörfern. Diese Annahme bestätigte sich jedoch nicht. Die beiden Inzuchtkoeffizienten zeigen einen für genetische Isolate sehr niedrigen Wert (Ramosch α=0.00191, Tschlin α=0.00124). Der Grund ist der, dass unter den Bewohnern die Kenntnis der Verwandtschaftsverhältnisse sehr gut ist und eine große Scheu vor Verwandtenheiraten besteht.

Der Vergleich der Orte mit einer repräsentativen Gesamtschweizer Stichprobe ergab eine deutlich seltenere helle Komplexion bei den Ortsbewohnern, eine geringere Körperhöhe und etwas kleinere Kopfmaße. Tschlin unterscheidet sich von Ramosch durch eine größere Körperhöhe und größere Gesichts- und Nasenhöhe (bei gleicher Nasenbreite). Letzteres bestätigt die Behauptung der Unterengadiner, die Tschliner würden überall an ihren langen Nasen erkannt. Die Nasenhöhe beträgt 59,5 mm gegenüber 55,7 mm in Radosch, bei einer Irrtumswahrscheinlichkeit α von 0,0005. Das zeigt, wie groß Merkmalsunterschiede offenbar sein müssen, um in einer Bevölkerung erkannt zu werden. Beim Test auf die PTC (Phenylthiocarbamid)-Schmeckfä-

158 Hélène Kaufmann: Anthropologischer Beitrag zur Erforschung der Walser und Rumantschen in Graubünden. In: Jahrbuch des Vorarlberger Museumsvereins 1962, S. 37-50.

higkeit ergab sich in Ramosch der Wert von 23 Prozent Nichtschmeckern, ein für die Schweiz sehr hoher Wert (Gesamtschweiz 4 Prozent). In Tschlin gab es unter 70 untersuchten Einwohnern nur einen Nichtschmecker. Ein weiteres auffälliges körperliches Merkmal ist die in Tschlin bei 21 der 69 Untersuchten fehlende Fähigkeit, den kleinen Finger ganz zu strecken. Da die Gelenke normal gebaut sind, beruht das wahrscheinlich auf einer Verkürzung der Sehne. Beide Dörfer zeigen außerdem eine Tendenz zu einer komplizierten Bemusterung der Hände. So haben in Tschlin 10 von 68 Einwohnern ausschließlich Wirbel auf den Fingerbeeren, was bei einer 227 Personen großen gesamtschweizerischen Stichprobe überhaupt nicht vorkommt. Bei den AB0- und Rhesus-Blutgruppen unterscheidet sich Tschlin stärker von der Gesamtschweiz als Ramosch.[159]

In Österreich sind eine Nachuntersuchung der Bewohner des Tiroler Ötztales durch Karl Mager und die der Kärntner Gemeinde Arriach durch Günther Zmugg aus den Jahren 1980 und 1989 die letzten veröffentlichten Arbeiten morphologisch-anthropologischen Untersuchungen an Lebenden mit ethnogenetischer Fragestellung.[160]

Anthropologia Helvetica

1946 erschienen in der Schweiz in zwei Bänden die Ergebnisse von Otto Schlaginhaufens landesweiter Untersuchung an 35 339 Stellungspflichtigen unter dem Titel *„Anthropologia Helvetica"*. Sie umfassen die Daten über viele Körper-, Kopf- und Gesichtsmaße, darunter auch solche, die selten genommen werden, wie zum Beispiel die Breite zwischen den inneren oder den äußeren Augenwinkeln. Leider aber keine morphognostisch-physiognomische Merkmale außer dem Nasenprofil und der Haarform. Die Daten sind nach Kantonen aufgeschlüsselt, nur der große Kanton Bern ist in drei Teile unterteilt. Neben den Karten sind vor allem die Bilder von 504 Stellungspflichtigen aus verschiedenen Kantonen in Vorder- und Seitenansicht wert-

159 Mario Jakob Schlegel, Verena Weilenmann-Grieshaber: Demographische und biologische Untersuchung genetisch isolierter Bevölkerungen im Unterengadin (Schweiz). In: Archiv für Genetik 48, 1975, S. 81-93; dies.: Isolatuntersuchung im Unterengadin (Graubünden, Schweiz). In: Archives suisses d'Anthropologie générale 40, 1976, S.53-66.

160 Karl Mager: Anthropologische Untersuchungen über die Bevölkerung des Ötztals und Pitztals (Tirol). Diss. Innsbruck 1980; Karl Mager, Heinz Janetschek: Anthropologie der Ötztaler und Pinztaler Bevölkerung. In: Veröffentlichungen des Österreichischen MaB-Programms 10, 1986, S. 133-145; Günther Zmugg: Anthropologische Untersuchungen in der Bergbauerngemeinde Arriach. Ein Beitrag zur Bevölkerungsbiologie Kärntens. Diss. Wien 1989.

Junger Mann aus dem Kanton Aargau

Junger Mann aus dem Kanton Bern

Junger Mann aus dem Kanton Zürich

Junger Mann aus dem Kanton Solothurn

Junger Mann aus dem Kanton Thurgau

Junger Mann aus dem Kanton Zug

Junger Mann aus dem Kanton Waadt

Junger Mann aus dem Kanton Waadt

Junger Mann aus dem Kanton Tessin

voll, auf denen auch manche charakteristische physiognomische Merkmale zu erkennen sind.[161]

13 Jahre später, 1959 erschien wieder in zwei Bänden Schlaginhaufens Auswertung desselben Materials, diesmal nicht nach Kantonen, sondern nach 184 „natürlichen Bezirken" untergliedert, unter dem Namen *„Anthropologia Helvetica II."* Der Atlasband enthält 60 Karten von Merkmalen oder Merkmalsverbindungen. Hier sind die historischen und ethnischen Beziehungen natürlich viel besser zu erkennen als auf den Karten nach Kantonen, die ja teilweise unterschiedliche Sprachgebiete umfassen.

Die Sprachgrenzen in der Schweiz zwischen dem deutschen Sprachgebiet und dem französischen im Westen, dem italienischen im Süden und dem rätoromanischen in Graubünden finden sich am deutlichsten auf den Karten der Farbmerkmale wieder, wo sich bei den hellen Augen und den blonden und braunschwarzen Haaren die deutschen und die romanischen Gebiete deutlich voneinander absetzen. Eine deutliche Beziehung zu den Sprachgebieten haben auch die Nasenhöhe (umgangssprachlich Nasenlänge) und das konvexe Nasenprofil, die beide im romanischen Gebiet höher beziehungsweise häufiger sind. Graubünden und das Tessin zeichnen sich durch besonders breite Köpfe und Gesichter aus, sind aber beide wie die ganze Schweiz dem morphologischen Gesichtsindex nach schmalgesichtig. Beide haben auch den höchsten Längenbreitenindex in der Schweiz (über 83). Merkwürdig ist ein Streifen von breiten Stirnen von Schaffhausen bis zum Tessin (einschließlich), der teilweise mit dem Gebiet vieler roter Haare zusammenfällt. Die Graubündner und Tessiner, teilweise auch die Welschschweizer zeichnen sich durch engstehende Augen aus (geringe Breite zwischen den inneren Augenwinkeln). Die Tessiner haben oft gewellte Haare. Merkwürdig ist, dass in der Westhälfte der Schweiz einschließlich des deutschsprachigen Teils braune Haare im engeren Sinn (ohne schwarzbraun) häufiger sind als in der Osthälfte. Die Ergebnisse bei der Nasenhöhe und dem Nasenprofil lassen vermuten, dass die deutsch-romanische Sprachgrenze sich auch bei anderen physiognomischen Merkmalen besser zeigen würde als bei den Maßen.[162]

---

161 Otto Schlaginhaufen: Anthropologia Helvetica. Ergebnisse anthropologischer Untersuchungen an den schweizerischen Stellungspflichtigen. Zwei Bände, Zürich 1946.

162 Otto Schlaginhaufen: Anthropologia Helvetica. Ergebnisse anthropologischer Untersuchungen an den schweizerischen Stellungspflichtigen. II. Die Anthropologie der Kantone und der natürlichen Landschaften. Zwei Bände, Zürich 1959.

Häufigkeit der dunklen Haarfarbe

mehrere Stufen von weniger als 56 % bis mehr als 71 % (nach Schlaginhaufen)

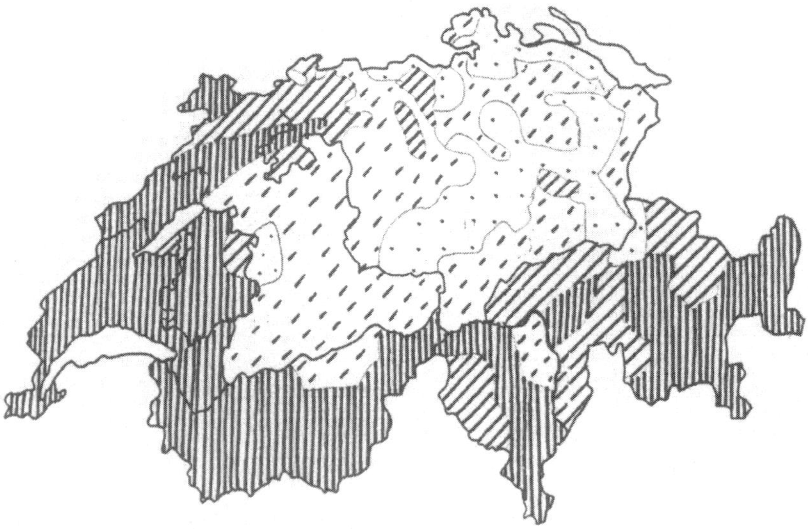

Häufigkeit des konvexen Nasenprofils

mehrere Stufen von weniger als 18 % bis mehr als 27 % (nach Schlaginhaufen)

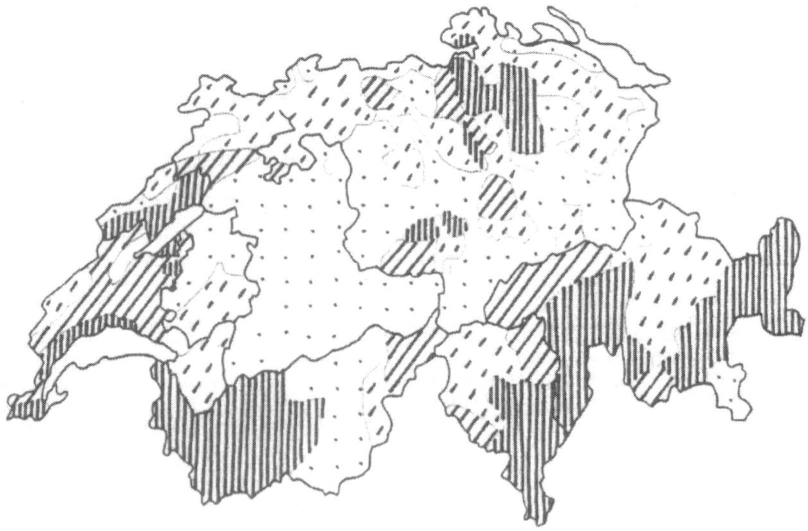

Verteilung der dunklen Haarfarbe und des konvexen Nasenprofils in der Schweiz

Sozialanthropologie

Die erste sozialanthropologische Dissertation des neuen Mainzer Instituts wurde bereits 1949 fertiggestellt. Anne-Rose Beelitz untersuchte Schuhmacher und Schlosser in Mainz und einigen ländlichen Vororten der Stadt. Insgesamt wurden von ihr 95 Schuhmacher und 208 Schlosser untersucht. Die Schumacher haben eine deutlich geringere Körperhöhe. Die Mainzer Schuhmacher sind 7,5 cm und die zugezogenen 2,9 cm kleiner als die jeweiligen Schlosser. Sie haben auch eine Tendenz zu kleineren Kopfmaßen. Nur die Nasenhöhe und Nasenbreite sind größer. Sie haben außerdem erheblich seltener blaue und häufiger dunkle Augen als die Schlosser. Auch bei der Haarfarbe sind die Schumacher deutlich dunkler. Bei den physiognomischen Merkmalen haben die Schuhmacher häufiger konkave und seltener gerade Nasen. Beelitz hat bei ihren Schuhmachern und Schlossern auch die 6-Punkte Rassenformel von Egon von Eickstedt angewandt. Danach sind die Nordiden bei den Schuhmachern seltener und die Alpinen häufiger als bei den Schlossern. Alles in Allem bestätigt die Untersuchung den stark alpinen Charakter des Berufstypus der Schumacher, wie er schon in Schlesien gefunden worden ist. Die Gesamtheit der Schuhmacher und der Schlosser ist aber im Mittel mäßig brachycephal (LBI 80-82), schmalgesichtig (GI 88-90) und überwiegend nordid (um 50 Prozent), wie wahrscheinlich die Bevölkerung Rheinhessens überhaupt.[163]

Der Mainzer Anthropologe Hubert Walter, der den größten Teil des Materials der Westfalen-Untersuchung erhoben hat, wertete in seiner Habilitationsschrift die sozialanthropologischen Daten für das Ruhrgebiet aus. Das Ruhrgebiet unterscheidet sich von den anderen westfälischen Landesteilen durch die große Zuwanderung von Arbeitern aus Ostdeutschland und Polen in der Zeit vor dem Ersten Weltkrieg. Bis zum Ersten Weltkrieg war Polnisch offizielle zweite Verkehrssprache im Ruhrgebiet. Auch die deutsche Bevölkerung stammt zum großen Teil nicht aus der Region, sondern ist nach 1870 aus Westfalen und dem Rheinland und anderen Teilen Deutschlands zugezogen. Wenn in der Folge von „Oststämmingen" die Rede ist, sind Nachkommen der vor 1914 aus Ostdeutschland und Polen Zugewanderten gemeint. Die Vertriebenen hat Walter aus seiner Untersuchung ausgeschlossen.

Der Anteil der „Oststämmigen" unter Walters Schulkindern beträgt 30,3 Prozent. Am meisten von ihnen gibt es in den unteren Schichten, den gelernten und ungelernten Arbeitern ohne Besitz (ohne eigenes Haus) mit etwa 38 Prozent. Man muss davon ausgehen, dass die Oststämmigen nicht repräsentativ für die ostdeutsche und polnische Bevölkerung waren, sondern auch dort schon aus den unteren Schichten stammten (zum Beispiel Landarbeiter). Der

163 Anne-Rose Beelitz: Sozialanthropologische Untersuchungen in Rheinhessen (Schumacher und Schlosser in Großstadt und Kleinstadt). Diss. Mainz 1949.

Anteil der Gutbegabten beträgt unter den Oststämmigen 31,6 Prozent und der der Schlechtbegabten 33,6 Prozent. Im Vergleich dazu haben die Vertriebenen, die eine halbwegs repräsentative ostdeutsche Stichprobe darstellen (weil annähernd die ganze Bevölkerung vertrieben wurde), 43,6 Gutbegabte und 22,5 Prozent Schlechtbegabte. Die Heimatvertriebenen entsprechen damit in etwa der einheimischen westfälischen Bevölkerung mit 40,7 bzw. 23,2 Prozent, ja sie übertreffen diese sogar ein wenig.

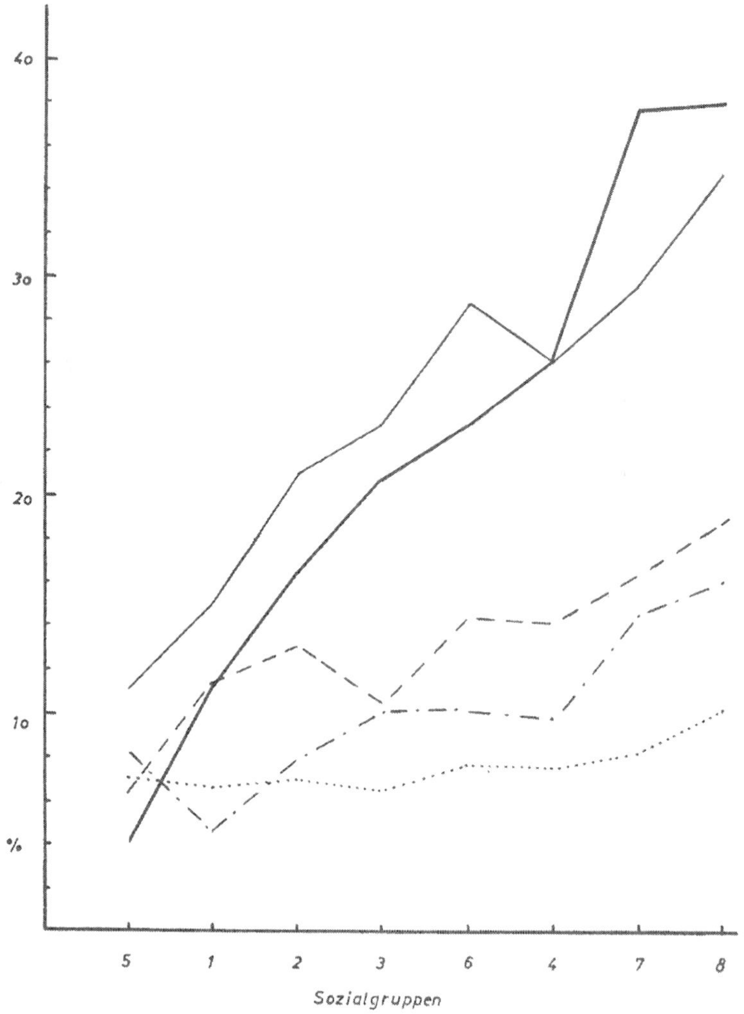

Beziehung zwischen Oststämmigkeitsgrad und Häufigkeit verschiedener anthropologischer Merkmale (in %)

——— Oststämmigkeitsgrad
——— Häufigkeit betonter Jochbögen
— — — Häufigkeit schräger Lidspalten
—.—.— Häufigkeit von rundlicher Gesichtsumrißform
.... Häufigkeit des q-Allels

Die Beziehung der Oststämmigkeit und der Häufigkeit bestimmter Merkmale im Ruhrgebiet (Sozialgruppen: 1 Oberschicht, 8 ungelernte Arbeiter, 5 Bauern)

Walter fand in der einheimischen Bevölkerung des Ruhrgebietes (ohne Vertriebene, aber mit den Oststämmigen) das bekannte Gefälle der Körperhöhe von der Oberschicht bis zur Unterschicht. Je höher die Schichtzugehörigkeit des Vaters, desto höher ist auch die mittlere Körperhöhe der Schulkinder. Dasselbe gilt auch für den Rohrerindex, ein Maß der Körperfülle aus Körperhöhe und Körpergewicht. Die oberen Schichten sind leichter und schmaler gebaut als die unteren Schichten, nur die Bauernkinder sind etwas kräftiger gebaut als es ihrer Stellung in der Mitte der sozialen Schichtung entspricht. Bei der Augenfarbe gibt es zwar Unterschiede zwischen den sozialen Schichten, ein Gefälle lässt sich aber kaum erkennen. Nur die Bauernkinder mit deutlich mehr hellen Augen und nur 1 Prozent braunen Augen fallen aus der Reihe. Bei der Haarfarbe ist dagegen ein deutliches Gefälle von 24,1 Prozent Hellblonden in der Oberschicht bis zu 16,4 in der Unterschicht zu erkennen. Auch hier fallen die Bauernkinder mit 26,7 Prozent aus der Reihe. Bei den Mädchen beträgt der Anteil der Hellblonden in der Oberschicht sogar 30,7 Prozent, deutlich mehr als in der Mittelschicht mit etwa 15 Prozent.

Die Kopflänge nimmt mit der sozialen Stellung zu, während es bei der Kopfbreite keine einheitliche Tendenz gibt. Der Längenbreitenindex ist in den oberen Schichten etwas niedriger. Schaut man sich die Verteilung der Indexklassen an, gibt es aber ein eindeutiges Gefälle von vielen Langköpfen in der Oberschicht zu wenigen in der Unterschicht. Die Gesichtshöhe zeigt eine Zunahme zur sozialen Oberschicht hin, die Gesichtsbreite (Jochbogenbreite) und der morphologische Gesichtsindex eher nicht, mit der Ausnahme, dass die Oberschicht die schmalsten Gesichter hat. Bei der morphognostisch bestimmten Gesichtsform haben die oberen Schichten vor allem schmal-ovale

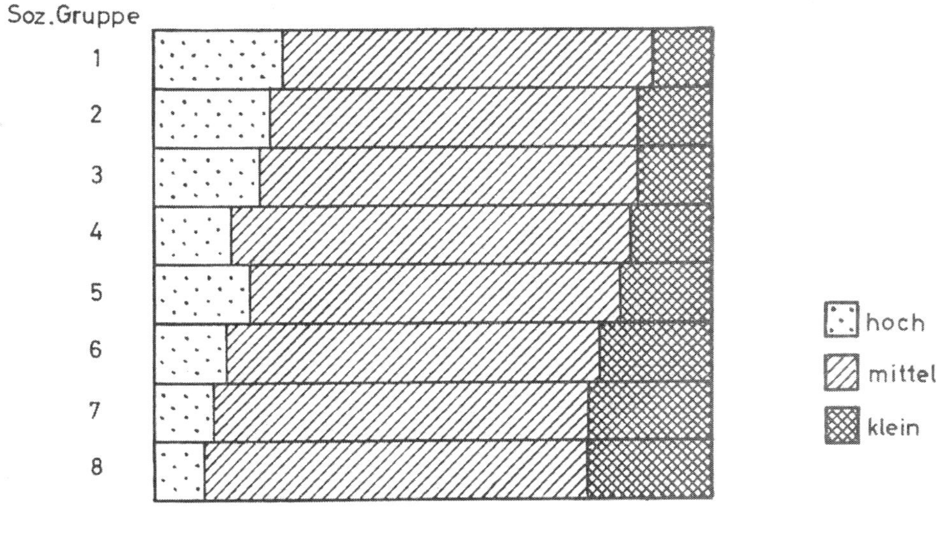

Die soziale Verteilung von Hoch- und Kleinwüchsigkeit im Ruhrgebiet:
(Sozialgruppen: 1 Oberschicht, 2 obere Mittelschicht, 5 Bauern, 8 ungelernte Arbeiter)

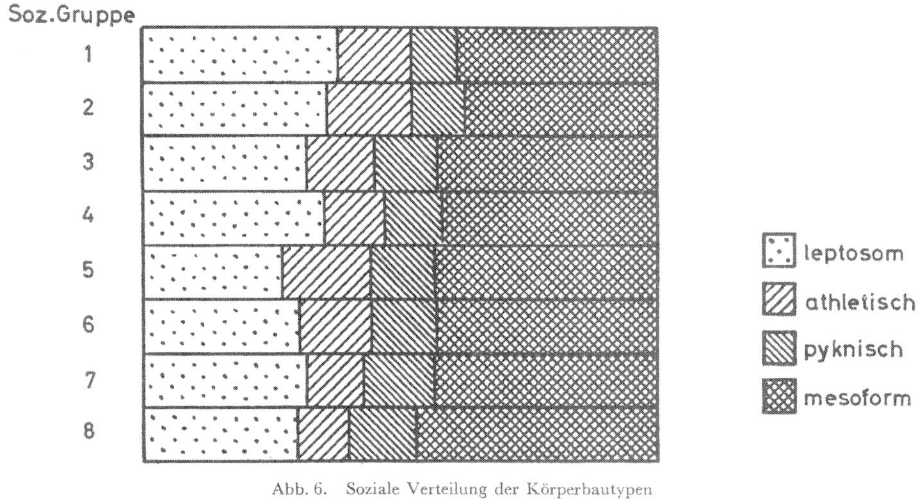

Die soziale Verteilung der Körperbautypen im Ruhrgebiet

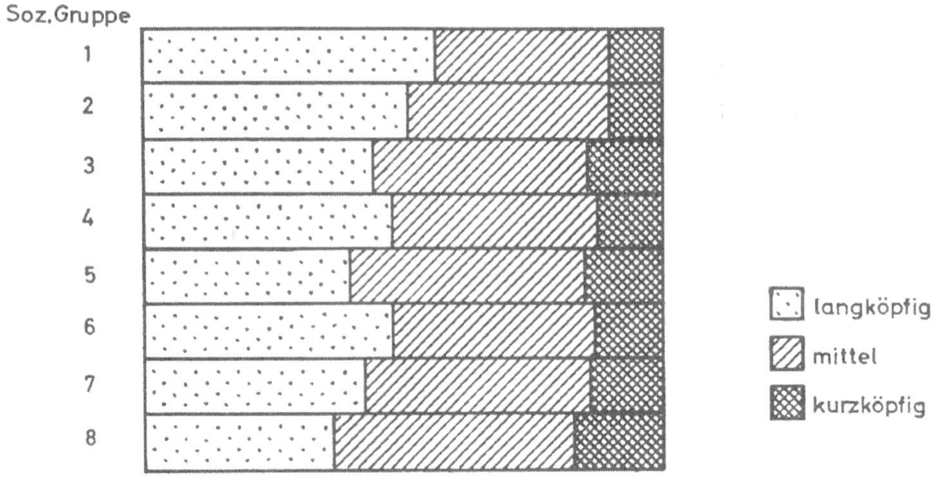

Die soziale Verteilung der Kopfform im Ruhrgebiet

und die unteren Schichten mehr runde Formen. Bei der Nasenrückenform hat die Oberschicht am meisten gerade und die Unterschicht am meisten konkave (eingebogene) Nasenrücken. Beim Kinnprofil sind die betonten, das heißt vorstehende Kinnformen in den oberen Schichten und bei den Bauernkindern häufiger. Auch die tiefliegenden Augen sind in den oberen Schichten häufiger. Dafür sind betonte Wangenbeine (Jochbögen) und schräg nach außen ansteigende Lidspalten in den unteren Schichten etwas häufiger.

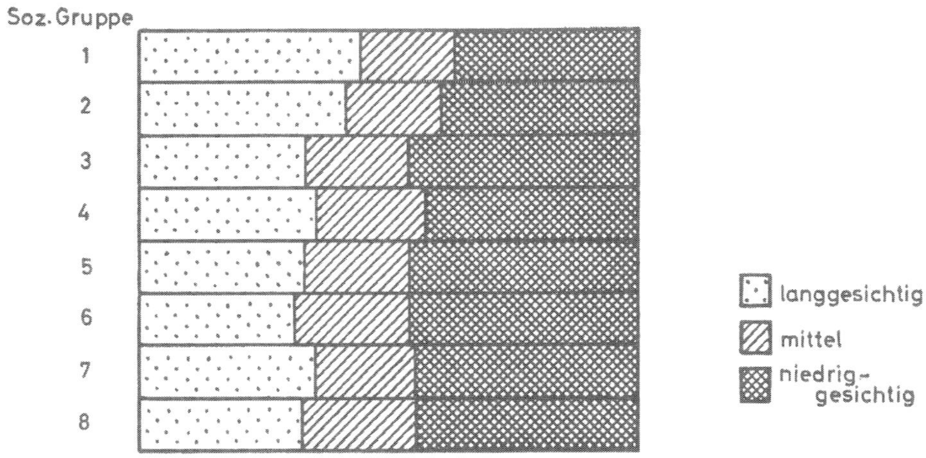

Die soziale Verteilung der Gesichtsform im Ruhrgebiet

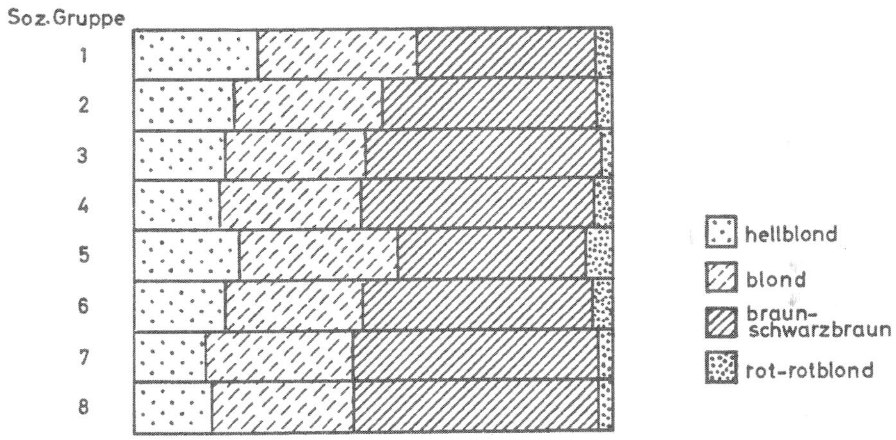

Die soziale Verteilung der Haarfarbe im Ruhrgebiet

Bei den Fingerbeermustern sind die Schleifen in den oberen Schichten und die Wirbel in den unteren häufiger. Bei den Blutgruppen ist B in den unteren Schichten etwas häufiger, der Blutfaktor M bei den Bauern. Walter hat auch rassentypologische Diagnosen gestellt. Er fand mit 40 Prozent die meisten Nordiden in der Oberschicht und mit 30 Prozent die zweitmeisten bei den Bauernkindern. Die meisten Osteuropiden gibt es in der Unterschicht mit etwa 5 Prozent. Es ist offensichtlich, dass diese sozialen Unterschiede ihre Ursache vor allem in der Arbeiterzuwanderung aus dem Osten haben.

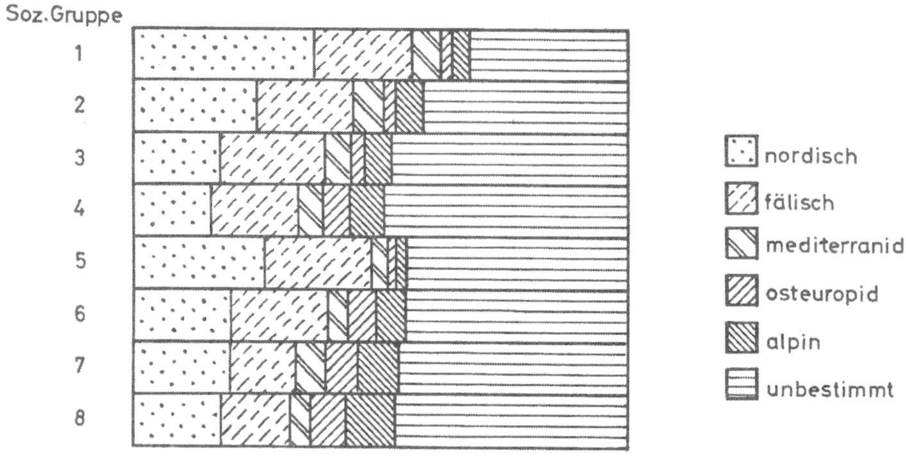

Die soziale Verteilung der Rassentypen im Ruhrgebiet

Um festzustellen, ob die durch die Zuwanderung aus dem Osten geschaffenen sozialen Unterschiede sich mit der Zeit ausgleichen, hat Walter auch die soziale Tendenz der Väter der Schulkinder berücksichtigt. Das heißt, ob der Vater in seiner beruflichen Stellung und Schichtzugehörigkeit im Verhältnis zum Großvater sozial aufgestiegen, gleich geblieben oder abgestiegen ist. Der Vergleich der Aufsteiger mit den sozial Gleichbleibenden zeigt wie schon in Schlesien, dass sie in ihrem anthropologischen Merkmalsbild ihre eigene Herkunftsgruppe übertreffen und der angestrebten Sozialschicht nahekommen, ja sie teilweise sogar übertreffen.

Die höchste Körperhöhe haben die Oberschichtangehörigen, die schon zur Oberschicht gehörten, die zweithöchste die Mittelschichtangehörigen, die zur Oberschicht aufgestiegen sind, die größte Kopflänge haben die ersteren, gefolgt von den zweiteren usw. Die meisten Hellblonden haben die Mittelschichtangehörigen, die zur Oberschicht aufgestiegen sind, die zweitmeisten die Oberschichtangehörigen, die schon zur Oberschicht gehörten, und so fort. Die wenigsten Hellblonden gibt es bei den Unterschichtangehörigen, die schon zur Unterschicht gehörten, die zweitwenigsten bei den Unterschichtangehörigen, die in die Mittelschicht aufgestiegen sind, am drittwenigsten bei den Unterschichtangehörigen, die aus der Mittelschicht abgestiegen sind (soziale Absteiger aus der Unterschicht gibt es ja nicht). Am meisten Nordide gibt es bei den Mittelschichtangehörigen, die in die Oberschicht aufgestiegen sind, am zweitmeisten (fast genauso viel) bei den Unterschichtangehörigen, denen es gelang, in die Oberschicht aufzusteigen, am drittmeisten bei den Oberschichtangehörigen, die schon Oberschichtangehörige waren. Bei dem osteuropiden Typus gibt es annähernd die umgekehrte Verteilung. Natürlich

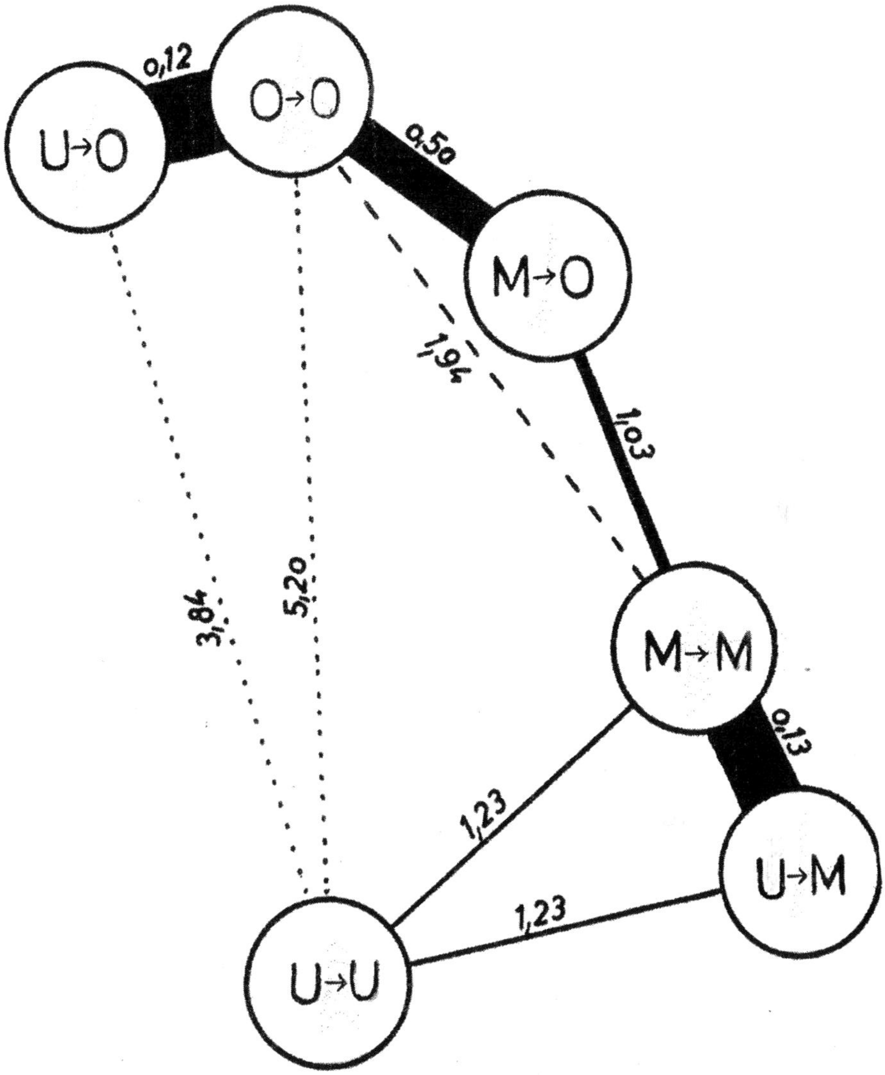

Anthropologische Ähnlichkeitsabstände der sozialen Aufsteiger, Gleichbleibenden und Absteiger im Ruhrgebiet

bestehen die Unterschiede bei den sozialen Aufstiegsgruppen auch in der Schulbegabung. Die Kinder der sozialen Aufsteiger aus der Unterschicht direkt in die Oberschicht haben zum Beispiel eine durchschnittliche Begabung von 1,9, die der aus der Unterschicht in die Mittelschicht aufgestiegenen eine von 2,6. Den Oberschichtkindern stehen anthroplogisch von allen Mobilitätsgruppen die Kinder der aus der Unterschicht in die Oberschicht aufgestiegenen am nächsten, also die derjenigen, die die größte Leistung vollbracht haben.

Der Vergleich der sozialen Aufstiegs- und Abstiegsgruppen zeigt damit keine Tendenz der sozialanthropologischen Unterschiede, sich mit der Zeit auszugleichen, sondern vielmehr die Tendenz, sich immer aufs Neue durch die sozialen Aufstiegs- und Abstiegsprozesse zu erneuern. Nicht allen Oststämmigen gelingt der soziale Aufstieg, sondern vor allem jenen, deren körperliche und psychologische Verfassung bereits der der westfälischen Oberschicht entspricht. Tatsächlich stehen die aus der Unterschicht in die Oberschicht Aufgestiegenen nicht der Unterschicht, sondern der Oberschicht am nächsten. Der Einblick in die Sozialanthropologie der Ruhrbevölkerung zeigt die biologischen Prozesse, die mit den gesellschaftlichen verbunden sind, mit einer unerwarteten Deutlichkeit.[164]

Hubert Walter hat im Ruhrgebiet bei der Blutgruppe B eine soziale Differenz von 3,0 Prozentpunkten gefunden. Das heißt die Blutgruppe B ist in der Unterschicht um 3 Prozentpunkte häufiger als in der Oberschicht. Bei den Genfrequenzen beträgt der Unterschied zwischen Oberschicht und Unterschicht sogar 3,9 Prozentpunkte. Das ist natürlich die Folge der Zuwanderung ostdeutscher und polnischer Arbeiter in das Ruhrgebiet in der Zeit vor dem Ersten Weltkrieg.

Ein ähnliches Phänomen der sozialen Schichtung der Blutgruppen durch die Einwanderung einer fremden Unterschicht gibt es auch in England. In Yorkshire und in Südwest-England gibt es in der sozialen Unterschicht (ungelernte Arbeiter) 15 Prozentpunkte mehr Blutgruppe 0 als in der sozialen Oberschicht. Die große Häufigkeit der Blutgruppe 0 in der Unterschicht erklärt sich durch die große Zuwanderung von Arbeitern aus Irland und Wales, wo die Blutgruppe 0 wesentlich häufiger ist als im A-reichen England. Sie ist ein Merkmal der vorgermanischen, britischen Bevölkerung der Britischen Inseln. Der wesentlich größere soziale AB0-Unterschied in England als in Deutschland erklärt sich wahrscheinlich dadurch, dass die irische und walisische Arbeiterzuwanderung nach England schon seit Jahrhunderten besteht.[165]

Der Pfälzer Mediziner und Landeshistoriker Hermann Arnold (1912-2005) befasste sich mit nicht integrierten sozialen Unterschichten wie Räuberbanden, Fahrendem Volk und Zigeunern im Mittelrheingebiet. Um die entsprechenden Gruppen auch anthropologisch zu erforschen, arbeitete er mit den Anthropologen vom Mainzer Institut zusammen. Im Gebiet des Hunsrücks

164 Hubert Walter: Untersuchungen zur Sozialanthropologie der Ruhrbevölkerung. Münster i.W. 1962.

165 J.A. Beardmore, F. Karimi-Booshehri: ABO genes are differentially in socio-economic groups in England. In: Nature 303, 1983, S. 522-524.

gibt es die in eigenen kleinen Siedlungen am Rand anderer Siedlungen und in der Nähe des Waldes lebenden „Hüttenleute“. Diese gehen auf frühere Arbeiter in der Eisenindustrie des Hunsrücks und die in deren Umfeld tätigen Köhler usw. zurück. Ein Teil von diesen stamme ursprünglich von Fahrendem Volk und Vaganten ab. Als die Eisenindustrie um 1770 schließen musste, zogen viele Arbeiter aus den Siedlungen fort. Versuche der Obrigkeit, die Verbliebenen zur in dieser Gegend wenig ertragreichen Landwirtschaft zu führen, scheiterten. Die in den immer elenderen Siedlungen lebenden Hüttenleute gingen lieber dem Korbmachen, Besenbinden usw. nach oder wenn das nicht reichte, auch dem Betteln oder Wildern. Sie zogen durch die Gegend und versuchten den Bauern ihre Erzeugnisse zu verkaufen. Gemeinsam ist den Hüttenleuten die Kenntnis des „Rotwelschen“, einer alten Gauner- und Vagantenmundart mit zigeunerischen und jüdischen Bestandteilen. Die Bauern lehnten die Hüttenleute ab und mieden Heiratskontakte zu ihnen. Die Hüttenleute bildeten ein soziales Isolat, das aber zum Zeitpunkt der Untersuchung um 1960 bereits in Auflösung begriffen war.

Die Mainzer Anthropologen untersuchten in neun Orten 131 Kinder der „Hüttenleute“ und 507 Kinder der übrigen Hunsrückbevölkerung im Alter von 6 bis 13 Jahren. Die Auswertung des Materials übernahm Hubert Walter. Der sozialen Schichtung nach dem Schema von Karl Valentin Müller nach waren die Väter der „Hüttenleute“-Kinder zu 58 Prozent ungelernte Arbeiter

Hütte von „Hüttenleuten“ in Osburg im südlichen Hunsrück

Besenbinder der Hüttenleute

ohne Besitz und zu 26 Prozent gelernte Arbeiter ohne Besitz. Die Heiratsentfernung der Hüttenleute war deutlich kleiner als die der Hunsrücker.

Alle Heiratsbeziehungen der Hüttenleute gehen zu Orten, in denen ebenfalls Hüttenleute leben. Die Kinder der Hüttenleute sind deutlich kleinwüchsiger und leichter als die der bäuerlichen Bevölkerung, in einzelnen Jahrgängen bis zu 5,3 cm kleiner. Die älteren Kinder hohlen diesen Minderwuchs aber zum Teil wieder auf. Da die Kinder nur bis zum Alter von 13 Jahren gemessen wurden, wissen wir nicht, ob der Unterschied auch bei den Erwachsenen noch besteht. Die Kopflänge ist bei den Hüttenleuten-Kindern etwas größer und der Längenbreitenindex etwas niedriger. Die sonstigen Kopfmaße, insbesondere die Kopfbreite und die Gesichtsbreite (Jochbogenbreite) sind bei der bäuerlichen Bevölkerung größer. Nur nach dem Nasenindex haben die Hüttenleute breitere Nasen als die Hunsrücker. Die Hüttenleute haben mit 35 Prozent seltener blaue Augen als die Hunsrücker (40,3 Prozent) und mit 13 Prozent häufiger braune Augen als diese (8,7 Prozent). Bei der Haarfarbe gibt es keinen Unterschied. Nur die roten Haare sind mit 3,8 Prozent verhältnismäßig häufig und auch häufiger als bei den Hunsrückern mit 2,6 Prozent. Die kleinere Körperhöhe, die Schmalheit und das geringere Gewicht der Hüttenleute-Kinder können eine Folge ihrer schlechteren Ernährungslage sein (also umweltbedingt). Für einen genetischen Unterschied sprechen aber die Unterschiede bei der Nasenbreite, der Augenfarbe und der Rothaarigkeit. Arnold spricht von vielen auffälligen Typen unter den Hüttenleuten, die sich aber den anthropologischen Messungen zu entziehen scheinen.

In Überlosheim nahmen Psychologen der Pädagogischen Akademie in Landau auf Anregung von Arnold Intelligenzprüfungen mit BTS-Begabungstests an den Hüttenleuten-Kindern vor. Sie ergaben mit wenigen Ausnahmen nur sehr geringe Leistungen. Der Durchschnitt entsprach der Note 4,8 (wie Schulnoten). Nur ein Zehntel der Kinder ist durchschnittlich begabt (bezogen auf normale Verhältnisse). Weitere Untersuchungen mit anderen Tests ergaben, dass die Kinder der Hüttenleute sich nicht etwa durch Phantasiereichtum auszeichnen, sondern durch eine nüchterne, zweckorientierte Haltung.[166]

Astrid Schumacher, eine Schülerin des Hamburger Anthropologen Rainer Knussmans, befasste sich mit der größeren Körperhöhe der „höheren“ Schichten und ihren Ursachen. Sie untersuchte dafür junge Erwachsene und ihre Eltern. Um vergleichbare Daten zu bekommen, korrigierte sie ihre Daten unter Berücksichtigung des Alters, des Geschlechts und der säkularen Akzeleration auf ein Standardalter von 20 Jahren. Sie verglich dann nur die Angehörigen der Oberschicht (Akademiker, größere Unternehmer, leitende Angestellte usw.) und die der Unterschicht (gelernte und ungelernte Arbeiter, unselbständige Handwerker usw.). Es ergab sich für die Männer der Oberschicht ein Wert von 180,8 cm, für die der Unterschicht einer von 175,9 cm und für aus der Unterschicht in die Oberschicht aufgestiegenen einer von 181,1 cm. Die sozialen Aufsteiger entsprechen also in ihrer Körperhöhe den Männern in der Oberschicht, obwohl sie in Unterschichtverhältnissen aufgewachsen sind. Bei den sozial aufsteigenden Frauen ergibt sich auch ein erhöhter Wert, der aber nicht so hoch ist wie bei den Männern. Die sozialen Aufsteiger sind also eine soziale Siebungsgruppe. Astrid Schumacher verglich in der Folge Geschwister, von denen der eine aus der Unterschicht in die Oberschicht aufgestiegen war und der andere in der Unterschicht verblieben war. Die wiederum standardisierten Werte betragen bei den 23 sozial aufgestiegenen Geschwistern (Männern) 179,4 cm und bei den sozial in der Unterschicht verharrenden 174,5. Die sozial in die Oberschicht aufgestiegenen sind also im Mittel 4,9 cm größer. Bei den Frauen ist der Unterschied mit 2,1 cm nicht so groß. Auch sind von 15 gemischt geschlechtlichen Geschwisterpaaren zwölfmal der männliche und nur dreimal der weibliche Teil sozial aufgestiegen. Auch dieses Ergebnis zeigt, dass die größeren Individuen irgendeinen Vorteil im sozialen Wettbewerb haben müssen.

Schumacher untersuchte zudem ein Datenmaterial von Krankenschwestern unterschiedlicher Herkunft. Es gibt auch hier einen Körperhöhenunterschied, der sich nicht allein aus der unterschiedlichen sozialen Herkunft erklärt. Leitende Schwestern übertreffen selbst dann die anderen Schwestern an Körperhöhe, wenn sie den Unterschichten entstammen und eine schlechtere Schul-

---

166 Hermann Arnold: Soziale Isolate im Mosel-Saar-Nahe-Raum seit dem 18. Jahrhundert. Saar-brücken 1964; Hubert Walter: Anthropologische Untersuchungen an sozial auffälligen Bevölkerungsgruppen im Hunsrück. In: Homo 13, 1962, S. 161-177.

ausbildung haben. Bei ebenfalls untersuchten Handwerkern übertreffen die Meister die Gesellen signifikant an Körperhöhe, selbst wenn Unterschiede der sozialen Herkunft und der Schulbildung ausgeschlossen werden.

Die soziale Staffelung der Körperhöhe ist bei den Frauen im Allgemeinen geringer als bei den Männern. Anders ausgedrückt ist die berufliche Siebung bei den Männern deutlich schärfer. Die in der Anthropologie bisher vorherrschende Erklärung läuft über die Korrelationen der Körperhöhe zur Kopfgröße und von dieser zur Gehirngröße und Intelligenz. Tatsächlich sind großköpfige Männer und Frauen im Mittel intelligenter als kleinköpfige. Astrid Schumacher bietet aber noch eine andere Erklärung an. Sie geht vom allgemeinen Stereotyp der groß gewachsenen Menschen im Vergleich mit kleineren aus. Sie befragte zur Ermittlung des Stereotyps die Schüler von vier Berufsschulklassen. Danach werden großgewachsene Menschen als gesünder, herrischer, kräftiger, stärker, aktiver, härter und offener als kleinere Menschen beschrieben, die eher als unterwürfiger, leiser, schwächer, gehemmter und friedlicher eingeschätzt werden. Das Stereotyp des großgewachsenen Menschen korreliert hoch mit dem des erfolgreichen Menschen (r=0,92). Angeborene auslösende Mechanismen bewirken, dass wir großgewachsenen Menschen mit Respekt begegnen und dass wir ihnen gegenüber ein Gefühl der Unterlegenheit empfinden. Sie lassen aber auch das Erlebnis der eigenen Körpergröße zu einem persönlichkeitsbildenden Faktor werden. *„Ob ich mich selbst als groß und überlegen oder als klein und unbedeutend empfinde, beeinflußt mein Auftreten gegenüber meinen Mitmenschen, so wie diese sich in ihren Reaktionsweisen (auch) von dem Eindruck leiten lassen, den ich hinterlasse.“* schreibt Frau Schumacher. Das heißt, dass großgewachsene Menschen nicht nur über die Korrelation mit der Intelligenz einen Aufstiegsvorteil haben, sondern auch über die Wirkung der – meist unbewussten – Wahrnehmung der Körperhöhe sowohl auf sich selbst als auch auf andere.[167]

Der Wiener Anthropologe Horst Seidler (geb. 1944) führte in den 1970er und 80er Jahren mehrere sozialanthropologische Untersuchungen an Schulkindern und Soldaten des österreichischen Bundesheeres durch. Er versuchte bei Schülern der „Hilfsschule“ (etwa was in Deutschland die Sonderschule ist) diejenigen, die eine genetische Schädigung aufweisen, von denjenigen, die durch eine schädliche soziale Umwelt unterentwickelt sind, zu

167 Astrid Schumacher, Rainer Knussmann: Sind Körperhöhenunterschiede zwischen den sozialen Ständen beim Menschen ein Modifikations- oder ein Siebungseffekt? In: Homo 28, 1977, S. 235-244; dies.: Soziale Körperhöhenunterschiede bei Geschwistern. In: Homo 29, 1978, S. 173-176; Astrid Schumacher: Zur Bedeutung der Körperhöhe in der menschlichen Gesellschaft. I. Untersuchungen zur sozialen Körperhöhendifferenzierung. In: Zeitschrift für Morphologie und Anthropologie 72, 1981, S. 213-228; dies.: Zur Bedeutung der Körperhöhe in der menschlichen Gesellschaft. II. Versuch einer Kausalanalyse zur sozialen Körperhöhensiebung. In: Zeitschrift für Morphologie und Anthropologie 72, 1981, S. 233-245

unterscheiden. Erstere seien schulisch hoffnungslos unterlegen und würden in der Hilfsschule von den anderen Schülern gemobbt.

Die Letzteren aber könnten bei entsprechender Förderung auf ein normales Maß an schulischer Leistung und sozialer Angepasstheit gebracht werden, erstere nicht. Als Maß für die genetische Schädigung sieht Seidler die Kopflänge an, wenn sie einen extrem niedrigen Wert aufweist. Mir ihr könne man die genetisch geschädigten Hilfsschüler von den nur sozial benachteiligten trennen, auch wenn sie keine sichtbaren Dismorphien oder Stigmata aufweisen.[168]

Anders als die meisten Sozialanthropologen setzt Seidler auf die Milieutheorie, weil er sonst die „Diskriminierung" sozialer Gruppen befürchtet. Als biologischer Anthropologe räumt er allerdings ein, dass es auch genetische Einflüsse und Siebung gibt. Seidler wertete die Daten von 22 872 18jährigen Rekruten des österreichischen Bundesheeres aus Wien, Niederösterreich und dem Burgenland aus. Neben dem Wohnort und dem erlernten Beruf berücksichtigte er auch die Körperhöhe und die Ergebnisse eines Intelligenztests. Wien steht sowohl bei der Köperhöhe als auch beim Intelligenztest an erster Stelle, weist aber auch die größten sozialen Unterschiede auf. Der Unterschied der Körperhöhe zwischen den vier den unterschiedlichen sozialen Schichten entsprechenden Berufsgruppen beträgt 3,8 cm. Das ist in Einheiten der Standardabweichung gemessen deutlich weniger als beim Intelligenztest. Seidler vermutet, dass sich durch die allgemeine Verbesserung der Lebensumstände die Körperhöhenunterschiede mit der Zeit stärker ausgeglichen haben als die kognitiven. Er rechnet mit einem wesentlich längeren Zeitraum für den Ausgleich auch bei den kognitiven Fähigkeiten.[169]

Die von Seidler durchgeführten oder angeleiteten sozialanthropologischen Arbeiten sind, weil viele von ihnen Prüfungsarbeiten sind und Österreich bibliotheksmäßig Ausland ist, in Deutschland leider nur schwer zugänglich.

Schädel- und Skelettuntersuchungen (Historische Anthropologie)

1952 veröffentlichte der Altmeister Eugen Fischer, nun im Ruhestand, in der einst von ihm herausgegebenen Zeitschrift für Morphologie und Anthropologie einen Aufsatz mit dem Titel „Zur Frage: Schädelform und Umwelt". Der ist ein leidenschaftliches Plädoyer für die Transformationstheorie. Fischer be-

168 Horst Seidler: Anthropometrische Untersuchungen an Sonderschülern. In: *Infans cerebropathicus* 4, 1980, S. 45-83.

169 Horst Seidler: Psychosomatische Korrelationen in der Sozialanthropologie. In: Gerhard Nissen (Hg.): Psychiatrie des Schulalters. Wien 1984, S. 62-83; Horst Seidler, Claudia Neubert: Ansätze zu einer sozialanthropologischen Bestandsaufnahme in Österreich. In: Anthropologischer Anzeiger 46, 1988, S. 27-40.

rief sich auf Untersuchungen von Auswanderern, bei denen sich die Kopfform ihrer Kinder bereits an die Verhältnisse in der neuen Heimat angepasst haben soll (Boas mit Ostjuden und Italienern in Amerika, Kaiserstühler in Venezuela) und von Land-Stadt-Wanderern, bei denen sich die Kopfform ebenfalls bereits in der zweiten Generation an die städtischen Verhältnisse annäherte. Fischer spricht von der „Plastizität“ der Schädelform, die aber nichts anderes sei als die natürliche Modifikationsbreite eines erblichen Merkmals in Reaktion auf eine geänderte Umwelt. Er verweist darauf, dass selbst bei eineiigen Zwillingen ein Unterschied des Längenbreitenindex des Kopfes von mehreren Indexeinheiten bestehen kann. Mit Rasse habe dies nichts zu tun. *„Ein nordischer Rassenschädel z.B. (mit seiner typischen Form von Stirn, Scheitel, Hinterhaupt, Augenhöhlen usw.) ist sicher wirklich eine Erbform, aber er ist selbstverständlich modifizierbar. Er ist nicht mit zwei Maßen und einem daraus berechneten Index rassendiagnostisch zu bestimmen, sondern durch morphologische Analyse aller seiner Teile.“* Welche einzelnen chemischen und physikalischen Umwelteinflüsse es seien, die den Längenbreitenindex des Kopfes beeinflussen, wüssten wir aber nicht. Der Vorgang dürfte außerordentlich kompliziert und von Ort zu Ort sehr verschieden sein. Eine solche Veränderung der Kopfform von Kindern, Enkeln und weiteren Nachkommen sei an verschiedenen Stellen nachgewiesen. *„Wenn man die beiden Erklärungsmöglichkeiten der historischen Veränderungen europäischer Schädel gegeneinander abwägt, sinkt offenbar die Waage sehr tief auf die Seite der Transformationsthese.“* [170]

Als Antwort auf Fischers Aufsatz brach Ilse Schwidetzky in der gleichen Zeitschrift *„eine Lanze für die Substitutionstheorie“*. Schwidetzky hatte im Auftrag von Archäologen die menschlichen Überreste vom Kloster St. German vor Speyer in der pfälzischen Rheinebene anthropologisch untersucht. Dabei bestand die günstige Lage, dass sich Skelettreste aus drei Zeitabschnitten unterscheiden ließen. Allerdings waren die Individuenzahlen nicht groß. Da sind zunächst 18 Skelette aus der spätrömischen Zeit, die sich ihrer Beigabenlosigkeit nach als frühchristlich datieren lassen, dann fünf aus dem Inneren der Kirche, die aus der frühmittelalterlichen, merowingerzeitlichen bis ottonischen Zeit stammen. Weil sie im Kirchinneren bestattet worden sind, werden sie der sozialen Oberschicht angehört haben. Und zuletzt 18 aus dem Spätmittelalter stammende Skelette im Kreuzgang des Klosters. Bei diesen wird es sich vorwiegend um Stiftsherren, also auch um Angehörige der Oberschicht gehandelt haben.

Anthropologisch fällt die Einheitlichkeit der frühmittelalterlichen Serie gegenüber den beiden anderen auf. Es handelt sich durchweg um charakteristisch lang-schmale Vertreter des germanischen Reihengräbertypus. Auch

170 Eugen Fischer: Zur Frage: Schädelform und Umwelt. In: Zeitschrift für Morphologie und Anthropologie 44, 1952, S. 51-61.

zeitgleiche fränkische Reihengräberfelder aus der Umgebung zeigen ganz überwiegend diesen Typus. Dagegen herrscht sowohl in der spätrömischen als auch in der spätmittelalterlichen Serie eine ausgesprochene Typenvielfalt. Auch hier kommen zwar Reihengräberschädel vor, vor allem in der spätrömischen Serie, daneben aber auch kleinere grazile Langköpfe mediterraniden Typus, kurzköpfige breitgesichtige Alpine sowie hochköpfige, schmalgesichtige, hakennasige Dinaride mit flachem Hinterhaupt, sowie Schädel, die sich zwischen diesen Typen einordnen lassen. Die größte Schädellänge der erwachsenen Männer beträgt in der spätrömischen Serie 187,3 mm, in der frühmittelalterlichen 191,8 und in der spätmittelalterlichen 182,8. Der Längenbreitenindex liegt bei 77,9, 71,5 und 81,1. Die Übereinstimmungen zwischen der spätrömischen und der spätmittelalterliche Serie betreffen aber nicht nur die Hauptkopfmaße, sondern auch die vielen Details der Schädelform, wie sie für die verschiedenen Rassentypen charakteristisch sind.

Schwidetzky sieht daher in den Angehörigen der spätmittelalterlichen Serie nicht die durch den Brachycephalisationsprozeß „transformierten" Nachkommen der frühmittelalterlichen Reihengräberleute, sondern hauptsächlich die der spätrömischen, typologisch gemischten Bevölkerung. Diesen ist es nach der Zeit der Herrschaft der germanischen Reihengräberleute mit der Zeit gelungen sozial aufzusteigen und sich mit diesen zu vermischen, also ein klassischer Beleg für die Substitutionstheorie.

Bleibt nur die Frage, wo diese Bevölkerung im Frühmittelalter war. Warum gibt es von ihr keine Gräberfunde? Das könnte an ihrer Beigabenlosigkeit liegen, die verhindert, dass die Archäologen sie zeitlich einordnen können, womit sie für die Wissenschaft verloren ist. Eine zugegeben nicht ganz befriedigende Lösung.[171] Vielleicht haben die Nachkommen der christlichen Provinzialrömer auch immer wieder die gleichen Kirchhöfe belegt, wodurch die älteren Gräber zerstört wurden. Möglicherweise waren sie zunächst auch zahlenmäßig in der Minderheit [Ergänzungen von mir, AV].

Aus zahlreichen Gräberfunden war bekannt, dass die keltisch-romanische provinzialrömische Bevölkerung kleiner und kurzköpfiger als die Germanen war. Sollte es Unterschiede zwischen reichen und armen Bestatteten in den alemannischen Reihengräberfeldern geben, die den ethnischen Unterschieden entsprechen? Anhand der veröffentlichten archäologischen und anthropologischen Individualdaten aus sechs alemannischen Reihengräberfeldern und einem romanischen Gräberfeld (Kaiseraugst) aus Deutschland und der Schweiz nahm der Archäologe Roderich Straub einen Vergleich der Alemannen aus reich ausgestatteten mit solchen aus arm ausgestatteten Gräbern vor.

171 Ilse Schwidetzky: Eine Lanze für die Substitutionstheorie. In: Zeitschrift für Morphologie und Anthropologie 46, 1954, S. 288-292; dies.: Die anthropologischen Funde vom Germansberg vor Speyer. Ein Beitrag zur Rassengeschichte der Pfalz. In: Karlwerner Kaiser: Das Kloster von St. German vor Speyer. Speyer 1955, S. 139-146.

Der Längenbreitenindex der Alemannen mit reichen Beigaben entspricht mit 74,6 (Männer und Frauen) genau dem des norddeutschen Reihengräberfeldes von Anderten (74,4), ihre Körperhöhe liegt mit 171,9 cm (Männer) sogar noch über dessen Wert (170,3). Der Längenbreitenindex der frühmittelalterlichen Romanen von Kaiseraugst A entspricht mit 77,8 genau dem Wert von 40 römerzeitlichen Gräberfeldern aus Südwestdeutschland und der Schweiz mit 77,6.

Tatsächlich sind von den Alemannen mit reichen Beigaben 50 Prozent langschädelig-hochwüchsig und nur 4 Prozent kurzschädelig-kleinwüchsig. Von den Alemannen ohne oder mit einfachen Beigaben sind nur 18 Prozent langschädelig-hochwüchsig, dafür aber 40 Prozent kurzschädelig-kleinwüchsig. Bei den Keltoromanen von Kaiseraugst gibt es keinen Unterschied zwischen den mit unterschiedlich reichen Beigaben Bestatteten. Dort sind 69 Prozent der Bestatteten kurzschädelig-kleinwüchsig.

Es scheinen also die Alemannen Teile der romanischen Bevölkerung in ihre in den Reihengräbern bestattete Bevölkerung als leicht- oder unbewaffnete Krieger aufgenommen zu haben. Die Alemannen in den reich ausgestatteten Gräbern behielten dagegen den körperlichen Habitus ihrer germanischen Vorfahren.[172]

Der Amerikaner Neil M. Huber, ein Tübinger Doktorand, konnte 1967 die Ergebnisse Straubs bestätigen. Er unterschied im Reihengräberfeld von Weingarten im Kreis Ravensburg nach den Vorgaben der Archäologen Schwerbewaffnete, Leichtbewaffnete und Unbewaffnete. Die wahrscheinlich berittenen Schwerbewaffneten sind größer und lang- und schmalschädeliger als die Leicht- und Unbewaffneten. Sie stehen den norddeutschen Reihengräberleuten am nächsten, ja übertreffen sie in ihrer Lang- und Schmalschädeligkeit sogar noch. Die Unbewaffneten entsprechen in ihrem Merkmalsbild der vorgermanischen Bevölkerung. Die Leichtbewaffneten stehen anthropologisch zwischen den Schwerbewaffneten und den Unbewaffneten. Die Streuung der Merkmale ist bei ihnen größer als bei den beiden anderen Gruppen. Die Unbewaffneten und teilweise auch die Leichtbewaffneten scheinen die Nachkommen der Keltoromanen zu sein.

Beim Vergleich mit anderen alemannischen Reihengräberbevölkerungen zeigt sich diese vor allem im zentralen Gebiet in Württemberg von dem langschmalen Reihengräbertypus geprägt, während in den Randgebieten des Alemannengebietes der kurköpfig-kleinwüchsige Einfluss der Romanen größer ist.

Huber führte auch eine demographische Analyse durch. Nach der sind die Schwerbewaffneten in den oberen Altersklassen nur schwach vertreten. Das

---

172 Roderich Straub: Zur Kontinuität der voralemannischen Bevölkerung. In: Badische Fundberichte 20, 1956, S. 127-137.

verhältnismäßig seltene Vorkommen der Schwerbewaffneten in den höheren Altersklassen könnte darauf zurückzuführen sein, dass die älteren Schwerbewaffneten irgendwo anders starben und bestattet wurden, etwa auf Kriegszügen. Dass könnte eine Auslese gegen den eigentlichen Reihengräbertypus sein, die im Lauf der Zeit zu einer Abnahme dieses Typus in der alemannischen Bevölkerung geführt hat.[173]

Straubs und Hubers Ergebnisse bestätigen die Substitutionstheorie zumindest als Teilerklärung der „süddeutschen Brachycephalie".

Im Osten von Schleswig lag an der Schlei die wikingische Handelssiedlung Haithabu. Sie wurde um das Jahr 770 gegründet und bestand bis 1066 n. Chr. Ihre Bewohner waren neben dänischen und schwedischen Wikingern niederdeutsche Sachsen. Da es enge Handelsbezihungen in den slawischen Osten gab, ist auch mit wendischen Slawen zu rechnen.

Der Kieler Anthropologe Ulrich Schaefer (1922-1990) bearbeitete das Skelettmaterial von Haithabu. Es handelt sich um etwa 100 überwiegend schlecht erhaltene Schädel aus dem 9. bis 11. Jahrhundert. Die Schädel sind überwiegend dolichokephal und entsprechen ihrer Form nach dem in Norddeutschland und Skandinavien vorherrschenden germanischen Reihengräbertypus. Allerdings sind die Haithabuer Schädel in ihren absoluten Maßen kleiner (Schädellänge der Männer 186,8). Auch die Körperhöhe liegt mit 165,6 cm (Männer) deutlich unter den in Nordeuropa üblichen Werten von meist mehr als 170 cm. Der Grund wird von Schaefer nicht diskutiert. Es könnte sich um Einflüsse der Lebensweise und der Ernährung handeln. Neben den Reihengräberschädeln gibt es auch einige, die den von Rudolf Asmus schon 1902 untersuchten robusten Mecklenburger Slawenschädeln ähneln und solche, die den von Schwidetzky (1938) als osteuropid beschriebenen gleichen. Wohl eine Folge der vielen Handelskontakte der Haithabuer Wikinger zum slawischen Osten.[174]

Bei Reckahn in der Nähe der Stadt Brandenburg wurde schon in den 1930er Jahren beim Bau der Autobahn eine mittelalterliche deutsche Siedlung ausgegraben. Es handelte sich um einen um 1150 n. Chr. im Zuge der deutschen Ostsiedlung gegründeten Ort, der bis zur großen Pest von 1348/50 bestand, als er „wüst" wurde und die Bewohner in das benachbarte Dustereckahn zogen. Aus dem Friedhof wurden etwa 300 Skelette freigelegt. Der (Ost-) Berliner Anthropologe Lothar Schott bearbeitete das Material in den 1960er Jahren.

---

173 Neil M. Huber: Anthropologische Untersuchungen an den Skeletten aus dem Alamanischen Reihengräberfeld von Weingarten, Kr. Ravensburg. Diss. Tübingen 1967.

174 Ulrich Schaefer: Anthropologische Untersuchung der Skelette von Haithabu. Neumünster 1963.

Die Reckahner Funde sind aus zwei Gründen von besonderem Interesse. Zum einen weil sie gerade aus dem Zeitraum stammen, in dem der Brachycephalisationsprozess vor sich gegangen sein muss, und zum anderen, weil es die einzige deutsche Landbevölkerung aus dieser frühen Phase der Ostsiedlung ist. Die Körperhöhe der Reckahner Männer beträgt 172,5 cm. Sie liegt damit über allen zeitgleichen deutschen Serien, nur die Reihengräberbevölkerungen hatten teilweise höhere Werte. Zugleich übertreffen die Reckahner mit ihrer Schädellänge von 183,6 alle zeitgenössischen Vergleichsserien (hauptsächlich Stadtbewohner und Mönche). Der Längenbreitenindex beträgt 79,4, ist für diese Zeit sehr niedrig, aber deutlich höher als bei den Reihengräberbevölkerungen. Kurt Gerhardt hatte bei den Reckahner schon 1936 nach der Ausgrabung eine Rassendiagnose gestellt. Danach sind sie ausgeprägt fälisch und in etwas geringerem Maß nordid. Die Reckahner sind demnach eine aus der Reihengräberbevölkerung hervorgegangene Gruppe, die schon vom Brachycephalisationsprozess erfasst worden war.[175]

Polnische Archäologen führten auch im ehemaligen Ostdeutschland Grabungen durch und förderten dabei mittelalterliche und neuzeitliche Skelettreste der deutschen Bevölkerung zutage, die sie anthropologisch bearbeiteten. Dass es sich um Deutsche handelt, wird in den Publikationen jedoch nicht gesagt. Es ist allenfalls die Rede davon, dass die untersuchte Bevölkerung im Zusammenhang mit West-Ost-Wanderungen stehe. Die wichtigsten der Skelettbevölkerungen sind Tempelburg im Kreis Neustettin in Pommern (15.–18. Jahrhundert), Zehden an der Oder im Kreis Königsberg/Neumark (14.–18. Jahrhundert), Trebnitz in Niederschlesien (15.–16. Jahrhundert) und der Dom in Breslau (16.–18. Jahrhundert).[176] Bei den beiden norddeutschen Serien Tempelburg und Zehden beträgt der Längenbreiten 79,2 und 79,3, bei

175 Lothar Schott: Zur Kraniologie der hochmittelalterlichen Reckahner Landbevölkerung. In: Wissenschaftliche Zeitschrift der Humboldt-Universität zu Berlin, mathematisch-naturwissenschaftliche Reihe 16, 1967, S. 331-345; ders.: Zur Körperhöhe der hochmittelalterlichen Reckahner Landbevölkerung. In: Veröffentlichungen des Museums für Ur- und Frühgeschichte Potsdam 2, 1963, S. 113-119; Kurt Gerhardt: Bodenfunde beim Bau der Reichsautobahn. Ein Friedhof aus der Zeit der ostdeutschen Kolonisation bei Dusterreckahn. In: Die Strasse 3, 1936, S. 656-659.

176 Helena Malinowska-Lazarezyk, Jadwiga Budzynska: Cementarzysko sredniowieczne i nowozytne w Cedyni, pow. Chojna, w swietle badan archeologiczno-antropologicznych. In: Materialy Zachodniopomorskie 21, 1975, S. 9-39 [Zehden an der Oder, mit Daten für Tempelburg, Krs. Neustettin]; Brunon Miszkiewicz: Analiza antropologiczna sredniowiecznej ludnosci z pawlowa, pow. Trebnicki (XV.-XVI. w.n.e.9. In: Materialy i Prace Antropologiczne 76, 1968, S. 197-218 [Trebnitz, Niederschlesien]; ders.: Analiza antropologiczna materialow kostnych zostrowa tumskiego (katedra Wroclawska) z XVI.-XVIII. W. In: Materialy i Prace Antropologiczne 88, 1974, S. 95-108 [Dom, Breslau].

der Breslauer Serie 83,9 (Männer). In einigen der Arbeiten gibt es deutsche Zusammenfassungen.

Auch aus Tschechien gibt es anthropologisch bearbeitete Serien aus ehemals deutsch bevölkerten Orten, unter anderem aus Beinhäusern. Gänzlich fehlen solche meines Wissens aber aus dem polnischen und russischen Teil Ostpreußens.

In den 1960er und 1970er Jahren nahm die Zahl der Schädel- und Skelettarbeiten stark zu. Die Nachfrage der Archäologen stieg, und viele Anthropologen promovierten mit der Bearbeitung einer Gräberpopulation. Auch das Niveau der Arbeiten stieg und es wurden in verstärktem Maße multivariate statistische Methoden, besonders Abstands- und Clusteranalysen eingesetzt. Ein umfassender Vergleich mit anderen deutschen oder europäischen Serien gehörte zunehmend zum Standard einer solchen Arbeit.

Friedrich W. Rösing (geb. 1944), der Sohn von Ilse Schwidetzky, machte 1975 seine Dissertation mit der Bearbeitung des großen merowingerzeitlichen fränkischen Reihengräberfeldes von Mannheim-Vogelstang.

Friedrich W. Rösing

Die Bevölkerung entspricht gut dem allgemeinen Bild des Reihengräbertypus, wenn sie auch in einigen Merkmalen von norddeutschen Gräberpopulationen übertroffen wird. Der mittlere Längenbreitenindex beträgt 74,7, der Gesichtsindex 90,9 (schmalgesichtig) und die Körperhöhe 170,7 cm (Männer). Rösing hat einen umfassenden Vergleich mit 35 anderen Reihengräberbevölkerungen aus ganz Europa durchgeführt, wofür er mehrere Sammelserien aus der Literatur neu zusammenstellen musste. Das Dendrogramm der Clusteranalyse zeigt nicht verschiedene Cluster, sondern nur ein großes Cluster mit immer größeren werdenden Abständen. Es gibt also keine verschiedenen Ähnlichkeitsgruppen innerhalb der Reihengräberbevölkerung, sondern nur ähnlichere und unähnlichere Gruppen. Eine Clusterbildung nach Stammeszugehörigkeit besteht nicht. Mannheim-Vogelstang steht der Serie von Anderten bei Hannover am nächsten, gefolgt von anderen Serien im Mittelrheingebiet und einer thüringischen und einer alemannischen Serie. Den größten Abstand haben einige westgotische Serien in Spanien und einige langobardische in Ungarn. Hier spielt sicher die Vermischung mit Nichtgermanen eine Rolle. Die burgundischen Gruppen in Ostfrankreich und der Westschweiz und mehrere alemannischen Gruppen in der Schweiz unterscheiden sich von der Kerngruppe um Mannheim-Vogelstang durch einen höheren Längenbreitenindex (Burgunder Männer 77,4) und eine geringere Körperhöhe, was auf einen alpinen Einschlag verweist. Neben den Alemannen und Burgundern weisen auch die Westfranken in Frankreich eine geringere Schädellänge auf. Die westlichen Franken in Gallien haben ein niedrigeres und die östlichen Franken in Deutschland ein höheres Gesicht (alpiner Einschlag in Gallien?). Die größte Schädelkapazität haben die Angelsachsen und die norddeutschen Sachsen. Sie sind zugleich auch am hochwüchsigsten.[177]

Zwar gibt es bei den Reihengräberbevölkerungen keine Clustergliederung nach Stämmen, aber schon die Tendenz, dass die Ähnlichkeitsbeziehungen zu nahegelegenen und stammesgleichen Bevölkerungen enger sind. Das gilt bei den Reihengräberserien vor allem für die fränkischen Serien in der westlichen Mitte Deutschlands.

Vom Kieler Anthropologischen Institut aus wurden mehrere mittelalterliche und neuzeitlichen städtische Kirchhöfe in Schleswig-Holstein untersucht. Hermann Helmuth und Winfried Henke bearbeiteten das Material des Kieler Getrudenfriedhofs und des Kieler Klosterfriedhofs und Christine Charlier das des Nikolaifriedhofs in Schleswig. Henke berarbeitete auch nach seinem Wechsel nach Mainz 1972 noch verschiedene norddeutsche Kirchenserien, so die des Bremer Doms.[178]

Der freiberufliche Hamburger Osteologe und Rösing-Schüler Peter Caselitz (geb. 1951) bearbeitete im Auftrag von Archäologen und Denkmalschützern zahlreiche Gräberpopulationen in Norddeutschland. So zum Beispiel den St.-Remberti-Kirchhof in Bremen, die Kreuzkirche zu Hamburg-Kirchdorf und eine Sammelserie aus dem Hannoverschen Wendland.[179]

---

177 Friedrich W. Rösing: Die fränkische Bevölkerung von Mannheim-Vogelstang (6.-7. Jh.) und die merowingerzeitlichen Germanengruppen Europas. Diss. Hamburg 1975.

178 Hermann Helmuth: Die menschlichen Skelettfunde des mittelalterlichen Gertrudenfriedhofs in Kiel. In: Zeitschrift für Morphologie und Anthropologie 57, 1966, S. 272-298; ders.: Menschliche Skelettreste aus dem Kieler Klosterfriedhof. In: Schriften des Naturwissenschaftlichen Vereins für Schleswig-Holstein 37, 1967, S. 65-92; Winfried Henke: Morphometrische Untersuchungen am Skelettmaterial des mittelalterlichen Gertrudenfriedhofs im Vergleich mit anderen nordeuropäischen Skelettserien. In: Zeitschrift für Morphologie und Anthropologie 64, 1972, S. 308-347; Christine Charlier: Der mittelalterliche Nikolaifriedhof von Schleswig. Anthropologische Untersuchung. Diss. Kiel 1979; Winfried Henke: Anthropologische Untersuchungen der menschlichen Skelettreste. In: Karl Heinz Brandt: Ausgrabungen im St.-Petri-Dom zu Bremen 1, Stuttgart 1985.

179 Peter Caselitz: Die menschlichen Skelettreste aus dem Dominikanerkloster zu Schleswig. In: Volker Vogel (Hg.): Ausgrabungen in Schleswig. Berichte und Studien 1, Neumünster 1983, S. 112-216; ders.: Die menschlichen Skelettreste vom St.-Rem-

Manfred Kunter (geb. 1940) und seine Mitarbeiter in Gießen untersuchten mehrere mittelalterliche und neuzeitliche Serien in Hessen, darunter die Bevölkerungen mehrerer mittelalterlicher Wüstungen. Leider sind viele ihrer Arbeiten nur sehr verstreut publiziert worden oder gar nicht. Besser erreichbar ist vor allem die Dissertation von Baldur Keil über Skelettreste des Alten Friedhofs von Langd im Kreis Gießen.[180]

In der DDR war vor allem das Jenaer Institut sehr fleißig in der Bearbeitung slawischer, frühdeutscher und neuzeitlicher Gräberbevölkerungen. Mit der Zeit haben die Jenaer Anthropologen um Herbert Bach (1926-1996) zahlreiche Serien im westlichen Mitteldeutschland links und rechts der Saale untersucht. 1986 stellte Adelheid Bach in einer Studie über ein slawisches Gräberfeld (Rohnstedt) einen Überblick über die bisherigen Ergebnisse vor. Zum Vergleich wurden völkerwanderungszeitliche Germanen, frühmittelalterliche Slawen und zwei hochmittelalterliche deutsche Serien herangezogen. Die völkerwanderungszeitlichen Germanenserien zeichnen sich durch ihre große Schädellänge aus. Die meisten Germanenserien tendieren auch zu einer größeren Gesichtshöhe als die Slawenserien. Sie haben auch die größeren Augenöffnungen (Orbitalhöhe und -breite) und die größeren Nasenhöhen (umgangssprachlich längere Nasen). Die beiden hochmittelalterlichen deutschen Serien (Jena, Reckahn) weisen kürzere und breitere Schädel als die zeitlich früheren germanischen und slawischen Serien auf. Ein Merkmal des hochmittelalterlichen Brachycephalisationsprozesses. Jena weist, wenn man die Hirnschädelmaße beiseitelässt, eine weitgehende Übereinstimmung mit den völkerwanderungszeitlichen Germanenserien auf.

In der Abstandsanalyse sind die Abstände jeweils zwischen den germanischen Schädelserien und zwischen den slawischen Serien nur gering, während die zwischen Germanen und Slawen wesentlich größer sind. Entspre-

berti-Kirchhof zu Bremen und ihre Stellung innerhalb neuzeitlicher Populationen. In: Archäologische Mitteilungen aus Nordwestdeutschland 6, 1983, S. 51-78; ders.: Die neuzeitlichen Skelettreste aus der Kreuzkirche zu Hamburg-Kirchdorf. In: Die Heimat 91, 1984, S. 95-111; Die bevölkerungsbiologische Stellung des Wendlandes während des letzten Jahrtausends. In: W. Jürries (Hg.): Beiträge zur Archäologie und Geschichte Nordostniedersachsens (B. Wachter zum 70. Geburtstag), Lüchow 1991, S. 51-62.

180 Manfred Kunter: Menschliche Knochenreste aus der Wochensakristei der Stiftskirche St. Peter zu Fritzlar (Schwalm-Eder-Kreis). In: Klaus Sippel (Hg.): Beiträge zur Archäologie mittelalterlicher Kirchen in Hessen 1, Wiesbaden 1989, S. 41-43; ders.: Menschliches Skelettmaterial aus der mittelalterlichen Dorfwüstung Holzheim bei Fritzlar (Schwalm-Eder-Kreis). In: Klaus Sippel (Hg.): Beiträge zur Archäologie mittelalterlicher Kirchen in Hessen 1, Wiesbaden 1989, S. 77-82; ders.: Menschliche Überreste aus frühmittelalterlichen Grabfunden in Nordhessen. In: Klaus Sippel (Hg.): Die frühmittelalterlichenn Grabfunde in Nordhessen. Wiesbaden 1989, S.235-278; Baldur Keil: Die menschlichen Skelettreste des Alten Friedhofs von Langd, Kreis Gießen. Erster Teil: Schädel. Diss. Gießen 1970.

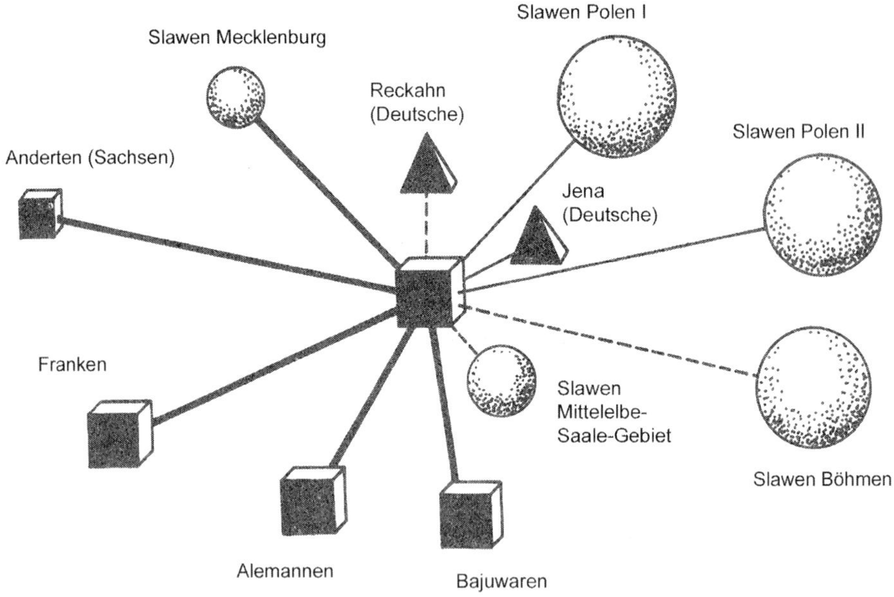

Anthropologische Ähnlichkeitsabstände der Germanen im Mittelelbe-Saale-Gebiet

chend ordnen sich die Schädelserien nach ihrer ethnischen Zugehörigkeit in verschiedene Cluster. Nur der Abstand zu den beiden hochmittelalterlichen deutschen Serien ist noch größer. Die mitteldeutschen Slawen stehen den Mecklenburger Slawen und den slawischen polnischen Serien näher als den böhmischen Slawen.[181] Die slawische Serie von Rohnstedt in Thüringen zeichnet sich durch eine große Häufigkeit eines überzähligen Wirbels – eine Anomalie ohne Krankheitswert – aus. Mit 45 Prozent ist sie größer als bei jeder anderen bekannten Skelettbevölkerung. Möglicherweise die Folge einer großen Homogamie in dieser Dorfpopulation.

Anders als in Norddeutschland gibt es aus Süddeutschland nur wenige spätmittelalterliche und neuzeitliche Bevölkerungen, die anthropologisch bearbeitet wurden. Hier herrschen nach wie vor die Reihengräberfriedhöfe vor. Das hat seinen Grund darin, dass es hier einfach viel mehr Reihengräberfriedhöfe gibt, und die Archäologen oft gezwungen sind, diese in Notgrabungen auszugraben.

Der Münchener Anthropologe Gerfried Ziegelmayer (1925-2007) und seine Mitarbeiter untersuchten mehrere bayerische Reihengräberfriedhöfe und unterschieden nach archäologischen und anthropologischen Kriterien nordide und grazilere mediterranide Schädel. Letztere seien die Nachkommen der

181 Adelheid Bach: Germanen – Slawen – Deutsche. Anthropologische Bearbeitung des frühmittelalterlichen Gräberfeldes von Rohnstedt, Kreis Sondershausen. Weimar 1986.

provinzialrömischen Bevölkerung. Der Anthropologe Peter Schröter von der Bayerischen Staatssammlung für Anthropologie schließt sich dieser Unterscheidung jedoch nicht an [ebenso wie ich, AV]. Nordide und Mediterranide sind bei gleicher leptodolichomorpher Grundform am Schädel nur schwer zu unterscheiden. Es kann sich bei den Mediterranen zum Beispiel auch um nordide Frauen mit falscher Geschlechtsdiagnose handeln. In Bayern ist außerdem für die vorgermanische Bevölkerung viel eher mit dinariden und alpinen Typen als mit mediterranen zu rechnen.[182]

Schweiz und Österreich (Historische Anthropologie)

In der Schweiz untersuchte man auch nach dem Krieg viele alemannische Reihengräberfelder. In diesen überwiegt wie in denen nördlich des Rheins der Reihengräbertypus, allerdings sind die Schweizer Alemannen im Mittel kleiner und weniger langköpfig als die deutschen, was auf einen größeren Einschlag der keltoromanischen Vorbevölkerung verweist.

Von besonderer Bedeutung ist eine Skelettserie von mehreren hundert Individuen aus einem romanischen Gräberfeld, die von Bonaduz in Graubünden aus dem 4. bis 7. Jahrhundert n. Chr. Sie ist die einzige romanische aus dieser Zeit im deutschen Sprachgebiet. Der aus Ungarn stammende Züricher Anthropologe Ferenc Gombay (geb. 1937) hat sie mit den übrigen Schweizer Skelettserien aus dem frühen Mittelalter verglichen, die alle von Reihengräberfriedhöfen der Alemannen und Burgunder stammen.

Die Menschen von Bonaduz waren nach Ausweis ihrer Längsknochen etwas kleiner und untersetzter als ihre alemannischen Zeitgenossen. Ihre Köpfe waren fast genauso lang, aber etwas breiter und hatten dadurch einen etwas höheren Längenbreitenindex (mit 76,8 mesocephal gegenüber dolichocephalen 74,9). Ihre Scheitelkurve in der Seitenansicht war etwas gewölbter. Sie hatten schmale Gesichter mit durchschnittlich kleineren Maßen als die Germanen, d.h. kleinere und grazilere Gesichter als diese. Ihre Augenhöhlen

182 Eva Burger: Differenzierung historischer Populationen durch metrische Merkmale am Schädel. Ein Beitrag zur Anthropologie der frühmittelalterlichen Bajuwaren. Diss. Braunschweig 1982; Günter Lange, Joachim Schleifring, Uta von Freeden: Die Skelette des Gräberfeldes von Moos-Burgstall. Anthropologischer Befund. In: Bericht der Römisch-Germanischen Kommission 68, 1987, S. 579–597; Hermann Helmuth: Anthropologische Untersuchungen zu den Skeletten von Altenerding. In: Hermann Helmuth, Dietrich Ankner und Hans-Jürgen Hundt: Das Reihengräberfeld von Altenerding in Oberbayern II. Anthropologie, Damaszierung und Textilfunde. Mainz 1996, S. 1-109; Peter Schröter: Zur Anthropologie der römischen Kaiserzeit im Regensburger Raum. In: Thomas Fischer (Hg.): Das Umland von Regensburg. München 1990, S. 347-408; ders.: Anthropologischer Bericht über kaiserzeitliche Körperbestattungen von Seebruck und Poing. In: Peter Fasold (Hg.): Das römisch-norische Gräberfeld von Seebruck-Bedaium. Kallmünz /Opf. 1993, S. 119.

(Orbitae) waren höher und die Wangengruben *(Fossae caninae)* tiefer. Die Burgunder in der Westschweiz waren ebenso groß wie die Alamannen, hatten aber einen höheren Längenbreitenindex und tendierten zu breiteren Gesichtern und Nasen als die sehr schmalen, den klassischen Reihengräbertypus repräsentierenden Alemannen, was auf die Einwirkungen des vorgermanischen Bevölkerungssubstrates zurückgeführt wird. In einer multivariaten Abstandsanalyse schließen sich die romanischen Bonaduzer mit süddeutschen und schweizerischen Serien der Latène- und Römerzeit, mediterranen Gruppen (Pompeji, Griechenland) und einigen romanisch beeinflußten Germanengruppen der Merowingerzeit (Franken, Burgunder) zusammen, während alle rein germanischen Gruppen außerhalb ihres Clusters bleiben.[183]

Den Westschweizer Anthropologen Marc-Rudolphe Sauter und Pierre Moeschler fiel bei der Bearbeitung der Skelette des burgundischen Gräberfeldes von Saint-Prex im Kanton Waadt auf, dass einige Schädel Zahnmerkmale aufweisen, die typisch für die mongolide Großrasse sind. Es handelt sich um die bekannten „Schaufelzähne" der Mongoliden, schaufelförmig nach vorne gewölbte Schneidezähne, eine Anomalie der Pulpa der Backenzähne (Taurodontismus) und einen überzähligen seitlichen Höcker bei den großen Backenzähnen. Die Burgunder hatten einige Zeit lang zum Machtbereich der Hunnen gehört. Zu deren Spuren gehört die auch bei einigen Schädeln der Serie gefundene hunnische Sitte der Schädeldeformation. Die Köpfe der Neugeborenen wurden mit straffen Binden nach oben-hinten zusammengebunden, was eine stark fliehende Stirn mit einem turmartig nach oben-hinten ausgewölbten Hirnschädel zur Folge hatte. Offensichtlich hat es in dieser Zeit auch – freiwillige oder unfreiwillige – Fortpflanzungskontakte zwischen Burgundern und Hunnen gegeben.[184]

Die Schweizer Anthropologen Roland Bay und Bruno Kaufmann untersuchten 1976 das Reihengräberfeld von Basel-Bernerring. Das Gräberfeld aus dem 6. Jahrhundert im Kanton Basel-Stadt liegt im heutigen Baseler Stadtgebiet, aber außerhalb des antiken und frühmittelalterlichen *Basilia*. Es hat in zweifacher Hinsicht eine Sonderstellung inne. Mitten im alemannischen Siedlungsgebiet gelegen, ordneten die Archäologen es aufgrund des Grabbrauches und der Grabbeilagen nicht den Alemannen, sondern den Franken zu, und zwar welchen aus dem heutigen Hessen zwischen Mittelrheingebiet und Harz. Die Grabbeilagen zeigten aber auch, dass es sich bei den

---

183 John A. Brunner: Die frühmittelalterliche Bevölkerung von Bonaduz. Eine anthropologische Untersuchung. Chur 1972; Ferenc Gombay: Die frühmittelalterliche Bevölkerung des schweizerischen Mittellandes. Diss. Zürich 1976.

184 Marc-R. Sauter, Pierre Moeschler: Caractères dentaires mongoloides chez des Burgondes de la Suisse occidentales (Saint-Prex, Vaud). In: Archives des sciences et compte rendu des séances de la Société (de Physique et d'Histoire Naturelle), Genf, 13, 1960, S. 387-427.

Bestatteten des Bernerringer Friedhofs um eine *„mit großem Grundbesitz ausgestattete Adelsgruppe"* handelte. *„Die Bernerringer Grundherren waren Angehörige des austrasischen Adels (...). Allein mit ihrer Präsenz erfüllten sie und ihre Standesgenossen letztlich auch militärische und politische Aufgaben, ohne eigens in dieser Richtung tätig zu sein."*

Das Gräberfeld umfasst insgesamt 44 Bestattungen, von denen 22 reichere und genauso viele die ärmer ausgestatteten Gräber betreffen. Die Körperhöhe der reicheren Männer beträgt 174,5 cm, ist also für die damalige Zeit außerordentlich hoch, und die der ärmeren Männer 169,8 cm. Auch der Gesamtdurchschnittswert der Körperhöhe von 172 cm liegt weit über dem der anderen Gräberfelder des alemannischen Siedlungsgebietes. Bei dem größten Individuum, einem Mann mit 180 cm Körperhöhe, handelt es sich allerdings um einen Sonderfall. Dieser Mann hat auch einen sehr großen Schädel und gehört seiner ganzen Erscheinung nach nicht der germanischen, sondern der gallorömischen Bevölkerung an. Er ist auch nur am Rande des Friedhofes bestattet. Möglicherweise ein Angehöriger der vorgermanischen Oberschicht der Region.

Verglichen mit den alemannischen Bevölkerungen weist die Bevölkerung von Basel-Bernerring eine besonders große Schädellänge und einen niedrigen Längenbreitenindex auf. Letztere beträgt bei den reichen Männergräbern 70 und den ärmeren 72. Besonders ausgeprägt ist die Sonderstellung Basel-Bernerrings bei der Gesichtsform. Sie ist in beiden Geschlechtern sehr schmal. Mit einem Mittelwert des morphologischen Gesichtsindex der Männer von 95,5 und der Frauen von 91,2 liegen alle Männer im schmal- bis sehr

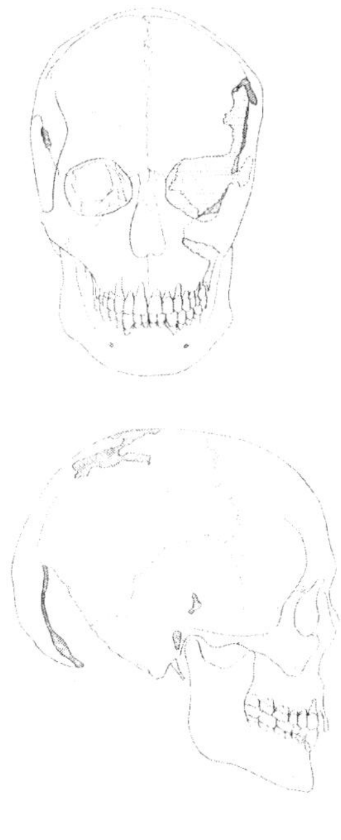

Männlicher Schädel aus Basel-Bernerring

schmalgesichtigen Bereich *(lepto- bis hyperleptoprosop)* und alle Frauen im schmalgesichtigen *(leptoprosopen)* Bereich. Die Ergebnisse bestätigen, dass sich Adelsgruppen oft, aber nicht immer, durch ihre schmalen Gesichtsformen auszeichnen. Auch den Werten des Körperskeletts nach weisen die Basel-Bernerringer eine eher schlanke, grazile Körperkonstitution auf.[185]

In Österreich untersuchte Aemilian Kloiber (1910-1989), Anthropologe am Oberösterreichischen Landesmuseums in Linz, römerzeitliche und bajuwarischer Gräber in der Umgebung von Linz.[186] In ganz Österreich wurden bis etwa um das Jahr 2000 viele Reihengräberfelder bearbeitet. Die Beinhäuser spielten nur noch eine geringe Rolle.

Neben bajuwarischen und slawischen Gräberfeldern fanden dabei vor allem awarische ein besonderes Interesse. Die Awaren waren ein aus Zentralasien stammendes, eine Turksprache sprechendes Steppenvolk, das Ende des 6. Jahrhunderts n. Chr. in die pannonische Tiefebene vorgedrungen war. Von dort eroberten sie den östlichen Teil des heutigen Österreichs bis etwa Linz in Oberösterreich. Die zahlenmäßig geringen Awaren führten viele slawische Stämme mit sich, die sich im Osten Österreichs niederließen und die dortigen Gebiete sprachlich slawisierten. Nach etwa zwei Jahrhunderten wurden die Awaren von Karl dem Großen wieder aus Österreich vertrieben und die Bajuwaren setzten dort ihre Kolonisationstätigkeit weiter fort.

Die Awaren waren anthropologisch heterogen. Sie hatten aus Zentralasien viele kurz-steilköpfige Turanide und auch einen nicht unerheblichen mongoliden Einschlag mitgebracht. Die Zahl der Individuen bei den (ungarischen) Awaren mit mehr oder weniger deutlichen mongoliden Merkmalen wird von ungarischen Anthropologen auf 16 Prozent geschätzt. Die anthropologischen Unterschiede zwischen den bajuwarischen, slawischen und awarischen Reihengräberfeldern in Österreich sind nicht groß. Meist überwiegt der Reihengräbertypus, neben dem es aber in unterschiedlichen Maß auch andere Formen gibt. In den awarischen Gräberfeldern ist der Längenbreitenindex meist etwas höher (mesocephal) und die Körperhöhe etwas niedriger (unter 170 cm) als in den germanischen und den slawischen. Johann Szilvássy (1931-2007) vom Naturhistorischen Museums in Wien bestimmte 1980 in dem awarischen Gräberfeld Zwölfaxing in Niederösterreich den Anteil von Schädeln mit einem mehr oder minder starken mongoliden Einschlag auf 5,5 Prozent. Ähnlich schwach oder noch schwächer ist er in dem awarischen Gräberfeld von Münchdorf und dem ethnisch nicht eindeutig zuzuordnenden Zwentendorf, beide in Niederösterreich (Szilvássy 1992, Heinrich 2001). In einer

185 Max Martin: Das fränkische Gräberfeld von Basel-Bernerring. Mit einem anthropologischen und einem osteologischen Beitrag von R. Bay und B. Kaufmann, Basel 1976.

186 Ämilian Kloiber: Über die Bevölkerung des baierischen Gräberfeldes von Au bei Kleinmünchen um das Jahr 700 nach Chr. Geb. In: Naturkundliches Jahrbuch der Stadt Linz 1, 1955, S. 55-117.

Distanzanalyse ist Zwentendorf etwa gleich weit entfernt von den germanischen und slawischen Serien, während der Abstand zu den awarischen Serien deutlich größer ist. Eine Sonderstellung unter den awarischen Gräberfeldern in Österreich nimmt das von Silke Grefens-Peters untersuchte Leobersdorf (Niederösterreich) ein. Seine Bevölkerung zeigt sich in der Abstandsanalyse sowohl zu den germanischen und slawischen als auch zu den awarischen Reihengräberserien ausgesprochen unähnlich. Dafür ist der Abstand zu zwei zentralasiatischen, typologisch überwiegend turaniden Serien gering. Es ist die österreichische Serie mit den meisten Mongoliden. Das zeigt sich unter anderem an der großen Häufigkeit der typisch mongliden (sinodonten) schaufelähnlichen Form der oberen Schneidezähne. 46,1 Prozent der Männer und Frauen besitzen die mongoliden „Schaufelzähne“.[187]

Helmuth Harum prüfte 1985 zwei österreichische Schädelserien auf die Möglichkeit der Identifikation mit Hilfe von Schädelmaßen und der Diskriminanzanalyse hin. Es handelte sich um 298 Schädel aus der Krypta der Kirche von Zellerndorf bei Retz in Niederösterreich und um 78 Schädel aus dem Beinhaus von Mais bei Meran in Südtirol. Beide Serien sind stark brachycephal und neuzeitlicher, möglicherweise auch noch mittelalterlicher Herkunft. Außerdem nahm Harum noch bewusst eine landfremde Serie von 101 Schädeln aus dem mittelnubischen Ort Ermenne bei Abu Simbel (heute im Lake Nasser versunken) aus der Zeit von 600 bis 1500 n. Chr. zum Vergleich dazu. Bei den Nubiern handelt es sich um eine südeuropid-orientalide Gruppe mit sichtbarem dunkelhäutigen negridem Einschlag.

Das Ergebnis der Analyse war nicht nur, dass sich die Nubier und die Österreicher anhand der Schädelmaße zu 99,58 Prozent richtig zuordnen lassen, sondern dass sich auch die Niederösterreicher und die Südtiroler zu 84,4 Prozent richtig bestimmen lassen. Das, obwohl es sich bei beiden um sehr ähnliche brachycephale österreichische Serien handeln, die mit Sicherheit derselben Rasse angehören. Nur ein gewisser slawischer Einschlag dürfte die Niederösterreicher von den Meranern unterscheiden.[188]

---

187 Johann Szilvássy: Die Skelette aus dem awarischen Gräberfeld von Zwölfaxing in Niederösterreich. Horn-Wien 1980; Margit Berner, Herbert Kritschner, Johann Szilvássy: Die Skelette des awarischen Gräberfeldes von Münchendorf, Niederösterreich. In: Falko Daim (Hg.): Awarenforschung. Archaeologia Austriaca, Monographien Nr. 2, Wien 1992, Bd. 2, S. 1027-1191; Wolfgang Heinrich: Zwentendorf – Ein Gräberfeld aus dem 10.-11. Jahrhundert. Anthropologische Auswertung. Wien 2001; Silke Grefen-Peters: Das awarische Gräberfeld von Leobersdorf. Anthropologische und zoologische Auswertung. In: Falko Daim: Das awarische Gräberfeld von Leobersdorf, NÖ. Wien 1987, S. 79-323

188 Helmuth Harum: Die Geschlechts- und Rassenbestimmung durch Diskriminanzanalyse mit Hilfe metrischer Merkmale des Hirnschädels. In: Annalen des Naturhistorischen Museums in Wien 87, 1985, S. 183-193

Die Entwicklung der Körperhöhe in Mitteleuropa

Der Betzdorfer Lehrer Helmut Wurm (1941-2022) befasste sich mit den Einflüssen der Ernährung auf die Körperhöhe im Verlauf der Geschichte seit der Völkerwanderungszeit. Der wichtigste Einflussfaktor war der Eiweißgehalt der Nahrung in der Säuglingszeit, der Kindheit und der Jugend. Am stärksten wachstumsfördernd ist tierisches Eiweiß, insbesondere Milch. Ein sehr großer Eiweißgehalt der Nahrung wirkt aber wieder wachstumsbremsend. Anders als die Anthropologen ging Wurm nicht von den Körperhöhenunterschieden aus und versuchte diese zu erklären, sondern er ging von den historisch überlieferten Ernährungsunterschieden und den Folgen aus, die diese auf die Körperhöhe gehabt haben müssten. Dieses versuchte er an den anthropologischen Daten über die Körperhöhe zu überprüfen.

In der Völkerwanderungszeit hatte die Ernährung der germanischen Stämme einen hohen Milch- und Fleischeiweißanteil. Tatsächlich hatten nach den anthropologischen Daten die Stämme der Völkerwanderungszeit eine recht hohe Körperhöhe von meist 171 bis 174 cm (Männer). Mit der Sesshaftwerdung im frühen Mittelalter und dem Übergang von der Milchwirtschaft zum Ackerbau nahm der Eiweißanteil in der Ernährung immer mehr ab. Entsprechend sank auch die Körperhöhe der mittleren und unteren Schichten auf nur noch 167 bis 170 cm. Eine Ausnahme stellten die Küstenregion und die Alpen mit ihrer Viehwirtschaft dar. Nur der Adel, der weiterhin viel Fleisch essen konnte, blieb weiter hochwüchsig. Die großen Bevölkerungsverluste durch die Pest von 1348-1350 machten das Fleisch wieder einige Generationen lang für breitere Schichten erschwinglich. Doch seit dem 16. Jahrhundert verschlechterte sich die wirtschaftliche Lage und damit die Ernährung der breiten Masse der Bevölkerung wieder mehr. Entsprechend nahm auch die Körperhöhe ab. Selbst die des Adels nahm jetzt ab. Erst in der zweiten Hälfte des 19. Jahrhunderts verbesserte sich die Ernährung der breiten Bevölkerungszahl soweit, dass auch die Körperhöhe wieder zunahm, ein Prozess, der bis heute anhält (die sogenannte säkulare Akzeleration).[189]

---

189 Helmut Wurm: Über die Schwankungen der durchschnittlichen Körperhöhe im Verlauf der deutschen Geschichte und die Einflüsse des Eiweißanteils der Kost. In: Homo 33, 1982, S. 21-42; ders.: Sozialspezifische Körperhöhenentwicklung von der Völkerwanderung bis zum 17. Jh. im Bereich des Deutschen Reiches unter besonderer Berücksichtigung der Adelsschicht. In: Homo 34, 1983, S. 177-193; ders.: Über die durchschnittlichen Körperhöhen der sozialen Mittel- und Unterschichten im mitteleuropäischen germanischen Siedlungsraum vom Frühmittelalter bis zur Neuzeit. In: Anthropologischer Anzeiger 43, 1985, S. 11-30; ders.: Ein Beitrag zu einer „Anthropo-Historie“. Zu ernährungskonstitutionellen Verknüpfungen innerhalb der deutschen Geschichte. Das Weisermerkmal „historische Körperhöhe“. In: Zeitschrift für Geschichtswissenschaft 40, 1992, S. 7-22.

Die Wiener Anthropologen Sylvia Kirchengast und Eike-Meinrad Winkler (1948-1994) veröffentlichten 1991 einen Überblick über die Entwicklung der Körperhöhe in Österreich (und Südtirol) in den verschiedenen sozialen und ethnischen Gruppen von der Römerzeit bis heute. Sie legten dabei bei der Auswahl der von ihnen ausgewerteten Daten deutlich strengere Maßstäbe an als Helmut Wurm und akzeptierten nur die Körperhöhenschätzungen nach Breitinger und Bach. Das Material besteht aus 97 lokalen Stichproben. Kirchengast und Winkler unterschieden vier Zeitabschnitte. Die Römerzeit (0-500 n. Chr.), das frühe Mittelalter (500-1000 n. Chr.), das hohe Mittelalter (1000-1500 n. Chr.) und die frühe Neuzeit (1500-1800). Die mittlere Körperhöhe der Männer betrug in der Römerzeit 169,5 cm, im frühen Mittelalter 169,7 cm, im hohen Mittelalter 170,3 cm und in der Neuzeit 168,5 cm. Es gab also einen leichten Anstieg von der Römerzeit bis ins hohe Mittelalter und dann einen Sinken um 1,8 cm in der frühen Neuzeit. Die Frauen haben den höchsten Wert im frühen Mittelalter und erreichen dann wie die Männer in der frühen Neuzeit ihren Tiefststand. In der Römerzeit war es nicht möglich soziale Schichten zu unterscheiden.

Im frühen Mittelalter lassen sich in Österreich vier ethnische Gruppen unterscheiden, die Awaren, die Langobarden (mit anderen Germanen), die Slawen und die Bajuwaren. Von diesen haben die Langobarden die mit 171,2 cm größte Körperhöhe, gefolgt von den Bajuwaren mit 170,3 cm. Awaren und Slawen haben jeweils eine mittlere Körperhöhe von 168,6 cm. Im hohen Mittelalter lassen sich der Adel, der Klerus, die Bürger und die Bauern und Handwerker unterscheiden. Der Adel ist durchschnittlich 173,6 cm groß, der Klerus, der auch meist adeliger Herkunft war, 171,2 cm, die Bürger 167,8 cm und die Bauern und Handwerker 167,9 (bei den Frauen haben die der Handwerker noch eine niedrigere Körperhöhe als die der Bürger). Es besteht also ein Gefälle von fast 6 cm von den höheren Schichten bis zur untersten. In der frühen Neuzeit sind die Werte etwas niedriger, es besteht aber dasselbe Gefälle mit dem Unterschied, dass die Bürger die Geistlichen überholt haben. Das passt gut zum sozialen Aufstieg des Bürgertums in dieser Zeit. Der Geschlechtsunterschied (Geschlechterdimorphismus) ist beim Adel der Neuzeit mit 10,7 cm am größten und bei den Bauern und Handwerkern der Neuzeit mit 6,8 cm am kleinsten. Die zeitlichen und sozialen Unterschiede scheinen vor allem die Unterschiede der Lebensbedingungen widerzuspiegeln, aber auch die soziale Siebung beim sozialen Auf- und Abstieg und auch rassische Unterschiede (große Körperhöhe der Germanen, kleine der Awaren).[190]

190 Sylvia Kirchengast, Eike-Meinrad Winkler: Populations- und schichtspezifische Körperhöhenunterschiede in Österreich von der Römerzeit bis zum Barock. In: Mitteilungen der Anthropologischen Gesellschaft in Wien 121, 1991, S. 203-220.

Die Mainzer Datenbank und die Tagungen zur historischen Anthropologie

1966 fand in Mainz auf Initiative von Ilse Schwidetzky das große Neolithikum-Symposium statt, unter reger Beteiligung vieler ausländischer Kollegen und auch von Archäologen. Die Vorträge wurden in deutscher, englischer und französischer Sprache gehalten. Dabei sind auch große Mengen von Daten aus ganz Europa vorgestellt worden. Frau Schwidetzky zog daraus den Schluss, im Mainzer Institut eine Datenbank für Prähistorische und Historische Anthropologie zu gründen. Es handelt sich dabei um Individualdaten und Mittelwerte anthropologischer Menschenfunde aus der Vorgeschichte und Geschichte ganz Europas. Wer für seine eigene Arbeit Vergleichsdaten brauchte, wandte sich von nun an an die Mainzer Kollegen. 1991 beinhaltete die Datenbank die Daten von 4 574 anthropologischen Serien mit 48 536 Individuen vom Jungpaläolithikum bis zur Gegenwart.[191]

Der Neolithikum-Konferenz folgte 1978 in Sils Maria in Graubünden (Schweiz) ein zweites internationales Symposium zur Anthropologie der Bronzezeit unter der Leitung des Schweizer Anthropologen Marc-Rudolphe Sauter.

Ein drittes Symposium fand 1982 wieder in Mainz mit dem Namen „Ethnogenese europäischer Völker" statt. Es befasste sich mit der Entstehung der großen europäischen Völker wie der Griechen, Italiker, Kelten, Slawen und Germanen von der Eisenzeit bis ins frühe Mittelalter. Jeweils ein Archäologe und ein Anthropologe trugen über eines der Völker vor. Die Ethnogenese der Germanen aus der Sicht der Anthropologie behandelte Wolfram Bernhard, der Nachfolger Ilse Schwidetzkys als Leiter des Mainzer Instituts für Anthropologie. Er zeigte, dass die Menschen der nordischen Bronzezeit und ihre Nachkommen, die Germanen, eine Mittelstellung zwischen der spätneolithischen Trichterbecherkultur und der der indogermanischen Schnurkeramikerkultur einnahmen, aus denen sie hervorgegangen sind. Nur in einzelnen Gebieten wie Dänemark und Mecklenburg überwog das biologische Erbe der Trichterbecherleute das der Schnurkeramiker. Die Beiträge zu dieser Tagung wurden 1986 in einem Buch unter dem Titel „Ethnogenese europäischer Völker" veröffentlicht. Die einzelnen Kapitel sind in deutscher, englischer und französischer Sprache verfasst.[192]

---

191 Ilse Schwidetzky, H.-J. Jäger: The Data Base for prehistorical and historical anthropology in Mainz. In: Homo 42, 1991, S. 163-170.

192 Wolfram Bernhard, Anneliese Kandler-Pálsson (Hg.): Ethnogenese europäischer Völker. Aus der Sicht der Anthropologie und Vor- und Frühgeschichte. Stuttgart 1986; Wolfram Bernhard: Ethnogenese der Germanen aus der Sicht der Anthropologie. In: Ebd., S. 257-284.

Titel Ethnogenese Europäischer Völker Stuttgart 1986

Bei dem Ethnogenese-Symposium hatten viele osteuropäische Anthropologen nicht kommen können, deshalb fand das nächste, vierte Symposium 1985 in Prag statt. Es behandelte die „Bevölkerungsbiologie europäischer Völker im Mittelalter". Gastgeber war der tschechische Anthropologe Milan Stloukal (geb. 1931). Von besonderer Bedeutung ist der Vortrag von Friedrich W. Rösing und Ilse Schwidetzky, „Sozialanthropologische Differenzierungen bei mittelalterlichen Bevölkerungen". Rösing und Schwidetzky referierten nicht nur die bekannten sozialanthropologischen Differenzierungen in der Reihengräberbevölkerung, sondern auch Stadt-Land-Unterschiede und die sozialanthropologische Stellung von Mönchen. Dafür verglichen Sie in drei Gebieten, wo es Daten von städtischer und ländlicher Bevölkerung im Mittelalter gab (Nordwestdeutschland, Mitteldeutschland, französische Schweiz), diese mit einander. Es zeigte sich, dass die Stadtbewohner eine geringere Körperhöhe und kleinere Kopf- und Gesichtsmaße haben, besonders die Jochbogenbreite ist kleiner als bei den Landbewohner, wodurch die Stadtbewohner ein indexmäßig schmaleres Gesicht haben. Der Unterschied entspricht also nicht dem in neuerer Zeit. Der Vergleich von Mönchsklostern mit Stadtbewohnern ergab, dass die Mönche eine deutliche Tendenz zu stärkerer Kurzköpfigkeit haben. Das gilt für fünf mittel- und süddeutsche Klosterserien (Lorch, Reichenau, Germansberg bei Speyer, Leipzig, Jena und Weimar), nur das Dominikanerkloster in Schleswig unterscheidet sich nicht von seiner Umgebung. Die Brachycephalie der Mönche findet sich auch im Ausland bestätigt (Irland, Norwegen). Sie gilt auch für die einzige bisher bearbeitete Nonnenserie von Gimsay in Norwegen. Die Tagungsbeiträge erschienen 1987 in der Prager Zeitschrift *„Sbornik Narodniho Muzea v Praze. Acta Musei Nationalis Pragae"*.[193]

193 Symposium Bevölkerungsbiologie der europäischen Völker im Mittelalter. In: Sbornik Narodniho Muzea v Praze. Acta Musei Nationalis Pragae 43, 1987, S. 65-215;

Ilse Schwidetzky auf der Tagung in Prag 1985

Friedrich W. Rösing auf der Tagung in Prag 1985

Wolfram Bernhard auf der Tagung in Prag 1985

Das nächste, fünfte Symposium fand 1989 auch wieder in Prag statt. Es behandelte „Diachronic Trends in Historical Anthropology", also über mehrere Epochen gehende Entwicklungstrends wie die Brachycephalisation und die Grazilisation. Besonders wichtig sind vier Aufsätze von Ilse Schwidetzky und Friedrich W. Rösing über die wissenschaftliche Stellung, die Geschichte, die Wirkungsfaktoren und die aktuellen Hypothesen des Brachycephalisationsproblemes. Sie tendieren zur Selektion durch Infektionskrankheiten. Die Kurzköpfigkeit wäre dann Teil einer Gesamtkonstitution, die gegen Infekti-

Friedrich W. Rösing, Ilse Schwidetzky: Sozialanthropologische Differenzierungen bei mittelalterlichen Bevölkerungen. In: Ebd., S. 77-102.

onskrankheiten besser geschützt ist. Hervorzuheben ist auch ein Aufsatz des schwedischen Anthropologen Torstein Sjovold an Hallstätter Schädel von 1770 bis 1890. Er konnte für diesen Zeitraum eine Debrachicephalisation des Längenbreitenindex von 84 auf 82 nachweisen. Er führt die Debrachycephalisation auf den großen Anteil an Einwanderern aus der näheren und weiteren Umgebung zurück, die sich durch längere und schmalere Köpfe auszeichnen. Das wäre eine Erklärung im Zusammenhang mit dem Aufbrechen der Isolate und einem Heterosiseffekt. Die Beiträge der Tagung erschienen 1990 ebenso wie die der vorangegangenen Tagung im *„Sbornik Narodniho Muzea v Praze. Acta Musei Nationalis Pragae"*.[194]

Die Epochen-Überblicksstudien von Schwidetzky und Rösing

In der Folge führten Ilse Schwidetzky und Friedrich W. Rösing ganz Europa und den Nahen Osten umfassende multivariat-statistische Vergleichsuntersuchungen für jeweils eine Zeitepoche durch. Es wurden alle Serien berücksichtigt, die mindestens 10 Männerschädel beinhalteten. Die statistische Methode war die Penrose-Analyse, mit der man eine Abstandsmatrix und eine Clusteranalyse erstellen kann. Die Studien wurden im „Homo" veröffentlicht. Die erste dieser umfangreichen Studien für die Eisenzeit (1. Jahrtausend vor Christi) führte Schwidetzky 1972 noch alleine durch. In der Folge wurde sie von dem Ulmer Anthropologen Friedrich W. Rösing unterstützt. Es folgten 1975 die Römerzeit (0-500 n. Chr.), 1977 das frühe Mittelalter (500–1000 n. Chr.), 1981 das Hochmittelalter (1000–1500 n. Chr.) und 1984 die Neuzeit (ab 1500 n. Chr.).

Bei diesen verglichen Schwidetzky und Rösing alle Serien, von denen mindestens von 10 Männern 10 bestimmte Schädelmaße vorliegen, miteinander. Neben einem Vergleich bei den einzelnen Merkmalen führten sie auch eine multivariate Analyse durch, um zu einer Clustergliederung der Serien zu kommen. Bei den verhältnismäßig kleinen Serien sind aber auch immer zufallsbedingte Ausreißer zu erwarten.

Die Germanen haben in der Eisenzeit und der Römerzeit ihre Toten meist verbrannt, weswegen es nur wenig menschliche Überreste von ihnen aus die-

194 Symposium Diachronic Trends in Historical Anthropology. In: Sbornik Narodniho Muzea v Praze. Acta Musei Nationalis Pragae 46, 1990, S. 111-230; Friedrich W. Rösing: Die Stellung des Brachycephalisationsproblemes. In: Ebd., S. 119-120; Ilse Schwidetzky, Friedrich W. Rösing: Kurze Geschichte des Brachycephalisationsproblems. In: Ebd., S. 121-124; Friedrich W. Rösing, Ilse Schwidetzky: Wirkungsfaktoren im Brachycephalisationsprezess. In: Ebd. S. 125-128; Ilse Schwidetzky: Die neue Hypothesenformulierung und zukünftige Aufgaben von Brachycephalisationsstudien. In: Ebd., S. 129-132; Torstein Sjovold: Brachycephalization in microevolutionary terms. The evidence from the Hallstatt cranial collection. In: Ebd., S. 196-201.

ser Zeit gibt. Aus der Römerzeit liegen immerhin drei germanische Serien vor. Eine aus Mecklenburg, eine aus Böhmen und eine aus Schlesien. In letzterer kommen auch brachycephale Schädel vor, die auf eine Vermischung mit nicht germanischer Bevölkerung verweisen. Die Serien aus Mecklenburg und Böhmen gehören einem kleinen Cluster an, zu dem auch eine Serie der Tschernjachow-Kultur (auch *Sântana de Mureș*-Kultur genannt) in der Ukraine gehört. Die ethnische Zugehörigkeit dieser Kultur ist umstritten, traditionell wird sie aber den Westgoten in der frühen Völkerwanderungszeit zugesprochen. Die kleine schlesische Serie hat die niedrigsten Abstandswerte zu südeuropäischen Bevölkerungen und lässt sich offenbar mit dieser Methode nicht sinnvoll zuordnen.

Aus dem Frühmittelalter (500–1000 n. Chr.) liegen viele germanische Reihengräberbevölkerungen vor. Die meisten von diesen ordnen sich einem großen Cluster mit 133 Serien zu, zu dem ausschließlich europäische Serien gehören (keine aus dem Nahen Osten). In diesem Cluster gibt es eine Reihe von Unterclustern, die aber in der Regel nicht ethnisch einheitlich sind. Es gibt ein Germanencluster, dem 10 germanische Serien und eine westslawische Serie angehören (das allerdings der Datierung nach eigentlich nicht mehr ins frühe Mittelalter gehörende *Wislica* in Südpolen, 900–1200 n. Chr.). Klarer ist das Bild, wenn man die zur selben ethnischen Gruppe gehörenden Serien zu eigenen Gruppen, darunter auch die verschiedenen germanischen Stämme, zusammenfasst. Dadurch steigen natürlich auch die Individuenzahlen und damit auch die Sicherheit der statistischen Zuordnung. Jetzt schließen sich acht der germanischen Serien (Bajuwaren, Franken Deutschland, Alemannen, Sachsen, Skandinavien, Angelsachsen, Langobarden Pannonien und Franken Nordfrankreich und Belgien[195]) zu einem Cluster zusammen, zu dem keine nichtgermanische Gruppe gehört. Zwei germanische Gruppen (Westgoten und Thüringer) schließen sich zu einem kleinen Cluster zusammen, zu dem auch noch eine südslawische Gruppe gehört. Hier mag die Vermischung mit slawischen und romanischen Nichtgermanen eine Rolle spielen. Völlig aus dem germanischen Zusammenhang fallen die brachycephalen, morphologisch völlig ungermanischen Krimgoten, die sich mit der übrigen Krimbevölkerung zusammenschließen.

Im Zeitabschnitt des Hochmittelalters, der auch das Spätmittelalter umfasst (1000–1500 n. Chr.), schließen sich die vier norddeutschen Stadtbevölkerungen (Bremen, Kiel, zweimal Schleswig) aber auch Jena an das skandinavische Cluster an. Das slawische Espenfeld in Thüringen gehört zu einem slawischen Ostcluster, das vor allem polnische, weißrussische, russische und zwei tschechiche und slowakische Serien umfasst. Die Mecklenburger Wenden (1000–1200 n. Chr.) schließen sich mit den damals noch slawi-

195 In der Reihenfolge der Ähnlichkeitsabstände. Der ist also bei den nordfranzösischen und belgischen Franken zu den anderen Gruppen am größten.

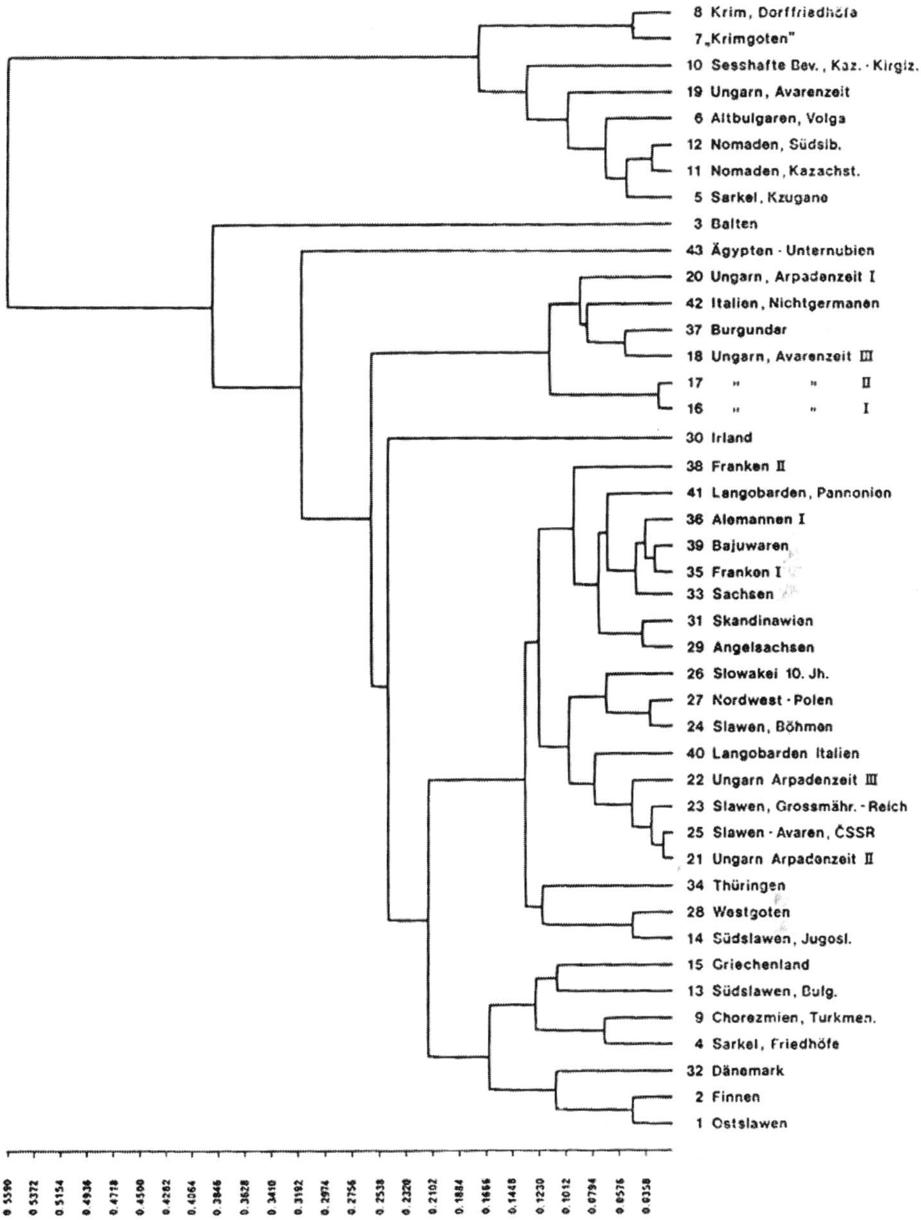

Dendrogramm der Ähnlichkeitsbeziehungen der ethnischen und geografischen Gruppen im frühen Mittelalter in Europa

schen Wollin (800–1200 n. Chr.) und verschiedenen osteuropäischen Serien, Reckahn als offensichtlicher Irrläufer mit zwei englischen und Germansberg mit mehreren ganz unterschiedlichen Serien zusammen. Bei der Clusteranalyse nach größeren ethnischen Gruppen und Ländern bilden Skandinavien und Deutschland (ohne die zwei slawischen Serien) ein Cluster.

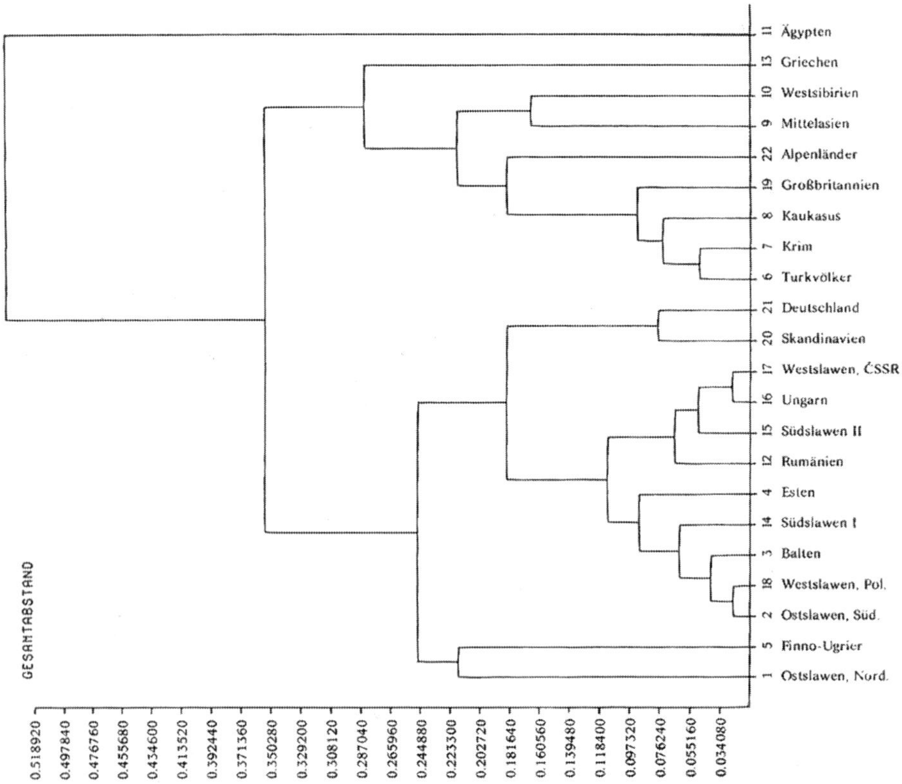

Dendrogramm der Ähnlichkeitsbeziehungen der ethnischen und geografischen Gruppen im hohen Mittelalter

Anders als im hohen Mittelalter ist Deutschland in der Neuzeit (nach 1500 n. Chr.) vor allem mit süddeutschen Serien vertreten. Die meisten mittel- und süddeutschen Serien ordnen sich einem Cluster zu, das Schwidetzky und Rösing die „Mittelgruppe" nennen. Württemberg und Aufkirchen bei München ordnen sich einem alpenländischischen Cluster zu, das vor allem Beinhausserien aus der Schweiz und Österreich, aber auch aus Böhmen und Mähren umfasst. Die einzige norddeutsche Serie, Bremen, gehört zu einem skandinavischen Cluster. Entsprechend gehört Deutschland im Ländervergleich diesmal nicht zu Skandinavien, sondern bildet mit Polen und der Tschechoslowakei ein mitteleuropäisches Cluster. Die Schweiz und Österreich (fast nur Beinhausserien) bilden ein eigenes alpenländisches Cluster.[196]

196 Ilse Schwidetzky: Vergleichend-statistische Untersuchungen zur Anthropologie der Eisenzeit (letztes Jahrtausend v.d.Z.). In: Homo 23, 1972, S. 245-272; dies.: Vergleichend-statistische Untersuchungen zur Anthropologie der Römerzeit (0-500 u. Z.). In: Homo 26, 1975, S. 193-218; Friedrich W. Rösing, Ilse Schwidetzky: Vergleichend-statistische Untersuchungen zur Anthropologie des frühen Mittelalters (500-1000

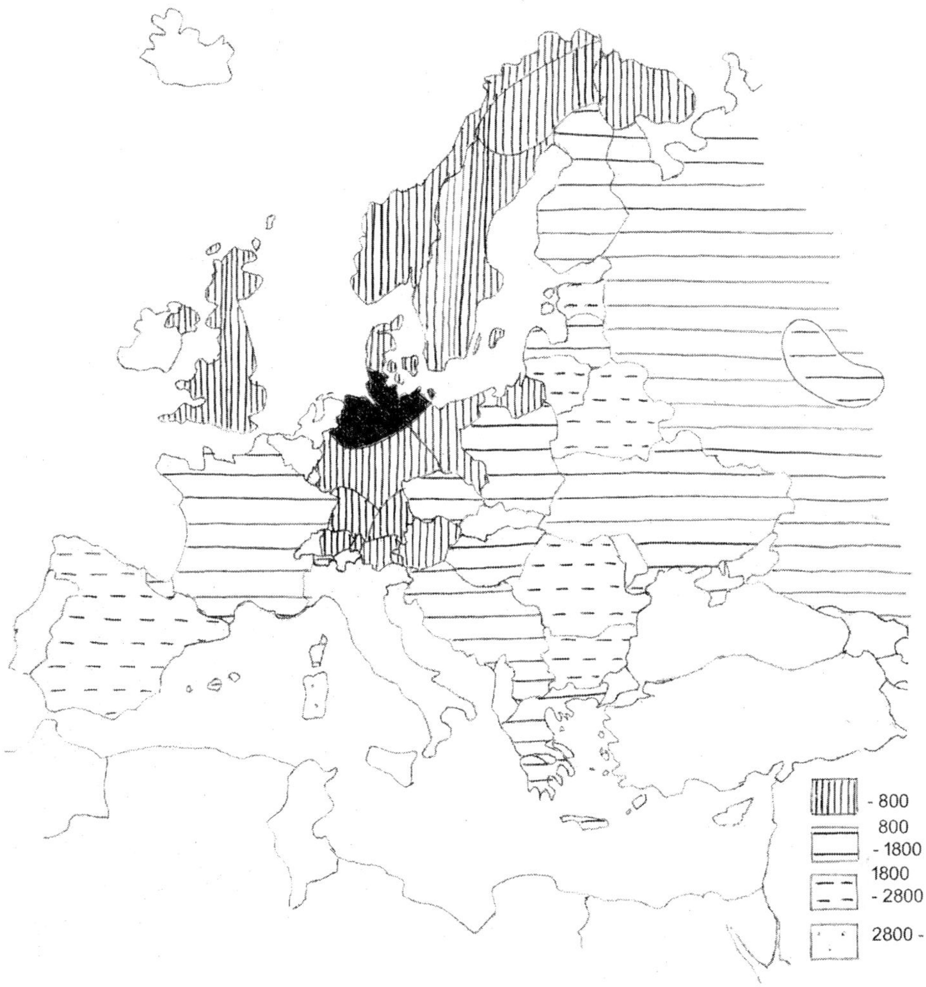

Ähnlichkeitsabstände von Nordwestdeutschland bei acht Schädelmaßen in der Neuzeit (1500 - 1900)

Daten aus Rösing und Schwidetzky 1984, ergänzt

Ähnlichkeitsabstände von Nordwestdeutschland

Weil der Verdacht naheliegt, dass dabei weniger die ethnische Verwandtschaft als der Brachycephalisationsprozess eine Rolle spielt, habe ich in meinem Buch „Anthropologie Europas" 2008 die Analyse unter Verzicht auf die beiden Hirnschädelmaße größte Schädellänge und größte Schädelbreite,

n.d.Z.). In: Homo 28, 1977, S. 65-115; dies.: Vergleichend-statistische Untersuchungen zur Anthropologie des Hochmittelalters (1000-1500 n.d.Z.). In: Homo 32, 1981, S. 211-251; Ilse Schwidetzky, Friedrich W. Rösing: Vergleichend-statistische Untersuchungen zur Anthropologie der Neuzeit (nach 1500). In: Homo 35, 1984, S. 1-49

also mit acht Maßen, noch einmal gerechnet. Außerdem habe ich diesmal die drei ostdeutschen Serien, die bei Schwidetzky und Rösing zu Polen gezählt wurden, zu Deutschland gerechnet. Es handelt sich um Tempelburg im Kreis Neustettin in Pommern (1400–1800 n. Chr.), um Zehden an der Oder in Ostbrandenburg (1300–1800 n. Chr.) und die Dominsel in Breslau (1500–1800 n.Chr.), die in ihrer Belegungszeit eine ethnisch deutsche Bevölkerung hatten. Das Ergebnis dieser Clusteranalyse weicht tatsächlich stark von der von Schwidetzky und Rösing ab. Deutschland bildet jetzt mit Österreich, Schweden, Dänemark und Norwegen ein mittel- und nordeuropäisches, man könnte auch sagen, „germanisches" Cluster.[197] Erstaunlich, dass sogar Österreich dazu gehört!

Dieselbe Abstandsanalyse, diesmal mit den Abständen von Deutschlands germanischen Kerngebiet Nordwestdeutschland aus, habe ich mit einer Unterteilung Deutschlands in fünf Regionen (Nordwestdeutschland, Mitteldeutschland, Ostdeutschland, Schwaben, Altbayern) und der Schweiz und Österreich in jeweils zwei Regionen (Deutschschweiz, Wallis, Tirol und Vorarlberg, Österreich östlich von Tirol) durchgeführt. Bis auf das teilweise französischsprachige Wallis haben nicht nur alle germanischen Länder, sondern auch alle süddeutschen und deutschsprachigen Gebiete in Südmitteleuropa (Deutschschweiz, Tirol und Vorarlberg, Ost-Österreich) einen verhältnismäßigen niedrigen Abstand zu Nordwestdeutschland. Bemerkenswert ist, dass sich auch die Saami ohne die Hirnschädelmaße, nur aufgrund der Gesichtsmaße und der Basion-Bregma-Höhe (Schädelhöhe), an die germanische Gruppe anschließen. Wahrscheinlich ist die starke Vermischung mit Schweden und Norwegern der Grund, vielleicht auch eine gemeinsame Kälteanpassung des Gesichts.

Das Ende der historischen Anthropologie

Seit den 1990er Jahren gingen die Göttinger Anthropologen um Bernd Herrmann und Gisela Grupe dazu über, bei der Bearbeitung von Gräberfeldern nur noch die Geschlechts- und Altersdiagnose und die pathologischen Befunde zu erheben und mitzuteilen und keine anthropologischen Maße und Ähnlichkeitsvergleiche mehr. Ob das in Zusammenhang damit steht, dass auch bei den Archäologen zunehmend die „ethnische Deutung" tabuisiert wurde oder ob das unabhängig voneinander geschah, ist schwer zu beurteilen. Das dahinter stehende Dogma lautet: Die ethnische Zugehörigkeit sei eine rein subjektive Entscheidung des Individuums und dessen materieller

197 Andreas Vonderach: Anthropologie Europas. Völker, Typen und Gene vom Neandertaler bis zur Gegenwart. 1. Auflage Graz 2008, 2. völlig überarbeitete Auflage Graz 2015, S. 196.

Hinterlassenschaft nicht zu entnehmen. Alle Versuche von Archäologen, die ethnische Zugehörigkeit von archäologischen Kulturen zu bestimmen, seien unzulässig. Die anthropologischen Bevölkerungsbeschreibungen seien „gegenstandslos“. Diese aggressiv vorgebrachte Position nahm ihren Ausgang von den Archäologen in Freiburg (Heiko Steuer, Hubert Fehr und besonders dogmatisch und intolerant: Sebastian Brather) und ist mit ständigen Verweisen auf den Nationalsozialismus und „Rassismus“ verbunden. Archäologen, die sich mit ethnischen Befunden befassen, verwahrten sich erfolglos gegen den *„diffamierenden Diskussionsstil“* der Gegner der ethnischen Deutung.[198] Seitdem hat sich diese Form „anthropologischer“ Gräberbearbeitungen, die nur noch die Geschlechts- und Altersdiagnose und etwaige pathologische Befunde, aber keine anthropologischen Daten mehr beinhalten, weitgehend durchgesetzt. Einzig der fleißige Peter Caselitz führt in seinen Arbeiten noch immer umfangreiche Bevölkerungsvergleiche durch.[199]

Serologische Merkmale

Nach dem Krieg, besonders seit den 1960er Jahren nahm die serologische Anthropologie einen großen Aufschwung. Das hing mit der weitgehenden Durchsetzung des Populationskonzeptes gegenüber der Typologie und der inzwischen immer größer werdenden Zahl der neu entdeckten serologischen Merkmale zusammen. Viele Anthropologen, wie zum Beispiel der 1974 von Mainz nach Bremen gewechselte Hubert Walter, wandten sich von der als altmodisch empfundenen Morphologie ab und der als modern geltenden Serologie zu. Trotzdem beschränkten sich die Untersuchungen mit anthropologischer Fragestellung zunächst meist auf die schon länger bekannten Merkmale wie AB0, Rhesus und MN, ganz einfach weil nur für diese ein umfangreicheres, auch verschiedene Regionen erfassendes Datenmaterial vorlag. Sobald ein neues serologisches Merkmal erst einmal bekannt war, kamen schon die nächsten, und für wenige von diesen wurden genug Daten für Bevölkerungsvergleiche gesammelt.

In vielen Instituten ging man in den 1950er Jahren dazu über, bei den erbbiologischen Vaterschaftsgutachten neben den vielen morphologischen Merkmalen auch serologische zu berücksichtigen. Zwar konnte man in einigen Fällen einen Ausschluss (eines der fraglichen Väter), erreichen, eine eindeutige positive Zuordnung war so aber nicht möglich. Je mehr serolo-

198 Andreas Vonderach: Gab es Germanen? Eine Spurensuche. Schnellroda 2017.

199 Peter Caselitz: Im Schatten des Stromes. Die Ergebnisse der Untersuchung der menschlichen Skelettreste aus Kirche und Friedhof zu Oederquart. Göttingen 2019; ders.: Unerwartetes aus den Iburger Bergen. Die menschlichen Skelette aus der Klosterkirche von der Iburg. Göttingen 2022. Peter Caselitz soll sich jetzt aber zur Ruhe gesetzt haben (persönliche Mitteilung Friedrich W. Rösing 2023).

gische Systeme man berücksichtigte – was damals noch teuer war –, desto eindeutigere Ergebnisse erhielt man jedoch.

Die Münchener Anthropologen hatten auf diese Weise schon in den 1950er Jahren ein beachtliches Gutachten-Material aus Südbayern zusammenbekommen (für Franken und die Oberpfalz waren andere Institute zuständig, vor allem Erlangen). Sie versuchten dieses nun für eine regionale Anthropologie Südbayerns zu verwenden. Gibt es regionale Verteilungsmuster der Blutgruppen-Gene, die sich bevölkerungsgeschichtlich und ethnographisch erklären lassen?

Friedrich Schwarzfischer (1921-2001), ein Schüler Karl Sallers, untersuchte in den 1950er Jahren 6 673 bzw. 6 548 Personen aus dem Münchener Gutachtenmaterial auf die Verteilung der AB0 und MN Blutgruppen in den 68 Landkreisen der südbayerischen Regierungsbezirke Schwaben, Ober- und Niederbayern hin. Das Material ist nach Wohnorten geordnet, enthält also auch Zugezogene und Vertriebene. Letztere dürften in Südbayern aber vergleichsweise wenige sein. Bei Vergleichen mit Vorkriegsdaten zeigt es zum Beispiel keinen nennenswerten Anstieg der Blutgruppe B (unter 1 Prozentpunkt).

Schwarzfischer fasste die Kreisergebnisse der AB0-Daten in Landkreisgruppen mit jeweils ähnlicher Blutgruppenverteilung zusammen. Nicht alle Kreise ließen sich so einer Gruppe zuordnen. Mit der Landkreisgruppe 2 bilden die mittleren und südlichen Kreise bayerisch Schwabens eine gemeinsame Gruppe. Sie gehören alle zum schwäbischen Mundart- und Stammesgebiet und sind durch den Lech vom baierischen Stammesgebiet getrennt (der Staat Bayern wird mit y, der Stamm und die Mundart mit i geschrieben). Der Lech ist schon seit dem 6. Jahrhundert als die Stammesgrenze zwischen Schwaben/ Alemannen und Baiern bekannt. Eine gewisse Sonderstellung innerhalb der schwäbischen Landkreisgruppe nimmt der südlichste Landkreis Sonthofen, das Oberallgäu ein. Er weist eine etwas höhere Frequenz der Blutgruppe 0 auf (57,3 Prozent, Genfrequenz 75,5 Prozent). Schwarzfischer führt das auf die Einwanderung von Walsern im Mittelalter über das Kleine Walsertal (Vorarlberg) zurück.

Eine sehr ähnliche Blutgruppenverteilung weisen die Kreise Wolfratshausen und Tölz an der oberen Isar auf. Schwarzfischer sieht darin eine Folge der langen gemeinsamen Zugehörigkeit zur Grafschaft Wolfratshausen. Für die verhältnismäßig hohe Frequenz der Blutgruppe B in der Landkreisgruppe 6 im Norden des Untersuchungsgebietes an der Donau bei Regenburg äußert Schwarzfischer die Vermutung eines möglichen slawischen Einschlags (Genfrequenz 14,8 Prozent). In der Landkreisgruppe 8 am östlichen Rand Niederbayerns bilden die Kreise Passau und Wegscheid eine Gemeinschaft sehr ähnlicher Blutgruppenverteilung, die scharf gegen den Nachbarkreis Wolfstein abgegrenzt ist. Auch hier scheint das Erbe einer alten Territorial-

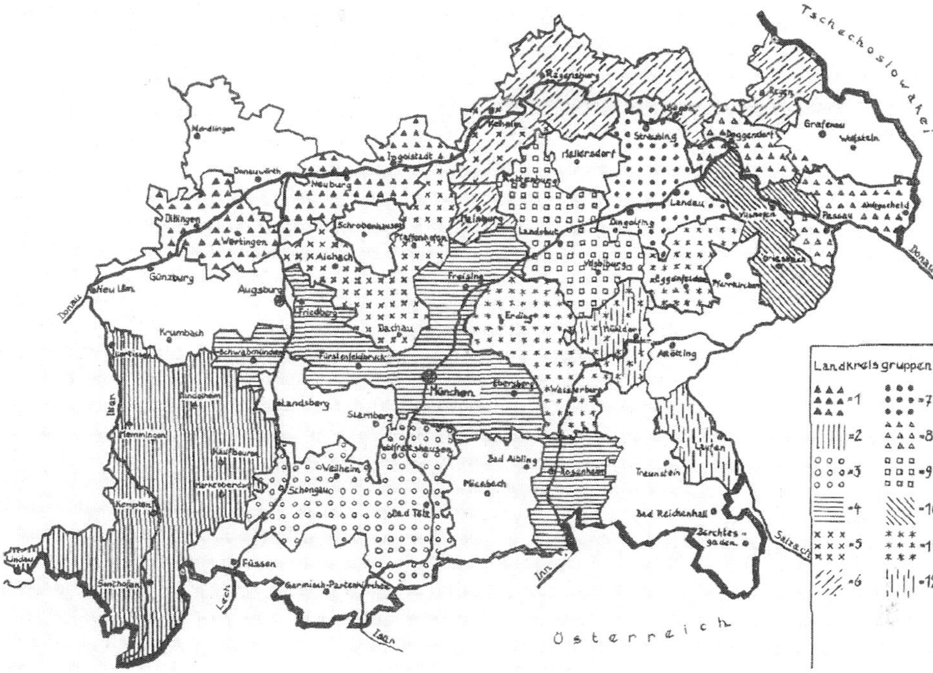

Landkreisgruppen in Südbayern aufgrund der AB0-Blutgruppen

grenze vorzuliegen. Beide Kreise gehörten bis 1803 zum Hochstift Passau, das nicht zum Kurfürstentum Bayern gehörte. Das Gebiet des Bayerischen Waldes im Untersuchungsgebiet bildet keine Einheit, sondern verteilt sich auf verschiedene, zu unterschiedlichen Landkreisgruppen gehörende Kreise. Schwarzfischer verweist darauf, dass der Bayerische Wald von der Donau aus in verschiedene Täler hinein besiedelt wurde. Die Höhen zwischen den Tälern und die Abgeschlossenheit des Gebietes bewirkten, dass zwischen diesen keine genetischen Beziehungen bestehen.[200]

In Mainz wandte sich Hubert Walter, der über mehrere Jahre die morphologische Untersuchung von 22 000 westfälischen Schülern fast im Alleingang durchgeführt hatte, danach den serologischen Merkmalen zu. Zusammen mit Wolfram Bernhard führte er jetzt serologische Untersuchungen im Rheingau durch. Diese beruhten auf Blutspenderdaten des Deutschen Roten Kreuzes und umfassten die Systeme AB0 und Rhesus. Leider lagen keine Daten über den Geburtsort der Spender, sondern nur über den Wohnort vor, so dass das Material auch Zugezogene und Vertriebene enthält. Der Anteil der Vertriebenen betrug in ganz Westdeutschland (alte Bundesrepublik) 16 Prozent, dürfte in einer ländlichen südwestdeutschen Gegend wie dem Rheingau aber

200 Friedrich Schwarzfischer: Populationsgenetische Untersuchungen zur Frage regionaler Unterschiede in der Verteilung der Blutgruppen AB0 in Südbayern. Diss. München 1959; ders.: Untersuchungen zur Sero-Anthropologie Südbayerns. Habil.-Schrift München 1960.

eher niedriger gewesen sein. Insgesamt lagen die Daten von 1 840 Männern und Frauen aus 24 Orten im Rheingau vor, die aber um ausreichende Individuenzahlen zu erreichen, zu 14 lokalen Gruppen zusammengefasst wurden.

Das Ergebnis der Blutgruppendaten zeigt, dass der Rheingau sich sowohl von Hessen als auch von Rheinland-Pfalz unterscheidet. Der Rheingau weist mit 42,4 Prozent deutlich mehr Blutgruppe 0 als Hessen und Rheinland-Pfalz mit 36,4 und 37,8 Prozent auf. Das dürfte die Folge der verhältnismäßigen Isolation des Rheingaues in der Geschichte gewesen sein. Aber auch innerhalb des Rheingaues gibt es Unterschiede. Die Dorfgruppen 12 (Niederwalluf, Oberwalluf) im Osten des Rheingaues und 14 der Höhenorte auf dem hohen Taunus (Preßberg, Stephanshausen, Espenschied, Wollmerschied, Ransel) zeigen mit 48,9 und 49,0 Prozent deutlich höhere 0-Anteile als der Rheingau insgesamt mit 42,4 Prozent. Mithin eine beachtlich erhöhte Häufigkeit homozygot Rezessiver, wie es Angehörige der Blutgruppe 0 sind (Die Genotypen A0 und B0 prägen phänotypisch die Blutgruppen A und B aus). Das ist ein deutlicher Hinweis auf einen Isolationseffekt in diesen Orten. Beim Rhesussystem sind es die Orte Assmannshausen und Aulhausen am Rheinknie gegenüber von Bingen, die durch zahlreiche signifikante Unterschiede zu den anderen Orten auffallen, insbesondere hohe D-Frequenzen.

Um zu prüfen, ob die Unterschiede zwischen den verschiedenen Orten des Rheingaues durch Zuwanderung (von Arbeitern und anderen) bedingt sind, errechneten Walter und Bernhard die Korrelation zwischen der in der Landwirtschaft tätigen Bevölkerung (als ein Maß der Bodenständigkeit) und den Blut- und Rhesusgruppen. Es ergaben sich positive Korrelation zwischen dem Anteil landwirtschaftlich tätiger Erwerbpersonen und der Blutgruppe 0 und dem Rhesusfaktor d. Je mehr Menschen nicht in der Landwirtschaft tätig waren, was vor allem Industriearbeiter und -handwerker gewesen sein werden, desto häufiger waren die Blutgruppen A und B und der Rhesusfaktor D. Ursprünglich scheinen im Rheingau also die Gene 0 und d häufiger gewesen zu sein und sich dann die durch Zuwanderung die Gene A, B und D angereichert zu haben. Insbesondere die Blutgruppe B weist auf Arbeiter aus Ostdeutschland und Polen hin, die es nicht nur im Ruhrgebiet, sondern in vielen Regionen Nord- und Westdeutschlands gab.[201]

Walter sammelte noch mehr serologische Daten aus dem Mittelrheingebiet, wobei er auch die Zahl der berücksichtigten Systeme erhöhte. Neben AB0 und Rhesus kamen nun auch noch das MN-System, die P-Eigenschaft, die Haptoglobingruppen (Hp), die Gc-Gruppen, die Gm-Gruppen und die Inv-Typen dazu. Insgesamt konnte er ein Material von etwa 2 000 Individuen auswerten, deren Geburtsorte bekannt waren. Allerding war die Zahl der Pro-

201 Hubert Walter, Wolfram Bernhard. Seroanthropologische Untersuchungen im Rheingau. In: Homo 15, 1964, S. 144-155.

Karte des Untersuchungsgebietes

banden bei den Ortsgebürtigen ohne Zugezogene und Vertriebene erheblich kleiner.

Um zu prüfen, ob der Rhein auch eine serogenetische Merkmalsgrenze darstellt, verglich er nun die Unterschiede zwischen dem Rheingau rechts des Rheines und Rheinhessen links des Rheines. Oft zeigte sich, dass die Unterschiede zwischen den verschiedenen Orten einer Rheinseite größer waren als zwischen den beiden Rheinseiten. Bei den meisten serologischen Systemen fanden sich zwar Unterschiede zwischen den beiden Rheinseiten, die sich jedoch meist statistisch nicht sichern ließen. So hat Rheinhessen 42,7 Prozent Blutgruppe A und Rheinhessen 49,4 Prozent, was bei nur 440 Individuen aber statistisch nicht gesichert ist. Statistisch signifikant sind nur die Unterschiede beim MN-System. Walter kam so zu dem Schluss, dass sich die Ausgangshypothese eines genetischen Merkmalsunterschiedes zwischen dem linken und dem Rheinufer nicht bestätigen lässt. Eine Heiratsgrenze war der Rhein ohne Frage, eine solche müsse aber nicht notwendig auch zu einer genetischen

Grenze führen.[202] Ich [A.V.] möchte ergänzen, dass eine größere Stichprobe wohl auch zu mehr signifikanten Unterschieden geführt hätte. Unterschiede gibt es (fast) immer, es ist nur die Frage, wie groß die sind.

Auf die serologischen Ergebnisse der Mainzer Landesuntersuchungen in Westfalen in den 1950er und Rheinland-Pfalz in den 1960er Jahren bin ich bereits in dem Abschnitt über die morphologischen Untersuchungen an Lebenden (nach 1945) eingegangen.

In der DDR forderte die ethnische Minderheit der slawischen Sorben in der Lausitz das populationsgenetische Interesse der Forscher heraus. Zusammen mit dem Institut für Blutspendewesen in Dresden und dem Institut für gerichtliche Medizin in Jena führte H. J. Pettenkofer vom Robert-Koch-Institut in (West-)Berlin in den 1950er Jahren eine serologische Untersuchung an Sorben in der Oberlausitz durch. Untersucht wurden 546 Blutproben von alteingesessenen Sorben aus der Bautzener Gegend, deren Familien mindestens bis zu den Großeltern noch sorbisch gesprochen haben. Pettenkofer und sein Mitarbeiter Thomas werteten die Daten für die Systeme AB0, MN, Rhesus und Kell aus. Die AB0-Blutgruppen verteilen sich auf 42,6 Prozent A, 17,2 Prozent B, 33,3 Prozent 0 und 6,7 Prozent AB (Genfrequenzen 28,9, 12,8 und 58,1 Prozent). Die Blutgruppe B, die als Marker für slawische Herkunft gelten kann, ist damit deutlich häufiger als der mittlere Wert für Deutschland von 12,3 Prozent (Vorkriegsdaten aus ganz Deutschland) und ist etwas niedriger als der für Polen mit 19,5 Prozent. Er entspricht etwa den Verhältnissen in Tschechien (17,6 Prozent). Die Sorben zeigen außerdem gegenüber der deutschen Bevölkerung mehr Kell Positive, gegenüber den Polen weniger M und mehr MN und gegenüber den Tschechen weniger N. Der Aufsatz von Pettenkofer erschien in der westdeutschen Zeitschrift „Blut“.[203]

Die Blutgruppe B bei den Sorben liegt mit 17,2 Prozent (Genfrequenz 12,8 Prozent) noch über den bei Mourant angeführten ostdeutschen B-Blutgruppenwerten aus der Literatur. Die betragen für Sachsen 14,3 Prozent (Genfrequenz 9,4 Prozent), für Pommern 15,2 (10,6), für Niederschlesien 15,3 (10,9) und für Oberschlesien 16,3 Prozent (11,0). Am nächsten kommt den Sorben Ostpreußen mit 17,0 Prozent (Genfrequenz 12,3 Prozent) (alles Vorkriegsdaten).[204]

---

202 Hubert Walter, Anny Arndt-Hanser: Populationsgenetische Untersuchungen im Mittelrheingebiet. Beiheft 2 zu Homo, Göttingen 1967..

203 H.J. Pettenkofer, K. Thomas, G.E. Voigt: Die Blutgruppen- und Blutfaktoren-Verteilung bei den Lausitzer Sorben. In: Blut 4, 1958, S. 128-130..

204 Arthur E. Mourant, Ada C. Kopec, Kazimiera Domaniewska-Sobczak: The ABO blood groups. Comprehensive tables and maps of world distribution. Oxford 1958. Die ostdeutschen Vergleichsdaten sind bei Mourant unter Polen und unter Germans abroad aufgeführt.

Pettenkofers Koautor K. Thomas vom Institut für Blutspendewesen in Dresden führte etwas später eine Untersuchung für das S-Merkmal des MNSs-System durch. Wieder waren Blutproben aus der Gegend von Bautzen Gegenstand der Untersuchung. Für die Sorben ergab sich mit 16,4 Prozent eine recht große Häufigkeit des Merkmals MsMs gegenüber dem DDR-Bezirk Dresden mit 7,3 Prozent. Der Vergleichswert für Prag von 11,7 Prozent kommt dem der Sorben noch am nächsten. Das Blutgruppenmerkmal S hat bei den Sorben eine Häufigkeit von 50,2 zu 49,8 Prozent (Bezirk Dresden 56,6 zu 43,4 Prozent).[205]

Der Leiter des Rechtsmedizinischen Instituts der Charité in Berlin (Ost) Gunther Geserick (geb. 1938) und der heute durch seine Bücher bekannte Humangenetiker Volkmar Weiss (geb. 1944) führten 1971 eine weitere Untersuchung an Bautzener Sorben zur Bestimmung der Serumgruppen des Haptoglobin-Systems (Hp), des Gc-Systems, des Transferin-Systems (Tf) und des Posttransferin-Systems (Pt) durch. Die Serumgruppe Hp1-Frequenz der Sorben ist mit 43,7 Prozent gegenüber Berlin erhöht, nicht jedoch gegenüber Leipzig und Dresden. Die Serumgruppe Gc1 mit 0,67 liegt innerhalb der Werte bei deutschen Stichproben. Bei den Tansferinen (Tf) konnte nur der homozygote Typ C gefunden werden (100 Prozent). Das mag an der kleinen Stichprobe von n= 166 liegen, allerdings kommen bei der nicht sehr viel größeren Prager Stichprobe (n= 283) alle 5 Transferintypen vor. Ob das Fehlen der selteneren Transferintypen bei den Sorben real ist (etwa als Folge eines Gründer- oder Isolationseffektes), muss also offen bleiben. Die Bestimmung der Posttransferine (Pt) scheiterte leider wegen zu vieler verdorbener Proben.[206]

In den 1980er Jahren planten die Ulmer Anthropologen Friedrich W. Rösing und Horst D. Schmidt eine großangelegte Untersuchung eines konfessionellen Isolates westlich von Ulm. Gemeint sind die „Lutherischen Berge“, die aus einer Handvoll von Dörfern am südlichen Rand der Schwäbischen Alb bestehen. In den ersten Veröffentlichungen war aus Datenschutzgründen noch vom „*Steinheim Forest*“-Projekt die Rede. Die Lutherischen Berge gehen auf die ursprünglich katholische Herrschaft Steußlingen zurück, die 1581 als erledigtes Lehen an das inzwischen protestantische Württemberg zurückfiel. Herzog Ludwig von Württemberg führte auch hier konsequent die Reformation ein, so dass das Gebiet zu einem konfessionellen Isolat inmitten einer katholischen Umgebung wurde und so zu seinem Namen kam.

205 K. Thomas: Die Frequenz des Blutmerkmals S (Walsh und Montgomery) des MNSs-Blutgruppensystems in der Bevölkerung der Lausitzer Sorben. In: Das deutsche Gesundheitswesen 17, 1962, S. 613-614.

206 Gunther Geserick, Volkmar Weiss: Zur Populationsgenetik der Sorben. Bestimmung der Serumgruppen Hp, Gc, Tf und Pt. In: Ethnographisch-Archäologische Zeitschrift 12, 1971, S. 481-486..

Geografische Lage der Lutherischen Berge

Rösing und Schmidt haben bei der Deutschen Forschungsgemeinschaft Fördermittel beantragt. Als ihnen die, wohl wegen des negativen Gutachtens eines Göttinger Kollegen, versagt blieben, versuchten sie das Projekt in abgespeckter Form zu verwirklichen. Ursprünglich sollten alle möglichen Merkmalsarten erhoben werden, darunter auch die sichtbaren der Morphologie. Übrig blieben nun vor allem serologische und einige medizinisch-erbbiologische, genealogische und demografische Daten, die vor allem Schmidt auswertete. Das Untersuchungsgebiet bestand aus den drei Dörfern Ennahofen, Weilerstreußlingen und Grötzingen mit zusammen etwa 800 Einwohnern.

Die Konfessionsgrenzen waren bis ins 19. Jahrhundert hinein noch strikte Heiratsgrenzen. Die Stammbäume konnten bis etwa 1750 zurückverfolgt werden, waren allerdings nicht immer alle vollständig. In den drei Dörfern gibt es 70 Familiennamen, von denen allein drei 25 Prozent der Bevölkerung ausmachen. Von den 738 genealogisch untersuchten Einwohnern stammen 222 (30 Prozent) aus Verwandtenehen. Der Inzuchtkoeffizient des Isolats F_I beträgt 0.01319, was etwa dem Wert einer Vetter/Basen-Ehe 2. Grades entspricht. Das ist deutlich mehr als in der deutschen Normalbevölkerung, aber nicht so hoch wie in einigen extremen Isolaten etwa in den Alpen. Wegen der unvollständigen Stammbäume dürfte der reale Wert noch etwas höher liegen.

Horst D. Schmidt untersuchte an einer Zufallsstichprobe von 84 bis 121 Individuen 23 serologische Systeme. Die Systeme sind AB0, Rh, Fy, Gc, Hp, C3, PLG, Kell, Km, Gm1, MNSs, Tf, Bf, F13B, Pi, AK, PGD, ESD, Glo, PGM1, GPT, Acp und ADA. Verglichen mit einer Stichprobe aus Ulm und Umgebung finden sich 13 Systeme mit deutlichen Frequenzunterschieden, von denen aber nur die von 2 Systemen statistisch signifikant sind, was an der kleinen Individuenzahl der Stichprobe aus dem Isolat liegen dürfte (die Ulmer Stichprobe ist wesentlich größer). Die Werte für die Haplotypen cde und Fy^a gehören zu den höchsten in Europa. Auch die Frequenz der Blutgruppe 0 ist mit 67,8 Prozent recht hoch. Da Träger der Blutgruppe 0 immer homozygot rezessiv sind (Die Genotypen A0 und B0 prägen phänotypisch die Blutgruppen A und B aus), spricht das für einen hohe Homozygotierate, wie sie für ein Isolat charakteristisch ist. In einem Vergleich aller 23 Systeme mit der Ulmer, einer Freiburger und einer Düsseldorfer Stichprobe ist der Abstand der Lutherischen Berge zu Ulm (0,049) kaum geringer als zu Freiburg (0,056) und Düsseldorf (0,053).

Mit Hilfe der sieben ansässigen Ärzte des Isolates konnte ein Überblick über die Krankheiten mit genetischer Beteiligung gewonnen werden. Richtige Erbkrankheiten fand man in den drei Dörfern nicht. Die Gicht ist die einzige von den vorgefundenen Krankheiten, bei der ein wesentlicher genetischer Anteil anzunehmen ist. Ihre Häufigkeit in dem Isolat von 9,8 Prozent liegt erheblich über der in Vergleichsstudien. Ein Vergleich der Stammbäume ergab, dass in der Gruppe der Gichtkranken 33,3 Prozent mehr Personen aus Verwandtenehen stammen, als in der Gesamtbevölkerung des Isolats. Das Erkrankungsrisiko für eine Person, die einer Verwandtenehe entstammt, liegt 32,7 Prozent über dem Durchschnitt.[207]

207 Horst D. Schmidt, Friedrich W. Rösing, Helmut Baitsch: The Steinheim Forest project. Population biology and population history of rural area in Württemberg. In: Homo 37, 1986, S. 16-19; Horst D. Schmidt, Hans Georg Scheil: Hemogenetic studies in southern Germany. In: Gene Geography 10, 1996, S. 191-200; dies.: Population genetic studies in an isolate of southern Germany. In: International Journal of anthropology 13, 1998, S. 81-88; Horst D. Schmidt: Erbe und Umwelt. Stammbaumanalytische Untersuchung verschiedener Krankheitsbilder in einer Gemeinde mit Isolatcharakter. In:

In der Zeit etwa von 1970 bis 2000 gab es vor allem drei Zentren serologischer Bevölkerungsuntersuchungen in Deutschland. Das waren Bremen mit Hubert Walter, Ulm mit Horst D. Schmidt und Düsseldorf mit Hans-Georg Scheil (1941-2014). Bremen mit Walter entfällt aber für unsere Fragestellung, weil er hauptsächlich Untersuchungen in Osteuropa und in Indien durchführte. Schmidt in Ulm führte zunächst auch fast nur Untersuchungen in Südosteuropa durch, wie Walter meist in Zusammenarbeit mit örtlichen Kollegen. Nur Hans-Georg Scheil sah seine Aufgabe quasi als Landesanthropologe darin, den rheinischen Landesteil des Landes Nordrhein-Westfalen zu erforschen (Für Westfalen war Münster zuständig, und es gab ja schon die Landesuntersuchung Westfalens).

Eine gute Quelle für flächendeckende serologische Untersuchungen sind die von dem Blutspenderdienst des Deutschen Roten Kreuzes erhobenen Daten. Da man für die Beurteilung der Verträglichkeit einer Blutprobe nicht nur die AB0-Blutgruppe, sondern auch den Rhesustypus wissen muss, werden diese beiden Merkmale schon von dem Blutspendediensten erhoben. Da die Zahlen der Blutspenden sehr groß sind, ist mit diesen eine Auflösung bis zur Gemeindeebene möglich. Man braucht als Anthropologe nur die vorhandenen Daten auszuwerten. Deren Wert wird allerdings dadurch gemindert, dass die Daten die aktuelle Wohnbevölkerung (ohne Ausländer) erfassen. In ihr sind also die Vertriebenen und Zugezogenen sowie die bis dahin bereits eingebürgerten Ausländer enthalten.

Hans-Georg Scheil untersuchte in den 1990er Jahren auf diese Weise die AB0-Daten von 242 510 und die Rhesus-Daten von 172 387 Einwohnern der Regierungsbezirke Düsseldorf und Köln in den Jahren 1981 bis 1991/1993 (der Regierungsbezirk Aachen war damals bereits in den Regierungsbezirk Köln eingegliedert).

Die Verteilung der AB0 Blutgruppen-Gene zeigt eine Häufung von B im Westen des Ruhrgebietes, entlang des Rheines in den großen Städten Düsseldorf und Köln und im Osten des Gebietes. Aber auch Aachen hat eine höhere B Frequenz als der Westen des Gebietes. Die hohen B-Werte sind ohne Zweifel eine Folge der Arbeitermigration aus Ostdeutschland und Polen, einschließlich sekundärer Wanderung in westlichere Gebiete wie Aachen. Interessant ist die Verteilung des 0-Gens. Dieses hat seinen Schwerpunkt am nördlichen und westlichen Niederhein und an der Grenze zum Münsterland. Letzteres leitet in das 0-reiche Münsterland über (Landesuntersuchung Westfalen). Das ist wahrscheinlich eine alte Bevölkerungsschicht, die noch in die germanische Zeit oder früher zurückreicht. Von den Rhesus-Typen zeigen cde und CDe eine gewisse Häufung am Niederrhein. Im Ruhrgebiet und den

---

Imagines humanae. Festschrift aus Anlaß der Emiritierung von Prof. Dr. Dr. Helmut Baitsch. Ulm 1990, S. 215-226.

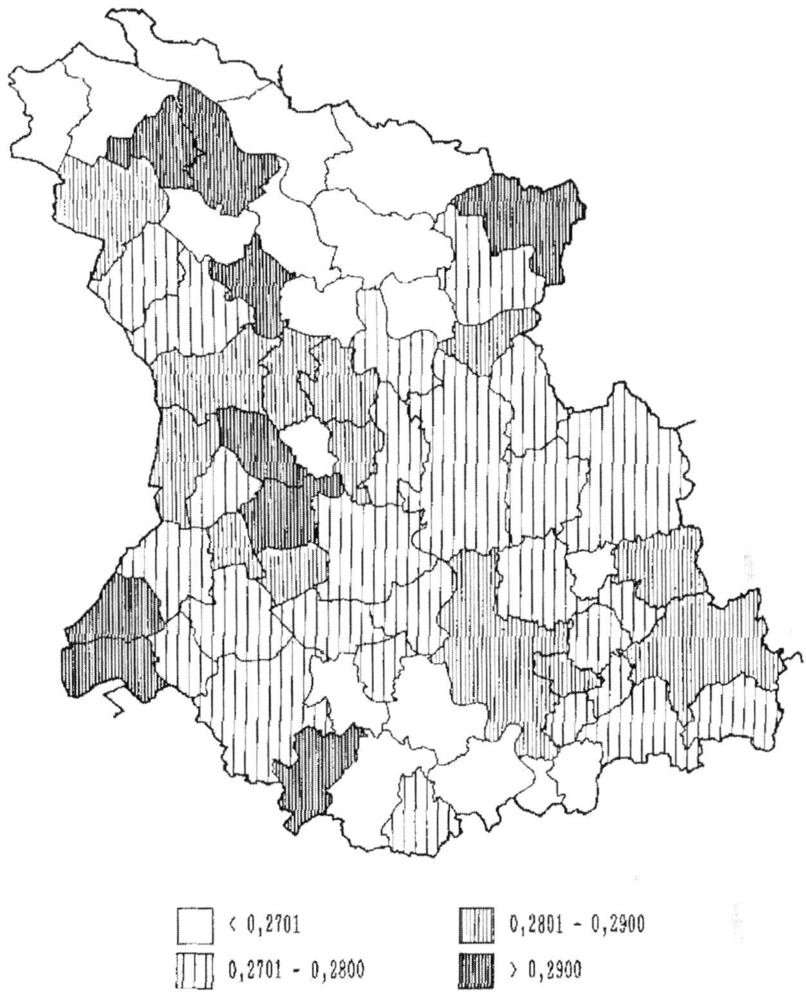

Die Verteilung des Blutgruppengens A im Regierungsbezirk Düsseldorf

angrenzenden Orten sind die Frequenzen von cDE und cDe niedriger. Die Nordeifel zeichnet sich durch niedrige Werte des Rhesustyps cde aus, was mit dem angrenzenden Gebiet in Rheinland-Pfalz übereinstimmt (Landesuntersuchung Rheinland-Pfalz). Auch bei der Rhesus-Verteilung spielen wahrscheinlich neben der Einwanderung aus Ostdeutschland und Polen ins Ruhrgebiet ältere geographische Verteilungen eine Rolle (Niederrhein, Eifel).[208]

208 Hans-Georg Scheil, H. Strunz: Zur Verteilung der AB0-Allelfrequenzen im Regierungsbezirk Düsseldorf (Nordrhein-Westfalen). In: Anthropologischer Anzeiger 52, 1994, S. 1-10; dies.: Zur Verteilung der AB0-Allelfrequenzen im Regierungsbezirk Köln (Nordrhein-Westfalen). In: Anthropologischer Anzeiger 53, 1995, S. 199-208; dies.: Zur Verteilung der Rhesus-Haplotypenfrequenzen im Regierungsbezirk Düsseldorf (Nordrhein-Westfalen). In: Anthropologischer Anzeiger 54, 1996, S. 19-30;

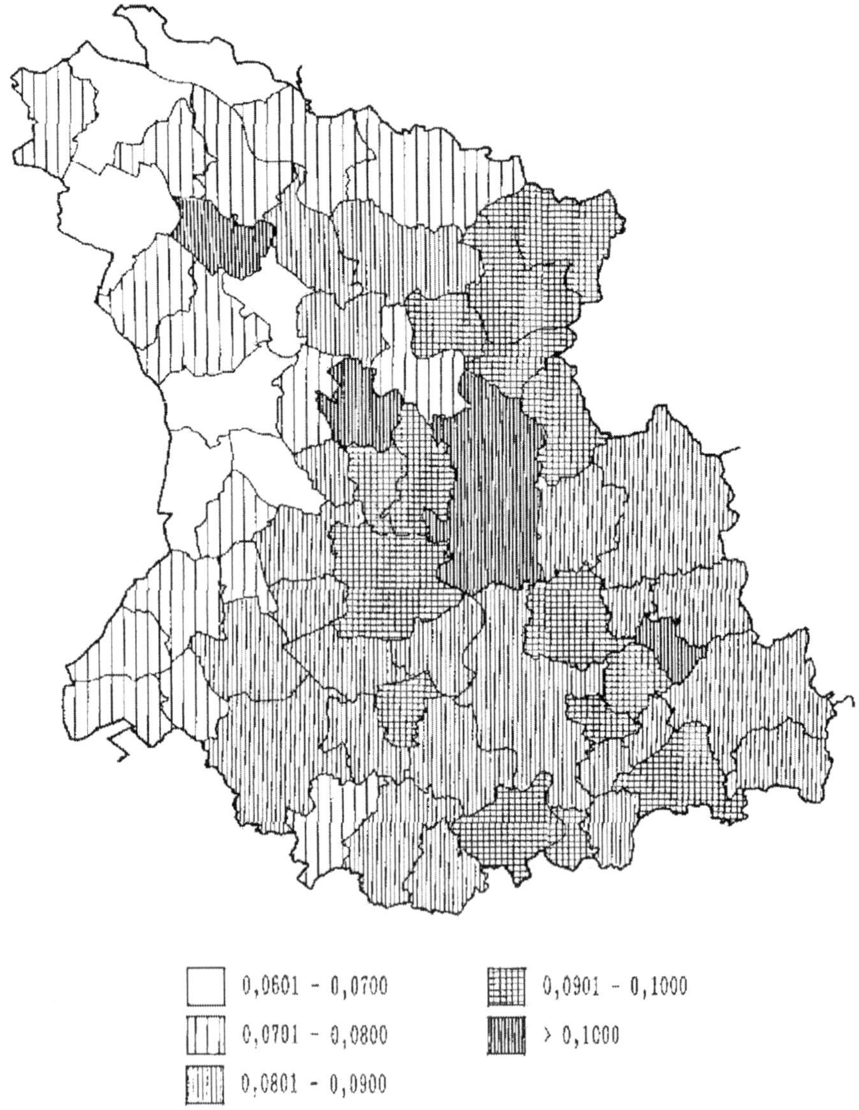

Die Verteilung des Blutgruppengens B im Regierungsbezirk Düsseldorf

Da die flächendeckenden Daten für den Landesteil Nordrhein nur auf zwei serologischen Systemen beruhen, führte Hans-Georg Scheil noch zwei örtliche Studien mit 26 bzw. 27 Systemen durch. Auch diese beruhen auf Blut-

dies.: Zur Verteilung der Rhesus-Haplotypenfrequenzen im Regierungsbezirk Köln (Nordrhein-Westfalen). In: Anthropologischer Anzeiger 54, 1996, s. 215-228; Hans-Georg Scheil: Genetische Spuren von Einwanderern. Ein Beispiel aus Nordrhein-Westfalen. In: Rheinische Heimatpflege. Mitteilungen des Rheinischen Vereins für Denkmalpflege 34, 1997, S. 203-206.

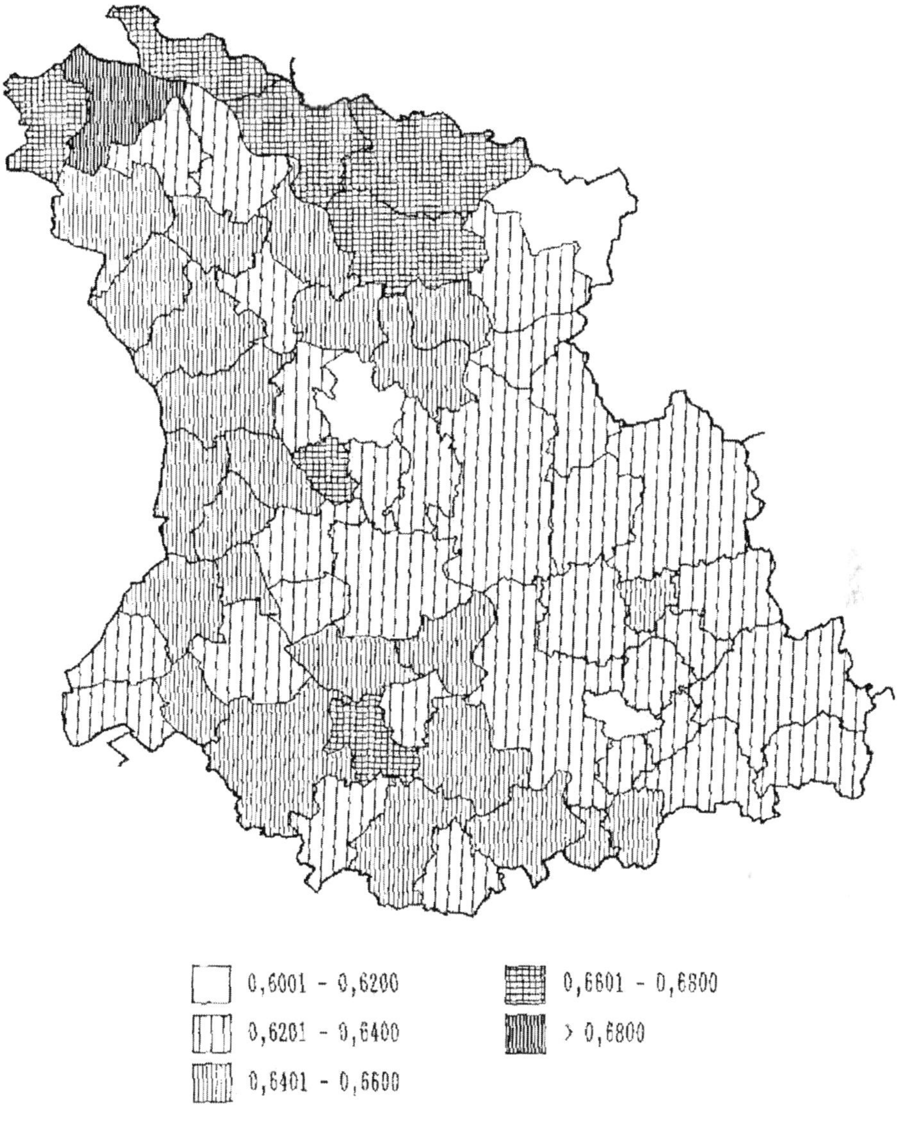

Die Verteilung des Blutgruppengens 0 im Regierungsbezirk Düsseldorf

spenden, jedoch mussten die vielen zusätzlichen Systeme auf eigene Kosten im Rechtsmedizinischen Institut in Düsseldorf untersucht werden.

Zuerst untersuchte Scheil 262 Individuen aus den Gemeinden Kleve, Goch und Kalkar am nördlichen Niederrhein auf 27 serologische Merkmalssysteme hin. Die Systeme sind AB0, Rhesus, MNSs, P1, Duffy, JK, Kell, Gc, Hp, Tf, C3, BF, CP, AMY2, PGM1, PGM3, GPT, ACP, ADA, AK, PGD, ESD, GL0, UMPK, ALADH, SAHN und GOT2. Nachkommen von Pfälzer Einwanderern aus dem 18. Jahrhundert wurden nicht berücksichtigt. Scheil verglich die Daten mit denen für Düsseldorf (Literaturdaten und Gutachtenmaterial).

Obwohl die Niederrheiner, wie nach den flächendeckenden Daten zu erwarten, etwas weniger B und etwas mehr 0 und cde als die Düsseldorfer aufweisen, sind diese Unterschiede nicht signifikant. Die Abweichungen der Genfrequenzen bei verschiedenen Systemen liegen bei maximal 5-6 Prozentpunkten. Trotzdem sind nur bei zwei serologischen Systemen, Duffy (Fy) und Transferinen (Tf), die Unterschiede auf 5-Prozent-Niveau signifikant. Es besteht also weitgehende Übereinstimmung mit Düsseldorf mit geringen Unterschieden. Das erklärt sich sicher daraus, dass die Bevölkerung von Düsseldorf zum großen Teil vom ländlichen Niederrhein stammt.[209]

Eine zweite lokale Untersuchung führte Scheil in den Orten Eschweiler und Stolberg, die zu Aachen gehören, und in den benachbarten Landgemeinden Inden, Langerwehe und Hürtgenwald im nördlichen Eifelvorland durch. Es handelt sich um 548 Blutspender, von denen dieselben serologische Systeme bestimmt wurden wie schon am Niederrhein. Weil die zu Aachen gehörenden Gemeinden Eschweiler und Stolberg höhere Frequenzen der Blutgruppe B aufweisen als Inden, Langerwehe und Hürtgenwald, verglich Scheil die beiden Gruppen miteinander und mit einigen Daten aus der Literatur über Polen und die Hauptregionen Europas (West-, Mittel-, Nord-, Ost- und Südeuropa).

Die Unterschiede zwischen den beiden Gruppen sind signifikant. Tatsächlich weichen die Werte von acht Systemen in Eschweiler und Stolberg von denen der anderen Gemeinden in Richtung von Polen ab. In der Clusteranalyse schließen sich Eschweiler und Stolberg aber nicht mit Polen oder Osteuropa zusammen, sondern wie auch die anderen lokalen Gruppen aus dem nördlichen Rheinland (Niederrhein, Düsseldorf, Hürtgenwald mit Iden und Langerwehe) mit Mittel- und Westeuropa. Die Zuwanderung aus dem Osten bedeutete eben keine völlige Veränderung der Bevölkerung, sondern nur einen Einschlag, der deren Gesamtcharakter nur geringfügig verändert.[210]

Klaus-Peter Fiedler, der wie schon berichtet, in den 1980er Jahren seine Herkunftsgemeinde der Pfälzer vom Niederrhein vom Mainzer Institut aus morphologisch untersucht und mit ihrer Herkunftsbevölkerung im Hunsrück verglichen hat, machte sich in den 1990er Jahren auf, sie nun mit Unterstützung von Hans-Georg Scheil von Düsseldorf aus auch serologisch zu erforschen. So wurden Blutproben von 199 Pfälzern am Niederrhein und 265 Bewohnern ihres ursprünglichen Herkunftsgebietes im östlichen Huns-

209 Hans-Georg Scheil, Klaus-Peter Fiedler, Wolfgang Huckenbeck: Untersuchungen zur Phänotypen-Häufigkeit einiger hämogenetischer Polymorphismen am Niederrhein (Bereich Kleve, Goch, Kalkar). In: Anthropologischer Anzeiger 49, 1991, S. 137-144.

210 Hans-Georg Scheil, Wolfgang Huckenbeck: Hämogenetische Studien im Regierungsbezirk Köln (Nordrhein-Westfalen, Deutschland). In: Anthropologischer Anzeiger 58, 2000, S. 155-169.

rück untersucht. Letzteres deckt aber nicht die ganzen Herkunftsgebiete der Pfälzer vom Niederrhein am Mittelrhein und in der Pfalz ab, sondern nur etwas mehr als die Hälfte. Geprüft wurden wieder dieselben serologischen Systeme wie in den bisherigen Untersuchungen am Niederrhein und in der Voreifel. In den Vergleich mit einbezogen wurden die nichtpfälzische Stichprobe vom Niederrhein und die Düsseldorfer Stichprobe.

Das Ergebnis entsprach nicht der Erwartung. Die Pfälzer vom Niederrhein stehen den Bewohnern ihrer ursprünglichen Heimat nicht besonders nahe. Am ähnlichste sind sich vielmehr wieder die (nicht pfälzischen) Niederrheiner und die Düsseldorfer mit einem Abstand von 0.024. Der Abstand der „pfälzischen" Niederrheiner zu den nicht pfälzischen beträgt 0.045. Der Abstand der Pfälzer vom Niederrhein zum östlichen Hunsrück ist mit 0.048 praktisch genauso hoch. Sogar der Abstand der (nicht pfälzischen) Niederrheiner zum östlichen Hunsrück ist mit 0.034 geringer als der der Pfälzer zu ihnen! Wie lässt sich dieses Beziehungsmuster erklären?

Offensichtlich sind die Pfälzer vom Niederrhein nicht einfach in den Niederrheinern aufgegangen. Wenn sie sich trotzdem von ihrem Herkunftsgebiet so deutlich unterscheiden, kann das mehrere Gründe haben. Erstens, die Vergleichsregion im östlich Hunsrück repräsentiert das Herkunftsgebiet nur unzureichend, zu der haben auch Gebiete, die den heutigen Pfälzern am Niederrhein mehr gleichen, gehört. Es ist aber unwahrscheinlich, dass es so große Unterschiede in der Umgebung von Hunsrück, Rheinhessen und Pfalz gibt. Zweitens, die Pfälzer am Niederrhein haben sich im Lauf der letzten 250 Jahre verändert, etwa durch Abwanderung eines Teils von ihnen in die Städte oder nach Amerika, wo sie ursprünglich hin wollten. Drittens, die Pfälzer vom Niederrhein waren von Anfang an eine Siebungsgruppe. Ansatzstellen für Siebung können sowohl die protestantische Konfession als auch die Auswanderung gewesen sein. So mancher blieb vielleicht lieber in der Heimat, selbst wenn er dafür katholisch werden musste. Viertens sind die monogenen serologischen Merkmale sehr viel anfälliger für Zufallseffekte, die gerade bei kleinen Bevölkerungen leicht auftreten können. Für solche Effekte würde die Tatsache sprechen, dass die Pfälzer vom Niederrhein beim Vergleich der Augenfarbe und der Hautleistenmerkmale die erwartete Nähe zu ihrem Ursprungsgebieten zeigen (siehe oben).

Serologie Schweiz und Österreich

In der Schweiz veröffentlichte Rudolf Schütz, der Chefarzt der Schweizer Luftschutzorganisation, 1946 die Ergebnisse von 33 964 Blutgruppenbestimmungen der Angehörigen des Schweizer Luftschutzes. Da er dafür die Schweiz in viele kleine Planquadrate unterteilte, haben seine Karten eine sehr detaillierte geographische Auflösung. Auch sieht man genau, welche Gebiete in den Alpen besiedelt sind und welche nicht. Veröffentlicht wurden die Häufigkeiten der Blutgruppen, nicht die denen zugrunde liegenden Genfrequenzen (die man aber aus den Blutgruppenhäufigkeiten errechnen kann). Entscheidend für die Zuordnung war der Bürgerort, dessen Geburtsrecht der Proband besitzt, und nicht der Wohnort. Die Karten bilden somit eine etwas ältere historische Schicht ab.

Die beiden häufigsten Blutgruppen A und 0 sind in der Schweiz ungefähr gleich häufig, mit regional wechselnden Anteilen. Die Blutgruppe A ist vor allem im Norden und Westen in der Schweizer Ebene recht häufig. Ihre höchsten Anteile hat sie an den Ufern des Zürichsees bis zum Walensee und um den Vierwaldstättersee und den Zugersee. Die A-Häufigkeit ist an den gegenüberliegenden Ufern höher als im nahen Hinterland. Schütz vermutet, dass die Uferbewohner dort früher regere Kontakte zu den Bewohnern des anderen

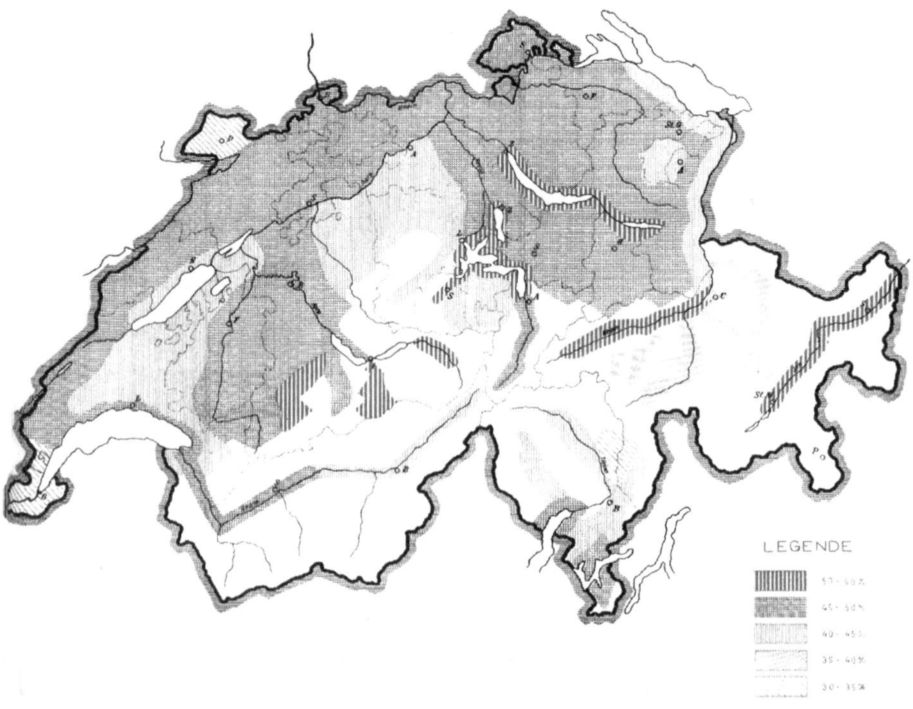

Die Verteilung der Blutgruppe A in der Schweiz

Ufers hatten als zum eigenen Hinterland. Besonders hohe A-Werte gibt es auch in den ehemaligen und heutigen romanischen Gebieten in Graubünden am Vorderrhein und dem Engadin und einigen Tälern des Berner Oberlandes mit über 50 Prozent.

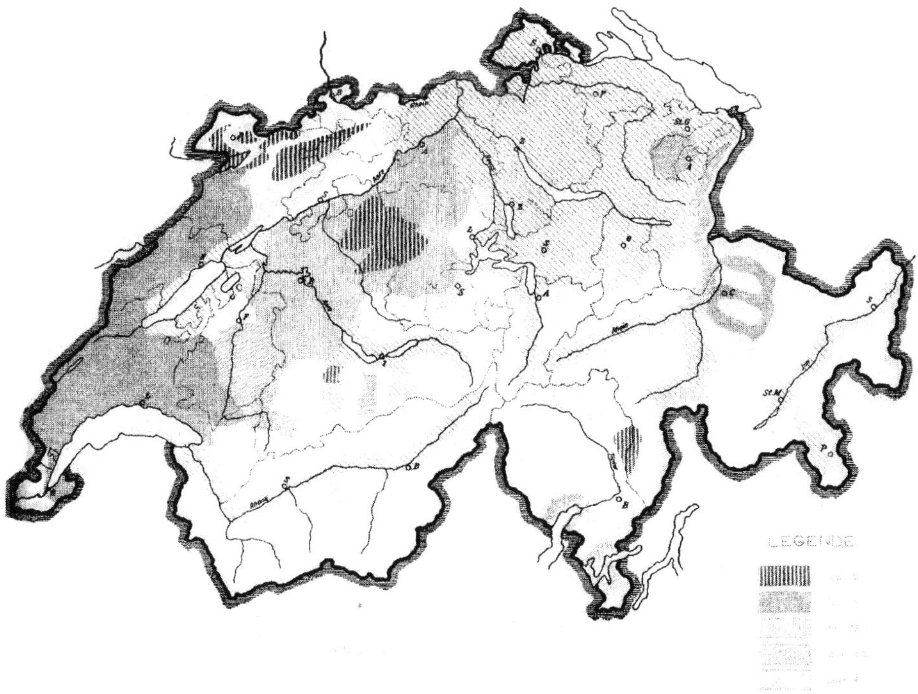

Die Verteilung der Blutgruppe B in der Schweiz

Die Blutgruppe 0 hat die höchsten Frequenzen im Vals und am Hinterrhein in Graubünden, die nicht romanisch sondern stark walserisch beeinflusst sind. In Graubünden können die Blutgruppe A als rätoromanischer und die Blutgruppe 0 als walserischer Marker gelten. Recht hoch sind auch die Häufigkeiten von 0 an der Rhone im Wallis und der Reuss im Kanton Uri sowie im Doppelkanton Appenzell. Der Kanton Appenzell hat bei allen Blutgruppen eine Sonderstellung gegenüber seiner Umgebung inne, ist quasi eine serologische Enklave im Nordosten der Schweiz. Nur am Südufer des Bodensees ist die Blutgruppe 0 auch häufiger.

Die Blutgruppe B kommt in der Schweiz zu 11 Prozent vor. Sie zeigt ein Gefälle von Osten nach Westen und ist im Westen häufiger. Große Teile der französischen Schweiz haben mit über 13 Prozent verhältnismäßig viel B, wie die Kantone Waadt, Neuenburg, Jura und die Westhälfte des Kantons Freiburg. Ein weiteres Schwerpunktgebiet von B bildet die Willisau im Kanton Luzern mit dem angrenzenden bernischen Gebiet.[211]

211 Rudolf Schütz: Das Vorkommen der Blutgruppen in der Schweiz an Hand von 33 964 Bestimmungen nach Bürgerort eingetragen. In: Archiv der Julius Klaus Stiftung 21, 1946, S. 207-229 (mit 6 Tafeln).

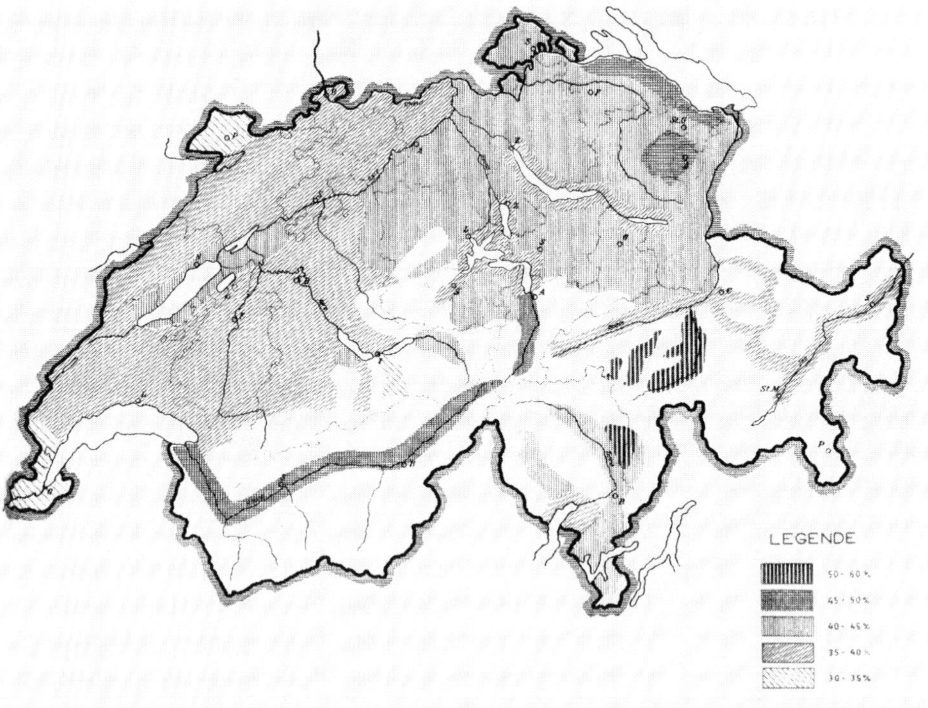

Die Verteilung der Blutgruppen 0 in der Schweiz

Das Interesse der Schweizer Genetiker wandte sich nun den Walsern in Graubünden zu. Wilhelm Knoll und Heidi E. Arendt-Knoll untersuchten Anfang der 1950er Jahre die Walserorte im Rheinwald und Avers im Westen Graubündens. Von 665 Probanden haben 56,5 Prozent Blutgruppe 0, 32,5 Prozent A und 9,2 Prozent Blutgruppe B. Die sogenannten Vollwalser (mit 4 walserischen Großeltern) haben sogar 58,5 Prozent Blutgruppe 0, von den angeheirateten Nichtwalsern dagegen nur 48 Prozent. Familien, die in mehreren Generationen von Walsern abstammen, haben besonders viele Angehörige mit der Blutgruppe 0.[212]

1953 schlossen sich zehn Schweizer Genetiker und Anthropologen zur „Arbeitsgemeinschaft für sero-anthropologische und genetische Untersuchung in Graubünden" zusammen. Dazu gehörten Karl Hägler, H. J. Huser, Hélène Kaufmann, Wilhelm Knoll, Jan K. Moor-Jankowski, S. Rosin und Marc-Rodolphe Sauter. Bereits im nächsten Jahr veröffentlichten H. J. Huser und Jan K. Moor-Jankowski eine Untersuchung der Walserorte im Safiental und der Siedlung Vals im Westen Graubündens. Außer den AB0-Blutgruppen bestimmten sie auch den Rhesusfaktor. Die Untersuchungen ergaben mit 54,5

212 Wilhelm Knoll, Heidi E. Arend-Knoll: Blutgruppenbestimmungen bei der Walserbevölkerung des Rheinwaldes und obern Avers. In: Bündnisches Monatsblatt 1950, S. 51-58.

Prozent nicht nur den schon erwarteten hohen Wert für die Blutgruppe 0, sondern auch mit 31,7 Prozent einen recht hohen für den Faktor Rhesus negativ. Es ergab sich außerdem eine positive Korrelation zwischen der Blutgruppe 0 und dem Faktor Rhesus negativ.[213]

Bis 1976 wurden von den Schweizer Genetiker ein gutes Dutzend walserische und romanische Orte in Graubünden mit mehr oder weniger ausgeprägtem Isolatcharakter untersucht. Mit insgesamt mehr als 5 000 Personen. Erhob man bei den ersten Untersuchungen nur die AB0-Blutgruppen, kamen bald das Rhesus-System und schließlich weitere serologische Systeme wie MN, Duffy oder Kell hinzu. Es zeigte sich, dass die westwalserischen Orte im Vorderrheintal und Safiental den ausgeprägtes Isolatcharakter haben und sich am meisten von ihrer Umgebung unterscheiden. Sie haben auch die höchsten 0 und Rhesus negativen Werte und stehen dem Oberwallis am nächsten. Bei den ostwalserischen Orten im Prättigau, Schanfig und Engadin finden sich nur teilweise die typisch walserischen Werte. Einige Orte dort ähneln eher der romanischen Bevölkerung.[214] In ihnen haben sich die Walser wohl stärker mit der vorgefundenen Bevölkerung vermischt.

1977 starteten die Züricher Anthropologen um Wolfgang Scheffrahn ein neues Programm zur serologischen Erforschung der Bevölkerung des Kantons Wallis. Das deutschsprachige Oberwallis war die Heimat der Wallser in Graubünden. Die Untersuchungen umfassten das Rhonetal und seine Seitentäler vom Oberwallis bis zum französischsprachigen Unterwallis. Das Oberwallis war im 9. Jahrhundert n. Chr. vom Berner Oberland aus von Alemannen besiedelt worden. Der Bevölkerungsdruck führte schließlich im 13. Jahrhundert zur Auswanderung der Walser nach Graubünden und anderswo.

Als erstes wurde das Dorf Törbel im Vispertal mit einigen Nachbarorten untersucht. Es liegt auf 1 500 Meter Höhe über der Visper, wo die Matter und die Saas in die Visper zusammenfließen. Die Bevölkerung des Ortes ist ausgesprochen endogam, noch 1970 haben 85 Prozent Ehen unter Dorfbewohnern geschlossen, nur bei 15 Prozent kam ein Ehepartner (meist die Frau) aus einer Nachbargemeinde. Viele Ehepaare haben gemeinsame Vorfahren, sind gleichzeitig Cousins verschiedenen Grades (2. Grades und mehr). Ehen zwischen nahen Verwandten – Cousins 1. Grade oder Onkel und Nichte – werden aber gemieden. Der Inzuchtkoeffizient F beträgt 0,0057. Der Anteil der Eingeheirateten beträgt am heutigen Genpool der Bevölkerung mit 31 Prozent deutlich mehr als ihr ursprünglicher Anteil an den Ehen des Dorfes (14 Prozent). Insgesamt hat in Törbel das *„Aufbrechen der Isolate"* (Schwi-

213 H. J. Huser, Jan K. Moor-Jankowski: Genetische Untersuchungen der sero-anthropologischen Zusammenhänge in zwei Walsertälern. In: Archiv der Julius Klaus-Stiftung 29, 1954, S. 298-304.

214 Jan K. Moor-Jankowski, H.J. Huser: Research on Alpine Isolates in Switzerland. In: Eugenics Quarterly 6, 1959, S. 14-22.

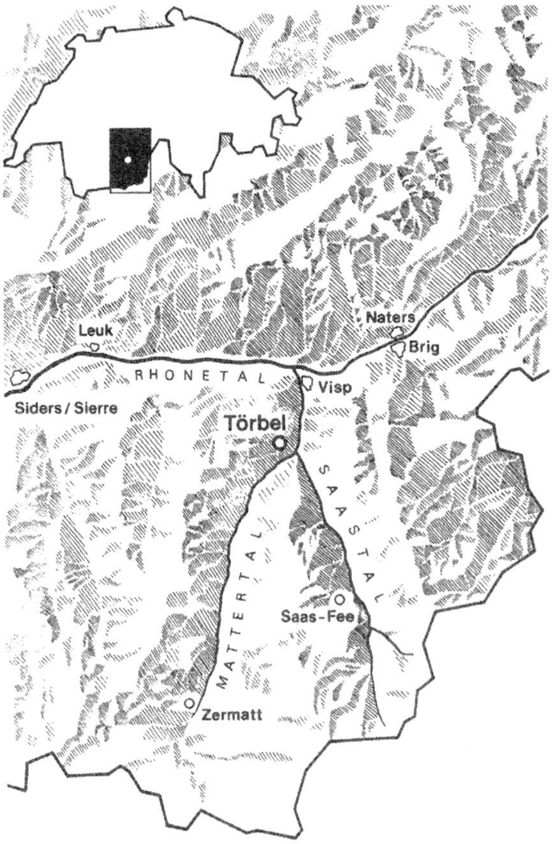

Die geografische Lage des Dorfes Törbel im Oberwallis

detzky) zum Zeitpunkt der genealogischen Untersuchung (1970) noch nicht stattgefunden (der Anteil der Eingeheirateten ist nicht größer als in früheren Generationen). Es handelt sich dennoch nicht um einen Inzuchtort, dafür ist der genetische Anteil der Eingeheirateten zu groß.

Die Züricher Doktorandin Verena Biedermann untersuchte 1986 331 Einwohner des Dorfes im Hinblick auf 26 serologische Systeme. Sie fand bei 19 dieser Systeme signifikante Unterschiede zu einer gesamtschweizerischen Stichprobe. Man kann also sagen, Törbel besitzt *„eine eigene genetische Struktur"*. Sehr groß ist in Törbel mit 47 Prozent der Anteil der Blutgruppe 0. Der Anteil der Rhesus Negativen ist mit 21,75 Prozent fast doppelt so hoch wie in der Gesamtschweiz (12 Prozent). Auffallend hoch ist auch mit mehr als 54 Prozent der Anteil des Ns-Typs des MNSs-Systems. Ein Vergleich mit den Nachbargemeinden war nur für 13 bis 14 Systeme möglich. Auch zu diesen weist Törbel bei 11 Systemen signifikante Unterschiede auf. Im vorderen Vispertal ist die Blutgruppe 0 nicht so häufig wie in den hinteren Vispertälern (Saastal, Mattertal). Die genetische Distanz zum französischen Unterwallis ist doppelt so groß wie die zum deutschen Oberwallis. Die zu den Vispertälern nur wenig geringer als zu diesem. Der genetische Austausch fand fast

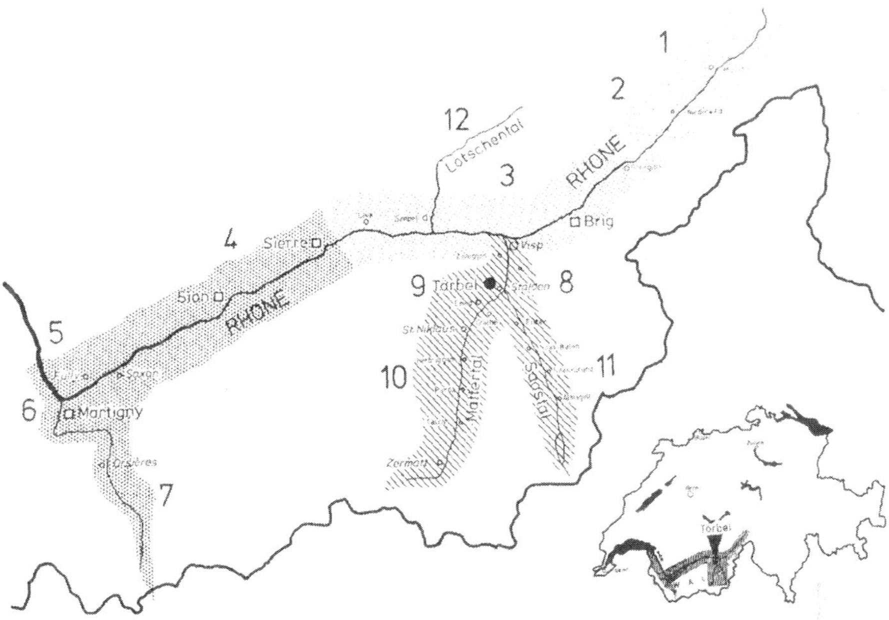

Untersuchungsgebiete: 1 Obergoms, 2 Untergoms, 3 Brig, 4 Sion, 5 Fully, 6 Martigny, 7 Entremont, 8 Visptal, 9 Törbel, 10 Mattertal, 11 Saasertal, 12 Lötschental

Die Untersuchungsgebiete im Wallis

ausschließlich mit dem deutschen Oberwallis und nicht mit dem französischen Unterwallis statt.

In der Folge untersuchten die Züricher Anthropologen 12 unterschiedliche Teilgebiete des Wallis mit etwa 20 Orten auf jeweils mindestens 15 serologische Systeme (AB0, Rhesus, MNSs, Kell, Duffy, Kidd, P^1, 6-GPD, ADA, Ak, EsD, PGM-1, GLO-1, Galt, acP). Die Gesamtzahl der berücksichtigten Systeme beträgt 35. Bis 1998 sind 2 564 Blutproben aus dem deutschen und dem französischen Wallis ausgewertet worden. Es zeigten sich vor allem folgende Ergebnisse: Die deutsch-französische Sprachgrenze stellt auch eine genetische Häufigkeitsgrenze dar. Entlang der Rhone gibt es ein genetisches Gefälle von Goms im Oberwallis bis ins Unterwallis. So nimmt die Allelfrequenz von Gc^2 und $PGM_1^{\,1}$ von Ost nach West ab, während hingegen die von Hp^1, $C3^S$ und $6\text{-}PGD^b$ in dieser Richtung an Häufigkeit zunehmen. Die genetischen Distanzen sind bei den Seitentälern und ihren Orten deutlich höher zueinander als bei denen an der Rhone. Das zeigt den isolierten Charakter der Seitentäler im Vergleich zu den Orten an der Rhone.[215]

215 Verena Biedermann: Eine hämogenetische und populationsgenetische Studie an der Dorfbevölkerung von Törbel (VS). Diss. Zürich 1986 ; Wolfgang Scheffrahn: Anthropologisch-genetische Untersuchungen im Wallis I. In: Archives suisses d 'Anthropologie générale 47, 1983, S. 55-64; Wolfgang Scheffrahn, Conxita Brandt, Adelgunde

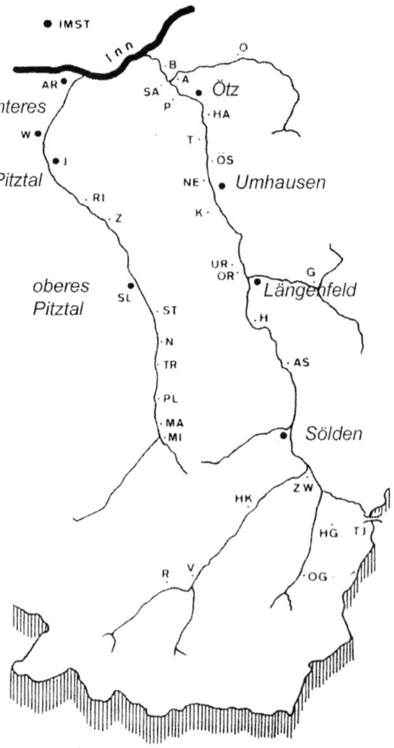

Karte der Untersuchungsgebiete und -orte im Piltz- und Ötztal in Tirol.

Aus Österreich sind mir außer Karl Magers Studien im Ötz- und Pitztal im westlichen Nordtirol keine serologisch-anthropologischen Untersuchungen seit 1945 bekannt. Mager erhob Daten für das AB0, Rhesus und MNSs-System. Beide Täler zeichnen sich durch hohe 0 und Rhesus negative Werte aus. Die Blutguppe 0 ist mit 47,3 Prozent am höchsten im Pitztal und mit 46 Prozent in der obersten Talstufe des Ötztals. Bei den Genfrequenzen ist der 0-Wert im oberen Pitztal noch etwas höher als im unteren. Der Anteil der Rhesus Negativen beträgt im Pitztal 20 Prozent und im Ötztal 25 Prozent. Bemerkenswert ist auch der hohe B-Wert von 23 Prozent in der höchsten Talstufe des Ötztals, Sölden.

Die hohen 0- und Rhesus negativen Anteile in den beiden Westtiroler Tälern nähern sich den Walsern in Graubünden, über eine historische Zuwanderung von Walsern in das Pitz- und Ötztal ist aber nichts bekannt. Mager führt

Kratzer: Anthropologisch-genetische Untersuchungen im Wallis II. In: Bulletin de la Société Suisses d' Anthropologie 8, 2002, S. 23-29; Wolfgang Scheffrahn, C. Brandt-Casadevall: Zur Ethnohistorie und Genetik der Walliser (Schweiz). In: M. Schultz u.a. (Hg.): Schnittstelle Mensch-Umwelt in der Vergangenheit, Gegenwart und Zukunft. Göttingen 2000, S. 395-399.

die extremen 0- und Rhesus-Verhältnisse auf die lange Zeit der Isolation der Talbevölkerungen zurück.[216]

Serologische Synthese

Mit der zunehmenden Anzahl serologischer Einzeluntersuchungen begannen in den 1980er Jahren verschiedene Genetiker und Anthropologen, deren Daten kartografisch und statistisch auszuwerten. In Amerika wertete der Biologie-Statistiker Robert R. Sokal (1926-2012) 1989 die Daten aus Europa kartografisch aus. Sokal untersuchte die geographische Verteilung der 26 am besten bekannten serologischen Systeme (AB0, A1A2, MN, MNSs, P, Rhesus (C), Rhesus (CDEe), Lu, Kell, ABH, Duffy, Hp, Tr, Gc, ACP1, 6-PGD, PGM1, AK1, ADA1, T, HLA-A, HLA-B, Gm, Inv (Km)) mit insgesamt 59 Allelen in Europa. Von ihnen zeigt gut ein Drittel der Allele großräumige Merkmalsgradienten, alle anderen nur mehr oder weniger unstrukturierte Verteilungen mit unterschiedlichen regionalen Gradienten. Allein 13 der 20 Allele mit großräumigen Verteilungsmustern gehören dem HLA-System an (Humanes Leukozyten-Antigen-System, heute oft auch MHC von engl. *Major Histocompatibility Complex*). Fünf Allele weisen ein Nord-Süd-Gefälle und weitere fünf eines von Nordwesten nach Südosten auf. Bei zwei weiteren Allelen besteht ein Ost-West-Gefälle, darunter das B-Allel des AB0-Systems.[217]

In einem anderen Aufsatz überprüfte Sokal mit drei verschiedenen statistischen Methoden, ob an den Sprachgrenzen der Sprachfamilien (germanisch, romanisch, slawisch usw.) größere genetische Unterschiede bestehen als anderswo in Europa. Oder kurz gesagt, ob die Sprachgrenzen in Europa auch genetische Grenzen sind. Er berücksichtigte dabei dieselben 26 serologischen Systeme mit 59 Allelen wie in der schon genannten Arbeit. Außerdem berücksichtigte er die zehn kraniologischen Maße aus der Studie von Schwidetzky und Rösing zur Anthropologie der Neuzeit in Europa.[218]

---

216 Karl Mager: Anthropologische Untersuchungen über die Bevölkerung des Ötztals und Pitztals (Tirol). Diss. Innsbruck 1980; Karl Mager, Heinz Janetschek: Anthropologie der Ötztaler und Piztaler Bevölkerung. In: Veröffentlichungen des Österreichischen MaB-Programms 10, 1986, S. 133-145; Karl Mager, F. Pircher, Heinz Janetschek, R. Graml: Genetic Structure of Populations in Western Tyrol. In: Human Biology 68, 1996, S. 915-927.

217 Robert R. Sokal, Rosalind M. Harding, Neal L. Oden: Spatial Patterns Human gene Frequencies in Europe. In: American Journal of Physical Anthropology 80, 1989, S. 267-294.

218 Robert R. Sokal, Neal L. Oden, Barbara A. Thomson: Genetic Changes Across Language Boundaries in Europe. In: American Journal of Physical Anthropology 76, 1988, S. 337-361; Schwidetzky, Ilse, Friedrich W. Rösing: Vergleichend-statistische

Als erste Methode wandte Sokal die Quadrat-Varianz-Methode an. Dafür unterteilte er Europa in 85 geographische Quadrate von jeweils 5 Breiten- und Längengraden ein. Dann berechnete er für jedes Allel die statistische Varianz in den einzelnen Quadraten. Je größer die genetischen Unterschiede in einem Quadrat, desto größer ist die Varianz. Nur 8 der 59 Variablen zeigten in den von einer Sprachgrenze gekreuzten Quadraten eine signifikant größere Varianz als in denen ohne eine Sprachgrenze. Es zeigte sich, dass von den Sprachgrenzen die germanisch-romanische von Flandern bis Friaul, also die West- und Südgrenze des deutschen (und niederländischen) Sprachgebietes, mit einem Wert von 33.5 die größten genetischen Unterschiede aufweist. Es folgen die romanisch-baskische (30.0) und die slawisch-ungarische Sprachgrenze (24.5). Die germanisch-slawische Sprachgrenze von Stettin bis Bratislawa hat einen Wert von 21.0. Der ist immerhin noch fast doppelt so hoch wie der in den Quadraten ohne Sprachgrenze mit 11.0.

Die zweite Methode war die *rate-of-change* Methode, das heißt die Messung der Veränderungsrate an den Sprachgrenzen. Gemessen wird dabei ob der Grad der Veränderung der Allelfrequenzen an den Sprachgrenzen höher ist als an zufällig gezogenen anderen Grenzlinien in Europa. Dafür wird für jedes Allel eine interpolierte Karte für ganz Europa erstellt, in der die Werte für die leeren Flächen auf der Merkmalskarte anhand der nächstliegenden empirischen Werte geschätzt (interpoliert) werden. Dann wird für jeden Punkt auf der Sprachgrenze die richtungsmäßige Abweichung für jedes Allel errechnet. Aus diesen wird dann der absolute Mittelwert für die Sprachgrenze berechnet. Die empirischen Werte für die Veränderungen der Allele an den Sprachgrenzen wurden schließlich mit den Werten an den zufälligen Grenzlinien verglichen. Es ergaben sich für neun Allele aus sieben serologischen Systemen signifikante Werte. Diese Allele waren B und A1 des AB0-Systems, MNS des MNSs-Systems, D des Rhesus-Systems, Hp-1, Tf-C und BW35 und BW40 des HLA-Systems. Zehn Sprachgrenzen haben signifikant höhere Veränderungswerte. Die niedrigsten P-Werte, also die größte Abweichung von der Nullhypothese, haben die germanisch-romanische Sprachgrenze zwischen Flandern und Friaul, die germanisch-slawische zwischen Österreich und Jugoslawien und drei Sprachgrenzen außerhalb Mitteleuropas (u.a. die der Basken). Außerdem berechnete Sokal auch die Werte für die Faktoren einer Faktorenanalyse für die zehn kraniologischen Merkmale von Schwidetzky und Rösing (1984). Dabei ergaben sich signifikante Werte für die romanisch-slawische Sprachgrenze zwischen Flandern und Friaul und ebenfalls für die germanisch-romanische Sprachgrenze zwischen Österreich und Jugoslawien (ansonsten keine für andere Sprachgrenzen). An diesen Sprachgrenzen ändert sich die Schädelform signifikant.

Untersuchungen zur Anthropologie der Neuzeit (nach 1500). In: Homo 35, 1984, S. 1-49.

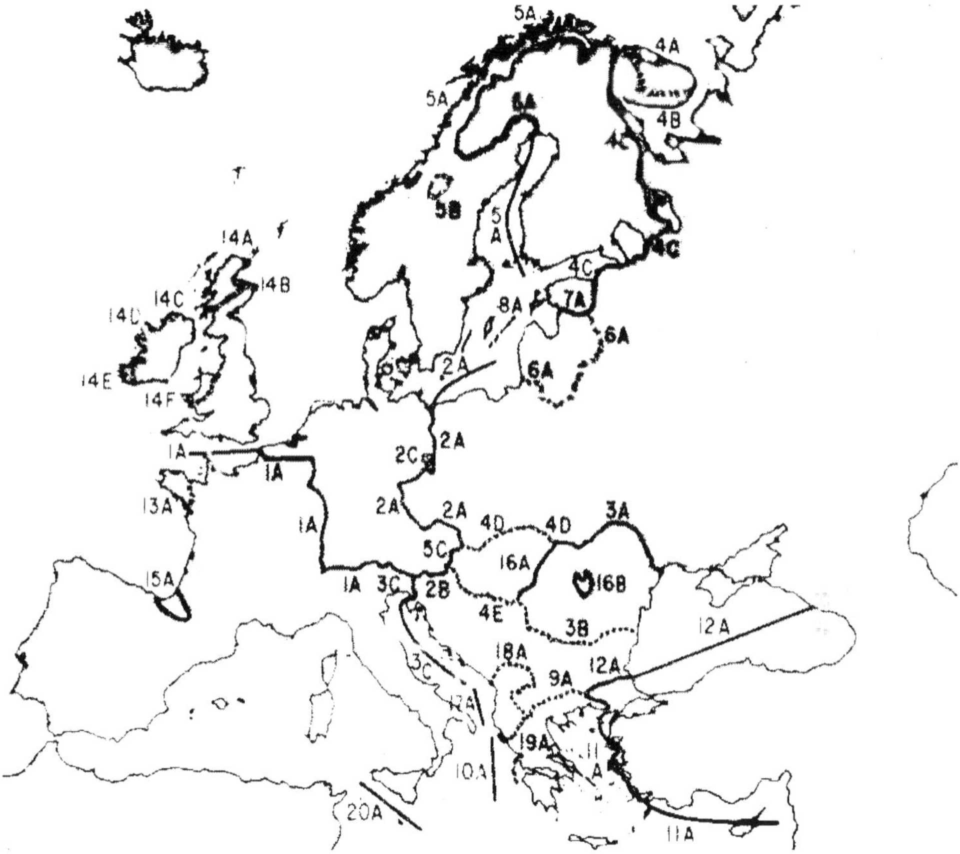

Grenzen zwischen Sprachfamilien als genetische Grenzen. Durchgezogene Linien sind zugleich genetische Grenzen, gepunktete Linien nicht.

Die dritte Methode, die Differenzmethode, ist nicht sehr ergiebig. Sie geht nicht von den interpolierten Merkmalskarten, sondern von den empirischen Orten der serologischen Werte aus, die zu einem Liniennetz verbunden werden. Die empirischen Veränderungen der Allelfrequenzen an den Sprachgrenzen werden dann mit denen an zufällig gezogenen Linien verglichen. Mit dieser Methode gibt es nur wenige signifikante Ergebnisse. Einen allgemeinen Unterschied zwischen den Sprachgrenzen und den willkürlichen Linien gibt es nur für das BW22 Allel des HLA-B Systems und das NS-Allel des MNSs-Systems. Meistens ist an einer Sprachgrenze nur ein System signifikant. So zum Beispiel an der germanisch-romanischen Sprachgrenze nur das Kell-System.

Insgesamt zeigt Sokals Untersuchung der Sprachgrenzen, dass das deutsche (und niederländische) Sprachgebiet sich an seinen Sprachgrenzen sowohl im Westen und Süden als auch im Osten durch signifikante genetische Grenzen von seiner romanischen und slawischen Umgebung unterscheidet.

*„Auch große Völker sind ‚Isolate'", *sagt Ilse Schwidetzky, *„da Sprach- und Staatsgrenzen immer auch Heiratsgrenzen darstellen".*[219]

Der andere bekannte amerikanische Forscher, der das vorhandene serologische Datenmaterial kartografisch und statistisch auswertete, ist der italoamerikanische Genetiker Luigi Luca Cavalli-Sforza (1922-2018). Anders als Robert R. Sokal hatte er dabei aber die ganze Erde im Blick und nicht nur Europa. Und anders als Sokal veröffentlichte er seine Ergebnisse nicht nur in Fachaufsätzen, sondern auch in teilweise populär – manchmal allzu populär – gehaltenen Büchern, womit er eine viel weitere, nicht nur wissenschaftliche Öffentlichkeit erreichte. Die wissenschaftliche Gesamtdarstellung seiner Forschungsergebnisse ist das 1994 erschienene Buch „The history and geography of human genes".[220]

Cavalli-Sforza und seine Mitarbeiter berechneten für die verschiedenen Erdteile, so auch für Europa, sogenannte Hauptkomponenten. Zugrunde legte er diesen wie auch schon Sokal interpolierte Merkmalskarten. Die Hauptkomponenten beruhen auf den mit einander korrelierten Merkmalen. Wenn die geographische Verteilung mehrerer Merkmale Gemeinsamkeiten aufweist, lässt sich aus diesen eine Hauptkomponente errechnen, die die Verteilung dieser Merkmale statistisch erklärt. Die Hauptkomponente, die den größten Anteil an der Gesamtvariabilität erklärt, ist die 1. Hauptkomponente. Aus der übriggebliebenen Variabilität errechnen sich dann immer die folgenden, kleineren Hauptkomponenten. Die Hauptkomponenten haben bis zu einem gewissen Maß artifiziellen Charakter. Am realsten ist immer die 1. Hauptkomponente.

Cavalli-Sforzas Analyse der serologischen Struktur Europas beruht auf 34 serologischen Systemen mit zusammen 95 Allelen – also noch mehr als bei Sokal. Deren Aufzählung erspare ich mir. Die von Cavalli-Sforza errechnete Hauptkomponentenanalyse für Europa und den Nahen Osten (aber ohne Nordafrika) ergibt eine 1. Hauptkomponente, die 28,1 Prozent der geographischen Variabilität in dem Gebiet erklärt. Sie hat ihren geographischen Pol in Arabien und strahlt von dort nach Norden und Westen Europas aus. Cavalli-Sforza und seine Anhänger sehen in ihr den Ausdruck der Einwanderung der ersten Bauern nach Europa zu Beginn des Neolithikums. Der negative Pol einer Hauptkomponente ist statistisch genauso real wie der positive. Er umfasst in diesem Fall den Norden Europas, besonders Skandinavien ohne den

219 Ilse Schwidetzky: Hauptprobleme der Anthropologie. Bevölkerungsbiologie und Evolution des Menschen. Freiburg i.Br. 1971, S. 10.

220 Luigi Luca Cavalli-Sforza, Paolo Menozzi, Alberto Piazza: The history and geography of human genes. Paperback-Ausgabe, Princeton N.J. 1996. Die Paperback-Ausgabe ist wesentlich günstiger als die gebundene Ausgabe von 1994. In ihr fehlen dafür die Merkmalstabellen im Anhang.

saamischen Norden, große Teile Großbritanniens, Norddeutschland und die Niederlande und Teile des Baltikums. In etwas abgeschwächter Form strahlt er in den Norden Frankreichs, ins übrige Großbritannien, bis zu den Alpen und nach Osteuropa aus. Er deckt sich weitgehend mit dem Gebiet der hellen Pigmentierung beziehungsweise der nordiden Rasse in Europa. Die folgenden Hauptkomponenten haben ihre Schwerpunkte außerhalb Mitteleuropas, unter

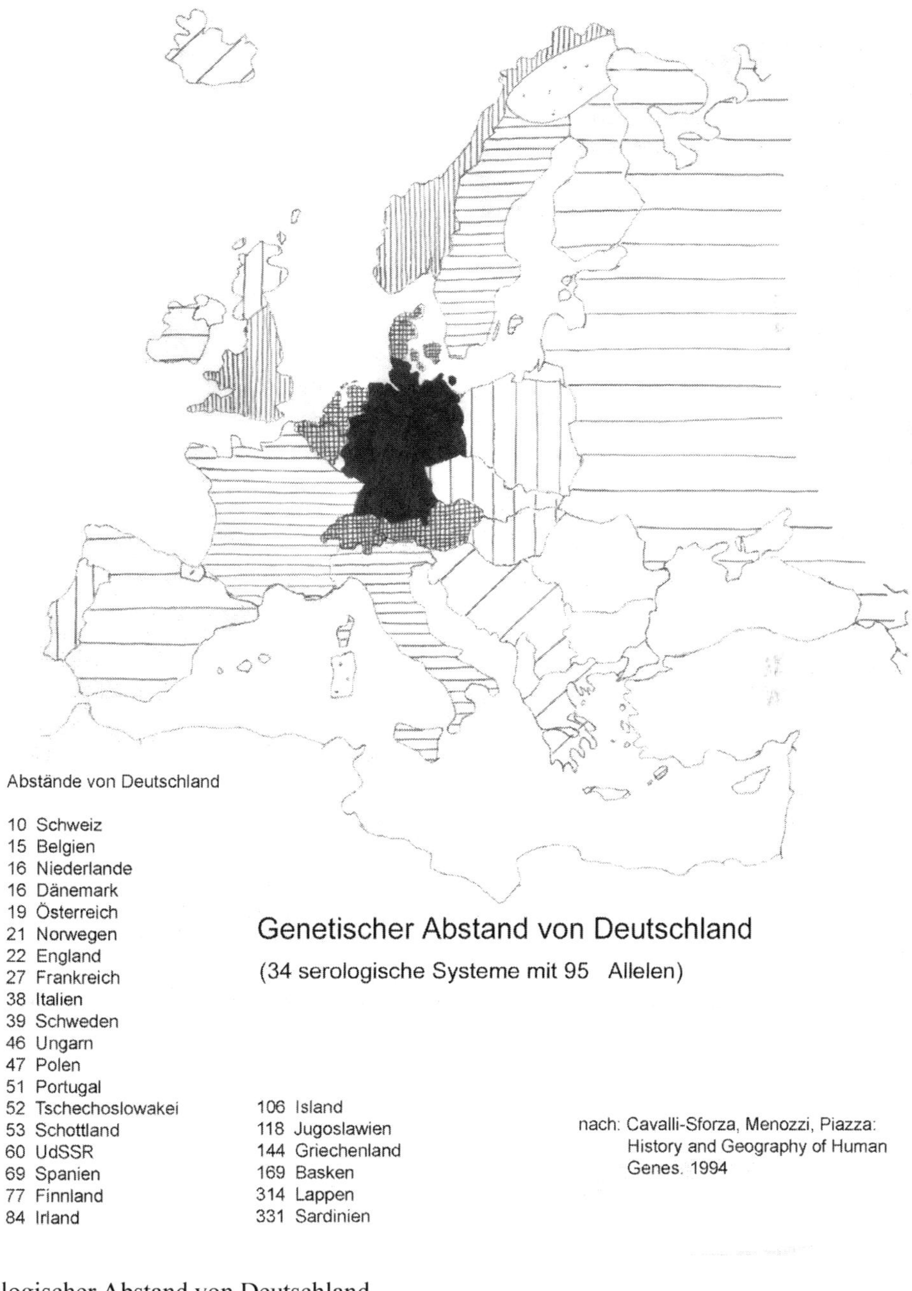

Serologischer Abstand von Deutschland.

anderem in Nordskandinavien, in Spanien, im Steppengebiet Südrusslands, in Irland und im Baskenland und werden von Cavalli-Sforza mit den Saami, den Indogermanen, den Basken und anderen Völkern oder Völkerbewegungen in Zusammenhang gebracht.

Cavalli-Sforza berechnet in seinem Buch auch eine Abstands- und Clusteranalyse für die europäischen Länder, basierend auf den 34 serologischen Systemen und 95 Allelen (womit nicht gesagt ist, dass wirklich jedes System auch in jedem Land vorkommt). Deutschland gehört in der Clusteranalyse zu einem Subcluster, zu dem auch die Schweiz, Österreich und Belgien gehören. Dieses Subcluster gehört zu einem Cluster, in dem auch die anderen germanischen Länder (Niederlande, Dänemark, England, Schweden, Norwegen) sind. Mit etwas größerem Abstand gehören auch Frankreich und die Tschechoslowakei zu diesem Cluster. Außerhalb dieses „germanischen" Clusters bilden die mediterranen Länder (Italien, Portugal und Spanien), einige ostmitteleuropäischen Länder (Polen, Russland und Ungarn) und zwei keltische Länder (Schottland und Irland) jeweils eigene Cluster. Größere Abstände zu den genannten Ländern haben Finnland, Island, die Basken, Jugoslawien, Griechenland, Sardinien und die Saami in Nordeuropa (Cavalli-Sforza hat nicht jedes europäische Land in seine Clusteranalyse einbezogen).

Deutschland hat die niedrigsten Abstände, also die größte genetische Ähnlichkeit, mit Werten von 10 bis 19 zu der Schweiz, zu Belgien, zu den Niederlanden, zu Dänemark und Österreich. Diese Werte gehören zu den niedrigsten in Europa. Die Abstandswerte zu Norwegen und England sind mit 21 und 22 kaum größer. Der Abstand zum keltischen Schottland, das die vorgermanische Bevölkerung Großbritanniens repräsentiert, ist mit 53 mehr als doppelt so groß wie der zu den angelsächsischen Engländern. Mit 39 ist der Abstand zu Schweden für ein germanisches Land am größten. Das hat wohl mit dem starken finnischen Einschlag in Schweden zu tun (Abstand zu Finnland 77). Der Abstand Deutschlands zu Frankreich ist mit 27 überraschend niedrig. Der zu den osteuropäischen Ländern ist mit 47 zu Polen, 52 zur Tschechoslowakei und 46 zu Ungarn fast doppelt so groß. Auch der Abstand zu Italien ist mit 38 eher niedrig. Der zu Jugoslawien ist dagegen mit 118 recht hoch. Am größten ist der Abstand Deutschlands zu einigen der isolierten Gebiete am Rande Europas (Basken 169, Saami 314, Sardinien 331).

Die Schweiz hat die niedrigsten Abstände zu Deutschland (10) und Österreich (12). Aber auch die Abstände zu Belgien (14), den Niederlanden (16) und Dänemark (19) sind bemerkenswert niedrig. Der zu Frankreich ist mit 23 verhältnismäßig gering. Der Abstand der Schweiz zur Tschechoslowakei beträgt 31, der zu Polen 60, der zu Italien 44.

Österreich hat den geringsten Abstand zur Schweiz (12), gefolgt von Belgien (16), Deutschland (19), und Dänemark (27). Der zur Tschechoslowakei (36) und Ungarn (40) ist etwa genauso groß wie der zu Frankreich (38) und den Niederlanden (38). Der Abstand Österreichs zu Italien beträgt 43 und der zu Polen 72. Der zu Jugoslawien ist mit 110 recht groß. Bei letzterem Land muss man bedenken, dass auch südliche Balkanländer wie Serbien und Mazedonien dazugehörten. Die verhältnismäßig niedrigen Abstände der Schweiz und Österreichs zu den Niederlanden und Dänemark zeigen, dass auch hier der germanische Einfluss noch erheblich ist.

Die Tschechoslowakei – Tschechien und die Slowakei waren damals noch ein Staat, weshalb Cavalli-Sforza beide Länder leider nicht getrennt behandelte, hat den niedrigsten Abstand mit 31 zur Schweiz und den zweitniedrigsten zu Österreich mit 36. Der Abstand zu seinen osteuropäischen Nachbarn Polen und Ungarn ist mit 64 und 69 wesentlich größer. Das verweist darauf, dass das die mitteleuropäische, vorgermanische und vorslawische Bevölkerungsschicht in der Tschechoslowakei (und vermutlich vor allem in Tschechien) stärker vertreten ist als die osteuropäisch-slawische. Trotzdem ist der Abstand zu der Schweiz und Österreich größer als die Ähnlichkeit der germanischen Länder untereinander (mit Werten von 16 bis 22, ohne Schweden). Der Abstand der Tschechoslowakei zu Frankreich beträgt 72 und der zu Russland (damals noch mit Weißrussland und der Ukraine) 75.

Insgesamt zeigt sich eine große Nähe der deutschsprachigen und anderen germanischen Länder zueinander. Auch die südlichen mitteleuropäischen Länder gehören zu diesem germanischen Gebiet. In der Schweiz, Österreich, Tschechien und wahrscheinlich auch Süddeutschland spielt außerdem eine gemeinsame alte mitteleuropäische Schicht eine Rolle, die vielleicht mit den Kelten in Zusammenhang gebracht werden kann. Die deutschsprachigen Länder stehen überraschenderweise den romanischen Ländern Frankreich und Italien näher als den osteuropäisch-slawischen.

Die DNS-Merkmale

In den 1990er Jahren begannen die deutschen sereologischen Anthropologen zu den neuen DNS-Merkmalen zu wechseln. Führend dabei war Hans-Georg Scheil in Düsseldorf. Der ließ zum Beispiel in den Bevölkerungen bei Aachen und im Eifelvorland, in denen er bereits viele serologische Systeme untersucht hatte, die STR (*short tandem repeat*)-Systeme FGA, TH01, VWA und YNZ22 erheben. Diese auf den Autosomen liegenden Merkmale sind sehr variabel und Teil der nicht codierenden DNS. Sie gehören zu den Merkmalen, die den sogenannten „genetischen Fingerabdruck“ zur Personenidentifizierung bilden. Die Ergebnisse standen teilweise im Widerspruch zu den serologischen Daten und sind schwer zu interpretieren.[221]

Auch Wolfgang Scheffrahn in der Schweiz ging früh zu der Verwendung von DNS-Merkmalen über. Auch er nutzte zunächst STR-Systeme, dann aber auch andere hochvariable Polymorphismen der nicht codierenden Bereiche der mitochondrialen und der Y-DNS. Ähnlich wie Scheil im Rheinland führte er auf diese Weise seine Untersuchungen im Wallis und in Graubünden an den Walsern fort. So fand er zum Beispiel deutliche Unterschiede der mtDNS-Haplotypen an der Grenze zwischen dem deutschen Oberwallis und dem französischen Unterwallis.[222]

In einer frühen Arbeit bestimmten Wolfgang Scheffrahn und seine Mitarbeiter schon 1986 vier autosomale Restriktions-Fragment-Längen-Polymorphismen (RFLPs) und drei kurze Wiederholungspolymorphismen (*short tandem repeats*, STRs) in dem lange Zeit isolierten Hochgebirgsort Goms im Oberwallis. Verglichen mit einer gesamtschweizerischen Stichprobe ergaben sich bei den RFLPs für die Gomser keine Besonderheiten. Dafür gibt es bei den STRs einige signifikante Abweichungen. In allen drei STR-Systemen ist die Zahl der unterschiedlichen Allele kleiner als in der Gesamtschweizer Bevölkerung. Vor allem die selteneren Allele fehlen in Goms alle.[223]

Ihre Aufgeschlossenheit für die neuen genetischen Merkmale und Methoden änderte jedoch nichts mehr daran, dass mit der Emeritierung und Pensionierung von Scheil, Schmidt und Scheffrahn in den 2000er Jahren die serologische und die anthropologisch-genetische Forschung in Deutschland und der Schweiz zu ihrem Ende kam (in Österreich gab es keine). Die Stellen der Forscher wurden gestrichen oder umgewidmet, aus den Instituten in Düsseldorf und Ulm rein klinisch ausgerichtete Humangenetik-Institute gemacht.

Psychologische Anthropologie

Der deutsche Soziologe und Sozialanthropologe Karl Valentin Müller (1896-1963) bekam 1946 von der britischen Besatzungsbehörde den Auftrag, die Schulkinder im Land Niedersachsen zu untersuchen. Es ging um eine Be-

221 Hans-Georg Scheil, W. Huckenbeck, S. Schuhen, S. Schulz: Genetische Studien im Regierungsbezirk Köln (Nordrhein-Westfalen). DNA-STR-Systeme FGA, TH01, VWA und YNZ22. In: Anthropologischer Anzeiger 59, 2001, 233-242.

222 Wolfgang Scheffrahn: Ethnohistorie und Genetik Schweizer Bevölkerungen. In: Homo 49, 1998, Supplement S. S82; ders.: Y-chromosomale und mitochondriale DNS-Marker in Isolatpopulationen. In: Ebd., Supplement S. S109; Wolfgang Scheffrahn, Conxita Brandt, Adelgunde Kratzer: Anthropologisch-genetische Untersuchungen im Wallis II. In: Bulletin de la Société Suisses d‘ Anthropologie 8, 2002, S. 23-29.

223 A. Kratzer, Wolfgang Scheffrahn, W. Bär: RFLP and STR polymorphisms in a Swiss mountain population. In: Advances in Forensic Haemogenetics 1986, S.518-520.

Karl Valentin Müller

standsaufnahme der Begabungsverhältnisse der Schuljugend. Müller übertrug die Aufgabe, die Schulbegabung und das Verhalten nach bestimmten Vorgaben zu beurteilen, den Lehrern. Auf diese Weise konnte er über 200 000 Volksschüler untersuchen. Dabei nutzte er die Gelegenheit, um auch einige anthropologische Merkmale, darunter den Konstitutionstypus (nach Kretschmer) und die Haar- und Augenfarbe, zu erheben.

1950 veröffentlichte Müller einen Aufsatz, in dem er der Beziehung zwischen den Konstitutionstypen und der Begabung und dem Verhalten nachging. Dabei wertete er die Daten von 43 715 10-14jährigen Schülern (Knaben) aus dem Regierungsbezirk Hannover aus. Es handelte sich um die damaligen Volkschüler aus allen Schichten noch vor ihrer Verteilung auf das Gymnasium, die Oberreal- oder Realschule und die Hauptschule.

Die Schulbegabung wurde in Form von 6 Stufen, entsprechend den Schulnoten erfasst. Von 1 gut begabt, unbedingt oberschulfähig (Gymnasium), bis 6, hilfsschulbedürftig. Von den Leptosomen haben 39,7 Prozent die ersten beiden Stufen gut Begabter, von den Athletikern 27,3 Prozent und den Pyknikern 25 Prozent. Zu den letzten beiden Stufen, minderbegabt und hilfsschulbedürftig, gehören 11,3 Prozent der Leptosomen, 17,0 Prozent der Athletiker und 11,5 Prozent der Pykniker. Ein deutlicher Begabungsvorteil der Leptosomen, bei den Gutbegabten haben sie einen Vorsprung von 12,4 Prozentpunkten, während der Unterschied zwischen Athletikern und Pyknikern eher gering ist.

Neben dem Begabungsgrad wurde auch die Begabungseigenart beurteilt. Es gibt vier Klassen: begabt-produktiv, begabt-nachschaffend, minderbegabt-passiv und minderbegabt-fahrig. Auch hier sind die Leptosomen mit 8,6 Prozent etwas häufiger bei den produktiv Begabten, gegenüber 8,3 Prozent bei den Athletikern und 6,8 Prozent bei den Pyknikern. Die Minderbegabt-Fahrigen sind entsprechend am seltensten bei Leptosomen (11,6 Prozent) und am häufigsten bei Athletikern und Pyknikern (13,1 und 15,0 Prozent).

Stärker ist der Unterschied wieder bei der Aufmerksamkeit (Konzentrationsfähigkeit). Bei ihr wurden wieder sechs Grade unterschieden. Von den

Leptosomen haben 36,1 Prozent die ersten beiden Grade der guten Aufmerksamkeit, von den Athletikern 30,2 Prozent und den Pyknikern 27,2 Prozent.

Interessant, weil von der bloßen Begabung wegführend in Richtung Charakterologie, ist das soziale Verhalten in der Klasse. Nachdem erste Versuchen mit den damals in der Psychologie üblichen Typensystemen gescheitert waren, haben die Lehrer selbst eine pragmatische, auf den schulischen Erfahrungen beruhende Typologie entwickelt. Sie unterschieden sieben Typen: Anführende, Ordnungsliebende, Kraftvoll-Eigenwillige, Beiseitestehende, Herdenmenschen, Gemeinschaftsstörende und sozial farblose Schüler. Die Bezeichnungen sind unverblümter als man sich heute ausdrücken würde, aber das ist eher ein Vorteil.

Die Anführenden finden sich bei jeweils 6,2 Prozent der Leptosomen und Athletiker (auch die körperliche Überlegenheit kann in diesem Alter zur Führung befähigen) und 5,1 Prozent der Pykniker. Bei den Leptosomen finden sich besonders viele Ordnungsliebende (39,2 Prozent gegenüber 32,8 und 32,0 Prozent), aber auch Beiseitestehende (15,3 Prozent), bei den Athletikern besonders viele Kraftvoll-Eigenwillige (20,7 Prozent gegenüber 13,5 bei den Leptosomen) und bei den Pyknikern zwar insgesamt wenige, aber dennoch fast doppelt so viele Gemeinschaftsstörende wie bei den Leptosomen (3,4 Prozent gegenüber 1,9 Prozent). Die Leptosomen sind also nicht nur begabter, sondern auch ordnungsliebender und introvertierter, aber nicht so vital wie die anderen Konstitutionstypen. Angesichts der großen Zahl der Schüler sind die Unterschiede zwischen den Konstitutionstypen als gesichert anzusehen.[224]

Die Beziehungen der Farbmerkmale wertete Ilse Schwidetzky aus. Sie konnte sie aber erst 1965 nach dem Tod Müllers veröffentlichen. Ihr lagen die Daten von etwa 48 000 niedersächsischen Schülern und Schülerinnen zugrunde. Bei der Augenfarbe waren fünf Klassen unterschieden worden: blau, graublau, graugrün, hellbraun und dunkelbraun, bei der Haarfarbe weißblond, hellblond, blond, dunkelblond, braun und schwarzbraun. Leider wurden die rotblonden und die fuchs- oder brandroten Haare bei der Auswertung nicht berücksichtigt.

Ilse Schwidetky fand bei der Begabung eine Häufung der Blauäugigen bei den Gutbegabten und eine der Gemischtfarbenen (graublau, graugrün, hellbraun) bei den Mittel- bis Schlechtbegabten. Bei den Hilfsschulbedürftigen gibt es außerdem noch eine deutliche Häufung der Dunkelbraunäugigen.

Die Konzentrationsfähigkeit zeigt praktisch dieselbe Verteilung wie die Begabung, nur dass sie bei den Braunäugigen wieder zunimmt und bei den Dunkelbraunäugigen einen fast so hohen Wert erreicht wie die Blauäugigen.

---

224 Karl Valentin Müller: Konstitutionstypus und Begabung. In: Zeitschrift für menschliche Vererbungs- und Konstitutionsforschung 29, 1950, S. 621-647.

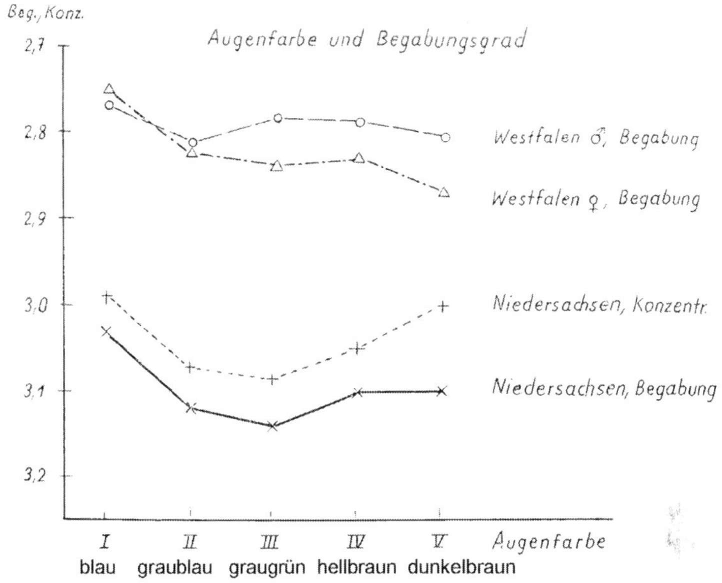

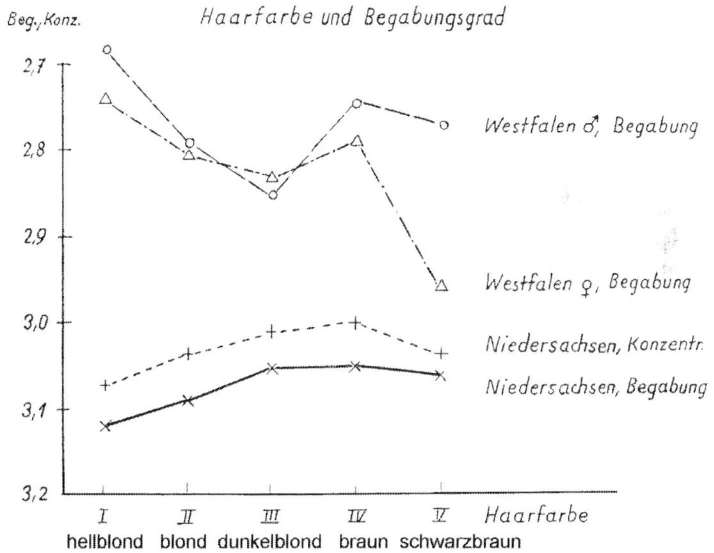

Pigmentation und Begabung in Niedersachsen und Westfalen

Die größten Unterschiede finden sich bei dem Sozialverhalten. Bei den Anführenden finden sich besonders oft die Blauäugigen. Bei den Ordnungsliebenden die Blau- und die Graublauäugigen. Die vitalschwach beiseite stehenden Schüler haben häufiger graublaue oder graugrüne, also gemischte Augenfarbe. Bei den Kraftvoll-Eigenwilligen häufen sich die Blauäugigen, während bei ihnen die Graublauäugigen deutlich unterrepräsentiert sind. Die in der Masse aufgehenden „Herdenmenschen" haben überdurchschnittlich oft gemischte Augenfarben (graublau, graugrün, hellbraun). Die „Gemeinschaftsstörenden" haben leichte Überschüsse sowohl bei den Hell- als auch bei den Dunkelbraunäugigen.

Die Haarfarbe zeigt gegenüber den Augenfarbe eine deutlich abweichende Verteilung. Die Begabung zeigt bei der Haarfarbe eine klare Beziehung zu den dunkleren Farben. Die dunkelblonden, braunen und braunschwarzhaarigen Schüler sind besser begabt als die weißblonden, hellblonden und blonden. Das dürfte seine Ursache in dem Nachdunklen der Haare während der Entwicklung der Schulkinder haben. Das schlechte Abschneiden der Blonden – darunter sogar noch Weißblonde – ist also der Ausdruck eines Entwicklungsrückstandes, den sie bis zum Erwachsenenalter wieder aufholen.

Die Konzentrationsfähigkeit zeigt praktisch dieselbe Verteilung wie die Begabung, nur nimmt die Konzentrationsfähigkeit bei den Braunschwarzhaarigen wieder ab, wenn auch nicht ganz auf das Niveau der Weißblonden.

Beim Sozialverhalten sind die Anführenden häufiger hellblond und die Ordnungsliebenden häufiger hellblond, blond oder dunkelblond. Die Kraftvoll-Eigenwilligen sind häufiger blond, dunkelblond oder braunhaarig, die Vitalschwach-Beiseitestehenden etwas häufiger dunkelblond oder braun. Die unauffällig in der Masse aufgehenden Schüler sind, wohl wegen ihres Entwicklungsrückstandes, häufiger weißblond, hellblond oder blond. Die störenden Schüler sind etwas häufiger weiß- oder hellblond, aber auch braunschwarz.

Die Komplexion ist die Kombination von Augen- und Haarfarbe. Bei den gut Begabten findet sich häufiger die rein helle Komplexion, die dunkelhaarig-helläugige und die rein dunkle. Bei den schlechtbegabten ist vor allem die Kombination heller Haarfarbe mit gemischter Augenfarbe häufiger.

Deutlich sind die Unterschiede der Komplexion beim Sozialverhalten. Die Anführenden und die Ordnungsliebenden haben häufiger die rein helle Komplexion und seltener die dunkler Haare und gemischter Augenfarbe. Die Kraftvoll-Eigenwilligen sind häufiger rein dunkler und seltener rein heller Komplexion. Die Vitalschwach-Beiseitestehenden sind seltener rein hell und häufiger dunkelhaarig-helläugig. Die in der Masse untergehenden Schü-

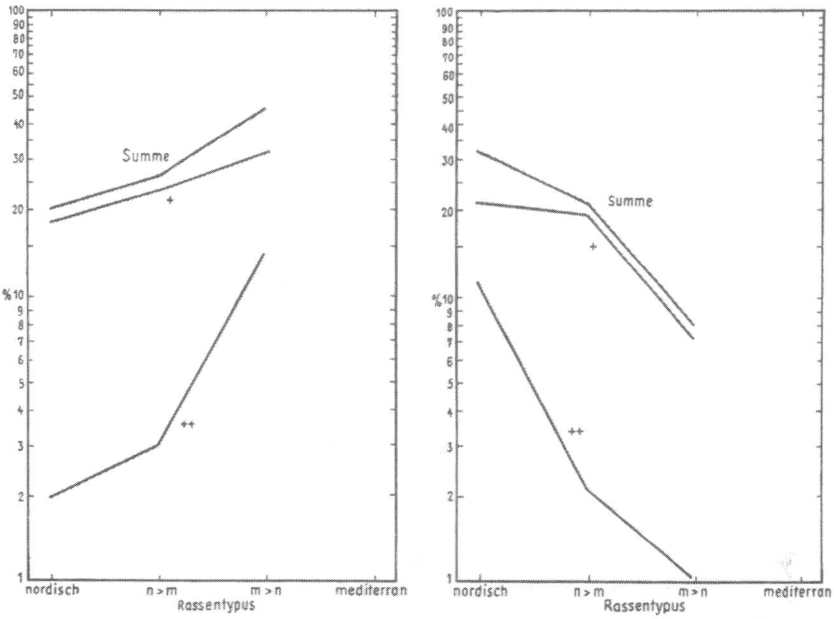

Der Aufforderungsbogen als Charaktertest
bei einer Typenstufung von nordid zu mediterranid (bei 632 Vp. aus Deutschland). Links steigt mit höheren mediterraniden Merkmalsanteilen auch die Häufigkeit der positiven Stellungnahme zu dem Aufforderungssatz: „Ich verbringe einen erheblichen Teil meiner Zeit auf der Straße und in der Öffentlichkeit" rechts sinkt diese entsprechend bei dem Aufforderungssatz: „Ich möchte weit weg von anderen wohnen." Die Folgerung: je mehr nordide Merkmale, desto mehr introvertierte Haltung, je mehr mediterranide Merkmale, desto mehr extravertierte Haltung (nach dem Testungsheft von H. N. Arrowsmith jr.)

ler sind häufiger rein hell und seltener dunkelhaarig-helläugig, die gemeinschaftsstörenden häufiger rein dunkel.[225]

In den 1950er Jahren arbeitete der Amerikaner N. H. Arrowsmith am Mainzer Anthropologischen Institut. Er legte 632 deutschen Schülern aus dem Rhein-Main-Gebiet eine Liste von Sätzen vor mit der Aufforderung zu diesen Stellung zu beziehen. Sie sollten angeben, ob der Inhalt eines Satzes auf sie zutrifft, nur teilweise zutrifft oder gar nicht zutrifft. Die Fragen zielten auf das charakterliche Temperament der Schüler. Gleichzeitig stellte Arrowsmith bei den Schülern eine Typendiagnose im Sinne von Egon von Eickstedts Rassenformel. Er beschränkte sich dabei auf die Typenreihe nordid-mediterran. Die Ergebnisse von Arrowsmith sind bis heute unveröffentlicht. Die Ergebnisse zu zwei Fragen hat Egon von Eickstedts 1963 in seinem Buch Die Forschung am Menschen veröffentlich. Die Grafiken zeigen zum Beispiel, dass die bejahende Stellungnahme zu dem Satz *„Ich verbringe einen erheblichen Teil meiner Zeit auf der Straße und in der Öffentlichkeit"* mit

225 Karl Valentin Müller (†), Ilse Schwidetzky: Pigmentation, Begabung und soziales Verhalten. In: Homo 16, 1965, S. 32-44.

dem mediterraniden Einschlag zunimmt. Besonders die vollständige Zustimmung nimmt von den Nordiden mit 2 Prozent über die Nordiden mit mediterranidem Einschlag mit 3 Prozent bis zu den Mediterraniden mit nordidem Einschlag mit 15 Prozent zu. Die umgekehrte Verteilung weist die Stellungnahme zu dem Satz *„Ich möchte weit weg von anderen wohnen."* auf. Hier stimmen 12 Prozent der Nordiden uneingeschränkt zu, 2 Prozent der Nordiden mit mediterranidem Einschlag und nur 1 Prozent der Mediterraniden (mit nordidem Einschlag). Betrachtet man die teilweise Zustimmung zu diesem Satz, stimmen ihm 22 Prozent der Nordiden zu, immerhin noch 20 Prozent Nordide mit mediterranidem Einschlag und nur 7 Prozent der Mediterraniden (mit nordidem Einschlag).[226]

Ungefähr das gleiche Verhältnis der bejahenden Stellungnahmen in der nordid-mediterranen Typenreihe wie bei dem letzten Satz findet man auch zu den folgenden Sätzen. Je höher der nordide Anteil, desto größer ist die Zustimmung bei *„Gewöhnlich behalte ich meine Gefühle für mich allein"*, *„Ich nehme gern eine Verantwortung auf mich"*, *„Ich denke gerne über schwierige und verwickelte Probleme nach"*, oder *„Ich kann sehr lange an einer mühsamen Aufgabe arbeiten, ohne ihrer überdrüssig zu werden."* Je mehr die Schüler körperlich dem nordischen Rassentypus entsprechen, umso häufiger zeigen sie eine introvertierte Haltung, während sich die mediterranen Individuen als stärker extravertiert erweisen.

Ein anderer US-Amerikaner, Theodor Charles Kahn, promovierte in Mainz mit einer Studie über Konstitution und Risikobereitschaft. Er untersuchte dafür 200 in Wiesbaden im Armeekrankenhaus stationierte Amerikaner europäischer Abstammung, Angehörige des Sanitätskorps der amerikanischen Luftwaffe. Die Männer waren zwischen 17 und 40 Jahren alt. Der hohe Anteil von 39 Prozent Braunäugigen spricht dafür, dass unter ihnen auch Südeuropäer sind. Die Männer mussten einen umfangreichen Fragebogen ausfüllen und wurden auch anthropologisch untersucht, hauptsächlich die Körpermaße und die Farbmerkmale, aber leider keine Kopf- und Gesichtsmerkmale.

Aufgrund des Fragebogens wurden die Männer in drei Gruppen unterteilt. Die mit hoher Risikobereitschaft (n= 45), die mit mittlerer (n= 73) und die mit nur geringer Risikobereitschaft (n= 82). Nicht unterschlagen sei die Tatsache, dass von den Risikobereiten nur knapp die Hälfte verheiratet war, von denen mit mittlerer Risikobereitschaft aber 29 Prozent.

Anschließend wurden die drei Gruppen miteinander verglichen. Die Risikobereiten sind zwar ihrer Körperhöhe nach mit 178,1 cm etwas größer als die mit mittlerer Risikobereitschaft (177,8 cm) und die Risikoscheuen (177,0 cm), der Unterschied ist aber nicht signifikant. Mehrere signifikante Unterschiede gibt es aber bei den Körpermaßen, die anzeigen, dass die Risikobereiten schmaler, das heißt leptosomer gebaut sind, als die Angehörigen der

226 Egon von Eickstedt: Die Forschung am Menschen, Band III, Stuttgart 1963, S. 1875.

beiden anderen Gruppen. Schulterbreite und Brustumfang und einige Indizes sind geringer. Die Risikobereiten haben häufiger blaue Augen (28 Prozent) als die anderen (22 und 25 Prozent). Fasst man die blaue und die hellmelierte Augenfarbe zusammen, haben 46 Prozent der Risikofreudigen helle Augen gegenüber 39 Prozent bei den Risikoscheuen. Bemerkenswert ist der hohe Anteil der Dunkelmelierten unter den Risikoscheuen (23 Prozent), im Unterschied zu den beiden anderen Gruppen (beide 18 Prozent). Allerdings erreichen die Werte bei der Augenfarbe nicht statistische Signifikanz.

Am größten sind die Unterschiede bei der Haarfarbe, hier sind die Unterschiede signifikant. Die Risikobereiten sind vor allem häufiger blond als die beiden anderen Gruppen. Sie haben 15 Prozent Hellblonde, die mittlere Gruppe 10 Prozent und die risikomeidende Gruppe nur 5 Prozent. Fasst man die Hellblonden und die Dunkelblonden zusammen, lauten die Werte 23, 18 und 14 Prozent. Bei der Intelligenz besteht zwischen den Risikobereiten und den Risikoscheuen kein Unterschied (der IQ beider Gruppen ist jeweils 108).

Man kann also sagen, dass die Risikobereitschaft mit der leptosomen Körperkonstitution und der blonden Haarfarbe korreliert ist (und wahrscheinlich nordeuropäischer Abstammung). Dazu passend besteht möglicherweise auch eine Korrelation zu größerer Körperhöhe und heller Augenfarbe, was aber statistisch nicht gesichert ist.[227]

In der Landesuntersuchung Westfalens war auch die Schulbegabung erhoben worden. Die Erhebungsweise war dieselbe wie bei Karl Valentin Müllers Untersuchung in Niedersachsen, nach dem Lehrerurteil in Noten von eins bis sechs. Ilse Schwidetzky bearbeitete 1958 die Korrelationen zwischen den anthropologischen Merkmalen und der Schulbegabung für den Regierungsbezirk Münster. Es handelt sich um 14jährige Schüler (Knaben und Mädchen). Ich führe nur die Ergebnisse für die einheimische Bevölkerung auf (ohne die Vertriebenen). Es gibt einen deutlichen Zusammenhang mit der Körperhöhe. Je höher die Körperhöhe ist, desto besser ist auch die Schulbegabung. Der Unterschied zwischen den sehr gut Begabten (Note 1) und den am wenigsten Begabten (Note 6) beträgt fast 10 cm. Einen eindeutigen positiven Zusammenhang gibt es auch bei dem Konstitutionstypus. Die Leptosomen sind bei den besser begabten Schülern häufiger als bei den schlechteren. Die Pykniker häufen sich dagegen bei den mittleren und unteren Begabungsgraden. Die Athletiker haben eine schwach positive Tendenz, die aber nicht so ausgeprägt ist wie bei den Leptosomen. Von den Kopf- und Gesichtsmaßen zeigen der Gesichts- und Nasenindex eine Tendenz zur schmaleren Gesichtern und Na-

227 Theodor Charles Kahn: Konstitution und Risikobereitschaft. Nach Untersuchungen an 200 amerikanischen Männern. Diss. Mainz 1960..

Wolfram Bernhard

sen bei den besser Begabten, die sich aber ganz aus den Entwicklungsunterschieden erklärt. Gesicht und Nase werden mit dem Wachstum schmaler.[228]

Die Beziehungen der Augen- und Haarfarbe zur Schulbegabung hat Ilse Schwidetzky 1965 aus dem ganzen Westfalen-Material berechnet (Einheimische, alle drei Regierungsbezirke). Sie zeigen die höchsten Begabungswerte für die blauen Augen, die zu den graublauen Augen hin deutlich abfallen, um dann zu den graugrünen und hellbraunen Augen hin wieder anzusteigen und bei den dunkelbraunen Augen wieder abzufallen. Die Verteilungskurve ist bei den Knaben und Mädchen dieselbe, nur dass die Dunkelbraunäugigen bei den Mädchen noch schlechter abschneiden als die Blaugrauäugigen. Eine ähnliche Verteilung hat auch die Haarfarbe (Knaben und Mädchen). Sie zeigt die besten Begabungswerte bei den Weiß- und Hellblonden. Die Begabungswerte sinken dann über die Mittelblonden zu den Dunkelblonden hin, um dann bei den Braunhaarigen wieder fast auf das Niveau der Weiß- und Hellblonden anzusteigen. Bei den Knaben sinkt sie dann bei den Braunschwarzhaarigen wieder etwas ab, bleibt aber auf hohem Niveau, während sie bei den Mädchen steil nach unten fällt, auf den mit Abstand schlechtesten Wert der Verteilungskurve. Es gibt also zwei Maxima, bei den Hellblonden und den Braunhaarigen. Bemerkenswert ist das schlechte Abschneiden der braunschwarzhaarigen Mädchen.[229]

228 Ilse Schwidetzky: Körperliche Beziehungen der Schulbegabung nach Untersuchungen in Westfalen (Reg.-Bez. Münster). In: Homo 9, 1958, S. 164-181.

229 Karl Valentin Müller (†), Ilse Schwidetzky: Pigmentation, Begabung und soziales Verhalten. In: Homo 16, 1965, S. 32-44.

Anfang der 1960er Jahre untersuchten die Mainzer Anthropologen ein im Mittelrheingebiet stationiertes Pionierregiment der Bundeswehr. Es handelte sich um rund 500 Mann im Alter von 18 bis 22 Jahren. Sozial gesehen war das Regiment recht einheitlich. Es handelte sich in der Regel um Handwerker, die ihre Lehre bereits abgeschlossen hatten. Die Untersuchungen umfassten nicht nur anthropologische, sondern auch zahlreiche psychologische Merkmale. Im Vergleich mit einer Vergleichsgruppe von Mainzer Studenten unterscheiden sich die Pioniere deutlich in anthropologischer und psychologischer Hinsicht in der sozialanthropologischen Richtung.[230] Wolfram Bernhard wertete das Material 1965 in Hinblick auf die Korrelationen zwischen den Farbmerkmalen und den psychologischen Merkmalen aus. Die mit einem Fragebogen erhobenen psychologischen Merkmale waren Intelligenz, Extraversion, Neurotizismus, Rigidität und stereotypes Denken. Bei der Intelligenz wurden auch verschiedene Intelligenzfaktoren untersucht.

Bernhard fand bei der Augenfarbe den niedrigsten Wert für die Intelligenz bei der hellsten Augenfarbenklasse, den hellblauen Augen. Den höchsten Wert hat die zweithellste Augenfarbe der Dunkelblau- und Blaugrauäugigen. Von da an fällt die Intelligenz über die grau-grünen, die grünlichen, die grünlichbraunen und die braun-grünen und hellbraunen bis zu dunkelbraunen Augen gleichmäßig ab. Das entspricht der aus anderen Gebieten bekannten Verteilung mit der Ausnahme der Hellblauäugigen. Am größten ist der Unterschied zwischen der hellsten Augenfarbenklasse und der zweithellsten.

Die Helläugigsten sind zugleich auch die Extravertiertesten. Den niedrigsten Wert hat die zweithellste Augenfarbenklasse. Dunkelblau- und Blaugrauäugigen sind also am introvertiertesten. Von diesen an nimmt dann die Extraversion von einem geringfügigen Ausreißer abgesehen bis zu den Dunkelbraunäugigen zu. Also die umgekehrte Verteilung wie bei der Intelligenz, beziehungsweise Intelligenz und Introversion haben die gleiche Verteilung.

Die höchsten Werte für Neurotizismus haben die zweit- und die dritthellste Augenfarbenklasse (dunkelblau/blaugrau und graugrün). Den niedrigsten Wert hat die dunkelste Augenfarbenklasse, das heißt die Dunkelbraunäugigen sind am wenigsten neurotisch. Die anderen Farbenklassen liegen zwischen diesen Extremen.

Unter Rigidität versteht man eine Neigung zu einer starren unflexiblen Haltung und extremen Äußerungen. Den höchsten Grad an Rigidität haben die Dunkelbraunäugigen, den niedrigsten die zweite und dritte Augenfarbenklasse der dunkelblau/blaugrauen und graugrünen Augenfarbe. Die erste Klasse

230 Winfried Henke, Wolfram Bernhard: Morphologische, sozialanthropologische und psycho-somatische Untersuchungen an mittelrheinischen Pionieren. I. Morphologische Untersuchungsergebnisse. In: Homo 26, 1975, S. 104-112; Wolfram Bernhard: Die Bedeutung psychophysischer Zusammenhänge für die Sozialanthropologie. In: *Infans Cerebropathicus* 4, 1980, S. 5-31.

der hellblauen Augen hat einen eher höheren Wert und unterscheidet sich damit von der zweiten und dritten Klasse. Die Helläugigen mit der Ausnahme der ersten Farbenklasse sind also psychologisch am flexibelsten.

Es gibt somit eine negative Sonderstellung der hellsten Augenfarbenklasse, die vor allem bei der Intelligenz und Extraversion, in geringerem Maße auch bei Rigidität zum Ausdruck kommt.

Bei der Haarfarbe sind die Korrelationen zu den psychologischen Merkmalen im Allgemeinen nicht so stark wie bei der Augenfarbe. Entsprechend zeigen die Beziehungen zu den psychischen Merkmalen bei ihr ein uneinheitlicheres Bild. Das gilt besonders für die Intelligenz. Fast man jedoch die sechs Farbenklassen zu drei Klassen zusammen, zeigt die dunkelfarbene Gruppe fast durchweg die höheren Werte, was auch signifikant ist.

Bei der Extraversion zeigen die Hellblonden den höchsten Wert, gefolgt von den Dunkelblonden, während die Schwarzhaarigen den niedrigsten Wert haben, also am introvertiertesten sind. Das ist quasi die umgekehrte Verteilung als sonst in Mitteleuropa.

Bei dem Neurotizismus gibt es mit zwei leichten Abweichungen praktisch eine gleichmäßige Verteilung von niedrigen Werten bei den Hellhaarigen zu hohen Werten bei den Dunkelhaarigen.

Bei der Rigidität sind die Unterschiede nur gering. Den höchsten Wert haben die Schwarzhaarigen, den zweithöchsten die Hellblonden. Den niedrigsten Wert haben die Braunhaarigen.

Mit Ausnahme des Sonderfalles der Helläugigsten stimmt die Merkmalsverteilung bei den Augenfarben weitgehend mit den Ergebnissen aus anderen Gebieten Mitteleuropas überein. Die negative Sonderstellung der Hellfarbigsten, die bei den Augenfarben sehr deutlich ausgeprägt ist, deutet sich bei den Haarfarben nur an und ist vor allem von den nachfolgenden Farbenklassen nicht so klar abgegrenzt. Diese Sonderstellung der Hellfarbigsten, insbesondere der Helläugigsten, unterscheidet die mittelrheinischen Pioniere von allen anderen mitteleuropäischen Bevölkerungsstichproben. Es liegt nahe, dass sie etwas mit der sozialen Sonderstellung der Pioniere zu tun hat.

Wolfram Bernhard entwickelte für die Sonderstellung der Hellfarbenen bei den Pionieren eine bestimmte physiologisch-genetische Theorie. Es gibt eine Erbkrankheit, die Phenylketonurie, die mit Schwachsinn und anderen psychischen Verhaltensstörungen verbunden ist. Die ist ein autosomal rezessiv vererbtes Stoffwechselleiden, bei dem ein Enzym nicht abgebaut wird und es in der Folge zu Vergiftungsschäden kommt. Da die Krankheit zu einem Mangel an Melanin führen kann, haben viele Erkrankte haben daher eine auffallend helle Hautfarbe und sind häufig hellblond und haben blaue Augen. Es sind über 50 verschiedene Mutationen in dem betreffenden Gen bekannt. Welche Mutationen vorliegen, ist unter anderem populationsspezifisch. Bernhard beruft sich auf die Humangenetiker W. Hirsch, A. Mex und Friedrich Vogel, die vermuteten, dass der gleiche biochemisch-genetische Block, der auch der Phenylketonurie zugrunde liegt, in weniger ausgeprägter Form auch für Intelligenzminderungen innerhalb der normalen Variationsbreite ursächlich sein könnte. Die Intelligenzminderung bei den Hellpigmentierten wäre dann nicht Teil der normalen rassischen Variabilität, sondern Folge einer klinisch unauffälligen pathologischen Erscheinung.

Bernhard bringt auch die hohen Extraversionswerte der Hellpigmentierten unter den Pionieren mit der Phenylketonurie in Zusammenhang. Eine Inhaltsanalyse der Fragebogenergebnisse macht demnach wahrscheinlich, *„dass die hohen Extraversionswerte der Gruppe mit hellblauen Augen vor allem auf einer mangelnden kritischen und selbstkritischen Einstellung, einer gewissen Betriebsamkeit und mangelnden Distanziertheit im sozialen Kontakt beruhen. Das steht gut im Einklang mit der besonders bei leichteren Fällen von Phenylketonurie beschriebenen Unrast, den Zuständen von Ruhelosigkeit, lärmendem Gehabe, Überaktivität und agitierter Betriebsamkeit".*

Das würde bedeuten, dass es in der sozialen Schicht, aus der sich im Mittelrheingebiet die Handwerker (und die Pioniere) rekrutieren, eine leichte Durchseuchung mit einer klinisch unauffälligen Form der Phenylketonurie gibt, die die Intelligenzminderung bei den Hellpigmentierten bewirkt.[231]

Man muss damit rechnen, dass es ähnliche Erscheinungen – nicht unbedingt genau dieselbe – auch in anderen Bevölkerungen, Sozialgruppen und Sippenkreisen gibt.

Seit der Zeit um 1900 haben Psychiater immer wieder die Beobachtung gemacht, dass die Menschen in Schwaben in stärkerem Maße zu Depressionen zu neigen scheinen als in anderen deutschen Regionen. Tatsächlich wiesen die württembergischen Psychiatrischen Anstalten nach einer Zusammenstellung von Fr. von Rohden 1923 innerhalb Deutschlands einschließlich der Schweiz und Österreich die verhältnismäßig meisten Kranken mit der Diagnose „Manisch-depressives Irresein"auf. Nun umfasst diese Diagnose sowohl die vorwiegend bipolaren als auch die vorwiegend depressiven Formen dieser Erkrankung, weshalb sie in charakterologischer Hinsicht nur begrenzt

231 Wolfram Bernhard: Psychische Korrelate der Augen- und Haarfarbe und ihre Bedeutung für die Sozialanthropologie. In: Homo 16, 1965, S. 1-31; ders.: Die psychische Eigenart der Hellpigmentierten und ihre mögliche bio-chemisch-genetische Erklärung. In: Bericht über die 9. Tagung der Deutschen Gesellschaft für Anthropologie in Freiburg am 7.-9. Oktober 1965, Göttingen 1967, S. 74-79; W. Hirsch, A. Mex, Friedrich Vogel: Besonderheiten im Aminosäure-Stoffwechsel bei geistig abnormen Kindern im Vergleich zur Normalpopulation. In: Monatsschrift für Kinderheilkunde 109, 1961, S. 445-461 (zitiert nach Bernhard 1965 und 1967); W. Grüter: Angeborene Stoffwechselstörungen und Schwachsinn am Beispiel der Phenylketonurie. Stuttgart 1963 (zitiert nach Bernhard 1967).

aussagekräftig ist. Doch war schon dem Psychiater R. Gaupp in Tübingen die Seltenheit von Manien und das Überwiegen von Melancholien im Vergleich zu seinen vorherigen Tätigkeitsorten in Breslau, Heidelberg und München aufgefallen.[232]

Eine Gruppe von Neurologen und Psychiatern ging daher um 1980 der Frage der schwäbischen Melancholie anhand der Patientendaten der Universitäts-Nervenklinik Tübingen noch einmal genauer nach. Sie verglichen unter den Patienten, die zwischen 1961 und 1968 in der Klinik behandelt worden waren, die eingesessenen Schwaben (aus 50 km Umkreis um Tübingen) mit den dort lebenden heimatvertriebenen Ost- und Mitteldeutschen. Dabei zeigte sich, dass die Schwaben mit 29,0 % fast doppelt so viele endogene monopolare Depressionen aufweisen als die Vertriebenen mit 15,1 %. Dass bei den Vertriebenen die reaktiven Depressionen im Verhältnis zu den Einheimischen häufiger sind, mag in gewissen Maß an traumatischen Erfahrungen liegen, die sie auf der Flucht gemacht haben, wenn auch die Vertreibung damals schon über 15 Jahre zurücklag. Darum kommt einem weiteren Befund besonderes Gewicht zu. Nämlich, dass unter den Angehörigen 1. und 2. Grades der an reaktiven oder Altersdepressionen erkrankten Schwaben – die Altersdepressionen sind deutlich seltener als die reaktiven Depressionen und bei Einheimischen und Vertriebenen etwa gleich häufig –, Depressionen drei- bis viermal so oft vorkommen wie unter denen der Heimatvertriebenen. Das heißt nämlich, dass auch den reaktiven Depressionen der Schwaben eine deutliche genetische Komponente zugrunde liegt.

Es ist aus epidemiologischen Untersuchungen bekannt, dass sich Menschen, die an endogenen Depressionen erkranken, auch als Gesunde schon durch besondere Charaktereigenschaften auszeichnen. Sie neigen mehr zum Grübeln und zu Pedanterie, sind besonders leistungsorientiert und gewissenhaft. Offensichtlich bestehen hier Gemeinsamkeiten mit dem schwäbischen Stammescharakter, wie er von vielen Beobachtern beschrieben worden ist. Die Neigung der Schwaben zur Melancholie ist immer wieder auf den großen Einfluss protestantischer Sekten und Erweckungsbewegungen in Schwaben, auf den seit dem 18. Jahrhundert dort starken Pietismus, zurückgeführt worden. Tatsächlich findet sich die Häufung endogener Depressionen aber genauso bei den schwäbischen Patienten katholischer wie protestantischer Konfession. Die Tatsache, dass endogene Depressionen in bestimmtem Maß in der genetischen Konstitution eines Menschen begründet sind, und die auffällige familiäre Häufung reaktiver Depressionen bei den schwäbischen Kranken, sprechen dafür, dass die grüblerisch-pedantische Neigung der Schwaben

232 Fr. von der Rohden: Über die Beziehungen zwischen Konstitution und Rasse. In: Zeitschrift für die gesamte Neurologie und Psychiatrie 98, 1925, S. 255-278; R. Graupp: Schwäbische Psychiatrie. Eine historische Betrachtung. In: Südwestdeutsches Ärzteblatt 4, 1949, S. 119-123.

nicht nur eine sekundäre Folge des Sektenwesens ist. Vielmehr scheint schon eine bestimmte genetische Disposition in der schwäbischen Bevölkerung das Aufkommen des religiösen Sektierertums begünstigt zu haben.[233]

Charakterologische Untersuchungen an Bevölkerungsstichproben werden heute mit Persönlichkeitsfragebögen durchgeführt, deren Ergebnisse in Hinblick auf fünf Persönlichkeitsfaktoren ausgewertet werden. Diese haben sich bei zahlreichen Untersuchungen mit der Faktorenanalyse als immer wieder auftretende Komplexe miteinander korrelierte Antworten auf die Fragen herausgestellt. Diese fünf Persönlichkeitsdimensionen, die sich als die *big five* heute weltweit durchgesetzt haben, sind die Dimensionen Extraversion (Geselligkeit, Kontaktfreudigkeit), Neurotizismus (Ängstlichkeit, Schüchternheit, emotionale Labilität, aber auch Impulsivität und Reizbarkeit), Verträglichkeit *(agreeableness)*, Gewissenhaftigkeit *(conscientiousness)* und Offenheit für neue Erfahrungen. Diese letzte Dimension wird manchmal auch einfach nur Kultur oder Bildung genannt. Jede der Dimensionen besteht aus sechs Grundeigenschaften.

Der niederländische Psychologe Ad Vingerhoets (geb. 1953) hat mit zwei Kollegen zusammen in den 1990er Jahren eine solche charakterologische Untersuchungen an vier Orten in den Niederlanden durchgeführt. Die Probanden sind schon recht betagt, denn er befragte die Insassen von Altersheimen, was auch die Ergebnisse beeinflusst haben mag. Die Untersuchungsorte sind Purmerend in der Provinz Noord-Holland, die Stadt Groningen im Nordosten der Niederlande, Zwolle in der Provinz Overijssel im Osten der Niederlande und Tilburg in der Provinz Noord-Brabant südlich des Rheines nah der Belgischen Grenze.

Alle vier niederländische Gruppen haben hohe Werte für Verträglichkeit und Gewissenhaftigkeit. Bei der Verträglichkeit gibt es praktisch keine regionalen Unterschiede, die Gewissenhaftigkeit ist bei den Groningern und den Tilburgern in Nordbrabant etwas höher als in Zwolle und Purmerend. Die Tilburger in Nordbrabant sind am extravertiertesten und die Zwoller in Nordholland am wenigsten extravertiert, also am introvertiertesten. Alle Gruppen sind emotional recht stabil, das heißt sie haben (nicht sehr hohe) negative Werte für Neurotizismus. Die Werte für Offenheit sind ähnlich und liegen alle um Null, also in der Mitte der Skala.

Die Verträglichkeit und Gewissenhaftigkeit würde sicher jeder den Niederländer zubilligen. Die Gewissenhaftigkeit verbindet sie mit Deutschland und den germanischen Ländern. Der Unterschied zwischen Nordholland und

233 Wolfgang Johannes Heise: Zur Häufigkeit endogener und reaktiver Depressionen bei Schwaben und Heimatvertriebenen. Diss. Tübingen 1984; J. Gestrich, H.-W. Schmied, W. Blanck, W. Weise, H. Heimann: Depressive Erkrankungen bei Schwaben und Heimatvertriebenen. Ein epidemiologischer Beitrag zur Frage der höheren Neigung der Schwaben zu Melancholie. In: Der Nervenarzt 52 (1981), S. 153-162.

Brabant bei der Extraversion entspricht dem psychologischen (und anthropologischen) Nord-Süd-Gefälle innerhalb Europas.[234]

Das Ende der deutschen Anthropologie

Seit den 1980erJahren gibt es in der deutschen Anthropologie eine Gruppe von Wissenschaftlern, die Bevölkerungsvergleiche einschließlich der von Skelettbevölkerungen grundsätzlich ablehnten. Also genau das, was neben der Evolution des Menschen seit Beginn der Anthropologie mit Karl Ernst von Baer und Rudolf Virchow immer deren Hauptinhalt gewesen war, die *„Vergleichung der Völkerstämme der Gegenwart und der Vergangenheit"*.[235]

Die Hauptvertreter dieser neuen Richtung waren Anthropologen, die eigentlich keine waren, sondern von Randbereichen des Faches wie etwa der Primatologie kamen. Sie ging vor allem von dem erst in den 1970er Jahren gegründeten Institut in Göttingen aus, wo Bernd Herrmann der führende, besonders aggressive Vertreter dieser Richtung war. Der befasste sich hauptsächlich mit „Umweltgeschichte" und „Archäometrie", letzteres ist eine Sammelbezeichnung für verschiedene naturwissenschaftliche Hilfsmethoden der Archäologie.

Hauptvorwürfe der Anthropologie-Kritiker gegen die klassische Anthropologie waren die der vermeintlichen NS-Nähe, der vermeintlichen Unmodernität und der mangelnde Vermittelbarkeit in der Öffentlichkeit und gegenüber Nachbarfächern („Anschlussfähigkeit"). Die internen Anthropologie-Kritiker nahmen Angriffe wie die der linksradikalen „AG gegen Rassenkunde" gegen den Hamburger Anthropologen Rainer Knussmann zum Anlass, diese auch in das Fach zu tragen. Knussmann hatte in der Neuauflage seines Buches „Vergleichende Biologie des Menschen" von 1996 auch die verschiedenen Rassen des Menschen beschrieben. Die Anthropologie-Kritiker übernahmen auch sehr schnell die Behauptung einiger amerikanischer Autoren, Rassen gäbe es nicht.

Die Hochschulleitungen nahmen die fällig werdende Emeritierung der Anthropologie-Professoren zum Anlass, die für sie mit unerfreulicher Presse verbundenen Anthropologischen Institute zu schließen oder umzuwidmen. Inzwischen sind alle Anthropologischen Institute in Deutschland geschlossen

---

234 Jan Scheirs, Ad Vingerhoets, Jolijn Hendriks: Hoe zit het nou echt met dat Brabantse karakter? In: Brabantse Heem 40, 1997, S. 81-90.

235 Karl Ernst von Baer, Rudolph Wagner: Bericht über die Zusammenkunft einiger Anthropologen im September 1861 in Göttingen. Leipzig 1861, zit. n. Ilse Schwidetzky: Die institutionelle Entwicklung der Anthropologie. In: Ina Spiegel-Rösing, Ilse Schwidetzky (Hg.) Maus und Schlange. Untersuchungen zur Lage der deutschen Anthropologie. Wien 1982, S. 75-101.

worden.[236] Es gibt noch einige wenige Anthropologie-Stellen, die an andere Institute angeschlossen worden sind. Das Göttinger Institut ist nun eines für „Umweltgeschichte", ganz im Sinne von Bernd Herrmann. Die Gesellschaft für Anthropologie führt auf ihrer Internetseite zwölf Fachbereiche an. Einer für geographische Anthropologie, Bevölkerungsbiologie oder Populationsgenetik ist nicht dabei. Die AG Bevölkerungsbiologie/Populationsgenetik wurde 2005 *„zugunsten anderer Schwerpunkte in der Fachgesellschaft aufgelöst"*.[237]

Die Gesellschaft für Anthropologie, in der die „kritischen" Anthropologen spätestens seit den 1990er Jahren das Wort führen, gab 2002 ein neues Handbuch der Anthropologie in Auftrag, das den beschämenden Knussmann ersetzen sollte. 2005 erschien das Buch mit dem Titel „Anthropologie. Ein einführendes Lehrbuch". Die Autorinnen des sogenannten Vier-Frauen-Buches waren unter der Leitung von Gisela Grupe (geb. 1956), einer jetzt in München lehrenden Schülerin von Bernd Herrmann, Kerrin Christiansen (1948-2017), Inge Schröder und Ursula Wittwer-Backofen (geb. 1957).[238] In ihm fehlen die gesamte geographische und ethnische Anthropologie und auch die Sozialanthropologie, die in Knussmanns Buch noch neben der Stammesgeschichte die größte Rolle spielten. Stattdessen nimmt auch die nicht auf Skelettfunden, sondern auf schriftlichen Quellen beruhende Demographie einen großen Raum ein. Rassen gäbe es nicht heißt es, Intelligenzunterschiede zwischen ihnen seien nicht bewiesen, und die Sozialanthropologie wird nicht einmal erwähnt.[239] Die beiden deutschen Zeitschriften, „Homo" und der „Anthropologische Anzeiger" (jetzt *„Journal of Biological and Clinical Anthropology"*), schon seit zwanzig Jahren rein englischsprachig, sind zwei völkergeschichtlich völlig uninteressante Zeitschriften geworden. Anthropologische Bevölkerungsuntersuchungen, auch rein genetische, gibt es dort schon lange nicht mehr.

Eine große Rolle spielt in der „neuen" Anthropologie die Untersuchung von vermeintlich stabilen „Isotopen". Als Isotope bezeichnet man die verschiede-

---

236 Regina Smolnik, Michael Rind: Wohin führt der Weg der Anthropologie in Deutschland? In: Archäologie in Deutschland 2017, 2, S. 36-37; persönliche Mitteilung Prof. Friedrich W. Rösing, Blaubeuren.

237 Holle Greil, Gisela Grupe: Geschichte der Gesellschaft für Anthropologie e.V. (GfA, gegründet am 12. September 1992). In: Gisela Grupe, George McGlynn, Joris Peters (Hg.): Beiträge zur Anthropologie und Paläoanatomie. Rahden, Westfalen 2013, S. 25-53, Zitat S. 44.

238 Gisela Grupe, Kerrin Christiansen, Inge Schröder, Ursula Wittwer-Backofen: Anthropologie. Einführendes Lehrbuch. 2. Auflage Berlin 2012.

239 Bernd Herrmann, Gisela Grupe, Susanne Hummel, Hermann Piepenbrink, Holger Schutkowski: Prähistorische Anthropologie. Leitfaden der Feld- und Labormethoden. Berlin 1990; Gisela Grupe, Michaela Harbeck, George C. McGlynn: Prähistorische Anthropologie. Berlin 2015.

nen Atomarten desselben chemischen Elements. Isotope desselben Elements haben in ihren Atomkernen gleich viele Protonen, aber unterschiedlich viele Neutronen. Der Mensch nimmt mit der Nahrung unterschiedliche Isotope der verschiedenen Elemente (zum Beispiel Strontium oder Blei) auf, die in seinen Knochen und Zähnen gespeichert werden und sich dort unverändert über Jahrhunderte und Jahrtausenden erhalten sollen. Da der Boden in verschiedenen Regionen Europas unterschiedliche Isotope enthält, kann man so aus dem Isotopen-Befund der menschlichen Überreste entnehmen, in welcher Region ein Mensch aufgewachsen ist. Das ist von Bedeutung, wenn man wissen will, ob zum Beispiel eine völkerwanderungszeitliche Bevölkerung vor Ort aufgewachsen oder zugewandert ist. Es handelt sich bei den Isotopen jedoch um reine Umwelteinflüsse und nicht um anthropologisch-genetische Merkmale der Menschen, weshalb ich in diesem Buch nicht weiter auf sie eingehe.

V. Die Zeit etwa seit dem Jahr 2000

Die mitochondriale DNS

Die humangenetische Forschungsrichtung der Anthropologie erhielt Anfang der 1990er Jahre einen großen Auftrieb, als die Methoden, mit denen Polymorphismen direkt auf genotypischer Ebene im DNS-Strang identifiziert werden können, soweit ausgereift waren, dass sie routinemäßig in Bevölkerungsuntersuchungen eingesetzt werden konnten. Mit diesen neuen Methoden erschloss sich ein ganz neuer Bereich von Merkmalen, der die Anthropologie revolutionierte.

Zunächst richtete sich das Interesse auf die DNS der Mitochondrien. Als die einzige DNS außerhalb der Chromosomen bildet sie mit etwa 16 600 Basenpaaren einen gut überschaubaren, winzigen Bestandteil des gesamten Genoms. Die mitochondriale DNS besteht fast ausschließlich aus codierenden Genen, die den zellulären Energiestoffwechsel steuern. Untersucht werden in der Regel aber nur die nicht codierenden, sehr variablen Bereiche der sogenannten Kontrollregion.

Da die mitochondriale DNS ausschließlich von mütterlicher Seite vererbt wird, unterliegt sie nicht der sexuellen Rekombination und wird als ein einheitlicher Block vererbt. Die einzige Quelle der Variabilität sind die Mutationen, die sich im Lauf der Zeit in der mtDNS anhäufen. Dies ermöglicht, nicht nur Ähnlichkeitsvergleiche des Genotyps von Populationen durchzuführen, wie bei den serologischen Polymorphismen, sondern regelrechte Stammbäume der verschiedenen mtDNS-Haplotypen zu rekonstruieren. Dabei werden in einem komplizierten Verfahren die Haplotypen in eine Reihe gebracht, in der jeder Haplotyp jeweils eine zusätzliche Veränderung zu seinem Vorgänger aufweist. Das ganze wird dadurch verkompliziert, dass empirisch nicht immer alle aufeinanderfolgenden Schritte als Haplotypen vorliegen und dass durch Rückmutationen ein älterer Haplotyp vorgetäuscht werden kann (d.h. eine Mutation ist durch eine weitere wieder rückgängig gemacht worden). Die Varianten, die die Verzweigungen eines Astes des Stammbaumes der Haplotypen bilden, werden schließlich zu Haplogruppen zusammengefasst.

Die ersten Untersuchungen der DNS-Merkmale der aktuellen Bevölkerung in Deutschland nahmen nicht die Anthropologen oder die bisherigen serologischen Anthropologen vor, sondern Rechtsmediziner. Ihnen ging es darum, die Häufigkeit der Merkmale in der Bevölkerung festzustellen, um die Wahrscheinlichkeit errechnen zu können, dass die von einem Täter gefundene Merkmalskombination dort noch einmal zufällig vorkommt. Aber auch ein anthropologisch-historisches Interesse scheint oft eine Rolle zu spielen.

Die Unterschiede der mitochondrialen DNS innerhalb Mitteleuropas sind nur gering. Fast alle Europäer – mehr als 99 Prozent – haben Haplotypen der Haplogruppen H, I, J, K, M, T U, V, W, oder X. Von denen gibt es I, J, K, T und W nur in Europa. Häufigste Haplogruppe ist in Europa die Haplogruppe H, der etwa 50 Prozent der europäischen mtDNS – mit dem Maximum von 60 Prozent bei den Basken – und 25-30 Prozent der nah-östlichen und nordkaukasischen mtDNS angehören. Die Haplogruppen J und T werden mit der neolithischen Einwanderung vom Nahen Osten aus in Zusammenhang gebracht. Die älteste, noch von der vorneolithischen Bevölkerung stammende Haplogruppe U kommt in geringerer Frequenz als in Europa auch bei nordafrikanischen Berbern, Äthiopiern, Senegalesen und sogar Japanern vor. Umgekehrt spielen nichteuropäische Haplogruppen in Europa kaum eine Rolle. Lediglich in geringer Häufigkeit kommen im Nordosten Europas asiatische und in einigen Regionen im Mittelmeerraum auch subsaharische Haplotypen vor. Einen ausgesprochenen Ausreißer bilden in Europa nur die Saami (Lappen) in Skandinavien.

Der amerikanische Genetiker Martin Richards und sein deutscher Kollege Peter Forster (geb. 1967) untersuchten bereits 1995 die mtDNS einer norddeutsch-dänische Bevölkerungsstichprobe. Zu ihr gehörten 28 Friesen aus Nord-, Ost- und dem niederländischen Westfriesland, 79 Norddeutsche überwiegend aus Nordwestdeutschland westlich des *limes sorabicus*, aber auch aus Nordostdeutschland, und 16 Dänen aus dem südlichen Dänemark. Zweck der Stichprobe sollte sein, eine Vergleichsgruppe zur Bevölkerung Großbritanniens zu bilden, um den angelsächsischen Beitrag zu dieser abzuschätzen. Die mittlere Divergenz der nordwestdeutschen und der dänischen Gruppe liegen unter, die der nordostdeutschen Gruppe über dem Durchschnitt der Gesamtgruppe. Darin dürfte die unterschiedliche Herkunft in der nordostdeutschen Bevölkerung zum Ausdruck kommen, zu der auch mitteldeutsche Zuwanderer und die slawische Vorbevölkerung beigetragen haben. Die Diversität der Friesen ist auch größer als die der Nordwestdeutschen und der Dänen, was angesichts der drei verschiedenen Herkunftsgebiete nicht überrascht. Die drei Probanden aus dem Saterland sind sich ausgesprochen ähnlich, zwei besitzen denselben Haplotyp, einer diesen mit nur einer Variation.[240]

Die Münsteraner Rechtsmedizinerin Heidi Pfeiffer, eine Schülerin von Peter Forster, und ihre Mitarbeiter untersuchte 1999 drei deutschsprachige Stadtbevölkerungen (Münster i.W., Freiburg i.Br. und Innsbruck) und schätzten die gerichtsmedizinisch wichtige Wahrscheinlichkeit eines zufälligen Zusammentreffen desselben mtDNS Haplotyps der hypervariablen Region I (HVI) sowohl innerhalb als auch zwischen den drei Populationen

240 Martin Richards, Peter Forster (...) und Bryan Sykes: Mitochondrial DNA and the Frisians. In: Friesische Studien, Supplement 15, 1995 (Beiträge des Föhrer Symposiums zur Friesischen Philologie), S. 141-163.

auf 2 bis 3 Prozent. Nur innerhalb der Innsbrucker Gruppe war sie mit 5,4 Prozent deutlich höher. Pfeiffer sah in ihren Ergebnissen einen Beleg für die Einheitlichkeit des mitochondrialen Genpools in Deutschland, für den folglich aus forensischer Sicht keine weiteren Differenzierungen vorgenommen werden müssten.

Der Magdeburger Rechtsmediziner Holger Wittig verglich die mtDNS Daten von verschiedenen Gruppen aus dem deutschsprachigen Bereich miteinander. Die genetischen Unterschiede sind danach nur sehr gering. Zwischen den nord-, west- und ostdeutschen Gruppen gibt es praktisch keine Unterschiede, nur zwischen der Schweiz, Österreich (besonders Tirol) und Süddeutschland (besonders Bayern) fand er einige Unterschiede.[241]

Eine Gruppe italienische Genetiker und Statistiker um Guido Barbujani (geb. 1955) erforschten 1996 die mitochondriale DNS von sieben Gruppen in Südtirol und im (italienischsprachigen) Trentino, bei denen es sich zum Teil um sprachliche Isolate handelt. Das sind die deutschen Orte Hefling und Jenesien in Südtirol, zwei italienische Gruppen im Trentino (Nord und Süd), sowie die ladinischen (rätoromanische) Orte Selva Val Gardena und Colle Santa Lucia auf der Trentiner und der venezischen Seite der Dolomiten. Außerdem haben sie auch noch das deutsche Isolat Mocheni im Trentino berücksichtigt. Das ist eine aus dem Mittelalter stammende deutsche Sprachinsel, in der noch eine altbaierische Mundart gesprochen wird. In der Clusteranalyse schließen sich die beiden italienischen nicht isolierten Trentino-Gruppen am engsten zusammen, an sie schließen sich mit größerem Abstand auch die beiden deutschen Südtiroler Orte und mit noch größerem Abstand die alte Sprachinsel Mocheni an. Ein eigenes Cluster bilden, allerdings mit recht großem Abstand zueinander, die beiden durch den Dolomitenkamm getrennten ladinischen Orte. Die am meisten isolierten Orte haben also auch den größten genetischen Abstand zu den anderen Gruppen.[242]

---

241 Heidi Pfeiffer, B. Brinkmann, J. Hühne (...) , Peter Forster: Expanding the forensic German mitochondrial DNA control region database: genetic diversity as a function of sample size and microgeography. In: International Journal of Legal Medicine 112, 1999, 291-298; Michael Krawczak, Timothy T. Lu, Sascha Willuweit, Lutz Roewer: Genetic diversity in the German Population. In: David Cooper, Hildegard Kehrer-Sawatzki (Hg.): Handbook of Human Molecular Evolution, Bd. 1, Atrium, Sothern Gate 2008, S. 451-456; Holger Wittig, C. Augustin, A. Baasner u.a.: Mitochondrial DNA in the central European population. Human identification with the help of the forensic mt-DNA D-Loop-Base Database. In: Forensic Science International 113, 2000, S. 113-118

242 Michele Stenico, Loredana Nigro, Giorgio Bertorelle (...), Guido Barbujani: High mitochondrial sequence diversity in linguistic isolates of the Alps. In: American Journal of Human Genetics 59, 1996, S. 1363-1375; Christiano Verenesi, Silvia Fuselli (...), Guido Barbujani: Mitochondrial diversity in linguistic isolates of the Alps. A reappraisal. In: Human Biology74, 2002, S. 725-730

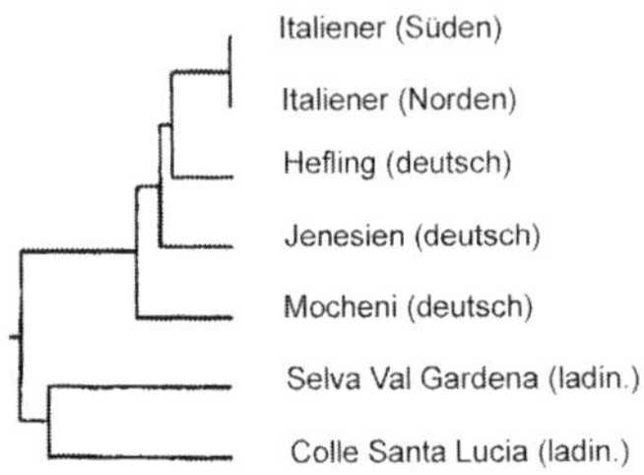

oben: Dendrogramm der Ähnlichkeitsbeziehungen der deutschen, italienischen und ladinischen Stichproben

links: Karte der untersuchten Stichproben und Orte in Südtirol und im Trentino

Tschechische Genetiker untersuchten eine Stichprobe von 179 Tschechen aus Westböhmen. Die Haplogruppenverteilung ähnelt der auch sonst im Mitteleuropa vorhandenen. Die häufigste Haplogruppe ist H mit 44 Prozent. „Osteurasische", das heißt asiatische Haplogruppen, sind zu 2,8 Prozent vertreten. Dazu gehören aber nicht nur solche mongolider Völker, sondern auch indische oder pakistanische. Sie können nicht nur durch Hunnen, Awaren oder Mongolen, sondern auch durch Zigeuner vermittelt worden sein. Einen geringen Prozentsatz asiatischer Haplogruppen weisen alle slawischen Völker auf. In der Abstandsanalyse weisen die Westböhmen die größte Nähe zu den deutschen Gruppen auf, gefolgt von Polen und Slowenen. In der zweidimensionalen Darstellung aus einer multivariaten Skalierung stehen sie aber doch den Polen und den Slowenen etwas näher als den Süddeutschen.

Eine andere tschechische Arbeitsgruppe untersuchte eine Bevölkerungsstichprobe aus Mittelböhmen. Diese steht in der Faktorenanalyse (Diagramm der ersten beiden Faktoren) einer Serie für Nordosteuropa am nächsten, dann Polen, Südosteuropäern und Deutschen. Die beiden deutschen Stichproben stehen in dem Vergleich einer Serie für Nordwesteuropa am nächsten.[243]

Während der Arbeit an meiner „Anthropologie Europas" (erste Auflage 2008) habe ich anhand der Daten aus einem Aufsatz der Gruppe um Guido Barbujani eine Clusteranalyse aufgrund der Daten der mitochondrialen Haplogruppen in Europa gerechnet. Die Clusteranalyse ergab zunächst fast

243 Boris A. Malyarchuk, Tomas Vanecek, Maria A. Perkova u.a.: Mitochondrial DNA variability in the Czech population, with application to the ethnic history of the Slavs. In: Human Biology 78, 2006, S. 681-696; Vendula Virdrová, Markéta Tesarova, Eva Trefilová u.a.: Mitochondrial DNA haplogroups in the Czech population compared to other European countries. In: Human Biology 80, 2008, S. 669-674.

Abstand von Deutschland aufgrund von mtDNS-Haplogruppen

berechnet nach den Daten von Simoni et al.: Geographic patterns of mtDNA diversity in Europe. In: Am. J. of Human Genetics 66, 2000, Tab. 3 (teilweise zusammengefaßt)

Abstand von Deutschland bei der mtDNS

nur Nonsens-Gliederungen. Erst als ich nur Gruppen mit mindestens 50 Individuen berücksichtigte und dazu einige zusammenfasste, zeigten sich einigermaßen sinnvolle Clustergliederungen. Die zwei spanischen Gruppen, Italien, Sizilien und die Türkei bilden ein südeuropäisches und Skandinavien, Deutschland, Österreich und die Schweiz ein germanisches Cluster. Frankreich, die Basken und Wales schließen sich auf allerdings etwas höherem Niveau ebenfalls zu einem Cluster zusammen. Ausreißer sind die Saamen, eine Gruppe vom Kaukasus und die Finnen. Deutschland hat die niedrigsten

Abstandswerte zu Skandinavien (Dänemark, Norwegen und Schweden), der Schweiz und Österreich, mit denen es ein Cluster bildet.[244]

Die Y-DNS

Die Polymorphismen des Y-Chromosoms fanden bald ebenso viel Aufmerksamkeit wie die der Mitochondrien. Die DNS des Y-Chromosoms wird mit Ausnahme der sog. pseudoautosomalen Region (etwa 10 Prozent der Y-DNS) nur vom Vater vererbt und ermöglicht daher genauso wie die mtDNS die Rekonstruktion von Abstammungslinien. Diese nicht rekombinierende Y-DNS wird auch NRY-DNS genannt. Es gibt verschiedene Nomenklatursysteme für die Haplogruppen der Y-DNS, die anhand der verschiedenen Polymorphismen bestimmt werden. Da die Definitionen der Haplogruppen anhand der verschiedenen Y-Polymorphismen sich mit der voranschreitenden Forschung ändern und nicht in allen Untersuchungen dieselben Polymorphismen herangezogen werden, sind die Ergebnisse verschiedener Untersuchungen nicht immer genau vergleichbar. Die Haplogruppen werden wiederum in Subhaplogruppen unterteilt.

Die Y-DNS zeigt Innerhalb Europas wesentlich mehr geographische Differenzierungen als die mtDNS. In Westeuropa ist die Haplogruppe R1b (nach alter Nomenklatur Haplogruppe 1) am häufigsten mit Werten über 50 Prozent, die im keltischen Rand der Britischen Inseln auf über 70 % steigen und ihr Maximum bei den Basken mit über 90 Prozent haben. Die zweithäufigste Haplogruppe ist Haplogruppe I (Haplogruppe 2) mit etwa 20 Prozent, aber nur geringen geographischen Unterschieden innerhalb des Kontinents. Deutliche Differenzierungen bestehen aber bei den Untergruppen dieser Haplogruppe. Die Untergruppe Haplogruppe I1a hat ihren Schwerpunkt bei Skandinaviern (30-40 Prozent) und Deutschen (etwa 25 Prozent) und ist im übrigen Europa eher selten. Eine andere Untergruppe Haplogruppe I1b ist noch seltener und hat ihren Schwerpunkt in Südosteuropa, und eine dritte ist nur bei den Sarden häufig (etwa 40 Prozent), kommt noch bei den Basken mit etwa 7 Prozent vor und fehlt sonst fast ganz. Haplogruppe R1a1 (Haplogruppe 3) erreicht in Ostmitteleuropa und in Osteuropa Werte bis 50 Prozent. Alle anderen Haplogruppen spielen nur eine geringere Rolle: die Haplogruppe J (Haplogruppe 9) mit Schwerpunkt im Nahen Osten ist auch in Südost- und Südeuropa präsent und wird von mehreren Autoren mit der neolithischen Einwanderung in Zusammenhang gebracht. Sie fehlt in Nordosteuropa fast ganz, wo dafür Ha-

---

244 Lucia Simoni, Francesc Calafell, Davide Pettener, Jaume Bertranpetit, Guido Barbujani: Geographic Patterns of mtDNA Diversity in Europe. In: *American Journal of Human Genetics* 66 (2000), S. 262-278; Andreas Vonderach: Anthropologie Europas. Völker, Typen und Gene vom Neandertaler bis zur Gegenwart. 2., völlig überarbeitete Auflage, Graz 2015, S. 218.

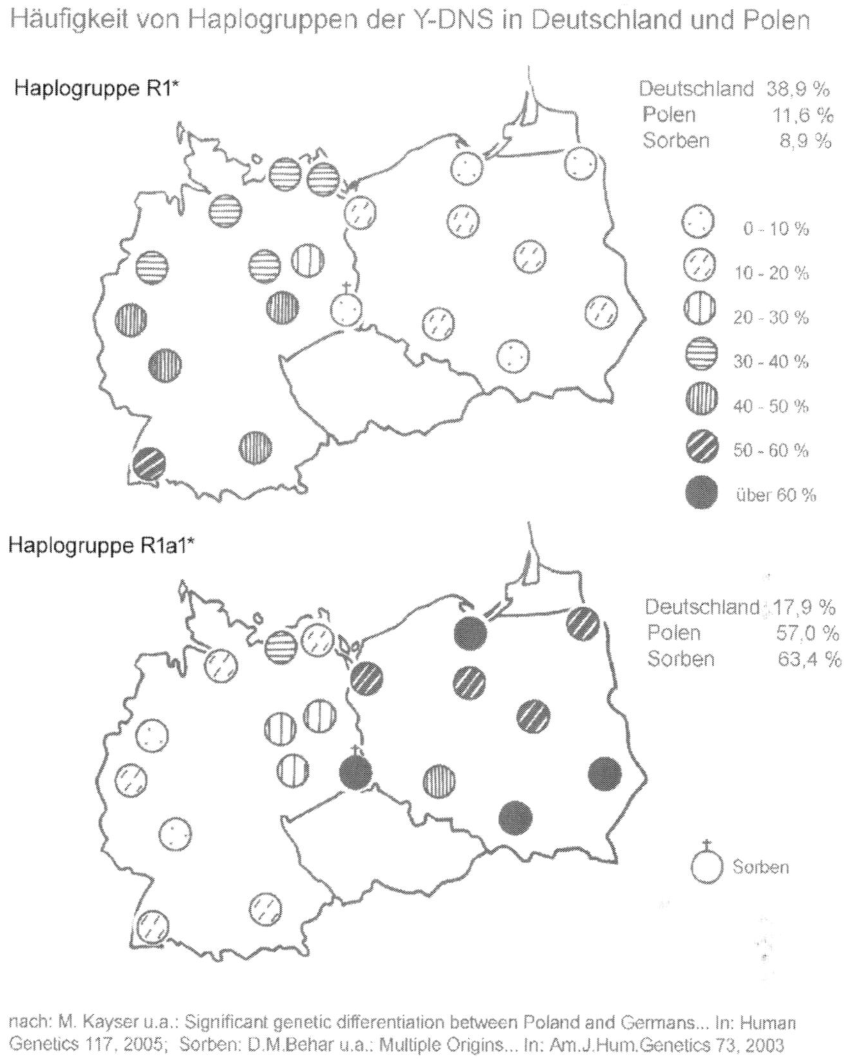

Y-Haplogruppen in Deutschland und Polen

plogruppe N3 (Haplogruppe 16, früher auch TAT-Polymorphismus genannt) seinen Schwerpunkt hat. Im gesamten Mittelmeerraum kommt Haplogruppe E (Haplogruppe 21) vor und erreicht die höchsten Häufigkeitswerte in Nordwestafrika. Bei den Basken hat ein jüngerer Polymorphismus iberischen Ursprungs, Haplogruppe R1b8 (Haplogruppe 22), sein Maximum mit 19 Prozent und Werten um 5 Prozent in Spanien und Frankreich. Ansonsten stehen die Basken aber nicht ihren Nachbarn, sondern den keltisch-atlantischen Gruppen am nächsten. Von den nicht europiden Haplogruppen kommt nur die subsaharische Haplogruppe E3a (Haplogruppe 8) in Algerien mit 4-5 Prozent und als schwacher Einschlag wahrscheinlich moderner Herkunft auch in Frankreich und auf Sardinien vor. Es gibt in Europa stellenweise ausgeprägte

Grenzen in der Häufigkeit bestimmter Haplogruppen und Subhaplogruppen, zum Beispiel zwischen den Basken und ihren Nachbarn, zwischen England und Cornwall oder bei Gibraltar zwischen Spanien und Nordafrika.

Der deutsche, in Rotterdam tätige Rechtsmediziner Manfred Kayser wertete sieben polnische und 11 deutsche Y-STR-Stichproben im Hinblick auf Unterschiede zwischen Deutschen und Polen aus. Beide Völker bilden jeweils ein von dem anderen deutlich getrenntes Cluster. Der nationale Unterschied erklärt statistisch 14 bis 15 Prozent der Varianz. Die Haplogruppe R1* ist am häufigsten in Deutschland und die Haplogruppe R1a1* in Polen. Beide sind jeweils mehr als dreimal so häufig wie in dem anderen Land. Die Haplogruppe N3* ist in Polen mehr als doppelt so häufig wie in Deutschland. Polen ist jedoch genetisch homogener als Deutschland. Es gibt eine kleine, aber statistisch signifikante Differenzierung innerhalb Deutschlands. Der Unterschied zwischen West- und Ostdeutschland erklärt 1,3 Prozent der Gesamtvariation der Y-STRs. Der Unterschied betrifft besonders die Häufigkeit der Haplogruppen R1* und R1a1*.

Eine Gruppe von Sorben wurde erstmals als Vergleichsgruppe in einer Untersuchung von jüdischen und nicht jüdischen Stichproben veröffentlicht. Die Sorben stehen den Weißrussen am nächsten, mit großem Abstand zu den Deutschen und den jüdischen Gruppen. Mit 63,4 Prozent haben sie fast fünfmal so viel Träger der Haplogruppe R1a1 (früher Haplogruppe 3) als die Deutschen (12,5 Prozent). Mit 0,9 Prozent aber nur einen sehr geringer Anteil der „finno-ugrischen“ Haplogruppe N3 (früher HG 16, TAT-Polymorphismus).[245]

Die Hallenser Rechtsmedizinerin Uta-Dorothee Immel, der Mathematiker Michael Krawczak und der Sprachwissenschaftler Jürgen Udolph untersuchten eine deutsche Bevölkerungsstichprobe aus dem Gebiet um Halle an der Saale. Sie verglichen acht Y-STRs von den (männlichen) Trägern unterschiedlicher Familiennamen. Sie unterschieden 195 Träger einwandfrei deutscher Familiennamen, 185 Träger einwandfrei slawischer Familiennamen und 39 Träger mit gemischt slawisch-deutschen Familiennamen. Es macht den Eindruck, als wenn zu der Gruppe mit slawischen Familiennamen vor allem die wenig veränderten Familiennamen der letzten slawischen Einwanderungswelle im 19. und frühen 20. Jahrhundert gehören (mit –itzki, -kowsky usw.). Zu der „gemischten“ Gruppe dagegen solche slawische Familiennamen aus älterer Zeit (Spätmittelalter, frühe Neuzeit), die sprachlich bereits dem Deutschen angepasst worden sind und für den sprachlich ungebildeten

245 Manfred Kayser, Oswar Lao, Katja Anslinger, Christa Augustin u.a.: Significant genetic differentiation between Poland and Germany follows present-day political borders, as revealed by Y-chromosome analysis. In: Human Genetics 117, 2005, S. 428-443; Doron M. Behar, Mark G. Thomas, Karl Skorecki u.a.: Multiple origins of Ashkenazi Levites: Y chromosome evidence for both Near Eastern and European ancestries. In: American Journal of Human Genetics 73, 2003, S. 768-779.

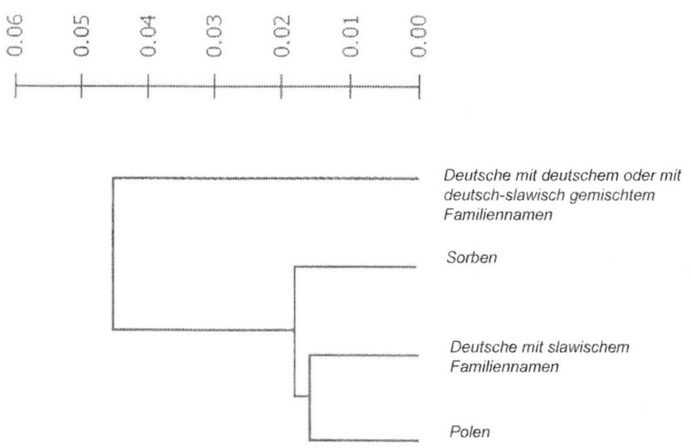

Dendrogramm der Ähnlichkeitsbeziehungen von Deutschen unterschiedlichen Familiennamens, Sorben und Polen

Zeitgenossen als solche gar nicht mehr erkennbar sind. Zwischen der rein deutschen und der gemischten Gruppe ergab sich kein genetischer Unterschied, so dass beide zusammengefasst wurden. Zum Vergleich herbeigezogen wurden außerdem 29 Sorben aus der Lausitz und Daten von polnischen Stichproben aus der Literatur.

Es ergab sich ein überraschend großer Unterschied zwischen den Trägern deutscher und gemischter Familiennamen zu denen mit slawischen Familiennamen. Er entspricht etwa den Unterschieden zwischen Gruppen mit großem geographischem oder sprachlichem Abstand in Europa. Die deutschen Träger slawischer Familiennamen haben den niedrigsten Ähnlichkeitsabstand zu den Polen (0.0159) und einen fast doppelt so hohen zu den Trägern deutscher Familiennamen (0.0277). Entsprechend schließen sie sich in der Clusteranalyse mit den Polen und den Sorben zu einem Cluster zusammen, an das sich erst mit großem Abstand die Träger deutscher Familiennamen anschließen. Die Ergebnisse lassen sich wohl am ehesten damit erklären, dass die Einwanderung der Träger unvermischter slawischer Familiennamen erst wenige Jahrhunderte zurückliegt. Bei den Y-STRs soll es im Mittel etwa alle tausend Jahre zu einer Mutation kommen (was als eine sehr schnelle Mutationsgeschwindigkeit gilt).

Meiner Meinung nach ist es ein Fehler der Autoren, dass sie zu den slawischen Familiennamen auch slawische Ortsnamen, etwa mit der Endung –ow, zählen. Solche Namen sagen nichts über die ethnische Herkunft der jeweiligen Familien aus. Ich habe bei der Auswertung eines Vertriebenenmaterials nur die eigentlichen Familiennamen berücksichtigt (s.u.).[246]

246 Uta-Dorothee Immel, Michael Krawczak, Jürgen Udolph u.a.: Y-chromosome STR haplotype analysis reveals surname-associated strata in the East-German population. In: European Journal of Human Genetics 14, 2006, S. 577-582.

Manfred Kayser und der Berliner Rechtsmediziner Lutz Roewer untersuchten 68 Y-STRs von zwei Gruppen von miteinander verwandten Männern aus Sachsen-Anhalt/Westsachsen, die denselben Familiennamen tragen. Von den 68 STRs haben 64 identische Allele bei allen männlichen Mitgliedern der beiden Familien. Nur vier haben einen Unterschied von genau einem *repeat* (Wiederholung der DNS-Sequenz) gegenüber der anderen Familie. Das zeigt, dass beide Familien mit demselben Familiennamen und aus derselben Region, in väterlicher Linie miteinander verwandt sind. Der geringe Unterschied bei vier der 68 Polymorphismen erklärt sich zwanglos durch Mutationen. In einem weiteren Schritt prüften die Autoren drei Y-STR-Stichproben (Magdeburg, Halle, Leipzig) aus der Heimatregion der beiden Familien auf das Vorkommen des jeweils vermuteten Ursprungshaplotyps der beiden Familien. Sie fanden 16mal den Haplotyp der einen und zweimal den der anderen Familie in der Bevölkerung. Durch historisch-genealogische Untersuchungen konnte wahrscheinlich gemacht werden, dass das Verbindungsglied, das gemeinsame Ursprungsindividuum der väterlichen Linien der beiden Familien, im 16. oder 17. Jahrhundert gelebt haben muss.[247]

Die Bozener Gerichsmedizinerin Irene Pichler und ihre Mitarbeiter untersuchten Y-STRs, mtDNS und autosomale Alu-Marker von Deutschen und Ladinern in Südtirol. Es handelt sich um 207 deutsche Einwohner des Vintschgaues, des Pustertals und des Eisacktales im westlichen und mittleren Südtirol und 70 ladinische Einwohner des Gadertals und Grödnertales im Osten. Im Vintschgau ganz im Westen Südtirols gab es im Mittelalter eine Einwanderung von Rätoromanen und die rätoromanische Sprache hielt sich in Teilen des Gebietes bis ins 17. Jahrhundert. Alle in Europa verbreiteten Y-Haplogruppen kommen auch in den fünf Tälern vor. Die Haplogruppen 1 und 28 sind in den deutschen Stichproben häufiger als in den anderen. Das Pustertal und das ladinische Grödnertal haben mit 25 und 17 Prozent verhältnismäßig viele Träger eine Haplotyps der Haplogruppe 1, der in den anderen Gruppen sehr selten ist. Die genetische Diversität ist bei den beiden ladinischen Gruppen am geringsten. Eine Beimischungsanalyse ergab im Vintschgau bei der Y-DNS einen beträchtlichen rätoromanischen Einschlag, wie er auch in der großen Anzahl von rätoromanischen Familiennamen zum Ausdruck kommt. In dem Ort Stelvio im Vintschgau unterschied Pichler die Männer mit deutschen von denen mit rätoromanischen Familiennamen. Der Vergleich der beiden Gruppen ergab einen deutlich größeren genetischen rätoromanischen Beitrag bei den Männern mit rätoromanischen Familiennamen als bei denen

247 Manfred Kayser, Mark Vermeulen, (...) Michale Krawczak, Lutz Roewer: Relating two deep-rooted pedigrees from Central Germany by high-resolution Y-STR haplotyping. In: Forensic Science International: Genetics 1, 2007, S. 125-128.

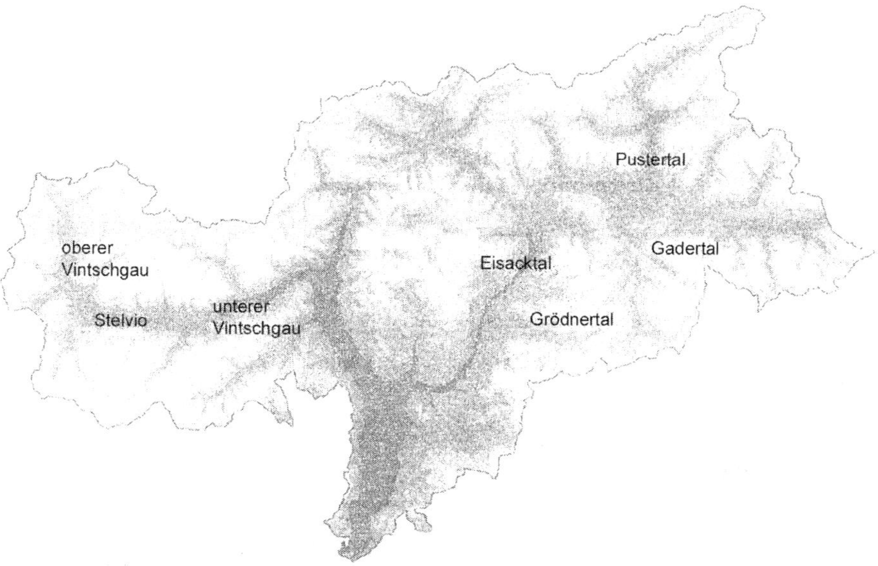

Die Unteruchungsgebiete in Südtirol

mit deutschen Familiennamen. Dem sprachlichen Erbe der Familiennamen entspricht somit auch heute noch ein genetisches Erbe.[248]

Der Innsbrucker Rechtsmediziner Harald Niederstätter und der Wiener Dialekt- und Namenforscher Gerhard Rampl erforschten die genetischen Spuren der Romanen und Slawen in Osttirol. Osttirol ist der östlich von Südtirol gelegene zu Österreich gehörende Teil von Tirol, der räumlich durch Südtiroler Gebiet von Nordtirol getrennt ist. Er ist der einzige Teil Tirols, in dem nach den Romanen (Römern) und vor den Bajuwaren (Baiern) eine slawische Besiedlung gab. Die Slawen waren aus Kärnten hierhin vorgedrungen. Die Forscher kartierten zunächst die Namen der Almen in Osttirol nach ihrer sprachlichen Herkunft (romanisch, slawisch, germanisch). Almen sind Weideflächen mit einer kleinen Hütte in den hochgelegen Gebieten, die nur im Sommer als Weidegründe genutzt werde. Osttirol ist nur dünn besiedelt, aber Almen gibt es fast überall in Osttirol. Es zeigte sich, dass es die romanischen Namen vor allem im Süden gibt, besonders im Pustertal. Die slawischen Namen haben ihren Schwerpunkt im Norden und Osten (Virgental, oberes Defereggental, Kalstal, Iseltal, Drautal). Die germanische Namenschicht ist im ganzen Land vorhanden. Von den 835 Almennamen sind danach 71 Prozent germanischer (baierischer), 17 Prozent slawischer und 12 Prozent romanischer Herkunft.

248 Irene Pichler, Jakob C. Müller, Stefan A. Stefanov, (...) Peter P. Pramstaller: Genetic structure in contemporary South Tyrolian isolated populations revealed by analysis of Y-chromosome, mtDNA, and Alu polymorphisms. In: Human Biology 78, 2006, S. 441-464.

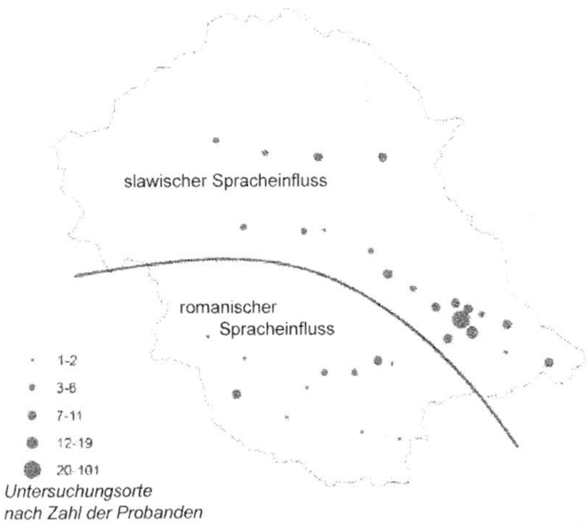

Das slawische und romanische Sprachsubstrat in Osttirol

Die Forscher trennten das Untersuchungsgebiet nach den Siedlungsnamen daher in einen nördlichen und östlichen Teil, wo mit slawischem Einfluss zu rechnen ist, und einen kleineren Teil im Südwesten mit anzunehmendem romanischen Einfluss auf die genetische Bevölkerungsstruktur. Unter den verwendeten Blutspenden fanden sie 235 aus der Nordostregion und 35 aus der Südwestregion. Für die Untersuchung wurden 17 Y-STRs und 27 Y-SNPs bestimmt. Die SNPs *(single nucleotide polymorphisms)* sind älter als die STRs und evoluieren nicht so schnell wie diese. Im Vergleich der STRs mit verschiedenen Vergleichsgruppen ordnet sich die Osttiroler Gesamtstichprobe den germanischsprachigen Gruppen zu, während zu den romanischen und slawischen Stichproben deutliche Unterschiede bestehen. Von den beiden Osttiroler Teilgebieten zeigt das südwestliche (romanisch beeinflusste) Gebiet eine Nähe zu romanischen Gruppen (Italien, Portugal usw.), während das Nordostgebiet sich an Nordtirol, Salzburg und Oberösterreich anschließt. Der Abstand zu den zum Vergleich herangezogenen slawischen Stichproben (Polen, Kroatien) ist dagegen recht groß. Die in Osteuropa häufige Haplogruppe R1a zeigt mit 14,1 Prozent etwa die gleichen Werte wie Nordtirol oder Süddeutschland. Die für Westeuropa charakteristische Haplogruppe R1b kommt bei 42,2 Prozent der Osttiroler vor, deutlich mehr als in Nordtirol. In der Südwestregion Osttirols beträgt ihr Anteil 68,6 Prozent und in der Nordostregion 37,9 Prozent, ein Unterschied, der trotz der kleinen Probandenzahl in der Südwestregion signifikant ist.

Insgesamt zeigen die Ergebnisse, dass es im Südwesten Osttirols einen genetisch fassbaren romanischen Einschlag gibt, während sich für den Nordosten kein slawischer Einschlag nachweisen lässt. Es ist immerhin möglich, dass sich die Bajuwaren slawische Frauen nahmen, das wäre dann anhand von mitochondrialer DNS zu prüfen.[249]

Der belgische Rechtsmediziner Maarten H. D. Larmuseau untersuchte Männern in der zu den Niederlanden und zu Belgien gehörenden Region Brabant, ausgesucht nach ihrer bekannten väterlichen Abstammung mindestens seit 1800, auf 37 Y-STRs hin. Er fand einen signifikanten Unterschied zwischen der niederländischen Region Noord-Brabant und dem belgischen Brabant. Es gibt einen großen Unterschied in der Häufigkeit der Subhaplogruppe R1b1b2a1 (R-U106) in den Niederlanden mit 37 Prozent und in Frankreich mit 7 Prozent. Larmuseau und seine Mitarbeiter fanden unter 634 altansässigen Brabantern in Brabant von dem niederländischen bis zum wallonischen Teil der Region ein Nord-Süd-Gefälle der Subhaplogruppe R1b1b2a1 mit 37 Prozent in Noord-Brabant, 26 Prozent in der mittleren Region und 21 Prozent in der südlichen Region. Larmuseau und seine Mitarbeiter fanden außerdem vier Paare von nicht verwandten Männern (nach den Kriterien der Probandenauswahl) in Brabant, die jeweils denselben Familiennamen und denselben Y-Haplotyp aufweisen. Wahrscheinlich sind sie in einer älteren Zeit (vor 1800) doch miteinander verwandt.

Am Ende des 17. Jahrhunderts war Flandern nach verschiedenen Seuchen, Krieg und Auswanderung nach Deutschland, England und den Niederlanden stark verwüstet und entvölkert. Volkszählungen vermelden einen Rückgang der Bevölkerung von 1570 bis 1585 von 30 bis 50 Prozent, örtlich sogar um zwei Drittel. Nach 1585 setzte schnell eine Wiederbevölkerung durch Einwanderer aus Regionen in Nordfrankreich ein, besonders aus der Picardie, der Region Lille und dem Artois an der Grenze zum heutigen Belgien. Larmuseau und seine Mitarbeiter untersuchten nun die Y-STRs von 622 seit 1750 altansässigen flämischen Männern mit einheimischen flämischen und mit französischen Familiennamen. Letztere waren 50 Männer. Der Anteil der der französischen Einwanderer soll 10 Prozent der flämischen Bevölkerung betragen. Der Anteil der Männer mit französischem Namen in Larmuseaus Stichprobe beträgt 8 Prozent, entspricht dem also einigermaßen. Es ergaben sich signifikante Unterschiede bei verschiedenen Subhaplogruppen. Larmuseau verglich die Ergebnisse mit Daten aus der Literatur für die nordfranzösischen Regionen Nord-Pas-de Calais (westlich an Flandern angrenzend) und Ile de France (Paris und Umgebung). Die Subhaplogruppe R1b1b2a1 (R-U106) hat die höchste Frequenz mit 26,7 Prozent bei den Flamen mit flämischen Namen, gefolgt mit 12,0 Prozent bei den Flamen mit französischen Namen, der Region Nord-Pas-de Calais mit 8,8 Prozent und der Ile de France mit 7,6 Prozent. Bei der Subhaplogruppe R1b1b2a2* (R-P312*) ist das Ver-

249 Harald Niederstätter, Gerhard Rampl, Daniel Erhart (...) Walter Parson: Pasture names with Romance and Slawic roots facilitate dissection of Y chromosome variation in an exclusively German-Speaking Alpine region. In: PLoS ONE 7, 2012, e41885, S. 1-13.

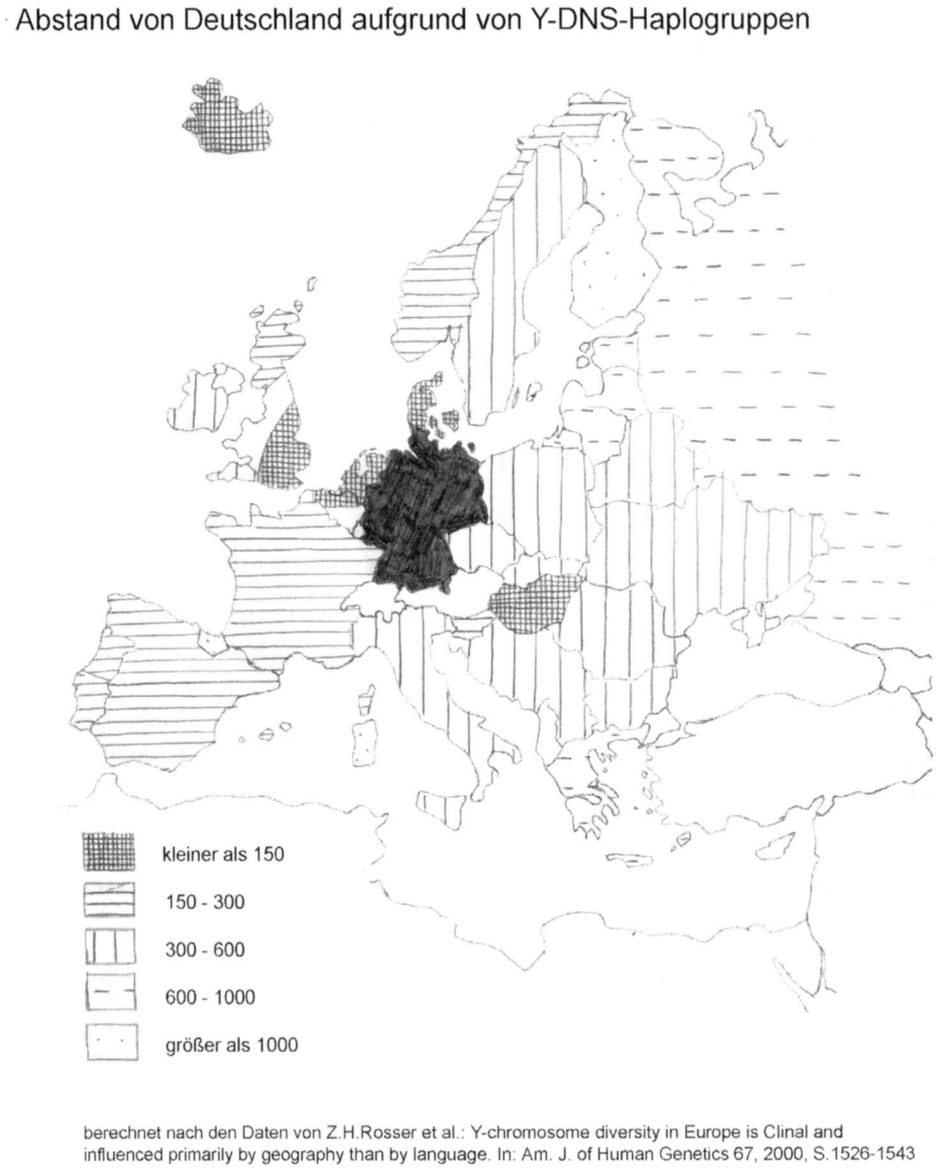

Abstand von Deutschland bei der Y-DNS

hältnis umgekehrt. Sie kommt in den beiden nordfranzösischen Regionen zu 27 Prozent vor, bei den Flamen mit französischen Namen zu 32 Prozent und bei denen mit flämischen Namen nur zu 19 Prozent. Die Flamen mit französischem Familiennamen haben also auch noch nach über 400 Jahren ein französisches Y-DNS-Profil und kein flämisches.[250]

---

250 Maarten H.D. Larmuseau, Nancy Vanderheyden, Manon Jacobs, Monique Coomans, lucio Larno, Ronny Decorte: Micro-geographic distribution of y-chromosomal varia-

Für meine „Anthropologie Europas“ habe ich auch eine Abstands- und Clusteranalyse der Y-DNS in Europa anhand der Daten aus einem Aufsatz von Z. H. Rosser und anderen gerechnet. Leider fehlen in Rossers Daten die Schweiz und Österreich. Es gibt ein slawisches Cluster (Polen, Slowakei, Tschechien, Rußland), ein schwedisches (Nordschweden, Gotland), ein iberisches (Spanien, Nordportugal, Südportugal), ein griechisches (Griechenland, Cypern), ein südöstliches (Türkei, Armenien, Georgien, Rumänien) und ein baltisches (Estland, Lettland, Litauen). Es gibt aber auch manche unsinnige Zuordnungen. Deutschland gehört zu einem Cluster, zu dem auch Island, Dänemark, die Niederlande, East Anglia und mit etwas größerem Abstand auch Ungarn gehören. Letzteres ist wohl als zufällige Zuordnung zu werten. Am ähnlichsten sind Deutschland die Niederlande (56), Island (70), East Anglia (83) und Ungarn (111), gefolgt von Flandern (156) und Norwegen (155). Wie schon bei den kraniologischen Merkmalen, den serologischen und der mtDNS stehen Deutschland die germanischen Länder am nächsten. Dass aber auch Island Deutschland so nahe steht, dürfte als Zufallszuordnung zu bewerten sein. Die westeuropäischen Länder stehen Deutschland wesentlich näher (Frankreich 188, Spanien 204) als die ostmitteleuropäischen (Tschechien 397, Slowakei 424, Polen 570). Am entferntesten von Deutschland sind die Finnen, Sarden und Basken.[251]

Autosomale DNS

Zu der medizinisch-genetischen Forschung gehören sogenannte Assoziationsstudien. Das heißt man sucht nach Genen (genauer Allelen), die mit bestimmten Erkrankungen gemeinsam auftreten. Wenn es in einem größeren Material jedoch geographische Unterschiede in der Verteilung von Genen gibt, können diese Korrelationen zwischen bestimmten Genen und Erkrankungen vortäuschen, die es gar nicht gibt. Daher führten Epidemiologen in Deutschland in den Jahren um 2000 herum sogenannte Genomic-Control-

tion in the central-western European region Brabant. In: Forensic Science International. Genetics 5, 2011, S. 95-99; Maarten H.D. Larmuseau, Claudio Ottoni, Joost A.M. Raeymaekers, Nancy Vanderheyden, Hendrik F.M. Larmuseau, Ronny Decorte: Temporal differentiation across a West-European Y-chromosomal cline. Genealogy as a tool in human population genetics. In: European Journal of Human Genetics 20, 2012, S. 434-440; Maarten H.D. Larmuseau, J. Vanderbeke, Nancy Vanderheyden, Hendrik F.M. Larmuseau, Ronny Decorte: In the name oft he migrant father – Analysis of surname origins identifies genetic admixture events undetectable from genealogical records. In: Heredity 109, 2012, S. 90-95.

251 Z.H. Rosser u.a.: Y-cromosomal diversity in Europe is clinal and influenced primarly by geography, rather than language. In: American Journal of Human Genetics 67, 2000, S. 1526-1543; Andreas Vonderach, Anthropologie Europas. Völker Typen und Gene vom Neandertaler bis zur Gegenwart. 2. Auflage, Graz 2015, S. 220.

Studien durch, um Unterschiede in der Verteilung von Genotypen innerhalb Deutschlands zu finden.

Michael Steffens und Claudia Lamina verglichen dafür jeweils etwa 200 autosomale SNPs von jeweils etwas mehr als 700 Probanden aus drei deutschen epidemiologischen Datenbaken miteinander. Die Datenbanken sind PopGen in Kiel für Schleswig-Holstein, SHIP (Study of Health in Pomerania) in Greifswald für Nordostdeutschland und KORA (Kooperative Gesundheitsforschung im Raum Augsburg) für Süddeutschland. In den Datenbanken sind auch Nichtdeutsche mit deutscher Staatsbürgerschaft enthalten. Ein Drittel der geprüften SNPs liegt in codierenden Genen, der Rest in der nicht codierenden DNS. Steffens und Lamina fanden vor allem ein wenn auch nicht sehr großes Nord-Süd-Gefälle zwischen PopGen und SHIP und dem Augsburger Material von KORA. Zwischen den beiden norddeutschen Serien bestehen dagegen nur sehr geringe, nicht signifikante Unterschiede.[252]

Der amerikanische Humangenetiker Michael F. Seldin und seine Mitarbeiter untersuchten 2 657 autosomale SNPs von 928 europäischstämmigen Amerikanern und Europäern. Personen nicht nur europäischer Herkunft blieben unberücksichtigt. Es ergab sich vor allem ein nördliches und ein südliches Cluster. Letzteres besteht insbesondere aus Spanien und Italien. Innerhalb des nördlichen Clusters nehmen die Finnen eine Sonderstellung ein. Von den nördlichen Ländern ordnen sich in Skandinavien 98 Prozent der Probanden dem nördlichen Cluster zu, in Irland 97 Prozent und in Deutschland 86 Prozent. In Italien gehören entsprechend 75 Prozent und in Griechenland 83 Prozent der Probanden dem südlichen Cluster an. Zehn der 32 Probanden aus Norditalien haben einen nördlichen Einschlag von mindestens 10 Prozent.[253]

Der britische Genetiker Simon Charles Heath hat während seiner Tätigkeit in Frankreich zusammen mit französischen Kollegen ein Material von 5 847 Probanden aus 13 europäischen Ländern bearbeitet. Erfasst wurden die Daten von mehr als 300 000 SNPs. Die Daten stammen aus den gesunden Kontrollgruppen von verschiedenen medizinischen Studien. Simon C. Heath berechnete anhand von jeweils 80 Prozent zufällig ausgewählten Probanden der Länderstichprobe das genetische Profil jedes Landes. Dann ließ er das Programm die restlichen 20 Prozent den verschiedenen Ländern zuordnen.

---

252 Michael Steffens, Claudia Lamina, Thomas Illig, (...) Michael Krawczak, (...) H.-Erich Wichmann: SNP-based analysis of genetic substructure in the German population. In: Human Heredity 62, 2006, S. 20-29; Claudia Lamina, M. Steffens, J. Müller, E. Lohmussaar, T. Meitinger, H.E. Wichmann: Genetic diversity in German and European populations. Looking for substructures and genetic patterns. In: Gesundheitswesen 67, 2005, Supplement 1, S. S127-S131.

253 Michael F. Seldin, Russel Shigeta, Pablo Villoslada, Carlo Selmi u.a.: European population substructure. Clustering of northern and southern populations. In: PLoS Genetics 2, 2006, (9), e143, S. 1-13.

Österreich zählte er von Anfang an zu Deutschland. Leider fehlen Daten für die Niederlande, Dänemark und die Schweiz. Die richtigen Zuordnungen zu dem eigenen Land betragen für Norwegen 99,1 Prozent, für Großbritannien 94,7, für Spanien 94,5, für Russland 94,4 und für Schweden 90,1 Prozent. Je weniger Nachbarn ein Land hat, desto weniger Fehlzuordnungen hat es auch. In Frankreich sind 51,5 Prozent der Probanden richtig zugeordnet, in Tschechien 48,4 und in der Slowakei 45,3 Prozent.

Für Deutschland beträgt der Anteil der richtig zugeordneten Probanden 64,4 Prozent. Die meisten Fehlzuordnungen hat Deutschland mit 17,7 Prozent für Tschechien. Das widerspricht den meisten Abstandsanalysen, in denen Deutschland die niedrigsten Abstände zu den deutschsprachigen und germanischen Ländern hat. Der Grund, warum in dieser Analyse Tschechien an erster Stelle steht, dürfte daran liegen, das Österreich zu Deutschland gezählt wird und nur durch Wien vertreten ist. In Wien gibt es aber einen erheblichen tschechischen Bevölkerungseinschlag. Außerdem fehlen in der Studie von Heath und Mitarbeitern mit der Schweiz, Österreich, den Niederlanden und Dänemark die Hauptkandidaten für den geringsten Abstand zu Deutschland. An zweiter Stelle der Fehlzuordnungen der deutschen Probanden steht mit 10,2 Prozent Belgien, gefolgt von Norwegen und Schweden mit 2,9 und 2,2 Prozent. Nur 0,8 Prozent der deutschen Probanden werden fälschlich Polen zugeordnet. Keinerlei Fehlzuordnungen von Deutschen gibt es zu Frankreich, Spanien oder Russland.

Von Deutschlands Nachbarstaaten haben die Tschechen 0,05, die Slowaken 0,07, die Ungarn 0,05 und die Polen sogar nur 0,002 Prozent Fehlzuordnungen zu Deutschland. Trotz der großen Vermischung in der Vergangenheit, wobei viele Volksdeutsche im Polentum und im Tschechentum aufgegangen sind, gibt es heute so gut wie keine Polen oder Tschechen, die genetisch Deutsche sein könnten. Das heißt, die assimilierten Volksdeutschen sind inzwischen auch biologisch im fremden Volkstum völlig aufgegangen.[254]

Mehrere britische medizinische Genetiker um Colm O'Dushlaine, Ruth McQuillan und James F. Wilson prüften 2010, inwieweit sich die Bewohner kleiner Orte, Inseln und Täler genetisch unterscheiden lassen. Sie verwandten dafür Daten aus drei ländlichen Gegenden in Europa, drei kleine schottische Inseln, drei Alpentälern in Norditalien und zwei kleine Orte auf einer kleinen kroatischen Insel. Leider erfährt man aus dem Aufsatz nicht einmal, um welche Regionen Schottlands, Norditaliens oder Kroatiens es sich genau handelt, geschweige denn ob es sich um deutsche Südtiroler, Ladiner oder Italiener handelt, – man kann es mit dem Datenschutz auch übertreiben.

254 Simon C. Heath, Ivo G. Gut, Paul Brennan, James D. McKay u.a: Investigation of the fine structure of European populations with applications to disease association studies. In: European Journal of Human Genetics 16, 2008, S. 1413-1429.

Zur Prüfung der Frage der richtigen Zuordnung verwandten die Autoren 300 000 autosomale SNPs von nicht verwandten Probanden, deren vier Großeltern alle von der jeweiligen Insel, aus dem jeweiligen Tal oder dem jeweiligen Ort stammen. Die schottischen Inseln sind etwa 15 bis 30 km voneinander getrennt, die italienischen Täler durch 3 000 Höhenmeter Gebirge und die beiden kroatischen Orte sind 8 km voneinander entfernt.

Das Ergebnis ist, dass sich die Bewohner der italienischen Talschaften zu 100 Prozent dem richtigen Tal zuordnen ließen, die der schottischen Inseln zu 96 Prozent der richtigen Insel und die der beiden kroatischen Orte auf einer Insel zu 89 Prozent demselben Ort. Dass die beiden kroatischen Orte sich am wenigsten voneinander trennen lassen, führen die Autoren auf die geringe Entfernung und das nur wenig ausgeprägte Bergland zwischen den beiden Orten zurück. Die Autoren haben die Untersuchung mehrfach mit unterschiedlich vielen SNPs durchgeführt. Ab 300 SNPs stimmen die Werte der richtigen Zuordnungen zwischen den verschiedenen Orten, Tälern und Inseln überein, ab 10 000 SNPs auch die individuellen Zuordnungen. Bleibt festzuhalten, dass in Europa schon auf sehr kleinräumiger Ebene eine genetische örtliche Identifizierung möglich ist.[255]

Eine Gruppe von kalifornischen und Leipziger Medizinern und Informatikern untersuchte 289 altansässige Sorben aus vier Orten in der Oberlausitz auf mehr als 30 000 autosomale SNPs hin. Zum Vergleich zogen sie Daten aus verschiedenen europäischen Ländern aus der Leipziger genetischen Datenbank PROPES (Population Reference Sample) heran. Die Sorben zeigen die geringsten genetischen Abstände zu Polen und Tschechen, deutlich geringer als zu den Deutschen. Die Sorben zeigen außerdem leichte Zeichen von genetischer Isolation, die aber nicht so stark sind wie bei Sarden oder Basken. In der Leipziger deutschen Vergleichsgruppe, die auch viele Westdeutsche enthält, fanden sich zwei Deutsche, die den Sorben genetisch nahe stehen. Vermutlich haben sie sorbische Vorfahren.

Dieselbe Leipziger Arbeitsgruppe untersuchte auch eine größere Gruppe von 977 nicht nur altansässigen Oberlausitzer Sorben. Als deutsche Vergleichsgruppe zog sie die Augsburger Datenbank KORA heran. Das Gebiet um Augsburg liegt natürlich von der Oberlausitz weit entfernt und enthält viele genetische Elemente vorgermanischer Herkunft, weshalb schon von daher ein genetischer Unterschied zu den Sorben wahrscheinlich ist. (Außerdem enthält die Datenbank auch Daten von Ausländern mit deutscher Staatsbürgerschaft). Zusätzlich zogen die Untersucher auch eine italienische Vergleichsgruppe aus der Toskana heran.

255 Colm O'Dushlaine, Ruth McQuillan, Michael E. Weale (...), James F. Wilson: Genes predict village of origin in rural Europe. In: European Journal of Human Genetics 18, 2010, S. 1269-1270.

Geprüft wurden über 500 000 autosomale SNPs. Die Untersucher unterschieden außerdem Vollsorben mit vier sorbischen Großeltern von Halbsorben mit teilweise deutschen Großeltern und in der Augsburger Stichprobe 50 Deutsche, die in Tschechien geboren sind (also Sudetendeutsche) und 50 Deutsche, die in Polen geboren sei sollen (gemeint sind Vertriebene aus dem früheren Ostdeutschland). Die politisch korrekte und irreführende Ausdrucksweise ist charakteristisch für die genetischen Arbeiten. Es will eben keiner seine Karriere gefährden.

Die Untersucher führten eine Hauptkomponentenanalyse durch und stellten deren Ergebnisse mit einem Diagramm der ersten beiden Hauptkomponentenwerte der verschiedenen Individuen dar. Die Toskaner liegen in diesem Diagramm weitab von den Deutschen und Sorben. Zwischen ihnen gibt es keine Überschneidungen. In dem Diagramm kann man auch sehen, dass die Deutschen, die westlich von Oder und Neiße und der tschechischen Grenze geboren sind, zwar nicht so weit von den Vollsorben entfernt sind wie die Toskaner, sich beide Gruppen aber ebenfalls nicht überschneiden. Die Halbsorben liegen deutlich näher an dem Cluster der Deutschen. Ebenso tendieren die Sudetendeutschen und noch mehr die früheren Ostdeutschen in Richtung der Sorben. Besonders letzte Gruppe ist deutlich mit den Halbsorben durchmischt, was auf die Slawen unter den Vorfahren der früheren Ostdeutschen (vor 1945) verweist.[256]

Alte DNS

Es gibt einen Bereich der modernen DNS-Merkmale, für den sich die Gerichtsmediziner nicht interessieren. Das ist der der alten DNS (*ancient DNA*), die aus den knöchernen Überresten historischer oder prähistorischer Menschen gewonnen wird. Denn die Gerichtsmediziner benötigen ja aktuelle Referenzdaten, wenn sie die Seltenheit einer Täter-DNS beurteilen oder ein Opfer identifizieren wollen. Die Erforschung der alten DNS musste große Schwierigkeit überwinden, die sich vor allem durch die Gefahr der Verunreinigung durch moderne DNS ergaben. Diese Schwierigkeiten scheinen heute im Wesentlichen überwunden zu sein.

In Deutschland hat sich vor allem das Göttinger Institut für Anthropologie für die Einführung und Verbesserung der alten-DNS-Technik eingesetzt.

---

256 Krisha R. Veeramah, Anke Tönjes, Peter Kovacs, (...) John Novembre, Michael Stumvoll: Genetic variation in the Sorbs of eastern Germany in the context of broader European genetic diversity. In: European Journal of Human Genetics 19, 2011, S. 995-1001; Arnd Gross, Anke Tönjes, Peter Kovacs, Krisha R. Veeramah u.a.: Population-genetic comparison of the Sorbian isolate population in Germany with the German KORA population using genomewide SNP arrays. In: BMC Genetics 12, 2011, S. 1-13.

Dem Leiter des Göttinger Instituts, Bernd Herrmann, ging es dabei in erster Linie um die Rekonstruktion von Familienbeziehungen innerhalb von Gräberfeldern, nicht um den Bevölkerungsvergleich, den er ja eigentlich ablehnt. Inzwischen hat sich aber die Bedeutung der alten DNS für den historischen Bevölkerungsvergleich durchgesetzt.

Heute wird die Analyse alter DNS in Deutschland vor allem von dem Schweden Svante Pääbo (geb. 1955) und Johannes Krause (geb. 1980) am Max-Planck-Institut für Evolutionäre Anthropologie in Leipzig und von Joachim Burger (geb. 1969) von der Paläogenetischen Gruppe innerhalb des Instituts für Organismische und Molekulare Evolutionsbiologie in Mainz betrieben. Vor allem Pääbo und Krause haben durch populäre Bücher und Zeitungsberichte auch außerhalb von Wissenschaftskreisen eine gewisse Bekanntheit erlangt.

Die Paläogenetiker befassen sich aber vor allem mit der genetischen Geschichte des Menschen in urgeschichtlichen Epochen, wie dem Neandertaler, der altsteinzeitlichen Besiedlung Europas, dem Beginn des Neolithikums oder der Einwanderung möglicherweise indogermanischer Steppenvölker nach Europa, die außerhalb des zeitlichen Rahmens meines Buches liegen und nicht Teil der deutschen Geschichte sind. Es gibt nur wenige Untersuchungen an mittelalterlichen oder frühneuzeitlichen mitteleuropäischen Bevölkerungsstichproben.

Barbara Bramanti und Susanne Hummel vom Göttinger Institut für Anthropologie und Humanökologie untersuchten in einer frühen aDNS-Arbeit eine besondere frühneuzeitliche Goslarer Sozialgruppe, die „Hüttenleute“ im Frankenberger Viertel. Das waren hart arbeitende Handwerker. Aus 26 von 89 Skeletten aus dem 18. Jahrhundert konnten Bramanti und Hummel alte DNS gewinnen. Sie bestimmten neun autosomale STRs. Zum Vergleich zogen sie eine heutige Stichprobe von 28 Probanden aus verschiedenen Regionen in Westdeutschland heran. Der statistische Vergleich der neun Polymorphismen ergab nur für einen (HUMFGA) einen signifikanten Unterschied der Allele. Bei einem statistischen Test für alle Merkmale zusammen ergab sich aber auch ein signifikanter Unterschied zwischen beiden Gruppen, der auch bestehen blieb, wenn man das HUMFGA-System nicht berücksichtigte. Die statistische Analyse der Genotypen wies außerdem eine vergleichsweise hohe Rate von Homozygotie aus, was für eine starke Endogamie der Hüttenleute spricht. [257]

---

257 Barbara Bramanti, Susanne Hummel u.a.: STR allelic frequencies in a German skeleton collection. In: Anthropologischer Anzeiger 58, 2000, S. 45-49; Susanne Hummel, T. Schultes, B., Bramanti, Joachim Burger u.a.: aDNA – Fingerprinting. In: M. Schultz u.a. (Hg.): Schnittstelle Mensch – Umwelt in Vergangenheit, Gegenwart und Zukunft. 3. Kongress der Gesellschaft für Anthropologie 1998, Göttingen 2000, S. 327-349.

Die dänischen Rechtsmediziner Linea Melchior und Jörgen Dissing untersuchten die mitochondriale DNS aus den Skelettresten aus zwei germanischen Gräberfeldern im Süden der dänischen Insel Seeland aus der römischen Eisenzeit (Christi Geburt bis 400 n. Chr.). Das erste Gräberfeld von Bøgebjerggård stammt aus der Zeit von Christi Geburt bis etwa 200 n. Chr. und repräsentiert die unterste Schicht freier Bauern mit nur sehr einfachen Grabbeilagen. Im Gegensatz dazu beinhaltet das 8 km östlich gelegene Gräberfeld von Skovgaarde aus der Zeit von 200 bis 270 n. Chr. die oberste, politisch herrschende Gesellschaftsschicht mit reich ausgestatteten Gräbern. In Bøgebjerggård gelang es, die mitochondrialen Haplotypen DNS von sieben und in Skovgaarde die von 11 Individuen zu bestimmen. Dabei ergab sich, dass in dem wohlhabenden Gräberfeld von Skovgaarde sich solche mtDNS-Haplotypen fanden, wie sie auch heute noch in ungefähr gleichem Verhältnis in Skandinavien vorkommen. In dem armen Gräberfeld von Bøgebjerggård dagegen fanden sich neben auch heute noch vorkommenden Haplogruppen drei, die in heutigen und historischen skandinavischen Bevölkerungen nur sehr selten oder gar nicht vorkommen. Das sind die Haplogruppen R0a (früher Pre-HV1), U2e und U5b1. Die Haplogruppe R0a kommt häufiger im Nahen Osten und vereinzelt in Südosteuropa vor. Die Haplogruppe U2e ist in heutigen Bevölkerungen überall sehr selten und konnte bisher in keiner west- oder mitteleuropäischen antiken Bevölkerung gefunden werden. Auch die Haplogruppe U5b1 war bisher in Skandinavien noch nicht beobachtet worden. Die Autoren der Studie spekulieren, dass die Träger der in Skandinavien sehr seltenen Haplogruppen gefangene Römer sein könnten. Die Römer setzten in Germanien auch Legionen oder Hilfstruppen aus den östlichen und südlichen Teilen des Reiches ein und gelangten mit ihren Feldzügen bis an die untere Elbe. Dort könnten auch Germanenstämme von Seeland gekämpft haben, oder gefangene Römer wurden an entferntere Stämme wie auf Seeland verkauft. Es ist überliefert, dass selbst Söhne von Senatoren in Germanien als Knechte arbeiten mussten (die wurden dann allerdings irgendwann freigekauft).[258] Wir haben unter unseren Vorfahren nicht nur Germanen, sondern auch ein paar unglückliche Römer.

In der Völkerwanderungszeit gab es bei den Hunnen und teilweise auch bei den von ihnen beeinflussten germanischen Völkern die Sitte der Schädeldeformation. Schon den Babys wurden die Schädel so mit Binden geschnürt, dass sie sich im Wachstum turmartig nach hinten oben streckten. Krishna R. Veeramah und andere Mitarbeiter aus der Mainzer Gruppe um Joachim Burger untersuchten 2018 36 Schädel aus sechs germanischen Gräberfeldern aus der Zeit um 500 n. Chr. in Bayern südlich der Donau. Der Name

258 Linea Melchior, M.T. Gilbert, Toomas Kivisild, Niels Lynnerup, Jörgen Dissing: Rare mtDNA haplogroups and genetic differences in rich and poor Danish iron-ages villages. In: American Journal of Physical Anthropology 135, 2008, S. 206-215.

der Baiern ist das erste Mal um 550 n. Chr. überliefert, man kann aber wohl davon ausgehen, dass es sich bei den 36 Männern, Frauen und Kindern um die Vorfahren oder gar um frühe Bajuwaren handelt. Außerdem wurden noch ein römischer Soldat aus München aus der Zeit um 300 n. Chr., ein Mann von der Krim mit ostgotischem Grabinventar aus dem 3. bis 4. Jahrhundert, ein weiterer Mann aus Serbien mit gepidischem Grabinventar – die Gepiden waren ein ostgermanischer Stamm – aus dem 6. Jahrhundert und zwei Männer vom südlichen Ural aus dem 5. bis 2. Jahrhundert vor Chr. mit sarmatischem Grabinventar als Vergleichsgruppe untersucht.

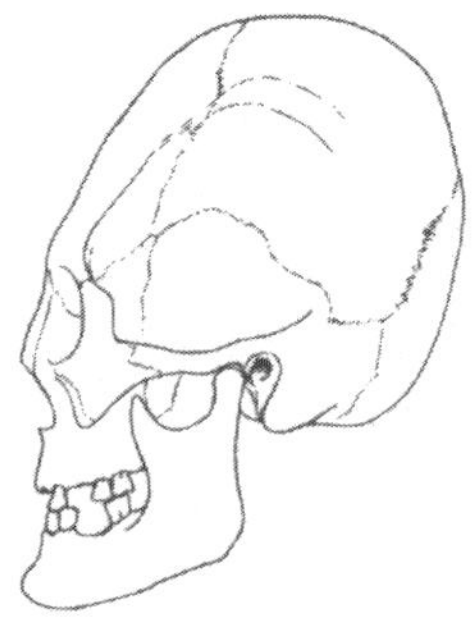

Nach hunnischer Sitte deformierter Schädel aus der Völkerwanderungszeit

Unter den Frauen der baierischen Gruppe gibt es zwei mit normalem und neun mit deformiertem Schädel. Veeramah und seine Mitarbeiter führten eine genomweite Untersuchung mit 6 000 wahrscheinlich neutralen Polymorphismen und 486 SNPs mit bekanntem Phänotyp aus. Sie verglichen die Ergebnisse mit Daten von heutigen Individuen und mit heutigen Länderdaten. Mit Ausnahme von zwei Frauen mit deformiertem Schädel schließen sich alle der Individuen aus den baierischen Gräberfeldern an heutige nord- und mitteleuropäische Individuen an. Beim Vergleich mit den Länderdaten stehen sie Deutschland am nächsten. Nur zwei Frauen gleichen eher heutigen Griechen oder Türken. Eine Frau ist genetisch zu etwa 20 Prozent mongolider Abstammung und ähnelt zentralasiatischen Bevölkerungen. Auch der römische Soldat gleicht am ehesten heutigen Türken. Der mutmaßliche Ostgote von der Krim und der Gepide aus Serbien haben genetische Beziehungen nach Südeuropa und dem mittleren Osten beziehungsweise Zentralasien. Ein Hinweis darauf, dass sich während der Völkerwanderung Ostgermanen mit Völkern asiatischer Herkunft wie den Hunnen vermischt haben. Die beiden zeitlich früheren Sarmaten vom Südural ähneln am ehesten heutigen Finnen und Russen.

Bei der Analyse der codierenden Gene ergab sich, dass die bajuwarischen Individuen mit großer Wahrscheinlichkeit (80 Prozent) blaue Augen und blonde Haare hatten. Nur neun Frauen mit deformiertem Schädel sind braunäugig und alle bis auf eine blonde haben auch dunkle Haare (sieben von ihnen schließen sich genetisch trotzdem den heutigen Nord- und Mitteleuropäern an).[259]

Sozialanthropologie

Schon 2017 veröffentlichten der britische Genetiker Michael A. Woodley of Menie (geb. 1984) und sein italienischer Kollege Davide Piffer eine Studie, in der sie die alte DNS von 99 Individuen aus der Zeit von 2500 v. Chr. bis 810 n. Chr. in Europa und Zentralasien mit der der heutigen Bevölkerung (n= 503) verglichen.

Seit den 2000er Jahren hat sich ein neues Verfahren zur Berechnung der genetischen Heritabilität eines Merkmals durchgesetzt. Da die Korrelationen zu einzelnen SNPs meist nur sehr gering sind, fasst man dabei alle SNPs, die mit dem untersuchten Merkmal korreliert sind, auch die vielen, deren Korrelationen nicht signifikant sind, zu einem polygenetischen Score zusammen. Diese Scores umfassen viele SNPs und erklären im Unterschied zu einzelnen SNPs oft nicht unbeträchtliche Teile der genetischen Variabilität.

Woodley of Menie und Piffer berücksichtigten drei polygene Scores für kognitive Fähigkeit (mit 130 SNPs, 9 SNPs und 11 SNPs) aus verschiedenen publizierten Datensätzen moderner Bevölkerungen. Der Vergleich der prähistorischen Europäer mit den modernen Europäern ergab niedrigere Score-Werte für kognitive Fähigkeiten (Intelligenz) bei den prähistorischen Europäern. Für den Teil der prähistorischen Stichprobe, für den Radiokarbondatierungen vorliegen, 66 Individuen, prüften die Autoren auch auf einen zeitlichen Wandel. Dabei ergab sich, dass die zeitlich jüngeren Genome die höheren Score-Werte aufweisen. Dieser Trend ist statistisch signifikant. Es scheint also so zu sein, dass die genetisch bedingte Intelligenz der Europäer zumindest seit der frühen Bronzezeit bis zur Gegenwart zugenommen hat. Die Autoren führen das darauf zurück, dass die sozialen Oberschichten mehr

259 Krishna R. Veeramah, Andreas Rott, Melanie Groß, (…) Joachim Burger: Population genomic analysis of elongated skulls reveals extensive female-biased immigration in early medieval Bavaria. In: Proceedings of the National Academy of Science 115, 2018, S. 3494-3499; Michaela Harbeck, Brigitte Haas-Gebhard, Joachim Burger: Woher kamen die Vorfahren der Bayern? Welche Ethnien verschmolzen einst zu den Bajuwaren, den Urahnen der Bayern? Paläogenetiker verfolgen Spuren bis weit nach Osteuropa hinein. In: Spektrum der Wissenschaft 1/19, 2019, S. 78-83. Die Angaben in den beiden zitierten Aufsätzen sind teilweise widersprüchlich und uneindeutig, weswegen es sein kann, dass einige der von mir genannten Daten nicht ganz korrekt sind.

Nachkommen hatten, was zumindest für die Zeit vom 15. bis zum 19. Jahrhundert auch durch historische Quellen belegt ist.[260]

Der in Norwich (East Anglia) tätige britische Ökonom David Hugh-Jones und der in Amsterdam tätige genetische Psychiater Abdel Abdellaoui untersuchten 2019 die sozialen und medizinischen Daten von 456 426 Männer und Frauen europäischer Abstammung der UK Biobank, einer medizinisch-genetischen Datenbank in Großbritannien. Dabei wollten sie prüfen, inwieweit sich die Abwanderung aus den früheren Industriegebieten in Nordwest-England und Nordwales genetisch auswirken. Bei einer geographischen Hauptkomponentenanalyse der genetischen Daten ergab sich eine Gliederung, die den ethnischen Gemeinschaften in Großbritannien entspricht, nämlich England, Schottland und Wales.

Hugh-Jones und Abdellaoui prüften in einer genomweiten Untersuchung 33 soziale, gesundheitliche, körperliche und psychologische Merkmale mit Hilfe polygener Scores auf ihre Korrelationen zu SNPs hin. Sie unterschieden dabei die Score-Werte der verschiedenen Merkmale danach, ob die Probanden in den Industriegebieten in Nordwest-England und Nordwales geblieben waren oder inzwischen in die heute wirtschaftlich erfolgreicheren Gebiete Großbritanniens (vor allem in Südost-England) abgewandert sind. Es zeigte sich, dass die abgewanderten Männer und Frauen einen wesentlich besseren Schulabschluss als die im Industriegebiet verbliebenen aufweisen. Unter den zehn Prozent der Leute mit den höchsten Werten des Scores für Schulerfolg haben mehr als die Hälfte einen Universitätsabschluss, unter den zehn mit den niedrigsten Werten weniger als ein Fünftel. Die abgewanderten Probanden übertreffen in ihrem Schulerfolg im Mittel nicht nur die im Industriegebiet verbliebenen, sondern auch die in den Zuwanderungsgebieten geborenen.

Die im Industriegebiet gebliebenen Probanden haben eine geringere Körperhöhe und einen höheren *body-mass-index* als die Abgewanderten, haben mehr Körperfett, sind häufiger Raucher, leiden häufiger unter einer Aufmerksamkeitsdefizit Hyperaktivitätsstörung (ADHS) oder koronaren Herzkrankheiten und weisen bei den charakterologischen *big five* geringere Werte für Offenheit für neue Erfahrungen und höhere für Neurotizismus auf. Letzteres beinhaltet Eigenschaften wie Ängstlichkeit, Verletzlichkeit und Impulsivität. Auf der positiven Seite der im Industriegebiet Verbliebenen ist nur ihre größere Gewissenhaftigkeit (*conscientiousness*) und ihre geringere Neigung zu

260 Michael A. Woodley of Menie, Shameen Younuskunju, Bipin Balan, Davide Piffer: Holocene selection for variants associated with general cognitive ability: Comparing ancient and modern genomes. In: Twin Research and Human Genetics 20, 2017, S. 271-280.

bipolaren Störungen zu nennen, womit eine krankhafte Veranlagung zu wechselnden Manien und Depressionen gemeint ist.[261]

Psychologische Anthropologie: Die Persönlichkeitsdimensionen.

Nachdem man in der Persönlichkeitsforschung mit verschiedenen Modellen mit unterschiedlich vielen Persönlichkeitsdimensionen experimentiert hatte, hat sich in den 1980er und 1990er Jahren weitgehend ein Fünf-Faktoren-Modell durchgesetzt. Dieses hatte vor allem der amerikanische Psychologe Lewis R. Goldberg (geb. 1932) mit Hilfe eines lexikalischen Ansatzes gewonnen. Das heißt, er ging von dem Wortschatz der englischen Sprache aus, soweit er Persönlichkeitseigenschaften beschreibt. In mehreren Schritten fasste er diese zu fünf übergeordneten Eigenschaftskomplexen zusammen.

Auf dieser Grundlage entwickelten die amerikanischen Psychologen Robert McCrae (geb. 1949) und Paul T. Costa (geb. 1942) einen Fragebogen, um die Hauptpersönlichkeitsdimensionen zu erfassen, das *NEO-Personality Inventory Revisited* (NEO-PI-R). (NEO steht für Neurotizismus, Extraversion und Offenheit für Erfahrungen. McCrae und Costa hatten ursprünglich nur diese drei Persönlichkeitsdimensionen unterschieden). Der Fragebogen umfasst mehr als 80 Aussagen, zu denen der Proband mit jeweils einer von neun vorgegebenen Ausprägungsstufen Stellung beziehen kann (trifft sehr zu, mäßig, gar nicht usw.). Solche Aussagen sind zum Beispiel *„Ich habe gerne viele Leute um mich herum“, „Ich habe oft das Gefühl vor Energie überzuschäumen“* oder *„Ich ärgere mich oft darüber, wie andere Leute mich behandeln“,* wobei die Zustimmung zu den ersten beiden Fragen als Extraversion und die zu der letzten als Neurotizismus gewertet wird.

Die fünf Persönlichkeitsdimensionen, die sich als die *big five* heute weltweit durchgesetzt haben, sind die Dimensionen Extraversion und Neurotizismus, Verträglichkeit *(agreeableness),* Gewissenhaftigkeit *(conscientiousness)* und Offenheit für neue Erfahrungen. Diese letzte Dimension wird manchmal auch einfach nur Kultur oder Bildung genannt. Jede der Dimensionen besteht in McCraes Schema aus sechs Grundeigenschaften:

Die Persönlichkeitsdimension Extraversion wird von McCrae gelegentlich auch Begeisterungsfähigkeit *(surgency)* genannt. Sie umfasst Eigenschaften wie Geselligkeit, positive Emotionen, emotionale Wärme, Selbstsicherheit, das Bedürfnis nach Aufregung, Aktivität und Durchsetzungsvermögen.

261 Abdel Abdellaoui, David Hugh-Jones, Loic Yengo (...), Peter M. Visscher: Genetic correlates of social stratification in Great Britain. In: Nature Human Behavior 3, 2019, S. 1332–1342.

Neurotizismus beinhaltet Besorgnis, Reizbarkeit *(angry hostility)*, Depression, Befangenheit, Triebhaftigkeit und Impulsivität sowie Empfindlichkeit,

Verträglichkeit umfasst Vertrauen, Geradlinigkeit *(straightforwardness)*, Altruismus, Anpassungsbereitschaft *(compliance)*, Bescheidenheit und Liebenswürdigkeit,

Gewissenhaftigkeit Kompetenz *(competence)*, Ordnung, Pflichtbewusstsein, Leistungsstreben *(achievement striving)*, Selbstdisziplin und Bedachtsamkeit *(deliberation)*,

Offenheit für Erfahrungen beziehungsweise Kultur umfasst schließlich Phantasie, Schönheitssinn (Ästhetik), Empfindsamkeit *(feelings)*, Taten *(actions)*, Ideen und Werte.

McCrae und Costa übersetzten das NEO-Persönlichkeitsinventar in zahlreiche Sprachen und prüften das Fünf-Faktoren-Modell auf seine Übertragbarkeit in andere Sprachen und Kulturen. In den meisten anderen Kulturen ergaben sich in der Faktorenanalyse aufgrund der Korrelationen in den beantworteten Fragebögen tatsächlich fünf Faktoren, die denen des Fünf-Faktoren-Modells weitgehend entsprechen. Die Heritabilität (Erblichkeit) der fünf Persönlichkeitsfaktoren liegt nach Zwillingsuntersuchungen jeweils etwa um 50 Prozent.

Die geographische Verteilung der fünf Persönlichkeitsdimensionen brachte neben der Bestätigung von Bekanntem auch viele Überraschungen, darunter geradezu „kontraintuitive“ Ergebnisse, die im Widerspruch zu den allgemeinen Vorstellungen über die Charaktereigenschaft bestimmter Völker stehen.[262]

Werfen wir einen Blick auf die 2002 und 2004 veröffentlichten Ergebnisse von McCrae und seinen Mitarbeitern: Am extravertiertesten sind demnach in Europa die Nordeuropäer, Angelsachsen, Deutsche, Türken und Serben. Dass die Südeuropäer als nicht besonders extravertiert erscheinen, liegt daran, dass mehrere Merkmale, die man mit der Vorstellung von einem südländischen Temperament verbindet, wie Reizbarkeit und Impulsivität, stattdessen in die Persönlichkeitsdimension Neurotizismus eingehen. Am neurotischsten sind so die Südeuropäer und Franzosen, und am wenigsten neurotisch die Nordeuropäer und Niederländer. Die höchsten Werte für die Verträglichkeit haben Schweden und Niederländer. Am wenigsten verträglich sind: Russen, Deutschschweizer und Kroaten. Wenig überzeugend sind die Ergebnisse für die Gewissenhaftigkeit. Am gewissenhaftesten sind nach dem NEO-

262 Robert R. McCrae: NEO-PI-R data from 36 cultures. Further intercultural comparisons. In: Ders. (Hg.): The Five-Factor Model of Personality across Cultures, New York 2002, S. 105-125; Jürik Allik, Robert R. McCrae: Toward a geography of personality traits. Patterns of profiles across 36 cultures. In: Journal of Cross-Cultural Psychology 35, 2004, S. 13-28.

Persönlichkeitsinventar die Kroaten. Am offensten für neue Erfahrungen beziehungsweise am aufgeschlossensten und kultiviertesten sind Deutsche, Deutschschweizer und Österreicher, außerdem die Niederländer. Deutsche, Deutschschweizer und Österreicher bilden ein Cluster, genau wie Dänemark, Schweden und Norwegen. Ansonsten gibt es in Europa keine sinnvolle Clustergliederung.

Aufschlussreich ist auch ein Blick auf die verschiedenen Teilkomponenten der Persönlichkeitsdimensionen. Ganz Nord- und Westeuropa hat hohe Werte für Taten *(actions)*, einer Teildimension der Offenheit für neue Erfahrungen. Die Nordeuropäer weisen verglichen mit den Südeuropäern eine nur geringe Impulsivität auf. Die deutschsprachigen Länder haben einen hohen Wert für Empfindsamkeit. Wenn sich aber die Deutschen nur eine geringe Selbstdisziplin bescheinigen, dann liegt das wohl eher an der studentischen Stichprobe, die sich an den an sie gestellten Forderungen misst. Überraschend sind die hohen Werte der Südeuropäer und Franzosen für Sorgen und Depression, sie tragen zusammen mit der Impulsivität zu den hohen Neurotizismus-Werten der Südeuropäer bei. Die Neigung der Russen hingegen zu Empfindlichkeit, Depression und Passivität, ihre nur geringe Selbstdisziplin und nur geringes Leistungsstreben und Pflichtbewusstsein entsprechen durchaus dem literarischen Bild von den Russen. Ebenso wie die Neigung der Ungarn zur Depression, die ja seit jeher die Selbstmordstatistik in Europa anführen.

McCrae führte mit den Daten 2005 auch eine Clusteranalyse durch, bei der die Länder je nach ihrer Ähnlichkeit zu verschiedenen Ähnlichkeitsgruppen (Clustern) zusammengefasst wurden. Es ergaben sich zwei große Cluster. Das eine umfasst die europäischen Länder und die mit europäischer Bevölkerung in Übersee (Amerika, Kanada, Australien usw.) sowie mit etwas größerem Abstand auch die Japaner und Chinesen. Es gliedert sich in mehrere Subcluster, unter anderem eines der Skandinavier mit den Nordamerikanern und Kanadiern und eines der deutschsprachigen Länder. Die übrigen europäischen Länder finden sich innerhalb dieses Hauptclusters nicht in sinnvollen Subcluster zusammen. Das zweite Hauptcluster umfasst die meisten nichteuropäischen Länder.

Dass die Nord- und Westeuropäer einschließlich der Amerikaner sich als extravertiert beschreiben, liegt sicher zum Teil an den heutigen Wertvorstellungen der westlichen Kultur, in der ein beträchtlicher Sozialdruck ausgeübt wird, „offen" und „locker" zu sein. Vermutlich sind wir heute tatsächlich extravertierter als es noch unsere Großväter waren. Das dürfte auch Ausdruck der Sicherheit und des Wohlstandes sein, in dem wir leben.

In einer Untersuchung von 7 767 Schweizern aus dem Jahr 2018 erweisen sich die romanischen Welschschweizer als weniger verträglich, weniger gewissenhaft und weniger extravertier als die Deutschschweizer, dafür aber neurotischer als diese.[263]

Um das Problem der subjektiven Selbsteinschätzung zu umgehen, befragten Robert McCrae und Antonio Terracciano in einer erneuten Erhebung, die diesmal sogar 51 Länder umfasste, die Studenten nach ihrer Meinung von jeweils einem guten Bekannten statt über sich selbst.

Die Ergebnisse stimmen in vielem mit denen der Selbsteinschätzung überein, zeigen aber auch einige charakteristische Abweichungen. So weisen die Deutschen (die drei deutschsprachigen Länder) jetzt eine außerordentliche Gewissenhaftigkeit auf, die auf allen sechs Teildimensionen beruht. Besonders bei der Kompetenz, Ordnung und Selbstdisziplin sind die Unterschiede zu den westlichen und östlichen Nachbarn groß, aber auch bei dem Pflichtbewusstsein, Leistungsstreben und der Bedachtsamkeit (bei den letzten drei haben die Tschechen ähnlich hohe Werte). Außerdem übertreffen die Deutschen, die Deutschschweizer und die Österreicher alle westlichen und östlichen Nachbarn bei den Teildimensionen Ideen und Altruismus, ausgenommen die Tschechen und die französischen Schweizer (bei letzteren kalvinistischer Einfluss?). Die drei deutschsprachigen Gebiete weisen außerdem deutlich niedrigere Werte für Reizbarkeit und Impulsivität als alle West- und Osteuropäer auf, letzteres wieder mit Ausnahme Tschechiens. Auch die emotionale Wärme ist in Deutschland eher größer, aber auch die Aktivität. Nur bei den Engländern und den Nordiren gibt es noch mehr Wärme, bei den Dänen etwa gleich viel. Das Bedürfnis der Deutschen nach Aufregung ist eher gering und nur bei den Tschechen noch geringer.

Den drei deutschen Ländern stehen die Tschechen und die Dänen am nächsten (Norwegen, Schweden und die Niederlande fehlen bei der Frage nach einem Bekannten), gefolgt von den Engländern. Franzosen, Belgier, französische Schweizer und Italiener sind impulsiver, weniger zu Taten geneigt (außer den Italienern), ideenärmer aber noch im europäischen Durchschnitt, weniger kompetent, ordentlich und pflichtbewusst, streben weniger nach Leistung, haben weniger Selbstdisziplin und sind weniger bedachtsam als die drei deutschen Länder. Die Polen sind impulsiver, weniger zu Taten geneigt, weniger ideenreich (aber im europäischen Durchschnitt), weniger altruistisch, weniger pflichtbewusst, leistungsstrebend und bedachtsam als die Deutschen (alle drei Länder). Bemerkenswert ist auch die geringe Verträglichkeit in einigen arabischen Ländern (Libanon, Marokko).[264]

---

263 Friedrich M. Götz, Tobias Ebert, Peter J. Rentflow: Regional cultures and the psychological geography of Switzerland. Person-environment-fit in personality predicts subjective wellbeing. In: Frontiers in Psychology 9, 2018, S. 1-16.

264 Robert R. McCrae, Antonio Terracciano: Personality Profiles of Cultures: Aggregate Personality Traits. In: Journal of Personality and Social Psychology 89, 2005, 407-425; dies.: The Five-Factor Model and its Correlates in Individuals and Cultures. In:

Verhaltensgenetik

Es gibt heute eine Reihe von Genen mit Allelen, deren unterschiedliche Wirkung auf Neurotransmitter und damit auf das menschliche Fühlen und Verhalten bekannt sind. Ich habe diese und ihre völkerpsychologische Bedeutung in der dritten Auflage meiner „Völkerpsychologie" von 2021 vorgestellt. Das sind das Dopamin-Rezeptor-Gen (DRD4), das Serotonin-Transporter-Gen (SERT), das Monoaminooxidase A-Gen (MAOA), das µ-Opioid-Rezeptor-Gen (OPRM1), das Androgen-Rezeptor-Gen (AR) und das Oxytocin-Rezeptor-Gen (OXTR). Die über diese Gene vorhandenen Daten beziehen sich aber vor allem auf die Unterschiede zwischen den Großrassen der Europiden, Mongoliden und Negriden. Über Unterschiede innerhalb Europas liegen dagegen nur wenige Daten vor.[265] Da es keine zusammenfassende oder vergleichende Arbeiten über die psycho-genetischen Merkmale in Mitteleuropa gibt, stelle ich hier die mir verfügbaren Daten aus verschiedenen Publikationen zusammen.

Das Dopamin-Rezeptor-Gen (DRD4)

Es besteht ein Zusammenhang zwischen dem Dopamin-Rezeptor-Gen (DRD4) und einer Charaktereigenschaft, die *novelty seeking* genannt wird. Damit ist so viel wie das Bedürfnis nach Neuem gemeint. Dazu gehören Eigenschaften wie Neugier, Impulsivität, Extravaganz (Verschwendungssucht, Überspanntheit) und Unordnung. Dopamin ist ein wichtiger Neurotransmitter im Gehirn, ein Mangel an ihm führt zu einer starren, unbeweglichen Persönlichkeit, der es an Initiative und Antrieb fehlt. Dagegen macht ein hoher Dopaminspiegel neugierig und abenteuerlustig. Dopamin ist eine der Motivationssubstanzen des Gehirns, das bestimmte Handlungen mit einem lustvollen Gefühl belohnt. Bei Vorliegen eines langen Allels, das heißt der siebenfachen Wiederholung einer bestimmten Sequenz des Gens ist die Funktion des von dem Gen codierten Dopaminrezeptors eingeschränkt. Das hat zur Folge, dass Menschen mit einem 7-Repeat größerer Reize bedürfen und ihr Leben abenteuerlicher gestalten müssen als Menschen mit einem kurzen DRD4-Allel, um dieselbe Befriedigung ihres Bedürfnisses nach Neuem zu erlangen. Allerdings ließ sich der Zusammenhang vom Dopamin-Rezeptor-Gen und *novelty seeking* in nicht jeder Bevölkerungsstichprobe bestätigen.

Fons J.R. van de Vijver, Dianne A. van Hemert, Ype H. Poortinga (Hg.): Multilevel Analysis of Individuals and Cultures, New York 2008, S. 249-283.

265 Über die einzelnen Merkmale siehe Andreas Vonderach, Völkerpsychologie. Ihre Geschichte und ihre Ergebnisse von der Antike bis zur Gegenwart. 3., aktualisierte Auflage, Beltheim-Schnellbach 2021, S. 396 ff.

In Europa überwiegt wie in Afrika und Ostasien das kurze, „ruhige" 4er-Allel. Das abenteuerlustig machende lange 7er-Allel ist häufiger in Nordeuropa (Dänemark 14 Prozent, Schweden 16 Prozent) und Spanien (18 Prozent). In Südosteuropa (Griechenland 9 Prozent) und Osteuropa (Russland 4 Prozent, Ukraine 6 Prozent) kommt es eher selten vor. Finnland (6 Prozent) gehört, was das DRD4-7 Allel angeht, zu Osteuropa, dem es ja auch anthropologisch nahe steht. Deutschland schließt sich mit 19 Prozent (Gegend um Bielefeld) an die nordgermanischen Länder an. Das passt sowohl zu der ethnischen Verteilung in Europa als auch zu den Vorstellungen, die man allgemein von dem Temperament der verschiedenen Völker hat.[266]

Das Serotonin-Transporter-Gen (SERT)

Es gibt Hinweise darauf, dass die Wirkung des DRD4-Gens durch andere Gene beeinflusst wird. Eines davon ist das Serotonin-Transporter-Gen. Auch dieses, auf Chromosom 7 gelegene Gen steht in Zusammenhang mit Charaktereigenschaften und weist ethnischen Unterschiede auf. Serotonin ist wie Dopamin ein wichtiger Neurotransmitter. Der von dem Gen codierte Serotonintransporter bewirkt die Wiederaufnahme des Botenstoffes Serotonin in die Zelle. Eine Dysfunktion des Serotonintransporters wird mit Depressionen und Angststörungen in Zusammenhang gebracht. Der Polymorphismus des Serotonin-Transporter-Gens betrifft den Abschnitt 5-HTTLPR in seiner Aktivierungssequenz, den es in einer kurzen und einer langen Variante gibt (das s- oder l-Allel). Bei einem kurzen Allel ist der Serotonintransporter weniger wirksam, und es wurde beobachtet, dass die betroffenen Menschen deutlich erhöhte Werte für die psychologischen Merkmalskomplexe Neurotizismus und Schadensvermeidung aufweisen. Das heißt, sie neigen stärker zu negativen Emotionen, sind leichter depressiv, ängstlich und verletzbar. Allerdings findet sich auch dieser Zusammenhang nicht in allen untersuchten Bevölkerungsstichproben. Der Effekt ist bei den homozygoten Trägern des kurzen Allels (ss) stärker als bei den heterozygoten (sl).

---

266 Chuansheng Chen, Michael Burton, Ellen Greenberger u.a.: Population migration and the variation of dopamine D4 receptor (DRD4) allele frequencies around the globe. In: Evolution and Human Behavior 20, 1999, S. 309-324; Fong-Mimg Chang, Judith R. Kidd, Kenneth J. Livak u.a.: The world-wide distribution of allele frequencies at the human dopamine D4 receptor locus. In: Human Genetics 98, 1996, S. 91-101; Atika Mansoor, Kehkashan Mazihar, Raheel Qamar: VNTR polymorphism of the DRD 4 locus in different Pakistani ethnic groups. In: Genetic Testing 12, 2008, S. 299-304; S.A. Borinskaya, Zh.M. Kozhekbaeva, E.V. Gorbunova u.a.: Analysis of the DRD4 gene poly-morphism in populations in Russia and neighboring countries. In: Genetika 40, 2004, S. 835-840 (russ., mit engl. Abstract); Alexander Strobel, Frank M. Spinath, Alois Angleiter u.a.: Lack of association between polymorphisms of the dopamine D4 receptor gene and Personality. In: Neuropsychobiology 47, 2003, S. 52-56.

In Europa überwiegt vorwiegend das lange, „nicht neurotische“ Allel. Es gibt in Europa ein Nord-Süd-Gefälle in der Häufigkeit des kurzen Allels von Norden und Osten nach dem Süden. Das „neurotische“ kurze Allel ist im Norden seltener als im Süden. Am seltensten ist es Estland, Polen und Irland mit 34,8, 37,0 und 39,0 Prozent. In Skandinavien, Finnland und den Niederlanden liegen die Werte zwischen 40,8 (Dänemark) und 43,6 Prozent (Schweden). Dem entsprechen auch die Häufigkeiten in Deutschland (43,0 Prozent) und Österreich (43,7). Belgien und Polen haben jeweils einen Wert von 43,0 Prozent, Russland einen von 43,9 Prozent, Frankreich von 43,2 Prozent und Großbritannien einen von 44,0 Prozent. Die größten Häufigkeiten für das „neurotische“ kurze Allel haben Spanien (46,8 Prozent) und Italien (48,5 Prozent). Das entspricht der Verteilung des Persönlichkeitsdimension Neurotizismus nach Persönlichkeitsfragebögen in Europa, die Robert McCrae zusammengestellt hat. Weiter südlich steigt die Häufigkeit des kurzen Allels noch mehr. Israel hat einen Wert von 49,3 Prozent, die Türkei einen von 54,3 und der Iran einen von 54,0 Prozent. Für die arabischen Länder liegen mir leider keine Werte vor.[267]

Das µ-Opioid-Rezeptor-Gen (OPRM1)

Ein weiterer völkerpsychologisch relevanter Polymorphismus betrifft die Fähigkeit des Körpers, mit seelischem Schmerz umzugehen. Es besteht ein Zusammenhang zwischen einer Variante des µ-Opioid-Rezeptor-Gens (OPRM1) und der subjektiven Empfindlichkeit gegenüber sozialer Ablehnung. Opioide sind körpereigene Stoffe, die eine Rolle bei der Unterdrückung von Schmerzen spielen, und zwar nicht nur körperlicher, sondern auch seelischer Schmerzen, wie sie mit sozialer Ablehnung verbunden sind. Personen mit der A118G-Variante des µ-Opioid-Rezeptor-Gens berichten signifikant häufiger von einem starken emotionalen Schmerz als Reaktion auf soziale Ausgrenzung, was in bildgebenden Verfahren durch eine stärkere Aktivität im dorsalen vorderen Bereich des cingulären Cortex bestätigt wird.

267 Joan Y. Chiao, Katherine D. Blizinsky: Culture-gene coevolution of Individualism-collectivism and the serotonin transporter gene. In: Proceedings of the Royal Society B 277, 2009, S. 527-537; Michael Minkov, Vesselin Blagoev, Michael harris Bond: Improving research in the emerging field of cross-cultural sociogenetics. The case of serotonin. In: Journal of Cross-Cultural Psychology 46, 2015, S. 336-354; Robert R. McCrae: NEO-Pi-R data from 36 cultures. Further intercultural comparisons. In: Robert R. McCrae (Hg.): The five-factor model of personordeuropäischen Länder die niedrigsten nality across cultures. New York 2002, S. 105-125; Jürik Allik, Robert R. McCrae: Toward a geography of personality traits. Patterns of profiles across 36 cultures. In: Journal of Cross-Cultural Psychology 35, 2004, S. 13-28.

Dem amerikanischen genetischen Neurologen Baldwin M. Way fielen die beträchtlichen ethnischen Unterschiede in der Häufigkeit des G-Allels des μ-Opioid-Rezeptor-Gens auf. Es ist am häufigsten in Ostasien mit Werten von 30 bis zu 45 Prozent, hat mittlere Werte um 20 bis 37 Prozent in Lateinamerika und 27 Prozent in Indien. Noch niedrigere Werte von 5 bis 17 Prozent haben die europäischen Länder.

Way berechnete die geographische Korrelation zwischen dem G-Allel und der kulturellen Dimension des Kollektivismus aufgrund von Länderdaten und kam so zu einer Korrelation 0.65. Es besteht also ein mittelstarker bis starker statistischer Zusammenhang zwischen dem OPRM1-Polymorphismus und Kollektivismus. Je häufiger das „verwundbare" Allel ist, desto ausgeprägter kollektivistisch ist die Kultur des entsprechenden Landes. Der kausale Zusammenhang ist auf unterschiedliche Weise denkbar. Es kann sein, dass die kollektivistischen Kulturen sich gebildet haben, weil es in ihnen ein durch die große Häufigkeit seelisch verwundbarer Individuen bedingtes stärkeres Bedürfnis nach sozialer Sicherheit gab, oder aber in den kollektivistischen Kulturen hatten die seelisch verwundbaren Individuen bessere Überlebens- und Fortpflanzungschancen, weshalb sich in ihnen ihre genetische Disposition mit der Zeit anreicherte.

In Europa haben die nordeuropäischen Länder die niedrigsten Werte des G-Allels des OPRM1-Gens (Schweden 6, Niederlande 12, England 12 Prozent). Die Menschen dort fürchten sich am wenigsten vor sozialer Isolation. Das passt zu dem individualistischen, Abstand wahrenden Charakter der Nordeuropäer und ihrer Neigung zum Einzelgängertum. Die Länder Südeuropas (Italien 13 Prozent) und Osteuropas (Russland 16 Prozent) haben höhere Werte. Deutschland gehört mit einem Wert von nur 9 Prozent zur nordeuropäischen Gruppe.[268]

Das Monoaminooxidase A-Gen (MAOA)

Ein weiterer genetischer Polymorphismus, der von völkerpsychologischem Interesse ist, ist das Das Monoaminooxidase-A-Gen (MAOA), das auch als „Krieger-Gen" bekannt wurde. Das MAOA-Gen ist ein Gen auf dem X-Chromosom, das die Erbinformation für das Enzym Monoaminooxidase A enthält. Dieses Enzym baut im Gehirn verschiedene Neurotransmitter ab, vor allem das Noradrenalin, aber auch Serotonin. Es gibt in dem Gen einen

268 Baldwin M. Way, Matthew D. Lieberman: Is there a genetic contribution to cultural differences? Collectivism, individualism and genetic markers of social sensitivity. In: Social Cognitive and Affective Neuroscience 5, 2010, S. 203-211. Ich habe die Prozentzahlen für das G-Allel nach dem Diagramm Fig. 1 bei Way und Lieberman rekonstruiert. Sie können um etwa einen Prozentpunkt von den dem Diagramm zugrundeliegenden empirischen Werten abweichen.

Längenpolymorphismus mit mehreren Allenen. Die häufigsten Allele sind das 3er-Allel und das 4er-Allel. Bei Vorliegen des „kurzen“ 3er-Allels ist die Wirksamkeit des Gens stark verringert, das heißt, das Noradrenalin wird weniger aktiv abgebaut. Das Noradrenalin ist ein Streßhormon, das der Körper in Streßsituationen ausschüttet, um die körperliche Leistungsfähigkeit zu steigern. Ein hoher Noradrenalinspiegel ist aber auch mit einem größeren Erregungsniveau verbunden. In einer Untersuchung weisen Männer mit kurzem MAOA-Allel ein um acht Prozent reduziertes Volumen der Amygdala, des *anterioren cingulären Cortex* und des *orbitofrontalen Cortex* auf.

Seit den 1990er Jahren hat man Zusammenhänge zwischen dem MAOA-Gen und aggressivem und antisozialem Verhalten beobachtet. Männer mit dem „kurzen“ 3er-Allel neigen stärker zu impulsiver Aggressivität als solche mit dem „langen“ 4er Allel. Der Zusammenhang betrifft vor allem Männer, weil das MAOA-Gen auf dem X-Chromosom liegt, von dem die Männer nur ein Exemplar besitzen, weshalb bei ihnen kein zweites, nicht betroffenes Allel des Gens ausgleichend wirken kann. Untersuchungen an den verschiedenen ethnischen Gruppen in Amerika und in außereuropäischen Ländern zeigten, dass das kurze 3er-Allel bei Nichteuropäern wesentlich häufiger ist als bei Europäern. Einer weiteren Öffentlichkeit wurde das Gen 2006 als „Krieger-Gen“ *(warrior gene)* bekannt.

Als der neuseeländische Genetiker Rod Lea und seine Kollegen Daten von 46 Maori untersuchten, von denen rund 60 Prozent das kurze Allel aufwiesen, formulierten sie die Hypothese, dass die Ausbreitung der Polynesier im Südpazifik mit einer Selektion zugunsten des „gewalttätigen“ MAOA-Allels verbunden gewesen sei. Hintergrund dieser Interpretation war die Tatsache, dass sich die heutigen Maori durch eine ausgesprochen hohe Kriminalität auszeichnen. Mit nur 15 Prozent der Bevölkerung stellen sie 49,5 Prozent der Gefängnisinsassen Neuseelands.

Seitdem haben viele neuere Studien den Zusammenhang von kurzem MAOA-Allel, niedriger Monoaminooxidase-A-Aktivität und antisozialem Verhalten bestätigt. Es zeigte sich ein Zusammenhang des 3er-Allels mit *straightforwardness* (Geradlinigkeit, Direktheit), Risikobereitschaft und aggressivem und gewalttätigem Verhalten. Männer mit dem kurzen Allel reagieren auf Provokationen aggressiver als solche mit dem 4er-Allel. Ein niedriger IQ erhöht bei Männern mit dem 3er-Allel die Wahrscheinlichkeit gewalttätigen Verhaltens, nicht jedoch bei denen mit dem 4er-Allel. Eine amerikanische Studie fand heraus, dass Jungen mit dem kurzen Allel häufiger kriminellen Banden beitreten und dass diejenigen von ihnen, die Banden angehören, viermal so häufig Gewalt anwenden. Untersuchung des Gehirns mit bildgebenden Verfahren zeigen, dass bei Menschen mit dem kurzen Allel die Strukturen des Lymbischen Systems kleiner sind. Das Lymbische System hat besonderen Anteil an der Entstehung von Emotionen.

Nach Untersuchungen, die nun an ausreichend großen Stichproben durchgeführt worden sind, besitzen in Amerika 29 Prozent der Hispanics, 34 Prozent der Europäer und 59 Prozent der Schwarzen das kurze 3er-Allel. Bei Chinesen fand man es bei 77 Prozent und bei den polynesischen Pazifikinsulanern bei 61 Prozent. Von Maori, die mindestens ein Maori-Elternteil haben – die neuseeländischen Maori sind stark mit den weißen Neuseeländern vermischt, weshalb es kaum noch reinblütige Maori gibt – haben es 56 Prozent, was nahe legt, dass der ursprüngliche Wert der Maori deutlich höher gewesen sein muss.[269]

In Europa nimmt die Häufigkeit des 3er-Allels von Norden nach Süden hin zu. Schweden weist 16 Prozent, Dänemark und Polen jeweils 29 Prozent, die Niederlande 31, Frankreich 32 und Deutschland 39 Prozent auf. Den höchsten Wert hat bislang mit 41 Prozent Italien.[270] Die niedrigen Werte in Nordeuropa passen gut zu seinen heutigen friedlichen Bewohner, aber kaum zu denen der Wikingerzeit. Die Italiener gelten seit dem frühen Mittelalter als keine guten Krieger, wenn es über bloße Rhetorik hinausgeht. Die jüngere Geschichte hat das bestätigt. Aber es gibt in Italien durchaus ein aggressives Männlichkeitsgehabe, zumindest in Süditalien.

Inzwischen unterscheiden neuere Untersuchungen nicht nur zwischen dem 3er und dem 4er-Allel, sondern weisen auch noch weitere Längenpolymorphismen aus. Insbesondere gibt es ein noch ein 2er-Allel, dessen Monoaminooxidase-A-Expression noch deutlich schwächer als die des 3er-Allels ist. Das heißt, bei Vorliegen dieses Allels wird noch weniger von dem MAOA-Enzym freigesetzt. Bei Männern mit dem 4er-Allel ist das Enzym mehr als dreimal so aktiv wie bei solchen mit dem 2er-Allel. Entsprechend ist der Zusammenhang des Genotyps MAOA-2R mit aggressivem und gewalttätigem Verhalten noch stärker als schon bei dem Genotyp MAOA-3R.

Der amerikanische Kriminologe Kevin M. Beaver und seine Mitarbeiter gingen der Frage nach, ob das 2er-Alllel bei Gefängnisinsassen häufiger ist als in der Normalbevölkerung. Leider konnten sie die Untersuchungen nur an schwarzen Amerikanern durchführen, da das 2er-Allel bei den weißen Amerikanern mit 0,1 Prozent zu selten ist. Es zeigte sich, dass die Träger des 2er-Allels mehr als dreimal so oft inhaftiert sind als die Träger anderer MAOA-Allele. 9,5 Prozent der schwarzen Gefängnisinsassen besitzen den MAOA-2R-Genotyp, gegenüber nur 3,4 Prozent der nicht inhaftierten Schwarzen.

---

269 Rod Lea, Geoffrey Chambers: Monoamine oxidase, addiction, and the "warrior" gene hypothesis. In: The New Zealand Medical Journal 120, 2007, U2441.

270 Baldwin M. Way, Matthew D. Liebermann: Is there a genetic contribution to cultural differences? Collectivism, individualism and genetic markers of social sensitivity. In: Social Cognitive and Affective Neuroscience 5, 2010, S. 203-211, Die Prozentzahlen habe ich nach dem Diagramm in Abbildung 2 rekonstruiert.

Von völkerpsychologischem Interesse ist natürlich die Weltverteilung des MAOA-2R-Allels. Es kommt nur bei 0,1 bis 0,5 Prozent der Europäer vor. Bei (amerikanischen) Negriden ist es mit Werten von 4,7 bis 5,5 Prozent deutlich häufiger. Bemerkenswert ist, dass das 2er-Allel bei Chinesen trotz des bei diesen weltweit höchsten Wertes für das 3er-Allels nach den bisherigen Untersuchungen überhaupt nicht vorkommt. Das spricht für selektive Einflüsse in der Vergangenheit und passt eindeutig besser zu den charakterologischen Beurteilungen der Ostasiaten als der hohe MAOA-3R-Wert. Für die Maori und Polynesier sind meines Wissens bisher noch keine Daten zum 2er-Allel veröffentlicht worden.

Erstaunlich ist allerdings das Ergebnis einer Studie aus Saudi-Arabien, die 2012 veröffentlicht wurde. Demnach besitzen 15,6 Prozent der Araber den Genotyp MAOA-2R! Das ist fast dreimal so viel wie der bisherige Höchstwert bei anderen Bevölkerungen. Ein Befund, der die vielen Berichte über die Impulsivität und Aggressivität der Araber zu bestätigen scheint. Spätestens seit dem Jahr 2015 ist das ein völkerpsychologisches Faktum, das auch für Deutschland von Bedeutung ist.[271]

Wie lassen sich solche Populationsunterschiede erklären? In vormodernen Kulturen, also praktisch in allen vor der europäischen seit dem 19. Jahrhundert, bestand ein positiver Zusammenhang zwischen sozialem, ökonomischem und politischem Erfolg und der Zahl der Nachkommen. Bauern hatten mehr Kinder, Enkel und Urenkel als Knechte, Meister mehr als Gesellen, Adelige mehr als einfache Freie und diese mehr als Leibeigene oder Sklaven. Hinzu kommt, dass derjenige, der physisch und psychisch den Idealvorstellungen einer Kultur entsprach, größere Chancen hatte, sich zu verheiraten und fortzupflanzen. Auf diese Weise züchtete sich jede Kultur auf die Werte hin, die in ihr den sozialen Erfolg ermöglichten. Kriegervölker züchten sich so auf kriegerische Tugenden, Bauernvölker auf bäuerliche, Händlervölker auf kaufmännische hin.

Die einst als Beduinen lebenden Araber waren (und sind teilweise noch) eine Kultur mit sehr kriegerischen und patriarchalischen Wertvorstellung. Die durch die soziale Konkurrenz und die Partnerwahl stattfindende Siebung auf bestimmte Eigenschaften wird noch erheblich verschärft, wenn Polygamie praktiziert wird, wie zumindest in historischer Zeit bei den Arabern. Das heißt, wenn die sozial erfolgreichen Männer mehrere Frauen haben können und damit die sozial nicht erfolgreichen Männer leer ausgehen und von der Fortpflanzung ausgeschlossen werden. Auf diese Weise war die Evolution

271 A.E. El-Tarras, A.A. Alusulaimani, N.S. Awads, N. Mitwaly, M.M. Said, Ma. M. Sabry: Association study between the dopamine-related candidate gene polymorphisms and ADHD among Saudi Arabian population via PCR technique. In: Molecular Biology Reports 39, 2012, S. 11081-11086.

auch in geschichtlicher Zeit unverändert wirksam. Die Völker sind eben keine zufälligen Gebilde, sondern unverwechselbare Ergebnisse ihrer Geschichte.

VI. Mein eigener Beitrag zur anthropologischen Erforschung Deutschlands

Marsch und Geest

Meine erste wissenschaftliche anthropologische Veröffentlichung erschien 1997 mit dem Titel „Gibt es einen anthropologischen Marschtypus?" in der schleswig-holsteinischen landeskundlichen Zeitschrift „Die Heimat".

Mein anthropologisches Interesse begann schon während meines Geschichtsstudiums in Oldenburg. Aber auch mein anthropologisches Interesse ist immer auch ein geschichtliches, an der Geschichte und Eigenart von Bevölkerungen. Nachdem ich die Literatur über die anthropologischen Verhältnisse Deutschlands bald kannte, begann ich nach unveröffentlichten anthropologischen Daten zu forschen. Es gibt in der Literatur immer mal wieder Hinweise auf anthropologische Untersuchungen, die offensichtlich nie veröffentlicht worden sind. Daher wusste ich von einer Arbeit des Kieler Anthropologen Wolfgang Bauermeisters (1907–1975) über die Westküste Schleswig-Holsteins aus den 1930er Jahren. So sprach ich auch in Mainz mit Frau Schwidetzky darüber, woraufhin sie mir aus Bauermeisters in Mainz verwahrtem wissenschaftlichen Nachlass das unfertige Manuskript zu dieser Arbeit zugänglich machte. Das Manuskript enthielt neben den Daten, die Bauermeister auf der Insel Helgoland erhoben hatte, auch die von Lothar Löffler (1901–1983) im Sommer 1931 auf Eiderstedt, in der Nordermarsch und der Nordergeest Dithmarschens gesammelten Daten der bäuerlichen Bevölkerung.

Als Oldenburger kannte ich natürlich das „Marschenbuch" des „Marschendichters" Hermann Allmers (1821–1902) aus dem Jahr 1858, in dem er auch die von ihm beobachteten körperlichen Unterschiede zwischen den Marsch- und Geestbewohner an der Nordseeküste beschrieb. So beschrieb er den Marschbewohner als *„eine derbe, breitschulterige, fleischige, oft stark ins Corpulente gehende Gestalt, mehr groß als klein, Hände und Füße stark und breit, das Haar schwach gekräuselt und blond, der Bart rötlich und nicht sehr dicht, das Auge hellblau oder grau und das geröthete Gesicht von rundlichem Schnitte..."* Der Geestbewohner sei dagegen *„durchgehends magerer, schmächtiger und aufgeschlossener, von kurzem Oberbau und langen schmalen Beinen, wenn auch mitunter stark knochig, und sein Gesicht häufiger von schärferen und eckigeren Umrissen..."* Ich verglich nun die anthropologischen Daten von den Bewohnern der Norderdithmarscher Marsch mit denen der Norderdithmarscher Geest und rechnete moderne Signifikanztests, die zur Zeit Bauermeisters noch nicht gebräuchlich waren.

Die Bewohner der Marsch (Männer) sind danach 3,8 cm größer als die der Geest und haben doppelt so oft eine als „mächtig" beschriebene Körpergestalt als die Geestbewohner. Während 21 Prozent von ihnen als „vollschlank" beschrieben werden, gilt dies nur für 3 Prozent der Geestbewohner. Letztere sind dafür häufiger schlank als die Marschbewohner. Dem „kurzen Oberbau" der Geestleute bei Allmers entspricht ihre geringere Sitzhöhe. Die Marschbewohner haben längere und schmalförmigere, etwas größere Köpfe als die Geestbewohner. Mit einem Gesichtsindex von 85,4 haben die Marschleute ein mittel- bis breitförmiges Gesicht, das sie von den eher schmalgesichtigen Geestleuten mit einem Index von 88,6 unterscheidet. Der von Allmers beschriebene Unterschied bei der Pigmentierung zeigt sich auch bei den zu 74,5 Prozent blauäugigen Marschleuten gegenüber den Geestleuten mit 60,9 Prozent. Während es auf der Marsch nur 1,4 Prozent Braunäugige gibt, sind das auf der Geest 9,4 Prozent. Ein entsprechender Unterschied besteht auch bei der Haarfarbe, bei der 47,3 Prozent der Marschleute blond sind und nur 36,4 Prozent der Geestleute.

Der anthropologische Unterschied zwischen den Marsch- und Geestbewohnern entspricht also weitgehend den Unterschieden, die Hermann Allmers in subjektiver Schau wahrgenommen hat. Die Ursache dieses Unterschiedes dürfte in den besseren Umweltbedingungen auf der fetten Marsch im Gegensatz zur mageren Geest liegen. Aber auch genetische Unterschiede dürften vorliegen, etwa bei der Haar- und Augenfarbe, zumal der Unterschied der Fruchtbarkeit der Böden um 1930 durch den Einsatz von Kunstdünger wohl schon weitgehend ausgeglichen war. Es ist möglich, dass die biologisch anspruchsvolleren Naturen das karge Leben auf der Geest nicht ertrugen und bevorzugt abwanderten. Außerdem entspricht der Marsch-Geest-Unterschied auch dem sozialanthropologischen Unterschied zwischen den wohlhabenden Marschbauern und den zumindest lange Zeit ärmlichen Geestbauern.[272]

Auch meine zweite anthropologische Veröffentlichung befasste sich mit dem Unterschied zwischen Marsch- und Geestbewohnern, allerdings diesmal mit den serologischen Merkmalen. In der Anthropologie ist bekannt, dass es eine unterschiedliche Immunität der AB0-Blutgruppen gegen verschiedenen Infektionskrankheiten gibt. Insbesondere bei der Blutgruppe 0, wo sie als die *„little more fitness"* der Blutgruppe 0 bekannt ist. Dem historisch Interessierten an der Nordseeküste ist bekannt, dass es in der Marsch früher in fast jeder Generation eine Malariaepidemie gab, an der viele Menschen starben.

272 Andreas Vonderach: Gibt es einen anthropologischen Marschtypus? Eine empirisch-statistische Überprüfung anhand eines Materials von Lothar Löffler aus dem Nachlass von Wolfgang Bauermeister. In: Die Heimat. Zeitschrift für Natur- und Landeskunde von Schleswig-Holstein und Hamburg 104, 1997, S. 16-22; Hermann Allmers: Marschenbuch. Land- und Volksbilder aus den Marschen der Weser und Elbe. Vierte durchgesehene und vermehrte Auflage. Oldenburg i.O. 1902 (Nachdruck Leer 1988).

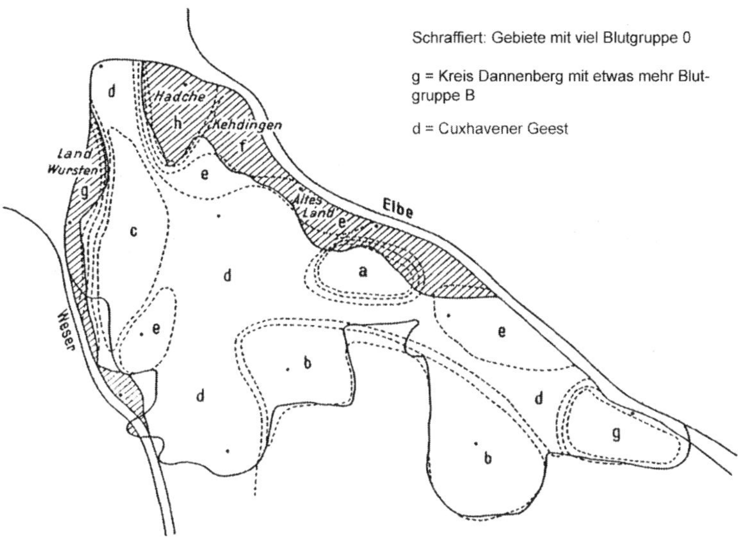

Die Marschgebiete im Elbe-Weser-Gebiet mit viel Blutgruppengen 0.

So zum Beispiel 1806/07, 1825/26 und 1846/47. Zwischen 1770 und 1860 kam es regelmäßig zu einem starken Emporschnellen der Sterblichkeit in den betroffenen Gebieten. Der Historiker Ernst Hinrichs spricht von demographischen „Todeskrisen“. Man nannte die Krankheit „Wechselfieber“ oder „hitziges Fieber“, von der Malaria wusste man noch nichts. Ursache waren die vielen stehenden Gewässer, die Gräben in der Marsch, in denen die Überträgerin der Malaria, die Anophelesmücke, brütete.[273]

Ich fand in der Literatur eine Arbeit aus dem Jahr 1941 über die Verteilung der AB0- und MN-Blutgruppen im Elbe-Weser-Gebiet. Den Tabellen konnte ich entnehmen, dass in den Marschgebieten an der Küste und an Weser und Elbe die Werte für die Blutgruppe 0 bis zu 15 Prozentpunkte höher sind als auf der Geest im Landesinneren, wo vor allem die Blutgruppe A häufiger ist. Die Fachliteratur bestätigte mir, dass es tatsächlich eine relative Immunität der Blutgruppe 0 gegenüber der Malaria gibt. Das heißt, Träger der Blutgruppe 0 infizieren sich nicht so leicht mit der Malaria und diese nimmt bei ihnen oft einen leichteren, nicht tödlichen Verlauf. Wenn man das weiß, gibt es eine naheliegende Erklärung für die große Häufigkeit der Blutgruppe 0 in der Marsch. Es handelt sich nämlich um die Überlebenden der vielen Malariaepidemien. Die Träger der anderen Blutgruppen hatten seltener so viel Glück.[274]

---

273 Ernst Hinrichs: Leben und Sterben hinter dem Deich. Zur Bevölkerungsgeschichte der deutschen Nordseeküste um 1800. In: Mitteilungsblatt der Oldenburgischen Landschaft 75, 1992, S. 3-6.

274 Joachim Richter: Die Blutgenverteilung in Hannover. In: Zeitschrift für Rassenphysiologie 12, 1941, S. 18-27; Ders.: Blutgruppen und Blutfaktorenverteilung in Nordhannover. In: Zeitschrift für Rassenphysiologie 11, 1939, S. 15-21.

Das ist der erste und bisher einzige veröffentlichte Fall einer solchen Auslese durch Infektionskrankheiten und Blutgruppenimmunität in Deutschland. Sonst findet man in der Literatur immer nur Beispiele aus Indien oder dem Mittelmeergebiet. Ich schrieb einen Aufsatz über die Selektion durch Malaria an der Nordseeküste, den ich zuerst im „Stader Jahrbuch" und später noch einmal auf Englisch in der Zeitschrift „Anthropologie", die im tschechischen Brno (Brünn) erscheint, veröffentlichte.[275]

Schleswig-Holstein

Schon vor meinem Anthropologie-Studium hatte ich in der Literatur einen Hinweis auf eine vom Kieler Institut in den Jahren von 1958 bis 1960 unter der Leitung von Johann Schaeuble durchgeführte Landesuntersuchung Schleswig-Holsteins gefunden. Ich erkundigte mich und erfuhr, dass der Bearbeiter Hermann Helmuth die Arbeit an der Untersuchung eingestellt hatte, als er nach Canada auswanderte. Professor Hans W. Jürgens in Kiel gab mir Helmuths Adresse in Peterborough in Canada. Helmuth schickte mir dann das bei ihm noch vorhandene, leider nicht ganz vollständige Manuskript.

Es handelte sich um eine im Wesentlichen nach demselben Schema durchgeführte Untersuchung an Wehrpflichtigen wie die, die Johann Schaeuble bereits in den 1930er Jahren in Baden durchgeführt hatte. Da die Untersuchung bald abgebrochen wurde, waren nur ein Teil der Landkreise Schleswig-Holsteins erfasst worden. Insgesamt sind 5 151 Wehrpflichtige untersucht worden, davon 1 411 in Schleswig-Holstein Geborene (ohne die Stadt Kiel) und 1 321 Vertriebene und Flüchtlinge aus Ost- und Mitteldeutschland. Die Merkmale umfassen neben den metrischen und den Farb-Merkmalen auch die schon in Baden erhobenen morphognostischen physiognomischen Merkmale. Schleswig-Holstein ist in drei Regionen eingeteilt (Schleswig, Holstein und das ehemals slawische Ostholstein) und die Herkunftsgebiete der Vertriebenen ebenfalls in drei Regionen: Nordostdeutschland (nördliche Hälfte der damaligen DDR), Mitteldeutschland (südliche Hälfte) und Ostdeutschland (östlich von Oder und Neiße). Außerdem wurden Stadt- und Landgeborene unterschieden. Leider sind die Daten für die metrischen Merkmale unvollständig, dafür sind aber die Daten für die Farbmerkmale und die physiognomischen Merkmale vollständig vorhanden.

Dadurch dass auch die mittel- und ostdeutschen Vertriebenen und teilweise auch Südbaden in den Vergleich mit einbezogen werden können, ist ein Über-

275 Andreas Vonderach: Serogenetische Bevölkerungsdifferenzierungen in Marsch und Geest des Elbe-Weser-Gebietes (Malariahypothese). In: Stader Jahrbuch 1997/98 (erschienen 2000), S.177-186; ders.: Former AB0 Selection through Malaria in Northwestern Germany. In: Anthropologie (Brno) 40/1, erschienen 2003, S. 73-78.

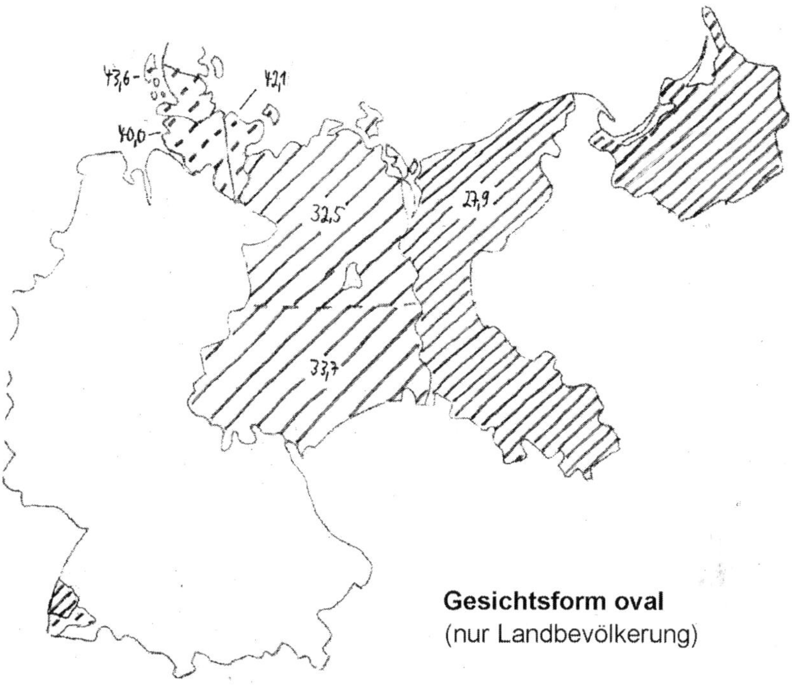

Gesichtsform oval

Gesichtsform rund

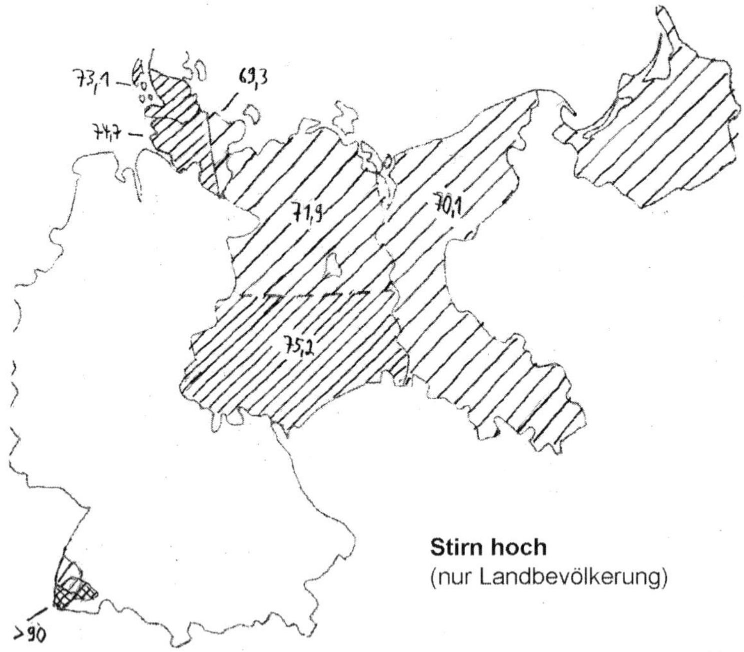

Stirn hoch

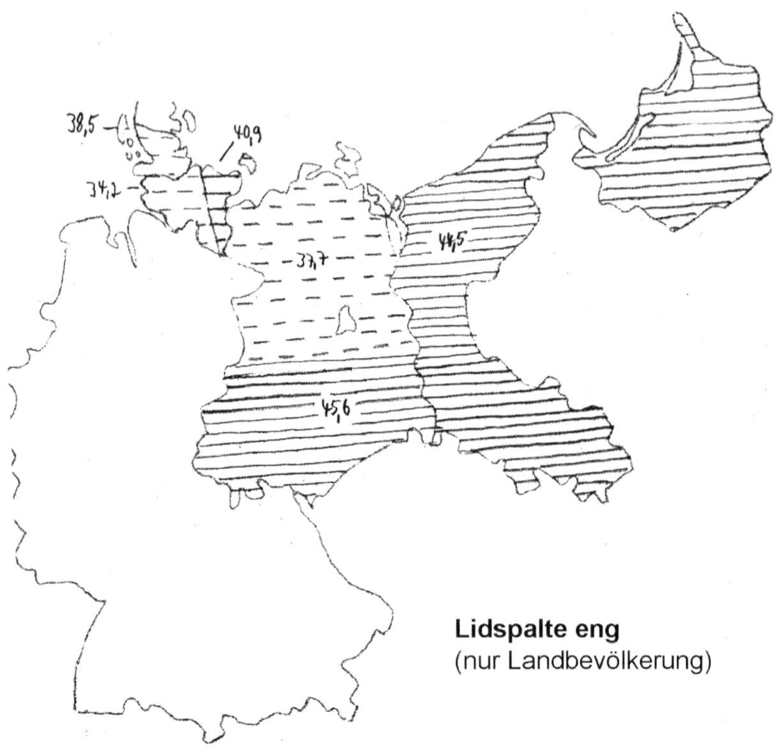

Lidspalte eng

blick über die Verteilung der Merkmale über einen großen Teil Deutschlands möglich, was vor allem für die morphognostisch-physiognomischen Merkmale neue Einblicke ermöglicht. Innerhalb Schleswig-Holsteins stehen sich Schleswig und das Kerngebiet Holsteins deutlich näher als Ostholstein. In Ostholstein sind untersetzte Körpergestalten, enge Lidspalten, niedrige Stirnen und breite Nasen häufiger und ovale Gesichter und gerade Nasenrücken seltener als im übrigen Schleswig-Holstein. Es tendiert damit schon etwas nach Ostdeutschland. Im gesamten Untersuchungsgebiet einschließlich der Herkunftsgebiete der Flüchtlinge und Vertriebenen gibt es bei mehreren Merkmalen ein West-Ost-Gefälle. Blonde Haare und blaue Augen, ovale Gesichter, hohe Stirnen, gerade Nasenprofile und weite Lidspalten sind in Holstein und Schleswig am häufigsten und nehmen nach Ostdeutschland hin ab. Die eckigen Gesichter, niedrigen Stirnen und engen Lidspalten können als osteuropide Merkmale angesehen werden. In Mitteldeutschland (Sachsen, Thüringen, südliches Sachsen-Anhalt und die Lausitz) sind die dunklen Farben, runden Gesichter und untersetzten Gestalten häufiger, was auf einen alpinen Einschlag verweist. Die Stirnen sind dort auch hoch, ebenso in Schleswig-Holstein (ohne Ostholstein) und Südbaden. Die hohen Stirnen machen hier etwa 75 Prozent aus, während es in Ostdeutschland ungefähr 70 Prozent sind. Die hohe Stirn scheint demnach in ganz Deutschland zu überwiegen, aber nach Osten hin etwa abzunehmen. Zum Vergleich: in Italien nimmt sie nach Süden hin ab und in Irland nach Westen hin. Schwerpunktgebiet in Europa scheint das abendländische Kerngebiet in West- und Mitteleuropa zu sein.

In Südbaden zeigt sich, dass sich die durch einen größeren Anteil von Blondhaarigen und Blauäugigen, größerer Körperhöhe und niedrigerem Längenbreitenindex auszeichnenden Landkreise gleichzeitig durch fast doppelt so häufig ovale Gesichter und hohe Stirnen auszeichen. Also auch hier ordnen sich diese morphognostischen Merkmale der nordiden Merkmalskombination zu. Ich veröffentlichte meine Untersuchung auch unter dem Namen Hermann Helmuths 1996 in Ulm in kleiner Auflage im Selbstverlag.[276]

Schwarzwaldromania

Während meiner Zeit in Mainz wandte sich der Germanist Wolfgang Kleiber (1929-2020) vom Institut für Geschichtliche Landeskunde an der Universität Mainz an Frau Schwidetzky. Kleiber forschte schon lange über romanische Sprachrelikte (Reliktworte in der Mundart, Orts- und Flurnamen) im nördlichen und mittleren Schwarzwald. Er vertrat die von den Historikern überwiegend abgelehnte These, dass romanische Bevölkerungsreste die Völ-

276 Andreas Vonderach, Hermann H. Helmuth: Untersuchungen zur Anthropologie Schleswig-Holsteins, Selbstverlag, Ulm 1996.

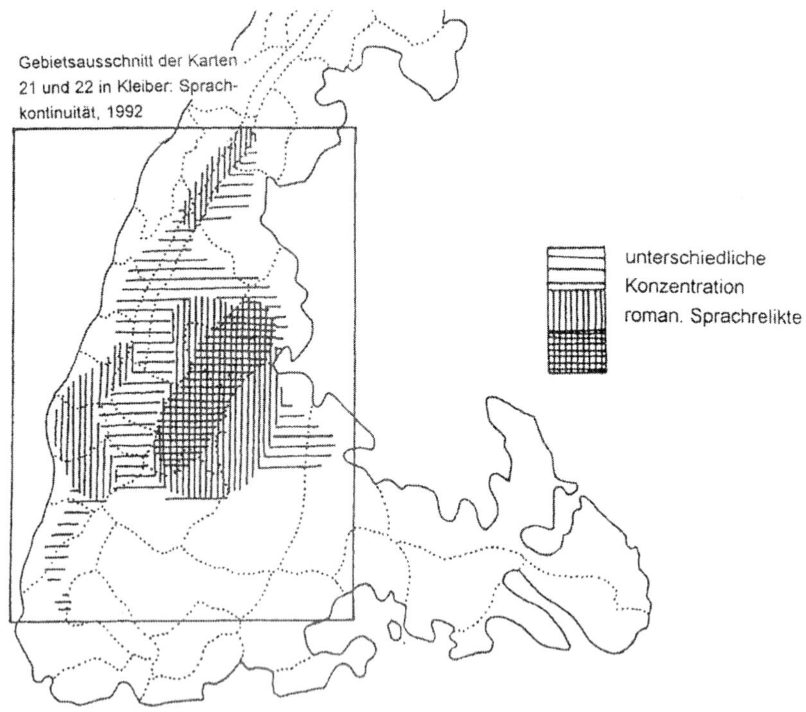

Romanische Sprachrelikte nach Wolfgang Kleiber

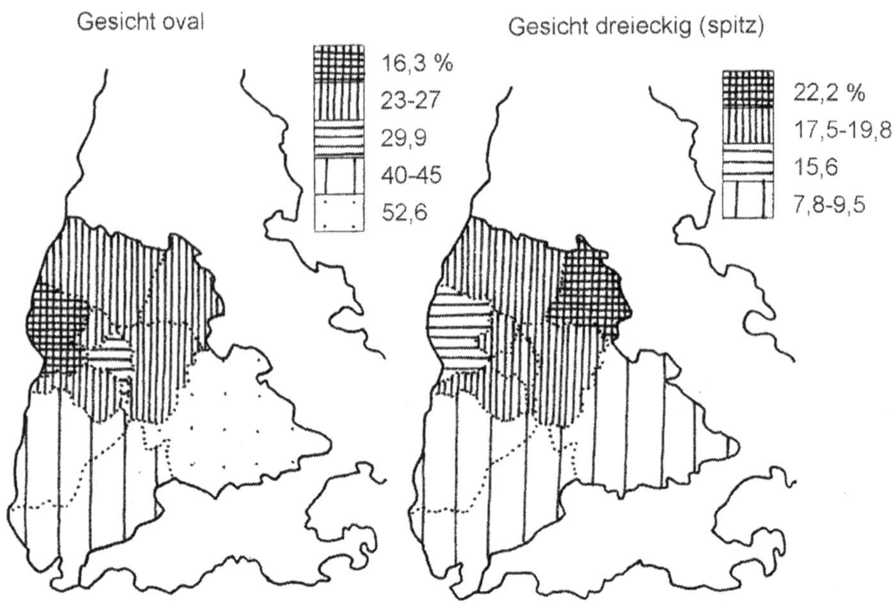

Die Verteilung der ovalen und der dreieckigen Gesichtsform in Südbaden

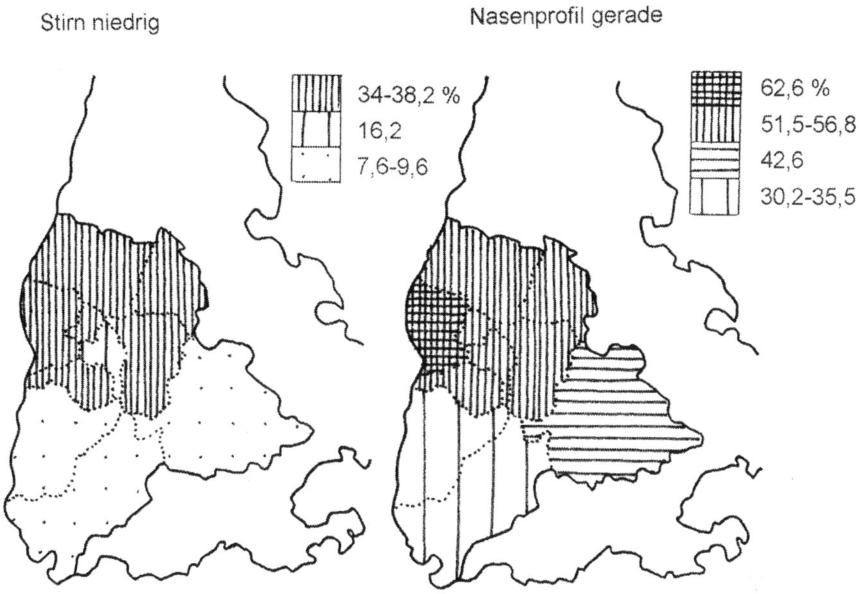

Verteilung der niedrigen Stirn und des geraden Nasenpprofils in Südbaden

kerwanderungszeit im nördlichen und mittleren Schwarzwald und teilweise im Breisgau bis ins Mittelalter überdauert haben. Er erhoffte sich von den Anthropologen eine Unterstützung seiner These. Frau Schwidetzky leitete Kleiber an mich weiter, weil sie wusste, dass ich mich mit solchen Themen beschäftige.

Für Baden, zu dem die betroffenen Gebiete gehören, war die anthropologische Datenlage außerordentlich günstig. Zwar gab es keine für diese Fragestellung geeigneten serologischen Daten – DNS-Daten sowieso noch nicht –, aber es gab zwei anthropologische Landesuntersuchungen in Baden, die von Otto Ammon aus den 1890er Jahren und die 1939 zwar abgebrochene, aber doch den größten Teil des Gebietes der „Schwarzwaldromania" umfassende von Johann Schaeuble aus den 1930er Jahren. Wegen meines Studiums brauchte ich einige Zeit, um das vorhandene Material auszuwerten. Ich fertigte Merkmalskarten an und führte Clusteranalysen und eine Hauptkomponentenanalyse durch.

Es zeigte sich, dass sich das Gebiet der Schwarzwaldromania in der Ausprägung einer ganzen Reihe von Merkmalen von den übrigen Regionen Badens unterscheidet. Es ist anthropologisch durch dunklere Haar- und Augenfarben, einen höheren Längenbreitenindex, eine kleinere Körperhöhe, einen gedrungeneren aber zugleich leichteren Körperbau (niedrigerer Rohrerindex), häufiger rechteckige oder spitze Gesichter mit niedriger Stirn und häufig ein gerades Nasenprofil charakterisiert. Während das nicht zum Romanengebiet gehörige Markgräflerland und der Südschwarzwald mehr hellere, größere

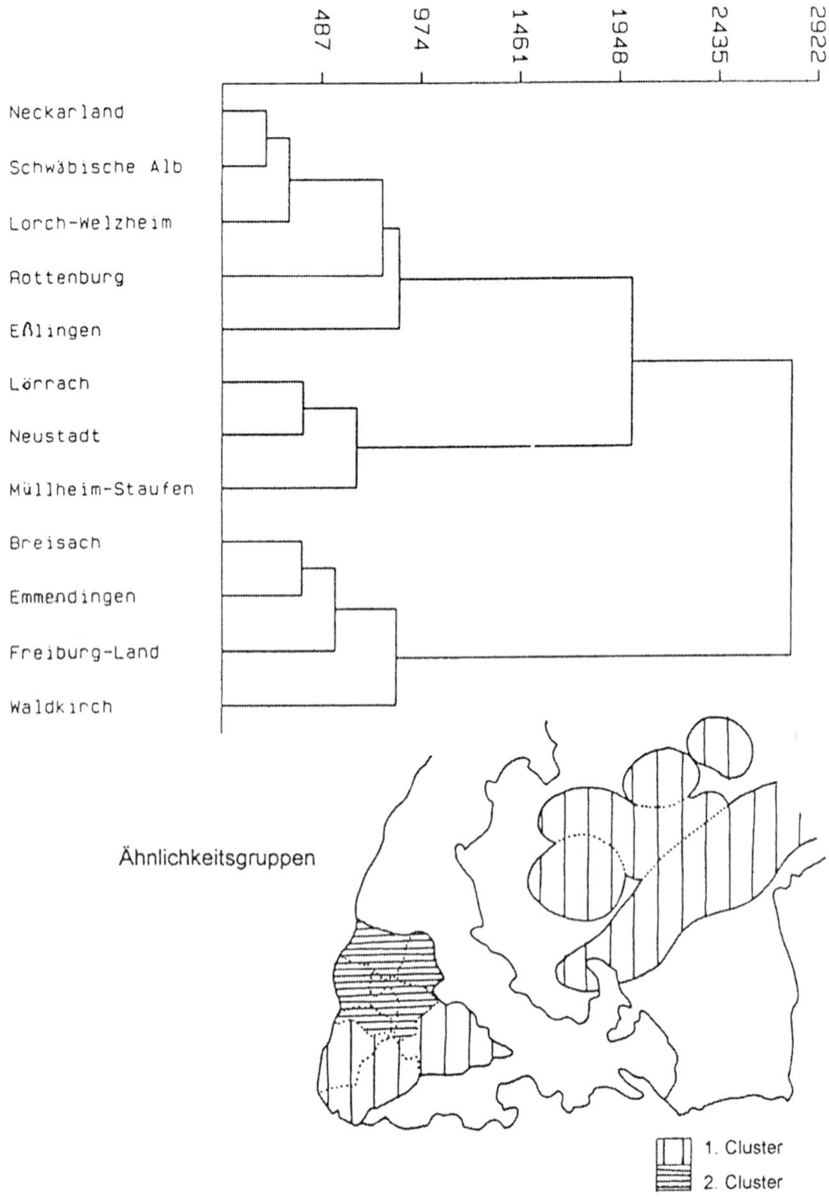

Dendrogramm und Clustercarte für Südbaden und Württemberg

Mann aus der Schwarzwaldromania

Frauen aus der Schwarzwaldromania

Frauen aus dem Markgräflerland und dem Südschwarzwald

und langköpfige Gestalten mit hohem schmalen Gesicht und hoher Stirn aufweist, wie es sie zum Beispiel in Norddeutschland gibt. In einer Clusteranalyse der metrischen und Farbmerkmale, in die auch württembergische Rekruten einbezogen sind, schließt sich der nicht-romanische südbadische Komplex mit den Württembergern zusammen, während das Gebiet der Romanenrelikte isoliert bleibt. Dieses scheint also eine Sonderstellung nicht nur in Südbaden, sondern in ganz Südwestdeutschland aufzuweisen. Auf jeden Fall stützen die anthropologischen Befunde Kleibers These des Überlebens romanischer Bevölkerungsreste über die Völkerwanderungszeit hinaus, ja biologisch sogar bis zur Gegenwart.

Ich konnte meine Ergebnisse zur Schwarzwaldromania in einem Aufsatz im Alemannischen Jahrbuch 2001/2002 veröffentlichen und später noch einmal eine Kurzfassung (aber mit Fotos!) in Kleibers 2015 erschienenen Buch über die Schwarzwaldromania. Auf die Weise bin ich sogar noch zu einer

Veröffentlichung bei der Akademie der Wissenschaften und der Literatur in Mainz gekommen.[277]

Das ehemalige Ostdeutschland

Schon während meines Geschichtsstudiums hatte ich auch schon den Plan ins Auge gefasst, aus der Westfalen-Untersuchung von Schwidetzky und Walter (1967) die Vertriebenen zu untersuchen, um mit diesen eine anthropologische Untersuchung des ehemaligen Ostdeutschlands vor 1945 nachzuholen. Auf diese Weise könnte ein verhältnismäßig großer Teil des früheren Deutschlands anthropologisch erforscht werden, der bisher (mit der Ausnahme von Schlesien) anthropologisch so gut wie unbekannt war.

In Mainz stellte ich meinen Plan 1993 Frau Schwidetzky und dem Institutsleiter Professor Wolfram Bernhard vor, die ihn beide unterstützten. Ich suchte mir aus den rund 22 000 Erhebungsbögen der Westfalenuntersuchung (vier Umzugskartons) die der im ehemaligen Ostdeutschland geborenen Schüler heraus. Während meines Studiums in Ulm gab ich dann die Daten in den Computer ein und begann mit der rechnerischen Auswertung des Materials. Es handelt sich um die anthropologischen und teilweise soziologischen Daten von 2 759 in den mittel- und ostdeutschen Regionen altansässigen (mindestens drei Großeltern aus der jeweiligen Region) 14jährigen Schüler und Schülerinnen.

Die Karten der anthropologischen Merkmale zeigen für viele Merkmale ein West-Ost-Gefälle. Die westlichsten Gebiete Mecklenburg-Vorpommern und Sachsen-Anhalt-Nord haben die meisten blonden Haare und blauen Augen, sind am größten und leptosomsten, haben den niedrigsten Längenbreitenindex. Die im Osten, besonders in Westpreußen und Obeschlesien, haben dagegen am meisten betonte Jochbögen, schräge Lidspalten, stark konkave Nasenprofile und ein zurückweichendes Kinn. Es gibt auch ein Nord-Süd-Gefälle. Im Süden, besonders im Sudetenland und in Oberschlesien, sind die dunklen Farben am häufigsten und der Längenbreitenindex am höchsten. Die gleiche Verteilung zeigen die Rassentypen, mit am meisten Nordiden im Westen, Osteuropiden in Westpreußen und Oberschlesien und den meisten alpi-

277 Andreas Vonderach: Anthropologischer Beitrag zur Frage der Schwarzwaldromania. Untersuchungen anhand des Materials von Otto Ammon und Johann Schaeuble. In: Alemannisches Jahrbuch 2001/2002 (erschienen 2004), S. 191-255; ders.: Das biologische Erbe der Schwarzwaldromanen in der heutigen Bevölkerung. In: Wolfgang Kleiber: Schwarzwälder Namenbuch. Die Schwarzwaldromania in sprachlicher und außersprachlicher Sicht. Mit Beiträgen zur Archäologie und Anthropologie. Akademie der Wissenschaften und der Literatur, Abhandlungen der Geistes- und sozialwissenschaftlichen Klasse, Einzelveröffentlichung 13, Mainz 2015, S. 78-91.

nen in Mitteldeutschland, Schlesien und dem Sudetenland. Überraschend ist die große Schmalnasigkeit in Schlesien und dem Sudetenland.

Eine absolute Mehrheit der Nordiden (im weiteren Sinn, mit den Fälischen zusammen) besteht aber nur in Mecklenburg-Vorpommern, im nördlichen Sachsen-Anhalt und bei den Baltendeutschen. Eine relative Mehrheit bilden die Nordiden allerdings in allen anderen Regionen einschließlich Thüringens, Schlesiens und des Sudetenlandes, ausgenommen nur die Volksdeutschen aus Ungarn, was wegen der geringen Individuenzahl dieser Gruppe aber unsicher ist. Das bestätigt auf empirische Weise die Vorstellung von der nordischen Prägung unseres Volkes.

Der Vergleich der Träger polnisch-masurischer Familiennamen in Ostpreußen zeigt eine Reihe von signifikanten Unterschieden zu den Trägern deutscher Familiennamen. Die Träger masurischer Namen haben demnach seltener eine blaue und dafür häufiger eine hellmelierte Augenfarbe und mehr braune Haare, tendieren also zu einer mittleren Haarfarbe und zu grauen Augen. Sie haben signifikant häufiger betonte Jochbögen, ein rundes Gesicht, ein breites Untergesicht (höherer Unterkiefergesichtsindex) und ein konkaves Nasenprofil. Außerdem haben sie nicht signifikant, aber mit verhältnismäßig geringer Irrtumswahrscheinlichkeit häufiger schräge Lidspalten, einen höheren Jugomandibularindex (das heißt ein kieferbetontes Untergesicht) und eine kleinere (anhand des Entwicklungsstandes korrigierte) Körperhöhe.

Für das Gebiet östlich von Oder und Neiße konnte ich außerdem eine Kartierung der Merkmale und Typen nach Kreisen durchführen. Das ergab über die Analyse nach Regionen hinaus kleinere osteuropide Schwerpunkte im ostpreußischen Samland, im östlichsten Zipfel Pommerns und an der unteren Oder. Im Samland fand ich außerdem noch 24,4 Prozent prussischer Familiennamen.

Besonders aufschlussreich in typologischer Hinsicht ist der Vergleich der Korrelationen der Merkmale der Ostdeutschen mit denen der Einheimischen der Westfalen-Untersuchung. Während bei den ostdeutschen Knaben die höchste Merkmalskorrelation mit $r = 0{,}44$ diejenige zwischen betonten Jochbögen und schrägen Lidspalten ist, beträgt diese bei den westfälischen Knaben nur 0,07 und ist nicht signifikant von Null unterschieden. Es besteht außerdem bei den Ostdeutschen ein Zusammenhang von betonten Jochbögen und schrägen Lidspalten mit dem zurückweichenden Kinnprofil, der ebenfalls in Westfalen fehlt. Diese Korrelationen sind ein deutlicher Hinweis auf den osteuropiden Typus in der ostdeutschen Bevölkerung. Bei den Westfalen weisen stattdessen die breiten Gesichter die tiefer liegenden Augen ($r = 0{,}24$) und häufiger gerade statt schräge Lidspalten (0,11) auf, was dem fälischen Typus entspricht. Das ist eine schöne empirische Bestätigung der europäischen Rassentypen, deren Realität ja oft – vor allem von den Genetikern – bestritten wird. Außerdem besteht in unserem Material eine positive Korrelation des osteuropiden Typus mit der Blutgruppe B.

Eine Hauptkomponentenanalyse – eine Form der Faktorenanalyse – ergab als 1. Hauptkomponente eine Breitenkomponente mit hohen Werten im Südosten (Sudetenland, Oberschlesien) und niedrigen im Nordwesten (Mecklenburg-Vorpommern, Sachsen-Anhalt-Nord), als 2. Hauptkomponente eine osteuropide Hauptkomponente mit hohen Werten im Nordosten und als 3. Hauptkomponente eine Pigmentierungskomponente. Bemerkenswert ist die 5. Hauptkomponente aus tiefliegenden Augen und vorspringendem Kinn, die ich Gesichtsprofilkomponente genannt habe. Sie hat hohe Werte im Nordwesten (Mecklenburg-Vorpommern, Sachsen-Anhalt-Nord) und niedrige, also ein flaches Gesicht mit schwachem Kinn, im Süden (Sudetenland).

Ich habe das ostdeutsche Datenmaterial auch in sozialanthropologischer Hinsicht ausgewertet. Gut die Hälfte der Merkmale zeigt deutliche soziale Differenzierungen. So besteht ein eindeutiges soziales Gefälle bei dem Entwicklungsstand (dem Reifegrad), der Schulleistung, der Körperhöhe, dem Rohrer-Index und der Kopflänge. Die oberen Schichten sind also auch in unserem Material hoch- und schlankwüchsiger als die unteren Schichten. Ein ebenso durchgehendes soziales Gefälle besteht beim Längenbreitenindex des Kopfes. Die soziale Oberschicht hat hochsignifikant häufiger eine leptosome Körpergestalt und höchstsignifikant häufiger eine lang-ovale Gesichtsform. Sie weist auch nach der Kopfbreite und dem Gesichtsindex höchstsignifikant schmalere Köpfe und Gesichter auf. Ein eindeutiger Unterschied besteht auch bei der Stellung der Jochbögen, die in den unteren Schichten häufiger frontal betont sind, am meisten bei den Landarbeitern. Der direkte Vergleich der Rassentypen in den Sozialschichten bestätigt, dass die Nordiden in der sozialen Oberschicht höchstsignifikant häufiger vorkommen und dass sich in den beiden untersten Schichten der ungelernten Arbeiter und Landarbeiter die Osteuropiden hochsignifkant häufiger finden als in den anderen Schichten.

Einen Schritt in Richtung einer Erklärung der sozialen Unterschiede macht man, wenn man den sozialen Trend berücksichtigt. Dafür war bei der Datenerhebung der Beruf des Vaters mit dem des Großvaters verglichen worden. Auf diese Weise kann man die Kinder der sozialen Aufsteiger mit denen der sozial Gleichbleibenden und denen der sozial Abgestiegenen vergleichen.

Die Aufsteiger unterscheiden sich von den anderen Kindern durch eine größere Körperhöhe, und zwar auch, wenn aus dieser der Reifungsunterschied herausgerechnet wird, was auf 5-Prozent-Niveau signifikant ist, durch eine größere Kopflänge und einen hochsignifikant niedrigeren Längenbreitenindex. Die sozial Abgestiegenen haben im Mittel etwas breitere Nasen, ein schwächeres Kinn und eine flachere Augenpartie. Bei der Verteilung der Typen zeigen die sozialen Aufsteiger mit 21,1 Prozent mehr Nordide als die Gleichbleibenden (18 Prozent) und die Absteiger (16,9 Prozent), was aber

Häufigkeit frontal betonter Wangenknochen
(mehrere Srufen von unter 20 % bis über 40 %)

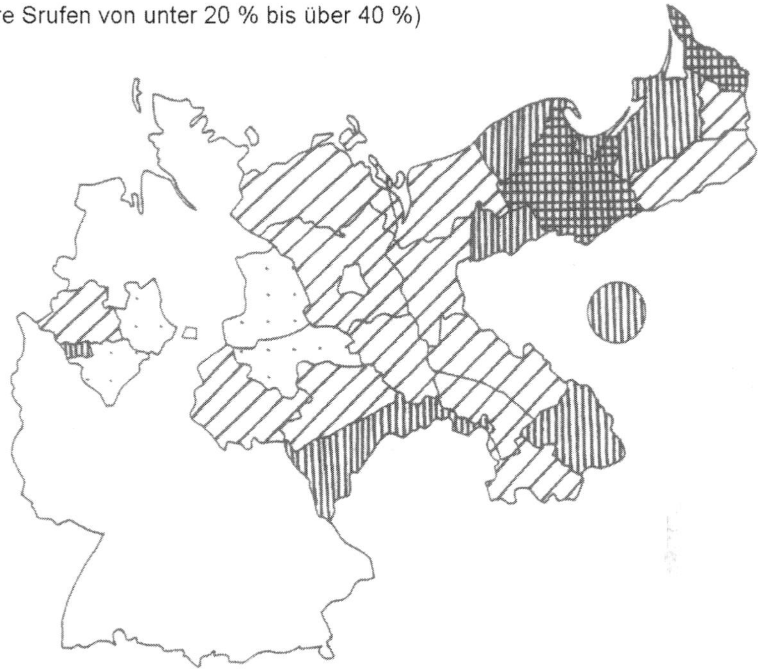

Häufigkeit schräg ansteigender Lidspalten
(mehrere Stufen von unter 10 % bis über 22 %)

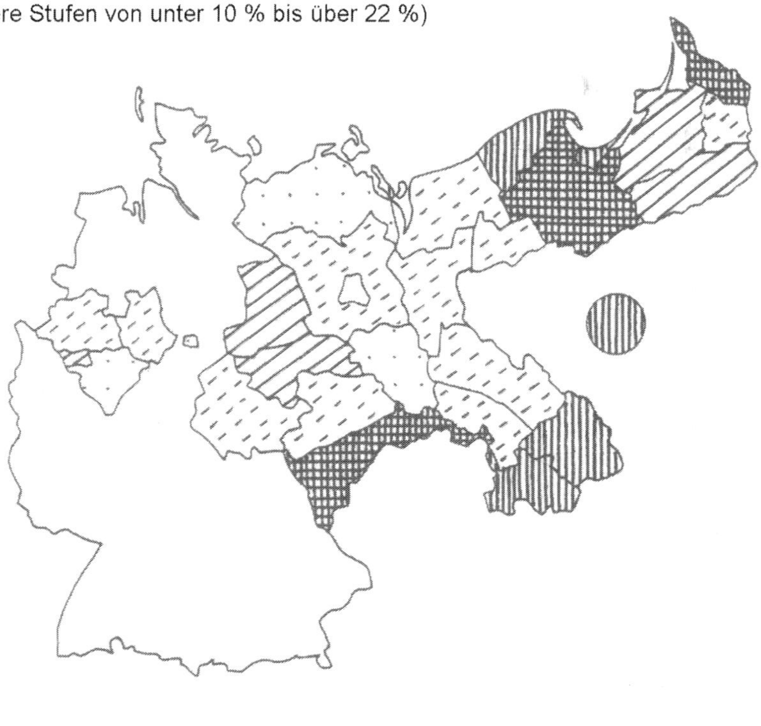

Längenbreitenindex des Kopfes (Knaben)

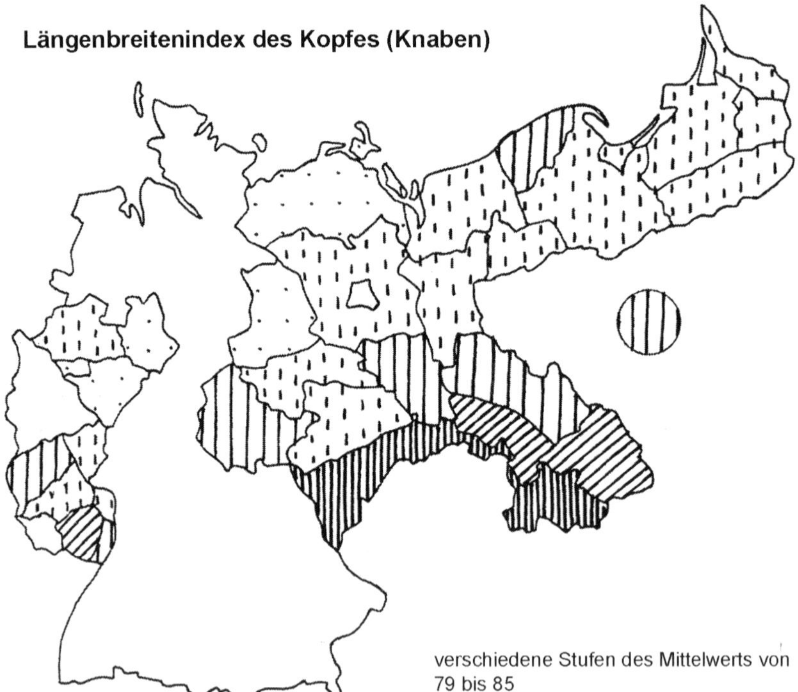

verschiedene Stufen des Mittelwerts von
79 bis 85
Kreis: Volksdeutsche in Polen

Nasenindex (Knaben und Mädchen)

Sieben Klassen von
bis 61,9 schmal (gepunktet), über
62-62,9 (schräge Schraffur) bis zu
63-x mittelbreit (senkrechte Schraffur)

Kreis: Volksdeutsche in Polen
Mit Kreis Einbeck

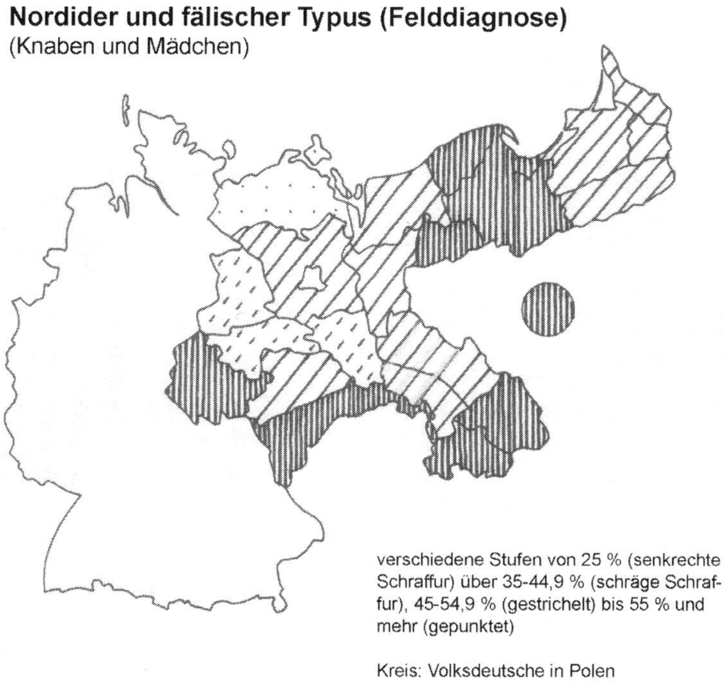

Karte Nordider und Fälischer Typus (Felddiagnose)

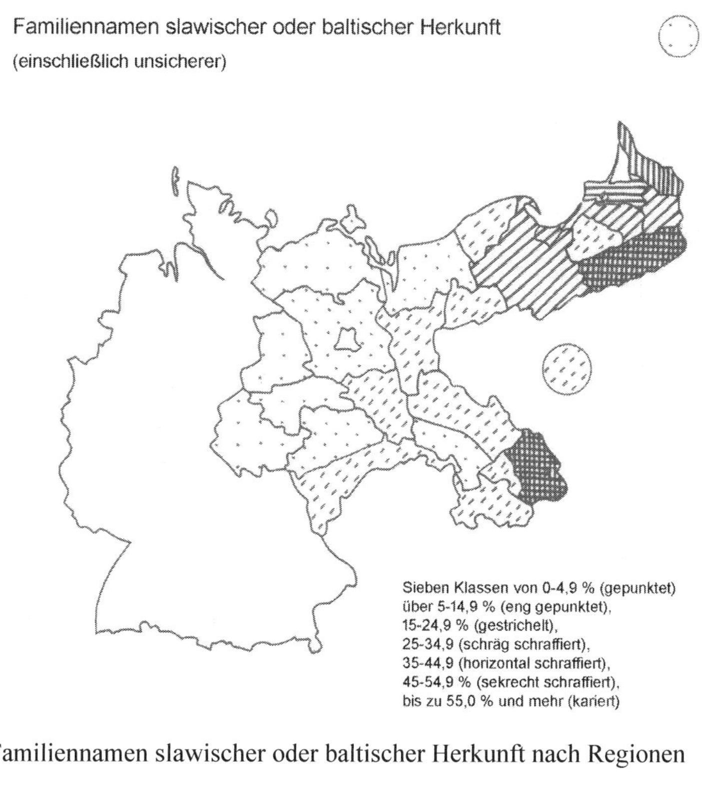

Familiennamen slawischer oder baltischer Herkunft nach Regionen

nicht das Signifikanzniveau erreicht. Dafür ist mit 4,4 Prozent der geringere Anteil der Osteuropiden bei den sozialen Aufsteigern im Vergleich zu den beiden anderen Gruppen (8,4 und 8,9 Prozent) hochsignifikant.

Ich habe außerdem die direkten Korrelationen zwischen der Schulbegabung und den Konstitutions- und Rassentypen berechnet. Unter den Konstitutionstypen haben danach die beste Schulbegabung die leptosom-athletischen Mischtypen, besser noch als die rein Leptosomen.

Von den Rassentypen weisen mit durchschnittlich 2,71 die Nordiden die beste Schulbegabung auf (Bewertung wie bei Schulnoten von eins bis sechs), und die schlechteste die Osteuropiden mit 3,10 auf. Der Unterschied der Schulbegabung zwischen Nordiden und Osteuropiden ist auf 0,1 Prozent-

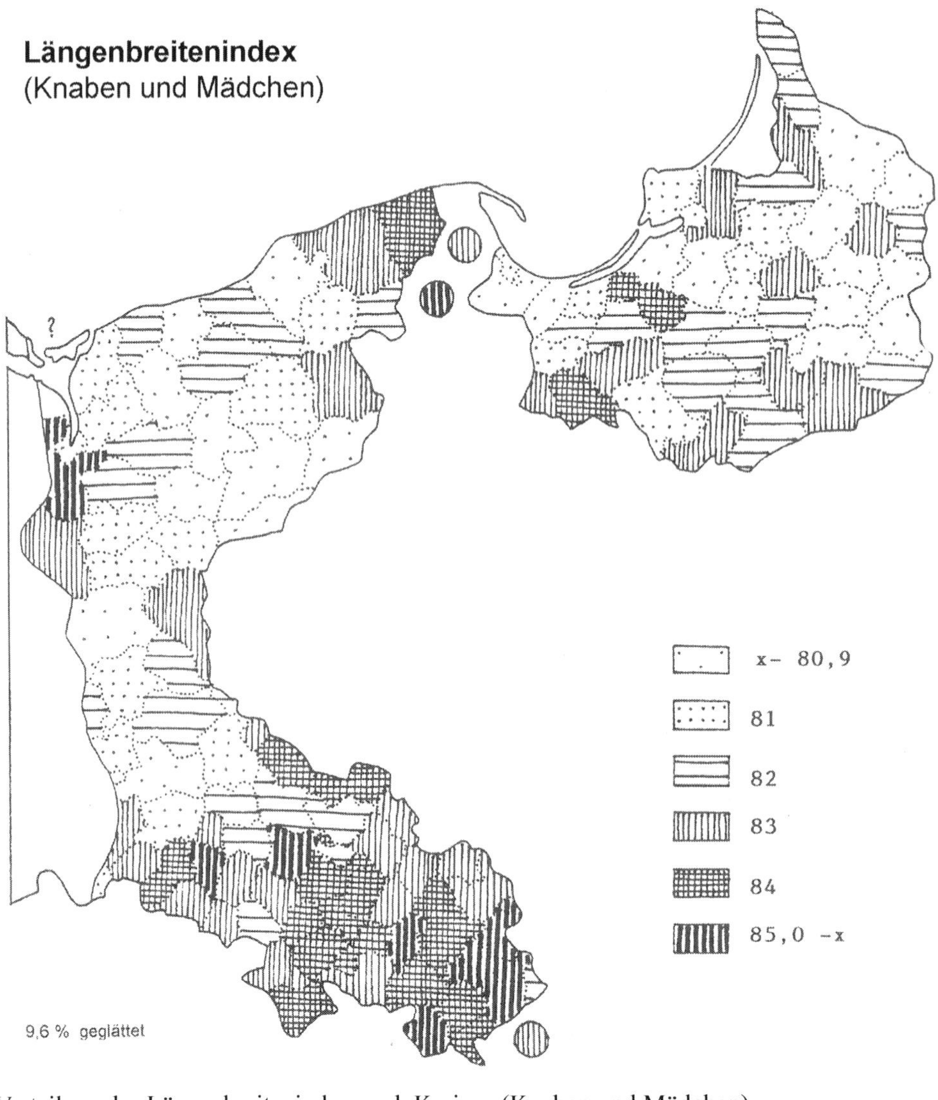

Verteilung des Längenbreitenindex nach Kreisen (Knaben und Mädchen)

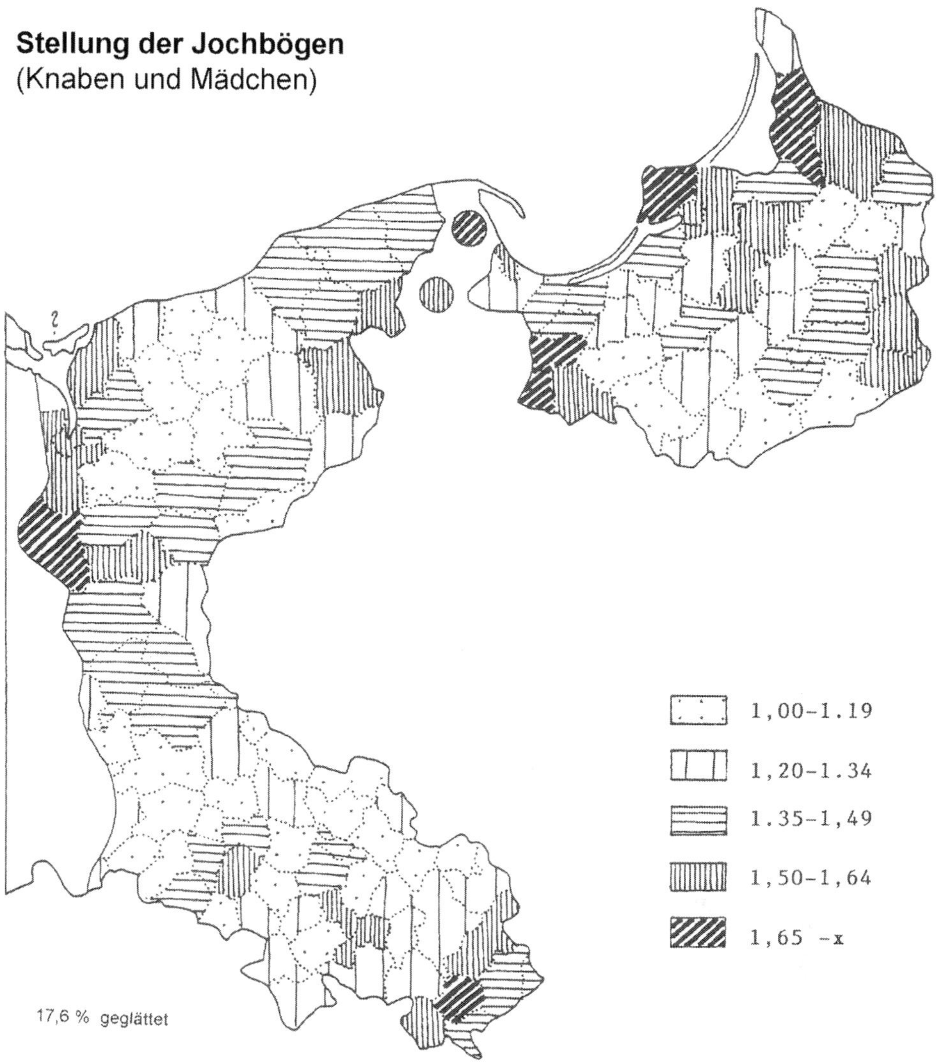

Karte der Stellung der Jochbögen nach Kreisen (Knaben und Mädchen)

Niveau höchstsignifikant. Als ich Frau Schwidetzky davon berichtete, meinte sie, *„dann ist da also doch was dran."*

Außerdem habe ich die in dem Material enthaltenen 19 Adeligen (nach dem Familiennamen) mit den nichtadeligen Schülern verglichen. (Auch bei zwei so extrem unterschiedlich großen Stichproben ist ein statistischer Signifikanztest möglich, teilweise mit besonderen dafür geeigneten Tests). Nur 10 der 19 adeligen Kinder gehören nach der sozialökonomischen Stellung ihres Vaters (vor der Flucht) der sozialen Oberschicht an. Trotzdem nehmen die adeligen Kinder bei vielen anthropologisch sozial progressiven Merkmalen – also solchen, die für Oberschichten charakteristisch sind – eine Extremposition ein, die noch weit über die der (sozialökonomischen) Oberschicht

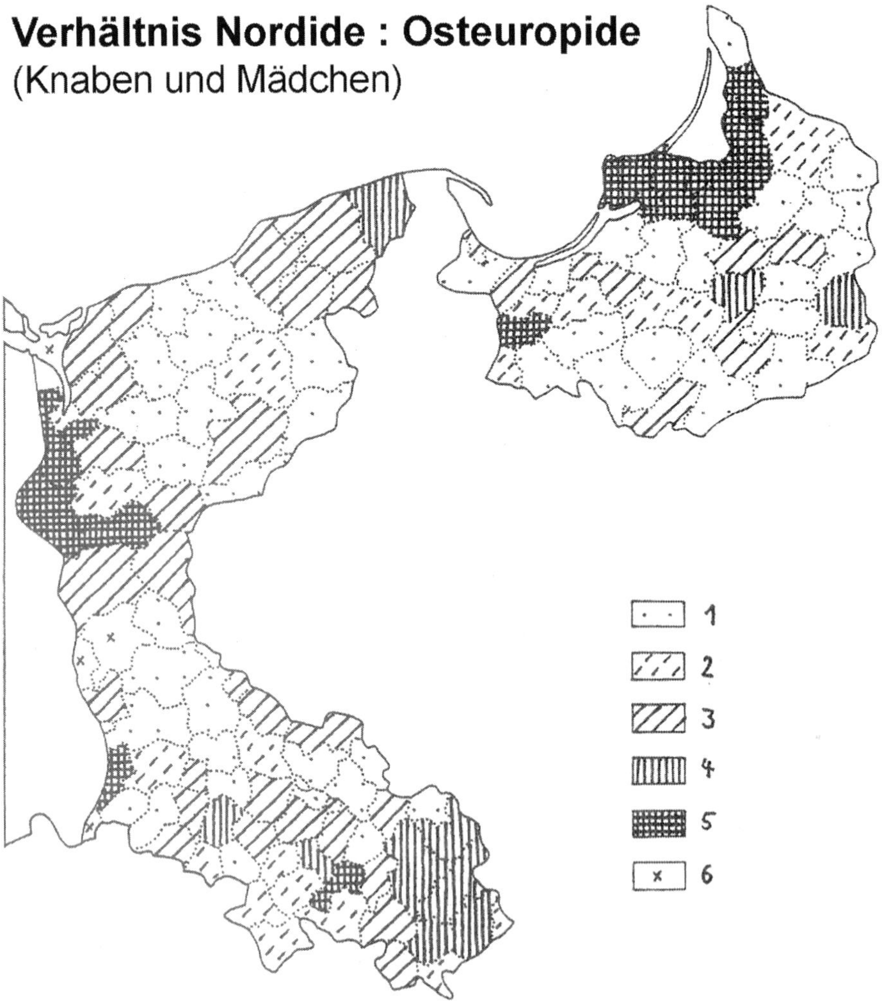

1: mehr als 15 Prozentpunkte mehr Nordide als Osteuropide, 2: 5-15 Prozentpunkte mehr Nordide, 3: 5 Prozentpunkte mehr bis 5 Prozentpunkte weniger Nordide als Osteuropide, 4: 5-15 Prozentpunkte weniger Nordide als Osteuropide, 5: weniger als 15 Prozentpunkte weniger Nordide als Osteuropide, 6: keine Daten.

Verhältnis Nordide zu Osteuropiden

hinausgeht. Sie sind noch deutlich größer und haben eine deutlich schmalere Kopf-, Gesichts-, und Nasenform als die Kinder der Oberschicht. Der morphologische Gesichtsindex ist sogar zwei ganze Indexeinheiten höher als der der Oberschicht, die schon den höchsten Wert aller Sozialschichten hat. Der Adel zeichnet sich also durch ausgesprochen schmale Kopf- und Gesichtsproportionen aus. Die Körperkonstitution ist jedoch ausgesprochen athletisch. Rassentypologisch überwiegen Nordide und Fälische, Osteuropide oder Alpine fehlen. Auch die niedrigen Werte für die Stellung der Lidspalte und die Stellung der Jochbögen zeigen das Fehlen eines osteuropiden Ein-

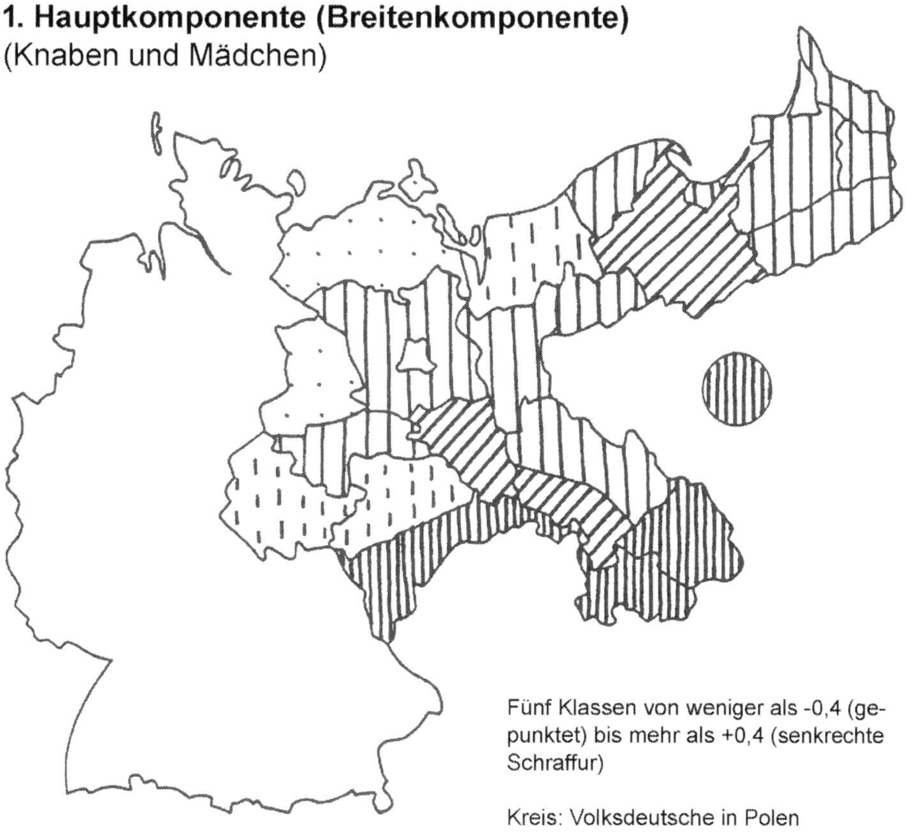

Verteilung der 1. Hauptkomponente (Breitenkomponenete) (Knaben und Mädchen)

schlags beim Adel an. Die Schulbegabung der Adeligen liegt mit 1,79 zwischen der Oberschicht und der gehobenen Mittelschicht, liegt also etwas über der sozialökonomischen Stellung der adeligen Schulkinder.

Diese die aktuelle Oberschicht übertreffenden sozialanthropologischen Eigenschaften des Adels lassen sich wohl am ehesten auf eine über lange Zeiträume gehende soziale Siebung zurückführen, wobei neben der allgemeinen kognitiven Begabung die Kriegstüchtigkeit und die körperliche Wohlgestalt eine Rolle spielten. Wer dem Ideal entsprach, hatte größere Chancen hohe Ämter einzunehmen, geheiratet oder geadelt zu werden und sich zahlreich fortzupflanzen. Das Vorwiegen des athletischen Typus ist womöglich eine Folge der Siebung auf Kriegstüchtigkeit, da der Adel das Offizierskorps der preußischen Armee stellte. Bei dem Adel handelt es sich also um eine wirkliche Elite im biologischen Sinn.

Friedrich der Große (1740-1786) betrieb eine bewusste Adelsschutzpolitik, in der er zum Beispiel den Aufkauf adeliger Güter durch Bürgerliche verbot. Er begründete dies mit der militärischen Bedeutung des Adels, *„deßen Söhne*

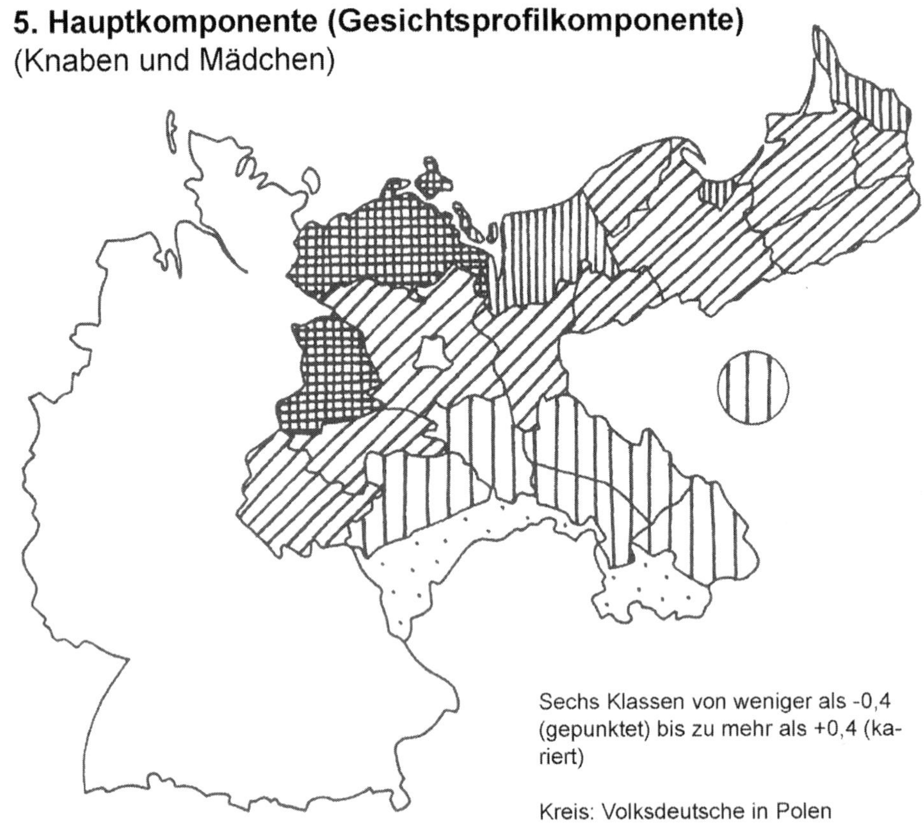

Verteilung der 5. Hauptkomponente (Gesichtsprofilkomponente) (Knaben und Mädchen)

das Landt defendieren und die Race davon so guht ist, das sie auf alle Art meritieret, conservieret zu werden.“ Der König wusste, was er an seinem Adel hatte.

Ich habe die Ergebnisse der Ostdeutschland-Studie 2019 in einem Buch veröffentlicht. Einzelergebnisse sind von mir außerdem zuvor schon in zwei englischsprachigen Aufsätzen im „Mankind Quarterly“ veröffentlicht worden.[278]

278 Andreas Vonderach: Anthropologie des früheren Ostdeutschlands (vor 1945). Ethnische Schichtung und Sozialbiologie. Beltheim-Schnellbach 2019; ders.: Ethnic Anthropology of the Former East Germany (before 1945). Geographical Differentiations and Feature Correlations. In: Mankind Quarterly 47, 2006, S. 3-39; ders.: The anthropological features of the East German nobility. In: Mankind Quarterly 58, 2018, S. 611-620.

Titel Anthropologie des früheren Ostdeutschlands (vor 1945)

Regionalcharaktere

Ich habe mich immer auch für die psychologischen Unterschiede zwischen verschiedenen Bevölkerungen interessiert. Die psychologischen Merkmale des Temperaments sind ebenso Ergebnis der Evolution wie die körperlichen. Wie schon weiter oben erwähnt, habe ich in meiner Ulmer Zeit mit den von Friedrich Keiter aus der volkskundlichen Literatur gewonnen volkscharakterologischen Daten eine Clusteranalyse gerechnet. Das Ergebnis war ermutigend und ich fasste den Entschluss, das Material erheblich zu vergrößern, um auch für die von Keiter nicht erfassten Gebiete volkscharakterologische Daten zu gewinnen und die Clusteranalyse auf ein wesentlich größeres Material zu erweitern. In den folgenden 15 Jahren sammelte ich gezielt geeignete Volkscharakter-Beschreibungen aus der volkskundlichen und landeskundlichen Literatur.

Als ich der Meinung war, genug zusammengetragen zu haben, wertete ich die mit Hilfe eines nach Keiters Merkmalsliste zusammengestellten Fragebogen in Hinblick auf die von ihm berücksichtigten 30 Merkmale und etwaige weitere Merkmale aus. Ich fügte zu den von Keiter berücksichtigten 30 Merkmalen noch vier weitere hinzu und definierte einige von Keiters Merkmalen genauer. Schließlich bestimmte ich in zwei zügigen Durchgängen die jeweilige Ausprägung der Merkmale mit einem Fünf-Klassen-Schema. Die Arbeit an den Regionalchakteren erforderte viel Geduld und Selbstdisziplin. Für die methodischen Einzelheiten sei auf mein Buch über die deutschen Regionalcharaktere verwiesen. Das Ergebnis ist, dass ich ein umfangreiches, streng methodisch gewonnenes Datenmaterial über 364 Regionalcharakter-Beschreibungen aus dem deutschen Sprachgebiet und den angrenzenden Gebieten besitze, das zur Auswertung zur Verfügung steht.

Das niederdeutsche Gebiet langsamen Temperaments und introvertierter Charakterstruktur erstreckt sich nun auch nach Osten bis nach Ostpreußen. Allerdings schwächt sich der niederdeutsche Charakterkomplex schon von Mecklenburg an nach Osten zunehmend ab und nehmen Eigenschaften eines weicheren, phantasiebegabteren Gemüts und weniger ernster Grundstimmung, wie sie sich bei den nichtdeutschen Gruppen im Nordosten, den Kaschuben, Litauern und Masuren finden, nach Osten hin zu. Im Westen gehören der untere Niederrhein und die Altmark zum niederdeutschen Bereich, während das Sauerland, das südniedersächsische obere Leinetal und der Harz schon nicht mehr zur Zone des niederdeutschen Temperaments gehören.

Bemerkenswert ist der Unterschied zwischen der West- und der Ostküste Schleswig-Holsteins. Der Osten Schleswig-Holsteins weist die Merkmale des introvertierten niederdeutschen Charakters in deutlich geringerem Maße auf als die Westküste. Dabei ist an die Möglichkeit eines Kontrastbetonungseffekts zu bedenken. Am wenigsten ausgeprägt innerhalb Schleswig-Holsteins ist das niederdeutsche Temperament in Ostholstein (Probstei, Fehmarn), weshalb auch an einen möglichen Einfluss des slawischen Bevölkerungssubstrates zu denken ist.

Im Nordosten bilden die slawischen und baltischen Litauer und die Masuren einen eigenen Komplex, dem sich auch die Kaschuben anschließen. Sie zeichnen sich durch ein weicheres, extravertierteres und musischeres Wesen aus und zeigen trotz ihrer Lage als ethnische Minderheiten und ökonomisch marginalisierte Grenzlandbevölkerungen auch kaum Merkmale einer dem entsprechenden Regression, wie Misstrauen und Verschlossenheit. Die Charakterzüge der nordostdeutschen Slawen und Balten stimmen weitgehend mit denen überein, die den baltischen und slawischen Völkern (Nord-) Osteuropas zugeschrieben werden, und die sich von den Deutschen vor allem durch ein lebhafteres Temperament und weicheres Gemüt unterscheiden.

Südlich an die niederdeutsche Zone schließt sich ein breiter mitteldeutscher Streifen an, der vom Rheinland und Luxemburg bis nach Schlesien reicht. Die mitteldeutsche Zone ist in sich heterogener als die niederdeutsche. Sie ist vor allem dadurch charakterisiert, dass sie in den Ebenen lebhafte, gesellige, heitere und unternehmungslustige Bevölkerungen beherbergt, die von ernsteren und verschlosseneren Gebirgsbewohnern umgeben sind.

Die rheinische Ebene, der Main, Sachsen-Thüringen und die schlesische Ebene bilden die Kerne geselliger und aufgeschlossener Bevölkerungen, die sich von Westen nach Osten aneinanderreihen. Am deutlichsten ist der Gegensatz zwischen den Bewohnern der Ebene und des Gebirges im Rheinland, wo den ausgesprochen extravertierten Bewohnern der rheinischen Ebene einschließlich der Pfalz die herb-verschlossenen Bewohner von Eifel, Westerwald und Hunsrück gegenüberstehen. Der Unterschied zwischen Ebene und Gebirge schwächt sich nach Osten hin ab. Sachsen und Schlesier sind nicht mehr so ganz ausgelassen wie die Rheinländer, Erzgebirgs- und Riesengebirgsbewohner nicht mehr so herb und streng wie die der rheinischen Gebirge. Gleichzeitig nimmt von Westen nach Osten hin das Weiche, Gemüthafte und Innerliche zu. Die Sachsen und Thüringer übertreffen darin die Rheinländer und Pfälzer; die Schlesier wiederum die Sachsen.

Vor allem die rheinische Ebene mit der Pfalz und Sachsen-Thüringen sind die Regionen Deutschlands, die seit dem Mittelalter wirtschaftlich und kulturell führend waren, die größte Bevölkerungsdichte und den größten Wohlstand aufwiesen, und diesen Status auch bis ins 19. Jahrhundert halten und ausbauen konnten. Die Gebirge dagegen waren ausgesprochen rückständige Gebiete; sofern sie über Wohlstand verfügten, wie das Erzgebirge, haben sie den im Lauf der Neuzeit wieder verloren. Es liegt nahe und wird in den Regionalcharakteristiken auch immer wieder ausgesprochen, in dem Charakter der Gebirgsbewohner vor allem die Folge ihrer materiellen Armut zu sehen. Oft heißt es, dass die Gebirgsbewohner in geselliger Umgebung „auftauen“, dass dann erst ihr lebhaftes Temperament zum Vorschein komme usw.

Den Süden des deutschen Sprachgebietes nehmen ein schwäbisch-alemannischer Komplex im Westen und ein baierischer-alpenländischen im Osten ein. Die Schwaben und Alemannen sind durch eine eher introvertierte Charakterstruktur gekennzeichnet, die äußere Derbheit mit innerem Reichtum verbindet. Hinzu treten Tugenden wie Fleiß, Sparsamkeit und materielles Gewinnstreben. Während bei den württembergischen Schwaben das innerliche Moment stark ausgeprägt ist, tritt bei den Schweizern und Vorarlberger das diesseitige Streben in den Vordergrund. Bei den Bewohnern des Kantons Bern nimmt dieses eine normativ-protestantische Färbung an. Die Bewohner der Hochalpen (Wallis, Urkantone) zeigen wenig ausgeprägte Züge und sind vor allem fromm und konservativ. Die welschen Schweizer unterscheiden sich von den alemannischen durch ihre Zugänglichkeit und geringere Derbheit.

Der baierisch-alpenländische Komplex ist durch derb-heitere Vitalität bei sonst eher ruhigem Temperament charakterisiert. Ausdruck dieser Vitalität sind Formen männlicher Expansivität wie Selbstbewußtsein, Rauflust und geschlechtliche Freizügigkeit, aber auch musische Kreativität. Die Religiosität ist stark, das Bildungs- und geldliche Gewinnstreben ist eher schwach ausgeprägt. Das Kerngebiet dieses Komplexes bilden das bayerische Oberland und das Tiroler Unterinntal. Im weiteren Sinne umfasst er ganz Altbayern, das Innviertel, Tirol, Kärnten und die Steiermark. In Kärnten und Steiermark tritt ein weicher, gemüthafter Zug hinzu. Die typischen Merkmale diese Komplexes finden sich außerdem auch bei den alemannischen Appenzeller Hirten, sie sind also nicht notwendig an die baierische Stammeszugehörigkeit gebunden. In ärmeren Regionen wie der Jachenau oder dem Oberinntal sind das Selbstvertrauen und die Vitalität schwächer ausgeprägt und spielen Fleiß und Bedürfnislosigkeit eine größere Rolle. Ober- und Niederösterreicher gehören kaum noch zu diesem Komplex, Sie haben mit den Baiern zwar das eher ruhige Temperament und die Oberösterreicher auch das Selbstvertrauen gemeinsam, wichtige Merkmale wie Derbheit, Rauflust und ausgeprägte geschlechtliche und musische Neigung fehlen ihnen aber weitgehend. Auch bei ihnen tritt ein weicher Zug hinzu.

Für die Clusteranalyse habe ich nur die Regionalcharakter-Beschreibungen herangezogen, bei denen mindestens 20 Merkmale erwähnt werden. Trotzdem ergab sie nicht nur eindeutige stammesmäßig zuzuordnende Cluster, sondern auch gemischte Cluster und einige offensichtlichen Ausreißer.

Das erste Cluster umfasst die niederdeutschen Gruppen in Niedersachsen, der Altmark, Schleswig-Holstein und Westfalen. Aber schon der Osten Schleswig-Holsteins, Mecklenburg und Pommern gehören nicht mehr dazu. Es gibt in dem Cluster ein eigenes Subcluster der Küstenbevölkerungen von Ostfriesland, Dithmarschen, Helgoland und Nordfriesland.

Es gibt ein großes mitteldeutsches Cluster vom Rheinland bis nach Schlesien, das in verschiedene Subcluster unterteilt ist. Eines davon umfasst die mittelrheinische Ebene mit der Pfalz, der Vorderpfalz, Rheinhessen und Hohenlohe. Ein anderes umfasst thüringische, sächsische und schlesische Gruppen, ein weiteres zwei aus dem Erzgebirge und ein viertes verschiedene Mittelgebirge. Auch ein weiteres Hauptcluster umfasst mehrere Mittelgebirge.

Im Nordosten gehören die nichtdeutschen Gruppen der Lebakaschuben (2 mal), der Litauer (2 mal) und der Masuren zu zwei verschiedenen Clustern. Nicht zu diesen Clustern gehören die deutschen Ostpreußen.

Im Süden gibt es ein schwäbisch-alemannisches Cluster mit zwei Vorarlberger Gruppen und einer Walsergruppe in Graubünden, zu dem die Schweizer Alemannen nicht gehören. Außerdem gibt es ein baierisches Stammescluster, das Altbayern, den Böhmerwald, Tirol und das bis 1779 zu Bayern gehörige österreichische Innviertel in Oberösterreich umfasst.

Trotz der Subjektivität der Regionalcharater-Beschreibung dürfte es sich bei der Professionalität der Urteilenden, der strengen Auswahl der Beschreibungen und deren methodische Auswertung um wirkliche Verhaltensunterschiede handeln.

Vergleich mit den nichtdeutschen Regionalcharakteren

Von besonderem Interesse gerade in unserem Zusammenhang ist die Frage, ob sich die ethnisch deutschen Regionalcharaktere von den nichtdeutschen unterscheiden. Von den 364 Regionalcharakter-Beschreibungen aus der Zeit von 1800 bis 1950 betreffen 51 die nichtdeutschen Nachbarvölker. Davon gehören fünf zu den baltischen Völkern (Kuren und Litauer in Ostpreußen),

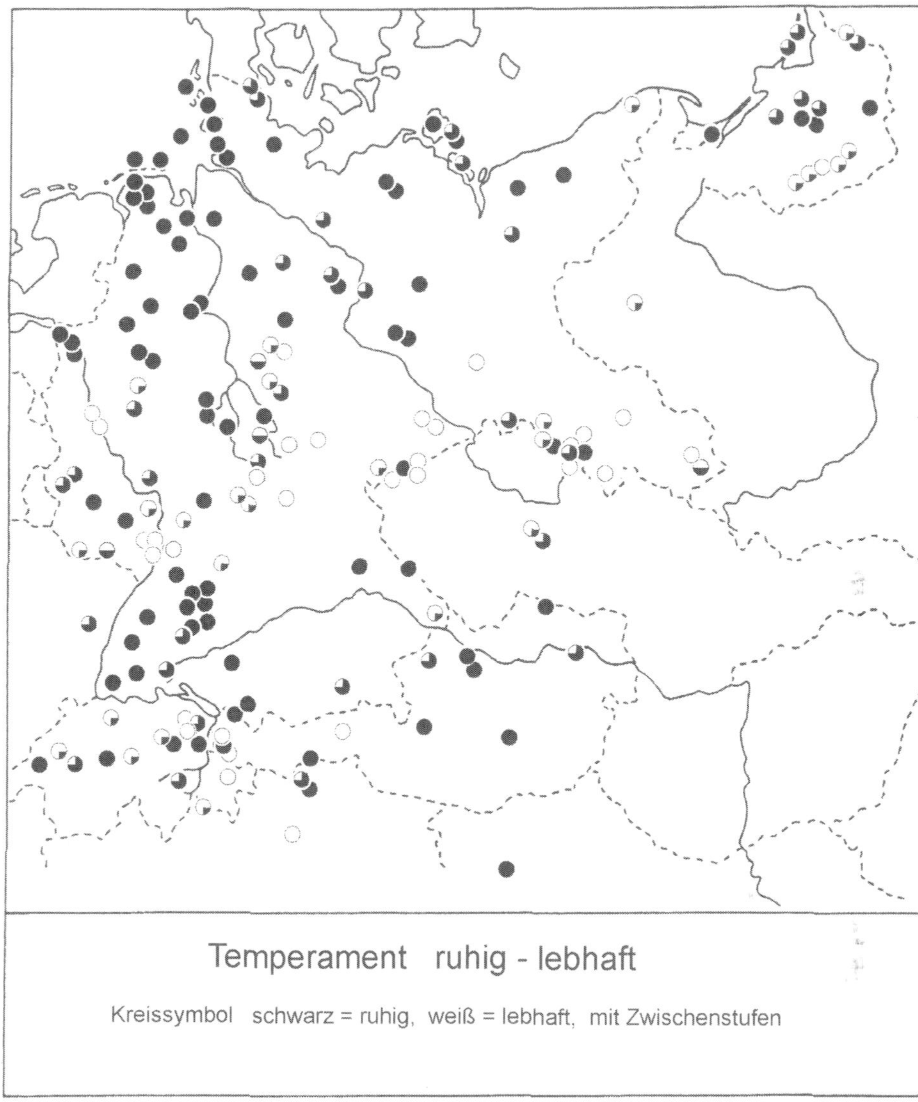

Verteilung des Temperaments in Mitteleuropa

31 zu den Slawen (Kaschuben, Masuren, Polen, polnische Oberschlesier, Lausitzer Wenden, Tschechen und Slowenen) und 14 zu den Romanen (französische Schweizer, italienische Schweizer, Rätoromanen, Ladiner und Trientiner).

Die übrigen 313 Regionalcharakter-Beschreibungen beinhalten Deutsche im ethnographischen Sinn, also nicht nur Reichsdeutsche, sondern auch Deutschschweizer, Deutschösterreicher, Südtiroler, Luxemburger, Deutschlothringer, Elsässer und Sudetendeutsche. Leider liegen mir keine Regionalcharakter-Beschreibungen von Wallonen oder französischen Lothringern vor, so dass die romanischen Gruppen nur die in der Schweiz und Südtirol umfassen.

Bei einigen Merkmalen gibt es auffallende Unterschiede. So zum Beispiel bei der Redeneigung. Von den deutschen Bevölkerungen, bei denen dieses Merkmal erfasst worden ist, werden nur 34 Prozent als viel redend beschrieben und 59 Prozent als wenig redend. Von den nichtdeutschen Gruppen gelten dagegen 79 Prozent als viel redend. Von den romanischen Gruppen ist gar keine wenig redend, von den baltisch-slawischen nur die Kuren auf der Kurischen Nehrung.

Bei dem Merkmal der Derbheit, das zwischen höflichem und derbem Verhalten unterscheidet, gelten von den Bevölkerungen, für die das Merkmal genannt wird, die deutschen zu 75 Prozent als derb und nur zu 21 Prozent als höflich. Bei den Balten und Slawen halten sich Höflichkeit und Derbheit in etwa die Waage, während von den 11 romanischen Gruppen neun als höflich (81 Prozent) und nur eine als derb bezeichnet wird.

Der Fleiß ist ein weiteres Merkmal, das besonders oft den Deutschen zugeschrieben wird. Von den Bevölkerungen, über die eine Aussage zu dem Merkmal vorliegt, wird 84 Prozent der deutschen Gruppen Fleiß zuerkannt und nur 43 Prozent der baltischen und slawischen Gruppen (vor allem den Lausitzer Wenden). Die Romanen gelten dagegen als genauso fleißig wie die Deutschen (10 von 11 Beschreibungen).

Ein wichtiges Merkmal ist die Grundstimmung, ob heiter oder ernst. Von den Bevölkerungen, zu denen Aussagen über diese vorliegen, gelten bei den Deutschen zehn Prozent als mäßig ernst und 37 Prozent als sehr ernst (zusammen 47 Prozent ernst), immerhin aber auch 46 Prozent (im Rheinland, Sachsen usw.) als eher heiter gestimmt. Von den Balten/Slawen gelten 38 Prozent als mäßig ernst und 22 Prozent als sehr ernst. Die Balten/Slawen werden also sogar häufiger als die Deutschen als ernst beschrieben, erst wenn man die Kategorie sehr ernst gesondert auszählt, gibt es bei den Deutschen mehr (sehr) ernste Gruppen. Bei den Romanen wird das Merkmal der Grundstimmung nur bei vier von den 15 Gruppen genannt, allerdings jedesmal als heiter! Der deutsche Ernst besteht also hauptsächlich im Vergleich mit den Romanen, weniger mit den Slawen und Balten.

Ein weiteres wichtiges, oft genanntes Merkmal ist das Temperament, ob lebhaft oder ruhig. Von den 157 deutschen Bevölkerungen, für die das Merkmal genannt wird, gelten 71 Prozent als ruhig und nur 27 Prozent als lebhaft, von den 21 nichtdeutschen Gruppen dagegen nur 27 Prozent als ruhig und 68 Prozent als lebhaft. Die Deutschen werden also zwei- bis dreimal so oft ruhig genannt wie die Nichtdeutschen. Einen Unterschied zwischen den Balten/Slawen und den Romanen zeigen die Daten nicht, beide sind überwiegend lebhaft.

Ein deutlicher Unterschied besteht auch bei der Gemütsart, der Härte beziehungsweise Weichheit des Gemüts. Von den 107 deutschen Bevölkerungen, für die das Merkmal genannt wird, gelten 41 Prozent als hart (besonders norddeutsche Gruppen) und 50 Prozent als weich (besonders die Sachsen-

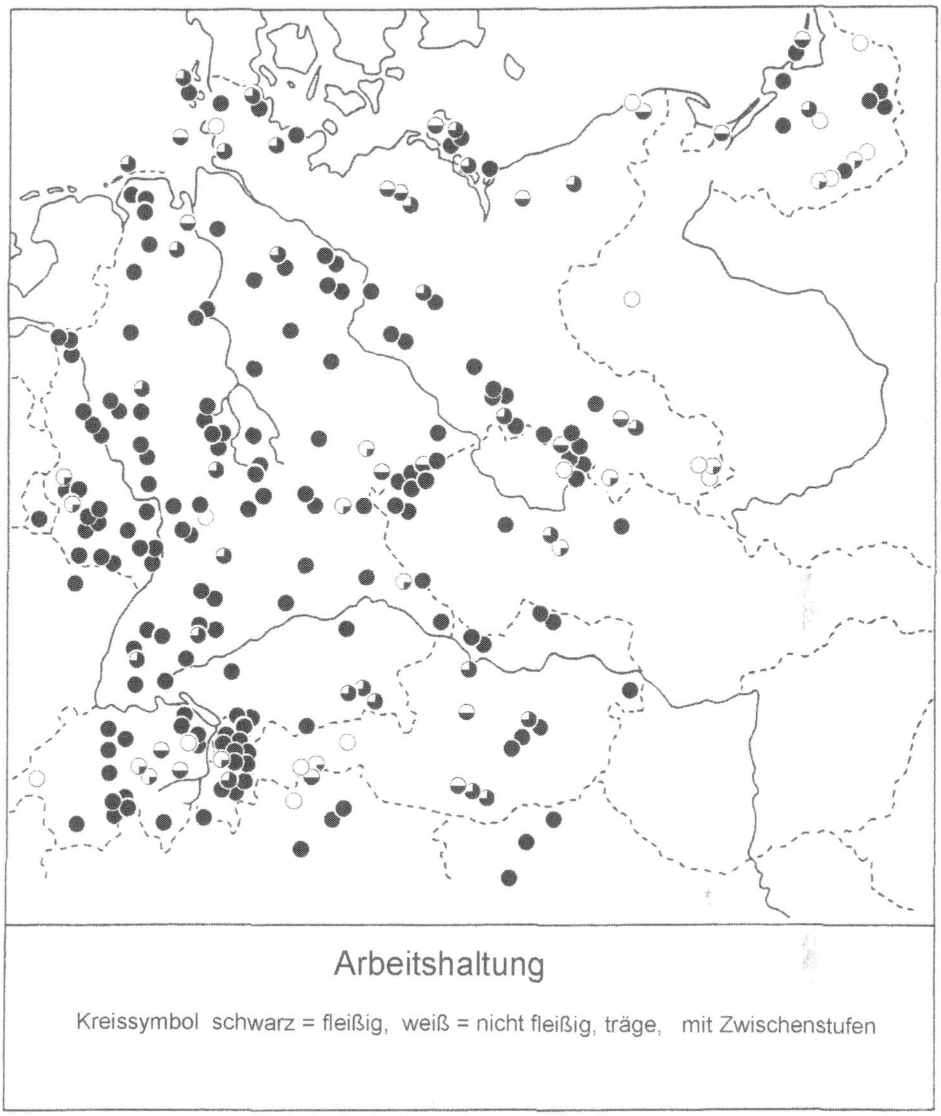

Verteilung der Arbeitshaltung in Mitteleuropa

Thüringer, Schlesier und östlichen Österreicher). Von den 17 baltischen und slawischen Gruppen, für die Aussagen vorliegen, gelten alle bis auf eine als eher weich. Bei den romanischen Gruppen gibt es nur eine Aussage zu dem Merkmal, nämlich für die französischen Westschweizer, die als eher hart gelten (calvinistischer Einfluß?).

Ähnlich ist das Ergebnis bei der Charakterfestigkeit. Von den 130 deutschen Bevölkerungen, für die eine Aussage zu dem Merkmal vorliegt, werden 79 Prozent als zäh beschrieben und nur 19 Prozent als wankelmütig (Rheinländer, Mitteldeutsche usw.). Bei den 12 nichtdeutschen Bevölkerungen besteht dagegen das umgekehrte Verhältnis, nur 17 Prozent gelten als zäh

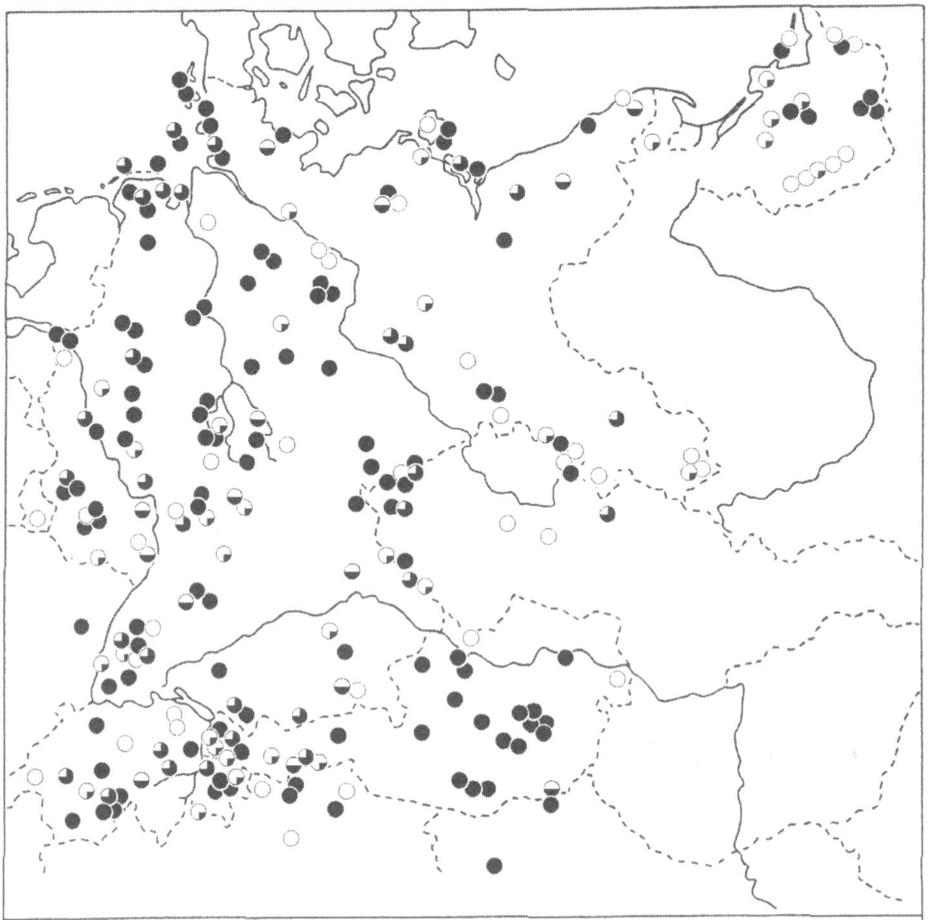

Verteilung der Biederkeit in Mitteleuropa

und ganze 75 Prozent als wankelmütig, ohne Unterschied zwischen Balten/Slawen und Romanen.

Über die Zuverlässigkeit beziehungsweise Unzuverlässigkeit liegen nur Aussagen zu 96 deutschen und 8 nichtdeutschen Bevölkerungen vor. 87 Prozent der deutschen Gruppen werden zuverlässig genannt. Die Gruppen der Balten/Slawen gelten viermal als zuverlässig (davon allein dreimal die Lausitzer Wenden. Einfluss der deutschen Umgebung?) und viermal als unzuverlässig. Über die romanischen Bevölkerungen liegen keine Aussagen vor.

Ein häufig genanntes und wichtiges Merkmal ist die Geisteshaltung, ob bieder oder verschmitzt. Von den 201 deutschen Gruppen gelten 67 Prozent als bieder und 27 Prozent als verschmitzt, also als nicht ganz ehrlich und auf den eigenen Vorteil bedacht. Der Anteil der als verschmitzt charakterisierten Gruppen beträgt dagegen bei den 23 baltischen und slawischen Gruppen 70 Prozent, wobei besonders die Lausitzer Wenden als bieder gelten. Von den zehn romanischen Gruppen gelten vier als verschmitzt und sechs als bieder (davon allein dreimal die Graubündner Rätoromanen).

Ein eher selten genanntes Merkmal ist die Neigung zum Grübeln. Von den 313 ethnisch deutschen Gruppen wird es für 54 Bevölkerungen genannt, hauptsächlich in Westfalen, Schwaben und Schlesien. Bei den 51 nichtdeutschen Gruppen wird es dagegen nur zweimal genannt, beide Male für die Tschechen.

Der Vergleich ergibt beträchtliche Unterschiede zwischen den Charakteristiken der deutschen und der nichtdeutschen regionalen Bevölkerungen. Das betrifft vor allem die Redeneigung, das Temperament, die Charakterfestigkeit und die Geisteshaltung. Unter den deutschen Gruppen überwiegen die wenig redenden, ruhigen, zähen und biederen die viel redenden, lebhaften, wankelmütigen und verschmitzten bei weitem. Bei den nichtdeutschen Gruppen ist es umgekehrt. Sie werden überwiegend viel redend, lebhaft, wankelmütig und verschmitzt genannt. Zwar wird die Neigung zum Grübeln nur bei einem Sechstel der deutschen Regionalbevölkerungen genannt, doch ist sie bei den deutschen dennoch um ein Vielfaches häufiger als bei den nichtdeutschen. Durch Fleiß, Härte und Zuverlässigkeit setzen sich die deutschen Gruppen von den slawisch-baltischen Nachbarn ab, durch Ernst und Derbheit von den romanischen Nachbarn.

Ich schrieb ein Buch über die deutschen Regionalcharaktere, das im Husum Verlag inzwischen in zweiter Auflage erschienen ist. Den Vergleich mit den nichtdeutschen Regionalcharakteren habe ich aber erst in meinem Buch über die deutschen Stämme durchgeführt.[279]

Andreas Vonderach, Die deutschen Regionalcharaktere

279 Andreas Vonderach: Die deutschen Regionalcharaktere. Psychologie und Geschichte. 2., durchgesehene und ergänzte Auflage, Husum 1919; ders.: Die deutschen Stämme. Beltheim-Schnellbach 2021

Schluss

„Die Versuchung des Rechten ist der Zynismus, die des Linken die Lüge."[280]

Es gibt heute (2024) in Deutschland nur noch zwei verschiedene Arten von Anthropologen. Die einen sind die Genetiker, die sich mit alter DNS vor allem aus der Altsteinzeit und dem Neolithikum befassen und in den schon genannten neugegründeten Einrichtungen in Leipzig und Mainz tätig sind. Von diesen führt keine Traditionslinie zur klassischen Anthropologie, wie sie Ilse Schwidetzky, Wolfram Bernhard, Friedrich W. Rösing oder Rainer Knussmann vertraten. Es besteht aber auch keine Kontinuität zu den serologischen Anthropologen wie Hans-Georg Scheil oder Wolfgang Scheffrahn.

Die anderen Anthropologen sind die übrig gebliebenen Osteologen, die anhand von Skelettresten arbeitenden Anthropologen, meistens Freiberufler, die keine anthropologischen Merkmale mehr erheben, sondern nur noch als Zuarbeit für die Archäologen das Geschlecht, das Alter und die pathologischen Befunde bestimmen. Die bekannteste von diesen Osteologen ist Ursula Wittwer-Backofen, die alle ihre vielen Schädelarbeiten aus ihrem Lebenslauf gestrichen hat und als einzige eine Stelle innehat, nämlich bei Archäologen wie Sebastian Brather und Hubert Fehr in Freiburg. Die Hauptaufgabe der Anthropologie, die Erforschung der lebenden Bevölkerung des eigenen Landes, wird heute von Gerichtsmedizinern und Epidemiologen geleistet. Das hat den Nachteil oder Vorteil, dass deren Arbeit im Gegensatz zu der der alten-DNS-Forscher von den Wissenschaftsjournalisten im Allgemeinen nicht beachtet wird.

Die Anthropologie hat der Geschichte, Bevölkerungswissenschaft und Soziologie seit dem 19. Jahrhundert ganz neue Bereiche erschlossen. Wie sich die heutigen Völker, Stämme, Volksschläge und soziale Gruppen unterscheiden, wie die Reste älterer Völker in der heutigen Bevölkerung nachwirken, wie Überschichtungs- und Siebungsprozesse die Gesellschaft bis heute gliedern, all das sind wichtige und spürbare Folgen unserer biologischen Geschichte. Und nicht zuletzt möchte man ja wissen, wie die Menschen verschiedener Völker aussahen und die Menschen in bestimmten Regionen heute noch aussehen. Während die Geschichtswissenschaft und die Archäologie zeitweise für die Forschungsergebnisse der Anthropologie offen waren – genannt seien die Namen Hermann Aubin und Erich Keyser – , hat sich die Soziologie bis heute für die so wichtigen Ergebnisse der anthropologischen Sozialbiologie völlig verschlossen.

Wie dieser Überblick gezeigt haben wird, gibt es vielmehr Belege für genetische und genetisch-psychologische Unterschiede zwischen Bevölkerungen,

280 Ich weiß leider nicht mehr, von wem dieses Zitat stammt.

Völkern, Stämmen und sozialen Gruppen in Mitteleuropa, als selbst gebildeten Zeitgenossen bekannt ist. Wenn in der neueren Literatur darüber nichts zu finden ist, liegt das nicht daran, dass diese Forschungsergebnisse durch neuere widerlegt seien, sondern dass es keine neueren Forschungen dazu gibt und dass das bestehende Wissen darüber in den neueren Handbüchern und Lehrbüchern nicht mehr weitertradiert wird. Die Autoren ignorieren die ideologisch unerwünschten Erkenntnisse, um ihrer Karriere nicht zu schaden. So glaubten der akademische Nachwuchs und der gebildete Laie, dass es solche Unterschiede nicht gibt. Das gilt insbesondere für den Nachwuchs in den geisteswissenschaftlichen Fächern wie Geschichte, Soziologie und Politikwissenschaft, der vielfach von den Lehrenden im Sinne der Milieutheorie und des Konstruktivismus indoktriniert wird. Wissenschaftliche Untersuchungen zeigen, dass der Einfluss der Genetik auf das menschliche Verhalten umso geringer eingeschätzt wird, je länger jemand Soziologie studiert hat.

In Deutschland haben wir ja – mit Ausnahme von Virchows Schulkinderuntersuchung, die nur die Farbmerkmale umfasst – leider nie eine landesweite Untersuchung unseres eigenen Landes zustande bekommen, wie sie die meisten unserer Nachbarn besitzen. Man denke an Schweden, Belgien, Frankreich, die Schweiz, Italien oder Polen. Dafür besitzen wir mit den Landesuntersuchungen in Schlesien und Westfalen zwei große Regionaluntersuchungen, die an Reichtum der Fragestellungen und der Ergebnisse alles übertreffen, was es im Ausland je gegeben hat. Selbst Lundmans Untersuchungen in Dalarna, Schlaginhaufens in der Schweiz, Fleures in Wales und Giots in der Bretagne reichen an diese nicht heran. Im Archiv des inzwischen aufgelösten Anthropologischen Instituts in Mainz lagerten die noch weitgehend unbearbeiteten Erhebungsbögen und Daten der Rheinland-Pfalz-Untersuchung und von Karl Valentin Müllers Erhebungen in Niedersachsen. Eine Anfrage nach deren Verbleib an Joachim Burger in Mainz blieb unbeantwortet. Auch auf eine E-Mail von Prof. Dr. Friedrich W. Rösing erfolgte keine Antwort. Bei der fachideologischen Ausrichtung der letzten Leiter des Instituts und der Vertreter der Nachfolgeinstitutionen ist jedoch zu befürchten, dass dieses wertvolle Material nach der Schließung des Mainzer Instituts für immer verloren gegangen ist (vielleicht aus „Datenschutz“-Gründen).

Eines der wichtigsten Ergebnisse unseres Überblicks ist, dass sich durch die neuen modernen DNS-Merkmale nichts an der anthropologisch-genetischen Stellung Deutschlands in Europa geändert hat. Egal ob Schädelmaße, Blutgruppen, DNS-Merkmale oder Persönlichkeitsdimensionen, Deutschland steht der deutschen Schweiz und Österreich am nächsten, gefolgt von den Niederlanden und den anderen germanischen Ländern. Von seinen westlichen und östlichen Nachbarn steht es Frankreich und dem westlichen Ländern etwas näher als Polen und den östlichen Ländern.

Für die geisteswissenschaftlichen linken Anthropologie-Gegner muss die Lektüre dieses Buches, insbesondere seiner sozialanthropologischen und psychologischen Teile, ein wahrer Horror sein. Es verwundert nicht, dass sie diese Wissenschaft abschaffen, ja am liebsten als „menschenfeindlich" und „rassistisch" verbieten möchten.

Trotzdem sind die von der Anthropologie beschriebenen Unterschiede und Prozesse real, und es wird Zeit, dass sie auch Eingang in die Geschichtswissenschaft und Sozialwissenschaft finden. Es gilt zu verstehen, dass es unterhalb der politischen, kulturellen und sozialen Oberfläche der Geschichte auch eine biologische Struktur und Dynamik gibt, die zu kennen mindestens ebenso wichtig ist, wenn man die ganze Geschichte verstehen will. Die Erblichkeit der Intelligenz und ihre ungleiche Verteilung sind die Grundlage jeder Sozialwissenschaft. Trotzdem werden sie in Deutschland von ganzen Universitätsfächern völlig ignoriert. In den dicken Berichten über die Pisa-Studien kommen die Worte Intelligenz oder IQ überhaupt nicht vor. Auch während meines Geschichtsstudiums behaupteten die Professoren, es gäbe keine Intelligenzunterschiede zwischen den sozialen Schichten! Die „Sozialanthropologie der Ruhrbevölkerung" von Hubert Walter sollte Pflichtlektüre für Historiker und Soziologen sein!

Es ist nur zu verständlich, dass sich die heutigen Forscher mit Begeisterung den modernen genetischen Merkmalen zuwenden. Dennoch gehören die morphologischen Merkmale weiterhin zur Realität des Menschen und sind der Erforschung wert. Es wäre zum Beispiel wichtig zu wissen, ob in frühmittelalterlichen Reihengräber die unterschiedlichen Schädeltypen mit bestimmten Genkombinationen korreliert sind oder nicht. Das würde aber die gemeinsame Erhebung von morphologischen und genetischen Merkmalen voraussetzen. Das Ideal einer anthropologischen Untersuchung ist nicht die mit den modernsten Methoden, sondern die mit den meisten unterschiedlichen Merkmalen. Die Zukunft der Anthropologie wird wahrscheinlich in der codierenden DNS liegen, die nicht nur etwas über die Herkunft von Bevölkerungen, sondern auch über ihr Aussehen und ihr Verhalten aussagen kann. Und die Zukunft der morphologischen Anthropologie wahrscheinlich in computergestützten fotometrischen Methoden.

Für den Menschen ist das fremde und das eigene Aussehen zu offensichtlich in der unmittelbaren Anschauung gegeben, als das man es verleugnen könnte. Es gibt ein unverwüstliches Interesse an einer Anthropologie, die nicht nur von unsichtbaren DNS-Schnipseln handelt, sondern sich auf das bezieht, was man sehen und unmittelbar wahrnehmen kann. Der Blick in den Spiegel und in die Gesichter unserer Zeitgenossen macht Unterschiede und Gemeinsamkeiten ja schlagartig deutlich!

Zur biologischen Anthropologie gehören aber auch die psychologischen Merkmale des Temperaments und der Begabung. Denn auch diese Eigenschaften sind zum großen Teil genetisch bedingt, genauso wie die morphologischen oder physiologischen Merkmale. Dass es keine genetisch bedingten psychischen Unterschiede zwischen Rassen und Völkern gäbe, ist ein frommes Märchen, das manche „Wissenschaftler" immer noch mit Gewalt aufrechterhalten wollen. Die Korrelation von physischen und psychischen Merkmalen und der Vergleich ihrer räumlichen Verteilung zeigen, dass überall, wo es anthropologisch-genetische Grenzlinien gibt, auch psychologische Unterschiede beschrieben werden können. Das gilt nicht nur für die Großrassen der Europiden, Mongoliden und Negriden, sondern auch für Mitteleuropa. Etwa für die romanisch-germanische Grenze im Westen und Süden und die germanisch-slawische im Osten Deutschlands.

So hoffe ich, dass dieses Buch unter vielen historisch interessierten Lesern Verbreitung finden wird. Ich denke, so manchem Leser wird es ganz neue Perspektiven der Geschichte erschließen.

Literaturverzeichnis

1. Weiterführende Literatur

Anthropologie von Deutschland, Schweiz und Österreich

Ilse Schwidetzky: Rassengeschichte von Deutschland. In: Rassengeschichte der Menschheit, 7. Lieferung, Europa V, München 1979, S. 45-101

Marc-Rudoph Sauter: Histoire raciale de la Suisse. In: Rassengeschichte der Menschheit, 7. Lieferung, Europa V, München 1979, S.7-43

Margarete Weninger: Die Rassengeschichte Österreichs. In: Rassengeschichte der Menschheit, 5. Lieferung, Europa III, München 1978, S. 7-33

Ilse Schwidetzky: Rückblick auf die regionalanthropologische Untersuchung Schlesiens. In: Jahrbuch der Schlesischen Friedrich-Wilhelms-Universität Breslau 1, 1955, S. 112-132

Ilse Schwidetzky, Hubert Walter: Untersuchungen zur anthropologischen Gliederung Westfalens. Der Raum Westfalen V, Teil 1, Münster i.W. 1967

Andreas Vonderach: Anthropologie Europas. Völker, Typen und Gene vom Neandertaler bis zur Gegenwart. 2., völlig überarbeitete Auflage, Graz 2015

Anthropologie und Geschichte

Wolfram Bernhard, Anneliese Kandler-Pálsson (Hg.): Ethnogenese europäischer Völker. Aus der Sicht der Anthropologie und Vor- und Frühgeschichte. Stuttgart 1986

Ilse Schwidetzky: Anthropologie und Geschichtswissenschaft. In: Zeitschrift für Rassenkunde 4, 1936, S. 268-284

Ilse Schwidetzky: Der Mensch als Geschichtsquelle. In: Geschichtliche Landeskunde und Universalgeschichte. Festgabe für Hermann Aubin. Hamburg 1951, S. 11-23

Günther Franz: Geschichte und Rasse. Bemerkungen zur deutschen Geschichte in der Zeit der Glaubenskämpfe. In: Kurt von Raumer, Theodor Schieder (Hg.): Stufen und Wandlungen der deutschen Einheit. Stuttgart 1943, S.75-96

Sozialanthropologie

Andreas Vonderach: Sozialbiologie. Geschichte und Ergebnisse. Berliner Schriften zur Ideologienkunde Bd. 2, 2., durchgesehene Auflage, Schnellroda 2017

Hans W. Jürgens: Der Sozialtypus. Ein Beitrag zu seiner anthropologischen Begriffsbestimmung. In: Hans W. Jürgens, Christian Vogel: Beiträge zur menschlichen Typenkunde. Sutttgart 1965, S. 159-248

Wolfram Bernhard: Die Bedeutung psychophysischer Zusammenhänge für die Sozialanthropologie. In: *Infans Cerebropathicus* 4, 1980, S. 5-31

Egon von Eickstedt (Hg.): Bevölkerungsbiologie der Großstadt. Stuttgart 1942

Hubert, Walter: Untersuchungen zur Sozialanthropologie der Ruhrbevölkerung. Münster i.W. 1962

Ilse Schwidetzky: Grundzüge der Völkerbiologie. Stuttgart 1950

Bevölkerungsgeschichte

Erich Keyser: Bevölkerungsgeschichte von Deutschland. 3. umgearbeitete und vermehrte Auflage, Leipzig 1943

Anthropologie und Geographie

Ilse Schwidetzky: Die Frage der Standorttypen in der Anthropologie. In: Zeitschrift für menschliche Vererbungs- und Konstitutionslehre 30, 1952, S. 635-645

Anthropologie und Physiognomie

Ilse Schwidetzky: Descriptive characters of the face in population comparisons. In: Homo 42, 1991, S. 265-286

Serologische Anthropologie

Luigi Luca Cavalli-Sforza, Paolo Menozzi, Alberto Piazza: The history and geography of human genes. Paperback-Ausgabe, Princeton N. J. 1996

Jean Manco: Ancestral Journeys. The peopling of Europe from the first ventures to the Vikings. Revised and updated, London 2018

Huber Walter: Populationsgenetik der Blutgruppensysteme des Menschen. Stuttgart 1998

Jürgen Tomiuk, Volker Loeschcke: Grundlagen der Evolutionsbiologie und Formalen Genetik. Berlin 2017

Psychologische Anthropologie

Andreas Vonderach: Die deutschen Regionalcharaktere. 2. durchgesehene und ergänzte Auflage, Husum 2019

Andreas Vonderach: Die deutschen Stämme. 2. Auflage, Beltheim-Schnellbach 2021

Willy Hellpach: Einführung in die Völkerpsychologie. Dritte neubearbeitete Auflage, Stuttgart 1954

Andreas Vonderach: Völkerpsychologie. Ihre Geschichte und Ergebnisse von der Antike bis zur Gegenwart. 3., aktualisierte Auflage, Beltheim-Schnellbach 2021

Baldwin M. Way, Matthew D. Lieberman: Is there a genetic contribution to cultural differences? Collectivism, individualism and genetic markers of social sensitivity. In: Social Cognitive and Affective Neuroscience 5, 2010, S. 203-211

Allgemeine Darstellungen der Anthropologie

Rainer Knussmann: Vergleichende Biologie des Menschen. 2. Auflage, Stuttgart 1996

Gerhard Heberer, Ilse Schwidetzky, Hubert Walter: Anthropologie. Fischer-Lexikon 15. Neubearbeitung, Frankfurt am Main 1970

Ilse Schwidetzky: Hauptprobleme der Anthropologie. Bevölkerungsbiologie und Evolution des Menschen. Freiburg 1971

Geschichte der Anthropologie

Ilse, Schwidetzky: Geschichte der Anthropologie. In: Rainer Knussmann (Hg.): Anthropologie. Handbuch der vergleichenden Biologie des Menschen. Stuttgart 1988, S.47-126

Ilse, Schwidetzky: History of Biological Anthropology in Germany. International Association of Human Biologists, Occasional Papers 3, 4, Newcastle upon Tyne 1992

Andreas Vonderach: Die Dekonstruktion der Rasse. Sozialwissenschaft gegen die Biologie. 2. Auflage, Graz 2020

Andreas Vonderach: Gab es Germanen? Eine Spurensuche. Schnellroda 2017

2. Referierte Literatur:

Allik, Jürik, Robert R. McCrae: Toward a geography of personality traits. Patterns of profiles across 36 cultures. In: Journal of Cross-Cultural Psychology 35, 2004, S. 13-28

Allmers, Hermann: Marschenbuch. Land- und Volksbilder aus den Marschen der Weser und Elbe. Vierte durchgesehene und vermehrte Auflage. Oldenburg i.O. 1902 (Nachdruck Leer 1988)

Ammon, Otto: Die natürliche Auslese beim Menschen. Aufgrund der Ergebnisse der anthropologischen Untersuchungen der Wehrpflichtigen in Baden und anderer Materialien. Jena 1893

Ammon, Otto: Zur Anthropologie der Badener. Bericht über die von der Anthropologischen Kommission des Karlsruher Altertumsvereins an Wehrpflichtigen und Mittelschülern vorgenommenen Untersuchungen. Jena 1899

Abdellaoui, Abdel, David Hugh-Jones, Loic Yengo (…), Peter M. Visscher: Genetic correlates of social stratification in Great Britain. In: Nature Human Behavior 3, 2019, S. 1332–1342

Arnold, Hermann: Soziale Isolate im Mosel-Saar-Nahe-Raum seit dem 18. Jahrhundert. Saarbrücken 1964

Asmus, Gisela: Der Einfluß der Wanderung auf die Irispigmentation in Niedersachsen. In: Homo 2, 1950, S. 31-34

Asmus, Gisela: Bevölkerungswandel in Niedersachsen. Im Lauf von 70 Jahren. In: Raum und Gesellschaft. Forschungs- und Sitzungsberichte der Akademie für Raumforschung und Landesplanung 1, 1950, Bremen 1952, S. 57-75

Asmus, Gisela: Die Haarfarbe als Gradmesser der Bewanderung Niedersachsens. In: Zeitschrift für Morphologie und Anthropologie 44, 1952

Asmus, Rudolf: Die Schädelform der altwendischen Bevölkerung Mecklenburgs. In: Archiv für Anthropologie 27, 1902, S. 1-33

Aubin, Hermann, Franz Petri, Herbert Schlenger u. Peter Schöller: Vorwort. In: Ilse Schwidetzy, Hubert Walter: Untersuchungen zur anthropologischen Gliederung Westfalens. Der Raum Westfalen, Bd. V, Teil 1, Münster i.W. 1967, S. XIII-XVI

Bach, Adelheid: Germanen – Slawen – Deutsche. Anthropologische Bearbeitung des frühmittelalterlichen Gräberfeldes von Rohnstedt, Kreis Sondershausen. Weimar 1986

Baer, Karl Ernst v., Rudolph Wagner: Bericht über die Zusammenkunft einiger Anthropologen im September 1861 in Göttingen. Leipzig 1861

Baur, Karl: Untersuchungen über die Pigmentierung und die Altersvariabilität der Ausfärbung bei Schulkindern des Landkreises Müllheim (Baden). Diss. Freiburg i.Br. 1944

Beardmore, J.A., F. Karimi-Booshehri: ABO genes are differentially in socio-economic groups in England. In: Nature 303, 1983, S. 522-524

Beddoe, John: Colour and Race. In: Journal of the Royal Anthropological Institute of Great Britain and Ireland 35, 1905, S. 219-250

Beelitz, Anne-Rose: Sozialanthropologische Untersuchungen in Rheinhessen (Schumacher und Schlosser in Großstadt und Kleinstadt). Diss. Mainz 1949

Behar, Doron M., Mark G. Thomas, Karl Skorecki u.a.: Multiple origins of Ashkenazi Levites: Y chromosome evidence for both Near Eastern and European ancestries. In: American Journal of Human Genetics 73, 2003, S. 768-779

Bergman, P., T. Bielicki, K. Sawicki: Anthropologie der heutigen Bevölkerung Polens. In: Ilse Schwidetzky (Hg.): Rassengeschichte der Menschheit, Lieferung 5, Europa III, München 1978, S. 97-130

Berner, Margit, Herbert Kritschner, Johann Szilvássy: Die Skelette des awarischen Gräberfeldes von Münchendorf, Niederösterreich. In: Falko Daim (Hg.): Awarenforschung. Archaeologia Austriaca, Monographien Nr. 2, Wien 1992, Bd. 2, S. 1027-1191

Bernhard, Wolfram: Psychische Korrelate der Augen- und Haarfarbe und ihre Bedeutung für die Sozialanthropologie. In: Homo 16, 1965, S. 1-31

Bernhard, Wolfram: Die psychische Eigenart der Hellpigmentierten und ihre mögliche bio-chemisch-genetische Erklärung. In: Bericht über die 9. Tagung der Deutschen Gesellschaft für Anthropologie in Freiburg am 7.-9. Oktober 1965, Göttingen 1967, S. 74-79

Bernhard, Wolfram: Anthropologische Untersuchungen in Rheinland-Pfalz: Die regionale Verteilung der Augen- und Haarfarbe. In: Homo 26, 1975, S. 28-35

Bernhard, Wolfram: Die Bedeutung psychophysischer Zusammenhänge für die Sozialanthropologie. In: *Infans Cerebropathicus* 4, 1980, S. 5-31

Bernhard, Wolfram: Ethnogenese der Germanen aus der Sicht der Anthropologie. In: Wolfram Bernhard, Anneliese Kandler-Pálsson (Hg.): Ethnogenese europäischer Völker. Aus der Sicht der Anthropologie und Vor- und Frühgeschichte. Stuttgart 1986, S. 257-284

Bernhard, Wolfram, Anneliese Kandler-Pálsson (Hg.): Ethnogenese europäischer Völker. Aus der Sicht der Anthropologie und Vor- und Frühgeschichte. Stuttgart 1986

Bescherer, Johannes: Das Kirchspiel Stünzhain. Ein Beitrag zur Rassenkunde und Sozialanthropologie Thüringens. Jena 1940

Biedermann, Verena: Eine hämogenetische und populationsgenetische Studie an der Dorfbevölkerung von Törbel (VS). Diss. Zürich 1986

Boéchat, P.-A.: La couleur des yeux, des cheveux et de la peau chez les enfants de écoles du canton de Fribourg. In: Bulletin der Naturforschenden Gesellschaft (…) Fribourg, 1880, S. 48-75

Borinskaya, S.A., Zh.M. Kozhekbaeva, E.V. Gorbunova u.a.: Analysis of the DRD4 gene polymorphism in populations in Russia and neighboring countries. In: Genetika 40, 2004, S. 835- 840 (russ., mit engl. abstract)

Bramanti, Barbara, Susanne Hummel u.a.: STR allelic frequencies in a German skeleton collection. In: Anthropologischer Anzeiger 58, 2000, S. 45-49
Brost, Kurt: Anthropologische Untersuchung der Rhönbevölkerung. In: Hans Harmsen, Franz Lohse (Hg.): Bevölkerungsfragen. Bericht des Internationalen Kongresses für Bevölkerungswissenschaft 1935, München 1936, S. 846-848
Brost, Kurt: Anthropologie der Rhön. In: Berichte der physikalisch-medizinischen Gesellschaft in Würzburg N.F. 60, 1936, S. 51-59
Brunner, John A.: Die frühmittelalterliche Bevölkerung von Bonaduz. Eine anthropologische Untersuchung. Chur 1972
Burger, Eva: Differenzierung historischer Populationen durch metrische Merkmale am Schädel. Ein Beitrag zur Anthropologie der frühmittelalterlichen Bajuwaren. Diss. Braunschweig 1982
Bykowski, Ludwik Jaxa: Przyczynki do znajomości ras wśród naszej mlodzirzy szkolnej (Beiträge zur Kenntnis der Rassen unter unserer Schuljugend). In: Kosmos (poln.) 51, 1926, S. 935-940
Bykowski, Ludwik Jaxa: Przyczynki do charakterystyki psychicznej nazej mlodziezy szkolnej (Beiträge zur psychischen Charakteristik unserer Schuljugend). In: Przeglad Filozoficzny 30, 1927, S. 311
Bykowski, Ludwik Jaxa: Betrachtungen über Rassenauslese in polnischen Schulen. In: Zeitschrift für Rassenkunde 4, 1936, S. 9-14
Caselitz, Peter: Die menschlichen Skelettreste aus dem Dominikanerkloster zu Schleswig. In: Volker Vogel (Hg.): Ausgrabungen in Schleswig. Berichte und Studien 1, Neumünster 1983, S. 112-216
Caselitz, Peter: Die menschlichen Skelettreste vom St.-Remberti-Kirchhof zu Bremen und ihre Stellung innerhalb neuzeitlicher Populationen. In: Archäologische Mitteilungen aus Nordwestdeutschland 6, 1983, S. 51-78
Caselitz, Peter: Die neuzeitlichen Skelettreste aus der Kreuzkirche zu Hamburg-Kirchdorf. In: Die Heimat 91, 1984, S. 95-111
Caselitz, Peter: Die bevölkerungsbiologische Stellung des Wendlandes während des letzten Jahrtausends. In: W. Jürries (Hg.): Beiträge zur Archäologie und Geschichte Nordostniedersachsens (B. Wachter zum 70. Geburtstag), Lüchow 1991, S. 51-62
Caselitz, Peter: Im Schatten des Stromes. Die Ergebnisse der Untersuchung der menschlichen Skelettreste aus Kirche und Friedhof zu Oederquart. Göttingen 2019
Caselitz, Peter: Unerwartetes aus den Iburger Bergen. Die menschlichen Skelette aus der Klosterkirche von der Iburg. Göttingen 2022
Cavalli-Sforza, Luigi Luca, Paolo Menozzi, Alberto Piazza: The history and geography of human genes. Paperback-Ausgabe, Princeton N.J. 1996
Cehak, Gerd: Über das psychomotorische Tempo und die Rhythmik, eine rassenpsychologische Untersuchung. In: Zeitschrift für Rassenphysiologie 9, 1937, S. 56-91 u. 160-177

Chang, Fong-Mimg, Judith R. Kidd, Kenneth J. Livak u.a.: The world-wide distribution of allele frequencies at the human dopamine D4 receptor locus. In: Human Genetics 98, 1996, S. 91-101

Charlier, Christine: Der mittelalterliche Nikolaifriedhof von Schleswig. Anthropologische Untersuchung. Diss. Kiel 1979

Chen, Chuansheng, Michael Burton, Ellen Greenberger u.a.: Population migration and the variation of dopamine D4 receptor (DRD4) allele frequencies around the globe. In: Evolution and Human Behavior 20, 1999, S. 309-324

Chiao, Joan Y., Katherine D. Blizinsky: Culture-gene coevolution of Individualism-collectivism and the serotonin transporter gene. In: Proceedings of the Royal Society B 277, 2009, S. 527-537

Chopra, Virendra P., Ilse Schwidetzky: Anthropologische Untersuchungen in Rheinland-Pfalz: Gesamtabstände zwischen den sechs Regionen. In: Homo 26, 1975, S. 57-60

Christansen, Werner: Die Verteilung der Blutgruppen und Faktoren M und N in Sachsen. In: Zeitschrift für Rassenphysiologie 7, 1935, S. 114-134

Clauss, Ludwig Ferdinand: Von Seele und Antlitz der Rassen und Völker. Eine Einführung in die vergleichende Ausdrucksforschung. München 1929

Clauss, Ludwig Ferdinand: Die nordische Seele. Eine Einführung in die Rassenseelenkunde. München 1932

Clauss, Ludwig Ferdinand: Rasse und Seele. Eine Einführung in den Sinn der leiblichen Gestalt. 13. Auflage, Berlin o.J. (ca. 1940)

Cliquet, Robert L.: Social Mobility and the Anthropological Structure of Populations. In: Human Biology 40, 1968, S. 17-43

Deckner, Klaus: Über die Beziehungen zwischen Haar- und Augenfarbe und Konstitution. In: Zeitschrift für Konstitutionslehre 13, 1927, S. 603-618

Dirks, Heinz: Über die psychologischen Grundlagen deutscher Volksgruppen. In: Wehrpsychologische Mitteilungen, Ergänzungsheft 14, Berlin 1942

Ecker, Alexander: *Crania Germaniae meridionales occidentales*. Beschreibung und Abbildung von Schädeln früherer und heutiger Bewohner des südwestlichen Deutschlands. Freiburg i.Br. 1865

Eickstedt, Egon v.: Anlage und Durchführung von rassenkundlichen Gauuntersuchungen. In: Zeitschrift für Rassenkunde 2, 1935, S. 1-32

Eickstedt, Egon v.: Können Rassendiagnosen überhaupt exakt gestellt werden? In: Zeitschrift für Rassenkunde 4, 1936, S. 145-157

Eickstedt, Egon v.: Grundlagen der Rassenpsychologie. Stuttgart 1936

Eickstedt, Egon v.: Rassen im schlesischen Raum. Sinn und Ergebnisse der Rassenuntersuchung Schlesiens (RUS). In: Raumforschung und Raumordnung 3, 1939, S. 424-436

Eickstedt, Egon v.: Stadtanthropologie als bevölkerungsbiologische Aufgabe. In: Ders. (Hg.): Bevölkerungsbiologie der Großstadt. Stuttgart 1941, S. 8-41, S. 20

Eickstedt, Egon v.: Die Forschung am Menschen, Bd. III, Stuttgart 1963, S. 1875
Eickstedt, Egon v., Ilse Schwidetzky: Die Rassenuntersuchung Schlesiens. Eine Einführung in ihre Aufgaben und Methoden. Rasse, Volk und Erbgut in Schlesien 1, Breslau 1940
El-Tarras, A.E., A.A. Alusulaimani, N.S. Awads, N. Mitwaly, M.M. Said, Ma. M. Sabry: Association study between the dopamine-related candidate gene polymorphisms and ADHD among Saudi Arabian population via PCR technique. In: Molecular Biology Reports 39, 2012, S. 11081-11086
Evert, G.: Die Herkunft der deutschen Unteroffiziere und Soldaten am 1. Dezember 1906. In: Zeitschrift des Preußischen Statistischen Landesamtes, Ergänzungs-Heft 28, Berlin 1908
Fiedler, Klaus-Peter: Ein Kurpfälzer-Isolat am Niederrhein – unter besonderer Berücksichtigung des Vergleichs zwischen Kolonisten und Herkunftsbevölkerung. In: Homo 40, 1990, S. 137-158
Fischer, Eugen: Betrachtungen über die Schädelform beim Menschen. In: Zeitschrift für Morphologie und Anthropologie 24, 1924, S. 37-45
Fischer, Eugen: Denkschrift über anthropologische Erforschung der deutschen Bevölkerung. In: Deutsche Forschung. Aus der Arbeit der Notgemeinschaft der deutschen Wissenschaft (Deutsche Forschungsgemeinschaft), Heft 2, Berlin 1928, S. 130-134
Fischer, Eugen: Die anthropologischen Erhebungen an der deutschen Bevölkerung. In: Verhandlungen der Gesellschaft für physische Anthropologie, Bd. IV (4. Tagung in Tübingen 1929), Stuttgart 1930, S. 21-22
Fischer, Eugen: Anthropologischen Erhebungen. In: Forschungen und Fortschritte 7, 1931, S. 266
Fischer, Eugen: Die Gebeine aus dem karolingischen Kloster Lorsch. Untersuchungen über die süddeutsche Brachycephalie III. In: Zeitschrift für Morphologie und Anthropologie 31, 1933, S. 283-298
Fischer, Eugen: Alexander Ecker. Der große Freiburger Anatom, einer der Begründer der deutschen Rassenforschung. In: Der Erbarzt 29, 1942, S. 295-303
Fischer, Eugen: Zur Frage: Schädelform und Umwelt. In: Zeitschrift für Morphologie und Anthropologie 44, 1952, S. 51-61
Fleury-Cuello, Eduardo: Alemannische Reihengräberschädel aus Oberrotweil (Baden). Untersuchungen über die süddeutsche Brachycephalie II. In: Zeitschrift für Morphologie und Anthropologie 30, 1932, S.406-428
Folmer, H.C.: Die ersten Bewohner der Nordseeküste in anthropologischer Hinsicht, verglichen mit den gleichzeitig lebenden Germanen in Mitteldeutschland. In: Archiv für Anthropologie 26, 1899, S. 747-763
Gerhardt, Kurt: Bodenfunde beim Bau der Reichsautobahn. Ein Friedhof aus der Zeit der ostdeutschen Kolonisation bei Dusterreckahn. In: Die Strasse 3, 1936, S. 656-659

Gerhardt, Kurt: Zur Frage Brachycephalie und Schädelform. In: Zeitschrift für Morphologie und Anthropologie 37, 1937, S. 277-489

Geserick, Gunther, Volkmar Weiss: Zur Populationsgenetik der Sorben. Bestimmung der Serumgruppen Hp, Gc, Tf und Pt. In: Ethnographisch-Archäologische Zeitschrift 12, 1971, S. 481-486

Gestrich, J. , H.-W. Schmied, W. Blanck, W. Weise, H. Heimann: Depressive Erkrankungen bei Schwaben und Heimatvertriebenen. Ein epidemiologischer Beitrag zur Frage der höheren Neigung der Schwaben zu Melancholie. In: Der Nervenarzt 52 (1981), S. 153-162

Gieseler, Wilhelm, Walter Necker: Rassenkundliche Untersuchungen an Wehrpflichtigen aus dem Wehrbezirk Tübingen. Schwäbische Rassenkunde 4, Tübingen 1941

Gildemeister, J.: Ein Beitrag zur Kenntnis nordwestdeutscher Schädelformen. In: Archiv für Anthropologie 11, 1879, S. 25-63

Glaser, Rudolf: Menschenkundliche Untersuchungen an den Groß-Sürdinger Schädeln. In: Lothar F. Zotz: Die spätgermanische Kultur Schlesiens im Gräberfeld von Groß-Sürding. Leipzig 1935, S. 88-112

Gombay, Ferenc: Die frühmittelalterliche Bevölkerung des schweizerischen Mittellandes. Diss. Zürich 1976

Gottong, Heinrich: Die Bevölkerung von Hoyerswerda-Land. Ein Beitrag zur Kenntnis der preußischen Oberlausitz. Diss. Berlin 1939

Götz, Friedrich M., Tobias Ebert, Peter J. Rentflow: Regional cultures and the psychological geography of Switzerland. Person-environment-fit in personality predicts subjective wellbeing. In: Frontiers in Psychology 9, 2018, S. 1-16

Graupp, R.: Schwäbische Psychiatrie. Eine historische Betrachtung. In: Südwestdeutsches Ärzteblatt 4, 1949, S. 119-123

Grefen-Peters, Silke: Das awarische Gräberfeld von Leobersdorf. Anthropologische und zoologische Auswertung. In: Falko Daim: Das awarische Gräberfeld von Leobersdorf, NÖ. Wien 1987, S. 79-323

Groetschel: Die Blutgruppenverteilung in der oberschlesischen Bevölkerung. In: Klinische Wochenschrift 6, 1927, S. 895-896

Gross, Arnd, Anke Tönjes, Peter Kovacs, Krisha R. Veeramah u.a.: Population-genetic comparison of the Sorbian isolate population in Germany with the German KORA population using genome-wide SNP arrays. In: BMC Genetics 12, 2011, S. 1-13

Grüter, W.: Angeborene Stoffwechselstörungen und Schwachsinn am Beispiel der Phenylketonurie. Stuttgart 1963 (zitiert nach Bernhard 1967)

Gundel, Max: Rassenbiologische Untersuchungen an der schleswig-holsteinischen Bevölkerung unter Anwendung der Blutguppenbestimmung. In: Zeitschrift für Immunitätsforschung und experimentelle Therapie 59, 1928, S. 156-184

Günther, Hans F.K.: Rassenkunde des deutschen Volkes. 114.-124. Tausend, München 1942 (unveränderte Neuauflage der letzten aktualisierten 16. Ausgabe von 1933)

Hägler, Karl: Zur Anthropologie der Walser von Vals im Lugnez (Graubünden). In: Bulletin de la Société Suisse d'Anthropologie et d'Ethnologie 30, 1953/54, S. 15-49

Harbeck, Michaela, Brigitte Haas-Gebhard, Joachim Burger: Woher kamen die Vorfahren der Bayern? Welche Ethnien verschmolzen einst zu den Bajuwaren, den Urahnen der Bayern? Paläogenetiker verfolgen Spuren bis weit nach Osteuropa hinein. In: Spektrum der Wissenschaft 1/19, 2019, S. 78-83

Hauschild, Max Wolfgang: Die Göttinger Gräberschädel. Ein Beitrag zur Anthropologie Niedersachsens. In: Zeitschrift für Morphologie und Anthropologie 21, 1921, S. 365-438

Hauschild, Max Wolfgang: Zur Anthropologie der Cro-Magnon-Rasse. In: Zeitschrift für Ethnologie 55, 1923, S. 54-59

Hauschild, Max Wolfgang: Die menschlichen Skelettfunde des Gräberfeldes von Anderten bei Hannover. In: Zeitschrift für Morphologie und Anthropologie 25, 1925, S. 221-242

Heath, Simon C., Ivo G. Gut, Paul Brennan, James D. McKay u.a: Investigation of the fine structure of European populations with applications to disease association studies. In: European Journal of Human Genetics 16, 2008, S. 1413-1429

Heckh, Gottfried: Der Dreißigjährige Krieg als Moment des Bevölkerungs- und Rassenwandels in Süddeutschland. In: Verhandlungen der Deutschen Gesellschaft für Rassenforschung 9, 1938, S. 151-158

Heinrich, Wolfgang: Zwentendorf – Ein Gräberfeld aus dem 10.-11. Jahrhundert. Anthropologische Auswertung. Wien 2001

Heise, Wolfgang Johannes: Zur Häufigkeit endogener und reaktiver Depressionen bei Schwaben und Heimatvertriebenen. Diss. Tübingen 1984

Helmuth, Hermann: Die menschlichen Skelettfunde des mittelalterlichen Gertrudenfriedhofs in Kiel. In: Zeitschrift für Morphologie und Anthropologie 57, 1966, S. 272-298

Helmuth, Hermann: Menschliche Skelettreste aus dem Kieler Klosterfriedhof. In: Schriften des Naturwissenschaftlichen Vereins für Schleswig-Holstein 37, 1967, S. 65-92

Helmuth, Hermann: Anthropologische Untersuchungen zu den Skeletten von Altenerding. In: Hermann Helmuth, Dietrich Ankner und Hans-Jürgen Hundt: Das Reihengräberfeld von Altenerding in Oberbayern II. Anthropologie, Damaszierung und Textilfunde. Mainz 1996, S. 1-109

Henke, Winfried: Morphometrische Untersuchungen am Skelettmaterial des mittelalterlichen Gertrudenfriedhofs im Vergleich mit anderen nordeuropäischen Skelettserien. In: Zeitschrift für Morphologie und Anthropologie 64, 1972, S. 308-347

Henke, Winfried: Anthropologische Untersuchungen der menschlichen Skelettreste. In: Karl Heinz Brandt: Ausgrabungen im St.-Petri-Dom zu Bremen 1, Stuttgart 1985

Henke, Winfried: Zum Einfluß der Heiratsstruktur auf die Variabilität polyfaktorieller Merkmale. Endogamie/Exogamie-Effekte. In: Homo 25, 1974, S. 172-191

Henke, Winfried, Wolfram Bernhard: Morphologische, sozialanthropologische und psychosomatische Untersuchungen an mittelrheinischen Pionieren. I. Morphologische Untersuchungsergebnisse. In: Homo 26, 1975, S. 104-112

Hinrichs, Ernst: Leben und Sterben hinter dem Deich. Zur Bevölkerungsgeschichte der deutschen Nordseeküste um 1800. In: Mitteilungsblatt der Oldenburgischen Landschaft 75, 1992, S. 3-6

Hirsch, W., A. Mex, Friedrich Vogel: Besonderheiten im Aminosäure-Stoffwechsel bei geistig abnormen Kindern im Vergleich zur Normalpopulation. In: Monatsschrift für Kinderheilkunde 109, 1961, S. 445-461 (zitiert nach Bernhard 1965 und 1967)

Huber, Neil M.: Anthropologische Untersuchungen an den Skeletten aus dem Alamannischen Reihengräberfeld von Weingarten, Kr. Ravensburg. Diss. Tübingen 1967

Huck, Maurice: Contribution à l étude anthropologique des populations du rives du Rhin. Recherches sur l'indice céphalique, la taille et la couleur des cheveux. In : L'Anthropologie 29, 1918-19, S. 459-504

Hug, Erik: Die Schädel der frühmittelalterlichen Gräber aus dem solothurnischen Aaregebiet in ihrer Stellung zur Reihengräberbevölkerung Mitteleuropas. Ein Beitrag zu Problem der europäischen „Brachycephalie". In: Zeitschrift für Morphologie und Anthropologie 38, 1939, S. 359-528

Hulse, F.S.: Exogamie et hétérosis. In: Archives suisses d'anthropologie générale 22, 1957, S. 103-125

Hummel, Susanne, T. Schultes, B., Bramanti, Joachim Burger u.a.: aDNA – Fingerprinting. In: M. Schultz u.a. (Hg.): Schnittstelle Mensch – Umwelt in Vergangenheit, Gegenwart und Zukunft. 3. Kongress der Gesellschaft für Anthropologie 1998, Göttingen 2000, S. 327-349

Huser, H.J., Jan K. Moor-Jankowski: Genetische Untersuchungen der sero-anthropologischen Zusammenhänge in zwei Walsertälern. In: Archiv der Julius Klaus-Stiftung 29, 1954, S. 298-304

Imhoff, Arthur E.: Einführung in die Historische Demografie. München 1977

Immel, Uta-Dorothee, Michael Krawczak, Jürgen Udolph u.a.: Y-chromosome STR haplotype analysis reveals surname-associated strata in the East-German population. In: European Journal of Human Genetics 14, 2006, S. 577-582

Jäger, J.: Rassengeschichte Frankens. In: Zeitschrift für Konstitutionslehre 18, 1934, S. 381-414

Kahn, Theodor Charles: Konstitution und Risikobereitschaft. Nach Untersuchungen an 200 amerikanischen Männern. Diss. Mainz 1960

Kattler, Erich: Die Verteilung der Farbmerkmale bei den Schulkindern der Baar. Eine anthropologische Untersuchung. Diss. Freiburg i.Br. 1945

Kaufmann, Hélène: Anthropologischer Beitrag zur Erforschung der Walser und Rumantschen in Graubünden. In: Jahrbuch des Vorarlberger Museumsvereins 1962, S. 37-50

Kayser, Manfred, Oswar Lao, Katja Anslinger, Christa Augustin u.a.: Significant genetic differentiation between Poland and Germany follows present-day political borders, as revealed by Y-chromosome analysis. In: Human Genetics 117, 2005, S. 428-443

Kayser, Manfred, Mark Vermeulen, (...) Michale Krawczak, Lutz Roewer: Relating two deep-rooted pedigrees from Central Germany by high-resolution Y-STR haplotyping. In: Forensic Science International: Genetics 1, 2007, S. 125-128

Keil, Baldur: Die menschlichen Skelettreste des Alten Friedhofs von Langd, Kreis Gießen. Erster Teil: Schädel. Diss. Gießen 1970

Keiter, Friedrich: Geographische Korrelationen und Kombinationstypen als Hilfsmittel der Rassenanalyse (Interkollektives Scheidungsverfahren). In: Anthropologischer Anzeiger 10, 1933, S. 214-223

Keiter, Friedrich: Rußlanddeutsche Bauern und ihre Stammesgenossen in Deutschland. Deutsche Rassenkunde 12, Jena 1934

Keiter, Friedrich: Deutsche und Berber. Die Gesichtszüge mitteleuropäischer und nordafrikanischer europider Bevölkerungen. In: Zeitschrift für Morphologie und Anthropologie 33, 1935, S. 474-490

Keiter, Friedrich: Menschenrassen in Vergangenheit und Gegenwart. Leipzig 1936

Keiter, Friedrich: Das Vermischungstempo nachbarschaftlicher Bevölkerungen. In: Zeitschrift für Rassenkunde 3, 1936, S. 40-46

Keiter, Friedrich: Ansätze zur Volkscharakterkunde im volkskundlichen Schrifttum. Ein rassenseelenkundlicher Versuch. In: Zeitschrift für Rassenkunde 4, 1936, S. 43-65

Keiter, Friedrich, Luise Kopittke: Über die Vererbung von Ausdrucksmerkmalen des Gesichtes. In: Zeitschrift für menschliche Vererbungs- und Konstitutionslehre 19, 1936, S. 437-455

Keiter, Friedrich, Anny Heinen: Empirische Untersuchungen zur rassenbiologischen Ausdruckskunde und über das „rassische Schönheitsideal". In: Zeitschrift für menschliche Vererbungs- und Konstitutionslehre 20, 1937, S. 148-207u. 488-489

Keiter, Friedrich: Norddeutsche, Franzosen und Italiener im morphognostischen Paarvergleich. In: Mitteilungen der Anthropologischen Gesellschaft in Wien 90, 1960, S. 55-66

Keyser, Erich: Bevölkerungswissenschaft und Geschichtsforschung. In: Archiv für Bevölkerungswissenschaft und Bevölkerungspolitik 5, 1935, S. 145-161

Kirchengast, Sylvia, Eike-Meinrad Winkler: Populations- und schichtspezifische Körperhöhenunterschiede in Österreich von der Römerzeit bis zum Barock. In:

Mitteilungen der Anthropologischen Gesellschaft in Wien 121, 1991, S. 203-220
Klenck, Wilhelm, Walter Scheidt: Niedersächsische Bauern I. Geestbauern im Elbe-Weser-Mündungsgebiet (Börde Lamstedt). Deutsche Rassenkunde 1, Jena 1929
Klenck, Wilhelm: Bevölkerungsgenealogie. Aufgaben der Familienkunde im Dritten Reich. Praktikum für Familienforscher 27, Leipzig 1934
Klenck, Wilhelm: Heimatkunde des ehemaligen Kreises Neuhaus an der Oste. Lamstedt 1957
Klenke, Werner: Anthropologische Untersuchungen in Rheinland-Pfalz: Die Häufigkeit von PTC-Schmeckfähigkeit und Mittelphalangalhaar. In: Homo 26, 1975, S. 47-51
Kloiber, Ämilian: Über die Bevölkerung des baierischen Gräberfeldes von Au bei Kleinmünchen um das Jahr 700 nach Chr. Geb. In: Naturkundliches Jahrbuch der Stadt Linz 1, 1955, S. 55-117
Kneiphoff, Hiltrud: Veränderung des rassischen Bevölkerungsbildes durch die Flüchtlinge in NW-Deutschland? In: Homo 6, 1955, S. 1-4
Knöbl, Adolf: Anthropologische Untersuchungen in den Sudetenländern. I. Untersuchungen in drei nordmährischen Dörfern. Prag 1931
Knoll, Wilhelm, Heidi E. Arend-Knoll: Blutgruppenbestimmungen bei der Walserbevölkerung des Rheinwaldes und obern Avers. In: Bündnisches Monatsblatt 1950, S. 51-58
Knussmann, Rainer: Anthropologische Untersuchungen in Rheinland-Pfalz: Regionale Binnenvergleiche nach anthropometrischen Merkmalen. In: Homo 26, 1975, S. 7-28
Kollmann, Julius: Diskussionsbeitrag. In: Bericht über die VII. allgemeine Versammlung der Deutschen Gesellschaft für Anthropologie, Ethnologie und Urgeschichte zu Jena (...) 1876. In: Correspondenz-Blatt der Deutschen Anthropologischen Gesellschaft 1876, Nr. 9-11, S. 104
Kollmann, Julius: Die statistischen Erhebungen über die Farbe der Augen, der Haare und der Haut in den Schulen der Schweiz. Zürich 1883
Koslowski, Heinz: Die Einfügung französischer (hugenottischer) Flüchtlinge in das deutsche Volk. In: Zeitschrift für Morphologie und Anthropologie 39, 1941, S. 117-177
Kratzer, A., Wolfgang Scheffrahn, W. Bär: RFLP and STR polymorphisms in a Swiss mountain population. In: Advances in Forensic Haemogenetics 1986, S.518-520
Krawczak, Michael, Timothy T. Lu, Sascha Willuweit, Lutz Roewer: Genetic diversity in the German Population. In: David Cooper, Hildegard Kehrer-Sawatzki (Hg.): Handbook of Human Molecular Evolution, Bd. 1, Atrium, Sothern Gate 2008, S. 451-456

Kramp, Peter: Die bajuvarischen Reihengräberskelette vom Riegeranger in München-Giesing. In: Anthropologischer Anzeiger 15, 1938, S. 162-201

Kramp, Peter: Stammesunterschiede innerhalb deutscher Reihengräberbevölkerungen. In: Der Biologe 8, 1939, S. 301-307

Kretschmer, Ernst: Körperbau und Charakter. Untersuchungen zum Konstitutionsproblem und zur Lehre von den Temperamenten. Berlin 1921

Krogh, Christian v.: Die Skelettfunde des Bremer Gebietes und ihre Bedeutung für die Rassengeschichte Nordwestdeutschlands. Abhandlungen und Vorträge herausgegeben von der Bremer wissenschaftlichen Gesellschaft Bd. 13, Heft 3, Bremen 1940

Krüger, Ekkemar: Die rassische Struktur der Breslauer Stadtverwaltung. In: Zeitschrift für Rassenkunde 12, 1941, S. 291-321

Kunter, Manfred: Menschliche Knochenreste aus der Wochensakristei der Stiftskirche St. Peter zu Fritzlar (Schwalm-Eder-Kreis). In: Klaus Sippel (Hg.): Beiträge zur Archäologie mittelalterlicher Kirchen in Hessen 1, Wiesbaden 1989, S. 41-43

Kunter, Manfred: Menschliches Skelettmaterial aus der mittelalterlichen Dorfwüstung Holzheim bei Fritzlar (Schwalm-Eder-Kreis). In: Klaus Sippel (Hg.): Beiträge zur Archäologie mittelalterlicher Kirchen in Hessen 1, Wiesbaden 1989, S. 77-82

Kunter, Manfred: Menschliche Überreste aus frühmittelalterlichen Grabfunden in Nordhessen. In: Klaus Sippel (Hg.): Die frühmittelalterlichenn Grabfunde in Nordhessen. Wiesbaden 1989, S.235-278

Kurth, Gottfried: Rasse und Stand in vier Thüringer Dörfern. Deutsche Rassenkunde 17, Jena 1938

Laberke, Johannes-August: Anthropologische Untersuchungen in Deutsch Leippe (Oberschlesien). Diss. med. Jena 1941

Lamina, Claudia, M. Steffens, J. Müller, E. Lohmussaar, T. Meitinger, H.E. Wichmann: Genetic diversity in German and European populations. Looking for substructures and genetic patterns. In: Gesundheitswesen 67, 2005, Supplement 1, S. S127-S131

Larmuseau, Maarten H.D., Nancy Vanderheyden, Manon Jacobs, Monique Coomans, lucio Larno, Ronny Decorte: Micro-geographic distribution of y-chromosomal variation in the central-western European region Brabant. In: Forensic Science International. Genetics 5, 2011, S. 95-99

Larmuseau, Maarten H.D., Claudio Ottoni, Joost A.M. Raeymaekers, Nancy Vanderheyden, Hendrik F.M. Larmuseau, Ronny Decorte: Temporal differentiation across a West-European Y-chromosomal cline. Genealogy as a tool in human population genetics. In: European Journal of Human Genetics 20, 2012, S. 434-440

Larmuseau, Maarten H.D., J. Vanderbeke, Nancy Vanderheyden, Hendrik F.M. Larmuseau, Ronny Decorte: In the name oft he migrant father – Analysis of surname origins identifies genetic admixture events undetectable from genealogical records. In: Heredity 109, 2012, S. 90-95

Lange, Günter, Joachim Schleifring, Uta von Freeden: Die Skelette des Gräberfeldes von Moos-Burgstall. Anthropologischer Befund. In: Bericht der Römisch-Germanischen Kommission 68, 1987, S. 579–597

Lebzelter, Viktor: Anthropologische Untersuchungen an Tiroler Kaiserjägern (Auf Grund des weiland von Prof. Dr. C. Toldt in den Jahren 1898-1904 gesammelten Materials). In: Mitteilungen der Anthropologischen Gesellschaft in Wien 59, 1929, S. 209-228

Lebzelter, Viktor: Eine rassenkundliche Übersichtsaufnahme des Burgenlandes. In: Mitteilungen der Anthropologischen Gesellschaft in Wien 67, 1937, S. 294-350

Lenz, Fritz: Über Wege und Irrwege rassenkundlicher Untersuchungen. In: Zeitschrift für Morphologie und Anthropologie 39, 1941, S. 385-413

Lenz, Fritz: Noch einmal die Irrwege bei rassenkundlichen Untersuchungen. In: Zeitschrift für Morphologie und Anthropologie 40, 1942, S. 185-187

Lück, Helmut E., Uwe Wolfradt: Erich Rudolf Jaensch. Von der experimentellen Wahrnehmungspsychologie zur NS-Ideologie. In: Theo Herrmann, Wlodek Zeidler (Hg.): Psychologie in autoritären Systemen. Frankfurt am Main 2012, S. 26-43

Mager, Karl: Anthropologische Untersuchungen über die Bevölkerung des Ötztals und Pitztals (Tirol). Diss. Innsbruck 1980

Mager, Karl, Heinz Janetschek: Anthropologie der Ötztaler und Pinztaler Bevölkerung. In: Veröffentlichungen des Österreichischen MaB-Programms 10, 1986, S. 133-145

Mager, Karl, F. Pircher, Heinz Janetschek, R. Graml: Genetic Structure of Populations in Western Tyrol. In: Human Biology 68, 1996, S. 915-927

Malinowska-Lazarezyk Helena, Jadwiga Budzynska: Cementarzysko sredniowieczne i nowozytne w Cedyni, pow. Chojna, w swietle badan archeologiczno-antropologicznych. In: Materialy Zachodniopomorskie 21, 1975, S. 9-39 [Zehden an der Oder, mit Daten für Tempelburg, Krs. Neustettin]

Malyarchuk, Boris A., Tomas Vanecek, Maria A. Perkova u.a.: Mitochondrial DNA variability in the Czech population, with application to the ethnic history of the Slavs. In: Human Biology 78, 2006, S. 681-696

Mansoor, Atika, Kehkashan Mazihar, Raheel Qamar: VNTR polymorphism of the DRD 4 locus in different Pakistani ethnic groups. In: Genetic Testing 12, 2008, S. 299-304

Martin, Max: Das fränkische Gräberfeld von Basel-Bernerring. Mit einem anthropologischen und einem osteologischen Beitrag von R. Bay und B. Kaufmann, Basel 1976

Matthäus, K.: Fränkische Reihengräberschädel aus dem Rheingau. In: Anthropologischer Anzeiger 17, 1940, S. 155-162

McCrae, Robert R.: NEO-Pi-R data from 36 cultures. Further intercultural comparisons. In: Robert R. McCrae (Hg.): The five-factor model of personality across cultures. New York 2002, S. 105-125
McCrae, Robert R., Antonio Terracciano: Personality Profiles of Cultures: Aggregate Personality Traits. In: Journal of Personality and Social Psychology 89, 2005, S. 407-425
McCrae, Robert R., Antonio Terracciano: The Five-Factor Model and its Correlates in Individuals and Cultures. In: Fons J.R. van de Vijver, Dianne A. van Hemert, Ype H. Poortinga (Hg.): Multilevel Analysis of Individuals and Cultures, New York 2008, S. 249-283
Meisner, Hugo: Zur Statistik der Körpergröße der Schleswiger Wehrpflichtigen. In: Archiv für Anthropologie 14, 1883, S. 235-250
Meisner, Hugo: Die Körpergröße der Wehrpflichtigen im Gebiet der Unterelbe, insbesondere in Holstein. In: Archiv für Anthropologie 18, 1889, S. 101-133
Meisner, Hugo: Die Körperhöhe der Wehrpflichtigen in Mecklenburg. In: Archiv für Anthropologie 19, 1891, S. 317-329
Melchior, Linea, M.T. Gilbert, Toomas Kivisild, Niels Lynnerup, Jörgen Dissing: Rare mtDNA haplogroups and genetic differences in rich and poor Danish ironages villages. In: American Journal of Physical Anthropology 135, 2008, S. 206-215
Merkenschlager, Fritz: Die rassenkundlichen Erhebungen in Franken. In: Mein Frankenland 2, 1929, S. 211-214
Merkenschlager, Fritz: Zur Volks- und Rassenkunde des Spreewaldes. Cottbus 1931
Michalski, Ireneusz: From the Studies in the Anthropological Structure of the German Nation (North-western Germany). In: Bulletin de la société des sciences et de lettres de Llodz, Klasse III, Bd. 9, 6, S. 1-7
Minkov, Michael, Vesselin Blagoev, Michael Harris Bond: Improving research in the emerging field of cross-cultural sociogenetics. The case of serotonin. In: Journal of Cross-Cultural Psychology 46, 2015, S. 336-354
Miszkiewicz, Brunon: Struktura antropologiczna Mazurow. Materialy i Prace Antropologiczne 23, Wroclaw 1956
Miszkiewicz, Brunon: Struktura antropologiczna autochtonicznej ludnosci Warmii. Materialy i Prace Antropologiczne 51, Wroclaw 1960
Miszkiewicz, Brunon: Analiza antropologiczna sredniowiecznej ludnosci z pawlowa, pow. Trebnicki (XV.-XVI. w.n.e.). In: Materialy i Prace Antropologiczne 76, 1968, S. 197-218 [Trebnitz, Niederschlesien]
Miszkiewicz, Brunon: Analiza antropologiczna materialow kostnych zostrowa tumskiego (katedra Wroclawska) z XVI.-XVIII. W. In: Materialy i Prace Antropologiczne 88, 1974, S. 95-108 [Dom, Breslau]
Moor-Jankowski, Jan K., H.J. Huser: Research on Alpine Isolates in Switzerland. In: Eugenics Quarterly 6, 1959, S. 14-22

Mourant, Arthur E., Ada C. Kopec, Kazimiera Domaniewska-Sobczak: The ABO blood groups. Comprehensive tables and maps of world distribution. Oxford 1958

Mühlmann, Wilhelm Emil: Badische Schädel aus dem 16.-18. Jahrhundert. Untersuchungen über die süddeutsche Brachycephalie I. In: Zeitschrift für Morphologie und Anthropologie 30, 1932, S. 382-405

Müller, Karl Valentin: Bericht über die Begabtenuntersuchung Niedersachsens. In: Homo 1, 1950, S. 136-142

Müller, Karl Valentin: Konstitutionstypus und Begabung. In: Zeitschrift für menschliche Vererbungs- und Konstitutionsforschung 29, 1950, S. 621-647

Müller, Karl Valentin (†), Ilse Schwidetzky: Pigmentation, Begabung und soziales Verhalten. In: Homo 16, 1965, S. 32-44

Münter, Heinrich: Gebeine aus dem Kloster Reichenau. Untersuchungen über die süddeutsche Brachycephalie IV. In: Zeitschrift für Morphologie und Anthropologie 34, 1934, S. 286-302

Niederstätter, Harald, Gerhard Rampl, Daniel Erhart (…) Walter Parson: Pasture names with Romance and Slawic roots facilitate dissection of Y chromosome variation in an exclusively German-Speaking Alpine region. In: PLoS ONE 7, 2012, e41885, S. 1-13

O'Dushlaine, Colm, Ruth McQuillan, Michael E. Weale (…), James F. Wilson: Genes predict village of origin in rural Europe. In: European Journal of Human Genetics 18, 2010, S. 1269-1270

Parsons, F.G.: Anthropological observations on German prisoners of war. In: Journal of the Royal Anthropological Institute of Great Britain and Ireland 49, 1919, S. 20-35

Pearson, Karl: On the relationship of intelligence to size and shape of head, and other physical and mental characters. In: Biometrica 5, 1906, S. 105-146

Pettenkofer, H.J., K. Thomas, G.E. Voigt: Die Blutgruppen- und Blutfaktoren-Verteilung bei den Lausitzer Sorben. In: Blut 4, 1958, S. 128-130

Petermann, Bruno: Das Problem der Rassenseele. Vorlesungen zur Grundlegung einer allgemeinen Rassenpsychologie. Leipzig 1935

Pfaul, Berthold: Biometrie in der Rassenkunde. Ihre Voraussetzungen, Möglichkeiten und Grenzen. Jena 1938

Pfeiffer, Heidi, B. Brinkmann, J. Hühne (…), Peter Forster: Expanding the forensic German mitochondrial DNA control region database: genetic diversity as a function of sample size and microgeography. In: International Journal of Legal Medicine 112, 1999, 291-298

Pfitzner, Wilhelm: Social-anthropologische Studien III. Der Einfluß der socialen Schichtung (und der Confession) auf die anthropologischen Charaktere. In: Zeitschrift für Morphologie und Anthropologie 4, 1902, S. 31-98

Irene Pichler, Jakob C. Müller, Stefan A. Stefanov, (…) Peter P. Pramstaller: Genetic structure in contemporary South Tyrolian isolated populations revealed

by analysis of Y-chromosome, mtDNA, and Alu polymorphisms. In: Human Biology 78, 2006, S. 441-464
Pöpelt, Konrad: Anthropologische Untersuchungen im Federseegebiet. Diss. Tübingen 1949
Ranke, Johannes: Zur Statistik und Physiologie der Körperhöhe der bayerischen Wehrpflichtigen. In: Beiträge zur Anthropologie und Urgeschichte Bayerns 4, 1881, S. 1-35
Ranke, Johannes: Der Mensch. Zweite gänzlich neubearbeitete Auflage. 2. Band. Die heutigen und die vorgeschichtlichen Menschenrassen. Leipzig und Wien 1900 (Erstausgabe 1887)
Rau, Kurt: Untersuchungen zur Rassenpsychologie nach typologischer Methode. Beiheft 71 zur Zeitschrift für angewandte Charakterkunde. Leipzig 1936
Reicher, M.: Untersuchungen über die Schädelform der alpenländischen und mongolischen Brachycephalen. 1. Zur Charakteristik einiger brachycephalen Schädelformen. In: Zeitschrift für Morphologie und Anthropologie 15, 1913, S. 421-462
Reicher, M.: Untersuchungen über die Schädelform der alpenländischen und mongolischen Brachycephalen. 2. Vergleich der alpenländischen brachycephalen Schädel mit den mongolischen. In: Zeitschrift für Morphologie und Anthropologie 16, 1914, S. 1-64
Richards, Martin, Peter Forster (...) und Bryan Sykes: Mitochondrial DNA and the Frisians. In: Friesische Studien, Supplement 15, 1995 (Beiträge des Föhrer Symposiums zur Friesischen Philologie), S. 141-163
Richter, Brigitte: Burkhards und Kaulstoß zwei oberhessische Dörfer. Eine rassenkundliche Untersuchung. Deutsche Rassenkunde 14, Jena 1936
Richter, Joachim: Blutgruppen und Blutfaktorenverteilung in Nordhannover. In: Zeitschrift für Rassenphysiologie 11, 1939, S. 15-21
Richter, Joachim: Die Blutgenverteilung in Hannover. In: Zeitschrift für Rassenphysiologie 12, 1941, S. 18-27
Ried, Hans August: Miesbacher Landbevölkerung. Eine rassen- und volkskundliche Untersuchung aus Oberbayern. Deutsche Rassenkunde 3, Jena 1930
Rösing, Friedrich W.: Die fränkische Bevölkerung von Mannheim-Vogelstang (6.-7. Jh.) und die merowingerzeitlichen Germanengruppen Europas. Diss. Hamburg 1975
Rösing, Friedrich W.: Die Stellung des Brachycephalisationsproblemes. In: Symposium Diachronic Trends in Historical Anthropology. Sbornik Narodniho Muzea v Praze. Acta Musei Nationalis Pragae 46, 1990, S. 119-120
Rösing, Friedrich W., Ilse Schwidetzky: Sozialanthropologische Differenzierungen bei mittelalterlichen Bevölkerungen. In: Sbornik Narodniho Muzea v Praze. Acta Musei Nationalis Pragae 43, 1987, S. 77-102

Rösing, Friedrich W., Ilse Schwidetzky: Wirkungsfaktoren im Brachycephalisationsprezess. In: Symposium Diachronic Trends in Historical Anthropology. Sbornik Narodniho Muzea v Praze. Acta Musei Nationalis Pragae 46, 1990, S. 125-128

Rosser, Z.H. u.a.: Y-cromosomal diversity in Europe is clinal and influenced primarly by geography, rather than language. In: American Journal of Human Genetics 67, 2000, S. 1526-1543

Rütimeyer, Ludwig, Wilhelm His: *Crania Helvetica*. Sammlung schweizerischer Schädelformen. Basel 1864

Saller, Karl: Zur Anthropologie der Nordfriesen. In: Jahrbuch des nordfriesischen Vereins für Heimatkunde und Heimatliebe 16, 1929, S. 119-139

Saller, Karl: Die Fehmaraner. Eine anthropologische Untersuchung aus Ostholstein. Deutsche Rassenkunde 4, Jena 1930

Saller, Karl: Die Keuperfranken. Eine anthropologische Untersuchung aus Mittelfranken. Deutsche Rassenkunde 2, Jena 1930

Saller, Karl: Leitfaden der Anthropologie. Berlin 1930 (darin Daten für Saterland, Bamberg, niederbayerisches Donauufer)

Saller, Karl: Ostthüringer. Eine anthropologische Untersuchung aus dem Kreis Altenburg i.Th.. In: Zeitschrift für Konstitutionslehre 15, 1930, S. 575-631

Saller, Karl: Über Intelligenzunterschiede deutscher Volksgruppen. In: Zeitschrift für soziale Hygiene und Demographie 6, 1931, S. 265-275

Saller, Karl: Süderdithmarsische Geestbevölkerung. Eine anthropologische Untersuchung aus dem niedersächsischen Stammesgebiet. Deutsche Rassenkunde 7, Jena 1931

Saller, Karl: Die Bamberger Gärtner und ihre Beziehungen zu anderen Gruppen. In: Bamberger Blätter für fränkische Kunst und Geschichte 8, 1931, S. 3-4, 25-26, 41-43

Saller, Karl: Der friesische Mensch. In: Hannoverscher Kurier 24.7.1932

Saller, Karl: Rassenkundliche Untersuchungen in Franken. In: Fränkische Monatshefte, Sept. 1932, S. 224-231

Saller, Karl: Über Intelligenzunterschiede der Rassen Deutschlands. In: Eugenik, Erblehre, Erbpflege 2, 1932, S. 220-225

Saller, Karl: Untersuchungen in Landgebieten Ostfrieslands und des bayerischen Waldes. In: Zeitschrift für Kinderforschung 41, 1933, S. 369-410

Saller, Karl: Die Probstei (Kreis Plön). Eine anthropologische Untersuchung aus Ostholstein. In: Zeitschrift für Morphologie und Anthropologie 31, 1933, S. 228-265

Saller, Karl: Neue Gräberfunde aus der Provinz Hannover und ihre Bedeutung für die Rassengeschichte Niedersachsens. In: Zeitschrift für Anatomie und Entwicklungsgeschichte 101, 1933, S. 249-293

Saller, Karl: Rassenkunde des Eichsfeldes. In: Unser Eichsfeld 29, 1934, S. 147-168

Schade, Heinrich: Anthropologische Befunde bei einer erbbiologischen Bestandsaufnahme in der Schwalm. In: Verhandlungen der deutschen Gesellschaft für Rassenforschung 10, 1940, S. 36-39

Schade, Heinrich: Ergebnisse einer Bevölkerungsuntersuchung in der Schwalm. Wiesbaden 1951

Schade, Heinrich: Zur soziologischen Bedeutung erblicher Anlagen in einer dörflichen Gemeinschaft. In: Homo 7, 1956, S. 98-110

Schade, Heinrich: Neue statistische Ergebnisse einer Bevölkerungserhebung in der Schwalm. In: Homo 9, 1958, S. 13-20

Schade, Heinrich: Kleiner Beitrag zur Anthropologie der Ostfriesen. In: Homo 9, 1958, S. 146-162

Schade, Heinrich: Sozial-anthropologische Ergebnisse einer Zensusuntersuchung (Schwalm). In: Homo 11, 1960, S. 53-60

Schaede: Blutgruppenuntersuchungen in Ostpreußen. In: Zeitschrift für Rassenphysiologie 1, 1929, S. 151-153

Schaefer, Ulrich: Anthropologische Untersuchung der Skelette von Haithabu. Neumünster 1963

Schaeuble, Johann: Zur geographischen und sozialen Verteilung einiger anthropologischen Körpermerkmale in Freiburg (Breisgau) und Umkreis. In: Zeitschrift für Morphologie und Anthropologie 46, 1954, S. 57-103

Sauser, Gustav: Die Ötztaler. Anthropologie und Anatomie einer Tiroler Talschaft. Innsbruck 1938

Sauter, Marc-Rodolphe: Contribution à l'étude anthropologique des populations du haut moyen âge dans le bassin du Léman et le Jura. Le Problème des Burgondes. Genf 1941

Sauter, Marc-Rudolphe, Pierre Moeschler: Caractères dentaires mongoloides chez des Burgondes de la Suisse occidentales (Saint-Prex, Vaud). In: Archives des sciences et compte ren-du des séances de la Société (de Physique et d'Histoire Naturelle), Genf, 13, 1960, S. 387-427

Scheffrahn, Wolfgang: Anthropologisch-genetische Untersuchungen im Wallis I. In: Archives suisses d 'Anthropologie générale 47, 1983, S. 55-64

Scheffrahn, Wolfgang: Ethnohistorie und Genetik Schweizer Bevölkerungen. In: Homo 49, 1998, Supplement S. S82

Scheffrahn, Wolfgang: Y-chromosomale und mitochondriale DNS-Marker in Isolatpopulationen. In: Homo 49, 1998, Supplement S. S109

Scheffrahn, Wolfgang, Conxita Brandt, Adelgunde Kratzer: Anthropologisch-genetische Untersuchungen im Wallis II. In: Bulletin de la Société Suisses d‘ Anthropologie 8, 2002, S. 23-29

Scheffrahn, Wolfgang, C. Brandt-Casadevall : Zur Ethnohistorie und Genetik der Walliser (Schweiz). In: M. Schultz u.a. (Hg.): Schnittstelle Mensch-Umwelt in der Vergangenheit, Gegenwart und Zukunft. Göttingen 2000, S. 395-399

Scheidt, Walter, Heinrich Wriede : Die Elbinsel Finkenwerder. München 1927

Scheidt, Walter: Kulturbiologie. Vorlesung für Studierende aller Wissensgebiete. Jena 1930

Scheidt, Walter: Physiognomische Studien an niedersächsischen und oberschwäbischen Landbevölkerungen. Deutsche Rassenkunde 5, Jena 1931

Scheidt, Walter: Kulturkunde. Rassenbiologie und Kulturpolitik II, Leipzig 1931

Scheidt, Walter: Alemannische Bauern im reichenauischen Herrschaftsgebiet am Bodensee. Deutsche Rassenkunde 6, Jena 1931

Scheidt, Walter: Niedersächsische Bauern II. Bevölkerungsbiologie der Elbinsel Finkenwärder vom Dreißigjährigen Krieg bis zur Gegenwart. Deutsche Rassenkunde 10, Jena 1932

Scheidt, Walter: Viehzüchter und Sennen im Voralpenland. Lebensgeschichte alemannischer Bauern im Voralpenland. Lebensgesetze des Volkstums 2, Hamburg 1934

Scheidt, Walter: Eine Insel deutschen Volkstums. Lebensgeschichte deutscher Bauernsiedler im böhmisch-mährischen Schönhengstgau. Lebensgesetze des Volkstums 3, Hamburg 1934

Scheidt, Walter: Chronik, der Anthropologie an der Universität der Freien und Hansestadt Hamburg von 1924 – 1964. Anthropologie 105, Hamburg 1964

Scheil, Hans-Georg: Genetische Spuren von Einwanderern. Ein Beispiel aus Nordrhein-Westfalen. In: Rheinische Heimatpflege. Mitteilungen des Rheinischen Vereins für Denkmalpflege 34, 1997, S. 203-206

Scheil, Hans-Georg, Klaus-Peter Fiedler, Wolfgang Huckenbeck: Untersuchungen zur Phänotypen-Häufigkeit einiger hämogenetischer Polymorphismen am Niederrhein (Bereich Kleve, Goch, Kalkar). In: Anthropologischer Anzeiger 49, 1991, S. 137-144

Scheil, Hans-Georg, H. Strunz: Zur Verteilung der AB0-Allelfrequenzen im Regierungsbezirk Düsseldorf (Nordrhein-Westfalen). In: Anthropologischer Anzeiger 52, 1994, S. 1-10

Scheil, Hans-Georg, H. Strunz: Zur Verteilung der AB0-Allelfrequenzen im Regierungsbezirk Köln (Nordrhein-Westfalen). In: Anthropologischer Anzeiger 53, 1995, S. 199-208

Scheil, Hans-Georg, H. Strunz: Zur Verteilung der Rhesus-Haplotypenfrequenzen im Regierungsbezirk Düsseldorf (Nordrhein-Westfalen). In: Anthropologischer Anzeiger 54, 1996, S. 19-30

Scheil, Hans-Georg, H. Strunz: Zur Verteilung der Rhesus-Haplotypenfrequenzen im Regierungsbezirk Köln (Nordrhein-Westfalen). In: Anthropologischer Anzeiger 54, 1996, s. 215-228

Scheil, Hans-Georg, Wolfgang Huckenbeck: Hämogenetische Studien im Regierungsbezirk Köln (Nordrhein-Westfalen, Deutschland). In: Anthropologischer Anzeiger 58, 2000, S. 155-169

Scheirs, Jan, Ad Vingerhoets, Jolijn Hendriks: Hoe zit het nou echt met dat Brabantse karakter? In: Brabantse Heem 40, 1997, S. 81-90

Schimmer, Adolf: Erhebungen ueber die Farbe der Augen, der Haare und der Haut bei den Schulkindern Österreichs. Supplement I zu den Mitteilungen der Anthropologischen Gesellschaft in Wien, Wien 1884

Schlaginhaufen, Otto: Vorläufige Mitteilung über den Längen-Breiten-Index der schweizerischen Stellungspflichtigen und seine geographische Verteilung. In: Hans Harmsen, Franz Lohse (Hg.): Bevölkerungsfragen. Bericht des Internationalen Kongresses für Bevölkerungswissenschaft. München 1936, S. 507-511

Schlaginhaufen, Otto: Untersuchungen über die Gesichtsform der Schweizer. In: Bulletin der Schweizerischen Gesellschaft für Anthropologie und Ethnologie 1938/39, S. 26-30

Schlaginhaufen, Otto: Rothaarigkeit bei der schweizerischen Bevölkerung. In: Bulletin der Schweizerischen Gesellschaft für Anthropologie und Ethnologie 21, 1944, S. 10-14

Schlaginhaufen, Otto: Anthropologia Helvetica. Ergebnisse anthropologischer Untersuchungen an den schweizerischen Stellungspflichtigen. Zwei Bände, Zürich 1946

Schlaginhaufen, Otto: Anthropologia Helvetica. Ergebnisse anthropologischer Untersuchungen an den schweizerischen Stellungspflichtigen. II. Die Anthropologie der Kantone und der natürlichen Landschaften. Zwei Bände, Zürich 1959

Schlegel, Mario Jakob, Verena Weilenmann-Grieshaber: Demographische und biologische Untersuchung genetisch isolierter Bevölkerungen im Unterengadin (Schweiz). In: Archiv für Genetik 48, 1975, S. 81-93

Schlegel, Mario Jakob, Verena Weilenmann-Grieshaber: Isolatuntersuchung im Unterengadin (Graubünden, Schweiz). In: Archives suisses d'Anthropologie générale 40, 1976, S.53-66

Schliz, Alfred: Bemerkungen zur Rassebildung der slawischen Völker. In: Archiv für Anthropologie NF 12, 1913, S. 88-90

Schmidt, Horst D., Friedrich W. Rösing, Helmut Baitsch: The Steinheim Forest project. Population biology and population history of rural area in Württemberg. In: Homo 37, 1986, S. 16-19

Schmidt, Horst D.: Erbe und Umwelt. Stammbaumanalytische Untersuchung verschiedener Krankheitsbilder in einer Gemeinde mit Isolatcharakter. In: *Imagines humanae*. Festschrift aus Anlaß der Emiritierung von Prof. Dr. Dr. Helmut Baitsch. Ulm 1990, S. 215-226

Schmidt, Horst D., Hans Georg Scheil: Hemogenetic studies in southern Germany. In: Gene Geography 10, 1996, S. 191-200

Schmidt, Horst D., Hans Georg Scheil: Population genetic studies in an isolate of southern Germany. In: International Journal of anthropology 13, 1998, S. 81-88

Schmidt, Paul: Die relative Häufigkeit der Blutfaktoren M und N und der „Untergruppen" A1 und A2 unter besonderer Berücksichtigung Schleswig-Holsteins. In: Zeitschrift für Rassenphysiologie 11, 1940, S. 49-77

Schmidt-Kehl, Ludwig: Wandel im Erb- und Rassengefüge zweier Rhönorte, 1700-1936. In: Archiv für Bevölkerungswissenschaft und Bevölkerungspolitik 7, 1937., S. 176-199

Schmieder, Heinz: Veränderungen des Längen-Breiten-Index bei Dresdner Kindern im Laufe von sieben Dezennien. In: Biologische Rundschau 7, 1969, S. 261

Schott, Lothar: Zur Körperhöhe der hochmittelalterlichen Reckahner Landbevölkerung. In: Veröffentlichungen des Museums für Ur- und Frühgeschichte Potsdam 2, 1963, S. 113-119

Schott, Lothar: Zur Kraniologie der hochmittelalterlichen Reckahner Landbevölkerung. In: Wissenschaftliche Zeitschrift der Humboldt-Universität zu Berlin, mathematisch-naturwissenschaftliche Reihe 16, 1967, S. 331-345

Schröter, Peter: Zur Anthropologie der römischen Kaiserzeit im Regensburger Raum. In: Thomas Fischer (Hg.): Das Umland von Regensburg. München 1990, S. 347-408

Schröter, Peter: Anthropologischer Bericht über kaiserzeitliche Körperbestattungen von Seebruck und Poing. In: Peter Fasold (Hg.): Das römisch-norische Gräberfeld von Seebruck-Bedaium. Kallmünz /Opf. 1993, S. 119

Schultz, Bruno Kurt: Die Bevölkerung des oberen Lechtales. In: Volk und Rasse 8, 1933, S. 32-41

Schultz, Bruno Kurt: Rassenkunde deutscher Gaue. Bauern im südlichen Allgäu, Lechtal und Bregenzer Wald. München 1935

Schumacher, Astrid, Rainer Knussmann: Sind Körperhöhenunterschiede zwischen den sozialen Ständen beim Menschen ein Modifikations- oder ein Siebungseffekt? In: Homo 28, 1977, S. 235-244

Schumacher, Astrid, Rainer Knussmann: Soziale Körperhöhenunterschiede bei Geschwistern. In: Homo 29, 1978, S. 173-176

Schumacher, Astrid: Zur Bedeutung der Körperhöhe in der menschlichen Gesellschaft. I. Untersuchungen zur sozialen Körperhöhendifferenzierung. In: Zeitschrift für Morphologie und Anthropologie 72, 1981, S. 213-228

Schumacher, Astrid: Zur Bedeutung der Körperhöhe in der menschlichen Gesellschaft. II. Versuch einer Kausalanalyse zur sozialen Körperhöhensiebung. In: Zeitschrift für Morphologie und Anthropologie 72, 1981, S. 233-245

Schütz, Rudolf: Das Vorkommen der Blutgruppen in der Schweiz an Hand von 33 964 Bestimmungen nach Bürgerort eingetragen. In: Archiv der Julius Klaus Stiftung 21, 1946, S. 207-229 (mit 6 Tafeln)

Schwalbe, Gustav: Ueber eine umfassende Untersuchung der physisch-anthropologischen Beschaffenheit der jetzigen Bevölkerung des Deutschen Reiches. In: Correspondenz-Blatt der Deutschen Gesellschaft für Anthropologie, Ethnologie und Urgeschichte 34, 1903, S. 73-83

Schwalbe, Gustav: Bericht über die Tätigkeit der Commission für eine physisch-anthropologische Untersuchung des Deutschen Reiches. In: Correspondenz-Blatt

der Deutschen Gesellschaft für Anthropologie, Ethnologie und Urgeschichte 35, 1904, S. 75-82
Schwarzfischer, Friedrich: Populationsgenetische Untersuchungen zur Frage regionaler Unterschiede in der Verteilung der Blutgruppen AB0 in Südbayern. Diss. München 1959
Schwarzfischer, Friedrich: Untersuchungen zur Sero-Anthropologie Südbayerns. Habil.-Schrift München 1960
Schwidetzky, Ilse: Die Rassenforschung in Polen. In: Zeitschrift für Rassenkunde 1, 1935, S. 76-83 u. 136-204
Schwidetzky, Ilse: Über das Tempo natürlicher Bevölkerungsverschiebungen. In Zeitschrift für Rassenkunde 2, 1935, S. 168-178
Schwidetzky, Ilse: Heiratskreise in Oberschlesien. In: Zeitschrift für Rassenkunde 6, 1937, S. 311-331
Schwidetzky, Ilse: Rassenkunde der Altslawen. Beiheft zu Band 7 der Zeitschrift zur Rassenkunde. Stuttgart 1938
Schwidetzky, Ilse: Soziale Siebung in Oberschlesien. In: Zeitschrift für Rassenkunde 8, 1938, S. 167-192
Schwidetzky, Ilse: Körperliche Überreste schlesischer Wandalen. In: Altschlesien 7, 1938, S. 243-254
Schwidetzky, Ilse: Beitrag zur Rassenkunde der Deutschen im bisherigen Polen. In: Deutschtum im Ausland 22, 1939, S. 547-556
Schwidetzky, Ilse: Die schlesische Kurzköpfigkeit. In: Verhandlungen der Deutschen Gesellschaft für Rassenforschung 10, Stuttgart 1940, S. 65-74
Schwidetzky, Ilse: Siebung und Umwelt in der Prägung des Großstadttypus. In: Zeitschrift für Rassenkunde 12, 1941, S. 272-291
Schwidetzky, Ilse: Standes- und Berufstypus in Breslau. In: Zeitschrift für Rassenkunde 12, 1941, S. 351-380
Schwidetzky, Ilse: Über Wege rassenkundlicher Untersuchungen. In: Zeitschrift für Morphologie und Anthropologie 40, 1942, S. 178-184
Schwidetzky, Ilse: Verschränkte Komplexion als Rassenmerkmal. In: Zeitschrift für Rassenkunde 13, 1942, S. 81-94
Schwidetzky, Ilse: Merkmalszählung oder Rassenforschung? In: Zeitschrift für Rassenkunde 13, 1942, S. 177-182
Schwidetzky, Ilse: Neue Merkmalskarten von Mitteleuropa. In: Zeitschrift für Rassenkunde 14, 1943, S. 1-29
Schwidetzky, Ilse: Typensysteme als heuristische Methode. In: Homo 1, 1949/50, S. 149-154
Schwidetzky, Ilse: Die alpine Rasse: Beitrag zu einem Existenzbeweis. In: Homo 3, 1952, S. 60-75
Schwidetzky, Ilse: Die Frage der Standorttypen in der Anthropologie. In: Zeitschrift für menschliche Vererbungs- und Konstitutionslehre 30, 1952, S. 635-645

Schwidetzky, Ilse: Eine Lanze für die Substitutionstheorie. In: Zeitschrift für Morphologie und Anthropologie 46, 1954, S. 288-292
Schwidetzky, Ilse: Rückblick auf die regionalanthropologische Untersuchung Schlesiens. In: Jahrbuch der Schlesischen Friedrich-Wilhelms-Universität Breslau 1, 1955, S. 112-132
Schwidetzky, Ilse: Die anthropologischen Funde vom Germansberg vor Speyer. Ein Beitrag zur Rassengeschichte der Pfalz. In: Karlwerner Kaiser: Das Kloster von St. German vor Speyer. Speyer 1955, S. 139-146
Schwidetzky, Ilse: Körperliche Beziehungen der Schulbegabung nach Untersuchungen in Westfalen (Reg.-Bez. Münster). In: Homo 9, 1958, S. 164-181
Schwidetzky, Ilse: Die anthropologische Untersuchung der Bevölkerung von Rheinland-Pfalz. In: Forschungsberichte der Johannes Gutenberg Universität Mainz 1, 1972, S. 14-17
Schwidetzky, Ilse: Vergleichend-statistische Untersuchungen zur Anthropologie der Eisenzeit (letztes Jahrtausend v.d.Z.). In: Homo 23, 1972, S. 245-272.
Schwidetzky, Ilse: Vergleichend-statistische Untersuchungen zur Anthropologie der Römerzeit (0-500 u. Z.). In: Homo 26, 1975, S. 193-218
Schwidetzky, Ilse: Anthropologische Untersuchungen in Rheinland-Pfalz: Einleitung. In: Homo 26, 1975, S. 1-7
Schwidetzky, Ilse: Anthropologische Untersuchungen in Rheinland-Pfalz: Physiognomische Merkmale. In: Homo 26, 1975, S. 51-56
Schwidetzky, Ilse: Die institutionelle Entwicklung der Anthropologie. In: Ina Spiegel-Rösing, Ilse Schwidetzky (Hg.) Maus und Schlange. Untersuchungen zur Lage der deutschen Anthropologie. Wien 1982, S. 75-101
Schwidetzky, Ilse: Die inhaltliche Entwicklung der Anthropologie. In: Ina Spiegel-Rösing, Ilse Schwidetzky (Hg.) Maus und Schlange. Untersuchungen zur Lage der deutschen Anthropologie. Wien 1982, S. 103-155
Schwidetzky, Ilse: Geschichte der Anthropologie. In: Rainer Knussmann (Hg.): Anthropologie. Handbuch der vergleichenden Biologie des Menschen. Stuttgart 1988, S. 47-126
Schwidetzky, Ilse: Die neue Hypothesenformulierung und zukünftige Aufgaben von Brachycephalisationsstudien. In: Symposium Diachronic Trends in Historical Anthropology. Sbornik Narodniho Muzea v Praze. Acta Musei Nationalis Pragae 46, 1990, S. 129-132
Schwidetzky, Ilse: Descriptive characters of the face in population comparisons. In: Homo 42, 1991, S. 265-286
Schwidetzky, Ilse: History of Biological Anthropology in Germany. International Association of Human Biologist (Hg.): Occasional Paper, vol. 3, no. 4, New Castle upon Tyne 1992
Schwidetzky, Ilse, Rainer Knussmann, Hubert Walter: Unterschiede zwischen morphologischen und serologischen Merkmalen im Tempo der geographischen Dif-

ferenzierungen. In: Zeitschrift für Morphologie und Anthropologie 56, 1964, S. 96-105
Schwidetzky, Ilse, Hubert Walter: Untersuchungen zur anthropologischen Gliederung Westfalens. Der Raum Westfalen V, Teil 1, Münster i.W. 1967
Schwidetzky, Ilse, N. Creel: Anthropologische Untersuchungen in Rheinland-Pfalz: Das Hautleistensystem. In: Homo 26, 1975, S. 42-47
Schwidetzky, Ilse, H.-J. Jäger: The Data Base for prehistorical and historical anthropology in Mainz. In: Homo 42, 1991, S. 163-170
Schwidetzky, Ilse, Friedrich W. Rösing: Vergleichend-statistische Untersuchungen zur Anthropologie der Neuzeit (nach 1500). In: Homo 35, 1984, S. 1-49
Schwidetzky, Ilse, Friedrich W. Rösing: Kurze Geschichte des Brachycephalisationsproblems. In: Symposium Diachrone Trends in der Historischen Anthropologie. Prag 31.8.-2.9.1989. Prag 1992, S. 121-123
Seidler, Horst: Anthropometrische Untersuchungen an Sonderschülern. In: *Infans cerebropathicus* 4, 1980, S. 45-83
Seidler, Horst: Psychosomatische Korrelationen in der Sozialanthropologie. In: Gerhard Nissen (Hg.): Psychiatrie des Schulalters. Wien 1984, S. 62-83
Seidler, Horst, Claudia Neubert: Ansätze zu einer sozialanthropologischen Bestandsaufnahme in Österreich. In: Anthropologischer Anzeiger 46, 1988, S. 27-40
Seldin, Michael F., Russel Shigeta, Pablo Villoslada, Carlo Selmi u.a.: European population substructure. Clustering of northern and southern populations. In: PLoS Genetics 2, 2006, (9), e143, S. 1-13
Simoni, Lucia, Francese Calafell, Davide Pettener, Jaume Bertranpetit, Guido Barbujani: Geographic patterns of mtDNA diversity in Europe. In: American Journal of Human Genetics 66, 2000, S. 262-278
Sittenberger, Anna, Josef Wastl: Rassenkundliche Untersuchungen an Deutschen und Tschechen im südlichsten Böhmerwald (Quellgebiet der Moldau). In: Annalen des Naturhistorischen Museums in Wien 52, 1941, S. 397-457
Sjovold, Torstein: Brachycephalization in microevolutionary terms. The evidence from the Hallstatt cranial collection. In: Sbornik Narodniho Muzea v Praze. Acta Musei Nationalis Pragae 46, 1990, S. 196-201
Sokal, Robert R., Neal L. Oden, Barbara A. Thomson: Genetic Changes Across Language Boundaries in Europe. In: American Journal of Physical Anthropology 76, 1988, S. 337-361
Sokal, Robert R., Rosalind M. Harding, Neal L. Oden: Spatial Patterns Human Gene Frequencies in Europe. In: American Journal of Physical Anthropology 80, 1989, S. 267-294
Steffens, Michael, Claudia Lamina, Thomas Illig, (...) Michael Krawczak, (...) H.-Erich Wichmann: SNP-based analysis of genetic substructure in the German population. In: Human Heredity 62, 2006, S. 20-29
Steiner, Otto: Papillarmuster und Schulbegabung. Ergebnisse der daktyloskopischen Schulkinderuntersuchung 1949/50 im niedersächsischen Landkreis Harburg,

3.Teil. In: Akten des XVIII. Internationalen Soziologenkongresses (Nürnberg 1958), Bd. 4, Meisenheim am Glan 1963, S. 205-209

Stenico, Michele, Loredana Nigro, Giorgio Bertorelle (...), Guido Barbujani: High mitochondrial sequence diversity in linguistic isolates of the Alps. In: American Journal of Human Genetics 59, 1996, S. 1363-1375

Stojanowski, K.: Zjawiska selekcyjne w szkole podchorgzych rezerwy (Ausleseerscheinungen in einer Reserveoffiziersschule). In: Kwartalnik Psychologiczny 3, 1932, S. 43-94

Straub, Roderich: Zur Kontinuität der voralemannischen Bevölkerung. In: Badische Fundberichte 20, 1956, S. 127-137

Strobel, Alexander, Frank M. Spinath, Alois Angleiter u.a.: Lack of association between polymorphisms of the dopamine D4 receptor gene and Personality. In: Neuropsychobiology 47, 2003, S. 52-56

Studencki, S.: Próba charakterystyki psychologicznej typów antropologicznych wśród mlodziezy polskiej (Versuch einer psychologischen Charakteristik der anthropologischen Typen unter der polnischen Jugend). In: Zagadnienia rasy 12, 1930, S. 241-248

Studencki, S.: O typie psycho-fizycznym Polaka (Über den psycho-physischen Typ des Polen), Beiheft zu Kwartalnik Psychologiczny 2, 1931

Studencki, S.M.: Polnische Charakterologie. In: Slavische Rundschau 7, 1935, S. 374-381

Studer, Theophil: Ueber die Farbe der Haut und der Augen im Kanton Bern. Separatdruck aus den Mittheilungen der Bernischen Naturforschenden Gesellschaft, Bern 1880

Symposium Bevölkerungsbiologie der europäischen Völker im Mittelalter. In: Sbornik Narodniho Muzea v Praze. Acta Musei Nationalis Pragae 43, 1987, S. 65-215

Symposium Diachronic Trends in Historical Anthropology. In: Sbornik Narodniho Muzea v Praze. Acta Musei Nationalis Pragae 46, 1990, S. 111-230

Szilvássy, Johann: Die Skelette aus dem awarischen Gräberfeld von Zwölfaxing in Niederösterreich. Horn-Wien 1980

Tettenborn, Helga: Die Sippe Tettenborn, ein Beitrag zur Sozial- und Paarungssiebung. In: Zeitschrift für Rassenkunde 9, 1939, S. 246-266

Teuber, Franz: Blutdruck, Konstitution und Rasse. In: Zeitschrift für Rassenkunde 8, 1938, S. 121-138

Thomas, K.: Die Frequenz des Blutmerkmals S (Walsh und Montgomery) des MNSs-Blutgruppensystems in der Bevölkerung der Lausitzer Sorben. In: Das deutsche Gesundheitswesen 17, 1962, S. 613-614

Thomson, Harry: Über nationale Unterschiede des Gefühlslebens Jugendlicher. Eine experimentelle Untersuchung. In: Zeitschrift für angewandte Psychologie 41, 1932, S. 257-365

Trost, Friedrich: Mecklenburgische Bauern vom mittleren Warnowtalrand. Eine rassenkundliche Studie über eine norddeutsche Bevölkerung. Diss. Leipzig o.J. (1932?)

Tuppa, Karl: Rassenkundliche Untersuchungen in Kärnten. In: Verhandlungen der deutschen Gesellschaft für Rassenforschung 10, 1940, S. 28-31

Vanderkindere, Léon: La couleur des yeux et des cheveux en Belgique. In : Société Royal Belge de Géographie, Bulletin 3, 1879, S. 409-449

Veeramah, Krisha R., Anke Tönjes, Peter Kovacs, (...) John Novembre, Michael Stumvoll: Genetic variation in the Sorbs of eastern Germany in the context of broader European genetic diversity. In: European Journal of Human Genetics 19, 2011, S. 995-1001

Veeramah, Krishna R., Andreas Rott, Melanie Groß, (...) Joachim Burger: Population genomic analysis of elongated skulls reveals extensive female-biased immigration in early medieval Bavaria. In: Proceedings of the National Academy of Science 115, 2018, S. 3494-3499

Verenesi, Christiano, Silvia Fuselli (...), Guido Barbujani: Mitochondrial diversity in linguistic isolates of the Alps. A reappraisal. In: Human Biology 74, 2002, S. 725-730

Virchow, Rudolf: Über eine niedrige Schädelform in Nordwestdeutschland. In: Verhandlungen der Berliner Gesellschaft für Anthropologie, Ethnologie und Urgeschichte 1874, S. (239)-(251)

Virchow, Rudolf: Beiträge zur physischen Anthropologie der Deutschen, mit besonderer Berücksichtigung der Friesen. Berlin 1877

Virchow, Rudolf: Gesamtbericht über die von der deutschen anthropologischen Gesellschaft veranlassten Erhebungen über die Farbe der Haut, der Haare und der Augen der Schulkinder in Deutschland. In: Archiv für Anthropologie 16, 1886, S. 275-475

Virdrová, Vendula, Markéta Tesarova, Eva Trefilová u.a.: Mitochondrial DNA haplogroups in the Czech population compared to other European countries. In: Human Biology 80, 2008, S. 669-674

Vonderach, Andreas: Gibt es einen anthropologischen Marschtypus? Eine empirisch-statistische Überprüfung anhand eines Materials von Lothar Löffler aus dem Nachlass von Wolfgang Bauermeister. In: Die Heimat. Zeitschrift für Natur- und Landeskunde von Schleswig-Holstein und Hamburg 104, 1997, S. 16-22

Vonderach Andreas: Serogenetische Bevölkerungsdifferenzierungen in Marsch und Geest des Elbe-Weser-Gebietes (Malariahypothese). In: Stader Jahrbuch 1997/98 (erschienen 2000), S.177-186

Vonderach, Andreas: Former AB0 Selection through Malaria in Northwestern Germany. In: Anthropologie (Brno) 40/1, erschienen 2003, S. 73-78

Vonderach, Andreas: Anthropologischer Beitrag zur Frage der Schwarzwaldromania. Untersuchungen anhand des Materials von Otto Ammon und Johann Schaeuble. In: Alemannisches Jahrbuch 2001/2002 (erschienen 2004), S. 191-255

Vonderach, Andreas: Ethnic Anthropology of the Former East Germany (before 1945). Geographical Differentiations and Feature Correlations. In: Mankind Quarterly 47, 2006, S. 3-39
Vonderach, Andreas: Anthropologie Europas. Völker, Typen und Gene vom Neandertaler bis zur Gegenwart. 2., völlig überarbeitete Auflage, Graz 2015
Vonderach, Andreas: Das biologische Erbe der Schwarzwaldromanen in der heutigen Bevölkerung. In: Wolfgang Kleiber: Schwarzwälder Namenbuch. Die Schwarzwaldromania in sprachlicher und außersprachlicher Sicht. Mit Beiträgen zur Archäologie und Anthropologie. Akademie der Wissenschaften und der Literatur, Abhandlungen der geistes- und sozialwissenschaftlichen Klasse, Einzelveröffentlichung 13, Mainz 2015, S. 78-91
Vonderach, Andreas: The anthropological features of the East German nobility. In: Mankind Quarterly 58, 2018, S. 611-620
Vonderach, Andreas: Die deutschen Regionalcharaktere. Psychologie und Geschichte. 2. durchgesehene und aktualisierte Auflage, Husum 2019
Vonderach, Andreas: Anthropologie des früheren Ostdeutschlands (vor 1945). Ethnische Schichtung und Sozialbiologie. Beltheim-Schnellbach 2019
Vonderach, Andreas: Völkerpsychologie. Ihre Geschichte und ihre Ergebnisse von der Antike bis zur Gegenwart. 3., aktualisierte Auflage, Beltheim-Schnellbach 2021
Vonderach, Andreas: Die deutschen Stämme. Beltheim-Schnellbach 2021
Vonderach, Andreas, Hermann H. Helmuth: Untersuchungen zur Anthropologie Schleswig-Holsteins, Selbstverlag, Ulm 1996
von der Kammer, H., K. Saur, Walter Scheidt: Niedersächsische Bauern in der Lüneburger Heide. Lebensgesetze des Volkstums 10, Hamburg 1936
von Hölder, Hermann: Zusammenstellung der in Württemberg vorkommenden Schädelformen. In: Jahreshefte des Vereins für vaterländische Naturkunde in Württemberg 32, 1876, S. 359-466
von Hölder, Hermann: Ueber die in Deutschland vorkommenden, von Herrn Virchow den Friesen zugesprochenen niederen Schädelformen. In: Archiv für Anthropologie 12, 1880, S. 315-354
von Hölder, Hermann: Die Skelette des römischen Begräbnisplatzes in Regensburg mit Benutzung der Untersuchungen des Herrn Pfarrer J. Dahlen. In: Archiv für Anthropologie 13, 1882 (Supplement), S. 1-53
von Krogh, Christian: Das Obervieland. Ein Beitrag zur Rassenkunde der nordwestdeutschen Marschbevölkerung. Bremen 1938
von der Rohden, Fr.: Über die Beziehungen zwischen Konstitution und Rasse. In: Zeitschrift für die gesamte Neurologie und Psychiatrie 98, 1925, S. 255-278
von Verschuer, Otmar: Beitrag zur Frage Konstitution und Rasse sowie zur Konstitutions- und Rassengeographie Deutschlands. In: Archiv für Rassen- und Gesellschaftsbiologie 20, 1927, S. 16-28

Voß, Wilhelm: Bauern aus den holsteinischen Elbmarschen. Lebensgesetze des Volkstums 5, Hamburg 1934
Waliszko, Anna: Struktura antropologiczna autochtonicznej ludnosci woj. Opolskiego. In: Przeglad Antropologiczny 27, 1961, S. 187-208
Walter, Hubert: Der Einfluss der Ostvertriebenen auf das anthropologische Merkmalsbild der Bevölkerung eines niedersächsischen Landkreises. In: Zeitschrift für Morphologie und Anthropologie 50, 1959, S. 222-232
Walter, Hubert: Anthropologische Untersuchungen an sozial auffälligen Bevölkerungsgruppen im Hunsrück. In: Homo 13, 1962, S. 161-177
Walter, Hubert: Untersuchungen zur Sozialanthropologie der Ruhrbevölkerung. Münster i.W. 1962
Walter, Hubert, Wolfram Bernhard: Seroanthropologische Untersuchungen im Rheingau. In: Homo 15, 1964, S. 144-155
Walter, Hubert, Anny Arndt-Hanser: Populationsgenetische Untersuchungen im Mittelrheingebiet. Beiheft 2 zu Homo, Göttingen 1967
Walter, Hubert, A. Arndt-Hauser, C. Ropartz: Anthropologische Untersuchungen in Rheinland-Pfalz: Die Verteilung der serologischen Merkmale. In: Homo 26, 1975, S. 35-42
Wasmer, Herbert: Untersuchungen über Haar, Haut- und Augenfarbe der Schulkinder des Kaiserstuhlgebietes. Diss. Freiburg i.Br. 1945
Way, Baldwin M., Matthew D. Liebermann: Is there a genetic contribution to cultural differences? Collectivism, individualism and genetic markers of social sensitivity. In: Social Cognitive and Affective Neuroscience 5, 2010, S. 203-211
Weisbach, Augustin: Die Serbokroaten der adriatischen Küstenländer. In: Zeitschrift für Ethnologie16, 1884, S. 1-77
Weisbach, Augustin: Die Deutschen Niederösterreichs. Eine anthropologische Skizze. Mitteilungen des k.u.k. Militär-Sanitäts-Comités 11, 1892
Weisbach, Augustin: Die Oberösterreicher. In: Mitteilungen der Anthropologischen Gesellschaft in Wien 24, 1894, S. 232-246
Weisbach, Augustin: Die Salzburger. In: Mitteilungen der Anthropologischen Gesellschaft in Wien 25, 1895, S. 69-84
Weisbach, Augustin: Die Deutschen Steiermarks. In: Mitteilungen der Anthropologischen Gesellschaft in Wien 28, 1898, S. 195-213
Weisbach, Augustin: Die Deutschen Kärntens. In: Mitteilungen der Anthropologischen Gesellschaft in Wien 30, 1900, S. 79-96
Weisbach, Augustin: Die Slovenen. In: Mitteilungen der Anthropologischen Gesellschaft in Wien 33, 1903, S. 234-251 (mit Weisbachs sonst unveröffentlichten Daten von Tschechen)
Weisbach, Augustin: Die Serbokroaten Kroatiens und Slawoniens. In: Mitteilungen der Anthropologischen Gesellschaft in Wien 35, 1905, S. 99-117
Wettstein, Emil: Zur Anthropologie und Ethnographie des Kreises Disentis (Graubünden). Diss. Zürich 1902

Wittig, Holger, C. Augustin, A. Baasner u.a.: Mitochondrial DNA in the central European population. Human identification with the help of the forensic mt-DNA D-Loop-Base Database. In: Forensic Science International 113, 2000, S. 113-118

Wolf, Manfred: Der Rhein als Heirats- und Wandergrenze. In: Homo 7, 1956, S. 2-13

Woodley of Menie, Michael A., Shameen Younuskunju, Bipin Balan, Davide Piffer: Holocene selection for variants associated with general cognitive ability: Comparing ancient and modern genomes. In: Twin Research and Human Genetics 20, 2017, S. 271-280

Wrzosek, A.: O stosunkach niektórych pomiarów antropologicznych i typów rasowych morfologicznych do sprawności umyślowej (Die Beziehungen einiger anthropologischer Maße und morphologischer Rassentypen zur Intelligenz). In: Przeglad Antropologiczny 5, 1931, S. 1-16

Wurm, Helmut: Über die Schwankungen der durchschnittlichen Körperhöhe im Verlauf der deutschen Geschichte und die Einflüsse des Eiweißanteils der Kost. In: Homo 33, 1982, S. 21-42

Wurm, Helmut: Sozialspezifische Körperhöhenentwiklung von der Völkerwanderung bis zum 17. Jh. im Bereich des Deutschen Reiches unter besonderer Berücksichtigung der Adelsschicht. In: Homo 34, 1983, S. 177-193

Wurm, Helmut: Über die durchschnittlichen Körperhöhen der sozialen Mittel- und Unterschichten im mitteleuropäischen germanischen Siedlungsraum vom Frühmittelalter bis zur Neuzeit. In: Anthropologischer Anzeiger 43, 1985, S. 11-30

Wurm, Helmut: Ein Beitrag zu einer „Anthropo-Historie". Zu ernährungskonstitutionellen Verknüpfungen innerhalb der deutschen Geschichte. Das Weisermerkmal „historische Körperhöhe". In: Zeitschrift für Geschichtswissenschaft 40, 1992, S. 7-22

Zmugg, Günther: Anthropologische Untersuchungen in der Bergbauerngemeinde Arriach. Ein Beitrag zur Bevölkerungsbiologie Kärntens. Diss. Wien 1989

Glossar

Abstandsanalyse multivariate statistische Methode zur Ermittlung von Ähnlichkeitsabständen von Bevölkerungen. Das Ergebnis ist eine Abstandsmatrix, deren Struktur mit einer Clusteranalyse veranschaulicht werden kann.

Adaptation Evolutive (erbliche) Anpassung an Umweltfaktoren.

Ähnlichkeitsabstände = Abstände in einer Abstandsanalyse

Allel Eine von mehreren möglichen polymorphen Ausprägungen eines Gens bzw. einer DNS-Sequenz an einer bestimmten Stelle (Genort) auf einem Chromosom.

Allelfragmentlänge Bestimmte DNS-Polymorphismen (Restriktionsfragment-Längenpolymophismen, RFLP's) unterscheiden sich in der Zahl der Wiederholungen von bestimmten DNS-Abschnitten, den Allelfragmenten.

Alpine typologischer Merkmalskoplex in West- und Mitteleuropa, der vor allem durch eine kurvoccipitale brachycephale Kopfform, geringe Körperhöhe und mäßig dunkle Pigmentierung von Haaren und Augen charakterisiert ist.

Alte DNS aus Knochen oder Weichteilen historischer Überreste gewonnene DNS

archämorph stammesgeschichtlich alt

Armenide typologischer Merkmalskomplex vor allem im Nahen Osten, der durch eine planoccipitale, hohe und kurze Kopfform, geringe Körperhöhe, eine volle konvexe Nase, volle Lippen, ausgeprägte Nasolabialfalten, starke Behaarung und dunkle Pigmentierung von Haaren und Augen charakterisiert ist.

Auslese (Selektion) Veränderung des Genoms einer Population durch dezimierende Umwelteinflüsse, die auf eine unterschiedliche Angepaßtheit der Individuen treffen. Wirkt über unterschiedlichen Nachkommenzahlen.

Austrasisch Austrasien war der das Kerngebietes des fränkischen Reiches im frühen Mittelalter. Das Rheinland, Belgien, Mainfranken, das Mittelrheingebiet und Lothringen umfassend.

Autosomen Alle Chromosomen außer den Geschlechtschromosomen X und Y. Die autosomale DNS unterliegt der sexuellen Rekombination.

Basenpaar Der DNS-Doppelstrang besteht aus mit Wasserstoffbrücken verbunden Paaren der Basen Adenin und Thymin sowie Cytosin und Guanin.

Blutgruppen (im weiteren Sinn) beinhalten alle im Blut eines Menschen feststellbaren Merkmale, die phänotypisch an den Blutkörperchen und im Serum feststellbar sind. Aus den phänotypischen Eigenschaften lassen sich die Allelfrequenzen der zugrundeliegenden Gene errechnen.

brachycephal kurzköpfig. Bei Lebenden verwendeter Begriff.

Brachycephalie Kurzköpfigkeit. Verhältnismäßig große Breite des Schädels bei verhältnismäßig geringer Länge.

Brachycephalisation Prozeß des Breiter- und Kürzerwerdens des menschlichen Kopfes im Lauf der Geschichte. Es kommen sowohl nichterbliche Umwelteinflüsse als auch Selektion als Ursachen in Frage.

Brachykranie Kurzschädeligkeit (andere Bezeichnung für Brachycephalie bei Schädeln und nicht bei Lebenden).

-cephal bezieht sich auf den Kopf (bei Lebenden). Die Bezeichnungen –cephal und –cran werden in der Literatur nicht immer konsequent voneinander unterschieden.

Cluster Gruppe einander ähnlicher Individuen oder Gruppen in der Clusteranalyse

Clusteranalyse multivariates statistisches Verfahren, bei dem aufgrund von Ähnlichkeitsabständen Stichproben zu untereinander ähnlichen Gruppen (Clustern) zusammengefaßt werden.

codierende DNS DNS-Sequenzen, die Erbinformationen über den Körperund die Psyche enthalten.

cromagnid typologischer Merkmalskomplex seit dem Altpaläolithikum, gekennzeichnet durch Robustizität, Groß- und Langköpfigkeit, eckig-breites Gesicht mit breitem Unterkiefer und niedrigen und tiefen Augenhöhlen.

Dendrogramm durch eine Clusteranalyse gewonnene graphische Darstellungsform der in einer Abstandsmatrix enthaltenen Informationen über die Ähnlichkeitsbeziehungen von Bevölkerungen. Dabei werden die jeweils ähnlichsten Gruppen zu Clustern zusammengefaßt. Gegenüber der Abstandsmatrix bedeutet das Dendrogramme einen erheblichen Informationsverlust. Dendrogramme sind trotz ihres Namens nicht als Stammbäume zu lesen, sondern als Darstellung von Ähnlichkeitsbeziehungen.

diachron über verschiedene Zeitepochen hinweg

Dinaride typologischer Merkmalskomplex in Südosteuropa, der durch eine planoccipitale, hohe und kurze Kopfform, konvexes Nasenprofil, große Körperhöhe und dunkle Pigmentierung von Haaren und Augen charakterisiert ist. Im Unterschied zu den Armeniden oft von straff-sehniger Erscheinung.

DNS (Desoxyribonukleinsäure) Physische Grundlage des Doppelstranges der Basenpaare, die genetische Informationen codieren können. Häufig allgemeiner für die molekulare Ebene der Gene gebraucht. Auch im Deutschen oft nach der amerikanischen Abkürzung DNA genannt.

Dismorphien Anomalien der Gestalt. Vorkommen von unharmonisch oder pathologisch erscheinenden Merkmalsausprägungen ohne Krankheitswert, die aber mit genetischen Effekten oder Erbkrankheiten korreliert sind. Auch Stigmata genannt.

Dolichocephalie Langköpfigkeit. Große Länge bei geringer Breite des Kopfes. (Bezeichnung bei Lebenden).

Dolichokranie Langköpfigkeit (andere Bezeichnung für Dolichocephalie bei Schädeln, nicht Lebenden).

Endogamie Heiraten vorwiegend innerhalb der eigenen Gruppe.

Ethnie Volk, Stamm

Ethnogenese Genealogische Entwicklung von Bevölkerungen, Entstehung und Ursprung von Völkern und Stämmen. Bildung einer Fortpflanzungsgemeinschaft mit eigener Identität.

Europide eine der drei Hauptrassen des Menschen neben den Mongoliden und Negriden. Insbesondere durch ein ausgeprägtes Gesichtsrelief charakterisiert, zerfallen in zahlreiche regionale Subtypen (Unterrassen).

eurybrachymorph breit-kurz-förmig. Der erste Wortbestandteil bezieht sich auf das Gesicht (Gesichtsindex), der zweite auf den Kopf (Kopfindex), also euryprosopes (breit-niedriges) Gesicht und brachcephaler (kurzköpfiger) Kopf. Die aus zwei Adjektiven zusammengesetzten Formbezeichnungen werden benutzt, um bei prähistorischen Schädeln die von der aktuellen Bevölkerung abgeleiteten Typenbezeichnungen zu vermeiden, die auch Aussagen über die Pigmentierung beinhalten (z.B. Nordide und Mediterranide).

Exogamie Heiraten außerhalb der eigenen Gruppe.

extravertiert nach Außen gerichtetes Verhalten. Kontaktfreudig, gesellig.

Faktorenanalyse multivariates statistisches Verfahren, bei dem aufgrund von Korrelationen zwischen den Merkmalen eine gegenüber diesen reduzierte Anzahl von Faktoren ermittelt werden, die als der Variabilität der Merkmale zugrunde liegend interpretiert werden.

Flaschenhalseffekt (bottleneck) Starke Reduzierung einer Bevölkerung im Verlauf ihrer Geschichte durch bevölkerungsgeschichtliche Ereignisse wie Kriege, Seuchen usw., mit der Wirkung eines Gründereffekts.

Gen Informationseinheit der Vererbung. Die materielle Grundlage der Gene ist die DNS.

Gendrift Genetische Veränderungen von Populationen, die auf Zufallswirkungen beruhen. Z.B. auf der Intergenerationendrift oder einem Flaschenhals- oder Gründereffekt.

Genfluß Austausch von Genen zwischen Populationen durch Fortpfanzungskontakte, z.B. bei benachbarten Bevölkerungen oder der Wanderung von Völkern.

Genort (Genlocus) Lokalisierung eines Gens oder einer DNS-Sequenz auf dem Chromosom.

Genotyp genetische Ausprägung eines Merkmals (im Gegensatz zum Phänotyp)

Genpool Gesamtheit der Gene einer Population

Gesichtsindex (morphologischer Gesichtsindex) Verhältnis der morphologischen Gesichtshöhe (vom Nasion aus gemessen, ohne die Stirn) zur Jochbogenbreite (Gesichtsbreite). GI unter 84 breitgesichtig (euryprosop), 84-88 mesoprosop, über 88 leptoprosop (schmalgesichtig).

Glabella Stirnbereich über der Nasenwurzel

grazil feinknochig, zierlich

Grazilisation Prozess der Reduzierung der Knochenrobustizität.

Gründereffekt Wirkung des Zufalls, wenn eine kleine, nicht repräsentative Teilgruppe einer Population zum Ausgangspunkt einer neuen Population wird, z.B. bei der Besiedlung von Inseln oder der Gründung von Auswandererkolonien.

Haplogruppe Gruppe von eng verwandten Haplotypen

Haplotyp Bezeichnung für die Kombination der Allele, die sich auf miteinander gekoppelten Loci eines Chromosoms oder der mtDNS befinden. Die nicht rekombinierende DNS der Mitochondrien und des Y-Chromosoms bilden jeweils einen geschlossen vererbten Haplotyp.

Hauptkomponentenanalyse multivariates statistisches Verfahren (eine Form der Faktorenanalyse), bei dem aufgrund von Korrelationen zwischen den Merkmalen eine gegenüber diesen reduzierte Anzahl von Faktoren (Hauptkomponenten) ermittelt werden, die als der Variabilität der Merkmale zugrunde liegend interpretiert werden. Die Zahl der errechneten Hauptkomponenten ist gleich der berücksichtigten Merkmale.

Heterosiseffekt Bei der Mischung von nichtverwandten Individen oft beobachteter Effekt, dass die Nachkommen größer, gesünder und intelligenter sind als die Nachkommen aus endogamen Beziehungen. Wurde bei Kreuzung der Großrassen des Menschen bisher in der Regel nicht gefunden. Es wird in der Tier- und Pflanzenzucht auch von „luxurienden Bastarden" gesprochen.

Heterozygotie Mischerbigkeit in Bezug auf ein genetisches Merkmal, d. h. wenn in beiden Chromosomsätzen (vom Vater und der Mutter) unterschiedliche Allele vorliegen. Bezogen auf Bevölkerungen, wenn besonders häufig bei Merkmalen unterschiedliche Allele vorliegen.

Homozygotie Reinerbigkeit in Bezug auf ein genetisches Merkmal, d. h. wenn in beiden Chromosomsätzen (vom Vater und der Mutter) identische Allele vorliegen. Bezogen auf Bevölkerungen, wenn besonders häufig bei Merkmalen identische Allele vorliegen.

Intergenerationendrift Wirkung des Zufalls bei der sexuellen Rekombination. Von allen denkbaren Kombinationen von väterlichem und mütterlichem Erbgut wird in den Nachkommen nur ein winziger Bruchteil realisiert.

interpolierte Karten Bei diesen werden in einem statistischen Verfahren die Werte zwischen den Stichprobenorten aus den Stichprobenwerten rechnerisch geschätzt und so eine einheitliche Datenoberfläche geschaffen. Die ist die Voraussetzung für die Anwendung multivariater statistischer Verfahren, wenn für unterschiedliche Merkmale Stichproben aus unterschiedlichen Stichprobenorten vorliegen, wie das bei serologischen und DNS-Polymorphismen in der Regel der Fall ist.

introvertiert Nach Innen gerichteter Charaktertyp. Selbstreflektierend, zurückhaltend bis ungesellig und verschlossen.

Inzuchtdepression Das Gegenteil vom Heterosiseffekt. Aus endogamen Beziehungen hervorgegangene Nachkommen sind oft kleiner, weniger vital und etwas weniger intelligent.

Isolat Eine stark endogame Population. Oft durch geographische (Inseln, Alpentäler usw.), kulturelle, sprachliche oder konfessionelle Faktoren von anderen Populationen getrennt.

Jugomandibularindex Verhältnis der Unterkieferwinkelbreite zur Jochbogenbreite

Jungpaläolithikum jüngere Altsteinzeit, in Europa vor ca. 35 000 bis 9 000 Jahren

Kopfindex Längenbreitenindex des Kopfes. Verhältnis der größten Kopfbreite zur größten Kopflänge.

-kran bezieht sich auf den Schädel (bei Ausgrabungsfunden im Gegensatz zu Lebenden)

kurvoccipital rund ausgewölbte Hinterkopfform

Längenbreitenindex des Kopfes (= Kopfindex) Verhältnis der größten Kopfbreite zur größten Kopflänge. LBI unter 76 dolichocephal (langköpfig), 76-81 mesocephal, über 81 brachycephal

leptodolichomorph lang-schmal-förmig. Kombination von leptoprosopem Gesicht und dolichocephaler Kopfform (siehe → eurybrachymorph).

Locus → Genort

Mediterran(id)e typologischer Merkmalskomplex in Südeuropa, gekennzeichnet durch dunkle Pigmentierung von Haaren und Augen, schmalem Kopf und Gesicht, grazilen Habitus und leptodolichomorphe Proportionen des Kopfes. Bei prähistorischen Skelettfunden werden auch grazile leptodolichomorphe Bevölkerungen m. genannt, die bei Lebenden typologisch aufgrund physiognomischer Merkmale als orientalid bezeichnet werden.

Mesocephal mittlere Kopfform zwischen Dolichocephalie und Brachycephalie

mitochondriale DNS (mtDNS) Die DNS in den Mitochondrien. Sie ist die einzige DNS außerhalb der Chromosomen und wird (fast) nur über die mütterliche Seite vererbt.

Mitochondrien Zellorganellen, welche eine eigene DNS enthalten.

Mittelpaläolithikum mittlere Altsteinzeit, in Europa vor ca. 175 000 bis 35 000 Jahren. Zeit des Neandertalers.

Modifikation (Umweltmodifikation) Nicht erbliche Anpassung eines Organismus an seine Umwelt.

Mongolide eine der drei Hauptrassen des Menschen neben den Europiden und Negriden mit Schwerpunkt in Ostasien. Insbesondere durch physiognomische Merkmale des Gesichts (Augen, Nasenwurzel) charakterisiert, zerfallen in zahlreiche regionale Subtypen.

monogene Merkmale Auf nur einem Genort beruhende Merkmale. Die serologischen und die DNS-Merkmale sind oft monogen.

Morphologischer Gesichtsindex → Gesichtsindex

multivariate statistische Methoden Statistische Methoden, die die Variabilität mehrerer Merkmale gleichzeitig analysieren.

Nasenindex Verhältnis der Nasenbreite zur Nasenhöhe

Negride eine der drei Hautrassen des Menschen neben den Mongoliden und Europiden mit Schwerpunkt im subsaharischen Afrika. Insbesondere durch dunkle Hautpigmentierung, Kraushaarigkeit, Prognathie, Breitnasigkeit, volle Lippen und andere physiognomische Merkmale charakterisiert.

Neolithikum Jungsteinzeit, gekennzeichnet durch seßhafte Lebensweise und Landwirtschaft. Im Nahen Osten ab ca. 8 000 v. Chr., in Europa von ca. 6 000 bis 2 000 v. Chr.

neomorph stammesgeschichtlich jung

nicht codierende DNS Teil der DNS, der keine genetischen Informationen enthält. Überwiegt bei weitem über die codierende DNS.

Nordide typologischer Merkmalskomplex in Nordeuropa, charakterisiert durch helle Pigmentierung von Haaren und Augen, große Körperhöhe, leptodolichomorphe Proportionen des Kopfes und schmale Lippen; weniger grazil als die Mediterranen.

Orientalide typologischer Merkmalskomplex im Nahen Osten, wie die Mediterranen gekennzeichnet durch leptodolichomorphen Proportionen, geringe Körperhöhe und dunkle Pigmentierung von Haaren und Augen. Unterscheiden sich von diesen durch physiognomische Merkmale wie konvexes Nasenprofil, rund gebogene Augenbrauen und geschwungene Mundspalte.

Orthognath Gegenteil von Prognathie. Im Profil etwas zurückweichende Kieferpartie.

Osteuropide typologischer Merkmalskomplex in Osteuropa, gekennzeichnet durch helle Pigmentierung von Haaren und Augen, mittlere Körperhöhe, mäßig brachymorphe Proportionen, betonte Wangenknochen, schmale und/oder seitlich ansteigende Lidspalte und konkaves Nasenprofil

pädomorph Beibehaltung kindlicher Merkmale bei Erwachsenen.

Phänotyp durch das Zusammenwirken von genetischen Informationen und Umweltfaktoren bedingtes Erscheinungs- und Merkmalsbild eines Individuums.

planoccipital flache, nicht rund ausgewölbte Form des Hinterkopfes. Starke Brachycephalie ist oft mit einer planoccipitalen Kopfform verbunden.

pleiotrop gleichzeitige Beeinflussung mehrerer Merkmale durch ein Gen oder mehrere Gene gemeinsam.

Polyfaktorielle Merkmale Auf mehreren Genen beruhende und auch von Umweltfaktoren beeinflußte Merkmale. Die morphologischen Merkmale sind polyfaktorielle Merkmale.

Polymorphismus Die Existenz zweier oder mehrerer alternativer Allele auf einem Genlocus.

Population zeitlich und räumlich verbundene Fortpflanzungsgemeinschaft von Individuen, biologisches Substrat eines Volkes.

Prognathie Vorkiefrigkeit, Vorspringen der Ober- und Unterkieferpartie im Profil.

proto- Vorsilbe, die Früh- oder Vorformen eines Typus kennzeichnet.

Rasse Geographische Populationsdifferenzierung unterhalb der Art-Ebene. Rassen unterscheiden sich in der Häufigkeit von bestimmten genetisch bedingten, miteinander korrelierten Merkmalen und lassen sich mit statistischen Methoden gut voneinander abgrenzen.

RFLP-Polymorphismen (Restriktions-Fragment-Längen-Polymorphismus) DNS-Polymorphismen mit Allelfragmentlängenunterschieden, die im Unterschied zu den STR-Polymorphismen von beträchtlicher Länge sind.

Robustizität Grobknochigkeit

Säkulare Akzeleration Prozess der Körperhöhenzunahme in Europa seit dem 18. Jahrhundert.

Schädelindex Bezeichnung des Längenbreitenindex (Kopfindex) bei Schädeln. Ist durch die fehlenden Weichteile nicht direkt mit dem Kopfindex vergleichbar.

schmalgesichtig schmale Gesichtsform (morphologischer Gesichtsindex über 88)

Selektion natürliche Auslese aufgrund unterschiedlicher Angepasstheit der Individuen an ihre natürliche oder kulturelle Umwelt. Wirkt über unterschiedlichen Nachkommenzahlen.

Selektionsdruck Maß für die Stärke der Selektion

serologische Merkmale Im Blut bestimmbare physiologische Merkmale, Blutgruppen im weiteren Sinne. Da der Erbgang der verschiedenen serologischen Systeme bekannt ist und die serologischen Merkmale keinen Umwelteinflüssen unterliegen, können die Häufigkeiten ihrer unterschiedlichen Allele in der Bevölkerung berechnet werden.

serologisches System Serologischer Polymorphismus

Sexualdimorphismus Biologischer Unterschied der Geschlechter in Gestalt, Physiologie und Verhalten.

sexuelle Rekombination Neukombination der väterlichen und mütterlichen Gene bei der Zeugung.

Siebung Verteilung der Individuen auf verschiedene Umwelten aufgrund unterschiedlicher Eignung und Neigung der Individuen, z.B. beim sozialen Aufstieg besser Begabter

STR-Polymorphismen (short tandem repeat) DNS-Polymorphismen mit Allelfragmentlängenunterschieden, die im Unterschied zu den RFLP-Polymorphismen nur von kurzer Länge sind.

Tauride umfassendere Bezeichnung für die europiden Typen, die durch eine charakteristische hohe und kurze, planocciptale Kopfform gekennzeichnet sind: Dinaride, Armenide, Glockenbecherleute, Pamiride/ Turanide.

Turanide Europider Typus mit hoch- und kurzköpfigem planocciptalem Kopf und konvexem Nasenprofil mit leichtem mongolidem Einschlag. Schwerpunkt im westlichen Zentralasien.

Typus charakteristische Merkmalskombination. Komplex miteinander korrelierter Merkmale.

Uralide typologischer Merkmalskomplex in Nordwestsibirien, gekennzeichnet durch brachymorphe Proportionen, Gesichtsflachheit, geringe Körperhöhe und dunkle Pigmentierung mit schwach ausgeprägten mongoliden Merkmalen des Gesichts. Steht typologisch zwischen den Europiden und den Mongoliden.

Volk = Ethnie, verhältnismäßig endogame Großgruppe mit gemeinsamer Identität, Geschichte, Kultur und meist auch Sprache

X-Chromosom weibliches Geschlechtschromosom

Y-Chromosom männliches Geschechtschromosom. Nur 10 % der DNS des Y-Chromosoms rekombinieren mit dem X-Chromosom. Die übrigen 90 % unterliegen nicht der sexuellen Rekombination und werden nur von der väterlichen Seite vererbt.

Anhang

1.

„Es gibt hier Professoren, die dem Ansehen des Institutes schaden."

Meine Erfahrungen in der deutschen Anthropologie

Dies ist die Geschichte meiner Dissertationsarbeit im Fach Anthropologie und wie es Linken gelang, meine Promotion zu verhindern.

Mein Interesse an der (biologischen) Anthropologie entstand bereits im Jahr 1985 während meines Geschichtsstudiums an der Universität Oldenburg durch zufälligen Kontakt mit anthropologischer Literatur und wuchs sich schnell zu einer wahren Leidenschaft aus. Mich interessierten vor allem die sichtbaren Merkmale und die Unterschiede zwischen den Völkern und Regionen innerhalb Deutschlands und Europas. Ich hatte mich schon immer für nationale und ethnische Unterschiede interessiert, und hier war endlich einmal etwas Konkretes, Greifbares darüber. Ich verschlang alle mögliche Literatur dazu, insbesondere die Bücher und Aufsätze von Ilse Schwidetzky (1907-1997), die Bände der „Rassengeschichte der Menschheit" über Europa und die Zeitschrift „Homo", die damals noch eine hochinteressante überwiegend deutschsprachige Zeitschrift mit umfangreichem Besprechungsteil war und nicht das englischsprachige Fachjournal mit überwiegend Labor-Studien ohne bevölkerungsgeschichtliche oder ethnographische Bedeutung, das sie heute ist. Die unsichtbaren serologischen Merkmale (Blutgruppen), die damals bereits die morphologischen Merkmale weitgehend abgelöst hatten, interessierten mich nur mäßig.

In mir wuchs der Plan, nach meinem Geschichtsstudium in Mainz, wo Frau Schwidetzky gelehrt hatte, in Anthropologie zu promovieren. Noch während meines Geschichtsstudiums nahm ich Kontakt mit Frau Schwidetzky auf und leitete die Formalitäten dazu in die Wege. Schwidetzkys Nachfolger als Institutschef, Prof. Wolfram Bernhard, erklärte sich bereit, mich als Doktoranden anzunehmen. Natürlich musste ich noch die Pflichtveranstaltung des Magisterstudiums Anthropologie nachholen, konnte dann aber gleich promovieren.

Ich hatte auch schon eine Idee, worüber ich meine Promotion schreiben wollte. Deutschland ist, was die sichtbaren Merkmale betrifft, anthropologisch nur sehr ungleichmäßig erforscht. Große Teile Deutschlands sind noch anthropologische *Terra incognita*. Zu den wenigen gut erforschten Regionen Deutschlands gehört Westfalen, das von dem Mainzer Institut in den

1950er Jahren untersucht worden war.[281] Da es unter den damals untersuchten etwa 22 000 14-jährigen Schulkindern auch viele Vertriebene aus dem Osten Deutschlands gab, fasste ich den Plan, anhand von deren Daten eine flächendeckende Untersuchung des ehemaligen Ostens Deutschlands nachzuholen. Das war eine einmalige Gelegenheit, die sich nicht wieder ergeben würde.

Die Fronten im Mainzer Institut

Im Nachhinein muss ich feststellen, dass ich 1993 ziemlich naiv nach Mainz gekommen bin. Ich ahnte nichts von den tiefgreifenden Konflikten innerhalb des Instituts. Das Institut war nach dem Krieg von Egon von Eickstedt (1892-1965) gegründet worden und führte die Tradition des Breslauer Instituts weiter. Institutsleiter war Prof. Wolfram Bernhard (geb. 1931), ein Schüler Schwidetzkys, der sich überwiegend mit der Anthropologie des Nahen und Mittleren Ostens anhand von morphologischen Merkmalen befasste. Frau Schwidetzky, die ein umfangreiches Lebenswerk vor allem zur morphologischen Anthropologie Europas vorzuweisen hat, war damals bereits lange emeritiert, aber immer noch wissenschaftlich aktiv und hatte Dank Bernhard immer noch einen eigenen Raum im Institut. Daneben gab es noch Dr. Winfried Henke (geb. 1944), der sich mit Schädelstudien zur Anthropologie Europas im Jungpaläolithikum befasste, und als Humangenetiker Prof. Schleiermacher, der aber räumlich getrennt vom Institut arbeitete und sich der klinischen Genetik widmete, nicht der anthropologischen. Von den Nachwuchswissenschaftlern gehörte Frau Dr. Kemkes-Grottenthaler zu den Lehrenden, die sich vor allem mit Methoden wie der Geschlechtsbestimmung am Skelett befasste. Zum Institut gehörten außerdem Frau Drovandi als Institutssekretärin und Frau Anneliese Kandler-Palsson, die für die Redaktion der Zeitschrift „Homo" zuständig war, sowie ein Statistiker, Herr Jäger. Frau Kandler, genannt die Kandlerin, stammte noch aus der Zeit des Institutsgründers Egon von Eickstedt, den sie in den 50er Jahren auf seiner Orient-Expedition begleitet hatte. Frau Drovandi war die Schwester des Bremer Anthropologen Hubert Walter, der in Mainz noch unter Egon von Eickstedt promoviert hatte, und Frau Kandler-Palsson die Frau des isländischen Anthropologen Jens O. P. Palsson.

An meinem ersten Tag im Institut waren Frau Schwidetzky und Professor Bernhard – der eigentlich Sprechstunde gehabt hätte – nicht dort und Frau Drovandi stellte mich als einzigem anwesenden Lehrenden Dr. H.[282] vor. Ich

281 Ilse Schwidetzky, Hubert Walter: Untersuchungen zur anthropologischen Gliederung Westfalens. Münster i.W. 1967.

282 Ich nenne in diesem Text alle Beteiligten, deren Zitate ich anhand von Dokumenten nachweisen kann, mit Namen und nur diejenigen, deren (mündliche) Äußerungen ich

sprach mit ihm offen über meine anthropologischen Interessen und mein Promotionsvorhaben. H. regte sich furchtbar auf, jammerte recht konfus über die geringe Akzeptanz der Anthropologie in der Wissenschaft und drückte mir die Kopie eines Aufsatzes von Christian Vogel in die Hände.[283] Vor lauter Aufregung bedient er dabei den Kopierer falsch. Er sagte wörtlich, *„es gibt hier Professoren, die dem Ansehen des Institutes schaden"*, womit er offensichtlich Frau Schwidetzky und Prof. Bernhard meinte. Erst viel später wurde mir klar, dass H. Frau Schwidetzky hasste, weil er ihr vorwarf, seine Karriere behindert zu haben. Nun ja, vielleicht hat sie auch nur gemerkt, was für ein Mensch H. ist.

Christian Vogel (1933–1994), der Autor des Aufsatzes, war Leiter des Anthropologischen Instituts in Göttingen und befasste sich mit Primatenforschung. In dem Aufsatz beklagte er das „Theoriedefizit" der deutschen Anthropologie. Das richtete sich vor allem gegen die traditionelle Anthropologie der Mainzer Richtung, die sich in umfangreichen empirischen Studien mit den anthropologischen Merkmalen von Bevölkerungen und ihren Veränderungen befasste. Das „Theoriedefizit" war ein beliebter Kampfbegriff der Achtundsechziger in diversen Fächern gewesen, mit dessen Hilfe sie diese in ihre Hand gebrachten hatten, wie etwa auch die Volkskunde. Das „Defizit" wurde dann mit Marxismus gefüllt. Vogel schlug in seinem Aufsatz die gerade aus den USA nach Europa gekommene Soziobiologie vor, eine hochinteressante evolutionäre Theorie zur Erklärung tierischen und menschlichen Verhaltens. Mit dem, was mich an der Anthropologie reizte, der flächendeckenden Verteilung anthropologischer Merkmale und ihrer ethnogenetischen Erklärung, hatte das allerdings nichts zu tun, außer dass es solche Themen delegitimieren sollte. Hintergrund war ein Konflikt zwischen der traditionellen Richtung in der Anthropologie, die vor allem das Mainzer Institut, das in den 1950er bis 1970er Jahren das Fach dominierte, vertrat, und dem Göttinger Institut, das unter dem Leitbegriff „Umweltgeschichte" eine politisch korrekte Variante des Fachs schaffen wollte. Diese war im Wesentlichen ein Sammelsurium von verschiedenen naturwissenschaftlichen Methoden als Hilfswissenschaft der Archäologie. Tatsächlich spielte Theorie dabei keine Rolle.

Kein deutscher Anthropologe hat ein so umfangreiches und überzeugendes anthropologisches Lebenswerk vorzuweisen wie Ilse Schwidetzky, keiner hat eine solch umfassende Anerkennung im In- und Ausland erfahren. Das zeigt sich unter anderem in der ihr zu ihrer Emeritierung gewidmeten Festschrift,

---

nicht mehr beweisen kann, nur mit Initial.

283 Christian Vogel: Biologische Perspektiven der Anthropologie: Gedanken zum sog. Theorie-Defizit der biologischen Anthropologie in Deutschland. In: Zeitschrift für Morphologie und Anthropologie 73, 1982, S. 225-236

deren Autorenzahl und Umfang alle anderen bei weitem übertrifft.[284] Die später notdürftig und zur Hälfte von H.'s engen (und abhängigen) Mitarbeitern in Mainz zu seiner Pensionierung zusammengestückelte „Festschrift" ist dagegen nur ein ganz schmaler Band mit wenigen Beteiligten.

Am nächsten Tag waren dann auch Frau Schwidetzky und Prof. Bernhard im Institut. Während Frau Schwidetzky mich den Institutsmitarbeitern als Doktoranden vorstellte, korrigierte H. das in *„angehenden Studierenden"*. Überhaupt war sich H. für keine Gehässigkeit zu schade. Erst im Lauf der Zeit lernte ich die Fraktionen innerhalb des Instituts kennen. Da gab es die in der von Egon von Eickstedt begründeten Tradition des Mainzer Institutes stehende Gruppe, bestehend aus Bernhard, Schwidetzky und Frau Drovandi, und die oppositionelle, göttingisch gesinnte Opposition, die aus H., Kemkes-Grottenthaler, dem Statistiker Jäger und anderen von H. abhängigen Mitarbeitern bestand (z.B. Udo Krenzer, Joachim Burger). Bernhard, der meine Arbeit wohl mehr aus Loyalität zu Frau Schwidetzky betreute, war ein ruhiger und konfliktscheuer Mensch. Um die Nachwuchswissenschaftler kümmerte er sich wenig, weshalb die meistens auf H. angewiesen waren. Wenn ich ihn über den Stand meiner Arbeit informierte, sagt Bernhard meist nicht viel mehr als *„machen sie weiter so"*. Der schroffe Gegensatz dazu war H., der sich auch nicht scheute in den Veranstaltungen vor den Studenten abfällig über seine Institutskollegen zu äußern. Von den Studenten wurde H. wegen seiner Unberechenbarkeit bei Prüfungen gemieden. Die ließen sich lieber von dem gutmütigen Bernhard prüfen. Mir waren damals H.'s Hass und Aggressivität mir gegenüber, die er immer wieder zum Ausdruck brachte und von denen er zumindest seinem Gefolge von abhängigen Mitarbeitern gegenüber kein Hehl machte, ein Rätsel, das ich mir nicht erklären konnte.

Da Jäger angeblich den Datenschlüssel für die Westfalen-Untersuchung nicht mehr fand, suchte ich mir im Institutsarchiv aus vier Umzugskartons mit Erhebungsbögen für die 4 960 Vertriebenen und Flüchtlinge heraus. Das hatte zur Folge, dass ich mehrere Wochen im Institutsarchiv verbrachte und mich dort in Ruhe umschauen konnte. Dass ich nicht auf die computerisierten Daten zurückgreifen konnte, hatte auch Vorteile, so konnte ich zum Beispiel auch die Familiennamen auswerten und die geographische Auswertung hinunter bis zur Kreisebene führen. Ich begann also neben dem Besuch der Veranstaltungen die kopierten Erhebungsbögen zunächst noch ohne Computer in geographischer Hinsicht auszuwerten.

---

284 Wolfram Bernhard, Anneliese Kandler-Palsson (Hs.): Bevölkerungsbiologie. Beiträge zur Struktur und Dynamik menschlicher Populationen in anthropologischer Sicht. Stuttgart 1974. XXIII u. 730 S.

H.'s Drohung

Nach einer Weile – irgendwann 1994 oder 1995 – fordert man mich auf, mein Promotionsprojekt in einem Vortrag (universitäts-)öffentlich vorzustellen, das sei so üblich am Institut. An dem betreffenden Tag versammelten sich etwa 30 Leute zu meinem Vortrag, darunter auch Gesichter, die ich nicht aus dem Institut kannte. In der Mitte saß Henke mit seinem Gefolge, etwas weiter vorne Bernhard mit seinem (kleineren) Gefolge. Frau Schwidetzky war nicht anwesend – was ich ihr nicht übelnehmen konnte. Sie war bereits 86 Jahre alt und schon mehrfach öffentlichen Angriffen von linken und linksradikalen „Antirassisten" ausgesetzt gewesen. Vielleicht wusste sie auch schon, was mich erwartete. Ich begann also mit großer Begeisterung von meinen bisherigen Ergebnissen zu sprechen und warf mit einem Tageslichtprojektor meine vorläufigen Merkmals- und Typenkarten an die Wand. Die Karten umfassten das Gebiet der ehemaligen DDR, das ehemalige Ostdeutschland östlich von Oder- und Neiße und das Sudetenland und stellten die Verteilung von Merkmalen wie der Körperhöhe, der Körperkonstitution, verschiedene Kopf- und Gesichtsmaße, die Haar- und Augenfarbe, physiognomische Merkmale wie die Stellung der Jochbögen oder die Form der Lidspalte oder die Verbreitung von Merkmalskombinationen wie dem nordiden oder osteuropiden Typus dar. Ich wies auf die ethnohistorischen Zusammenhänge hin, die slawische Besiedlung, die sich in osteuropiden Merkmalen wie betonten Jochbögen zeigt und die deutsche Ostsiedlung. Die Karten zeigten das zu erwartende West-Ost-Gefälle für viele Merkmale mit zunehmend osteuropiden Merkmalen im Osten beziehungsweise in slawisch und baltisch besiedelten Gebieten wie in Oberschlesien, Westpreußen oder im Norden Ostpreußens.

Noch bevor ich mit dem Vortrag fertig war, kam es durch Fragen aus dem Publikum zu einer Diskussion. H. behauptete, er habe ein schwaches Kinn und sei deshalb ein *„Ostischer"* und fühle sich durch meinen Vortrag *„diskriminiert"*. Das war natürlich eine Schmierenkomödie, sachlich Unsinn, und H. fühlte sich auch nicht „diskriminiert". Das Wort *„ostisch"* hatte ich gar nicht gebraucht. H's Schmierentheater hatte trotzdem die gewünschte Wirkung. Frau Kemkes-Grottenthaler, eine promovierte Anthropologin, empörte sich über die *„Klassifizierung von Menschen"*, und H. warf mir vor, meine Arbeit sei nicht *„innovativ"* – damals ein Modewort – und *„Wasser auf die Mühlen bestimmter Verbände"* (der Vertriebenenverbände). Während Prof. Bernhard mich etwas lahm verteidigte, kündigte H. an, im Fachbereich Einspruch gegen meine Dissertation zu erheben, wofür er den Beifall von H.'s Gefolge und etwa Zweidrittel der Anwesenden erhielt. In einem Gespräch etwa eine Stunde nach dem Vortrag im Sozialraum des Instituts sagt H. mir wörtlich *„Ich will nicht der Buhmann in ihrer Vita sein, aber ich muss an meine Sicherheit denken"*, womit er wohl die Möglichkeit von linken Angriffen auf das Institut meinte und die Gefahr von dessen Schließung. Er zeigte mit diesem Satz auch sein wirkliches Motiv, nämlich nicht irgendetwas, das an meiner Dissertationsarbeit, die ja noch lange nicht fertig war, zu beanstanden gewesen wäre, sondern seine Angst vor den Linken. Als ich ihn fragte, ob er auch Einspruch gegen meine Dissertation erheben würde, wenn ich auf die Typologie verzichtete und mich auf die reine Merkmalsstatistik beschränkte, sagte er, dass er das auch dann täte.[285]

Wechsel nach Ulm

Damit war meine Dissertation in Mainz aller Wahrscheinlichkeit nach gescheitert. H. würde im Falle seines Einspruchs sicher breite Unterstützung finden. Ich hätte natürlich ein anderes Thema für die Dissertation wählen können, doch dafür war mir das Vertriebenenmaterial mit seinen Möglichkeiten für den Osten Deutschlands zu wichtig.

Eine Lösung bot sich bereits am nächsten Tag an, als mich Friedrich W. Rösing, Professor für Anthropologie in Ulm und der Sohn von Frau Schwidetzky, anrief. Er schlug mir vor, nach Ulm zu kommen, *„Ich bringe sie durch den Fachbereich“*. Offensichtlich hatte Schwi – so wurde Frau Schwidetzky von Freunden genannt – ihm von meinem Debakel berichtet. Natürlich nahm ich sein Angebot an.

Ich zog also nach Ulm, erhielt dort als Doktorand sogar einen eigenen Raum im Institut – der allerdings bald der Institutsbibliothek Platz machen musste –, und nahm dort das Studium im Fachbereich theoretische Medizin auf. Der dortige Promotionsausschuss nahm mich am 21.4.1995 formal als Doktorand mit meiner Arbeit zum Thema „Bevölkerungsdifferenzierungen im östlichen Deutschland“ an. Den Titel habe ich gewählt, weil die Arbeit ja sowohl das ehemalige Ostdeutschland östlich von Oder und Neiße als auch das Gebiet der neuen Bundesländer, wie man damals sagte, umfasste.

Ich lernte das Statistikprogramm SAS, gab die Daten in den Computer ein und begann mit deren Auswertung. Zweiter Gutachter sollte Professor Sch. werden, ein unscheinbarer und nicht sehr mutiger Mann, der sich vor allem mit der Verteilung von Blutgruppen in Südosteuropa befasste. Da er der Abteilung Anthropologie und Rösing als Leiter der erbbiologischen Untersuchungsstelle (für Vaterschaftsgutachten usw.) der Abteilung Humangenetik angehörte, war auch die Bedingung der Promotionsordnung erfüllt, dass die beiden Gutachter nicht aus derselben Abteilung stammen dürfen.

285 In diesem Zusammenhang ist es sicher von Interesse, dass H. in seinen Publikationen selber Typendiagnosen stellte und Begriffe wie „nordid“ und „fälisch“ verwendete. (z.B. Anthopologische Untersuchung der menschlichen Skelettreste. Karl Heinz Brand (Hg.): Ausgrabungen im St.-Petrie-Dom zu Bremen. Stuttgart 1985, S. 181).

Als 1996 in „Homo“ eine Besprechung einer Publikation von mir über die Anthropologie Schleswig-Holsteins[286] durch Frau Schwidetzky erscheinen sollte, – sie beinhaltete eine Auswertung der aus den 1960er Jahren stammenden unveröffentlichten Daten der Landesuntersuchung Schleswig-Holsteins von Johann Schaeuble –, machte H., der damals für den Besprechungsteil in „Homo“ zuständig war, in Mainz eine Heidenspektakel, wobei er meine Publikation, wie ich von einer befreundeten Studentin erfuhr, unter anderem *„braune Scheiße“* nannte. Er rief Prof. Rösing an, der einer der Herausgeber der Zeitschrift war, und drohte unter wüstem Geschimpfe mit seinem Rücktritt von seiner Arbeit bei „Homo“, einer Drohung, die er dann leider doch nicht wahr machte. Einige Monate später zog er sich dann aber nach einer erneuten Auseinandersetzung mit Prof. Rösing über eine andere Rezension in der Zeitschrift, die nichts mit mir zu tun hatte, endgültig von „Homo“ zurück.

Ich hatte mich zu einer Tagung der Arbeitsgruppe Populationsgenetik der Gesellschaft für Anthropologie in Gießen zum Thema Anthropologie der Stadt angemeldet. Ich wollte dort über die Stadt-Land-Unterschiede anhand des Schleswig-Holstein-Materials referieren. Davon musste auch H. Wind bekommen haben. Auf jeden Fall bekam ich einen Brief von Frau Wittwer-Backofen aus Gießen, in dem sie mich aufforderte, ihr meinen Vortrag vorher vorzulegen, denn man lege Wert auf innovative Vorträge. Ich sagte daraufhin meinen Vortrag in Gießen ab. Einige Zeit später erschien im „Anthropologischen Anzeiger“ ein Tagungsbericht von Hubert Walter. Aus ihm ging hervor, dass sowohl Henke als auch Kemkes-Grottenthaler auf der Tagung auftraten, obwohl beide keine Mitglieder der AG Populationsgenetik waren und an deren Tagungen sonst auch nicht teilnahmen, und dass Frau Kemkes-Grottenthaler dort einen Vortrag über die *„Stadtanthropologie im Nationalsozialismus“* hielt. Wie so oft musste die Vergangenheitsbewältigung als Argument gegen unerwünschte Themen herhalten. Es sei zu einer allgemeinen Diskussion über den wissenschaftlichen Nachwuchs in der Anthropologie gekommen, und Walter klagte, dass die AG Populationsgenetik nicht der richtige Ort dafür gewesen sei.[287]

Gegen Ende 1997 hatte ich meine Arbeit soweit fertig. Sie umfasste neben einer Bevölkerungsgeschichte Ostdeutschlands einen Überblick über die bisherige Forschung und über die Sprachgeschichte und Volkskunde des Gebietes, einem Methodenteil, eine kartographische Auswertung nach Regionen und nach Kreisen, einen Vergleich nach Familiennamen (deutsch, slawisch, prussisch usw.) und Konfession in verschiedenen Regionen, mehrere Clusteranalysen und eine Hauptkomponentenanalyse. Wichtig war, dass ich

---

286 Andreas Vonderach, Hermann Helmuth: Untersuchungen zur Anthropologie Schleswig-Holsteins. Selbstverlag Ulm 1996.

287 Hubert Walter: Workshop der Arbeitsgemeinschaft Bevölkerungsbiologie/Populationsgenetik. In: Anthropologischer Anzeiger 55, 1997, S. 374-375.

durch die Funktion PRINQUAL des SAS-Programms erstmals in der Literatur die metrischen und die morphognostischen Merkmale gemeinsam in einer Hauptkomponentenuntersuchung auswerten konnte. Dabei ergaben sich Hauptkomponenten, die teilweise den traditionellen Typen entsprachen, wie zum Beispiel eine „osteuropide" Hauptkomponente, die vor allem mit betonten Jochbögen, schrägen Lidspalten und konkavem Nasenprofil geladen war. Die Korrelation zwischen der Stellung der Jochbögen und der Form der Lidspalte war mit 0.44 die höchste Merkmalskorrelation bei den Ostdeutschen, während sie bei den einheimischen Westfalen nur 0.07 betrug und nicht signifikant unterschieden von Null war. Dafür gab es bei den Westfalen teilweise entgegengesetzte Korrelationen, die dem Merkmalsbild des fälischen Typus entsprechen. Die modernen statistischen Verfahren bestätigten also die traditionelle Typologie. Daneben gab es viele bevölkerungsgeschichtlich interessante Einzelergebnisse, etwa den hohen Anteil prussischer Familiennamen und osteuropider Merkmale im ostpreußischen Samland. Am Schluss der Arbeit wies ich darauf hin, dass der oft beschworene Gegensatz zwischen traditioneller Typologie und modernen statistischen Verfahren in Wirklichkeit nicht besteht, weil die Typen nicht willkürlich sondern aus empirischen Daten gewonnen worden sind und sich an solchen auch überprüfen lassen müssen.

Als ich Prof Sch. 1997 wieder auf sein Ko-Referat für meine Dissertationsarbeit ansprach, lehnte er es zu meiner Überraschung ab, sie zu begutachten. Als Grund nannte er, dass er die vielen von mir zitierten Veröffentlichungen aus der Zeit des Nationalsozialismus nicht beurteilen könne. Ich strich daraufhin die Kapitel über die bisherige anthropologische Forschung und über die Volkskunde, womit der Löwenanteil der Literaturzitate aus der NS-Zeit entfiel, aber Sch. lehnte die Begutachtung weiterhin ab, diesmal ohne Begründung. Offensichtlich hatte Sch., einer der beiden Leiter der AG Populationsgenetik, sich von H.'s Angriffen gegen mich in Gießen beeindrucken lassen, wie auch andere Kollegen, wie ich später noch erfahren sollte.

Das erste Promotionsverfahren

Prof. Rösing und ich standen nun vor dem Problem, dass ich mir einen neuen Zweitgutachter für meine Dissertation suchen musste. Wir lösten das, indem ich als Zweitgutachter den Ulmer Humangenetiker Prof. Winfried Krone (1932-2019) vorschlug. Der gehörte zwar wie Rösing der Abteilung Humangenetik an, aber ich begründete das damit, dass ich darauf hinwies, dass er nicht wie Rösing und Sch. physischer Anthropologe war, sondern Humangenetiker. Der Bestimmung der Promotionsordnung war also dem Sinn nach Rechnung getragen.[288] Ich gab meine Arbeit am 28.9.1998 – ich wohnte in-

288 Ich verzichte hier auf die Angabe der genauen Paragraphen der Promotionsordnung, die mir natürlich vorliegt.

zwischen wieder in Oldenburg – offiziell ab und schlug als Gutachter Rösing und Krone vor.

Der Promotionsausschuss zum Dr. biol. hum. bestand damals aus dem Vorsitzenden Prof. Günther Klotz, einem sturen Schwaben, aus dem Neurobiologen Prof. Günter Ehret und dem Medizinischen Psychologen Prof. Harald Traue (geb. 1950). Der Verwaltungsakte des Promotionsausschusses zufolge, die mir aus dem späteren Gerichtsverfahren als Kopie vorliegt, stimmten Klotz und Ehret meinen Gutachtervorschlägen auch zunächst zu. Das dritte Mitglied Traue lehnte aber meine Gutachtervorschläge ab. Er begründete dies (in einem Brief vom 18.11.1998) nicht formal, – was die einzig juristisch zulässige Begründung gewesen wäre – sondern inhaltlich. Seine inhaltlichen Vorbehalte waren, daß meine Arbeit *„keine wissenschaftskritische Auseinandersetzung über die Durchdringung von Anthropologie und Rassenideologie“* beinhalte, *„eine inhaltliche Fragestellung nicht erkennbar“* sei und unklar wäre, *„ob Datensatz, Qualität der Daten, die Auswertung und letztlich auch die Fragestellung dem gegenwärtigen Wissensstand entsprechen.“* Die Wissenschaftlichkeit der Fragestellung anhand der vorliegenden Daten hatte der Promotionsausschuss jedoch schon 1995 mit meiner Annahme als Doktorand anerkannt. Und die Daten stammten nicht aus der NS-Zeit, sondern aus den 1950er Jahren. Im selben Brief schlug Traue vor, die Herkunft beider Gutachter aus derselben Abteilung als formalen Grund vorzuschieben. *„Möglicherweise müssen wir das Verfahren trotz dieser Vorbehalte eröffnen und dann Herrn Professor Krone als Gutachter ablehnen (gleiche Abteilung) und einen anderen Gutachter benennen.“* [289] Offensichtlich gelang es Traue, die beiden anderen Mitglieder für seine Position zu gewinnen.

Denn in einem Brief an mich schrieb Prof. Klotz, der Ausschuss wolle sich wegen der Frage der Gutachter aus derselben Albteilung selber um einen auswärtigen Gutachter bemühen. Im selben Brief an mich übernahm der Promotionsausschuss die inhaltlichen Vorwürfe Traues wortwörtlich. Prof. Rösing schlug daraufhin in Absprache mit mir dem Promotionsausschuss drei auswärtige Gutachter vor (Wolfram Bernhard in Mainz, Manfred Kunter in Gießen und Hans W. Jürgens in Kiel). In einem Brief an den Promotionsausschuss bot ich diesem an, meine Dissertation im Sinne der Vorwürfe Traues zu ergänzen. In einem weiteren Brief an mich schrieb Klotz *„Mehrere Ausschußmitglieder haben ... sich vorgestellt, welche Auswirkung der unkritische Umgang mit belasteten Themen in der Öffentlichkeit haben wird. (...) Sie werden argumentieren, daß Wissenschaft wertfrei sein müsse. Ich würde dem primär auch zustimmen, bin jedoch der Meinung, daß sie nicht im lee-*

289 Ich verzichte hier und in der Folge der besseren Lesbarkeit wegen auf die Wiedergabe der genauen Daten der verschiedenen Briefe, Schriftsätze und Gutachten. Sämtliche kursiven Zitate finden sich in den genannten Dokumenten und können von mir gegebenenfalls vorgelegt werden.

ren Raum stattfinden darf, sondern in die Gesellschaft – insbesondere in die gegenwärtige – eingebettet sein muß.“ Woraufhin Prof. Rösing in einem Entgegnungsschreiben dem Promotionsausschuss seinerseits *„Reflektionsdefizite*“ vorwarf. Auf mein Angebot, die Dissertationsarbeit zu überarbeiten, ging der Promotionsausschuss nicht ein.

In der Folge teilte der Promotionsausschuss mir mit, dass er Prof. Krone in Ulm und Prof. van den Bussche in Hamburg als Gutachter bestimmt habe. Die von unserer Seite genannten drei Gutachter wurden ohne Begründung nicht berücksichtigt. Hendrik van den Bussche (geb. 1945 in Belgien, gest. 2023) war kein Anthropologe oder Humangenetiker, sondern Medizindidaktiker, der sich auch mit der Geschichte der Medizin in Hamburg während des Nationalsozialismus befasst und eine Monographie mit dem Titel *„Medizinische Wissenschaft im ‚Dritten Reich‘. Kontinuität, Anpassung und Opposition an der Hamburger Universität“* herausgegeben hatte. Den internen Schriftstücken des Promotionsausschusses ist zu entnehmen, dass ebendies der Grund für seine Berufung als Gutachter war. Der Betreuer meiner Dissertation, Prof. Rösing, wurde vom Promotionsausschuss ohne Begründung von der Begutachtung ausgeschlossen. Das erschien dem Promotionsausschuss möglich, weil die Begutachtung durch den Betreuer der Dissertation in der damaligen Promotionsordnung nur eine *soll*-, keine *muss*-Regelung war.

Im April 1999 lagen dem Promotionsausschuss die Gutachten von Krone und van den Bussche vor. Erwartungsgemäß sprach sich Krone für die Annahme (Note: cum laude=2) und van den Bussche für die Ablehnung der Arbeit aus (Note: mangelhaft=5). Ich erspare dem Leser Zitate aus dem positiven Gutachten von Krone. Van den Bussche schrieb, es liege *„im instrumentellen Sinne eine Befähigung zur wissenschaftlichen Arbeit vor.“ „Die Fakultät könnte diese Arbeit aufgrund der wiss. Sekundärtugenden des Verfasser annehmen“*, machte das aber von der Entscheidung darüber, *„ob diese Variante der Anthr. noch zum Kanon der heutigen Wissenschaft gehört“* abhängig und forderte eine *„Entscheidung der Universität in der obigen Frage“*. Van den Bussche empört sich außerdem darüber, dass ich *„die Erforschung der Phänotypie als solche (...) für legitim erklär(e)“* – auf deutsch gesagt, für van den Bussche war es nicht legitim, das sichtbare Erscheinungsbild des Menschen zu erforschen.

Inhaltlich setzte sich van den Bussche kaum mit meiner Arbeit auseinander und ging zum Beispiel mit keinem Wort auf die Clusteranalysen und die Hauptkomponentenanalyse ein. Besonders infam von ihm war es, daß er mit Hilfe der Fälschung eines Zitates von mir meine Arbeit in die Nähe von Josef Mengele und Ausschwitz stellte. Ich hatte geschrieben, dass sich die bevölkerungsgeschichtlich-morphologische Richtung Egon von Eickstedts in der deutschen Anthropologie im Unterschied zur humangenetischen von Eugen Fischer nicht in konkrete Verbrechen des Nationalsozialismus in den

Konzentrationslagern verstrickt hatte. Indem er in seinem Zitat das *„bevölkerungsgeschichtlich"* in meinem Text unterschlug, wies er darauf hin, dass die Zwillingsuntersuchungen von Mengele der morphologische Richtung angehörten. Was Unsinn ist, denn Zwillingsuntersuchungen haben eine humangenetische Fragestellung und Mengele war Schüler von Eugen Fischer, einem ausgesprochenen Humangenetiker, auch wenn es das Fach damals noch nicht gab. Den Anthropologen Friedrich Keiter, von dem ich ein Zitat aus dem Jahr 1962 gebracht habe, nennt er ohne Begründung oder Beleg einen *„SS-Bewunderer"*. Sein ganzes Gutachten hat einen emotionalen und polemischen Charakter.

Anscheinend war es dem Promotionsausschuss selbst mit diesem Gutachten unbehaglich, weshalb er noch die Berufung weiterer auswärtiger Gutachter betrieb. In einem Brief nach Mainz fragte er bei Dr. Henke an, ob er meine Arbeit begutachten will. Der lehnte das zwar ab, aber nicht ohne in seinem Brief zu erklären, dass die Annahme meiner Dissertationsarbeit einer *„Katastrophe"* für die deutsche Anthropologie bedeuten würde. *„In einer Zeit, in der durch Evaluation jeder kleinste Zweifel an der* political correctness *und der ethischen Fundierung wissenschaftlicher Arbeit – zu Recht – einschneidende Konsequenzen nach sich zieht, betrachte ich die Arbeit schlichtweg als eine Katastrophe. (...) Es ist unschwer zu prophezeien (...) daß sich die Politmedien wie ‚der Spiegel', ‚Frankfurter Rundschau' und ‚TAZ' sowie die TV-Anstalten mit der Frage beschäftigen werden, wieso es an einer deutschen Universität überhaupt möglich ist, solch eine Studie anzufertigen."* [290] Er deutete außerdem an, dass mit der multivariaten Statistik in meiner Arbeit etwas nicht in Ordnung sein könnte und empfahl den Göttinger Anthropologen Bernd Herrmann als Gutachter. Der Promotionsausschuss folgte seiner Empfehlung eins zu eins und berief den Ulmer Biostatistiker Prof. W. Gaus und den Göttinger Anthropologen Herrmann als Gutachter, offensichtlich in der Hoffnung, die erwünschten negativen Gutachten zu erhalten. Rösing und ich wurden über die neuen Gutachter nicht informiert. Erst auf meinen Anruf hin, wer der dritte Gutachter denn nun sei, teilte die Sekretärin des Promotionsausschusses mir mit, dass es sich dabei um Bernd Herrmann in Göttingen handelt. Für jeden, der sich in der deutschen Anthropologie auskannte, musste damit klar sein, wie das Gutachten aussehen würde. Seit dem Tod des eher konzilianten Christian Vogel 1994 war Bernd Herrmann, *„der größte Schreihals in der Gesellschaft für Anthropologie"* (F.W. Rösing), das Oberhaupt der Göttinger Schule. In diesem Zusammenhang ist wichtig, dass Herrmann in meiner Dissertationsarbeit namentlich als ein Anthropologe angegriffen wird, der ethnogenetische Fragestellungen grundsätzlich ablehnt.[291]

---

290 political correctness" ist bei Henke kursiv hervorgehoben.

291 In seinem Buch: Prähistorische Anthropologie. Leitfaden der Feld- und Labormethoden. Berlin 1990, grenzt er ethnogenetische Fragen aus der „zeitgemäßen Wissen-

Im Juli 1999 lagen auch die Gutachten von Gaus und Herrmann vor. Der Statistiker Gaus ging ausführlich auf die einzelnen statistischen Schritte in meiner Dissertationsarbeit ein, bestätigte uneingeschränkt deren Korrektheit und empfahl die Annahme der Dissertation (ohne Angabe einer Note). Herrmanns Gutachten fiel erwartungsgemäß negativ aus. Ohne auf die Einzelheiten meiner Arbeit einzugehen, betonte Herrmann, dass die *„inneren Bezüge der Arbeit schlüssig (seien),* wenn *man sich auf die Argumentationslinie einläßt."* [292] Seine Ablehnung begründet er stattdessen damit, dass er die Konzeption der Arbeit grundsätzlich ablehnt. Er griff zwei Zitate von Ilse Schwidetzky und Herrmann Aubin aus den Jahren 1935 und 1937 im Abschnitt „Fragestellung" in meiner Arbeit auf. Die Zitate sind

„Hauptproblem der ostdeutschen Rassengeschichte, nämlich die biologische Bedeutung des Aufgehens slawischer Reste im deutschen Volkstum..." (Schwidetzky)[293] und

„mangelt es durchaus noch an schlüssigen Untersuchungen menschenkundlicher Art über die Einwirkung dieser Substratvölker auf die Deutschen" (Aubin). [294]

Herrmann fordert eine *„angemessene Relativierung und zeitgemäße Übersetzung"* dieser Zitate. Ich würde die wissenschaftsgeschichtlichen und theoretischen Fortschritte, die es seit diesen Zitaten gegeben habe, ignorieren. Beide Zitate sind im Grunde trivial, beschreiben einen auch heute offensichtlichen Sachverhalt und sind auch ohne „Übersetzung" verständlich. Es wäre interessant zu erfahren, wie Herrmanns „Übersetzung" ins heutige Deutsch aussehen würde. Im Übrigen habe ich sie nicht als wissenschaftstheoretische Grundlage meiner Arbeit zitiert, sondern lediglich illustrativ zur Bekräftigung der Fragestellung, dass es eben bis heute an Arbeiten zur Frage des slawischen Bevölkerungssubstrates im Osten Deutschlands mangelt. Die theoretischen und wissenschaftsgeschichtlichen Fortschritte, die Herrmann einklagte, bestehen allenfalls darin, dass von bestimmten Anthropologen und vor allem linken Anthropologie-Kritikern, deren Position Herrmann sich zu eigen gemacht hat, solche ethnohistorischen Themen grundsätzlich ausgegrenzt werden. Herrmann beklagte, dass ich mich nicht auf das Populationskonzept von Ernst Mayr („Artbegriff und Evolution", 1967) beziehe, sondern auf *„die Positionen einer Denkschule, die dem Autor offenbar ausreicht"*. Er meint damit offensichtlich die von mir zitierten Arbeiten von Ilse Schwi-

---

schaft" aus und bezeichnet Typologie als „überholt" und „nicht akzeptabel" (S. 345f.).

292 Das „wenn" ist bei Herrmann kursiv hervorgehoben.

293 Ilse Schwidetzky: Die Rassenforschung in Polen. In: Zeitschrift für Rassenkunde 1, 1935, S. 76-83, 136-204 u. 289-314.

294 Hermann Aubin: Zur Erforschung der deutschen Ostbewegung. In: Deutsches Archiv für Landes- und Volkskunde 1, 1937, S. 37-70, 309-331 u. 563-602.

detzky, Friedrich W. Rösing, Wolfram Bernhard, Eike-Meinrad Winkler und Peter Schröter, auf die ich mich in meiner Arbeit beziehe.[295] Was an dieser *„Denkschule"* so falsch und illegitim sein soll, dass eine auf ihr begründete Dissertation deswegen abgelehnt werden muss, sagt er nicht. Es blieb bei der diffusen Andeutung.

Am 23.9.1999 erhielt ich den Ablehnungsbescheid des Promotionsausschusses. Die Ablehnung begründete der auf folgende Weise: *„Der gelungene handwerkliche Umgang mit einem Teilspektrum der Methoden des Faches und dessen Anwendung ... erfüllen jedoch alleine diese Anforderungen nicht. Die in den Gutachten enthaltene positive Bewertung dieses Aspektes der vorgelegten Arbeit sind daher von eingeschränktem Gewicht und kompensieren insbesondere nicht die klare Feststellung des geringen wissenschaftlichen Fortschritts und Erkenntnisgewinns."*

Das Widerspruchsverfahren

Prof. Rösing und mir war klar, dass wir es damit nicht bewenden lassen würden. Es gab zu viele Fragwürdigkeiten im Vorgehen des Promotionsausschusses.

Nach einigen Beratungen mit Bekannten, die Erfahrungen mit Klagen in Verfahren mit politischer Untertönen hatten, entschloss ich mich, den bekannten Celler Anwalt Prof. Werner Thieme (1923-2016) mit der Vertretung meiner Interessen vor Gericht zu beauftragen. Thieme war eine in Juristenkreisen bekannte Größe und galt als der *„der unbestrittene Meister des Deutschen Hochschulrechts, in erster Linie durch sein gleichnamiges großes Lehrbuch"*.[296]

---

295 Wolfram Bernhard: Ethnische Anthropologie von Afghanistan, Pakistan und Kashmir. Stuttgart 1991; R. Knußmann: Vergleichende Biologie des Menschen. Lehrbuch der Anthropologie und Humangenetik. 2., völlig neu bearbeitete Auflage Stuttgart 1996; Friedrich W. Rösing, Eike-Meinrad Winkler: Zur Paradigmengeschichte der Taxonomie: Von Bernier über Eickstedt zu Hiernaux. In: Homo 43, 1992, S. 29-42; Peter Schröter: Eine Lanze für die Kraniotypologie. In: Peter Fasold (Hg.): Das römisch-norische Gräberfeld von Seebruch-Bedaium. Kallmünz/Opf. 1993, S. 128-133; Ilse Schwidetzky: Descriptive characters of the face in population comparisons. In: Homo 42, 1992, S. 265-286; Eike-Meinrad Winkler: Volk, Kultur, Ethnos, Population, Typus. Zur Methodik der "ethnischen Deutung". In: Mitteilungen der Anthropologischen Gesellschaft in Wien 113, 1983, S. 5-14; ders.: Ethnos, Kultur, Rasse - Realität oder Fiktion? In: E. Oeser, E.M. Bonet (Hg.): Das Realismusproblem. Wien 1988, S. 270-388.

296 U. Karpen: Nachruf auf Professor Dr. jur. Werner Thieme. In: Forschung & Lehre. 23. Jahrgang, Nr. 8 / 2016, S. 698–699.

Am 15.10.1999 legte Thieme fristgerecht bei der Universität Ulm in meinem Namen Widerspruch ein und reichte im Januar 2000 die juristische Widerspruchsbegründung nach. Teil der Widerspruchbegründung war eine 20seitige ausführliche Stellungnahme von mir zu den Gutachten.

Thieme begründete den Widerspruch mit sechs Punkten: I. Der fehlenden Begründung des Ausschlusses Rösings von der Begutachtung der Arbeit. II. Ermessenmangels bei der Wahl der Gutachter. Es fehlte eine Begründung, warum die gewählten Gutachter kompetenter sein sollten als der Betreuer der Arbeit. III. Befangenheit des Promotionsausschuss-Vorsitzen Klotz wegen ihm nicht zustehenden Erwägungen zu Lasten des Doktoranden, die in der Verwaltungsakte dokumentiert sind. IV. Verletzung der Betreuungs- und Förderungspflicht der Doktoranden. V. Wegen nicht hinreichender Begründung der Entscheidung, da das Gutachten von van den Bussche nicht eindeutig ist. VI. Wegen der Nichtbeachtung der 20seitigen Stellungnahme des Doktorandens zu den Gutachten. Der Doktorand habe ein Recht auf die Überprüfung der Ermessensentscheidung.

Die Abweisung des Widerspruchs durch die Universität erfolgte im Mai 2000. Die Universität wies den Vorwurf der Befangenheit zurück und rechtfertige ihre Gutachterauswahl damit, dass die vom Doktoranden vorgeschlagenen Gutachter aus derselben Abteilung stammten und er keine weiteren Gutachter vorgeschlagen habe. Rösing sei wegen seiner emotionalen Reaktion ausgeschlossen worden (*„Reflektionsdefizite“*). Der Ausschuss habe seine Betreuungspflicht nicht verletzt, sondern dem Doktoranden die Möglichkeit von Nachbesserungen gegeben (was nicht stimmte). Das Gutachten von van den Bussche sei klar ablehnend und dieser hinreichend qualifiziert *„auf dem Gebiet der Wissenschaftsgeschichte“*. Entscheidend sei die Frage gewesen, ob diese Variante der Anthropologie zur heutigen Wissenschaft gehöre. Ansonsten verwies die Universität auf die Gutachten. In Hinblick auf meine 20seitige Stellungnahme zu den Gutachten hieß es, diese sei *„nicht nachvollziehbar“* gewesen.

In einem Brief an den Rektor der Universität forderte ich von diesem eine Stellungnahme zu drei Punkten. 1. Der Beauftragung Herrmanns trotz meines Angriffs auf ihn in der Dissertationsarbeit. 2. Der sinnentstellenden Fälschung eines Zitats von mir durch Hendrik van den Bussche in seinem Gutachten. Und 3. Eine eindeutige Antwort auf die im Ablehnungsbescheid und von van den Bussche in seinem Gutachten aufgeworfene Frage, ob es sich bei dem Thema meiner Dissertation überhaupt um eine wissenschaftliche Arbeit handelt. Der mir später vorliegenden Akte entnahm ich, dass der Rektor Prof. H. Wolff sich zumindest von dem ersten Punkt *„betroffen“* zeigte. In dem Antwortschreiben der Universität hieß es zu Punkt 1, das sei ihr bekannt gewesen und darin habe sie keinen Hinderungsgrund gesehen, Herrmann mit dem Gutachten zu beauftragen (was sicher eine Lüge war), zu Punkt 2, das Zitat sei lediglich *„gekürzt"* worden und zu Punkt 3, der Promotionsausschuss habe *„die Arbeit als eine wissenschaftliche Arbeit behandelt."*

Das Gerichtsverfahren

Mit dem voraussehbaren Scheitern des Widerspruchsverfahrens an der Universität war der Weg frei für weitere juristische Schritte. Die Aussichten dafür schienen günstig. Es gab zu viele juristisch fragwürdige Ansatzpunkte im Vorgehen des Promotionsausschusses. Die Kaltstellung Prof. Rösings als Gutachter ohne Begründung, die in Zweifelziehung der Wissenschaftlichkeit des Themas, nachdem derselbe Promotionsausschuss es als Promotionsthema akzeptiert hatte, die Bestellung eines Nicht-Anthropologen und Nicht-Humangenetikers wie van den Bussche als Gutachter und die Beauftragung Herrmanns, obwohl er in meiner Arbeit persönlich angegriffen wird, stellten mögliche Angriffspunkte in einem Gerichtsverfahren dar. Prof. Rösing forderte vom Promotionsausschuss eine von einem Verwaltungsgericht nachprüfbare Begründung dafür ein, dass er von der Begutachtung ausgeschlossen worden war, worauf er jedoch keine Antwort erhielt.

Am 13.6.2000 reichte Rechtsanwalt Thieme Klage beim Verwaltungsgericht Sigmaringen ein, der eine Woche später seine Begründung folgte. Am 4.8. forderte er die Gerichts- und Verwaltungsakten an. Diese trafen erst nach fast drei Monaten ein und waren offensichtlich unvollständig. Es fehlen die Protokolle über mehrere Sitzungen des Promotionsausschusses, unter anderem die über die Beauftragung von Prof. Herrmann zum Gutachter. (Wieso wir deswegen nichts unternahmen, weiß ich nicht mehr. Wahrscheinlich hielt Thieme das für aussichtslos). Die Universität wurde im Gerichtsverfahren durch die Rechtsdezernentin Frau Heidi Krolopp vertreten.

In der Klageschrift, die die sechs Punkte des Widerspruchs aufgriff, verwies Thieme darauf, dass I. die Begründung des Ablehnungsbescheids unvollständig gewesen sei, weil nicht auf die Stellungnahme des Doktoranden zu den Gutachten eingegangen worden sei. II. Dass der Promotionsausschuss sich schon im Vorfeld eine Meinung gebildet habe, bei der gesellschaftspolitische Erwägungen im Vordergrund standen, die ausschlaggebend für die Berufung van den Bussches waren (Befangenheit). III. Die fehlende Begründung für den Ausschluss des Betreuers der Arbeit Friedrich W. Rösing. IV. wegen der Herkunft aus derselben Abteilung hätte nur Krone, nicht Rösing ausgeschlossen werden können. V. Dass der Kläger tatsächlich weitere Gutachter vorgeschlagen hat. Und VI. Dass die Auswahl van den Bussches sachwidrig gewesen sei, was Thieme auch mit unlogischen und sachfremden Aussagen im Gutachten van den Bussches und der Fälschung des Zitats begründete.

Die Universität stellte als Antwort auf die Klageschrift vor dem Gericht den Antrag, die Klage zurückzuweisen. Auf diese Weise gingen eine ganze Reihe von Schriftsätzen beider Seiten hin und her, auf die ich nur insoweit eingehe, als sie wichtige neue Gesichtspunkte enthielten (wobei meine Auswahl möglicherweise nicht die nach juristischen Kriterien optimale ist).

Die Universität wies den Vorwurf der Befangenheit zurück. Eine kritische Einstellung zur Theorie des Beklagten begründe keine Befangenheit, und diese kritische Einstellung sei nicht ausschlaggebend für die Bewertung der Arbeit und die Berufung van den Bussches sachgemäß gewesen. Thieme verwies in der Folge auf den Brief Henkes und den Zusammenhang mit der Berufung Herrmanns, darauf, dass die Berufung der beiden auswärtigen Gutachter sachwidrig, weil von politischer Korrektheit bestimmt gewesen sei, dass Herrmann in der Dissertation angegriffen wird und seine Einstellung zum Thema bekannt und dokumentiert sei und dass die Fakultät sich durch die Annahme des Dissertationsprojekts auf dessen Wissenschaftlichkeit festgelegt habe. Die Universität bestritt in der Folge, dass der Brief Henkes einen Einfluss auf die Berufung Herrmanns gehabt hätte. Thieme verwies auf den Brief Traues vom 18.11.1998, in dem dieser aus politischen Gründen eine gezielt Auswahl von entsprechenden Gutachtern vorschlug.

Das Gericht bezog zu den von beiden Seiten vorgebrachten Argumenten keine Stellung, sondern reichte sie nur jeweils an die Gegenseite weiter. Schließlich legte das Gericht einen Termin für die mündliche Verhandlung fest.

Die Gerichtsverhandlung

Die Gerichtsverhandlung fand am 13.3.2002 in Sigmaringen statt (Aktenzeichen 1 K 1414/Wo). Vorsitzender Richter war Richter Barsch. Das Gericht bestand außerdem aus einem weiteren Richter, einer Richterin sowie einem ehrenamtlichen Richter und einer ehrenamtlichen Richterin. Unsere Seite war durch Rechtsanwalt Thieme, Rösing und mich vertreten, die Universität durch die Stellvertreterin von Frau Krolopp, Oberregierungsrätin Birgit Tümmers, sowie durch Klotz und Ehret. Der eigentliche Urheber des Streits, Prof. Traue, fehlte. Später erfuhr Prof. Rösing von anderer Seite, dass Prof. Klotz davon ausging, die Universität werde diesen Prozess verlieren.

Auch jetzt wurden zunächst nur die verschiedenen Standpunkte der Prozessgegner ausgetauscht, wobei ich mich nicht daran erinnere, dass das Gericht in der Sache Stellung bezog, was aber auch an meinem schlechten Gedächtnis liegen kann. Ich hatte den Eindruck, dass der vorsitzende Richter eher mit der Universität und die beiden ehrenamtlichen Richter eher mit mir sympathisierten. Ersteres wurde deutlich, als der Vorsitzende mich aufforderte, ich solle mich von der Vorstellung freimachen, dass der Promotionsausschuss meine Dissertation unbedingt verhindern wolle. Nach der Verhandlungspause schlug das Gericht dann einen Vergleich vor.

Der Vergleich beinhaltete, daß ein erneutes Promotionsverfahren durchgeführt werden sollte. Bei diesem sollte Prof. Rösing der erste Gutachter sein. Außerdem sollte der Promotionsausschuss im Einvernehmen mit Prof. Rösing bis Ende Mai 2002 eine Liste erstellen, aus der der Promotionsausschuss den zweiten und einen etwaigen dritten Gutachter auswählt. Als weiteres (nur statistisches) Gutachten sollte das von Gaus weiterhin Bestand haben.

Nach kurzer Beratung stimmten wir dem Vergleich zu. Dies tat auch die Gegenseite. Ich erinnere mich noch daran, dass mir am Ende der Verhandlung nur die Justitiarin der Universität die Hand gab, jedoch nicht die Professoren Klotz und Ehret. Im Grunde hatte sich das Gericht vor einer juristischen Bewertung der Vorgänge im (ersten) Promotionsverfahren herumgedrückt.

Das zweite Promotionsverfahren

In der Folge besprach ich mich mit Prof. Rösing, welche Gutachter für uns in Frage kommen. Die Anthropologie ist ein kleines Fach, und für die meisten Professoren kann man einschätzen, welche Haltung sie zu meiner Arbeit einnehmen würden. Das gilt sogar für manche ausländische Professoren. Prof. Rösing schlug dem Promotionsausschuss einige Gutachter vor, die von diesem abgelehnt wurden. Die darauf folgenden Vorschläge des Promotionsausschusses, alles Professoren, die absehbar feindlich zur traditionellen Anthropologie eingestellt waren, lehnten wir wiederum ab. So ging es eine Weile hin und her. Ich vermute, dass sich der Promotionsausschuss von einem „kritisch“ eingestellten Anthropologen beraten ließ, wahrscheinlich Henke oder Herrmann, denn seine Mitglieder selbst verfügten ja nicht über das nötigen Wissen über die verschiedenen Anthropologen.

Von unserer Seite wurden Wolfram Bernhard (Mainz), Manfred Kunter (Gießen), Hans W. Jürgens (Kiel), Rainer Knußmann (Hamburg), Gintautas Cesnys (Wilna), Alexander Kozintsev (St. Petersburg), Virendra Chopra (Hamburg), Maciej Henneberg (Adelaide, Australien), Milan Stloukal (Prag), Otto Eiben (Budapest) und Pawel Bergman in Wroclaw (Breslau) vorgeschlagen (die Liste ist möglicherweise nicht vollständig). Leider habe ich keine Unterlagen mehr darüber, welche Gutachter die Gegenseite vorschlug (wahrscheinlich teilte mir das Prof. Rösing jeweils per E-Mail mit, die ich nicht ausgedruckt habe, und die heute nicht mehr existieren).

Mein Vorschlag an den Promotionsausschuss, meine Dissertationsarbeit unter Berücksichtigung der bisherigen Kritik an ihr zu überarbeiten, lehnte dieser ab.

Die im Vergleich festgesetzte Frist war bereits deutlich überschritten und Rechtsanwalt Thieme sagte, dass im Falle einer nicht zustande gekommenen Einigung wahrscheinlich das Gericht selbst die Gutachter bestimmen würde. In diesem Fall wäre die Wahrscheinlichkeit groß gewesen, dass das Gericht einen für mich ungünstigen Gutachter bestimmt hätte. Da nach der Promotionsordnung bereits e i n negatives Gutachten für die Ablehnung der Promotion ausreichte – zwei positive von Rösing und Gaus lagen ja bereits vor –, war es für mich keine Frage, dass in diesem Fall meine Promotion gescheitert wäre.

Deshalb stimmte ich, als unter den Gutachtervorschlägen des Promotionsausschusses der Münchener Anthropologe Gerfried Ziegelmayer (1925-2007) genannt wurde, diesem zu. Dieser war ein durchaus traditionell arbeitender Anthropologe, der sich unter anderem mit der Verteilung der Augenfarbe und der Blutgruppen in Südbayern und mit Schädelarbeiten über die alten Bajuwaren befasst hatte. Allerdings war er auch ein Schüler des Anthropologen Karl Saller (1902-1969), der mit der Mainzer Schule schon seit der Zeit vor dem Krieg verfeindet war. Saller, der durchaus markige völkische Sprüche geäußert hatte, propagierte eine deutsche statt einer nordischen Rasse. In der NS-Zeit wurde er deshalb beruflich kaltgestellt. Als dann Frau Schwidetzky in der von Egon von Eickstedt herausgegebenen „Zeitschrift für Rassenkunde" ein – schlechtes – Buch von ihm negativ besprach, nahm er das persönlich übel, was eine Feindschaft begründete, die unterschwellig auch nach dem Krieg noch weiterschwelte. Daß Ziegelmayer nicht nur Schüler, sondern auch Schwiegersohn von Saller war, wusste ich damals nicht.

So bestellte der Promotionsausschuss am 19. 11. 2002 Prof. Gerfried Ziegelmayer als Gutachter. Ziegelmayer benötigte bis zum 5.3.2003, um sein Gutachten zu verfertigen.

Ziegelmayers Urteil war ablehnend. Inhaltlich kritisierte er vor allem die Typologie. Diese hätte ich kritiklos übernommen. Meine Äußerung in der Einleitung, dass sich die Typologie als heuristische Methode bewährt habe und sich die meisten anthropologischen Merkmale in historischen Zeiträumen nicht veränderten, führe *„zur irrigen Vorstellung von ‚reinen' Rassen."* (Ich habe in meiner Arbeit immer nur von Typen gesprochen, nicht von Rassen, und von „reinen" Rassen schon gar nicht). Ich hätte die wissenschaftliche Kritik an der Typologie ignoriert. (Was nicht stimmt, vielmehr habe ich mich auf die wissenschaftliche Kritik a n dieser Kritik berufen, siehe die von mir zitierten Arbeiten von Winkler, Rösing, Schwidetzky, Knußmann und Schröter). Dass ich die Typologie mit statistischen Methoden überprüft habe und sie dabei zumindest teilweise bestätigt wurde, beeindruckte Ziegelmayer nicht. Stattdessen meint er, die „osteuropide" Hauptkomponente dadurch entkräften zu können, dass deren beide Hauptmerkmale, die Stellung der Jochbögen und die Form der Lidspalte, morphognostisch und damit subjektiv bestimmt worden seien. Seine Kritik bezog auch die Literaturliste mit ein. Hier moniert er, dass ich 39 Arbeiten von Ilse Schwidetzky anführte, aber nur zwei *„kritische Arbeiten"*.

Mit dem Vorliegen eines ablehnenden Gutachtens hatte der Promotionsausschuss nach der Promotionsordnung das Recht, meine Promotion abzulehnen, selbst wenn noch ein weiteres positives Gutachten hinzugekommen wäre. Nach allen Erfahrungen, die ich mit dem Promotionsausschuss gemacht hatte, konnte für mich kein Zweifel daran bestehen, dass der Promotionsausschuss diese Möglichkeit auch nutzen würde. Schließlich glaubte er nach dem Brief von Henke, eine Katastrophe für die deutsche Anthropologie (und wohl auch die Universität Ulm) und einen Medienskandal verhindern zu müssen. Da viele Promotionsordnungen einen Paragraphen enthalten, wonach vorangegangene gescheiterte Promotionsverfahren angegeben werden müssen, wollte ich den Schaden für mich bei einer künftigen Promotion begrenzen. Ich zog daher mein Promotionsgesuch an der Universität Ulm zurück. Es ist fraglich, ob eine weitere Klage gegen die Universität aussichtsreich gewesen wäre.

Nachbemerkung

Prof. Rösing sah den Grund für die Ablehnung der Arbeit durch Ziegelmayer in dem alten Streit in der deutschen Anthropologie zwischen Morphologen und Humangenetikern um Typologie und Population. *„Der Grund ist natürlich die aggressive Besessenheit seiner Partei für die reduktionistische Populationsgenetik. Das geht direkt auf den Kampf von Fritz Lenz, Otmar von Verschuer und vor allem Eugen Fischer gegen von Eickstedt, (Rudolf) Martin und (Bernhard) Struck zurück – in der NS-Zeit wohlgemerkt, wenn auch nicht ganz direkt mit der NS-Ideologie verknüpft. Saller war damals als junger Mann und reichlich unverträgliche Persönlichkeit noch außen vor, aber er hat dann nach dem Kriege diesen Kampf weiter geführt und dabei die sattsam bekannten Legenden von seinem Widerstand* (gegen den Nationalsozialismus, A.V.) *erfunden. Es ist traurig zu sehen, daß Ziegelmayer voll in der Vergangenheit lebt und meint, den Kampf seines Lehrers und Schwiegervaters immer noch weiter führen zu müssen."*

Ziegelmayer ist nun seit 2007 dort, wo Saller und van den Bussche schon auf ihn warten und wohin ihm Henke, Herrmann und Traue bald folgen werden.

Ich hatte mittlerweile mit einer Tätigkeit in verschiedenen Museen beruflich an mein Studium als Historiker angeknüpft. Den Plan einer Promotion gab ich zunächst noch nicht auf. Sondern begann schon im Jahr 2000 mit einem Promotionsprojekt in Hamburg über die Verteilung von DNS-Polymorphismen in Europa, betreut von Professor Virendra Chopra. Allerdings war ich nicht so mit Leidenschaft bei der Sache wie bei der ersten Dissertationsarbeit. Nicht sichtbare Merkmale und überwiegend nicht codierende Polymorphismen haben für mich nicht den Reiz wie echte, wahrnehmbare Menschen. Da ich aus beruflichen Gründen in Oldenburg blieb, machte sich vor allem die fehlende statistische Betreuung bemerkbar, und ich wollte deswegen nicht dauernd nach Hamburg fahren oder nach dort umziehen. Ich gab also das Projekt nach wenigen Jahren auf, wann genau weiß ich nicht mehr.

Mit der Emeritierung Bernhards im Jahr 1999 riss die alte Breslauer Tradition im Mainzer Institut ab. Ihm folgte für ein paar Jahre der Zahnanthropologe Kurt W. Alt. Dessen Nachfolger wurde 2002 ein Hans Zischler, ein Primatologe und Molekulargenetiker (der Primaten), von dem bis dahin wohl die wenigsten Anthropologen etwas gehört hatten. Egon von Eickstedt und Ilse Schwidetzky gehören von nun an zur *„unrühmlichen"*, angeblich NS-belasteten Vergangenheit des Mainzer Instituts, von der man sich ausdrücklich distanziert. Nach wenigen Jahren wurde das Institut aufgelöst. Dort gibt es nur noch eine Arbeitsgruppe Paläogenetik unter Joachim Burger. In Ulm hat man nach der Pensionierung von Sch. im Jahr 2006 und Rösing 2009 die Anthropologie aufgelöst.

Die wesentlichen Ergebnisse meiner Dissertationsstudie habe ich inzwischen in verschiedenen Publikationen veröffentlicht. Einen englischsprachigen Aufsatz, der die regionale Verteilung der Merkmale und die Ergebnisse der Hauptkomponentenanalyse enthält, hatte ich für HOMO geschrieben. Dort war Professor Rösing gerade ins zweite Glied gerückt und die abschließende Entscheidungsgewalt hatten andere als der Herausgeber. Einer von diesen, ein ausländischer Professor Namens H. (nicht Henke!), forderte von mir *„linguistic cosmetics"*. Ich sollte statt *„type"* *„morphological feature complex"* schreiben. Doch damit hätte ich ja gerade auf die Pointe meiner Arbeit, der Bestätigung der traditionellen Typen durch die Statistik, verzichtet! Ich lehnte das ab. Das ist übrigens ein gutes Beispiel dafür, wie aus politischen Rücksichten und Selbstzensur der Öffentlichkeit ein falsches Bild vermittelt wird. In diesem konkreten Fall, dass es Rassentypen nicht gäbe.

Stattdessen legte ich den Aufsatz nun der tschechischen, aber englisch-, deutsch- und französischsprachigen Zeitschrift *Anthropologie (Brno)* vor, die schon einmal einen (englischsprachigen) Aufsatz von mir gedruckt hatte. Man sagte mir, man werde sich bei mir melden, sobald man über meinen Aufsatz entschieden habe. Als ich nach einem Jahr noch nichts von der Redaktion gehört hatte, fragte ich dort an und erhielt die Auskunft, dass man meinen Aufsatz nicht drucken wollte. Darauf, dass man mich eigentlich über die Entscheidung hatte informieren wollen, ging man nicht ein. Übrigens gehört Winfried Henke zum Beirat der Zeitschrift. Das mag paranoid klingen, aber da ich weiß, wie oft Henke Kollegen (zum Beispiel Ursula Wittwer-Backofen, Manfred Kunter, Hubert Walter, Horst D. Schmidt, Nikolaus Xirotiris) vor mir „warnte“, erscheint es mir durchaus möglich, dass er dabei eine Rolle gespielt hat. Vielleicht war es den Osteuropäern aber auch nur unangenehm, daran erinnert zu werden, welch große Teile ihren heutigen Länder vor 1945 von Deutschen besiedelt waren, die von ihnen vertrieben oder ermordet worden sind. Ich ging nun auf Nummer sicher und bat den Aufsatz kurzentschlossen dem *Mankind Quarterly* an, einer amerikanischen, weltweit (auch im Mainzer Institut) abonnierten anthropologischen Zeitschrift, die, weil sie oft Beiträge über Intelligenzunterschiede veröffentlicht, von Linken „rassistisch“ genannt wird. Dort erschien dann auch mein Aufsatz.[297]

Erst etwa zehn Jahre später schrieb ich (in deutscher Sprache) ein Buch über meine Arbeit an den ostdeutschen Schülern. In dieses Buch ging nun anders als in meine damalige Dissertationsarbeit nicht nur die geographische und ethnographische Auswertung des Materials ein, sondern auch ein umfangreicher sozialanthropologischer Teil. Sozialanthropologisch heißt, es geht um die Unterschiede zwischen den sozialen Schichten und sozialen Auf- und Absteigern und den körperlichen Korrelationen zur Intelligenz. Diesen Teil hatte ich bei der ursprünglichen Arbeit nicht berücksichtigt, denn es war klar, dass er im heutigen Deutschland keiner Universitätsinstitution vermittelbar gewesen wäre. Angesichts der eigentlichen Harmlosigkeit des geographischen Teils der Arbeit liegt deren Brisanz jetzt in ihren sozialanthropologischen Ergebnissen, obwohl die im Grunde in ähnlicher Weise von anderen Untersuchungen her bekannt sind.[298] Wegen der besonders spektakulären Ergebnisse für den ostdeutschen Adel habe ich das Adels-Kapitel des Buches auch noch einmal auf Englisch ebenfalls im *Mankind Quarterly* veröffentlicht.[299] Einige Karten aus der Arbeit, darunter eine sonst nicht veröffentlichte, sind außerdem in meiner „Anthropologie Europas“ abgedruckt.[300]

Ich weiß jetzt, dass in der Wissenschaft außerwissenschaftliche Motive und Bestrebungen oft eine größere Rolle spielen als wissenschaftliche. Insofern bin ich nicht mehr so naiv wie damals. Ich sehe heute meine Aufgabe darin, genau das Wissen zu verbreiten, dass die Feinde der klassischen Anthropologie unterdrücken wollen. Oft führt nicht die Widerlegung bisheriger Erkenntnisse zu einem Paradigmenwandel in der Wissenschaft, sondern die Verdrän-

---

297 Andreas Vonderach: Ethnic Anthropology of the Former East Germany (before 1945). Geographical Differentiations and Feature Correlations. In: Mankind Quarterly 47, 2006, 3-39.

298 Andreas Vonderach: Anthropologie des früheren Ostdeutschlands (vor 1945). Ethnische Schichtung und Sozialbiologie. Zweite Auflage, Beltheim-Schnellbach 2019 (128 S.).

299 Andreas Vonderach: The Anthropological Features of the East German Nobility. In: The Mankind Quarterly 58/4, 2018, S. 611-620.

300 Andreas Vonderach: Anthropologie Europas. Völker, Typen und Gene vom Neandertaler bis zur Gegenwart. 2., völlig überarbeitete Auflage, Ares Verlag, Graz 2015 (S. 299-303).

gung ihrer Befürworter und ihr Verschweigen durch die neuen Fachvertreter. Deswegen ist es zum Beispiel wichtig, dass die rassenpsychologischen Ergebnisse Daniel G. Freedmans an Neugeborenen der verschiedenen Großrassen immer wieder aufs Neue an die Öffentlichkeit gebracht werden. Und das gilt auch für die neuen Erkenntnisse über genetische Rassenunterschiede bei psychologischen Temperamentsmerkmalen und kognitiven Fähigkeiten, etwa in der aktuellen Auflage meiner „Völkerpsychologie". Dass mir keine akademische Karriere mehr in der Anthropologie möglich ist, hat den großen Vorteil, dass ich keine Rücksichten mehr nehmen muss. Und es macht großen Spaß, besonders politisch unkorrekte Ergebnisse zu präsentieren, insbesondere, wenn die empirisch und statistisch gut abgesichert sind! Ich habe es mir zum Prinzip gemacht, dabei so sachlich und wertfrei zu schreiben, wie möglich. Und von meinen Büchern, die sich bewusst nicht nur an Fachleute, sondern vor allem an interessierte Laien wenden, haben sicher viele eine höhere Auflage als die Bücher der Vertreter der neuen „Anthropologie". So sind meine Bücher für mich auch ein Stück „Rache" an meinen Feinden, in der ich nicht nachlassen werde.

Meine Promotion ist sicher nicht der einzige Fall von politisch motivierter Zensur in der deutschen Anthropologie. Ein anderer Fall ist die dem Humangenetiker Volkmar Weiss verweigerte Mitgliedschaft in der „Gesellschaft für Anthropologie".[301] Sicher gibt es aber noch andere Fälle, die nur noch nicht bekannt geworden sind. Falls jemandem ein solcher bekannt ist, möge er sich bitte bei mir melden.

Seit meiner Zeit am Mainzer und Ulmer Institut hat sich in der deutschen Anthropologie ein entscheidender Wandel vollzogen. Im Lauf der Zeit wurden alle Institute geschlossen oder umgewidmet, darunter die beiden größten in Mainz und Hamburg, und man kann ohne Übertreibung sagen, dass es die deutsche Anthropologie nur noch in geringen Restbeständen gibt. Dabei spielten die vorangegangenen Angriffe von linken Anthropologie-Gegnern eine große Rolle. Die Entscheider an den Universitäten möchten verhindern, dass ihre Universitäten wieder von linksradikalen Aktivisten in ein Nazi-Licht gerückt werden können, mit all den schädlichen Folgen für ihr Ansehen. Wie berechtigt diese Vorwürfe sind, spielte dabei nur eine untergeordnete Rolle.

Mein Dank gebührt Professor Rösing und allen, die mich in meiner Promotionsangelegenheit unterstützt haben.

301 Volkmar Weiss: Die Mitglieder entscheiden: Gesellschaft für Anthropologie – wissenschaftliche Gesellschaft oder nur verkappte Plattform? Flugschriften für Eine deutsche Wissenschaftslandschaft 3, Leipzig, März 1997.

2.

„Schwundstufe der Anthropologie".

Rezension des Buches von Gisela Grupe, Kerrin Christiansen, Inge Schröder und Ursula Wittwer-Backofen: „Anthropologie. Einführendes Lehrbuch", Springer Verlag, 2. Aufl. 2012, auf Amazon (A. V.)

Um es gleich zu sagen: Das Interessanteste an diesem Buch ist das, was nicht drin steht.

Gegenüber der 1. Auflage ist das Buch etwas umfangreicher geworden, es sind aber keine neuen Kapitel hinzugekommen. An den riesigen thematischen Lücken, die wohl konzeptionell beabsichtigt sind, hat sich nichts geändert. Es behandelt in leidlich brauchbaren Kapiteln auf 130 Seiten die Stammesgeschichte des Menschen (Paläoanthropologie), auf knapp 40 Seiten die Populationsgenetik, auf 60 Seiten die Demographie, auf 110 Seiten Wachstum und Entwicklung einschließlich des Geschlechtsunterschiedes, auf jetzt 60 statt 30 Seiten die angewandte Anthropologie (Industrieanthropologie, forensische Anthropologie) und auf lediglich 18 Seiten die Verhaltensbiologie des Menschen. Letztere beinhaltet unter anderem eine sehr knappe und vorsichtige Darstellung der Soziobiologie einschließlich einer Warnung vor deren „ideologischer Vereinnahmung". Wer von den vier Autor*innen die jeweiligen Kapitel verfasst hat, ist nicht erkennbar.

Was vollständig fehlt in dieser „Anthropologie", ist die gesamte geographische Variabilität des Menschen. Stattdessen gibt es auf den Seiten 200 bis 202 eine verkrampfte Distanzierung vom Rassenbegriff. Rassen gäbe es nicht, nur Engzuchtstämme wie bei manchen Haustierrassen seien Rassen, der Rassenbegriff habe keinen Erklärungswert und leiste „Rassismus" Vorschub. Zu diesem gehöre auch die Behauptung, es gäbe IQ-Unterschiede zwischen menschlichen Populationen. Was fehlt, ist weiterhin der gesamte Bereich der Sozialanthropologie (Unterschiede zwischen sozialen Gruppen, soziale Siebungsprozesse) und selbstverständlich der Bereich psychologischer Unterschiede. Selbst wenn man den Rassenbegriff für den Menschen ablehnt, gehört doch die geographische Variabilität zu den wichtigsten Themen der Anthropologie, die man nicht einfach so unterschlagen kann.

Auf Seite 254 wird behauptet, die „Rassenformel" Egon von Eickstedts (1892-1965) (mit ihr sollten die typlogischen Anteile in einer gemischten Population geschätzt werden), des Begründers der Mainzer Schule der deutschen Anthropologie, habe zur Aussonderung „rassisch Unerwünschter" gedient. Jeder, der mit der Forschungsarbeit v. Eickstedts vertraut ist, weiß dass das Unsinn ist. Das ist eine Behauptung, die seit Jahren durch die linksradikale „antirassistische" Literatur (und Wikipedia) geistert und völlig ohne Grundlage ist. Die „Rassenformel" umfasste überhaupt nur die sechs europäischen Grundrassen (nordid, fälisch, alpin, mediterran, dinarid, osteuropid), nicht etwa Juden oder Zigeuner (pardon, Sinti und Roma), und wurde in der Schlesien-Untersuchung zu Erhebungen mit bevölkerungsgeschichtlicher Fragestellung eingesetzt. (Siehe E. v. Eickstedt, I. Schwidezky: Die Rassenuntersuchung Schlesiens. Eine Einführung in ihre Aufgaben und Methoden, Breslau 1940). Offensichtlich haben die Autor*innen ihre Informationen aus der linksradikalen Tendenzliteratur bezogen, ohne sie nachzuprüfen oder über hinreichende eigene Kenntnisse zu verfügen.

Das Buch markiert eine politisch korrekte Schwundstufe des Faches Anthropologie. Alles, womit man anecken kann, ist ausgeblendet. Wer damit zufrieden ist, ist damit gut bedient. Wer aber mehr wissen möchte und auch etwas über die geographische Variabilität des Menschen erfahren will, ist nach wie vor mit Rainer Knussmanns Vergleichender Biologie in der zweiten Auflage von 1996 am besten beraten.

Eine umfassende Anthropologie sieht anders aus, als das unter Kollegen berühmt-berüchtigte Vier-Frauen-Buch von Gisela Grupe, Kerrin Christiansen, Inge Schröder und Ursula Wittwer-Backofen!

3.

„Marxistische Demagogie“.

Referat des Buches von Thomas Etzemüller: „Auf der Suche nach dem nordischen Menschen. Die deutsche Rassenanthropologie in der modernen Welt“, transcript Verlag Bielefeld 2015, auf Amazon (A. V.)

Die Anthropologie ist die vergleichende Forschung am Menschen, sie beschäftigt sich mit der geographischen, ethnischen und sozialen biologischen Variabilität des Menschen. Im Unterschied zur Humanbiologie, die sich mit den allgemeinen Eigenschaften des Menschen befasst.

Thomas Etzemüller unternimmt in seinem Buch eine Geschichte der deutschen Anthropologie von ihren Anfängen im 19. Jahrhundert bis zu ihrem vermeintlichen Ende etwa um 1980 zu schreiben. Dabei ist seine Darstellung eine zutiefst parteiische. Sie strotzt von moralischer Empörung, Hohn und Unterstellung. Was das angeht, unterscheidet sich Etzemüllers Buch nicht von der inzwischen schon reichlich vorhandenen linksradikalen Anti-Anthropologie-Literatur (z.B. Heidrun Kaupen-Haas, Andreas Lüddecke, „schwarze Feder“ Andreas Kemper oder die „AG gegen Rassenkunde“).

Ich habe mir einmal die Mühe gemacht, in seinem Buch nachzuforschen, was denkt Etzemüller denn nun selbst über die anthropologischen Eigenschaften des Menschen, und was wirft er der Anthropologie denn konkret vor?

Vieles kann man aus Etzemüllers Text indirekt erschließen. So empört er sich zum Beispiel darüber, dass es auch nach dem Zweiten Weltkrieg noch Wissenschaftler gab, *„die unverdrossen vom Phänotypus auf differente Rassen und Genotypen zu schließen suchten“* (S. 210). Im Klartext, Etzemüllers Meinung nach gibt es k e i n e n Zusammenhang zwischen dem Erscheinungsbild eines Menschen und seinem Genom und seiner Rassenzugehörigkeit. An anderer Stelle schreibt er *„(Otto) Ammon war fest davon überzeugt, dass es eindeutige Korrelationen zwischen Raum, Sozialschicht, Rasse und Vererbung gab“* (S. 69), womit er unterstellt, dass es k e i n e signifikanten geographischen und sozialen biologischen Differenzierungen beim Menschen gibt. Über die von Ammon kartierten anthropologischen Merkmale im Land Baden schreibt Etzemüller, *„er glaubte daran, dass seine Daten signifikante anthropologische Unterschiede belegt hätten“* (S. 75). Als jemand, der viele Signifikanztests in regionalanthropologischen Untersuchungen gerechnet hat, kann ich dazu nur sagen, zur Zeit Ammons waren solche Tests zwar noch nicht üblich, aber seine Ergebnisse sind auf jeden Fall signifikant, schon wegen der großen Merkmalsdifferenzen und der großen Individuenzahlen. Etzemüller empört sich weiterhin darüber, dass der Genealoge Hermann Mitgau 1952 Handwerkerzünfte *„als biologische Gemeinschaften“* deutete (S. 210). Dass Mitgau dies aufgrund eines umfangreichen genealogischen Datenmaterials tat, das die starke Endogamie (untereinander Heiraten) der Handwerker belegte, ficht ihn nicht an. Etzemüller ist weiterhin darüber entrüstet, dass Hans W. Jürgens 1968 die These vertrat, *„dass die soziale und berufliche Siebung mit sozialen und rassischen Differenzen korrelierte und sich in den Körper der Menschen einschrieb"* (S. 211, der letzte Teil des Satzes ist ein Beispiel für einen typischen konstruktivistischen, absichtsvoll in die Irre führenden Schreibstil). Auch hier ignoriert er die saubere Herleitung aus dem Datenmaterial, das Jürgens auswertete, ebenso wie die Tatsache, dass solche Befunde aus vielen Untersuchungen vorliegen. Etzemüller empört sich, *„Angeblich zeichnen sich also soziale Gruppen, Schichten und Ethnien nicht nur durch eigene Verhaltensweisen aus, diese werden zudem* (von den Anthropologen) *in eine biologische Qualität verwandelt..."* (S. 230). Vollkommen unklar sei dabei, *„inwieweit Sozialverhalten genetisch determiniert ist"* (S. 230). Die Befunde der Zwillingsforschung und der modernen Verhaltensgenetik ignoriert Etzemüller völlig.

Methodisch komme man dieser Wissenschaft (der Anthropologie) mit drei Ansätzen *„n i c h t bei, nicht mit einer schlichten Form der Ideologiekritik, nicht mit dem Fälschungsvorwurf, nicht mit dem Falsifikationsmodell"* (S. 9). Das könne man erst, wenn man sie nicht als Wissenschaft, sondern als Weltanschauung begreife. Etzemüller bekennt sich also dazu, dass man die für ihn offensichtlich unerwünschten Befunde der Anthropologie wissenschaftlich nicht widerlegen kann, er ihr aber trotzdem *„beikommen"* will, was wohl so viel wie als Wissenschaft abschaffen, erledigen heißen soll. Ihm geht es dabei – wie gesagt - um das *„erbbiologische und rassenkundliche Denken"* überhaupt (S. 223).

Die selbstgestellte Aufgabe der Anthropologie sei es, so Etzemüller, *„Wie man Rassen bestimmt, um genetisch schädliche Vermischung zu verhindern,* (und) *wie kann man die Fortpflanzung der Menschen so steuern, dass sich die ‚wertvollen' weißen Mittelschichten fortpflanzen, nicht aber die Masse der genetisch und sozial ‚minderwertigen' Individuen?"* (S. 8). Zweck der Rassenbiologie – wohlgemerkt, Etzemüller meint nicht die eugenische Bewegung der 20er und 30er Jahre und nicht die nordistische Rassenlehre Gobineaus und H.F.K. Günthers, sondern das gesamte Fach der Anthropologie bis etwa 1980 –, sei *„die biologische Neuordnung der Gesellschaft"* (S. 228). Dabei arbeitet Etzemüller mit zum Teil haarsträubenden Unterstellungen. So zum Beispiel, dass Lothar Schott in der DDR, als er die Ergebnisse der Virchowschen Schulkinderuntersuchung populationsgenetisch auswertete, der Faszination blonder Haare erlegen sei (S. 211), oder Ilse Schwidetzky, Adolf Remane, Hubert Walter und Rainer Knussmann 1962 in ihrem Buch „Die neue Rassenkunde", *„nach nordischen Elementen fahndeten"* (S. 217).

Entsprechend konstatiert Etzemüller bei der Westfalen-Untersuchung von Ilse Schwidetzky und Hubert Walter in den 1950er Jahren (Schwidetzky u.

Walter 1967) eine weitgehende inhaltliche Entleerung (S. 211). Dabei gibt es wohl kaum eine anthropologische Untersuchung, die so ergiebig in landeskundlicher (geographische Differenzierungen), anthropologischer (z.B. Unterschiede zwischen Endogamen und Exogamen), soziologischer (Unterschiede nicht nur zwischen den sozialen Schichten, sondern auch zwischen sozialen Auf- und Absteigern) und psychologischer Hinsicht (Korrelationen zwischen körperlichen und psychischen Merkmalen) ist. Es ist aber bezeichnend, dass Etzemüller für normale anthropologische Fragestellungen kein Interesse aufbringt, geschweige denn ein zugewandtes Interesse für die regionalen Besonderheiten seines eigenen Volkes besitzt. Sein Forschungsinteresse ist offenbar von stärkerem Kaliber, nämlich, wie auch aus anderen Publikationen von ihm hervorgeht, das Böse dingfest zu machen, namentlich in „Nazis", „Rassisten" und jetzt eben auch den Anthropologen.

Man fragt sich, mit welchem Recht Etzemüller sich über alle Regeln der Wissenschaftlichkeit hinwegsetzt? Er selber gibt uns darüber keine Auskunft. Ich sehe zwei Möglichkeiten. Erstens, die den Anthropologen von Etzemüller – vielfach blos unterstellte – politische Motivation. Dazu ist zu sagen, dass für die Frage der Wissenschaftlichkeit einer wissenschaftlichen Arbeit die Motivation des Forschers letztlich irrelevant ist, es kommt einzig darauf an, ob sie die methodischen Kriterien der Wissenschaftlichkeit erfüllt. Auch ein „Nazi" oder „Rassist" kann gute wissenschaftliche Arbeit leisten, genauso wie ein Liberaler oder ein Linksradikaler wie Etzemüller. Der zweite mögliche Grund scheint die radikalkonstruktivistische Vorstellung zu sein, dass auch streng wissenschaftlich gewonnene Forschungsergebnisse willkürliche „soziale Konstrukte" seien, die man beliebig annehmen oder ablehnen kann, wie es einem gefällt. Damit hat man sich natürlichen von jedem Anspruch auf Wissenschaftlichkeit und von dem Grundgedanken der Aufklärung, dass die Welt mit objektiven Methoden erkennbar ist, verabschiedet. Dann ist Wissenschaft nicht mehr möglich.

An einigen Stellen deutet Etzemüller an, die Anthropologen würden die von ihnen beschriebenen Gruppenunterschiede erst dadurch erschaffen, dass sie ihr Material zuvor in Gruppen unterteilen und dann deren Unterschiede messen. Falls diese Behauptung über die sozialkonstruktivistische Metaphysik hinaus einen sachlichen Gehalt haben sollte, würde sie bedeuten, dass andere zufällige Unterteilungen desselben Materials genauso große Unterschiede ergeben würden, was in der Regel nachweisbar nicht der Fall ist. Es gibt sogar statistische Verfahren, die darauf beruhen, dass alle möglichen Unterteilungen ausgerechnet werden und am Schluss nur die signifikanten übrig bleiben, die dann oft zum Beispiel mit Sprachgrenzen übereinstimmen (z.B. das *bootstrap* Verfahren oder das sog. *wombling*). Außerdem gibt es viele statistische Verfahren, die keine Gruppeneinteilung voraussetzen, sondern erst eine empirische Unterteilung ergeben, z.B. die Cluster in einer Clusteranalyse. Selbst schlichte Merkmalskarten, etwa für die Haarfarben in Europa, setzen keine Gruppeneinteilung voraus. Aber ich fürchte, mit solch einer Methodenkritik, die natürlich nie Etzemüllers maßlos überzogenen Schlussfolgerungen rechtfertigen würde, tut man Etzemüller zu viel Ehre an.

Praktisch wendet Etzemüller einen klassischen marxistischen Agitationsansatz des Soziologen Karl Mannheim (1893-1947) an. Der proklamierte das *„enthüllende Bewusstsein“:* Es gehe nicht darum, eine unerwünschte Idee zu widerlegen, sondern sie zu untergraben. Eine Idee verliere ihre praktische ‚Wirksamkeit', sobald ihre außertheoretische Funktionalität aufgezeigt wird. Man muss eine Idee nicht widerlegen, sondern entlarven, indem man ihr die Anziehungskraft oder Autorität nimmt.

Ebenso der Rat des marxistische Soziologen Pierre Bourdieu (1930-2002), der unter dem Schlagwort „Rassismus der Intelligenz“ empfahl, sich gar nicht erst auf das Thema der biologischen Grundlagen der Intelligenz einzulassen, sondern darin nur den Ausdruck von Klasseninteressen zu sehen.

Was Mannheim und Bourdieu geben, sind Agitationstipps für Linksradikale. Das ist keine Wissenschaft, sondern Anti-Wissenschaft.

Letztendlich ist Etzemüller gar nicht kompetent, eine Geschichte der Anthropologie zu schreiben. Eine Ausbildung als Historiker und Kulturwissenschaftler mit ideologischer Festlegung auf die Milieutheorie reicht dafür nicht aus. Dafür sollte man schon etwas von Anthropologie und Erbbiologie verstehen. Meines Erachtens kann man Etzemüllers Buch nur als demagogisch und unseriös bezeichnen. Mit Wissenschaft hat es jedenfalls nichts zu tun.

Nachbemerkung: Es heißt übrigens in der Anthropologie „Messungen“ und „gemessen“, statt „Vermessungen“ und „vermessen“, wie bei Etzemüller und in der linken Anti-Anthropologie-Literatur durchgehend geschrieben.

Andreas Vonderach

Die deutschen Stämme

ISBN: 978-3-938176-87-0
208 Seiten, Paperback-Ausgabe
19,80 Euro

Anders als England oder Frankreich ist Deutschland nicht durch die Expansion eines erobernden Zentrums, sondern durch den freiwilligen Zusammenschluß mehrerer germanischer Stämme entstanden. Das waren die (Nieder-)Sachsen, Franken, Schwaben und Baiern. In den ersten Jahrhunderten der deutschen Geschichte waren die Stämme als Stammesherzogtümer auch die wichtigsten politischen Einheiten innerhalb Deutschlands. Nach der Auflösung der Stammesherzogtümer in zahlreiche kleinere Fürstentümer im 13. Jahrhundert blieben die Stämme als kulturelle und sprachliche Einheiten bestehen, wie sie in ihrer Mundart und ihrer Volkskultur zum Ausdruck kommen. Selbst heute noch gibt es ein regional unterschiedlich starkes Bewußtsein der Stammeszugehörigkeit. Am stärksten ist das wohl bei den Baiern ausgeprägt. Im Osten Deutschlands kam es mit der Bildung der neuen Bundesländer zu einer Wiederbelebung des Stammesbewußtseins.

Die ältesten der deutschen Stämme gehen bis in die Völkerwanderungszeit zurück. Andere entstanden als „Neustämme“ aus der Vermischung verschiedener Stämme in der deutschen Ostsiedlung im Mittelalter. Es gibt aber auch jüngere städtische Neubildungen wie die Berliner oder die Ruhrgebietsbevölkerung.

Der Historiker Andreas Vonderach geht in diesem Buch der Herkunft und Geschichte der deutschen Stämme nach, ihrem Schicksal im Mittelalter und ihrem Fortbestehen auch nach der Zeit der Stammesherzogtümer. Außerdem befaßt er sich mit der Forschungs- und Geistesgeschichte der deutschen Stämme, den verschiedenen Ansätzen, die es in der Volkskunde und Sprachwissenschaft gab, und der Rolle, die sie zum Beispiel in der Romantik und in der Zeit der Weimarer Republik spielten. Dabei stellt er nicht nur die verschiedenen Forschungsansätze vor, sondern zeigt auch, welche wissenschaftlichen Erkenntnisse davon noch heute Bestand haben. Die zentrale Frage ist, ob die Stämme so etwas wie ein Wesen haben, also ob es anthropologische und psychologische Unterschiede zwischen ihnen gibt, die die Zeitläufte überdauert haben.

Lindenbaum Verlag GmbH - Bergstraße 11 - 56290 Beltheim-Schnellbach
Tel.. 06746 / 730047 - E-Mail: lindenbaum-verlag@web.de
Internet: www.lindenbaum-verlag.de

Andreas Vonderach

Völkerpsychologie

Was uns unterscheidet

ISBN:978-3-938176-97-9
464 Seiten, fester Einband, gebunden
29,80 Euro

In diesem Buch geht es um die differentielle Völkerpsychologie oder Völkercharakterologie, das heißt um die charakteristischen Eigenschaften der verschiedenen Völker, durch die sie sich voneinander unterscheiden. Es gibt einen geschichtlichen Überblick über die Entwicklung der Völkerpsychologie von ihren Anfängen bis zur Gegenwart.
In jeder Bevölkerung findet sich eine große Variabilität der Temperamente und Begabungen. Es gibt aber auch Unterschiede zwischen den Rassen und Völkern in der Wahrscheinlichkeit, Häufigkeit und Intensität der Realisierung eines bestimmten Verhaltens. Völkerpsychologische Aussagen sind also immer nur relative Aussagen. Beobachtungen über die psychischen Eigenschaften der verschiedenen Völker gibt es seit der Antike. Damals entstanden zum Beispiel Tacitus' Werk über die Germanen und Poseidonios' über die Kelten. Die neuzeitliche Völkerpsychologie ist ein Kind der Aufklärung und der Romantik. Von der Aufklärung kommt das wissenschaftliche Interesse und von der Romantik die Wertschätzung der Individualität der Völker.
In den jeweils eigenen Kapiteln werden die theoretischen und methodischen Ansätze und die mit ihnen gewonnenen Erkenntnisse für die verschiedenen Völker dargestellt. Als Grundlage dienen Berichte von Forschungsreisenden, die geisteswissenschaftliche Völkerpsychologie, die amerikanische Kultur- und Persönlichkeitsschule, die Testpsychologie, die Forschungen über Intelligenzunterschiede, die Sprachpsychologie, Vorurteile und Stereotypen, die Kulturvergleichende Psychologie und die moderne Verhaltensgenetik.
In dieser dritten Auflage des Buches ist besonders das Kapitel über die moderne Verhaltensgenetik aktualisiert und stark erweitert worden.

Lindenbaum Verlag GmbH - Bergstraße 11 - 56290 Beltheim-Schnellbach
Tel.. 06746 / 730047 - E-Mail: lindenbaum-verlag@web.de
Internet: www.lindenbaum-verlag.de